금융권

고졸채용

인적성검사 / NCS 직업기초능력평가

SD에듀
(주)시대고시기획

2024 최신판 SD에듀 금융권 고졸채용
인적성검사 및 NCS 직업기초능력평가 + 무료고졸특강

Always with you

사람의 인연은 길에서 우연하게 만나거나 함께 살아가는 것만을 의미하지는 않습니다.
책을 펴내는 출판사와 그 책을 읽는 독자의 만남도 소중한 인연입니다.
SD에듀는 항상 독자의 마음을 헤아리기 위해 노력하고 있습니다. 늘 독자와 함께하겠습니다.

머리말

현재 대다수의 금융권에서는 서류전형에 이어 적성검사 또는 NCS 직업기초능력 평가를 통해 인재를 선발하고 있다. 필기시험을 통해 불필요한 스펙 대신 직무능력 중심으로 채용을 진행하는 것이다.

또한 대졸/전문대졸/고졸을 별도의 전형으로 구분하여 채용하고 있다. 하지만 기업 별로 적성검사 및 NCS 직업기초능력평가의 유형과 난이도가 상이하여 고졸채용을 준비하는 수험생들이 혼란을 겪는 경우가 많다.

이에 SD에듀에서는 금융권에 입사하고자 하는 수험생들에게 좋은 길잡이가 되어 주고자 다음과 같은 특징을 가진 본서를 출간하게 되었다.

도서의 특징

❶ 2023~2021년 주요 금융권 기출복원문제를 수록하여 최근 출제경향을 한눈에 파악할 수 있도록 하였다.

❷ 적성검사 및 NCS 직업기초능력평가 영역별 핵심이론과 적중예상문제로 체계적인 학습이 가능하도록 하였다.

❸ 적성검사 및 NCS 유형으로 구성된 최종점검 모의고사를 통해 시험 전 최종 마무리 연습을 하도록 하였다.

❹ 인성검사 유형별 모의연습과 주요 금융권 실제 면접 기출 질문을 통해 채용 전반에 대비할 수 있도록 하였다.

❺ 일반적인 금융업무에 대한 상식을 부록으로 제공하여 금융권 채용을 완벽하게 준비할 수 있도록 하였다.

끝으로 본서를 통해 금융권 고졸채용 필기시험을 준비하는 모든 수험생에게 합격의 행운이 따르기를 진심으로 기원한다.

SDC(Sidae Data Center) 씀

도서 200% 활용하기 STRUCTURES

1 기출복원문제

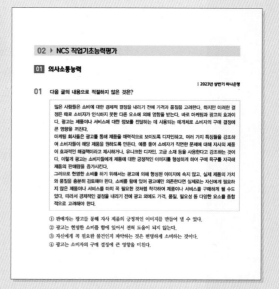

▶ 2023~2021년 주요 금융권 기출복원문제를 수록하여 적성검사 및 NCS 직업기초능력평가 영역별 출제경향을 파악할 수 있도록 하였다.

2 적성검사 및 NCS 직업기초능력평가

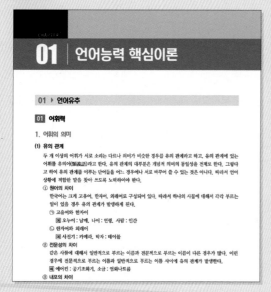
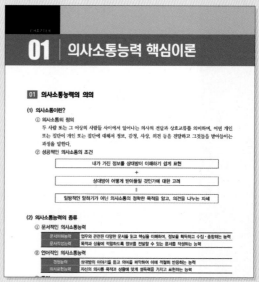

▶ 적성검사 및 NCS 직업기초능력평가 전 영역의 핵심이론과 적중예상문제를 통해 출제유형을 확인하고 학습전략을 수립할 수 있도록 하였다.

3 최종점검 모의고사

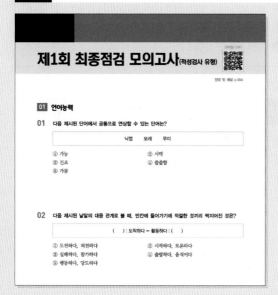

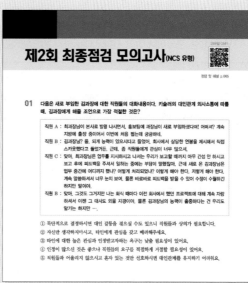

▶ 적성검사 및 NCS 유형으로 구성된 최종점검 모의고사를 통해 실제 시험을 보는 것처럼 최종 마무리 연습을 할 수 있도록 하였다.

4 인성검사 및 면접

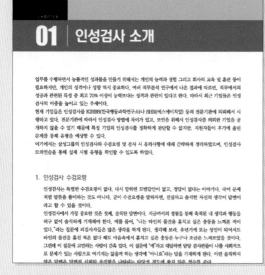

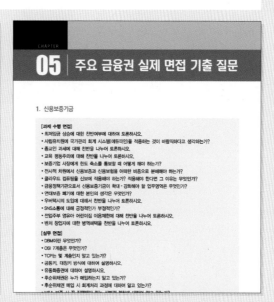

▶ 인성검사 모의연습을 유형별로 수록하였으며, 주요 금융권에서 시행된 면접의 실제 기출 질문을 수록하여 취업의 최종 관문까지 대비할 수 있도록 하였다.

학습플랜 STUDY PLAN

1주 완성 학습플랜

본서에 수록된 전 영역을 단기간에 끝낼 수 있도록 구성한 학습플랜이다. 한 번에 전 영역을 공부하지 않고, 한 영역을 집중적으로 공부할 수 있도록 하였다. 적성검사 및 필기시험에 대한 기초 학습은 되어 있으나, 학습 계획 세우기에 자신이 없는 분들이나 미리 시험에 대비하지 못해 단시간에 많은 분량을 봐야 하는 수험생에게 추천한다.

ONE WEEK STUDY PLAN

	1일 차 ☐	2일 차 ☐	3일 차 ☐
Start!	_____월_____일	_____월_____일	_____월_____일

4일 차 ☐	5일 차 ☐	6일 차 ☐	7일 차 ☐
_____월_____일	_____월_____일	_____월_____일	_____월_____일

나만의 학습플랜

필기시험을 처음 준비하는 수험생이나 장기간에 걸쳐 꾸준히 학습하기 원하는 수험생 그리고 자신의 일정에 따라 준비하고자 한다면 나만의 학습플랜을 구성하여 목표한 만큼 공부할 수 있도록 하였다. 이 책의 목차를 바탕으로 자신의 시간과 능력에 맞게 계획을 제대로 세웠다면, 합격으로 반 이상 간 것이나 다름없다.

FOUR WEEKS PLAN

	SUN	MON	TUE	WED	THU	FRI	SAT
1주 차 ☐	☐	☐	☐	☐	☐	☐	☐

	SUN	MON	TUE	WED	THU	FRI	SAT
2주 차 ☐	☐	☐	☐	☐	☐	☐	☐

	SUN	MON	TUE	WED	THU	FRI	SAT
3주 차 ☐	☐	☐	☐	☐	☐	☐	☐

	SUN	MON	TUE	WED	THU	FRI	SAT
4주 차 ☐	☐	☐	☐	☐	☐	☐	☐

이 책의 차례 CONTENTS

2023 ~ 2021년 주요 금융권 기출복원문제

2023 ~ 2021년 주요 금융권 기출복원문제

※ 기출복원문제는 수험생들의 후기를 통해 SD에듀에서 복원한 문제로 실제 문제와 다소 차이가 있을 수 있으며, 본 저작물의 무단전재 및 복제를 금합니다.

01 ▶ 적성검사

01 언어능력

※ 다음 제시된 단어에서 공통으로 연상할 수 있는 단어를 고르시오. [1~2]

| 2023년 상반기 지역농협 6급(70문항 유형)

01

| 갤런   배럴   온스 |

① 무게   ② 부피
③ 온도   ④ 압력
⑤ 넓이

| 2021년 지역농협 6급(70문항 유형)

02

| 팥죽   절기   겨울 |

① 입춘   ② 추분
③ 입동   ④ 대설
⑤ 동지

정답 및 해설

01 갤런(gal), 배럴(bbl), 온스(oz)는 '부피'를 나타내는 단위이다.

02 '겨울'에 먹는 별미인 '팥죽'은 24절기 중 22번째 '절기'인 '동지'에 먹으므로, '동지'를 연상할 수 있다.

01 ②   02 ⑤   **정답**

※ 다음 짝지어진 단어 사이의 관계가 나머지와 다른 하나를 고르시오. [3~4]

┃ 2023년 상반기 지역농협 6급(70문항 유형)

03 ① 밀집 – 산재   ② 좌시 – 방관
    ③ 훼방 – 협조   ④ 방만 – 절연
    ⑤ 옹색 – 윤택

┃ 2022년 상반기 지역농협 6급(70문항 유형)

04 ① 포유류 – 사람   ② 책 – 소설
    ③ 계절 – 가을   ④ 커피 – 아메리카노
    ⑤ 한국 – 일본

정답 및 해설

03 ②의 참견하지 않고 앉아서 보기만 함을 의미하는 '좌시(坐視)'와 어떤 일에 직접 나서서 관여하지 않고 곁에서 보기만 함을 의미하는 '방관(傍觀)'은 유의 관계이다. 반면, ①·③·④·⑤는 반의 관계이다.

[오답분석]
① 밀집(密集) : 빈틈없이 빽빽하게 모임
  산재(散在) : 여기저기 흩어져 있음
③ 훼방(毀謗) : 남을 헐뜯어 비방함 또는 그런 비방
  협조(協助) : 힘을 보태어 도움
④ 방만(放漫) : 맺고 끊는 데가 없이 제멋대로 풀어져 있다는 의미인 '방만하다'의 어근
  절연(截然) : 맺고 끊음이 칼로 자르듯이 분명하다는 의미인 '절연하다'의 어근
⑤ 옹색(壅塞) : 형편이 넉넉하지 못하여 생활에 필요한 것이 없거나 부족함 또는 그런 형편
  윤택(潤澤) : 살림이 넉넉함

04 ①·②·③·④는 포함 관계인 반면, ⑤는 대등 관계이다.

03 ② 04 ⑤ ◁정답

05 다음 밑줄 친 단어와 반대되는 의미를 가진 것은?

> 경서는 생긴 것과 다르게 <u>호들갑을 떤다</u>.

① 관람   ② 관찬

③ 관상   ④ 관조

⑤ 관망

06 다음 제시된 단어의 뜻으로 옳은 것은?

> 뜨더귀

① 폐지   ② 새내기

③ 간격   ④ 조각

정답 및 해설

05 밑줄 친 '호들갑을 떤다'는 '행동을 경망스럽게 자꾸 하거나, 그런 성질을 겉으로 나타내다.'라는 뜻이다.
따라서 반대되는 의미를 가진 단어는 '조용한 마음으로 대상의 본질을 바라봄'의 뜻을 가진 '관조'가 적절하다.

오답분석
① 관람(觀覽) : 연극, 영화, 경기, 미술품 따위를 구경함
② 관찬(官撰) : 관청에서 편찬함
③ 관상(觀相) : 사람의 얼굴을 보고 성질이나 운명 따위를 판단함
⑤ 관망(觀望) : 한발 물러서서 어떤 일이 되어 가는 형편을 바라봄

06 뜨더귀는 '조각조각으로 뜯어내거나 가리가리 찢어내는 짓. 또는 그 조각'을 뜻한다.

05 ④   06 ④   정답

※ 다음 밑줄 친 어휘와 동일한 의미로 사용된 것을 고르시오. [7~8]

┃ 2023년 상반기 지역농협 6급(70문항 유형)

07

> 아무래도 말을 꺼내기가 조심스럽다.

① 아이가 말을 배우기 시작했다.
② 빈칸에 들어갈 적절한 말을 찾으시오.
③ 민지와 슬기는 서로 말을 놓기로 하였다.
④ 주영이가 떠난다는 말이 퍼지기 시작했다.
⑤ 경서는 무료해 보이는 연주에게 말을 건넸다.

┃ 2021년 지역농협 6급(70문항 유형)

08

> 구석에 숨어 그곳에서 일어나는 상황을 엿볼 수 있었다.

① 너무 궁금해서 쥐구멍을 통해 엿보았다.
② 좁은 문틈으로 무엇을 하고 있는지 엿보았다.
③ 골목 뒤에서 기회를 엿보다가 친구를 놀래켜 주었다.
④ 이번에 고백할 여인의 마음을 엿보고 싶다.
⑤ 라이벌의 생각을 엿보며 반격할 기회를 살피고 있다.

정답 및 해설

07 밑줄 친 '말'은 '일정한 주제나 줄거리를 가진 이야기'를 의미하므로, 이와 같은 의미로 사용된 것은 ⑤이다.

[오답분석]
① 사람의 생각이나 느낌 따위를 표현하고 전달하는 데 쓰는 음성 기호
② 단어, 구, 문장 따위를 통틀어 이르는 말
③ 음성 기호로 생각이나 느낌을 표현하고 전달하는 행위. 또는 그런 결과물
④ 소문이나 풍문 따위를 이르는 말

08 밑줄 친 '엿볼'은 '남이 보이지 않는 곳에 숨거나 남이 알아차리지 못하게 하여 대상을 살펴보다.'라는 뜻으로 사용되었다. 이와 같은 뜻으로 쓰인 것은 ③이다.

[오답분석]
①·② 잘 보이지 않는 대상을 좁은 틈 따위로 바라보다.
④·⑤ 잘 드러나지 않는 마음이나 생각을 알아내려고 살피다.

07 ⑤   08 ③   《정답

09 다음 빈칸에 들어갈 한자성어로 가장 적절한 것은?

> 최근 1명의 사망자와 1명의 부상자를 낸 ○○교 붕괴사고에 대한 뒤늦은 사태파악이 이루어지고 있다. 지반 약화 또는 불법·부실 시공이 있었는지 파악 중이지만, 30년도 더 된 자료와 당시 관계자의 진술을 확보하는 데 어려움을 겪는 것으로 알려졌다.
> 즉, 어떤 건물이든지 기초를 튼튼히 하기 위하여 지질을 검사하고, 지반부터 다져야 한다. 만약 _____ 한다면 오래가지 못할 것이며, 완성되기도 전에 무너질 수 있다.

① 혼정신성   ② 표리부동
③ 철저성침   ④ 격화소양
⑤ 사상누각

10 다음 밑줄 친 단어의 한자 표기로 옳은 것은?

> 이번에 <u>사업</u>으로 큰 손해를 본 A씨는 다음 투자는 신중히 해야겠다고 마음속으로 <u>결의</u>하였다.

	사업	결의			사업	결의
①	司業	決議		②	邪業	決意
③	邪業	決議		④	事業	決意

정답 및 해설

09 '사상누각(沙上樓閣)'은 모래 위에 세워진 누각이라는 뜻으로, 기초가 튼튼하지 못하면 곧 무너지고 만다는 것을 의미한다. 따라서 빈칸에 들어갈 한자성어로 가장 적절한 것은 ⑤이다.

오답분석
① 혼정신성(昏定晨省) : 밤에는 부모의 잠자리를 보아 드리고 이른 아침에는 부모의 안부를 여쭈어 본다는 뜻으로, 부모님께 효성을 다하는 모습을 나타내는 말이다.
② 표리부동(表裏不同) : 겉으로 드러나는 언행과 속으로 가지는 생각이 다르다는 의미이다.
③ 철저성침(鐵杵成針) : 철 절굿공이로 바늘을 만든다는 뜻으로, 아주 오래 노력하면 성공한다는 의미이다.
④ 격화소양(隔靴搔癢) : 신을 신고 발바닥을 긁는다는 뜻으로, 성에 차지 않거나 철저하지 못한 안타까움을 이르는 말이다.

10 • 사업(事業) : 어떤 일을 일정한 목적과 계획을 가지고 짜임새 있게 지속적으로 경영함. 또는 그 일
• 결의(決意) : 뜻을 정하여 굳게 마음을 먹음. 또는 그런 마음

오답분석
• 사업(司業) : 신라, 고려, 조선 시대의 벼슬
• 사업(邪業) : 나쁜 행위. 또는 올바른 길에서 벗어나는 행위
• 결의(決議) : 의논하여 결정함. 또는 그런 결정

09 ⑤   10 ④   정답

11 다음 중 밑줄 친 부분의 맞춤법이 옳지 않은 것은?

① 바리스타로서 자부심을 가지고 커피를 내렸다.

② 어제는 왠지 피곤한 하루였다.

③ 용감한 시민의 제보로 진실이 드러났다.

④ 점심을 먹은 뒤 바로 설겆이를 했다.

12 다음 중 밑줄 친 부분의 띄어쓰기가 옳은 것은?

① 내가 믿을 사람은 너 뿐이야.

② 날씨를 보니 다음 주부터 비가 올 성싶다.

③ 강당은 숨소리가 들릴만큼 조용했다.

④ 선생님께 만큼은 솔직하게 말하고 싶었다.

정답 및 해설

11 먹고 난 뒤의 그릇을 씻어 정리하는 일을 뜻하는 단어는 '설거지'이다.

오답분석
① ~로서 : 지위나 신분 또는 자격을 나타내는 격 조사
② 왠지 : 왜 그런지 모르게. 또는 뚜렷한 이유도 없이
③ 드러나다 : 가려 있거나 보이지 않던 것이 보이게 됨

12 한글 맞춤법 제3절 제47항에 따르면 보조 용언은 띄어 씀을 원칙으로 하되, 경우에 따라 붙여 씀도 허용한다. 따라서 원칙에 따라 '비가 올 성싶다.'로 띄어 쓰는 것이 옳으며, '비가 올성싶다.'도 허용한다.

오답분석
① 뿐 : 대명사 '너' 뒤에 쓰인 보조사이므로 붙여 쓴다. → 너뿐이야
③ 만큼 : 동사의 관형사형 뒤에 쓰인 의존 명사이므로 띄어 쓴다. → 들릴 만큼
④ 께, 만큼, 은 : 모두 조사이므로 붙여 쓴다. → 선생님께만큼은

11 ④ 12 ② 정답

13 다음 글의 빈칸에 들어갈 접속어로 적절한 것은?

KB국민은행은 소중한 가족의 부동산을 안전하고 효과적으로 승계하기 위한 신탁 솔루션인 'KB 가족부동산 지킴신탁'을 출시했다고 밝혔다.

KB 가족부동산 지킴신탁은 부동산을 안전하게 관리하기 위해 은행과 신탁계약을 체결하는 상품이다. 부동산 처분을 위해 계약을 해지하고자 하는 경우 사전에 지정한 보호자의 동의를 거쳐야 하므로, 부동산이 임의로 처분되지 않도록 보호할 수 있다. 부동산을 증여하고 싶지만 자녀의 변심이 우려되거나 의사능력 미약으로 소유 부동산에 대한 보호가 필요한 경우 KB 가족부동산 지킴신탁을 통해 고민을 해결할 수 있다. _____ KB 가족부동산 지킴신탁 이용 고객은 보유 부동산의 증여를 통해 종합부동산세 등 보유세를 절감하거나 사전 증여를 통해 가족자산의 세금 부담도 경감시킬 수 있다. 이외에도 상담 시 전문가 그룹의 상속·증여 종합 컨설팅을 통해 해당 부동산을 포함하는 고객 맞춤 여생관리 설계 서비스를 이용할 수 있다.

KB국민은행 관계자는 "KB 가족부동산 지킴신탁은 고령화 사회의 당면과제인 다음 세대로의 슬기로운 '부의 이전'을 위한 솔루션을 제시하기 위해 준비했다."며, "자녀를 걱정하는 부모, 부모를 걱정하는 자녀 모두에게 꼭 필요한 신탁 솔루션이 될 것이다."라고 밝혔다.

① 그러나　　　　　　　　② 또한
③ 따라서　　　　　　　　④ 그래서

정답 및 해설

13 제시문은 KB국민은행의 'KB 가족부동산 지킴신탁'을 소개하는 글이다. 빈칸의 앞부분과 뒷부분은 KB 가족부동산 지킴신탁의 효과를 설명하고 있지만, 그 내용은 서로 다르다. 따라서 앞뒤 내용을 같은 자격으로 나열하면서 연결하는 접속어 '또한'을 사용하는 것이 적절하다.

13 ② **◀정답**

14 다음 (가) ~ (라) 문단을 논리적 순서대로 바르게 나열한 것은?

> (가) 초연결사회란 사람, 사물, 공간 등 모든 것들이 인터넷으로 서로 연결되어 모든 것에 대한 정보
> 가 생성 및 수집되고 공유·활용되는 것을 말한다. 즉, 모든 사물과 공간에 새로운 생명이 부여
> 되고 이들의 소통으로 새로운 사회가 열리고 있는 것이다.
>
> (나) 최근 '초연결사회(Hyper Connected Society)'란 말을 주위에서 심심치 않게 들을 수 있다.
> 인터넷을 통해 사람 간의 연결은 물론 사람과 사물, 심지어 사물 간의 연결 등 말 그대로 '연결
> 의 영역 초월'이 이루어지고 있다.
>
> (다) 나아가 초연결사회는 단지 기존의 인터넷과 모바일 발전의 맥락이 아닌 우리가 살아가는 방식
> 전체, 즉 사회의 관점에서 미래사회의 새로운 패러다임으로 큰 변화를 가져올 전망이다.
>
> (라) 초연결사회에서는 인간 대 인간은 물론, 기기와 사물 같은 무생물 객체끼리도 네트워크를 바탕
> 으로 상호 유기적인 소통이 가능해진다. 컴퓨터, 스마트폰으로 소통하던 과거와 달리 초연결
> 네트워크로 긴밀히 연결되어 오프라인과 온라인이 융합되고, 이를 통해 새로운 성장과 가치
> 창출의 기회가 증가할 것이다.

① (가) – (나) – (다) – (라)　　　　② (가) – (나) – (라) – (다)
③ (나) – (가) – (다) – (라)　　　　④ (나) – (가) – (라) – (다)

정답 및 해설

14 최근 대두되고 있는 '초연결사회'에 대해 언급하는 (나) 문단이 가장 먼저 오는 것이 적절하며, 그다음으로는 초연결사회에
대해 설명하는 (가) 문단이 적절하다. 뒤를 이어 초연결 네트워크를 통해 긴밀히 연결되는 초연결사회의 내용인 (라)
문단이, 마지막으로는 이러한 초연결사회가 가져올 변화에 대한 전망의 (다) 문단이 적절하다.

14 ④　◀정답

15 다음 글을 읽고 밑줄 친 (가) ~ (라) 중 적절하게 사용된 것을 고르면?

> 부실 우려가 있는 부동산 프로젝트파이낸싱(PF) 사업장의 (가) <u>지속화</u>를 위해 금융당국은 28조 4,000억 원 규모의 정책자금을 공급하기로 하였다.
>
> 현재 금융시장에서 회사채·단기금융시장은 지난해 하반기 경색 상황에서 차츰 벗어나 벗어나 개선세가 뚜렷해지고 있고, 회사채 가산금리도 지난해 말 이후 계속 (나) <u>상승세</u>를 보이고 있다. 또한 올해 1 ~ 2월 중 일반회사채는 만기도래액을 (다) <u>상회하는</u> 수준으로 발행되는 등 시장에서 발행수요가 순조롭게 이루어지고 있는 상황이다.
>
> 다만 미국의 (라) <u>확장정책</u> 장기화가 예상되고, 러시아 – 우크라이나 전쟁 및 미국 – 중국 갈등 상황이 지속되고 있어 올해 역시 금융시장 내 기지수가 존재하는 상황이다.
>
> 이에 정부는 부동산 PF의 불안 가능성에 대비해 선제적으로 정책대응수단을 마련했으며 이를 차질 없이 집행해 나가겠다고 밝혔다.
>
> 이를 위해 부동산의 대출현황, 사업진행 상황 등을 통합점검하고, 이상 징후에 대한 신속보고체계를 구축해 해당 징후 발생 시 신속하게 맞춤 대응하겠다는 계획이다.
>
> 또한 금융당국은 민간 중심 사업재구조화 등을 통해 사업성 우려 사업장의 정상화를 유도하고, 부동산 PF 리스크가 건설사·부동산신탁사로 파급되지 않도록 건설사 등에 대해 정책금융 공급규모를 28조 4,000억 원으로 확대해 부동산신탁사의 리스크 관리도 강화하기로 하였다.

① (가)   ② (나)

③ (다)   ④ (라)

정답 및 해설

15 '상회하다'란 '어떤 기준보다 웃돌다.'라는 뜻으로, 시장 상황의 긍정적인 평가로 볼 때 그 쓰임이 적절하다.

오답분석

① 제시문은 부실 우려가 있는 사업장에 정책자금을 지원해 부실 상황을 해결한다는 내용이므로 (가)에는 어떤 상황을 계속한다는 뜻의 '지속화'보다는 그 상황을 해결해 안정화시킨다는 뜻의 '정상화'가 더 적절하다.

② 회사채는 사업에 필요한 자금을 조달하는 채무로, 금융시장의 상황이 개선된다는 내용으로 보아 (나)에는 '상승세'보다 '하락세'가 더 적절하다.

④ '확장정책'은 정부가 경기회복을 위해 재정지출을 증가시키는 정책이고, 반대로 '긴축정책'은 재정지출을 줄이는 정책이다. 따라서 '다만'이라는 접속어로 볼 때, 앞서 언급한 금융시장의 긍정적 상황과는 반대되는 상황이 나타날 것이므로 (라)에 들어갈 말은 '긴축정책'이 적절하다.

15 ③   **정답**

02 수리능력

| 2022년 하반기 지역농협 6급(70문항 유형)

01 다음 식을 계산한 값을 구하면?

$$\frac{35}{77} \times 11^2 + 25$$

① 70　　　　　　　　　② 75
③ 80　　　　　　　　　④ 85
⑤ 90

| 2021년 하반기 MG새마을금고 지역본부

02 길이의 단위인 1인치(inch)를 cm로 변환하면 몇 cm인가?

① 254cm　　　　　　　② 0.254cm
③ 25.4cm　　　　　　　④ 2.54cm

| 2023년 NH농협은행 6급

03 N펀드는 A, B, C주식에 각각 30%, 20%, 50%를 투자하였다. 매입가에서 A주식이 20%, B주식이 40% 각각 오르고, C주식이 40% 내렸다면, 총 몇 %의 손해를 보았는가?

① 2%　　　　　　　　　② 4%
③ 6%　　　　　　　　　④ 8%
⑤ 10%

정답 및 해설

01 $\frac{35}{77} \times 11^2 + 25 = 5 \times 11 + 25 = 80$

02 1인치는 2.54cm, 25.4mm이다.

03 전체 투자금액을 a원이라고 할 때, A, B, C주식에 투자한 금액은 각각 $0.3a$원, $0.2a$원, $0.5a$원이다.
- A주식 최종 가격 : $0.3a \times 1.2 = 0.36a$
- B주식 최종 가격 : $0.2a \times 1.4 = 0.28a$
- C주식 최종 가격 : $0.5a \times 0.6 = 0.3a$

즉, A, B, C주식의 최종 가격은 $0.36a + 0.28a + 0.3a = 0.94a$원이므로 투자 대비 6%의 손해를 보았다.

01 ③　**02** ④　**03** ③　〈정답〉

04 K회사의 해외사업부, 온라인 영업부, 영업지원부에서 각각 2명, 2명, 3명이 대표로 회의에 참석하기로 하였다. 원탁 테이블에 같은 부서 사람이 인접하여 앉는다고 할 때, 7명이 앉을 수 있는 자리 배치의 경우의 수는?

① 48가지　　　　　　　　　　② 36가지

③ 27가지　　　　　　　　　　④ 24가지

05 상우는 사과와 감을 사려고 한다. 사과는 하나에 700원, 감은 400원일 때 10,000원으로 과일을 총 20개 사려면 감은 최소 몇 개를 사야 하는가?

① 10개　　　　　　　　　　② 12개

③ 14개　　　　　　　　　　④ 16개

06 M은행에 100만 원을 맡기면 다음 달에 104만 원을 받을 수 있다. 이번 달에 50만 원을 입금하여 다음 달에 30만 원을 출금했다면 그다음 달에 인출할 수 있는 최대 금액은 얼마인가?

① 218,800원　　　　　　　　　② 228,800원

③ 238,800원　　　　　　　　　④ 248,800원

정답 및 해설

04 같은 부서 사람이 옆자리에 함께 앉아야 하므로, 먼저 부서를 한 묶음으로 생각하고 세 부서를 원탁에 배치하는 경우의 수를 구하면 $2!=2$가지이다. 또한 각 부서 사람끼리 자리를 바꾸는 경우의 수는 $2! \times 2! \times 3! = 2 \times 2 \times 3 \times 2 = 24$가지이다. 따라서 조건에 맞게 7명이 앉을 수 있는 경우의 수는 $2 \times 24 = 48$가지이다.

05 감의 개수를 x개라고 할 때, 사과는 $(20-x)$개이므로

$$400x + 700 \times (20-x) \le 10,000 \rightarrow 14,000 - 300x \le 10,000 \rightarrow x \ge \frac{40}{3} = 13.333\cdots$$

따라서 감은 최소 14개를 사야 한다.

06 100만 원을 맡겨서 다음 달에 104만 원이 된다는 것은 이자율이 4%라는 것을 의미한다.
이때 50만 원을 입금하면 다음 달에는 (원금)+(이자액)=52만 원이 된다.
따라서 다음 달 잔액은 52-30=22만 원이고, 그다음 달 총잔액은 $220,000 \times 1.04 = 228,800$원이다.

04 ①　05 ③　06 ②　〈정답〉

07 다음은 A ~ D사의 연간 매출액에 관한 자료이다. 연간 매출액이 일정한 증감률을 보인다고 할 때, 빈칸에 들어갈 수를 구하면?

〈A ~ D사의 연간 매출액〉

(단위 : 백억 원)

구분		2017년	2018년	2019년	2020년	2021년	2022년
A사	매출액	300	350	400	450	500	550
	순이익	9	10.5	12	13.5	15	16.5
B사	매출액	200	250	200	250	200	250
	순이익	4	7.5	4	7.5	4	7.5
C사	매출액	250	350	300	400	350	450
	순이익	5	10.5	12	20		31.5
D사	매출액	350	300	250	200	150	100
	순이익	7	6	5	4	3	2

※ (순이익)＝(매출액)×(이익률)

① 21

② 23

③ 25

④ 27

---

07 C사의 이익률이 2%, 3%, 4%, …, 즉 1%p씩 증가하고 있다.
따라서 빈칸에 들어갈 수는 350×0.06=21이다.

03 추리능력

▌ 2023년 상반기 지역농협 6급(60문항 유형)

01 다음은 일정한 규칙으로 배열한 수열이다. 빈칸에 들어갈 알맞은 수는?

| 2 1 3 6   4 5 2 11   5 6 2 ( ) |

① 10

② 11

③ 12

④ 13

▌ 2021년 하반기 신한은행

02 다음은 일정한 규칙으로 나열한 수이다. 빈칸에 들어갈 알맞은 수는?

| 5 2 6 15 4 6 18 12 15 5 ( ) 75 |

① 10

② 15

③ 20

④ 25

정답 및 해설

01 $\underline{A\ B\ C\ D} \rightarrow A+B+C=D$

∴ $5+6+2=13$

따라서 ( )=13이다.

02 각 항을 네 개씩 묶고 A, B, C, D라고 하면 다음과 같은 규칙이 성립한다.

$\underline{A\ B\ C\ D} \rightarrow \dfrac{A \times C}{B} = D$

따라서 ( )=$75 \times 5 \div 15 = 25$이다.

01 ④   **02** ④   ‹ 정답

03 다음은 일정한 규칙으로 나열한 문자이다. 빈칸에 들어갈 알맞은 문자는?

| F G E H D ( ) C |

① B
③ J
⑤ M

② I
④ K

04 다음 제시된 내용에 따른 A, B의 결론에 대한 판단으로 항상 옳은 것은?

- 왼쪽부터 차례대로 1, 2, 3, 4, 5, 6번 방이 있고, 한 방에 한 명씩 들어간다.
- A와 B 사이에는 두 명이 있고, B는 항상 A의 오른편에 있다.
- C는 D의 바로 왼쪽 방에 있다.
- E는 5번 방에 있다.

- A : F는 6번 방에 있다.
- B : E는 항상 F의 옆방에 있다.

① A만 옳다.
③ A, B 모두 옳다.

② B만 옳다.
④ A, B 모두 틀리다.

정답 및 해설

03 앞의 문자에 각각 +1, −2, +3, −4, +5, −6, …을 규칙으로 하는 수열이다.

F	G	E	H	D	(I)	C
6	7	5	8	4	9	3

04 제시된 내용은 다음과 같은 두 가지의 경우로 정리할 수 있다.

구분	1번 방	2번 방	3번 방	4번 방	5번 방	6번 방
경우 1	A	C	D	B	E	F
경우 2	C	D	A	F	E	B

- A : 경우 1에서는 F가 6번 방에 있다고 할 수 있으나, 경우 2에서는 그렇지 않다.
- B : 경우 1, 경우 2 모두 E는 F의 옆방에 있다.
따라서 B만 옳다.

03 ② 04 ② 《정답》

05 제시된 명제가 참일 때, 다음 빈칸에 들어갈 명제로 가장 적절한 것은?

서로를 사랑하면 세계에 평화가 찾아온다.

_____

그러므로 타인을 사랑하면 세계에 평화가 찾아온다.

---

① 서로를 사랑하지 않으면 타인을 사랑하지 않는다.
② 세계가 평화롭지 않으면 서로를 싫어한다는 것이다.
③ 서로를 사랑하면 타인을 사랑하지 않게 된다.
④ 세계에 평화가 찾아오면 서로를 사랑하게 된다.
⑤ 세계에 평화가 찾아오면 서로를 미워하게 된다.

06 다음 명제를 읽고 판단했을 때 옳지 않은 것은?

• 비가 많이 내리면 습도가 높아진다.
• 겨울보다 여름에 비가 더 많이 내린다.
• 습도가 높으면 먼지가 잘 나지 않는다.
• 습도가 높으면 정전기가 잘 일어나지 않는다.

---

① 겨울은 여름보다 습도가 낮다.
② 먼지는 여름이 겨울보다 잘 난다.
③ 여름에는 겨울보다 정전기가 잘 일어나지 않는다.
④ 비가 많이 오면 정전기가 잘 일어나지 않는다.

정답 및 해설

05 제시된 명제 간 삼단논법이 성립하려면 '타인을 사랑하면 서로를 사랑한다.'라는 명제가 필요한데, 이 명제의 대우는 ①이다.

06 여름은 겨울보다 비가 많이 내림 → 비가 많이 내리면 습도가 높음 → 습도가 높으면 먼지와 정전기가 잘 일어나지 않음
즉, 비가 많이 내리면 습도가 높고, 습도가 높으면 먼지가 잘 나지 않으므로, 비가 많이 오지 않는 겨울이 여름보다 먼지가 잘 난다. 따라서 옳지 않은 것은 ②이다.

05 ① 06 ② **정답**

07 다음 〈조건〉에 따라 A ~ C 세 사람이 다음 주에 출장을 가려고 할 때, 함께 출장을 갈 수 있는 요일은?(단, 출장 일정은 하루이다)

> 조건
> • 출장 일정은 소속 부서의 정기적인 일정을 피해서 잡는다.
> • A와 B는 영업팀, C는 재무팀 소속이다.
> • 다음 주 화요일은 회계감사 예정으로 재무팀 소속 전 직원은 당일 본사에 머물러야 한다.
> • B는 개인사정으로 목요일에 연차휴가를 사용하기로 하였다.
> • 영업팀은 매주 수요일마다 팀 회의를 한다.
> • 금요일 및 주말에는 출장을 갈 수 없다.

① 월요일 ② 화요일
③ 수요일 ④ 목요일

정답 및 해설

07 화요일은 재무팀 소속인 C의 출장이 불가하며, 수요일은 영업팀의 정기 일정인 팀 회의로 A, B의 출장이 불가하다. 또한 목요일은 B가 휴가 예정이므로, 금요일 및 주말을 제외하고 세 사람이 동시에 출장을 갈 수 있는 날은 월요일뿐이다.

오답분석
② 회계감사로 인해 재무팀 소속인 C는 본사에 머물러야 한다.
③ 수요일에는 영업팀의 정기 회의가 있다.
④ B가 휴가 예정이므로 세 사람이 함께 출장을 갈 수 없다.

07 ① 《 정답

| 2022년 전국수협

01 다음 제시된 문자와 같은 것은 몇 개인가?

넴

념	냄	셍	낸	녠	넴	넹	냉	넫	넨	뎅	셍
넴	넹	넫	넫	생	념	뎡	낸	넴	넴	생	셍
넨	생	넴	념	뎅	셍	냉	넫	뎡	셩	낸	넫
뎡	냉	녕	넴	넹	녠	냄	념	녕	셩	뎡	넴

① 2개   ② 3개

③ 5개   ④ 6개

정답 및 해설

01

념	냄	셍	낸	녠	넴	넹	냉	넫	넨	뎅	셍
넴	넹	넫	넫	생	념	뎡	낸	넴	넴	생	셍
넨	생	넴	념	뎅	셍	냉	넫	뎡	셩	낸	넫
뎡	냉	녕	넴	넹	녠	냄	념	녕	셩	뎡	넴

01 ③ 〈정답〉

02 다음 제시된 전개도를 접었을 때 나타나는 입체도형으로 옳은 것은?

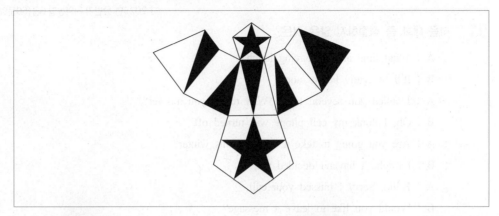

①    ②

③    ④

정답 및 해설 ──────────────────────○

02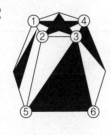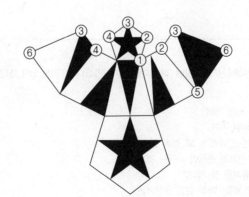

02 ① **정답**

┃ 2023년 상반기 지역농협 6급(60문항 유형)

01 다음 대화 중 적절하지 않은 것은?

① A : What time are we having lunch?

B : It'll be ready before noon.

② A : I called you several times. Why didn't you answer?

B : Oh, I think my cell phone was turned off.

③ A : Are you going to take a vacation this winter?

B : I might. I haven't decided yet.

④ A : Hello. Sorry I missed your call.

B : Would you like to leave a message?

정답 및 해설

01 전화를 못 받아서 미안하다는 A의 말에 '메시지를 남기시겠습니까?'라는 B의 대답은 적절하지 않다.

오답분석

① A : 우리 점심 몇 시에 먹어?

B : 정오 전에 준비될 거야.

② A : 너에게 여러 번 전화했어. 왜 전화 안 받았니?

B : 이런, 내 휴대전화의 전원이 꺼졌던 것 같아.

③ A : 이번 겨울에 휴가를 갈 거니?

B : 그렇게 할지도 몰라. 아직 결정 못했거든.

01 ④ **정답**

02 다음 제시된 문장에 이어질 글을 순서대로 바르게 나열한 것은?

> The population explosion gives rise to a number of problems.

> (A) Also, this concerns getting proper medical care for all of them, especially the aged.
> (B) Thus, we come face to face with more and more difficult problems.
> (C) One of them has to do with finding enough food for all the people in the world.

① (A) - (B) - (C)　　　　　　　② (B) - (C) - (A)

③ (C) - (A) - (B)　　　　　　　④ (C) - (B) - (A)

정답 및 해설

02 제시문은 인구 폭발이 야기하는 문제를 지적하는 내용이다. 따라서 '문제점을 구체적으로 제시하는 (C) - 문제점을 걱정하는 (A) - 그래서 점점 더 많은 문제와 직면하게 된다는 결론의 (B)' 순서가 적절하다.

> 인구 폭발은 많은 문제를 야기한다.
> (C) 그중 하나는 세상의 모든 사람들에게 공급할 충분한 식량과 관련이 있다.
> (A) 또한 이 염려는 그들 모두, 특히 나이 든 사람들에 대한 적절한 의학적 보살핌과 관련이 있다.
> (B) 따라서 우리는 점점 더 많은 문제와 직면하게 된다.

02 ③ **정답**

01 의사소통능력

┃ 2023년 상반기 하나은행

01 다음 글의 내용으로 적절하지 않은 것은?

> 많은 사람들은 소비에 대한 경제적 결정을 내리기 전에 가격과 품질을 고려한다. 하지만 이러한 결정은 때로 소비자가 인식하지 못한 다른 요소에 의해 영향을 받는다. 바로 마케팅과 광고의 효과이다. 광고는 제품이나 서비스에 대한 정보를 전달하는 데 사용되는 매개체로 소비자의 구매 결정에 큰 영향을 끼친다.
>
> 마케팅 회사들은 광고를 통해 제품을 매력적으로 보이도록 디자인하고, 여러 가지 특징들을 강조하여 소비자들이 해당 제품을 원하도록 만든다. 예를 들어 소비자가 직면한 문제에 대해 자사의 제품이 효과적인 해결책이라고 제시하거나, 유니크한 디자인, 고급 소재 등을 사용한다고 강조하는 것이다. 이렇게 광고는 소비자들에게 제품에 대한 긍정적인 이미지를 형성하게 하여 구매 욕구를 자극해 제품의 판매량을 증가시킨다.
>
> 그러므로 현명한 소비를 하기 위해서는 광고에 의해 형성된 이미지에 속지 않고, 실제 제품의 가치와 품질을 충분히 검토해야 한다. 소비를 함에 있어 광고에만 의존한다면 실제로는 자신에게 필요하지 않은 제품이나 서비스를 마치 꼭 필요한 것처럼 착각하여 제품이나 서비스를 구매하게 될 수도 있다. 따라서 경제적인 결정을 내리기 전에 광고 외에도 가격, 품질, 필요성 등 다양한 요소를 종합적으로 고려해야 한다.

① 판매자는 광고를 통해 자사 제품의 긍정적인 이미지를 만들어 낼 수 있다.
② 광고는 현명한 소비를 함에 있어서 전혀 도움이 되지 않는다.
③ 자신에게 꼭 필요한 물건인지 파악하는 것은 현명하게 소비하는 것이다.
④ 광고는 소비자의 구매 결정에 큰 영향을 미친다.

정답 및 해설

01 광고는 해당 제품이 가진 여러 가지 정보를 담고 있다. 현명한 소비를 하기 위해서 광고에 의존해서는 안 되지만, 기본적인 정보 습득에 있어 전혀 도움이 되지 않는 것은 아니다.

오답분석
① 광고는 제품에 대한 긍정적인 이미지를 형성하여 소비자의 구매 욕구를 자극한다.
③ 현명한 소비를 하기 위해서는 광고에 의해 형성된 이미지에 속지 않고, 가격, 품질, 필요성 등 다양한 요소를 종합적으로 고려해야 한다.
④ 광고는 제품이나 서비스에 대한 정보를 전달하는 데 사용되는 매개체로 소비자의 구매 결정에 큰 영향을 미친다.

01 ② ◀정답

02 다음 기사에서 (가) ~ (라) 문단의 핵심 화제로 적절하지 않은 것은?

> (가) 최근 대출금리가 큰 폭으로 상승한 반면, 예금금리는 낮아 청년층이 안정적으로 목돈을 마련할 수 있는 고금리 금융상품이 부족하다. 이로 인해 청년층의 안정적 주거를 위한 주택구입 및 전월세 자금 마련에 어려움이 있어 청년층이 목돈을 마련할 수 있는 금융상품이 절실한 상황이다. 이를 위해 마련된 청년 우대형 청약통장은 기존의 청약기능은 그대로 유지하면서 우대금리와 이자소득 비과세 혜택을 통해 청약통장의 재형기능을 대폭 강화하여 청년층의 주거안정 및 목돈 마련 기회를 제공하기 위한 상품이다.
>
> (나) 이미 주택청약종합저축에 가입한 사람도 가입요건을 충족하면 청년 우대형 청약통장으로 전환·가입이 가능하다. 청년 우대형 청약통장으로의 전환·가입하는 경우 기존 주택청약종합저축의 납입기간, 납입금액은 인정된다. 다만, 전환·가입으로 인한 전환원금은 우대금리 적용에서 제외된다.
>
> (다) 현재 주택청약종합저축은 누구나 가입이 가능한 반면, 청년 우대형 청약통장은 일정 요건(나이, 소득, 무주택 등) 충족 시 가입이 가능해 이에 대한 확인이 필요하다. 가입 시에는 주민등록등본 및 무주택확약서 등으로 확인하고, 해지 시에는 지방세 세목별 과세증명서 및 주택소유시스템 등으로 가입기간에 대한 무주택 여부를 확인한다. 또한 ISA 가입용 소득확인증명서 및 소득원천징수 영수증 등으로 직전년도 소득을 확인하며, 이밖에도 병역기간은 병적증명서를 통해 확인한다.
>
> (라) 그리고 청년 우대형 청약통장은 주택청약종합저축의 일종으로 재형기능 강화를 위해 우대금리와 이자소득 비과세 혜택을 제공하는 상품으로 주택청약종합저축의 하위 상품이라 할 수 있다. 따라서 현재 주택청약종합저축에서 제공하고 있는 소득공제 조건(조세특례제한법 제87조)을 그대로 적용받게 된다. 연소득 7,000만 원 이하 무주택세대주로 무주택확인서를 제출하는 경우 연간 납입액 240만 원 한도로 40%까지 소득공제가 가능하다.

① (가) : 청년 우대형 청약통장의 출시 목적
② (나) : 청년 우대형 청약통장의 문제점
③ (다) : 청년 우대형 청약통장의 가입요건 확인 방법
④ (라) : 청년 우대형 청약통장의 소득공제 혜택

정답 및 해설

02 (나) 문단에서는 주택청약종합저축에 가입한 사람도 가입요건을 충족하면 청년 우대형 청약통장으로 전환하여 가입할 수 있음을 설명하고 있다. 따라서 '기존 주택청약종합저축 가입자의 청년 우대형 청약통장 가입 가능 여부'가 (나) 문단의 핵심 화제로 적절하다.

02 ② 〈정답〉

※ 다음은 쏠편한 정기예금에 대한 설명이다. 자료를 보고 이어지는 질문에 답하시오. [3~4]

〈쏠편한 정기예금〉

구분	내용
가입대상	• 개인부분, 기타임의단체(대표자 주민등록번호)
계약기간	• 1개월 이상 60개월 이하(1일 단위)
가입금액	• 1만 원부터(제한 없음)
이자지급시기	• 만기일시지급
만기일연장 서비스	• 여유 있는 자금관리를 위하여 만기일을 최장 3개월까지 연장할 수 있는 서비스 ※ 신한 쏠(SOL)을 통해 신청 가능 ※ 자동재예치 등록 계좌의 경우 신청 불가 ※ 연장가능기간 : 최초 신규시점에 계약한 만기일로부터 3개월 이내 (단, 최초 계약기간이 3개월 이내인 경우에는 최초 계약기간 범위 내에서 연장가능)
약정이율	• 연 3.7%

중도해지이율	• 가입일 당시 영업점 및 인터넷 홈페이지에 고시한 예치기간별 중도해지이율 적용
	  - 1개월 미만 : 연 0.1%
	  - 1개월 이상 : (기본이자율)×[1-(차감율)]×(경과월수)÷(계약월수)
	  (단, 연 0.1% 미만으로 산출될 경우 연 0.1% 적용)
	  ※ 차감율
	<table><tr><th>경과기간</th><th>1개월 이상</th><th>3개월 이상</th><th>6개월 이상</th><th>9개월 이상</th><th>11개월 이상</th></tr><tr><td>차감율</td><td>80%</td><td>70%</td><td>30%</td><td>20%</td><td>10%</td></tr></table>

만기 후 이율	• 만기 후 1개월 이내 : 만기일 당시 일반정기예금 약정기간에 해당하는 만기지급식 고시이자율의 1/2 (단, 최저금리 0.1%) • 만기 후 1개월 초과 6개월 이내 : 만기일 당시 일반정기예금 약정기간에 해당하는 만기지급식 고시이자율의 1/4(단, 최저금리 0.1%) • 만기 후 6개월 초과 : 연 0.1%
계약해지 방법	• 영업점 및 비대면 채널을 통해서 해지 가능 (단, 만기가 휴일인 계좌를 영업점에서 전(前) 영업일에 해지할 경우, 중도해지가 아닌 만기해지로 적용하며, 이자는 일수로 계산하여 지급)
자동해지	• 만기일(공휴일인 경우 다음 영업일)에 자동해지되어 근거계좌로 입금 (단, 예금이 담보로 제공되어 있거나 사고등록 등 자동해지 불가 사유가 있는 경우 자동해지되지 않음)
일부해지	• 만기일 전 영업일까지 매 계약기간(재예치 포함)마다 2회 가능 ※ 일부해지금액의 이자는 선입선출법에 따라 중도해지이율로 지급

03 다음 중 쏠편한 정기예금 상품에 대한 설명으로 적절한 것은?

① 신한 쏠(SOL)을 통해 가입해야 하는 상품이다.
② 한번 가입하면 해지를 원할 때까지 만기일을 연장할 수 있다.
③ 만기 이후에도 일정 기간 동안에는 약정이율에 따른 이자를 지급하는 상품이다.
④ 중도해지할 경우, 예치기간이 아무리 짧아도 최소한 연 0.1%의 이자는 받을 수 있다.

04 다음 중 쏠편한 정기예금에 가입하기에 가장 적절한 사람은?

① 매월 월급의 일부를 저축하고자 하는 직장인 A씨
② 퇴직 시점까지 10년 이상 장기저축을 원하는 B씨
③ 원금손실의 위험을 감수하더라도 높은 기대수익률을 가진 상품에 투자하기 원하는 C씨
④ 1년 뒤 떠날 졸업여행 경비를 안전하게 보관해두고자 하는 대학생 D씨

정답 및 해설

03 중도해지이율은 예치기간에 따라 차등적인 차감율을 적용하여 산출하는데, 산출값이 연 0.1% 미만인 경우에는 0.1%의 중도해지이율을 적용한다.

[오답분석]
① 신한 쏠(SOL)을 통해 신청 가능하다고 명시된 부분은 만기일연장 서비스이다.
② 만기일연장은 최장 3개월까지만 가능하다.
③ 만기 후에는 기본금리가 아닌 만기 후 이율이 적용된다.

04 이 상품의 가입기간은 1 ~ 60개월로, 1년은 이 기간 내에 해당하므로 D씨에게 적절하다.

[오답분석]
① 쏠편한 정기예금은 거치식 상품으로 정기적인 납입을 위한 상품이 아니다.
② 이 상품의 최대 가입기간은 60개월(5년)로 B씨의 저축 목적에 맞지 않는다.
③ 원금이 보장되고 정액의 이자를 지급하는 상품으로 높은 수익률을 원하는 C씨에게는 적합하지 않다.

03 ④   04 ④   《정답》

02 수리능력

※ 다음은 미국 달러 1달러를 기준으로 한 국가별 화폐 환율에 대한 자료이다. 자료를 읽고 질문에 답하시오(단, 모든 환율 계산에서 환전 수수료는 고려하지 않고, 소수점 둘째 자리에서 반올림한다). [1~2]

〈국가별 화폐 환율〉

국가	미국	한국	일본	중국
환율	1달러	1,320원	145엔	7.5위안
국가	독일	호주	베트남	사우디아라비아
환율	0.95유로	1.55AUD	24,180동	3.75리얄

| 2023년 KB국민은행

01 한국 10,000원을 일본 화폐로 교환하면 얼마인가?

① 1,023.7엔 ② 1,059.3엔
③ 1,077.1엔 ④ 1,098.5엔

| 2023년 KB국민은행

02 독일 3유로를 사우디아라비아 화폐로 교환하면 얼마인가?

① 11.8리얄 ② 12.2리얄
③ 12.6리얄 ④ 13리얄

정답 및 해설

01 $(10,000원) \times \dfrac{(1달러)}{(1,320원)} \times \dfrac{(145엔)}{(1달러)} ≒ 1,098.5엔$

02 $(3유로) \times \dfrac{(1달러)}{(0.95유로)} \times \dfrac{(3.75리얄)}{(1달러)} ≒ 11.8리얄$

01 ④ 02 ① 〈정답〉

03 A고객은 주택담보대출을 중도상환하고 대출금액을 정산하려고 한다. 〈조건〉이 다음과 같을 때, A고객의 중도상환수수료는 얼마인가?

> **조건**
>
> • 상품명 : 주택담보대출
> • 대출금액 : 15,000만 원
> • 대출기간 : 4년
> • 가입기간 : 2년
> • 대출이율 : 5.0%
> • 중도상환금액 : 8,000만 원
> • 중도상환수수료율 : 2.5%
> • 중도상환수수료 : (중도상환금액)×(중도상환수수료율)×(잔여기간)÷(대출기간)

① 950,000원   ② 1,000,000원
③ 1,200,000원   ④ 1,250,000원

정답 및 해설

03 중도상환수수료는 (중도상환금액)×(중도상환수수료율)×(잔여기간)÷(대출기간)이므로, 계산하면 다음과 같다.

$$80,000,000 \times 0.025 \times \frac{24}{48} = 1,000,000원$$

03 ②   **정답**

04 다음은 NH농협의 EQ(Easy&Quick)론에 대한 설명이다. L씨가 〈조건〉과 같이 대출을 했을 경우, 맨 첫 달에 지불해야 하는 월 상환액은 얼마인가?(단, 소수점은 절사한다)

〈NH EQ(Easy&Quick)론〉

- 상품특징 : NH농협 [은행 – 캐피탈] 간 협약상품으로 쉽고 간편하게 최고 1,000만 원까지 이용 가능한 개인 소액대출 전용상품
- 대출대상 : CSS 심사대상자로 NH농협 캐피탈의 보증서가 발급되는 개인
- 대출기간 : 4개월 이상 1년 이내로 거치기간 없음(단, 원리금 상환을 위하여 자동이체일과 상환 기일을 일치시키는 경우에 한하여 최장 13개월 이내에서 대출기간 지정 가능)
- 대출한도 : 300만 원 이상 1,000만 원 이내
- 대출금리 : 신용등급에 따라 차등적용

신용등급	1	2	3	4	5	6
기준금리	5.69%	6.39%	7.09%	7.78%	8.46%	8.99%

- 중도상환수수료 : 없음

조건

- 대출금액 : 5백만 원
- 대출환급방법 : 만기일시상환
- 신용등급 : 6등급
- 대출기간 : 6개월

① 33,264원　　　　② 34,581원
③ 35,362원　　　　④ 36,442원
⑤ 37,458원

05 다음은 N사의 간이재무제표이다. 해당 재무제표에서 2021년과 2022년 중 이자보상비율이 더 높은 연도와 그 비율을 바르게 연결한 것은?(단, 이자보상배율은 소수점 둘째 자리에서 반올림한다)

〈N사 간이재무제표〉

(단위 : 억 원)

구분		2021년	2022년
재무상태표	유동자산	1,400	1,700
	유동부채	160	200
	자산총계	5,000	5,200
	부채총계	3,000	3,700
	자본총계	2,000	1,500
손익계산서	영업이익	485	525
	이자비용	320	540
	당기순이익	125	10

- (이자보상배율)$=\dfrac{(영업이익)}{(이자비용)}$

- (이자보상비율)$=\dfrac{(영업이익)}{(이자비용)}\times100$

① 2021년, 150% 　　　　② 2021년, 125%

③ 2022년, 150% 　　　　④ 2022년, 125%

정답 및 해설

05 N사의 간이재무제표를 토대로 이자보상비율을 구하면 다음과 같다.

2021년	2022년
• (이자보상배율)$=\dfrac{485}{320}=1.515625 ≒ 1.5$배	• (이자보상배율)$=\dfrac{525}{540}=0.9722222\cdots ≒ 1$배
• (이자보상비율)$=1.5\times100=150\%$	• (이자보상비율)$=1\times100=100\%$

2021년의 이자보상비율은 150%로 2022년의 100%보다 50%가량 높다.

05 ①　◀ 정답

| 2022년 하반기 MG새마을금고 지역본부

01 다음 중 창의적 사고 기법에 대한 설명으로 가장 적절한 것은?

① 브레인스토밍은 여러 사람의 아이디어를 합친 후 최적의 대안을 찾는 방법이다.

② 자유연상법은 주제의 본질과 닮은 것을 힌트로 발상하는 방법이다.

③ 비교발상법은 각종 힌트에 강제적으로 연결 지어서 발상하는 방법이다.

④ NM법은 서로 관련이 없어 보이는 것들을 조합하여 새로운 것을 도출하는 방법이다.

정답 및 해설

01 브레인스토밍은 자유연상법의 하나로 주제를 정하여 자유롭게 아이디어를 말하고 이를 결합하여 최적의 방안을 찾는 방법이다.

오답분석

② 자유연상법 : 생각나는 대로 자유롭게 발상하는 방법이다.

③ 비교발상법 : 주제의 본질과 닮은 것을 힌트로 발상하는 방법이다.

④ NM법 : 대상과 비슷한 것을 찾아내 그것을 힌트로 새로운 아이디어를 생각하는 방법이다.

01 ① 〈정답

02 다음과 같은 상황에서 A는 문제를 해결하고자 한다. 이에 대한 문제해결 절차와 내용이 적절하게 연결되지 않은 것은?

〈상황〉

A는 학문적 호기심과 석사 학위에 대한 열망으로 대학원에 진학하고 싶으나, 대학원 입학으로 인해 어렵게 입사하여 현재 재직 중인 회사에서 퇴사하고 싶지 않아 한다.

---

① 문제 인식 : A는 현재 직장에서 퇴사하지 않으면서 대학원에 진학할 수 있는 방법을 찾고 싶어 한다.

② 문제 도출 : 대학원 진학을 위해 재직 중인 회사에서 퇴사해야만 하는지 검토해야 한다.

③ 원인 분석 : 대학원 진학을 위한 욕망이 원인이므로, 퇴사를 피하기 위해 석사 진학을 미래로 미룬다.

④ 해결안 개발 : 사내 인사제도를 이용해 휴직 후 대학원에 진학할 수 있음을 확인한다.

정답 및 해설

02 원인 분석은 '파악된 핵심문제에 대한 분석을 통해 근본적 원인을 도출하는 단계'로서, 석사 진학을 미루는 것은 도출된 문제를 해결할 수 있는 대안이 아니다. 주어진 상황의 근본적 원인은 '퇴사를 하지 않으며 대학원 진학이 가능한 방법에 대한 무지'이다.

02 ③ ◁ 정답

03 I은행에 근무 중인 L사원은 국내 금융시장에 대한 보고서를 작성하면서 I은행에 대한 SWOT 분석을 진행하였다. 다음 중 L사원이 작성한 SWOT 분석의 위협 요인에 들어갈 내용으로 적절하지 않은 것은?

강점(Strength)	약점(Weakness)
• 지속적 혁신에 대한 경영자의 긍정적 마인드 • 고객만족도 1위의 높은 고객 충성도 • 다양한 투자 상품 개발	• 해외 투자 경험 부족으로 취약한 글로벌 경쟁력 • 소매 금융에 비해 부족한 기업 금융
기회(Opportunity)	위협(Threat)
• 국내 유동자금의 증가 • 해외 금융시장 진출 확대 • 정부의 규제 완화 정책	

① 정부의 정책 노선 혼란 등으로 인한 시장의 불확실성 증가
② 경기 침체 장기화
③ 부족한 리스크 관리 능력
④ 금융업의 경계 파괴에 따른 경쟁 심화

정답 및 해설

03 리스크 관리 능력의 부족은 기업 내부환경의 약점 요인에 해당한다. 위협은 외부환경 요인에 해당하므로 위협 요인에는 회사 내부를 제외한 외부에서 비롯되는 요인이 들어가야 한다.

> **SWOT 분석**
> 기업의 내부환경과 외부환경을 분석하여 강점(Strength), 약점(Weakness), 기회(Opportunity), 위협(Threat) 요인을 규정하고, 이를 토대로 경영전략을 수립하는 기법
> • 강점(Strength) : 내부환경(자사 경영자원)의 강점
> • 약점(Weakness) : 내부환경(자사 경영자원)의 약점
> • 기회(Opportunity) : 외부환경(경쟁사, 고객, 거시적 환경)에서 비롯된 기회
> • 위협(Threat) : 외부환경(경쟁사, 고객, 거시적 환경)에서 비롯된 위협

03 ③ **정답**

04 올해 H은행에 입사한 신입사원 갑~기 6명과 이들이 배치될 부서에 대한 정보가 다음과 같을 때, 각 부서에 배치될 신입사원이 잘못 연결된 것은?

- 신입사원들은 서로 다른 부서에 배치되며, 배치되지 않는 신입사원은 없다.
- 신입사원들의 정보가 부서별 요구사항을 충족할 시 해당 부서에 배치된다.
- 신입사원들에 대한 정보는 다음과 같다.

직원명	전공	학위	인턴 경험	업무 역량		
				데이터분석	재무분석	제2외국어
갑	경영	학사	1회	×	×	○
을	인문	석사	-	○	×	×
병	공학	학사	1회	×	○	×
정	사회	학사	2회	×	○	○
무	공학	학사	-	○	×	×
기	경영	박사	-	×	○	×

- 부서별 신입사원 요구사항은 다음과 같다.

부서명	요구사항
총무부	경영 전공자, 인턴 경험 보유
투자전략부	재무분석 가능, 석사 이상
인사부	인턴 등 조직 경험 1회 이상
대외협력부	제2외국어 가능자
품질관리부	석사 이상, 데이터분석 역량 보유
기술개발부	데이터분석 가능자

	부서	신입사원		부서	신입사원
①	투자전략부	기	②	대외협력부	갑
③	품질관리부	을	④	기술개발부	무

정답 및 해설

04 부서별로 한 명씩 배치 가능한 신입사원을 살펴보면 다음과 같다.
- 총무부의 경우, 경영 전공자인 갑·기 중 인턴 경험이 있는 갑이 배치된다.
- 투자전략부의 경우, 재무분석이 가능한 병·정·기 중 석사 이상의 학위를 보유한 기가 배치된다.
- 대외협력부의 경우, 제2외국어 가능자인 갑·정 중 총무부로 배치되어야 하는 갑을 제외한 정이 배치된다.
- 품질관리부의 요건을 부합하는 직원은 을뿐이므로 을이 배치된다.
- 나머지 인력인 병·무 중 인턴 경험이 있는 병은 인사부로 배치되며, 데이터분석이 가능한 무는 기술개발부로 배치된다.
위의 내용을 표로 정리하면 다음과 같다.

부서명	직원명	부서명	직원명	부서명	직원명
총무부	갑	인사부	병	품질관리부	을
투자전략부	기	대외협력부	정	기술개발부	무

04 ② **정답**

05 다음은 I은행의 직장인우대MY통장 상품 설명의 일부이다. 해당 상품에 가입한 A ~ D의 정보가 〈보기〉와 같을 때, 가입자 중 우대금리가 가장 높은 사람은?

〈직장인우대MY통장〉

- 계약기간 : 1년(12개월)
- 신규금액 : 최소 1만 원 이상
- 납입한도 : 매월 1 ~ 20만 원(만 원 단위)
- 가입대상 : 실명의 개인(1인 1계좌, 개인사업자 제외)
- 이자지급주기 : 만기지급
- 이자지급방법 : 만기일시지급식
- 기본금리 : 연 3.55%
- 우대금리 : 최대 연 1.8%p

  계약기간 동안 아래 조건을 충족한 고객이 만기해지하는 경우 제공

우대조건	우대금리
가입시점에 직장인으로 확인되는 경우	연 0.3%p
당행 실명등록일로부터 3개월 이내 신규가입 또는 상품가입 직전월 기준 6개월 이상 총수신평잔 0원인 경우	연 0.3%p
계약기간 동안 당행 계좌로 6개월 이상 급여이체 실적(50만 원 이상)이 있는 경우	연 0.5%p
계약기간 동안 당행 신용(체크)카드 이용실적이 300만 원 이상인 경우 (단, 이용실적은 매출표 접수기준으로 결제계좌가 당행인 경우에 한하며 현금서비스 실적은 제외)	연 0.2%p
만기일 전일까지 계약기간 내 i-ONE 자산관리 내 마이데이터 수집 동의 이력 보유 (만기일 전까지 마이데이터 동의 이력 보유만 인정)	연 0.5%p

※ 유의사항 : 계좌에 압류, 가압류, 질권설정 등이 등록된 경우 원금 및 이자 지급 제한

　예금 잔액 증명서 발급 당일에는 입금·출금·이체 등 잔액 변동 불가

〈직장인우대MY통장 가입자 정보〉

가입자	내용
A	• K사 사원 재직 확인(월 실수령 225만 원 이상) • 1년 전부터 I은행을 주거래은행으로 이용 중 • 현재 I은행 계좌로 급여를 이체받고 있으며, 향후 급여계좌 변동 예정 없음 • I은행 신용카드로 매월 20만 원 미만 고정 지출 내역 확인
B	• 15일 후 N사 신입사원으로 입사 예정(월 실수령 200만 원 이상) • 12개월 이상 잔고 0원인 I은행 계좌 보유 • 상품가입 시 급여계좌를 I은행으로 설정하여 계약기간 동안 유지 예정 • I은행 신용카드로 매월 30만 원 이상 고정 지출 확인
C	• P사 과장 재직 확인(월 실수령 275만 원 이상) • 해당 상품가입 전 I은행 이용 이력 없음 • 타행 계좌로 100개월 분 급여이체 내역 확인 • I은행 신용카드로 매월 50만 원 이상 고정 지출 내역 확인
D	• O사 과장 재직 확인(월 실수령 330만 원 이상) • 3년 전부터 I은행을 주거래은행으로 이용 중 • 현재 I은행 계좌로 급여를 이체받고 있으며, 향후 급여계좌 변동 예정 없음 • I은행 계좌 압류 상태 확인 • I은행 신용카드 및 체크카드 미발급

※ 모든 가입자는 i-ONE 마이데이터 수집에 동의하였다.
※ 상품가입 이후 A~D의 정보는 변동되지 않는 것으로 가정한다.

① A
② B
③ C
④ D

정답 및 해설

05 상품가입 이후 A~D의 정보는 변동되지 않으며 i-ONE 마이데이터 수집에 모두 동의하였으므로, 우대금리를 계산하면 다음과 같다.
- A : 0.3+0.5+0.5=1.3%
- B : 0.3+0.5+0.2+0.5=1.5%
- C : 0.3+0.3+0.2+0.5=1.3%
- D : 계좌 압류 상태이므로 이자 지급 제한을 받는다.
따라서 B의 우대금리가 가장 높다.

05 ② 정답

❙ 2023년 NH농협은행 6급

01 N은행 마포지점 직원들은 4월 안에 N중앙회에서 주관하는 윤리교육을 8시간 이수해야 한다. 윤리교육은 주 2회 같은 요일 오전에 1시간 동안 진행되며, 지점별 일정에 맞춰 요일을 지정할 수 있다. N은행 마포지점의 4월 일정이 다음과 같을 때, 마포지점 직원들이 윤리교육을 수강해야 하는 날은 무슨 요일인가?(단, 전 직원이 모두 함께 윤리교육을 수강한다)

〈4월 일정표〉

월	화	수	목	금	토	일
	1	2	3	4	5	6
7	8	9	10	11	12	13
14 최과장 연차	15	16	17	18	19	20
21	22	23	24	25 오후 김대리 반차	26	27
28	29 오전 성대리 외근	30				

〈N은행 마포지점 행사일정〉

• 4월 3일 오전 : 신임 지점장 취임식
• 4월 7일 오후~8일 오전 : 1박 2일 전사 워크숍
• 4월 30일 오전 : 조합원 간담회 개최

① 월요일, 수요일
② 화요일, 목요일
③ 수요일, 목요일
④ 수요일, 금요일
⑤ 목요일, 금요일

정답 및 해설

01 윤리교육은 주 2회 같은 요일 오전에 1시간 동안 진행된다고 했으며, 선택지 내 요일이 두 요일씩 짝지어져 있으므로, 8시간의 윤리교육을 같은 요일에 이수하기 위해서는 해당 요일의 오전 일정이 4주간 비워져 있어야 한다.
월요일은 14일 최과장 연차로 가능한 날이 3주뿐이고, 화요일은 8일 오전 워크숍과 29일 오전 성대리 외근으로 가능한 날이 3주뿐이므로 수강할 수 없다. 목요일 또한 3일 오전 신임 지점장의 취임식이 있으므로 가능한 날이 3주뿐이다. 수요일은 30일 오전에 조합원 간담회가 있지만, 이 날을 제외하고도 4주 동안 윤리교육 수강이 가능하다. 금요일은 25일에 김대리 반차가 있지만, 오후이므로 4주 동안 오전에 윤리교육 수강이 가능하다.
따라서 마포지점 직원들이 윤리교육을 수강해야 하는 날은 '수요일, 금요일'이다.

01 ④ 〈정답〉

02 N은행은 다음과 같은 승진자 선발 방식에 따라 승진후보자 A ~ E주임 중 승진점수가 가장 높은 1명을 승진시키고자 한다. 다음 중 승진할 직원은?

〈승진자 선발 방식〉

- 승진후보자 중 승진점수가 가장 높은 순서대로 승진한다.
- 승진점수는 100점 만점으로 평가한다. 단, 가점을 합산하여 100점을 초과할 수 있다.
- 승진점수는 분기실적(40), 부서동화(30), 성실고과(20), 혁신기여점(10) 항목별 점수의 총합에 연수에 따른 가점을 합산하여 산정한다.
- 각 연수 이수자에게는 다음 표에 따라 가점을 부여한다. 단, 한 승진후보자가 받을 수 있는 가점은 5점을 초과할 수 없다.
- 동점자가 발생한 경우 분기실적 점수와 성실고과 점수의 합이 높은 직원이 우선한다.

〈연수별 가점〉

(단위 : 점)

연수	혁신선도	조직융화	자동화적응	대외협력
가점	2	1	4	3

〈승진후보자 항목별 평가점수〉

(단위 : 점)

승진후보자	분기실적	부서동화	성실고과	혁신기여	이수한 연수
A주임	29	28	12	4	조직융화
B주임	32	29	12	5	혁신선도
C주임	35	21	14	3	자동화적응, 대외협력
D주임	28	24	18	3	–
E주임	30	23	16	7	자동화적응

① A주임　　　　　　　　　　② B주임
③ C주임　　　　　　　　　　④ D주임
⑤ E주임

정답 및 해설

02 승진자 선발 방식에 따라 각 승진후보자의 승진점수를 계산하면 다음과 같다.
- A주임 : 29+28+12+4+1(가점)=74점
- B주임 : 32+29+12+5+2(가점)=80점
- C주임 : 35+21+14+3+5(가점상한)=78점
- D주임 : 28+24+18+3=73점
- E주임 : 30+23+16+7+4(가점)=80점

승진점수가 가장 높은 승진후보자는 B주임과 E주임인데, 80점으로 동점이다. 승진자 선발 방식에 따르면 동점자가 발생한 경우 분기실적 점수와 성실고과 점수의 합이 높은 직원이 우선한다고 하였다. 분기실적 점수와 성실고과 점수의 합이 E주임은 30+16=46점, B주임은 32+12=44점이다. 따라서 E주임이 승진한다.

02 ⑤ 〈정답〉

┃ 2022년 하반기 MG새마을금고 지역본부

다음은 갈등해결을 위한 6단계 프로세스이다. 3단계에 해당하는 대화의 예로 가장 적절한 것은?

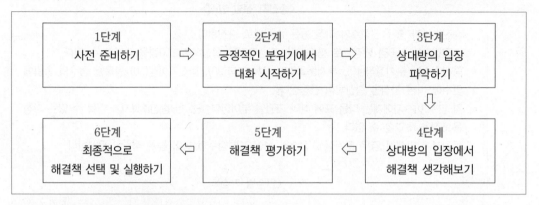

| 1단계
사전 준비하기 | ⇨ | 2단계
긍정적인 분위기에서
대화 시작하기 | ⇨ | 3단계
상대방의 입장
파악하기 |

| 6단계
최종적으로
해결책 선택 및 실행하기 | ⇦ | 5단계
해결책 평가하기 | ⇦ | 4단계
상대방의 입장에서
해결책 생각해보기 |

① 그럼 A씨의 생각대로 진행해 보시죠.

② 제 생각은 이런데, A씨의 생각은 어떠신지 말씀해 주시겠어요?

③ 저도 좋아요. 그것으로 결정해요.

④ 저는 모두가 만족하는 해결책을 찾고 싶어요.

정답 및 해설

3단계는 상대방의 입장을 파악하는 단계이다. 자신의 생각을 말한 뒤 A씨의 견해를 물으며 상대방의 입장을 파악하려는 ②가 3단계에 해당하는 대화로 가장 적절하다.

② 정답

| 2023년 NH농협은행 6급

엑셀 프로그램에서 왼쪽과 같은 데이터를 정렬 기능을 사용하여 오른쪽과 같이 정렬할 때, 열과 정렬에 들어갈 항목이 바르게 연결된 것은?

	A	B	C
1	이름	성별	나이
2	이선영	여	24
3	박영현	남	19
4	서지웅	남	21
5	주아영	여	23
6	배지은	여	34
7	신광민	남	31
8	우영민	남	28
9	유민지	여	35

→

	A	B	C
1	이름	성별	나이
2	박영현	남	19
3	서지웅	남	21
4	주아영	여	23
5	이선영	여	24
6	우영민	남	28
7	신광민	남	31
8	배지은	여	34
9	유민지	여	35

	열	정렬
①	이름	오름차순
②	성별	내림차순
③	성별	오름차순
④	나이	내림차순
⑤	나이	오름차순

정답 및 해설

오른쪽의 데이터는 나이가 적은 사람부터 많은 사람 순으로 정렬되어 있다. 따라서 열에는 '나이', 정렬에는 '오름차순'을 선택해야 오른쪽과 같이 정렬된다.

⑤ < 정답

07 기술능력

다음은 산업안전보건법 시행규칙의 일부이다. 빈칸에 들어갈 내용을 순서대로 나열한 것은?

〈산업안전보건법 시행규칙〉

제197조(일반건강진단의 주기 등)

① 사업주는 상시 사용하는 근로자 중 사무직에 종사하는 근로자(공장 또는 공사현장과 같은 구역에 있지 않은 사무실에서 서무·인사·경리·판매·설계 등의 사무업무에 종사하는 근로자를 말하며, 판매업무 등에 직접 종사하는 근로자는 제외한다)에 대해서는 ___년에 1회 이상, 그 밖의 근로자에 대해서는 ___ 년에 1회 이상 일반건강진단을 실시해야 한다.

② 법 제129조에 따라 일반건강진단을 실시해야 할 사업주는 일반건강진단 실시 시기를 안전보건관리규정 또는 취업규칙에 규정하는 등 일반건강진단이 정기적으로 실시되도록 노력해야 한다.

---

① 1, 1

② 1, 2

③ 2, 1

④ 2, 2

정답 및 해설

산업안전보건법 시행규칙 제197조 제1항에 따르면 사무직 근로자는 2년에 1회 이상, 그 밖의 근로자는 1년에 1회 이상 일반건강진 단을 실시해야 한다.

③   정답

08 조직이해능력

| 2022년 상반기 IBK기업은행

다음 조직도를 바르게 이해한 사람을 〈보기〉에서 모두 고르면?

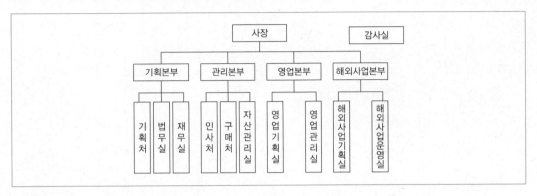

보기
- A : 조직도를 보면 4개 본부, 3개의 처, 8개의 실로 구성돼 있어.
- B : 사장 직속으로 4개의 본부가 있고, 그중 한 본부에서는 인사를 전담하고 있네.
- C : 감사실은 사장 직속이지만 별도로 분리되어 있구나.
- D : 해외사업기획실과 해외사업운영실은 둘 다 해외사업과 관련이 있으니까 해외사업본부에 소속되어 있는 것이 맞아.

① A, B
② A, C
③ A, D
④ B, C

정답 및 해설

오답분석
- B : 사장 직속으로 4개의 본부가 있다는 설명은 옳지만, 인사를 전담하고 있는 본부는 없으므로 옳지 않다.
- C : 감사실이 분리되어 있다는 설명은 옳지만, 사장 직속이 아니므로 옳지 않다.

③ 정답

실패는 성공의 첫걸음이다.

- 월트 디즈니 -

PART

1
적성검사

01 | 언어능력 핵심이론

01 ▶ 언어유추

01 어휘력

1. 어휘의 의미

(1) 유의 관계

두 개 이상의 어휘가 서로 소리는 다르나 의미가 비슷한 경우를 유의 관계라고 하고, 유의 관계에 있는 어휘를 유의어(類義語)라고 한다. 유의 관계의 대부분은 개념적 의미의 동일성을 전제로 한다. 그렇다고 하여 유의 관계를 이루는 단어들을 어느 경우에나 서로 바꾸어 쓸 수 있는 것은 아니다. 따라서 언어 상황에 적합한 말을 찾아 쓰도록 노력하여야 한다.

① 원어의 차이

한국어는 크게 고유어, 한자어, 외래어로 구성되어 있다. 따라서 하나의 사물에 대해서 각각 부르는 일이 있을 경우 유의 관계가 발생하게 된다.

㉠ 고유어와 한자어

[예] 오누이 : 남매, 나이 : 연령, 사람 : 인간

㉡ 한자어와 외래어

[예] 사진기 : 카메라, 탁자 : 테이블

② 전문성의 차이

같은 사물에 대해서 일반적으로 부르는 이름과 전문적으로 부르는 이름이 다른 경우가 많다. 이런 경우에 전문적으로 부르는 이름과 일반적으로 부르는 이름 사이에 유의 관계가 발생한다.

[예] 에어컨 : 공기조화기, 소금 : 염화나트륨

③ 내포의 차이

나타내는 의미가 완전히 일치하지는 않으나, 유사한 경우에 유의 관계가 발생한다.

[예] 즐겁다 : 기쁘다, 친구 : 동무

④ 완곡어법

문화적으로 금기시하는 표현을 둘러서 말하는 것을 완곡어법이라고 하며, 이러한 완곡어법 사용에 따라 유의 관계가 발생한다.

[예] 변소 : 화장실, 죽다 : 운명하다

다음 제시된 낱말의 대응 관계로 볼 때, 빈칸에 들어가기에 적절한 것은?

> 흉내 : 시늉 = 권장 : (　　　)

① 조장　　　　　　　　　　② 조성

③ 구성　　　　　　　　　　④ 형성

⑤ 조직

| 해설 | 제시된 단어는 유의 관계이다.
'흉내'의 유의어는 '시늉'이고, '권장'의 유의어는 '조장'이다.

정답 ①

(2) 반의 관계

① 개요

반의어(反意語)는 둘 이상의 단어에서 의미가 서로 짝을 이루어 대립하는 경우를 말한다. 어휘의 의미가 서로 대립하는 단어를 말하며, 이러한 어휘들의 관계를 반의 관계라고 한다. 한 쌍의 단어가 반의어가 되려면, 두 어휘 사이에 공통적인 의미 요소가 있으면서도 동시에 서로 다른 하나의 의미 요소만 달라야 한다.

반의어는 반드시 한 쌍으로만 존재하는 것이 아니라, 다의어(多義語)이면 그에 따라 반의어가 여러 개로 달라질 수 있다. 즉, 하나의 단어에 대하여 여러 개의 반의어가 있을 수 있다.

② 반의어의 종류

반의어에는 상보 반의어와 정도 반의어, 방향 반의어가 있다.

㉠ 상보 반의어 : 한쪽 말을 부정하면 다른 쪽 말이 되는 반의어이며, 중간항은 존재하지 않는다. '있다'와 '없다'가 상보적 반의어이며, '있다'와 '없다' 사이의 중간 상태는 존재할 수 없다.

　예 참 : 거짓, 합격 : 불합격

㉡ 정도 반의어 : 한쪽 말을 부정하면 반드시 다른 쪽 말이 되는 것이 아니며, 중간항을 갖는 반의어이다. '크다'와 '작다'가 정도 반의어이며, 크지도 작지도 않은 중간이라는 중간항을 갖는다.

　예 길다 : 짧다, 많다 : 적다

㉢ 방향 반의어 : 맞선 방향을 전제로 하여 관계나 이동의 측면에서 대립을 이루는 단어 쌍이다. 방향 반의어는 공간적 대립, 인간관계 대립, 이동적 대립 등으로 나누어 볼 수 있다.

- 공간적 대립

　예 위 : 아래, 처음 : 끝

- 인간관계 대립

　예 부모 : 자식, 남편 : 아내

- 이동적 대립

　예 사다 : 팔다, 열다 : 닫다

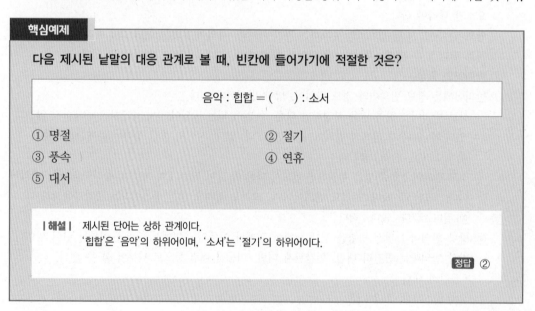

핵심예제

다음 제시된 낱말의 대응 관계로 볼 때, 빈칸에 들어가기에 적절한 것은?

시작 : (　　) = 원인 : 결과

① 준비　　　　　　　　　　② 출발
③ 끝　　　　　　　　　　　④ 착수
⑤ 애초

| 해설 |　제시된 단어는 반의 관계이다.
　　　　　　'원인'의 반의어는 '결과'이고, '시작'의 반의어는 '끝'이다.

정답 ③

(3) 상하 관계

상하 관계는 단어의 의미적 계층 구조에서 한쪽이 의미상 다른 쪽을 포함하거나 다른 쪽에 포섭되는 관계를 말한다. 상하 관계를 형성하는 단어들은 상위어(上位語)일수록 일반적이고 포괄적인 의미를 지니며, 하위어(下位語)일수록 개별적이고 한정적인 의미를 지닌다. 따라서 상위어는 하위어를 의미적으로 함의하게 된다. 즉, 하위어가 가지고 있는 의미 특성을 상위어가 자동적으로 가지게 되는 것이다.

핵심예제

다음 제시된 낱말의 대응 관계로 볼 때, 빈칸에 들어가기에 적절한 것은?

음악 : 힙합 = (　　) : 소서

① 명절　　　　　　　　　　② 절기
③ 풍속　　　　　　　　　　④ 연휴
⑤ 대서

| 해설 |　제시된 단어는 상하 관계이다.
　　　　　　'힙합'은 '음악'의 하위어이며, '소서'는 '절기'의 하위어이다.

정답 ②

(4) 부분 관계

부분 관계는 한 단어가 다른 단어의 부분이 되는 관계를 말하며, 전체 − 부분 관계라고도 한다. 부분 관계에서 부분을 가리키는 단어를 부분어(部分語), 전체를 가리키는 단어를 전체어(全體語)라고 한다. 예를 들면, '머리, 팔, 몸통, 다리'는 '몸'의 부분어이며, 이러한 부분어들에 의해 이루어진 '몸'은 전체어이다.

핵심예제

다음 제시된 낱말의 대응 관계로 볼 때, 빈칸에 들어가기에 적절한 것은?

> 한옥 : 대들보 = 나무 : (   )

① 장작   ② 가지
③ 의자   ④ 돌
⑤ 바람

| 해설 | 제시된 단어는 부분 관계이다.
'대들보'는 '한옥'의 한 부분이며, '가지'는 '나무'의 한 부분이다.

정답 ②

---

(5) 다의어 · 동음이의어

① 다의어

하나의 소리가 둘 이상의 다르면서도 서로 연관된 의미를 가지고 있는 어휘들의 관계를 다의관계라고 하고, 다의 관계에 있는 어휘를 다의어라고 한다.

② 동음이의어

두 개 이상의 단어가 우연히 같은 소리를 가지고 있으나, 의미가 다른 어휘들의 관계를 동음이의 관계라고 하고, 동음이의 관계에 있는 어휘를 동음이의어라고 한다.

다음 문장의 밑줄 친 부분과 같은 의미로 쓰인 것은?

> 자기의 재주를 인정해 주지 않을 때면 공연이 계속되는 중이라도 그는 마술 도구가 든 가방 하나를 들고 <u>거칠</u> 것 없이 단체를 떠났다.

① 고등학교를 <u>거쳐</u> 대학을 간다.
② 칡덩굴이 밭에 <u>거친다</u>.
③ 기숙사 학생들의 편지는 사감 선생님의 손을 <u>거쳐야</u> 했다.
④ 가장 어려운 문제를 해결했으니 특별히 <u>거칠</u> 문제는 없다.
⑤ 대구를 <u>거쳐</u> 부산으로 간다.

| 해설 | 제시문의 '거치다'는 '마음에 거리끼거나 꺼리다.'를 뜻하는 것으로 같은 의미로 쓰인 말은 ④이다.

[오답분석]
① 어떤 과정이나 단계를 겪거나 밟다.
② 무엇에 걸리거나 막히다.
③ 검사하거나 살펴보다.
⑤ 오가는 도중에 어디를 지나거나 들르다.

정답 ④

2. 알맞은 어휘

(1) 나이와 관련된 어휘

- 충년(沖年) : 10세 안팎의 어린 나이
- 지학(志學) : 15세가 되어 학문에 뜻을 둠
- 약관(弱冠) : 남자 나이 20세, 여자는 묘령(妙齡)·묘년(妙年)·방년(芳年)·방령(芳齡) 등
- 이립(而立) : 30세, 인생관이 섰음을 뜻함
- 불혹(不惑) : 40세, 세상의 유혹에 빠지지 않음을 뜻함
- 지천명(知天命) : 50세, 하늘의 뜻을 깨달음
- 이순(耳順) : 60세, 경륜이 쌓이고 사려와 판단이 성숙하여 남의 어떤 말도 거슬리지 않음
- 화갑(華甲) : 61세, 회갑(回甲), 환갑(還甲)
- 진갑(進甲) : 62세, 환갑의 이듬해
- 고희(古稀) : 70세, 두보의 시에서 유래, 사람의 나이 70세는 예부터 드문 일
- 희수(喜壽) : 77세, '喜'자의 초서체가 '七十七'과 비슷한 데서 유래
- 산수(傘壽) : 80세, '傘'자를 풀면 '八十'이 되는 데서 유래
- 미수(米壽) : 88세, '米'자를 풀면 '八十八'이 되는 데서 유래
- 졸수(卒壽) : 90세, '卒'의 초서체가 '九十'이 되는 데서 유래

- 망백(望百) : 91세, 100세를 바라봄
- 백수(白壽) : 99세, '百'에서 '一'을 빼면 '白'
- 상수(上壽) : 100세, 사람의 수명 중 최상의 수명
- 기이(期頤) : 100세, 사람의 수명은 100년으로써 기(期)로 함
- 다수(茶壽) : 108세, '茶'를 풀면, '十'이 두 개라서 '二十'이고 아래 '八十八'이니 합하면 108
- 천수(天壽) : 120세, 병 없이 늙어서 죽음을 맞이하면 하늘이 내려 준 나이를 다 살았다는 뜻

(2) 단위와 관련된 어휘

① 척도단위

⊙ 길이
- 자 : 한 치의 열 배, 약 30.3cm
- 마장 : 주로 5리나 10리가 못 되는 몇 리의 거리를 일컫는 단위
- 뼘 : 엄지손가락과 다른 손가락을 완전히 펴서 벌렸을 때에 두 끝 사이의 거리

⊙ 넓이
- 갈이 : 소 한 마리가 하루에 갈 수 있는 넓이를 나타내는 단위. 약 2,000평
- 마지기 : 논밭의 넓이의 단위. 논은 200~300평, 밭은 100평에 해당
- 목 : 세금을 매기기 위한 논밭의 넓이 단위

⊙ 부피
- 홉 : 곡식 같은 것들을 재는 단위의 한 가지 또는 그 그릇. 한 되의 1/10, 약 180mL
- 되 : 곡식, 액체 등의 분량을 헤아리는 단위. 홉의 열 배, 즉 열 홉의 단위
- 춤 : 가늘고 긴 물건을 한 손으로 쥘 만한 분량

⊙ 무게
- 돈 : 한 냥의 1/10, 약 3.75g
- 푼 : 한 돈의 1/10, 약 0.375g
- 냥 : 수관형사(수사) 밑에 쓰는 돈(엽전) 또는 중량의 단위의 하나. 한 근의 1/16, 약 37.5g

② 묶음 단위

- 가락 : 가느스름하고 기름하게 토막 친 엿가락과 같은 물건의 낱개를 세는 단위
- 거리 : 오이, 가지 등의 50개를 묶어서 세는 단위
- 거웃 : 논밭을 갈아 넘긴 골을 헤아리는 단위
- 고리 : 소주 열 사발을 한 단위로 이르는 말
- 끗 : 접쳐서 파는 피륙의 접은 것을 세는 단위 또는 노름 등에서 셈치는 점수
- 끼 : 끼니를 셀 때 쓰는 말
- 낱 : 셀 수 있는 물건의 하나하나를 세는 단위
- 닢 : 잎 또는 쇠붙이로 만든 돈, 가마니같이 납작한 물건을 세는 단위
- 대 : 담배를 피우는 분량 또는 때리는 매의 횟수를 세는 단위
- 떨기 : 무더기진 풀, 꽃 따위의 식물을 세는 단위
- 마투리 : 한 가마나 한 섬에 차지 못하고 남는 양
- 바리 : 마소의 등에 잔뜩 실은 짐을 세는 단위
- 발 : 두 팔을 길게 잔뜩 편 길이를 나타내는 단위
- 벌 : 옷, 그릇 따위의 짝을 이룬 한 덩이를 세는 단위

- 사리 : 윷놀이에서 나오는 모나 윷을 세는 말
- 새 : 피륙의 날을 세는 단위
- 우리 : 기와를 세는 단위. 기와 2,000장
- 임 : 머리 위에 인 물건을 세는 단위
- 접 : 과일, 무, 배추, 마늘 등 채소 따위의 100개를 이르는 단위
- 죽 : 옷, 신, 그릇 따위의 10개를 이르는 말
- 쾌 : 북어 20마리를 세는 단위
- 토리 : 실 뭉치를 세는 말
- 톳 : 김 100장씩을 한 묶음으로 묶은 덩이(경우에 따라서는 40장씩 묶기도 한다)
- 편거리 : 인삼을 한 근씩 자를 때, 그 개수를 세는 말

(3) 호칭어와 지칭어

호칭어는 상대방을 부를 때 쓰는 말이고, 지칭어는 상대방을 가리킬 때 쓰는 말이다.

① 부모형제
- ㉠ 아버지의 형 : 큰아버지, 백부
- ㉡ 아버지 형의 아내 : 큰어머니, 백모
- ㉢ 아버지의 남동생 : 삼촌, 작은아버지, 숙부
- ㉣ 아버지 동생의 아내 : 작은어머니, 숙모
- ㉤ 아버지의 여자형제 : 고모
- ㉥ 어머니의 여자형제 : 이모
- ㉦ 어머니 여동생의 남편 : 이모부
- ㉧ 어머니 여동생의 아들 : 이종

② 시댁식구
- ㉠ 남편의 형 : 아주버님
- ㉡ 남편의 누나 : 형님
- ㉢ 남편의 여동생 : 아가씨
- ㉣ 남편의 동생(시동생) : 도련님(미혼), 서방님(기혼)
- ㉤ 남편 형의 아내 : 형님
- ㉥ 남편 누나의 남편 : 아주버님
- ㉦ 남편 여동생의 남편 : 서방님
- ㉧ 남편 남동생의 아내 : 동서

③ 처가식구
- ㉠ 아내의 오빠 : 처남, 형님
- ㉡ 아내의 남동생 : 처남
- ㉢ 아내의 언니 : 처형
- ㉣ 아내의 여동생 : 처제
- ㉤ 아내 오빠의 아내 : 처남댁, 아주머니
- ㉥ 아내 언니의 남편 : 형님(나이가 많을 경우), 동서(나이가 적을 경우)
- ㉦ 아내 남동생의 아내 : 처남댁
- ㉧ 아내 여동생의 남편 : 동서

④ 기타
ㄱ 돌아가신 아버지를 남에게 지칭할 때 : 선친(先親), 선군(先君), 망부(亡父)
ㄴ 돌아가신 어머니를 남에게 지칭할 때 : 선비(先妣), 선자(先慈), 망모(亡母)
ㄷ 남의 아버지를 지칭할 때 : 춘부장(椿府丈)
ㄹ 남의 어머니를 지칭할 때 : 자당(慈堂)
ㅁ 돌아가신 남의 아버지를 지칭할 때 : 선대인(先大人)
ㅂ 돌아가신 남의 어머니를 지칭할 때 : 선대부인(先大夫人)

(4) 접속어

접속어는 단어와 단어, 구절과 구절, 문장과 문장을 이어 주는 구실을 하는 문장 성분이다.
① 순접관계 : 앞의 내용을 순조롭게 받아 이어 주는 역할
예 그리고, 그리하여, 그래서, 이와 같이, 그러므로 등
② 역접관계 : 앞의 내용과 상반된 내용을 이어 주는 역할
예 그러나, 그렇지만, 하지만, 그래도, 반면에 등
③ 인과관계 : 앞뒤의 문장을 원인과 결과로 또는 결과와 원인으로 이어 주는 역할
예 그래서, 따라서, 그러므로, 왜냐하면 등
④ 환언·요약관계 : 앞 문장을 바꾸어 말하거나 간추려 짧게 말하며 이어 주는 역할
예 즉, 요컨대, 바꾸어 말하면, 다시 말하면 등
⑤ 대등·병렬관계 : 앞 내용과 뒷 내용을 대등하게 이어 주는 역할
예 또는, 혹은, 및, 한편 등
⑥ 전환관계 : 뒷 내용이 앞 내용과는 다를 때 새로운 생각이나 사실을 서술하여 화제를 바꾸어 이어 주는 역할
예 그런데, 한편, 아무튼, 그러면 등
⑦ 예시관계 : 앞 문장에 대한 구체적인 예를 들어 설명하며 이어 주는 역할
예 예컨대, 이를테면, 가령, 예를 들어 등

(5) 술어 파악

하나의 술어는 여러 종류의 어휘들과 어울려 다양한 의미로 사용되는데, 이때 중요한 것은 목적어와 적절하게 호응할 수 있는지를 따져 보는 것이다. 술어가 주어나 목적어 등과 적절하게 호응하는지를 파악하기 위해서는 단어의 용례를 숙지해 두는 것이 중요한데, 술어 찾기 문제는 보통 우리가 일상생활에서 흔히 사용하는 단어의 쓰임을 묻는 유형이 주를 이루므로, 잘 정리해 두는 것도 좋은 방법이 될 수 있다.
• 가다 : 가늠이 가다, 금이 가다, 눈길이 가다, 살로 가다, 주름이 가다, 수긍이 가다 등
• 놀다 : 태아가 놀다, 물고기가 놀다, 손가락이 놀다, 돈이 놀다 등
• 닦다 : 이를 닦다, 땀을 닦다, 길을 닦다, 행실을 닦다, 기반을 닦다, 학업을 닦다, 호적을 닦다 등
• 묻다 : 정답을 묻다, 잉크가 묻다, 책임을 묻다, 거름을 묻다, 비밀을 묻다, 몸을 묻다 등
• 벗다 : 고통을 벗다, 옷을 벗다, 배낭을 벗다, 누명을 벗다, 때를 벗다, 허물을 벗다, 관복을 벗다 등
• 사다 : 책을 사다, 공로를 사다, 사람을 사다, 의심을 사다, 저녁을 사다, 원성을 사다, 호감을 사다 등
• 잇다 : 가업을 잇다, 말을 잇다, 끈을 잇다, 줄을 잇다, 생계를 잇다, 꼬리를 잇다 등
• 짓다 : 밥을 짓다, 약을 짓다, 시를 짓다, 한숨을 짓다, 죄를 짓다, 매듭을 짓다 등

- 치다 : 공을 치다, 손뼉을 치다, 못을 치다, 전보를 치다, 꼬리를 치다, 헤엄을 치다, 사기를 치다, 점을 치다, 촌수로 치다, 커튼을 치다, 벼락이 치다, 기름을 치다 등
- 풀다 : 보따리를 풀다, 화를 풀다, 회포를 풀다, 문제를 풀다, 피로를 풀다, 의심을 풀다, 물감을 풀다, 꿈을 풀다, 코를 풀다, 말을 풀다 등

02 우리말 어법

1. 한글맞춤법 · 표준어규정 · 띄어쓰기

(1) 한글맞춤법

① 소리

ㄱ 된소리 : 한 단어 안에서 뚜렷한 까닭 없이 나는 된소리는 다음 음절의 첫소리를 된소리로 적는다.
예 소쩍새, 움찔, 어깨 등

ㄴ 구개음화 : 'ㄷ, ㅌ' 받침 뒤에 종속적 관계를 가진 '-이(-)'나 '-히-'가 올 적에는, 그 'ㄷ, ㅌ'이 'ㅈ, ㅊ'으로 소리가 나더라도 'ㄷ, ㅌ'으로 적는다.
예 해돋이[해도지], 굳이[구지], 맏이[마지] 등

ㄷ 'ㄷ' 소리 받침 : 'ㄷ' 소리로 나는 받침 중에서 'ㄷ'으로 적을 근거가 없는 것은 'ㅅ'으로 적는다.
예 덧저고리, 돗자리, 웃어른 등

ㄹ 모음

- '계, 례, 몌, 폐, 혜'의 'ㅖ'는 'ㅔ'로 소리 나는 경우가 있더라도 'ㅖ'로 적는다.
  예 계수[게수], 사례[사레], 혜택[헤택] 등
  다만, 다음 말은 본음대로 적는다.
  예 게송, 게시판, 휴게실 등
- '의'나 자음을 첫소리로 가지고 있는 음절의 'ㅢ'는 'ㅣ'로 소리 나는 경우가 있더라도 'ㅢ'로 적는다.
  예 무늬[무니], 씌어[씨어], 본의[본이] 등

ㅁ 두음법칙

- 한자음 '녀, 뇨, 뉴, 니'가 단어 첫머리에 올 적에는, 두음법칙에 따라 '여, 요, 유, 이'로 적는다.
  예 여자[녀자], 연세[년세], 요소[뇨소] 등
  - 단어의 첫머리 이외의 경우에는 본음대로 적는다.
    예 남녀(男女), 당뇨(糖尿), 은닉(隱匿) 등
  - 접두사처럼 쓰이는 한자가 붙어서 된 말이나 합성어에서, 뒷말의 첫소리가 'ㄴ' 소리로 나더라도 두음법칙에 따라 적는다.
    예 신여성(新女性), 공염불(空念佛), 남존여비(男尊女卑) 등
- 한자음 '랴, 려, 례, 료, 류, 리'가 단어의 첫머리에 올 적에는, 두음법칙에 따라 '야, 여, 예, 요, 유, 이'로 적는다.
  예 양심[량심], 역사[력사], 이발[리발] 등
  - 단어의 첫머리 이외의 경우에는 본음대로 적는다.
    예 개량(改良), 수력(水力), 급류(急流) 등

– 모음이나 'ㄴ' 받침 뒤에 이어지는 '렬, 률'은 '열, 율'로 적는다.
    예 나열[나렬], 분열[분렬], 전율[전률] 등
– 접두사처럼 쓰이는 한자가 붙어서 된 말이나 합성어에서, 뒷말의 첫소리가 'ㄴ' 또는 'ㄹ' 소리로 나더라도 두음법칙에 따라 적는다.
    예 역이용(逆利用), 연이율(年利率), 열역학(熱力學) 등
• 한자음 '라, 래, 로, 뢰, 루, 르'가 단어의 첫머리에 올 적에는, 두음법칙에 따라 '나, 내, 노, 뇌, 누, 느'로 적는다.
    예 낙원[락원], 노인[로인], 뇌성[뢰성] 등
– 단어의 첫머리 이외의 경우에는 본음대로 적는다.
    예 쾌락(快樂), 극락(極樂), 지뢰(地雷) 등
– 접두사처럼 쓰이는 한자가 붙어서 된 단어는 뒷말을 두음법칙에 따라 적는다.
    예 상노인(上老人), 중노동(重勞動), 비논리적(非論理的) 등
ⓑ 겹쳐 나는 소리 : 한 단어 안에서 같은 음절이나 비슷한 음절이 겹쳐 나는 부분은 같은 글자로 적는다.
    예 눅눅하다[눙눅하다], 꼿꼿하다[꼳곳하다], 씁쓸하다[씁슬하다] 등
② 형태
ⓐ 사이시옷
• '순우리말+순우리말'의 형태로 합성어를 만들 때 앞말에 받침이 없을 경우
– 뒷말의 첫소리가 된소리로 나야 한다.
    예 귓밥(귀+밥), 나뭇가지(나무+가지), 쇳조각(쇠+조각) 등
– 뒷말의 첫소리가 'ㄴ, ㅁ'이고, 그 앞에서 'ㄴ' 소리가 덧나야 한다.
    예 아랫마을(아래+ㅅ+마을), 뒷머리(뒤+ㅅ+머리), 잇몸(이+ㅅ+몸) 등
– 뒷말의 첫소리가 무음가 'ㅇ'이고, 이 모음 앞에서 'ㄴㄴ' 소리가 덧나야 한다.
    예 깻잎[깬닙], 나뭇잎[나문닙], 댓잎[댄닙] 등
• '순우리말+한자어' 혹은 '한자어+순우리말'의 형태로 합성어를 만들 때 앞말에 받침이 없을 경우
– 뒷말의 첫소리가 된소리로 나야 한다.
    예 콧병[코뼝], 샛강[새깡], 아랫방[아래빵] 등
– 뒷말의 첫소리가 'ㄴ, ㅁ'이고, 그 앞에서 'ㄴ' 소리가 덧나야 한다.
    예 훗날[훈날], 제삿날[제산날], 툇마루[퇸마루] 등
– 뒷말의 첫소리가 무음가 'ㅇ'이고, 이 모음 앞에서 'ㄴㄴ' 소리가 덧나야 한다.
    예 가욋일[가원닐], 예삿일[예산닐], 훗일[훈닐] 등
• 한자어+한자어로 된 두 음절의 합성어 가운데에서는 다음 6개만 인정한다.
    예 곳간(庫間), 숫자(數字), 횟수(回數), 툇간(退間), 셋방(貰房), 찻간(車間)
ⓒ 준말
• 단어의 끝모음이 줄어지고 자음만 남은 것은 그 앞의 음절에 받침으로 적는다.
    예 엊그저께(어제그저께), 엊저녁(어제저녁), 온갖(온가지) 등
• 체언과 조사가 어울려 줄어지는 경우에는 준 대로 적는다.
    예 그건(그것은), 그걸로(그것으로), 무얼(무엇을) 등

• 모음 'ㅏ, ㅓ'로 끝난 어간에 '-아 / -어, -았- / -었-'이 어울릴 적에는 준 대로 적는다.
예 가(가아), 갔다(가았다), 폈다(펴었다) 등

• 모음 'ㅗ, ㅜ'로 끝난 어간에 '-아 / -어, -았- / -었-'이 어울려 'ㅘ / ㅝ, 왔 / 웠'으로 될 적에는 준 대로 적는다.
예 꽜다(꼬았다), 쐈다(쏘았다), 쒔다(쑤었다) 등

• 'ㅣ' 뒤에 '-어'가 와서 'ㅕ'로 줄 적에는 준 대로 적는다.
  - 가져(가지어), 버텨(버티어), 치여(치이어) 등
  예 'ㅏ, ㅕ, ㅗ, ㅜ, ㅡ'로 끝난 어간에 '-이-'가 와서 각각 'ㅐ, ㅖ, ㅚ, ㅟ, ㅢ'로 줄 적에는 준 대로 적는다.
  예 쌔다(싸이다), 폐다(펴이다), 씌다(쓰이다) 등

• 'ㅏ, ㅗ, ㅜ, ㅡ' 뒤에 '-이어'가 어울려 줄어질 적에는 준 대로 적는다.
예 보여(보이어), 누여(누이어), 트여(트이어) 등

• 어미 '-지' 뒤에 '않-'이 어울려 '-잖-'이 될 적과 '-하지' 뒤에 '않-'이 어울려 '-찮-'이 될 적에는 준 대로 적는다.
예 그렇잖은(그렇지 않은), 만만찮다(만만하지 않다), 변변찮다(변변하지 않다) 등

• 어간의 끝음절 '하'의 'ㅏ'가 줄고 'ㅎ'이 다음 음절의 첫소리와 어울려 거센소리로 될 적에는 거센소리로 적는다.
예 간편케(간편하게), 연구토록(연구하도록), 흔타(흔하다) 등
  - 'ㅎ'이 어간의 끝소리로 굳어진 것은 받침으로 적는다.
  예 아무렇다 – 아무렇고 – 아무렇지 – 아무렇든지
  - 어간의 끝음절 '하'가 아주 줄 적에는 준 대로 적는다.
  예 거북지(거북하지), 생각건대(생각하건대), 넉넉지 않다(넉넉하지 않다) 등

• 다음과 같은 부사는 소리대로 적는다.
예 결단코, 기필코, 무심코, 하여튼, 요컨대 등

ⓒ '-쟁이', '-장이'

• 그것이 나타내는 속성을 많이 가진 사람은 '-쟁이'로 적는다.
예 거짓말쟁이, 욕심쟁이, 심술쟁이 등

• 그것과 관련된 기술을 가진 사람은 '-장이'로 적는다.
예 미장이, 대장장이, 토기장이 등

③ 틀리기 쉬운 어휘

• 금새 : 물건의 값
  금세 : 지금 바로
• 늘이다 : 본디보다 더 길게 하다.
  늘리다 : 길이나 넓이, 부피 따위를 본디보다 커지게 하다.
• ~던지 : 막연한 의문이 있는 채로 그것을 뒷 절의 사실이나 판단과 관련시킬 때
  ~든지 : 나열된 동작이나 상태, 대상 중에서 어느 것이든 선택될 수 있음을 나타낼 때
• 부치다 : 일정한 수단이나 방법을 써서 상대에게로 보내다.
  붙이다 : 맞닿아 떨어지지 않게 하다.
• 삭이다 : 긴장이나 화가 풀려 마음이 가라앉다.
  삭히다 : 김치나 젓갈 따위의 음식물이 발효되어 맛이 들다.

- 일절 : 아주, 전혀, 절대로
  일체 : 모든 것, 모든 것을 다

(2) 표준어규정

① 자음
   ㉠ 거센소리를 가진 형태의 단어를 표준어로 삼는다.
      예 끄나풀, 살쾡이, 나팔꽃 등
   ㉡ 거센소리로 나지 않는 형태의 단어를 표준어로 삼는다.
      예 가을갈이, 거시기, 분침 등
   ㉢ 어원에서 멀어진 형태로 굳어져서 널리 쓰이는 것은, 그것을 표준어로 삼는다.
      예 강낭콩, 사글세, 고삿 등
   ㉣ 다음 단어들은 의미를 구별함이 없이, 한 가지 형태만을 표준어로 삼는다(다만, '둘째'는 십 단위
     이상의 서수사에 쓰일 때에 '두째'로 한다).
      예 돌, 둘째, 빌리다 등
   ㉤ 수컷을 이르는 접두사는 '수-'로 통일한다.
      예 수꿩, 수나사, 수소 등
      • 다음 단어의 접두사는 '숫-'으로 한다.
         예 숫양, 숫염소, 숫쥐 등
      • 다음 단어에서는 접두사 다음에서 나는 거센소리를 인정한다.
         예 수캉아지, 수퇘지, 수평아리, 수키와 등

② 모음
   ㉠ 양성 모음이 음성 모음으로 바뀌어 굳어진 단어는 음성 모음 형태를 표준어로 삼는다.
      예 깡충깡충, 발가숭이, 오뚝이 등
      ※ 다만, 어원 의식이 강하게 작용하는 단어에서는 양성 모음 형태를 그대로 표준어로 삼는다.
      예 부조, 사돈, 삼촌 등
   ㉡ 'ㅣ' 역행 동화현상에 의한 발음은 원칙적으로 표준 발음으로 인정하지 아니하되, 그러한 동화가
     적용된 형태를 표준어로 삼는다.
      예 풋내기, 냄비, 아지랑이 등
   ㉢ 모음이 단순화한 형태의 단어를 표준어로 삼는다.
      예 괴팍하다, 미루나무, 으레, 케케묵다 등
   ㉣ 모음의 발음 변화를 인정하여, 발음이 바뀌어 굳어진 형태의 단어를 표준어로 삼는다.
      예 깍쟁이, 상추, 허드레 등
   ㉤ '위-, 윗-, 웃-'
      • '위'를 가리키는 말은 '위-'로 적는 것이 원칙이다.
         예 위층, 위쪽, 위턱 등
      • '위-'가 뒷말과 결합하면서 된소리가 되거나 'ㄴ'이 덧날 때는 '윗-'으로 적는다.
         예 윗입술, 윗목, 윗눈썹 등
      • 아래, 위의 대립이 없는 낱말은 '웃-'으로 적는다.
         예 웃돈, 웃어른, 웃옷 등

ⓑ 한자 '구(句)'가 붙어서 이루어진 단어는 '귀'로 읽는 것을 인정하지 아니하고, '구'로 통일한다.

　　예 구절(句節), 시구(詩句), 인용구(引用句) 등

　　※ 다음의 단어들은 '귀'로 발음되는 형태를 표준어로 삼는다.

　　　예 귀글, 글귀 등

③ **단수표준어** : 비슷한 발음의 몇 형태가 쓰일 경우, 그 의미에 아무런 차이가 없고 그중 하나가 더 널리 쓰이면 그 한 형태만을 표준어로 삼는다.

　　예 귀고리, 꼭두각시, 우두커니, 천장 등

④ **복수표준어**

　　㉠ 다음 단어는 앞의 것을 원칙으로 하고, 뒤의 것도 허용한다.

　　　예 네 – 예, 쇠고기 – 소고기 등

　　㉡ 어감의 차이를 나타내는 단어 또는 발음이 비슷한 단어들이 다 같이 널리 쓰이는 경우에는, 모두를 표준어로 삼는다.

　　　예 거슴츠레하다 – 게슴츠레하다, 고까 – 꼬까, 고린내 – 코린내 등

　　㉢ 한 가지 의미를 나타내는 형태 몇 가지가 널리 쓰이며 표준어 규정에 맞으면, 모두를 표준어로 삼는다.

(3) 띄어쓰기

① 조사는 그 앞말에 붙여 쓴다.

　　예 꽃이, 꽃마저, 웃고만 등

② 의존 명사는 띄어 쓴다.

　　예 아는 것이 힘이다, 나도 할 수 있다, 먹을 만큼 먹어라 등

③ 단위를 나타내는 명사는 띄어 쓴다.

　　예 한 개, 열 살, 집 한 채 등

　　단, 순서를 나타내는 경우나 숫자와 어울려 쓰이는 경우에는 붙여 쓸 수 있다.

　　예 삼학년, 육층, 80원 등

④ 수를 적을 적에는 '만(萬)' 단위로 띄어 쓴다.

　　예 십이억 삼천사백육십오만 칠천팔백구십팔 → 12억 3456만 7898

⑤ 두 말을 이어 주거나 열거할 적에 쓰이는 말들은 띄어 쓴다.

　　예 국장 겸 과장, 열 내지 스물, 청군 대 백군 등

⑥ 단음절로 된 단어가 연이어 나타날 적에는 붙여 쓸 수 있다.

　　예 그때 그곳, 좀더 큰것, 한잎 두잎 등

⑦ 보조용언은 띄어 씀을 원칙으로 하되, 경우에 따라 붙여 씀도 허용한다.

　　예 불이 꺼져 간다. / 불이 꺼져간다. 비가 올 성싶다. / 비가 올성싶다. 등

⑧ 성과 이름, 성과 호 등은 붙여 쓰고, 이에 덧붙는 호칭어, 관직명 등은 띄어 쓴다.

　　예 채영신 씨, 최치원 선생, 충무공 이순신 장군 등

⑨ 성명 이외의 고유명사는 단어별로 띄어 씀을 원칙으로 하되, 단위별로 띄어 쓸 수 있다.

　　예 대한 중학교 / 대한중학교, 혁신 대학 / 혁신대학 등

⑩ 전문 용어는 단어별로 띄어 씀을 원칙으로 하되, 붙여 쓸 수 있다.

　　예 만성 골수성 백혈병 / 만성골수성백혈병 등

2. 순우리말, 로마자ㆍ외래어 표기법

(1) 순우리말

- 가납사니 : 쓸데없는 말을 잘하는 사람, 또는 말다툼을 잘하는 사람
- 길섶 : 길의 가장자리
- 날포 : 하루 남짓한 동안
- 높바람 : 북풍, 된바람
- 될성부르다 : 잘될 가망이 있다.
- 뜨악하다 : 마음에 선뜻 내키지 않다.
- 마뜩하다 : 제법 마음에 들다.
- 미쁘다 : 진실하다.
- 벼리다 : 날이 무딘 연장을 불에 달구어서 두드려 날카롭게 만들다.
- 부아나다 : 분한 마음이 일어나다.
- 사금파리 : 사기그릇의 깨진 작은 조각
- 설피다 : 짜거나 엮은 것이 성기고 거칠다.
- 시나브로 : 모르는 사이에 조금씩 조금씩
- 아람 : 탐스러운 가을 햇살을 받아서 저절로 충분히 익어 벌어진 과실
- 여우별 : 궂은 날 잠깐 났다가 사라지는 별
- 온누리 : 온 세상
- 주전부리 : 때를 가리지 않고 군음식을 자주 먹는 입버릇
- 치사랑 : 손윗사람에 대한 사랑
- 하늬바람 : 서풍
- 함초롬하다 : 가지런하고 곱다.

(2) 로마자 표기법

① 자음

ㄱ	ㄲ	ㅋ	ㄷ	ㄸ	ㅌ	ㅂ	ㅃ	ㅍ	ㅈ	ㅉ	ㅊ	ㅅ	ㅆ	ㅎ	ㅁ	ㄴ	ㅇ	ㄹ
g/k	kk	k	d/t	tt	t	b/p	pp	p	j	jj	ch	s	ss	h	m	n	ng	r/l

② 모음

ㅏ	ㅐ	ㅑ	ㅒ	ㅓ	ㅔ	ㅕ	ㅖ	ㅗ	ㅘ	ㅙ	ㅚ	ㅛ	ㅜ	ㅝ	ㅞ	ㅟ	ㅠ	ㅡ	ㅢ	ㅣ
a	ae	ya	yae	eo	e	yeo	ye	o	wa	wae	oe	yo	u	wo	we	wi	yu	eu	ui	i

③ 표기상 유의점

    ㉠ 음운변화가 일어날 때에는 변화의 결과에 따라 적는다.

       • 자음 사이에서 동화작용이 일어나는 경우

        예 신문로(Sinmunno), 왕십리(Wangsimni), 신라(Silla) 등

       • 'ㄴ, ㄹ'이 덧나는 경우

        예 학여울(Hangnyeoul), 알약(allyak) 등

       • 구개음화가 일어나는 경우

        예 해돋이(haedoji), 같이(gachi), 맞히다(machida) 등

       • 'ㄱ, ㄷ, ㅂ, ㅈ'이 'ㅎ'과 합하여 거센소리로 소리 나는 경우(단, 된소리는 반영하지 않음)

        예 좋고(joko), 잡혀(japyeo), 압구정(Apgujeong), 낙동강(Nakdonggang) 등

    ㉡ 발음상 혼동의 우려가 있을 때에는 음절 사이에 붙임표(–)를 쓸 수 있다.

       예 중앙(Jung-ang), 반구대(Ban-gudae), 해운대(Hae-undae) 등

    ㉢ 고유명사는 첫소리를 대문자로 적는다.

       예 부산(Busan), 세종(Sejong) 등

    ㉣ 인명은 성과 이름의 순으로 쓰되 띄어 쓴다.

       예 민용하(Min Yongha), 송나리(Song Na-ri), 홍빛나(Hong Bit-na) 등

    ㉤ '도·시·군·구·읍·면·리·동'의 행정구역 단위와 거리를 지칭하는 '가'는 'do, si, gun, gu, eup, myeon, ri, dong, ga'로 적고, 그 앞에는 붙임표(–)를 넣는다.

       예 도봉구(Dobong-gu), 종로 2가(Jongno 2-ga), 서울시(Seoul-si) 등

    ㉥ 자연지물명, 문화재명, 인공축조물명은 붙임표(–) 없이 붙여 쓴다.

       예 속리산(Songnisan), 경복궁(Gyeongbokgung), 촉석루(Chokseongnu) 등

    ㉦ 인명, 회사명, 단체명 등은 그동안 써온 표기를 쓸 수 있다.

    ㉧ 학술, 연구, 논문 등 특수 분야에서 한글 복원을 전제로 표기할 경우에는 한글 표기를 대상으로 적는다.

       예 짚(jip), 볏꽃(buskkoch), 조랑말(jolangmal) 등

(3) 외래어 표기법

① 외래어 표기법의 기본 원칙

    ㉠ 외래어는 국어의 현용 24자모만으로 적는다.

    ㉡ 외래어의 1음운은 원칙적으로 1기호로 적는다.

    ㉢ 외래어의 받침에는 'ㄱ, ㄴ, ㄹ, ㅁ, ㅅ, ㅇ'만을 적는다.

    ㉣ 파열음 표기에는 된소리를 쓰지 않는 것을 원칙으로 한다.

    ㉤ 이미 굳어진 외래어는 관용을 존중한다.

② 틀리기 쉬운 외래어 표기

    액세서리(○) 액세사리(×)

    바비큐(○)   바베큐(×)

    비스킷(○)   비스켓(×)

    케이크(○)   케잌(×)

3. 높임법

(1) 주체 높임법

① 직접 높임 : '-시-(선어말 어미), -님(접미사), -께서(조사)'에 의해 실현된다.
　　예 어머니, 선생님께서 오십니다.
② 간접 높임 : '-시-(선어말 어미)'를 붙여 간접적으로 높인다.
　　예 할아버지는 연세가 많으시다.

(2) 상대 높임법

① 격식체 : 공식적이고 직접적이며, 딱딱하고 단정적인 느낌을 준다.
　　㉠ 해라체(아주낮춤) : '-ㄴ다, -는다, -다, -는구나, -느냐, -냐, -어라 / 아라, -자'
　　　　예 빨리 자거라. 일찍 일어나야 한다.
　　㉡ 하게체(예사낮춤) : '-네, -이, -ㄹ세, -는구먼, -로구먼, -는가, -ㄴ가, -게, -세'
　　　　예 이리 와서 앉게. 자네 혼자 왔나?
　　㉢ 하오체(예사높임) : '-(으)오, -(으)소, -는구려, -구려, -(으)ㅂ시다'
　　　　예 어서 나오시오. 무얼 그리 꾸물거리시오?
　　㉣ 합쇼체(아주높임) : '-ㅂ니다, -ㅂ(습)니다, -ㅂ니까, -ㅂ(습)니까, -십시오, -시지요'
　　　　예 어서 오십시오. 자주 들르겠습니다.
② 비격식체 : 부드럽고 친근하며 격식을 덜 차리는 경우에 쓰인다.
　　㉠ 해체(두루낮춤) : '-어 / 아, -야, -군'
　　　　예 어서 빨리 가. 가방 놓고 앉아.
　　㉡ 해요체(두루높임) : '-어 / 아요, -군요'
　　　　예 안녕히 계세요. 이따 또 오겠어요.

(3) 객체 높임법

말하는 이가 객체, 곧 문장의 목적어나 부사어를 높이는 높임법
예 드리다, 뵙다, 모시다, 여쭙다 등

(4) 공손법과 압존법

① 공손법 : 말하는 이가 자신을 낮추는 공손한 표현을 써서 결과적으로 상대방을 높이는 높임법
　　예 변변치 못한 물건이지만, 정성을 생각하셔서 받아 주시옵소서.
② 압존법 : 주체를 높여야 하지만, 듣는 이가 주체보다 높은 경우에는 높임을 하지 않는 것
　　예 할아버지, 아버지가 오고 있어요.

다음의 밑줄 친 부분이 어법에 어긋나는 것은?

① <u>윗층</u>에 누가 사는지 모르겠다.

② <u>오뚝이</u>는 아무리 쓰러뜨려도 잘도 일어난다.

③ 새 컴퓨터를 살 생각에 좋아서 <u>깡충깡충</u> 뛰었다.

④ 그의 초라한 모습이 내 호기심에 불을 <u>당겼다</u>.

⑤ 형은 끼니도 거른 <u>채</u> 일에 몰두했다.

> **|해설|** '웃-' 및 '윗-'은 명사 '위'에 맞추어 통일한다.
> 예 윗넓이, 윗니, 윗도리 등
> 다만 된소리나 거센소리 앞에서는 '위-'로 한다.
> 예 위짝, 위쪽, 위층 등
>
> 오답분석
> ⑤ '채'는 '이미 있는 상태 그대로 있다.'는 뜻을 나타내는 의존 명사이므로 띄어 쓴다.
>
> 정답 ①

03 관용적 표현

1. 관용어

관용적 표현이란 일상생활에서 사용되는 말과는 달리, 본래의 뜻과 비슷한 말로 대체해서 쓰는 표현으로 재미있게 돌려 말할 때 쓰인다. 그중 관용어는 우리말의 특유한 표현 방법의 하나로, 문법에 맞지는 않으나 오랫동안 습관이 되어 널리 쓰이는 말을 가리킨다. 관용표현을 구성하고 있는 어휘 중에 신체어와 관련한 표현이 많다. 신체 어휘가 다양한 내포적 의미를 가지면서 은유적 활용의 모습으로 쉽게 나타날 수 있기 때문이다.

(1) 특징

① 중간에 다른 성분을 추가하기 어렵다.

② 결합된 단어들의 기본적인 의미와는 관련이 없다.

③ 일반적인 표현보다 표현의 효과가 크다.

④ 언어를 사용하는 사람들의 문화를 반영하므로, 그 언어를 사용하는 사람이 아니면 관용어의 의미를 이해하기 어렵다.

(2) 신체와 관련된 관용어의 예

- 가슴이 내려앉다 : 몹시 놀라서 맥이 풀리다.
- 귀에 못이 박히다 : 같은 말을 여러 번 듣다.
- 눈에 차다 : 흡족하게 마음이 들다.
- 등이 달다 : 마음대로 되지 않아 안타까워지다.
- 발이 넓다 : 아는 사람이 많다.
- 손에 익다 : 일이 손에 익숙해지다.
- 어깨가 가볍다 : 무거운 책임에서 벗어나 홀가분하다.
- 코가 높다 : 잘난 체하고 뽐내는 기세가 있다.
- 허리가 휘다 : 생활고나 노동으로 힘겨운 상태가 되다.

2. 속담

속담은 예로부터 민간에 전해져 오는 쉬운 격언이나 정언(교훈적인 말)으로, 풍자, 비판, 교훈 등의 의미를 내포한 구절을 말한다. 속담에는 옛날 사람들의 생각과 지혜가 담겨 있어 우리에게 가르침을 주며, 간결하면서도 많은 의미를 담고 있어 잘 활용하면 큰 효과를 얻을 수 있다.

3. 한자

한자는 일상생활에서 많이 쓰이는 어휘 중심으로, 한자의 뜻이나 올바른 한자 표기, 독음 등을 묻기보다는 한자의 구성이나 쓰임이 다른 것, 한자와 고유어의 구별, 비슷한 한자의 관계 등을 묻는 문제가 주로 출제된다.

4. 한자성어

한자성어도 속담과 마찬가지로 단순히 의미를 묻는 문제보다는 다른 지문과 연계되거나 상황에 맞는 한자성어를 고르는 유형의 비중이 높아지고 있다. 또한 주제별 한자성어 및 한자성어의 뜻과 관련지어 대체할 수 있는 속담이나 어휘 등을 파악하는 유형이 출제되고 있으므로 한자성어의 뜻을 정리해 두는 것도 중요하지만, 관련 한자성어나 앞뒤 문맥에 맞는 한자성어 또는 관련 속담이나 어휘 등을 유추하는 연습도 필요하다.

다음 상황에 가장 적절한 사자성어는?

A씨는 업무를 정리하다가 올해 초 진행한 프로젝트에 자신의 실수가 있었음을 알게 되었다. 하지만 자신의 실수를 드러내고 싶지 않았고, 그리 큰 문제라고 생각하지 않은 A씨는 이를 무시하였다. 이후 다른 프로젝트를 진행하면서 지난번 실수와 동일한 실수를 다시 저지르면서 프로젝트에 큰 피해를 입혔다.

① 유비무환(有備無患)
② 유유상종(類類相從)
③ 회자정리(會者定離)
④ 개과불린(改過不吝)
⑤ 개세지재(蓋世之才)

| 해설 | 개과불린(改過不吝)은 '허물을 고침에 인색하지 말라. 잘못된 것이 있으면, 고치는 데 주저하지 않고 빨리 바로잡아 반복하지 말자'는 의미이다.

오답분석
① 유비무환(有備無患) : 준비가 있으면 근심이 없다.
② 유유상종(類類相從) : 같은 무리끼리 서로 사귐
③ 회자정리(會者定離) : 만남이 있으면 헤어짐도 있다.
⑤ 개세지재(蓋世之才) : 세상을 마음대로 다스릴 만한 뛰어난 재기(才氣) 또는 그러한 재기(才氣)를 가진 사람

정답 ④

02 ▶ 언어추리

1. 연역 추론

이미 알고 있는 판단(전제)을 근거로 새로운 판단(결론)을 유도하는 추론이다. 연역 추론은 진리일 가능성을 따지는 귀납 추론과는 달리, 명제 간의 관계와 논리적 타당성을 따진다. 즉, 연역 추론은 전제들로부터 절대적인 필연성을 가진 결론을 이끌어내는 추론이다.

(1) 직접 추론 : 한 개의 전제로부터 중간적 매개 없이 새로운 결론을 이끌어내는 추론이며, 대우 명제가 그 대표적인 예이다.

• 한국인은 모두 황인종이다.	(전제)
• 그러므로 황인종이 아닌 사람은 모두 한국인이 아니다.	(결론 1)
• 그러므로 황인종 중에는 한국인이 아닌 사람도 있다.	(결론 2)

(2) 간접 추론 : 둘 이상의 전제로부터 새로운 결론을 이끌어내는 추론이다. 삼단논법이 가장 대표적인 예이다.

① **정언 삼단논법** : 세 개의 정언명제로 구성된 간접추론 방식이다. 세 개의 명제 가운데 두 개의 명제는 전제이고, 나머지 한 개의 명제는 결론이다. 세 명제의 주어와 술어는 세 개의 서로 다른 개념을 표현한다(P는 대개념, S는 소개념, M은 매개념이다).

> - 모든 곤충은 다리가 여섯이다. M은 P이다. (대전제)
> - 모든 개미는 곤충이다. S는 M이다. (소전제)
> - 그러므로 모든 개미는 다리가 여섯이다. S는 P이다. (결론)

② **가언 삼단논법** : 가언명제로 이루어진 삼단논법을 말한다. 가언명제란 두 개의 정언명제가 '만일 ~이라면'이라는 접속사에 의해 결합된 복합명제이다. 여기서 '만일'에 의해 이끌리는 명제를 전건이라고 하고, 그 뒤의 명제를 후건이라고 한다. 가언 삼단논법의 종류로는 혼합가언 삼단논법과 순수가언 삼단논법이 있다.

　㉠ **혼합가언 삼단논법** : 대전제만 가언명제로 구성된 삼단논법이다. 긍정식과 부정식 두 가지가 있으며, 긍정식은 'A면 B다. A다. 그러므로 B다.'이고, 부정식은 'A면 B다. B가 아니다. 그러므로 A가 아니다.'이다.

> - 만약 A라면 B다.
> - B가 아니다.
> - 그러므로 A가 아니다.

　㉡ **순수가언 삼단논법** : 대전제와 소전제 및 결론까지 모두 가언명제들로 구성된 삼단논법이다.

> - 만약 A라면 B다.
> - 만약 B라면 C다.
> - 그러므로 만약 A라면 C다.

③ **선언 삼단논법** : '~이거나 ~이다.'의 형식으로 표현되며 전제 속에 선언 명제를 포함하고 있는 삼단논법이다.

> - 내일은 비가 오거나 눈이 온다. A 또는 B이다.
> - 내일은 비가 오지 않는다. A가 아니다.
> - 그러므로 내일은 눈이 온다. 그러므로 B다.

④ **딜레마 논법** : 대전제는 두 개의 가언명제로, 소전제는 하나의 선언명제로 이루어진 삼단논법으로, 양도추론이라고도 한다.

> - 만일 네가 거짓말을 하면, 신이 미워할 것이다. (대전제)
> - 만일 네가 거짓말을 하지 않으면, 사람들이 미워할 것이다. (대전제)
> - 너는 거짓말을 하거나, 거짓말을 하지 않을 것이다. (소전제)
> - 그러므로 너는 미움을 받게 될 것이다. (결론)

2. 귀납 추론

특수한 또는 개별적인 사실로부터 일반적인 결론을 이끌어 내는 추론을 말한다. 귀납 추론은 구체적 사실들을 기반으로 하여 결론을 이끌어 내기 때문에 필연성을 따지기보다는 개연성과 유관성, 표본성 등을 중시하게 된다. 여기서 개연성이란, 관찰된 어떤 사실이 같은 조건하에서 앞으로도 관찰될 수 있는가 하는 가능성을 말하고, 유관성은 추론에 사용된 자료가 관찰하려는 사실과 관련되어야 하는 것을 일컬으며, 표본성은 추론을 위한 자료의 표본 추출이 공정하게 이루어져야 하는 것을 가리킨다. 이러한 귀납 추론은 일상생활 속에서 많이 사용하고, 우리가 알고 있는 과학적 사실도 이와 같은 방법으로 밝혀졌다.

> • 히틀러는 사람이고 죽었다.
> • 스탈린도 사람이고 죽었다.
> • 그러므로 모든 사람은 죽는다.

그러나 전제들이 참이어도 결론이 항상 참인 것은 아니다. 단 하나의 예외로 인하여 결론이 거짓이 될 수 있다.

> • 성냥불은 뜨겁다.
> • 연탄불도 뜨겁다.
> • 그러므로 모든 불은 뜨겁다.

위 예문에서 '성냥불이나 연탄불이 뜨거우므로 모든 불은 뜨겁다.'라는 결론이 나왔는데, 반딧불은 뜨겁지 않으므로 '모든 불이 뜨겁다.'라는 결론은 거짓이 된다.

(1) 완전 귀납 추론

관찰하고자 하는 집합의 전체를 다 검증함으로써 대상의 공통 특질을 밝혀내는 방법이다. 이는 예외 없는 진실을 발견할 수 있다는 장점은 있으나, 집합의 규모가 크고 속성의 변화가 다양할 경우에는 적용하기 어려운 단점이 있다.
　예 1부터 10까지의 수를 다 더하여 그 합이 55임을 밝혀내는 방법

(2) 통계적 귀납 추론

통계적 귀납 추론은 관찰하고자 하는 집합의 일부에서 발견한 몇 가지 사실을 열거함으로써 그 공통점을 결론으로 이끌어 내려는 방식을 가리킨다. 관찰하려는 집합의 규모가 클 때 그 일부를 표본으로 추출하여 조사하는 방식이 이에 해당하며, 표본 추출의 기준이 얼마나 적합하고 공정한가에 따라 그 결과에 대한 신뢰도가 달라진다는 단점이 있다.
　예 여론조사에서 일부의 국민에 대한 설문 내용을 바탕으로, 이를 전체 국민의 여론으로 제시하는 것

(3) 인과적 귀납 추론

관찰하고자 하는 집합의 일부 원소들이 지닌 인과 관계를 인식하여 그 원인이나 결과를 이끌어 내려는 방식을 말한다.

① **일치법** : 공통적인 현상을 지닌 몇 가지 사실 중에서 각기 지닌 요소 중 어느 한 가지만 일치한다면 이 요소가 공통 현상의 원인이라고 판단

　　예 마을 잔칫집에서 돼지고기를 먹은 사람들이 집단 식중독을 일으켰다.

　　　 따라서 식중독의 원인은 상한 돼지고기가 아닌가 생각한다.

② **차이법** : 어떤 현상이 나타나는 경우와 나타나지 않은 경우를 놓고 보았을 때, 각 경우의 여러 조건 중 단 하나만이 차이를 보인다면 그 차이를 보이는 조건이 원인이 된다고 판단

　　예 현수와 승재는 둘 다 지능이나 학습 시간, 학습 환경 등이 비슷한데 공부하는 태도에는 약간의 차이가 있다.

　　　 따라서 둘의 성적이 차이를 보이는 것은 학습 태도의 차이 때문으로 생각된다.

③ **일치·차이 병용법** : 몇 개의 공통 현상이 나타나는 경우와 몇 개의 그렇지 않은 경우를 놓고 일치법과 차이법을 병용하여 적용함으로써 그 원인을 판단

　　예 학업 능력 정도가 비슷한 두 아동 집단에 대해 처음에는 같은 분량의 과제를 부여하고 나중에는 각기 다른 분량의 과제를 부여한 결과, 많이 부여한 집단의 성적이 훨씬 높게 나타났다. 이로 보아, 과제를 많이 부여하는 것이 적게 부여하는 것보다 학생의 학업 성적 향상에 도움이 된다고 판단할 수 있다.

④ **공변법** : 관찰하는 어떤 사실의 변화에 따라 현상의 변화가 일어날 때 그 변화의 원인이 무엇인지 판단

　　예 담배를 피우는 양이 각기 다른 사람들의 집단을 조사한 결과, 담배를 많이 피울수록 폐암에 걸릴 확률이 높다는 사실이 발견되었다.

⑤ **잉여법** : 앞의 몇 가지 현상이 뒤의 몇 가지 현상의 원인이며, 선행 현상의 일부분이 후행 현상의 일부분이라면, 선행 현상의 나머지 부분이 후행 현상의 나머지 부분의 원인임을 판단

　　예 어젯밤 일어난 사건의 혐의자는 정은이와 규민이 두 사람인데, 정은이는 알리바이가 성립되어 혐의 사실이 없는 것으로 밝혀졌다. 따라서 그 사건의 범인은 규민이일 가능성이 높다.

3. 유비 추론

두 개의 대상 사이에 일련의 속성이 동일하다는 사실에 근거하여 그것들의 나머지 속성도 동일하리라는 결론을 이끌어내는 추론, 즉 이미 알고 있는 것에서 다른 유사한 점을 찾아내는 추론을 말한다. 그렇기 때문에 유비 추론은 기준이 되는 사물이나 현상이 있어야 한다. 유비 추론은 가설을 세우는 데 유용하다. 이미 알고 있는 사례로부터 아직 알지 못하는 것을 생각해 봄으로써 쉽게 가설을 세울 수 있다. 이때 유의할 점은 이미 알고 있는 사례와 이제 알고자 하는 사례가 매우 유사하다는 확신과 증거가 있어야 한다. 그렇지 않은 상태에서 유비 추론에 의해 결론을 이끌어 내면, 그것은 개연성이 거의 없고 잘못된 결론이 될 수도 있다.

• 지구에는 공기, 물, 흙, 햇빛이 있다.	A는 a, b, c, d의 속성을 가지고 있다.
• 화성에는 공기, 물, 흙, 햇빛이 있다.	B는 a, b, c, d의 속성을 가지고 있다.
• 지구에 생물이 살고 있다.	A는 e의 속성을 가지고 있다.
• 그러므로 화성에도 생물이 살고 있을 것이다.	그러므로 B도 e의 속성을 가지고 있을 것이다.

※ 다음 제시문을 읽고 각 문제가 항상 참이면 ①, 거짓이면 ②, 알 수 없으면 ③을 고르시오.
 [1~2]

> • 에어컨의 소비 전력은 900W이다.
> • TV의 소비 전력은 냉장고보다 100W 더 높다.
> • 세탁기의 소비 전력은 TV보다 높고, 에어컨보다 낮다.
> • 냉장고의 소비 전력 140W이다.

01 세탁기의 소비 전력은 480W이다.

① 참   ② 거짓   ③ 알 수 없음

> |해설| 주어진 조건에 따르면 세탁기의 소비 전력은 240W인 TV보다 높고, 900W인 에어컨보다 낮으
> 므로 899 ~ 241W 사이임을 알 수 있다. 그러나 주어진 조건만으로 세탁기의 정확한 소비 전력
> 을 알 수 없다.
>
> 정답 ③

02 네 개의 가전제품 중 냉장고의 소비 전력이 가장 낮다.

① 참   ② 거짓   ③ 알 수 없음

> |해설| 소비 전력이 높은 순서대로 나열하면 '에어컨 – 세탁기 – TV – 냉장고' 순이다.
> 따라서 냉장고의 소비 전력이 가장 낮음을 알 수 있다.
>
> 정답 ①

1. 논리구조

논리구조에서는 주로 문장과 문장 간의 관계나 글 전체의 논리적 구조를 정확히 파악했는지를 묻는다. 글의 순서를 바르게 배열하는 유형이 출제되므로 제시문의 전체적인 흐름을 바탕으로 각 문단의 특징, 문단 간의 역할 등을 논리적으로 구조화할 수 있는 능력을 길러야 한다.

(1) 문장과 문장 간의 관계

① 상세화 관계 : 주지 → 구체적 설명(비교, 대조, 유추, 분류, 분석, 인용, 예시, 비유, 부연, 상술 등)

② 문제(제기)와 해결 : 한 문장이 문제를 제기하고, 다른 문장이 그 해결책을 제시하는 관계(과제 제시 → 해결 방안, 문제 제기 → 해답 제시)

③ 선후 관계 : 한 문장이 먼저 발생한 내용을 담고, 다음 문장이 나중에 발생한 내용을 담고 있는 관계

④ 원인과 결과 : 한 문장이 원인이 되고, 다른 문장이 그 결과가 되는 관계(원인 제시 → 결과 제시, 결과 제시 → 원인 제시)

⑤ 주장과 근거 : 한 문장이 필자가 말하고자 하는 바(주장)가 되고, 다른 문장이 그 문장의 증거(근거)가 되는 관계(주장 제시 → 근거 제시, 의견 제안 → 의견 설명)

⑥ 전제와 결론 관계 : 앞 문장에서 조건이나 가정을 제시하고, 뒤 문장에서 이에 따른 결론을 제시하는 관계

(2) 문장의 연결 방식

① 순접 : 원인과 결과, 부연 설명 등의 문장 연결에 쓰임

　예 그래서, 그리고, 그러므로 등

② 역접 : 앞글의 내용을 전면적 또는 부분적으로 부정

　예 그러나, 그렇지만, 그래도, 하지만 등

③ 대등 · 병렬 : 앞뒤 문장의 대비와 반복에 의한 접속

　예 및, 혹은, 또는, 이에 반하여 등

④ 보충 · 첨가 : 앞글의 내용을 보다 강조하거나 부족한 부분을 보충하기 위해 다른 말을 덧붙이는 문맥

　예 단, 곧, 즉, 더욱이, 게다가, 왜냐하면 등

⑤ 화제 전환 : 앞글과는 다른 새로운 내용을 이야기하기 위한 문맥

　예 그런데, 그러면, 다음에는, 이제, 각설하고 등

⑥ 비유 · 예시 : 앞글에 대해 비유적으로 다시 말하거나 구체적인 예를 보임

　예 예를 들면, 예컨대, 마치 등

(3) 논리구조의 원리 접근법

앞뒤 문장의 중심 의미 파악	→	앞뒤 문장의 중심 내용이 어떤 관계인지 파악	→	문장 간의 접속어, 지시어의 의미와 기능 파악	→	문장의 의미와 관계성 파악
각 문장의 의미를 어떤 관계로 연결해서 글을 전개하는지 파악해야 한다.		지문 안의 모든 문장은 서로 논리적 관계성이 있다.		접속어와 지시어를 음미하는 것은 독해의 길잡이 역할을 한다.		문단의 중심 내용을 알기 위한 기본 분석 과정이다.

핵심예제

주어진 문장을 논리적 순서에 따라 바르게 나열한 것은?

> (가) 그렇기 때문에 남녀 고용 평등의 확대를 위해 채용 목표제를 강화할 필요가 있다.
>
> (나) 우리나라 대졸 이상 여성의 고용 비율은 OECD 국가 중 최하위인데 이는 채용 과정에서 여성이 부당한 차별을 받는 경우가 많다는 것을 보여준다.
>
> (다) 우리나라 남녀 전체의 평균 고용 비율 격차는 31.8%p로 남성에 비해 여성의 고용 비율이 현저히 낮다.
>
> (라) 강화된 법규가 준수될 수 있도록 정부의 계도와 감독 기능을 강화해야 할 것이다.
>
> (마) 고용 시 여성에게 일정 비율을 할애하는 것은 남성에 대한 역차별이라는 주장이 있기는 하지만 남녀 고용 평등이 어느 정도 실현될 때까지 여성에 대한 배려는 불가피하다.

① (나) – (가) – (마) – (다) – (라)
② (다) – (가) – (마) – (나) – (라)
③ (다) – (나) – (라) – (가) – (마)
④ (라) – (가) – (나) – (다) – (마)
⑤ (라) – (다) – (가) – (나) – (마)

| 해설 | 제시문은 우리나라 여성의 고용 비율이 남성보다 낮기 때문에 여성의 고용에 대한 배려가 필요하다는 글이다. (다) 우리나라는 남성에 비해 여성의 고용 비율이 현저히 낮음 → (가) 남녀 고용 평등의 확대를 위한 채용 목표제의 강화 필요 → (마) 역차별이라는 주장과 현실적인 한계 → (나) 대졸 이상 여성의 고용 비율이 OECD 국가 중 최하위인 대한민국의 현실 → (라) 강화된 법규가 준수될 수 있도록 정부의 계도와 감독 기능이 강화 순으로 연결되어야 한다.

정답 ②

2. 논리적 이해

(1) 분석적 이해

글의 내용을 분석적으로 파악하는 것으로, 분석적 이해의 핵심은 글의 세부 내용을 파악하고, 이를 바탕으로 글의 중심 내용을 파악하는 것이다.

① 글을 구성하는 각 단위의 내용 관계 파악하기 : 글은 단어, 문장, 문단 등의 단위가 모여 이루어진다. 글을 이해하기 위해서는 개개의 단어와 단어들이 모여 이루어진 문장, 문장들이 모여 이루어진 문단의 내용을 정확하게 파악하고 각각의 의미 관계를 이해하는 것이 필요하다.

② 글의 중심 내용 파악하기 : 글의 작은 단위를 분석하여 부분적인 내용을 파악했더라도 글 전체의 중심 내용을 파악했다고 할 수 없다. 글의 중심 내용을 파악하는 데는 글을 구성하고 있는 각 단위, 특히 문단의 중심 내용이 중요하다. 따라서 글의 전체적인 맥락을 고려해야 하고, 중심 내용을 파악해 내는 기술이 필요하다.

③ 글의 전개 방식과 구조적 특징 파악하기 : 모든 글은 종류에 따라 다양한 전개 방식을 활용하고 있다. 대표적인 전개 방식은 서사, 비교, 대조, 열거, 인과, 논증 등이 있다. 이와 같은 전개 방식을 이해하면 글의 내용을 이해하는 데 큰 도움이 된다.

핵심예제

다음 글의 주제로 적절한 것은?

> 우리 민족은 처마 끝의 곡선, 버선발의 곡선 등 직선보다는 곡선을 좋아했고, 그러한 곡선의 문화가 곳곳에 배어있다. 이것은 민요의 경우도 마찬가지이다. 서양 음악에서 '도'가 한 박이면 한 박, 두 박이면 두 박, 길든 짧든 같은 음이 곧게 지속되는데 우리 음악은 '시김새'에 의해 음을 곧게 내지 않고 흔들어 낸다. 시김새는 어떤 음높이의 주변에서 맴돌며 가락에 멋을 더하는 역할을 하는 장식음이다. 시김새란 '삭다'라는 말에서 나왔다. 그렇기 때문에 시김새라는 단어가 김치 담그는 과정에서 생겨났다고 볼 수 있다. 김치를 담글 때 무나 배추를 소금에 절여 숨을 죽이고 갖은 양념을 해서 일정 기간 숙성시켜 맛을 내듯, 시김새 역시 음악가가 손과 마음으로 삭여냈을 때 맛이 드는 것과 비슷하기 때문이다. 이 때문에 시김새가 '삭다'라는 말에서 나온 것으로 본다. 더욱이 같은 재료를 썼는데도 집집마다 김치 맛이 다르고, 지방에 따라 양념을 고르는 법이 달라 다른 맛을 내듯 시김새는 음악 표현의 질감을 달리하는 핵심 요소이다.

① 민요에서 볼 수 있는 우리 민족의 곡선 문화

② 시김새에 의한 민요의 특징

③ 시김새의 정의와 어원

④ 시김새와 김치의 공통점

⑤ 시김새에서 김치의 역할

| 해설 | 제시문은 민요의 시김새가 무엇인지 설명하고 있다. 본문에서 시김새가 '삭다'라는 말에서 나온 단어라고 서술하고 있으므로 제시문의 주제는 시김새의 정의와 어원이다.

 정답 ③

(2) 추론적 이해

제시문에 나와 있는 정보들의 관계를 파악하거나 글에서 명시되지 않은 생략된 내용을 상상하며 글을 읽고 내용을 파악하는 것이다. 제시문의 정보를 근거로 하여 글에 드러나 있지 않은 정보를 추리해 낼 수 있어야 한다.

① **내용의 추론** : 제시문의 정보를 바탕으로 숨겨진 의미를 찾거나 생략된 의미를 앞뒤 내용의 흐름 및 내용 정보의 관계를 통해서 짐작한 다음, 다른 상황에 적용할 수 있어야 한다.

　　㉠ 숨겨진 정보를 추리하기

　　㉡ 제시되지 않은 부분의 내용을 추리하기

　　㉢ 문맥 속의 의미나 함축적 의미를 추리하기

　　㉣ 알고 있는 지식을 다른 상황에 적용하기

② **과정의 추론** : 제시문에 설명된 정보에 대한 가정이나 그것의 전체 또는 대상을 보는 관점, 태도나 입장을 파악하는 것이다.

　　㉠ 정보의 가정이나 전제

　　㉡ 글을 쓰는 관점 추리하기

　　㉢ 글 속에 나타나는 대상 또는 정서 · 심리 상태, 어조 추리하기

　　㉣ 글을 쓰게 된 동기나 목적 추리하기

③ **구조의 추론**

　　㉠ 구성 방식 : 전체 글의 짜임새 및 단락의 짜임새

　　㉡ 구성 원리 : 정확한 의미 전달을 위한 통일성, 완결성, 일관성

핵심예제

다음 지문에서 추론할 수 있는 것은?

> 신화는 서사(Narrative)와 상호 규정적이다. 그런 의미에서 신화는 역사 · 학문 · 종교 · 예술과 모두 관련되지만, 그중의 어떤 하나만은 아니다. 예를 들면, '신화는 역사다.'라는 말이 하나의 전체일 수는 없다. 나머지인 학문 · 종교 · 예술 중 어느 하나라도 배제된다면 더 이상 신화가 아니기 때문이다. 신화는 이들의 복합적 총체이지만, 신화는 신화일 뿐 역사나 학문, 종교나 예술 자체일 수 없다.

① 신화는 현대 학문의 영역에서 배제되는 경향이 있다.

② 인류역사는 신화의 시대에서 형이상학의 시대로, 그리고 실증주의 시대로 이행하였다.

③ 신화는 종교 문학에 속하는 문학의 한 장르이다.

④ 신화는 예술과 상호 관련을 맺는다.

⑤ 신화는 학문 · 종교 · 예술의 하위요소이다.

| **해설** | 제시된 글에서 신화는 역사 · 학문 · 종교 · 예술과 모두 관련된다고 하였으므로 예술과 상호 관련을 맺는다고 추론할 수 있다.

정답 ④

(3) 비판적 이해

제시문의 주요 논지에 대한 비판의 여지를 탐색하고 따져보거나 글이나 자료의 생성 과정 및 그것을 구성한 관점, 태도 등을 파악하는 등 글의 내용으로부터 객관적인 거리를 두고 판단하거나 평가함으로써 도달하는 것이다.

① 핵심어 이해 : 제시문이 객관적인지 또는 현실과 어떤 연관성이 있는지 등을 판단해 본다. 그리고 핵심 개념을 정의하는 부분에 비논리적 내용이나 주제를 강조하기 위한 의도에서 오류는 없는지를 파악해 본다.

② 쟁점 파악 : 제시문의 핵심 내용을 파악했다면, 주장이 무엇인지 그리고 타당한지를 비판적으로 고려해 보아야 한다.

③ 주장과 근거 : 제시문의 주제를 비판적으로 고려했다면, 그 주장이 어떤 근거에 바탕을 두고 있는지 그리고 근거와 주장 사이에 논리적 오류가 없는지 비판적으로 생각해 본다.

핵심예제

다음 주장에 대한 반박으로 적절하지 않은 것은?

> 텔레비전은 어른이나 아이 모두 함께 보는 매체이다. 더구나 텔레비전을 보고 이해하는 데는 인쇄 문화처럼 어려운 문제 해득력이나 추상력이 필요 없다. 그래서 아이들은 어른에게서 보다 텔레비전이나 컴퓨터에서 더 많은 것을 배운다. 이 때문에 오늘날의 어린이나 젊은이들에게서 어른에 대한 두려움이나 존경을 찾는 것은 쉽지 않은 일이다. 전통적인 역할과 행동을 기대하는 어른들이 어린이나 젊은이의 불손, 거만, 경망, 무분별한 '반사회적' 행동에 대해 불평하게 되는 것도 이런 이유 때문일 것이다.

① 가족과 텔레비전을 함께 시청하며 나누는 대화를 통해 아이들은 사회적 행동을 기를 수 있다.
② 텔레비전의 교육적 프로그램은 아이들의 예절 교육에 도움이 된다.
③ 정보 사회를 선도하는 텔레비전은 인간의 다양한 필요성을 충족시켜준다.
④ 아이들은 텔레비전보다 학교의 선생님이나 친구들과 더 많은 시간을 보낸다.
⑤ 어린이나 젊은이의 반사회적 행동은 개방적인 사회 분위기에 더 많은 영향을 받았다.

> **|해설|** 제시문에서는 아이들이 어른에게서보다 어려운 문제 해득력이나 추상력을 필요로 하지 않는 텔레비전을 통해서 더 많은 것을 배우므로 어린이나 젊은이들에게서 어른에 대한 두려움이나 존경을 찾기 어렵다고 주장한다. 이러한 주장에 대한 반박으로는 아이들은 텔레비전보다 학교의 선생님이나 친구들과 더 많은 시간을 보내고, 텔레비전이 아이들에게 부정적 영향만 끼치는 것은 아니며, 아이들의 그러한 행동에 영향을 미치는 다른 요인이 있다는 것이 적절하다. 따라서 텔레비전이 인간의 필요성을 충족시킨다는 ③은 주장에 대한 반박으로 적절하지 않다.
>
> **정답** ③

01 | 언어능력 적중예상문제

정답 및 해설 p.002

01 ▶ 언어유추

※ 다음 제시된 단어의 대응 관계로 볼 때, 빈칸에 들어가기에 적절한 것을 고르시오. [1~10]

01

바리스타 : 커피콩 = 목수 : ( )

① 톱   ② 나무

③ 목장   ④ 쇠

⑤ 용접

02

태양계 : 수성 = ( ) : 돼지

① 화강암   ② 장미

③ 고양이   ④ 조류

⑤ 포유류

03

40세 : 불혹 = ( ) : 고희

① 40세   ② 50세

③ 60세   ④ 70세

⑤ 80세

04

암전하다 : 참하다 = ( ) : 아결하다

① 반성하다　　　　　　　　② 고결하다
③ 참수하다　　　　　　　　④ 아름답다
⑤ 결심하다

05

겨냥하다 : 가늠하다 = 다지다 : ( )

① 진거하다　　　　　　　　② 겉잡다
③ 요량하다　　　　　　　　④ 약화하다
⑤ 강화하다

06

변변하다 : 넉넉하다 = 소요하다 : ( )

① 치유하다　　　　　　　　② 한적하다
③ 공겸하다　　　　　　　　④ 소유하다
⑤ 소란하다

07

미비 : 완구 = 진취 : ( )

① 완비　　　　　　　　　　② 퇴각
③ 퇴출　　　　　　　　　　④ 퇴로
⑤ 퇴영

08

만족 : 흡족 = 부족 : (　　)

① 미미　　　　　　　　　　② 곤궁
③ 궁핍　　　　　　　　　　④ 결핍
⑤ 가난

09

요긴 : 중요 = 특성 : (　　)

① 성질　　　　　　　　　　② 특별
③ 특이　　　　　　　　　　④ 특질
⑤ 특수

10

세입 : 세출 = 할인 : (　　)

① 상승　　　　　　　　　　② 인상
③ 할증　　　　　　　　　　④ 감소
⑤ 인하

※ 다음 제시된 단어의 대응 관계로 볼 때, 빈칸에 들어가기에 적절한 것끼리 짝지어진 것을 고르시오.
[11~20]

11

정밀 : ( ) = ( ) : 안정

① 개선, 개량
② 동조, 찬동
③ 발췌, 요약
④ 조잡, 불안
⑤ 독려, 고취

12

( ) : 대중교통 = 아파트 : ( )

① 택시, 빌라
② 출근, 집
③ 기차, 단독주택
④ 버스, 빌라
⑤ 전철, 집

13

무게 : ( ) = 시간 : ( )

① 체중계, 체온계
② 저울, 시계
③ 중력, 거리
④ 증가, 정지
⑤ 질량, 길이

14

( ) : 거대하다 = ( ) : 감퇴하다

① 미세하다, 수축하다
② 왜소하다, 증진하다
③ 우람하다, 나아가다
④ 광활하다, 증가하다
⑤ 높다랗다, 전진하다

15

창조 : (   ) = 개선 : (   )

① 창출, 수정   ② 발명, 발견
③ 수정, 창출   ④ 개발, 계발
⑤ 소득, 소비

16

(   ) : 탄소 = (   ) : 아미노산

① 그래핀, 탄수화물   ② 석탄, DNA
③ 다이아몬드, 펩티드   ④ 메탄, 암모니아
⑤ 흑연, 단백질

17

(   ) : 곤충 = (   ) : 운동

① 비둘기, 심판   ② 잠자리, 축구
③ 메뚜기, 경기   ④ 개구리, 운동장
⑤ 메뚜기, 체육

18

명절 : (   ) = 양식 : (   )

① 추석, 어묵   ② 설날, 스테이크
③ 세배, 짬뽕   ④ 새해, 불고기
⑤ 광복절, 우동

19

| ( ) : 근면 = 부정 : ( ) |

① 근로, 부인   ② 나태, 수긍
③ 성격, 실패   ④ 성실, 납득
⑤ 자만, 투정

20

| ( ) : 언급하다 = 열거하다 : ( ) |

① 평가하다, 정리하다   ② 털어놓다, 삭제하다
③ 언송하다, 나열하다   ④ 주장하다, 배열하다
⑤ 토의하다, 부연하다

21 다음 문장의 밑줄 친 부분과 같은 의미로 쓰인 것은?

| 나는 무인도의 정글 속에서 내 짧고 불행한 생애의 마지막을 <u>맞고</u> 싶지 않았다. |

① 내 육감은 잘 <u>맞는</u> 편이다.
② 그들은 우리를 반갑게 <u>맞아</u> 주었다.
③ 우리 대학은 설립 60주년을 <u>맞았다</u>.
④ 우박을 <u>맞아</u> 비닐하우스에 구멍이 났다.
⑤ 그 두 나라는 이해관계가 잘 <u>맞는</u> 분야에 한해서 협력하기로 했다.

22 다음 밑줄 친 어휘 중 의미가 다른 것은?

① 어른들에게 반말하는 버릇을 <u>고쳐라</u>.
② 장마철이 오기 전에 지붕을 <u>고쳐라</u>.
③ 엉뚱한 원고를 <u>고치다</u>.
④ 늦잠 자는 습관을 <u>고치기가</u> 쉽지 않다.
⑤ 성종은 옷을 바로 잡으시고 자리를 <u>고쳐</u> 앉으시었다.

23 다음 중 24절기와 계절이 바르게 연결되지 않은 것은?

① 곡우(穀雨) – 봄 ② 청명(淸明) – 여름

③ 망종(芒種) – 여름 ④ 한로(寒露) – 가을

⑤ 동지(冬至) – 겨울

24 다음 밑줄 친 부분은 모두 어떤 물건의 수효를 묶어서 세는 단위로 쓰인다. 이 가운데 수량이 가장 적은 것은?

① 굴비 두 갓 ② 명주 한 필

③ 탕약 세 제 ④ 달걀 한 꾸러미

⑤ 오이 한 거리

25 다음 중 나이를 나타내는 한자어가 잘못 연결된 것은?

① 상수(上壽) – 100세 ② 졸수(卒壽) – 90세

③ 미수(米壽) – 80세 ④ 진갑(進甲) – 62세

⑤ 지학(志學) – 15세

26 다음 중 호칭어가 바르게 연결되지 않은 것은?

① 부인의 언니 – 처형

② 부인의 남동생 – 처남

③ 부인의 여동생 – 처제

④ 부인의 남동생의 아내 – 제수

⑤ 부인의 여동생의 남편 – 동서

27 다음 중 높임표현이 옳지 않은 것은?

① 할아버지께서 진지를 드신다.
② 손님, 주문하신 커피 나오셨습니다.
③ 철수가 할아버지를 모시고 왔다.
④ 철수가 영희에게 책을 주었다.
⑤ 김서방, 밥 먹고 가게.

28 다음 중 밑줄 친 부분의 표기가 잘못된 것은?

① 치아 관리의 중요성은 <u>익히</u> 알려져 있다.
② 꽃이 생각보다 쉽게 졌고, <u>이파리</u>는 시들했다.
③ 그 마을은 경상남도 남해군의 <u>끄트머리</u>에 있다.
④ 밤길을 걷다 <u>또아리</u>를 트고 있는 뱀을 발견했다.
⑤ 중고차를 구매할 때는 사고 이력 및 차량 정보를 <u>꼼꼼히</u> 살펴봐야 한다.

29 다음 중 밑줄 친 부분의 띄어쓰기가 옳은 것은?

① 이번 회의에 <u>참석하는데</u> 많은 준비가 필요했다.
② 너는 정말 <u>쓸데 없는</u> 일만 하는구나.
③ 이 일을 어떻게 <u>처리해야 할 지</u> 걱정이야.
④ 여행을 <u>다녀온 지</u> 벌써 세 달이 지났어.
⑤ 내 돈을 훔친 범인이 <u>누구든 지</u> 잡히면 가만두지 않겠어.

30 다음 상황에 어울리는 속담으로 적절한 것은?

> SNS를 통해 맛집으로 유명해진 A가게가 개인사정으로 인해 문을 닫자, 그 옆 B가게로 사람들이 몰리기 시작했다.

① 싸움 끝에 정이 붙는다.
② 미련은 먼저 나고 슬기는 나중 난다.
③ 배부르니까 평안 감사도 부럽지 않다.
④ 호랑이 없는 골에 토끼가 왕 노릇 한다.
⑤ 잠결에 남의 다리 긁는다.

※ 제시문 A를 읽고, 제시문 B가 참인지 거짓인지 혹은 알 수 없는지 고르시오. [1~5]

01

[제시문 A]
- 철수는 자전거보다 오토바이를 더 좋아한다.
- 철수는 오토바이보다 자동차를 더 좋아한다.
- 철수는 대중교통을 가장 좋아한다.

[제시문 B]
철수는 자동차를 두 번째로 좋아한다.

① 참　　　　　　　　② 거짓　　　　　　　　③ 알 수 없음

02

[제시문 A]
- 바실리카는 로마시대 법정과 같이 쓰인 장방형의 3개의 통로가 있는 건물이다.
- 바실리카의 중앙통로나 회중석은 측랑보다 높았고 측랑의 지붕 위에는 창문이 설치된다.

[제시문 B]
바실리카의 측랑과 창문은 회중석보다 높은 곳에 설치된다.

① 참　　　　　　　　② 거짓　　　　　　　　③ 알 수 없음

03

[제시문 A]
- 미세먼지 가운데 $2.5\mu\text{m}$ 이하의 입자는 초미세먼지이다.
- 초미세먼지는 호흡기에서 걸러낼 수 없다.

[제시문 B]
$2.4\mu\text{m}$입자의 미세먼지는 호흡기에서 걸러낼 수 없다.

① 참　　　　　　　　② 거짓　　　　　　　　③ 알 수 없음

04

[제시문 A]
• 일본으로 출장을 간다면 중국으로는 출장을 가지 않는다.
• 중국으로 출장을 간다면 홍콩으로도 출장을 가야 한다.

[제시문 B]
홍콩으로 출장을 간 김대리는 일본으로 출장을 가지 않는다.

① 참   ② 거짓   ③ 알 수 없음

05

[제시문 A]
• 차가운 물로 샤워를 하면 순간적으로 몸의 체온이 내려간다.
• 몸의 체온이 내려가면 일정한 체온을 유지하기 위해 열이 발생한다.

[제시문 B]
차가운 물로 샤워를 하면 몸의 체온을 낮게 유지할 수 있다.

① 참   ② 거짓   ③ 알 수 없음

※ 다음 A와 B가 참일 때, C가 참인지 거짓인지 알 수 없는지 고르시오. [6~10]

06

A. 보건용 마스크의 'KF' 뒤 숫자가 클수록 미세입자 차단 효과가 더 크다.
B. 모든 사람들은 미세입자 차단 효과가 더 큰 마스크를 선호한다.
C. 민호는 KF80의 보건용 마스크보다 KF94의 보건용 마스크를 선호한다.

① 참   ② 거짓   ③ 알 수 없음

07

A. 안구 내 안압이 상승하면 시신경 손상이 발생한다.
B. 시신경이 손상되면 주변 시야가 좁아진다.
C. 안구 내 안압이 상승하면 주변 시야가 좁아진다.

① 참　　　　　　　② 거짓　　　　　　　③ 알 수 없음

08

A. 혜진이가 영어 회화 학원에 다니면 미진이는 중국어 회화 학원에 다닌다.
B. 미진이가 중국어 회화 학원에 다니면 아영이는 일본어 회화 학원에 다닌다.
C. 아영이가 일본어 회화 학원에 다니지 않으면 혜진이는 영어 회화 학원에 다니지 않는다.

① 참　　　　　　　② 거짓　　　　　　　③ 알 수 없음

09

A. 유화를 잘 그리는 모든 화가는 수채화를 잘 그린다.
B. 수채화를 잘 그리는 모든 화가는 한국화를 잘 그린다.
C. 유화를 잘 그리는 희정이는 한국화도 잘 그린다.

① 참　　　　　　　② 거짓　　　　　　　③ 알 수 없음

10

A. 사람에게서는 인슐린이라는 호르몬이 나온다.
B. 인슐린은 당뇨병에 걸리지 않게 하는 호르몬이다.
C. 인슐린이 제대로 생기지 않는 사람은 당뇨병에 걸리게 된다.

① 참　　　　　　　② 거짓　　　　　　　③ 알 수 없음

※ 다음 글을 읽고 각각의 보기가 옳은지 그른지, 주어진 지문으로는 알 수 없는지 고르시오. [11~13]

현대인은 대인 관계에 있어서 가면을 쓰고 살아간다. 물론 그것이 현대 사회를 살아가기 위한 인간의 기본적인 조건인지도 모른다. 사회학자들은 사람이 다른 사람과 교제를 할 때, 상대방에 대한 자신의 인상을 관리하려는 속성이 있다는 점에 동의한다. 즉, 사람들은 대체로 남 앞에 나설 때에는 가면을 쓰고 연기를 하는 배우와 같이 행동한다는 것이다.

왜 그런 상황이 발생하는 것일까? 그것은 주로 대중문화의 속성에 기인한다. 사실 20세기의 대중문화는 과거와 다른 새로운 인간형을 탄생시키는 배경이 되었다고 말할 수 있다. 특히, 광고는 '내가 다른 사람의 눈에 어떻게 보일 것인가?'하는 점을 끊임없이 반복하고 강조함으로써 그 광고를 보는 사람들에게 조바심이나 공포감을 불러일으키기까지 한다.

그중에서도 외모와 관련된 제품의 광고는 개인의 삶의 의미가 '자신이 남에게 어떤 존재로 보이느냐?'라는 것을 지속적으로 주입시킨다. 역사학자들도 '연기하는 자아'의 개념이 대중문화의 부상과 함께 더욱 의미 있는 것이 되었다고 말한다. 그들은 적어도 20세기 초부터 '성공'은 무엇을 잘하고 열심히 하는 것이 아니라 '인상 관리'를 어떻게 하느냐에 달려 있다고 한다. 이렇게 자신의 일관성을 잃고 상황에 따라 적응하게 되는 현대인들은 대중매체가 퍼뜨리는 유행에 민감하게 반응하는 과정에서 자신의 취향을 형성해 가고 있다.

11 사람들의 인상은 타인에 의해서 관리된다.

① 항상 옳다.
② 전혀 그렇지 않다.
③ 주어진 지문으로는 옳고 그름을 알 수 없다.

12 20세기 대중문화는 새로운 인간형을 탄생시키는 배경이 되었다.

① 항상 옳다.
② 전혀 그렇지 않다.
③ 주어진 지문으로는 옳고 그름을 알 수 없다.

13 사람들은 대중문화의 부상과 함께 성공하고 있다.

① 항상 옳다.
② 전혀 그렇지 않다.
③ 주어진 지문으로는 옳고 그름을 알 수 없다.

※ 다음 글을 읽고 각각의 보기가 옳은지 그른지, 주어진 지문으로는 알 수 없는지 고르시오. [14~16]

청과물의 거래 방식으로 밭떼기, 수의계약, 경매가 있고, 이 중 한 가지를 농가가 선택한다고 하자. 밭떼기는 재배 초기에 수집 상인이 산지에 와서 계약하고 대금을 지급한 다음, 수확기에 가져가 도매시장의 상인에게 파는 방식이다. 수의계약은 수확기에 농가가 도매시장 내 도매상과의 거래를 성사시킨 후 직접 수확하여 보내는 방식인데, 이때 운송 책임은 농가가 진다. 경매는 농가가 수확한 청과물을 도매시장에 보내서 경매를 위임하는 방식인데, 도매시장에 도착해서 경매가 끝날 때까지 최소 하루가 걸린다.

같은 해 동일 품목의 경우, 수의계약의 평균거래가격과 경매의 평균거래가격은 밭떼기의 거래가격과 같다고 가정한다. 단, 생산량과 소비량의 변동으로 가격변동이 발생하는데, 도매시장에서의 가격변동 폭은 경매가 수의계약보다 크다.

농가 A, B, C, D는 여름철 청과물을 생산하는데, 안정된 가격에 팔기 원하는지와 거래가 완료될 때까지 신선도가 유지되는지 만을 고려하여 재배 초기에 거래 방식을 결정한다. 이들 농장에서 도매시장까지의 거리는 D가 가장 가깝고, A와 B가 동일하게 가장 먼데, 가장 먼 곳이라도 6시간이면 시장까지 도착한다. A와 B는 하루 안에 거래를 마쳐야 할 정도로 빨리 시드는 청과물을 생산한다. A는 안정된 가격에 팔기 원하지만, B는 가격의 변동을 이용하여 평균가격보다 높게 팔려고 한다.

C와 D가 생산하는 청과물은 빨리 시들지 않아 거래에 일주일 이상의 여유가 있다. C와 D는 B와 마찬가지로 가격의 변동을 이용하여 평균가격보다 높게 팔려고 하는데, 그 정도는 C와 D가 동일하다.

14 A와 B는 가장 선호하는 거래 방식이 다르지만, 가장 기피하는 거래 방식은 같다.

① 항상 옳다.
② 전혀 그렇지 않다.
③ 주어진 지문으로는 옳고 그름을 알 수 없다.

15 C와 D는 가장 선호하는 거래 방식이 같지만, 가장 기피하는 거래 방식은 다르다.

① 항상 옳다.
② 전혀 그렇지 않다.
③ 주어진 지문으로는 옳고 그름을 알 수 없다.

16 A, B, C, D가 각자 가장 선호하는 방식으로 거래할 때, 도매시장으로 오는 동안 발생하는 청과물의 품질 하락으로 인한 손실 가능성이 가장 적은 농가는 D뿐이다.

① 항상 옳다.
② 전혀 그렇지 않다.
③ 주어진 지문으로는 옳고 그름을 알 수 없다.

※ 다음 글을 읽고 각각의 보기가 옳은지 그른지, 주어진 지문으로는 알 수 없는지 고르시오. [17~19]

맨해튼 프로젝트는 제2차 세계대전 기간 중 미국이 주도한 원자폭탄 개발계획으로 최초의 거대과학 프로그램이었다. 우주공학과 우주과학을 포함하는 우주개발은 거대과학의 전형을 보여 준다. 소련의 스푸트니크 위성 발사는 냉전 시대 최고의 선전도구였다. 이 사건은 이듬해 미 항공우주국(NASA)을 탄생시키는 계기가 되었다. 미국은 1961년부터 우주에서의 우위를 점하기 위해 거대과학 우주 프로그램인 아폴로 계획을 출범시켰다. 1969년에는 아폴로 11호가 인간을 달에 착륙시키고 무사히 지구로 귀환했다. 우주개발 분야에서 현재 진행 중인 대표적인 거대과학이 국제우주정거장 건설이다. 미국, 유럽, 러시아, 일본 등 16개국이 참여해 지구 저궤도 350 ~ 400km에 건설 중이다. 2003년 컬럼비아 우주왕복선의 사고와 소요 재원 문제로 일부 계획이 축소됐다. 2010년 완공 예정으로 우주환경 이용 및 유인 우주활동을 위한 기반 정비를 목표로 추진 중이다. 건설과 운영에 소요되는 비용이 100조 원에 이를 것으로 예상된다. 최근에는 우주 선진국이 국제협력을 통해 달 및 화성에 대한 유인탐사를 공동으로 수행하는 방안을 협의 중이다.

17 최초의 거대과학 프로그램으로 일본인이 다치는 결과가 발생하였다.

① 항상 옳다.

② 전혀 그렇지 않다.

③ 주어진 지문으로는 옳고 그름을 알 수 없다.

18 우주정거장 건설 사업에는 약 100억 달러의 비용이 소요될 것으로 예상된다.

① 항상 옳다.

② 전혀 그렇지 않다.

③ 주어진 지문으로는 옳고 그름을 알 수 없다.

19 국제우주정거장 건설 사업에는 한국도 참여 중이다.

① 항상 옳다.

② 전혀 그렇지 않다.

③ 주어진 지문으로는 옳고 그름을 알 수 없다.

※ 다음 제시문을 바탕으로 추론할 수 있는 것을 고르시오. [20~22]

20

- A, B, C, D 중 2명은 부장, 1명은 과장, 1명은 대리이다.
- A, B, C, D 4명은 각각 다른 팀에 근무하며, 각 팀은 2층, 3층, 4층, 5층에 위치하고 있다.
- B는 과장이다.
- A는 대리가 아니다.
- A의 사무실이 가장 높다.
- 대리의 사무실은 B보다 높은 층에 있다.

① 부장 중 한 명은 반드시 2층에 근무한다.
② A는 부장이다.
③ 대리는 4층에 근무한다.
④ B는 2층에 근무한다.
⑤ C는 대리이다.

21

- 관수는 보람이보다 크다.
- 창호는 보람이보다 작다.
- 동주는 관수보다 크다.
- 인성이는 보람이보다 작지 않다.

① 인성이는 창호보다 크고 관수보다 작다.
② 보람이는 동주, 관수보다 작지만 창호보다는 크다.
③ 창호는 관수, 보람이보다 작지만 인성이보다 크다.
④ 동주는 관수, 보람, 창호, 인성이보다 크다.
⑤ 창호는 키가 가장 작지 않다.

22

- 재현이가 춤을 추면 서현이나 지훈이가 춤을 춘다.
- 재현이가 춤을 추지 않으면 종열이가 춤을 춘다.
- 종열이가 춤을 추지 않으면 지훈이도 춤을 추지 않는다.
- 종열이는 춤을 추지 않았다.

① 재현이만 춤을 추었다.
② 서현이만 춤을 추었다.
③ 지훈이만 춤을 추었다.
④ 재현이와 지훈이 모두 춤을 추었다.
⑤ 재현이와 서현이 모두 춤을 추었다.

※ 제시된 내용을 바탕으로 내린 A, B의 결론에 대한 판단으로 옳은 것을 고르시오. [23~25]

23

- 학교에서 우이동으로 2박 3일 MT를 간다.
- 경제학과는 경영학과보다 하루 일찍 MT를 간다.
- 국문학과는 경영학과보다 3일 늦게 MT를 간다.
- 영문학과는 경영학과보다는 늦게, 국문학과보다는 빨리 MT를 간다.

A : 경제학과와 영문학과는 우이동에서 만날 것이다.
B : 영문학과와 국문학과는 우이동에서 만날 것이다.

① A만 옳다.   ② B만 옳다.
③ A, B 모두 옳다.   ④ A, B 모두 틀리다.
⑤ A, B 모두 옳은지 틀린지 판단할 수 없다.

24

- 서준, 민선, 연호, 승원이 달리기를 하고 있다.
- 민선이 승원보다 빠르다.
- 서준은 민선과 연호 사이에 있다.
- 연호가 같은 시간동안 가장 멀리 갔다.

A : 서준이 민선보다 빠르다.
B : 4등이 누구인지는 알 수 없다.

① A만 옳다.   ② B만 옳다.
③ A, B 모두 옳다.   ④ A, B 모두 틀리다.
⑤ A, B 모두 옳은지 틀린지 판단할 수 없다.

25

- 월요일부터 금요일까지 초등학생 방과 후 교실 도우미 1 ~ 5를 배치할 계획이다.
- 도우미 1은 화요일 또는 수요일에 배치한다.
- 도우미 2는 도우미 3이 배치된 다음 날에 배치한다.
- 도우미 5는 목요일에 배치한다.

A : 도우미 4는 금요일에 배치된다.
B : 도우미 2는 화요일에 배치된다.

① A만 옳다.   ② B만 옳다.
③ A, B 모두 옳다.   ④ A, B 모두 틀리다.
⑤ A, B 모두 옳은지 틀린지 판단할 수 없다.

※ 주어진 문단을 논리적 순서에 따라 바르게 나열한 것을 고르시오. [1~3]

01

(가) 덕후에 대한 사회의 시선도 달라졌다. 과거의 덕후는 이해할 수 없는 자기들만의 세계에 빠져 사는 소통 능력이 부족한 잉여인간이라는 이미지가 강했다. 하지만 이제는 특정 분야에 해박한 지식을 가진 전문가, 독특한 취향을 지닌 조금 특이하지만 멋있는 존재로 받아들여진다. 전문가들은 이제 한국의 덕후는 단어의 어원이었던 일본의 오타쿠와는 완전히 다른 존재로 진화하고 있다고 진단한다.

(나) 현재 진화한 덕후들은 자신만의 취미에 더욱 몰입한다. 취향에 맞는다면 아낌없이 지갑을 연다. 좋아하는 대상도 다양해지고 있다. 립스틱이나 매니큐어 같은 화장품, 스타벅스 컵까지도 덕질(덕후+질)의 대상이 된다. 이른바 취향 소비를 덕후들이 이끌고 있는 것이다. 덕후들은 자신이 좋아하는 대상을 위해 댓글을 달며 기업이 내놓는 상품에 입김을 발휘하기도 한다. 아예 스스로 좋아하는 대상과 관련된 상품을 제작해 판매하기도 하고, 파생산업까지 나오고 있다.

(다) 덕후는 일본의 오타쿠를 한국식으로 발음한 인터넷 신조어 오덕후를 줄인 말이다. 얼마 전까지 덕후 이미지는 사회성이 부족하거나 우스꽝스럽다는 식으로 그다지 긍정적이지 않았다. 하지만 최근 들어 인터넷과 SNS는 물론 일상생활에서도 자신이 덕후임을 만천하에 드러내며 덕밍아웃(덕후+커밍아웃)하는 사례가 늘고 있다.

① (가) – (나) – (다)   ② (가) – (다) – (나)

③ (나) – (가) – (다)   ④ (다) – (가) – (나)

⑤ (다) – (나) – (가)

02

(가) 위기가 있는 만큼 기회도 주어진다. 다만, 그 기회를 잡기 위해 우리에게 가장 필요한 것은 지혜이다. 그리고 그 지혜를 행동으로 옮길 때, 우리는 성공이라는 결과를 얻을 수 있는 것이다.

(나) 세계적 금융위기는 끝나지 않았고, 동중국해를 둘러싼 중국과 일본의 영토분쟁은 세계 경제에 새로운 위협 요인이 되고 있다. 국가경제도 부동산가격 하락으로 가계부채 문제가 경제에 부담이 될 것이라는 예측이 나온다. 휴일 영업을 둘러싼 대형마트와 재래시장 간의 갈등도 심화되고 있다. 기업의 입장에서나, 개인의 입장에서나 온통 풀기 어려운 문제에 둘러싸인 형국이다.

(다) 이 위기를 이겨낸 사람이 성공하고, 위기를 이겨낸 기업이 경쟁에서 승리한다. 어려움을 이겨낸 나라가 자신에게 주어진 무대에서 주역이 되었다는 것을 우리는 지난 역사 속에서 배울 수 있다.

(라) 한마디로 위기(危機)의 시대이다. 위기는 '위험'을 의미하는 위(危)자와 '기회'를 의미하는 기(機)자가 합쳐진 말이다. 위기라는 말에는 위험과 기회라는 이중의 의미가 함께 들어 있다. 위험을 이겨낸 사람이 기회를 잡을 수 있다는 말이다. 위기는 기회의 또 다른 얼굴이다.

① (가) – (라) – (나) – (다)   ② (나) – (가) – (다) – (라)

③ (나) – (라) – (다) – (가)   ④ (라) – (가) – (다) – (나)

⑤ (라) – (다) – (가) – (나)

03

(가) 정책 수단 선택의 사례로 환율과 관련된 경제 현상을 살펴보자. 외국 통화에 대한 자국 통화의 교환 비율을 의미하는 환율은 장기적으로 한 국가의 생산성과 물가 등 기초 경제 여건을 반영하는 수준으로 수렴된다.

(나) 이처럼 환율이나 주가 등 경제 변수가 단기에 지나치게 상승 또는 하락하는 현상을 오버슈팅(Overshooting)이라고 한다.

(다) 이러한 오버슈팅은 물가 경직성 또는 금융 시장 변동에 따른 불안 심리 등에 의해 촉발되는 것으로 알려져 있다. 여기서 물가 경직성은 시장에서 가격이 조정되기 어려운 정도를 의미한다.

(라) 그러나 단기적으로 환율은 이와 괴리되어 움직이는 경우가 있다. 만약 환율이 예상과는 다른 방향으로 움직이거나 또는 비록 예상과 같은 방향으로 움직이더라도 변동 폭이 예상보다 크게 나타날 경우 경제 주체들은 과도한 위험에 노출될 수 있다.

① (가) – (나) – (다) – (라)   ② (가) – (다) – (나) – (라)
③ (가) – (라) – (나) – (다)   ④ (나) – (다) – (라) – (가)
⑤ (나) – (라) – (다) – (가)

04 다음 제시된 문단 뒤에 이어질 글을 논리적 순서대로 바르게 나열한 것은?

구체적 행위에 대한 도덕적 판단 문제를 다루는 것이 규범 윤리학이라면, 옳음의 의미 문제, 도덕적 진리의 존재 문제 등과 같이 규범 윤리학에서 사용하는 개념과 원칙에 대해 다루는 것은 메타 윤리학이다. 메타 윤리학에서 도덕 실재론과 정서주의는 '옳음'과 '옳지 않음'의 의미를 이해하는 방식과 도덕적 진리의 존재 여부에 대해 상반된 주장을 펼친다.

(가) 따라서 '옳다' 혹은 '옳지 않다'라는 도덕적 판단을 내리지만, 과학적 진리와 같은 도덕적 진리는 없다는 입장을 보인다.

(나) 도덕 실재론에서는 도덕적 판단과 도덕적 진리를 과학적 판단 및 과학적 진리와 마찬가지라고 본다.

(다) 한편, 정서주의에서는 어떤 도덕적 행위에 대해 도덕적으로 옳음이나 도덕적으로 옳지 않음이라는 성질은 객관적으로 존재하지 않는 것이고 도덕적 판단도 참 또는 거짓으로 판정되는 명제를 나타내지 않는다.

(라) 즉, 과학적 판단이 '참' 또는 '거짓'을 판정할 수 있는 명제를 나타내고 이때 참으로 판정된 명제를 과학적 진리라고 부르는 것처럼, 도덕적 판단도 참 또는 거짓으로 판정할 수 있는 명제를 나타내고 참으로 판정된 명제가 곧 도덕적 진리라고 규정하는 것이다.

① (가) – (나) – (다) – (라)   ② (나) – (가) – (다) – (라)
③ (나) – (라) – (다) – (가)   ④ (다) – (가) – (나) – (라)
⑤ (다) – (라) – (나) – (가)

※ 다음 ⊙ ~ ⓒ에 들어갈 말을 바르게 짝지은 것을 고르시오. [5~6]

05

각 시대에는 그 시대의 특징을 나타내는 문학이 있다고 한다. 우리나라도 무릇 사천 살이 넘는 생활의 역사를 가진 만큼 그 발전 시기마다 각각 특색을 가진 문학이 없을 수 없고, 문학이 있었다면 그 중추가 되는 것은 아무래도 시가문학이라고 볼 수밖에 없다. ___⊙___ 대개 어느 민족을 막론하고 인간 사회가 성립하는 동시에 벌써 각자의 감정과 의사를 표시하려는 욕망이 생겼을 것이며, 삼라만상의 대자연은 자연 그 자체가 율동적이고 음악적이라고 할 수 있기 때문이다. 다시 말하면 인간이 생활하는 곳에는 자연적으로 시가가 발생하였다고 할 수 있다. ___ⓛ___ 사람의 지혜가 트이고 비교적 언어의 사용이 능란해짐에 따라 종합 예술체의 한 부분으로 있었던 서정문학적 요소가 분화·독립되어 제요나 노동요 따위의 시가의 원형을 이루고 다시 이 집단적 가요는 개인적 서정시로 발전하여 갔으리라 추측된다. ___ⓒ___ 다른 나라도 마찬가지이겠지만, 우리 문학사상에서 시가의 지위는 상당히 중요한 몫을 지니고 있다.

	⊙	ⓛ	ⓒ
①	왜냐하면	그리고	그러므로
②	그리고	왜냐하면	그러므로
③	그러므로	그리고	왜냐하면
④	왜냐하면	그러나	그럼에도 불구하고
⑤	그러나	왜냐하면	그러므로

06

약속은 시간과 장소가 정확해야 한다. 새내기 영업사원 시절의 일이다. 계약 문제로 고객을 만나기 위해, 많은 차량으로 ⊙ 혼잡(混雜) / 요란(搖亂)한 회사 부근을 간신히 빠져나와 약속장소로 갔다. 그러나 고객은 그곳에 없었다. 급히 휴대전화로 연락을 해 보니, 다른 곳에서 기다리고 있다는 것이었다. 큰 실수였다. 약속 장소를 ⓛ 소동(騷動) / 혼동(混同)하여 고객을 기다리게 한 것이다. 약속을 정할 때 전에 만났던 곳에서 만나자는 말에 별생각 없이 그렇게 하겠다고 하는 바람에 이런 ⓒ 혼선(混線) / 갈등(葛藤)이 빚어졌던 것이다.

	⊙	ⓛ	ⓒ
①	혼잡	소동	갈등
②	요란	소동	혼선
③	요란	혼동	갈등
④	혼잡	혼동	혼선
⑤	혼잡	소동	혼선

07 다음은 '인터넷 미디어 교육의 활성화 방안'에 대한 글을 위해 쓴 개요이다. 개요의 수정·보완 및 자료 제시 방안으로 적절하지 않은 것은?

Ⅰ. 서론
 - 사이버 범죄의 급격한 증가 ····························· ㉠
 - 유해 정보의 범람

Ⅱ. 본론
 1. 인터넷 미디어 교육의 필요성
  - 사이버 범죄의 예방과 대처
  - 올바른 사용 자세 배양 ····························· ㉡
  - 사이버 시민 의식의 고양
 2. 인터넷 미디어 교육의 장애 요소
  - 교육의 중요성에 대한 인식 부족 ················ ㉢
  - 컴퓨터 이용 기술에 치우친 교육
  - 교육 프로그램의 부재
 3. 인터넷 미디어 교육의 활성화 방안
  - 불건전 정보의 올바른 이해 ····················· ㉣
  - 사이버 윤리 및 예절 교육의 강화
  - _____ ········ ㉤

Ⅲ. 결론
 - 인터넷 미디어 교육의 중요성 강조

① ㉠ : 사이버 범죄의 실태를 통계 수치로 제시한다.
② ㉡ : 인터넷에 자신의 정보를 노출하여 큰 피해를 입은 사례를 근거로 제시한다.
③ ㉢ : 일반인들과 정부 당국으로 항목을 구분하여 지적한다.
④ ㉣ : 'Ⅱ-2'를 고려하여 '사이버 폭력에 대한 규제 강화'로 수정한다.
⑤ ㉤ : 글의 완결성을 고려하여 '다양한 교육 프로그램의 개발'이라는 내용을 추가한다.

08 다음은 '온라인상의 저작권 침해'에 대한 글을 쓰기 위해 작성한 개요이다. 개요의 수정·보완 및 자료 제시 방안으로 적절하지 않은 것은?

Ⅰ. 서론 : 온라인상에서의 저작권 침해 실태 ·························· ㉠

Ⅱ. 본론

    1. 온라인상에서의 저작권 침해 문제가 발생하는 원인

        가. 온라인 특성상 정보를 공유해야 한다는 의식 부족 ········ ㉡

        나. 해외 서버의 불법 복제를 단속하기 위한 다른 나라와의 협조 체제 미비

        다. 확인되지 않은 악성 루머의 유포 ·························· ㉢

    2. 온라인상에서의 저작권 침해 문제의 해결 방안

        가. 온라인상에서의 저작권 보호 의식 제고를 위한 교육 실시

        나. _____ ···················· ㉣

Ⅲ. 결론 : 온라인상에서의 저작권 보호 ·························· ㉤

---

① ㉠ : 온라인상에서의 저작권 침해 사례를 보도한 신문 기사를 제시한다.

② ㉡ : 상위 항목을 고려하여 '온라인 특성상 저작권을 보호해야 한다는 의식 부족'으로 고친다.

③ ㉢ : 글의 주제를 고려하여 삭제한다.

④ ㉣ : 'Ⅱ-1-나'의 내용을 고려하여 '업로드 속도를 향상하기 위한 국내 서버 증설'이라는 내용을 추가한다.

⑤ ㉤ : 내용을 구체화하기 위해 '온라인상에서의 저작권 보호를 위한 개인과 정부의 행동 촉구'로 수정한다.

09 다음 글의 서술방식으로 가장 적절한 것은?

변혁적 리더십은 리더가 조직 구성원의 사기를 고양하기 위해 미래의 비전과 공동체적 사명감을 강조하고, 이를 통해 조직의 장기적 목표를 달성하는 것을 핵심으로 한다. 거래적 리더십이 협상과 교환을 통해 구성원의 동기를 부여한다면, 변혁적 리더십은 구성원의 변화를 통해 동기를 부여하고자 한다. 또한 거래적 리더십은 합리적 사고와 이성에 호소하는 반면, 변혁적 리더십은 감정과 정서에 호소하는 측면이 크다.

이러한 변혁적 리더십은 조직의 합병을 주도하고 신규 부서를 만들어 내며, 조직 문화를 창출해 내는 등 조직 변혁을 주도하고 관리한다. 따라서 오늘날 급변하는 환경과 조직의 실정에 적합한 리더십 유형으로 주목받고 있다.

변혁적 리더는 주어진 목적의 중요성과 의미에 대한 구성원의 인식 수준을 제고시키고, 개인적 이익을 넘어서 구성원 자신과 조직 전체의 이익을 위해 일하도록 만든다. 그리고 구성원의 욕구 수준을 상위 수준으로 끌어올림으로써 구성원을 근본적으로 변혁시킨다. 즉, 거래적 리더십을 발휘하는 리더는 구성원에게서 기대되었던 성과만을 얻어내지만, 변혁적 리더는 기대 이상의 성과를 얻어낼 수 있다.

① 구체적 현상을 분석하여 일반적 원리를 도출한다.
② 시간적 순서에 따라 개념이 형성되어 가는 과정을 밝힌다.
③ 대상에 대한 여러 가지 견해를 소개한다.
④ 다른 대상과의 비교를 통해 대상이 지닌 특징을 설명한다.
⑤ 개념의 이해를 돕기 위해 친근한 대상을 예로 들어 설명한다.

10

사회보장제도는 사회구성원에게 생활의 위험이 발생했을 때 사회적으로 보호하는 대응체계를 가리키는 포괄적 용어로 크게 사회보험, 공공부조, 사회서비스가 있다. 예를 들면 실직자들이 구직활동을 포기하고 다시 노숙자가 되지 않도록 지원하는 것 등이 있다.

사회보험은 보험의 기전을 이용하여 일반주민들을 질병, 상해, 폐질, 실업, 분만 등으로 인한 생활의 위협으로부터 보호하기 위하여 국가가 법에 의하여 보험가입을 의무화하는 제도로 개인적 필요에 따라 가입하는 민간보험과 차이가 있다.

공공부조는 극빈자, 불구자, 실업자 또는 저소득계층과 같이 스스로 생계를 영위할 수 없는 계층의 생활을 그들이 자립할 수 있을 때까지 국가가 재정기금으로 보호하여 주는 일종의 구빈제도이다.

사회서비스는 복지사회를 건설할 목적으로 법률이 정하는 바에 의하여 특정인에게 사회보장급여를 국가재정 부담으로 실시하는 제도로 군경, 전상자, 배우자 사후, 고아, 지적 장애아 등과 같은 특별한 사유가 있는 자나 노령자 등이 해당된다.

① 사회보험제도와 민간보험제도의 차이
② 사회보장제도의 의의
③ 우리나라의 사회보장제도
④ 사회보장제도의 대상자
⑤ 사회보장제도와 소득보장의 차이점

11

일반적으로 소비자들은 합리적인 경제 행위를 추구하기 때문에 최소 비용으로 최대 효과를 얻으려 한다는 것이 소비의 기본 원칙이다. 그들은 '보이지 않는 손'이라고 일컬어지는 시장 원리 아래에서 생산자와 만난다. 그러나 이러한 일차적 의미의 합리적 소비가 언제나 유효한 것은 아니다. 생산보다는 소비가 화두가 된 소비 자본주의 시대에 소비는 단순히 필요한 재화, 그리고 경제학적으로 유리한 재화를 구매하는 행위에 머물지 않는다. 최대 효과 자체에 정서적이고 사회 심리학적인 요인이 개입하면서, 이제 소비는 개인이 세계와 만나는 다분히 심리적인 방법이 되어버린 것이다. 곧 인간의 기본적인 생존 욕구를 충족시켜 주는 합리적 소비 수준에 머물지 않고, 자신을 표현하는 상징적 행위가 된 것이다.

이처럼 오늘날의 소비문화는 물질적 소비 차원이 아닌 심리적 소비 형태를 띠게 된다. 소비 자본주의의 화두는 과소비가 아니라 '과시 소비'로 넘어간 것이다. 과시 소비의 중심에는 신분의 논리가 있다. 신분의 논리는 유용성의 논리, 나아가 시장의 논리로 설명되지 않는 것들을 설명해 준다. 혈통으로 이어지던 폐쇄적 계층 사회는 소비 행위에 대해 계급에 근거한 제한을 부여했다. 먼 옛날 부족 사회에서 수장들만이 걸칠 수 있었던 장신구에서부터, 제아무리 권문세가의 정승이라도 아흔 아홉 칸을 넘을 수 없던 집이 좋은 예이다. 권력을 가진 자는 힘을 통해 자기의 취향을 주위 사람들과 분리시킴으로써 경외감을 강요하고, 그렇게 자기 취향을 과시함으로써 잠재적 경쟁자들을 통제한 것이다.

가시적 신분 제도가 사라진 현대 사회에서도 이러한 신분의 논리는 여전히 유효하다. 이제 개인은 소비를 통해 자신의 물질적 부를 표현함으로써 신분을 과시하려 한다.

① '보이지 않는 손'에 의한 합리적 소비의 필요성
② 소득을 고려하지 않은 무분별한 과소비의 폐해
③ 계층별 소비 규제의 필요성
④ 신분사회에서 의복 소비와 계층의 관계
⑤ 소비가 곧 신분이 되는 과시 소비의 원리

※ 다음 글의 중심내용으로 가장 적절한 것을 고르시오. [12~13]

12

> 우리는 주변에서 신호등 음성 안내기, 휠체어 리프트, 점자 블록 등의 장애인 편의 시설을 많이 볼 수 있다. 우리는 이런 편의 시설을 장애인들이 지니고 있는 국민으로서의 기본 권리를 인정한 것이라는 시각에서 바라보고 있다. 물론, 장애인의 일상생활 보장이라는 측면에서 이 시각은 당연한 것이다. 하지만 이를 바라보는 또 다른 시각이 필요하다. 그것은 바로 장애인만을 위한 것이 아니라 일상생활에서 활동에 불편을 겪는 모두를 위한 것이라는 시각이다. 편리하고 안전한 시설은 장애인뿐만 아니라 우리 모두에게 유용하기 때문이다. 예를 들어, 건물의 출입구에 설치되어 있는 경사로는 장애인들의 휠체어만 다닐 수 있도록 설치해 놓은 것이 아니라, 몸이 불편해서 계단을 오르내릴 수 없는 노인이나 유모차를 끌고 다니는 사람들도 편하게 다닐 수 있도록 만들어 놓은 시설이다. 결국 이 경사로는 우리 모두에게 유용한 시설인 것이다.
>
> 그런 의미에서, 근래에 대두되고 있는 '보편적 디자인', 즉 '유니버설 디자인(Universal Design)'이라는 개념은 우리에게 좋은 시사점을 제공해 준다. 보편적 디자인이란 가능한 모든 사람이 이용할 수 있도록 제품, 건물, 공간을 디자인한다는 의미를 가지고 있기 때문이다. 이러한 시각으로 바라본다면 장애인 편의 시설이 우리 모두에게 편리하고 안전한 시설로 인식될 것이다.

① 우리 주변에서는 장애인 편의 시설을 많이 볼 수 있다.
② 보편적 디자인은 근래에 대두되고 있는 중요한 개념이다.
③ 어떤 집단의 사람들이라도 이용할 수 있는 제품을 만들어야 한다.
④ 보편적 디자인이라는 관점에서 장애인 편의 시설을 바라볼 필요가 있다.
⑤ 장애인들의 기본 권리를 보장하기 위해 장애인 편의 시설을 확충해야 한다.

13

현대 사회는 대중 매체의 영향을 많이 받는 사회이며, 그중에서도 텔레비전의 영향은 거의 절대적입니다. 언어 또한 텔레비전의 영향을 많이 받습니다. 그런데 텔레비전의 언어는 우리의 언어 습관을 부정적인 방향으로 흐르게 하고 있습니다.

텔레비전은 시청자들의 깊이 있는 사고보다는 감각적 자극에 호소하는 전달 방식을 사용하고 있습니다. 또 현대 자본주의 사회에서의 텔레비전 방송은 상업주의에 편승하여 대중을 붙잡기 위한 방편으로 쾌락과 흥미 위주의 언어를 무분별하게 사용합니다. 결국 텔레비전은 대중의 이성적 사고 과정을 마비시켜 오염된 언어 습관을 무비판적으로 수용하게 합니다. 그렇기 때문에 언어 사용을 통해 발전시킬 수 있는 상상적 사고를 기대하기 어렵게 하며, 창조적인 언어 습관보다는 단편적인 언어 습관을 갖게 만듭니다.

따라서 좋은 말 습관의 형성을 위해서는 또 다른 문화 매체가 필요합니다. 이러한 문제의 대안으로 문학 작품의 독서를 제시하려고 합니다. 문학은 작가적 현실을 언어를 매개로 형상화한 예술입니다. 작가적 현실을 작품으로 형상화하기 위해서는 작가의 복잡한 사고 과정을 거치듯이, 작품을 바르게 이해·해석·평가하기 위해서는 독자의 상상적 사고를 거치게 됩니다. 또한 문학은 아름다움을 지향하는 언어 예술로서 정제된 언어를 사용하므로 문학 작품의 감상을 통해 습득된 언어 습관은 아름답고 건전하리라 믿습니다.

① 쾌락과 흥미 위주의 언어 습관을 지양하고 사고 능력을 기를 수 있는 언어 습관을 길러야 한다.

② 사고 능력을 기르고 건전한 언어 습관을 길들이기 위해서 문학 작품의 독서가 필요하다.

③ 바른 언어 습관의 형성과 건전하고 창의적인 사고를 위해 텔레비전을 멀리 해야 한다.

④ 언어는 자신의 사상을 표현하는 매체일 뿐만 아니라 그것을 사용하는 사람의 인격을 가늠하는 척도이므로 바른 언어 습관이 중요하다.

⑤ 대중 매체가 개인의 언어 습관과 사고 과정에 미치는 영향이 절대적이므로 대중 매체에서 문학작품을 다뤄야 한다.

※ 다음 글에서 알 수 있는 사실로 적절하지 않은 것을 고르시오. [14~15]

14

일반적으로 문화는 '생활양식' 또는 '인류의 진화로 이룩된 모든 것'이라는 포괄적인 개념을 갖고 있다. 이렇게 본다면 언어는 문화의 하위 개념에 속하는 것이다. 그러나 언어는 문화의 하위 개념에 속하면서도 문화 자체를 표현하여 그것을 전파전승하는 기능도 한다. 이로 보아 언어에는 그것을 사용하는 민족의 문화와 세계 인식이 녹아있다고 할 수 있다. 가령 '사촌'이라고 할 때, 영어에서는 'Cousin'으로 이를 통칭(通稱)하는 것을 우리말에서는 친·외, 고종·이종 등으로 구분하고 있다. 친족 관계에 대한 표현에서 우리말이 영어보다 좀 더 섬세하게 되어 있는 것이다. 이것은 친족 관계를 좀 더 자세히 표현하여 차별 내지 분별하려 한 우리 문화와 그것을 필요로 하지 않는 영어권 문화의 차이에서 기인한 것이다.

문화에 따른 이러한 언어의 차이는 낱말에서만이 아니라 어순(語順)에서도 나타난다. 우리말은 영어와 주술 구조가 다르다. 우리는 주어 다음에 목적어, 그 뒤에 서술어가 온다. 이에 비해 영어에서는 주어 다음에 서술어, 그 뒤에 목적어가 온다. 우리말의 경우 '나는 너를 사랑한다.'라고 할 때, '나'와 '너'를 먼저 밝히고, 그 다음에 '나의 생각'을 밝히는 것에 비하여, 영어에서는 '나'가 나오고, 그 다음에 '나의 생각'이 나온 뒤에 목적어인 '너'가 나온다. 이러한 어순의 차이는 결국 나의 의사보다 상대방에 대한 관심을 먼저 보이는 우리와 나의 의사를 밝히는 것이 먼저인 영어를 사용하는 사람들의 문화 차이에서 기인한 것이다. 대화를 할 때 다른 사람을 대우하는 것에서도 이런 점을 발견할 수 있다.

손자가 할아버지에게 무엇을 부탁하는 경우를 생각해 보자. 이 경우 영어에서는 'You do it, please.'라고 하고, 우리말에서는 '할아버지께서 해주세요.'라고 한다. 영어에서는 상대방이 누구냐에 관계없이 상대방을 가리킬 때 'You'라는 지칭어를 사용하고, 서술어로는 'do'를 사용한다. 그런데 우리말에서는 상대방을 가리킬 때, 무조건 영어의 'You'에 대응하는 '당신(너)'이라는 말만을 쓰는 것은 아니고 상대에 따라 지칭어를 달리 사용한다. 뿐만 아니라, 영어의 'do'에 대응하는 서술어도 상대에 따라 '해 주어라, 해 주게, 해 주오, 해 주십시오, 해 줘, 해 줘요'로 높임의 표현을 달리 한다. 이는 우리말이 서열을 중시하는 전통적인 유교 문화를 반영하고 있기 때문이다. 언어는 단순한 음성기호 이상의 의미를 지니고 있다. 앞의 예에서 알 수 있듯이 언어에는 그 언어를 사용하는 민족의 문화가 용해되어 있다. 따라서 우리 민족이 한국어라는 구체적인 언어를 사용한다는 것은 단순히 지구상에 있는 여러 언어 가운데 개별 언어 한 가지를 쓴다는 사실만을 의미하지는 않는다. 한국어에는 우리 민족의 문화와 세계 인식이 녹아있기 때문이다. 따라서 우리말에 대한 애정은 우리 문화에 대한 사랑이요, 우리의 정체성을 살릴 수 있는 길일 것이다.

① 언어는 문화를 표현하고 전파전승하는 기능을 한다.
② 문화의 하위 개념인 언어는 문화와 밀접한 관련이 있다.
③ 영어에 비해 우리말은 친족 관계를 나타내는 표현이 다양하다.
④ 우리말에 높임 표현이 발달한 것은 서열을 중시하는 문화가 반영된 것이다.
⑤ 우리말의 문장 표현에서는 상대방에 대한 관심보다는 나의 생각을 우선시한다.

15

어떤 사회 현상이 나타나는 경우 그러한 현상은 '제도'의 탓일까, 아니면 '문화'의 탓일까? 이 논쟁은 정치학을 비롯한 모든 사회과학에서 두루 다루는 주제이다. 정치학에서 제도주의자들은 보다 선진화된 사회를 만들기 위해서 제도의 정비가 중요하다고 주장한다. 하지만 문화주의자들은 실제적인 '운용의 묘'를 살리는 문화가 제도의 정비보다 중요하다고 주장한다.

문화주의자들은 문화를 가치, 신념, 인식 등의 총체로서 정치적 행동과 행위를 특정한 방향으로 움직여 일정한 행동 양식을 만들어내는 것으로 정의한다. 이러한 문화에 대한 정의를 바탕으로 이들은 국민이 정부에게 하는 정치적 요구인 투입과 정부가 생산하는 정책인 산출을 기반으로 정치 문화를 편협형, 신민형, 참여형의 세 가지로 유형화하였다.

편협형 정치 문화는 투입과 산출에 대한 개념이 모두 존재하지 않는 정치 문화이다. 투입이 없으며, 정부도 산출에 대한 개념이 없어서 적극적 참여자로서의 자아가 있을 수 없다. 사실상 정치 체계에 대한 인식이 국민들에게 존재할 수 없는 사회이다. 샤머니즘에 의한 신정 정치, 부족 또는 지역 사회 등 전통적인 원시 사회가 이에 해당한다.

다음으로 신민형 정치 문화는 투입이 존재하지 않으며, 적극적 참여자로서의 자아가 형성되지 못한 사회이다. 이런 상황에서 산출이 존재한다는 의미는 국민이 정부가 해주는 대로 받는다는 것을 의미한다. 이들 국민은 정부에 복종하는 성향이 강하다. 하지만 편협형 정치 문화와 달리 이들 국민은 정치 체계에 대한 최소한의 인식은 있는 상태이다. 일반적으로 독재 국가의 정치 체계가 이에 해당한다.

마지막으로 참여형 정치 문화는 국민들이 자신들의 요구 사항을 표출할 줄도 알고, 정부는 그러한 국민들의 요구에 응답하는 사회이다. 따라서 국민들은 적극적인 참여자로서의 자아가 형성되어 있으며, 그러한 적극적 참여자들로 형성된 정치 체계가 존재하는 사회이다. 이는 선진 민주주의 사회로서 현대의 바람직한 민주주의 사회상이다.

정치 문화 유형 연구는 어떤 사회가 민주주의를 제대로 구현하기 위해서 우선적으로 필요한 것이 무엇인가 하는 질문에 대한 답을 제시하고 있다. 문화주의자들은 국가를 특정 제도의 장단점에 의해서가 아니라 국가의 구성 요소들이 민주주의라는 보편적인 목적을 위해 얼마나 잘 기능하고 있는가를 기준으로 평가하고 있는 것이다.

① 문화주의자들은 정치문화를 편협형, 신민형, 참여형으로 나눈다.
② 편협형 정치 문화는 투입과 산출에 대한 개념이 없다.
③ 참여형 정치 문화는 국민과 정부가 소통하는 사회이다.
④ 신민형 정치 문화는 투입은 존재하지 않으며 산출은 존재하는 사회이다.
⑤ 독재 국가의 정치 체계는 편협형 정치 문화에 해당한다.

16 다음 글의 주장으로 적절하지 않은 것은?

> 문화상대주의는 다른 문화를 서로 다른 역사, 환경의 맥락에서 이해해야 한다는 인식론이자 방법론이며 관점이고 원칙이다. 하지만 문화상대주의가 차별을 정당화하거나 빈곤과 인권침해, 저개발상태를 방치하는 윤리의 백치상태를 정당화하는 수단이 될 수는 없다. 만일 문화상대주의가 타문화를 이해하는 방법이 아니라, 윤리적 판단을 회피하거나 보류하는 도덕적 문화상대주의에 빠진다면, 이는 문화상대주의를 남용한 것이다. 문화상대주의는 다른 문화를 강요하거나 똑같이 적용해서는 안 된다는 의견일 뿐이므로 보편윤리와 인권을 부정하는 윤리적 회의주의와 혼동되어서는 안 된다.

① 문화상대주의와 윤리적 회의주의는 구분되어야 한다.
② 문화상대주의가 도덕적 문화상대주의에 빠지는 것을 경계해야 한다.
③ 문화상대주의자는 일반적으로 도덕적 판단에 대해 가치 중립적이어야 한다.
④ 문화상대주의는 타문화에 대한 관용의 도구가 될 수 있다.
⑤ 문화상대주의는 서로 다른 문화를 그 나라의 입장에서 이해하는 것이다.

17 다음 중 ㉠에 대해 제기할 수 있는 반론으로 가장 적절한 것은?

> 기업은 상품의 사회적 마모를 촉진시키는 주체이다. 생산과 소비가 지속되어야 이윤을 남길 수 있기 때문에, 하나의 상품을 생산해서 그 상품의 물리적 마모가 끝날 때까지를 기다렸다가는 그 기업은 망하기 십상이다. 이러한 상황에서 늘 수요에 비해서 과잉 생산을 하는 기업이 살아남을 수 있는 길은 상품의 사회적 마모를 짧게 해서 사람들로 하여금 계속 소비하게 만드는 것이다.
> 그래서 ㉠ 기업들은 더 많은 이익을 내기 위해서는 상품의 성능을 향상시키기보다는 디자인을 변화시키는 것이 더 바람직하다고 생각한다. 산업이 발달하여 상품의 성능이나 기능, 내구성이 이전보다 더욱 향상되었는데도 불구하고 상품의 생명이 이전보다 더 짧아지는 것은 어떻게 생각하면 자본주의 상품이 지닌 모순이라고 할 수 있다. 섬유의 질은 점점 좋아지지만 그 옷을 입는 기간은 이에 비해서 점점 짧아지게 되는 것이 바로 자본주의 상품이 지니고 있는 모순이다. 산업이 계속 발달하여 상품의 성능이 향상되는데도 상품의 사회적인 마모 기간이 누군가에 의해서 엄청나게 짧아지고 있다. 상품의 질은 향상되고 내가 버는 돈은 늘어가는 것 같은데 늘 무엇인가 부족한 듯한 느낌이 드는 것도 이것과 관련이 있다.

① 상품의 성능은 그대로 두어도 향상될 수 있는가?
② 디자인에 관한 소비자들의 취향이 바뀌는 것을 막을 방안은 있는가?
③ 상품의 성능 향상을 등한시하며 디자인만 바꾼다고 소비가 증가할 것인가?
④ 사회적 마모 기간이 점차 짧아지면 디자인을 개발하는 것이 기업에 도움이 되겠는가?
⑤ 소비 성향에 맞춰 디자인을 다양화할 수 있는가?

※ 다음 글의 빈칸에 들어갈 내용으로 가장 적절한 것을 고르시오. [18~19]

18

'발전'은 항상 '변화'를 내포하고 있다. 그러나 모든 형태의 변화가 전부 발전에 해당하는 것은 아니다. 이를테면 교통 신호등이 빨강에서 파랑으로 바뀌는 변화를 발전으로 생각할 수는 없다. _____ 좀 더 구체적으로 말해, 사태의 진전 과정에서 나중에 나타나는 것은 적어도 그 이전 단계에 내재적으로나마 존재했던 것의 전개에 해당한다는 것이다. 이렇게 볼 때, 발전은 선적(線的)인 특성을 가지고 있다. 순전한 반복의 과정으로 보이는 것을 발전이라고 규정하지 않는 이유는 그 때문이다. 반복 과정에서는 최후에 명백히 나타나는 것이 처음에 존재했던 것과 거의 다르지 않다. 그러나 또 한편으로 우리는 비록 반복의 경우라도 때때로 그 과정 중의 특정 단계를 따로 떼 내어 그것을 발전이라고 생각하기도 한다. 즉, 전체 과정에서 어떤 종류의 질이 그 시기에 특정의 수준까지 진전된 경우이다.

① 발전은 어떤 특정한 방향으로 일어나는 변화라는 의미를 내포하고 있다.

② 변화는 특정한 방향으로 발전하는 것을 의미한다.

③ 발전은 불특정 방향으로 일어나는 변모라는 의미이다.

④ 발전은 어떤 특정한 방향으로 일어나는 변화라는 의미로 사용된다.

⑤ 변화는 어떤 특정한 방향으로 일어나는 발전이라는 의미로 사용된다.

19

오존 구멍을 비롯해 성층권의 오존이 파괴되면 어떤 문제가 생길까. 지표면에서 오존은 강력한 산화물질로 호흡기를 자극하는 대기 오염물질로 분류되지만, 성층권에서는 자외선을 막아주기 때문에 두 얼굴을 가진 물질로 불리기도 한다. 오존층은 강렬한 태양 자외선을 막아주는 역할을 하는데, 오존층이 얇아지면 자외선이 지구 표면까지 도달하게 된다.

사람의 경우 자외선에 노출되면 백내장과 피부암 등에 걸릴 위험이 커진다. 강한 자외선이 각막을 손상시키고 세포 DNA에 이상을 일으키기 때문이다. DNA 염기 중 티민(Thymine, T) 두 개가 나란히 있는 경우 자외선에 의해 티민 두 개가 한데 붙어버리는 이상이 발생하고, 세포 분열 때 DNA가 복제되면서 다른 염기가 들어가고, 이것이 암으로 이어질 수 있다.

지난 2월 '사이언스'는 극지방 성층권의 오존 구멍은 줄었지만, 많은 인구가 거주하는 중위도 지방에서는 오히려 오존층이 얇아졌다고 지적했다. 중위도 성층권에서도 상층부는 오존층이 회복되고 있지만, 저층부는 얇아졌다는 것이다. 오존층이 얇아지면 더 많은 자외선이 지구 표면에 도달하여 사람들 사이에서 피부암이나 백내장 발생 위험이 커지게 된다. 즉, _____

① 극지방 성층권의 오존 구멍을 줄이는 데 정부는 더 많은 노력을 기울여야 한다.

② 인구가 많이 거주하는 지역일수록 오존층의 파괴가 더욱 심하게 나타난다는 것이다.

③ 극지방의 파괴된 오존층으로 인해 사람들이 더 많은 자외선에 노출되고, 세포 DNA에 이상이 발생한다.

④ 극지방의 오존 구멍보다 중위도 저층부에서 얇아진 오존층이 더 큰 피해를 가져올 수도 있는 셈이다.

⑤ 대기 오염물질로 분류되는 오존이라도 지표면에 적절하게 존재해야 사람들의 피해를 막을 수 있다.

PART 1

20 다음 글을 읽은 독자의 반응으로 적절하지 않은 것은?

> 우주로 쏘아진 인공위성들은 지구 주위를 돌며 저마다의 임무를 충실히 수행한다. 이들의 수명은 얼마나 될까? 인공위성들은 태양 전지판으로 햇빛을 받아 전기를 발생시키는 태양전지와 재충전용 배터리를 장착하여 지구와의 통신은 물론 인공위성의 온도를 유지하고 자세와 궤도를 조정하는데, 이러한 태양전지와 재충전용 배터리의 수명은 평균 15년 정도이다.
>
> 방송 통신 위성은 원활한 통신을 위해 안테나가 늘 지구의 특정 위치를 향해 있어야 하는데, 안테나 자세 조정을 위해 추력기라는 작은 로켓에서 추진제를 소모한다. 자세 제어용 추진제가 모두 소진되면 인공위성은 자세를 유지할 수 없기 때문에 더 이상의 임무 수행이 불가능해지고 자연스럽게 수명을 다하게 된다.
>
> 첩보 위성의 경우는 임무의 특성상 아주 낮은 궤도를 비행한다. 하지만 낮은 궤도로 비행하게 될 경우 인공위성은 공기의 저항 때문에 마모가 훨씬 빨라지므로 수명이 몇 개월에서 몇 주일까지 짧아진다. 게다가 운석과의 충돌 등 예기치 못한 사고로 인하여 부품이 훼손되어 수명이 다하는 경우도 있다.

① 수명이 다 된 인공위성들은 어떻게 되는 걸까?

② 첩보 위성을 높은 궤도로 비행시키면 더욱 오래 임무를 수행할 수 있을 거야.

③ 안테나가 특정 위치를 향하지 않더라도 통신이 가능하도록 만든다면 방송 통신 위성의 수명을 늘릴 수 있을지도 모르겠군.

④ 별도의 충전 없이 오래가는 배터리를 사용한다면 인공위성의 수명을 더 늘릴 수 있지 않을까?

⑤ 아무런 사고 없이 임무를 수행한 인공위성이라도 15년 정도만 사용할 수 있겠구나.

02 │ 수리능력 핵심이론

01 ▶ 기초계산

01 기본연산

(1) 사칙연산

① 사칙연산 +, −, ×, ÷

왼쪽을 기준으로 순서대로 계산하되 ×와 ÷를 먼저 계산한 뒤 +와 −를 계산한다.

예 $1+2-3\times4\div2=1+2-12\div2=1+2-6=3-6=-3$

② 괄호연산 ( ), { }, [ ]

소괄호 ( ) → 중괄호 { } → 대괄호 [ ]의 순서대로 계산한다.

예 $[\{(1+2)\times3-4\}\div5]\times6=\{(3\times3-4)\div5\}\times6$

　　$=\{(9-4)\div5\}\times6=(5\div5)\times6=1\times6=6$

(2) 연산규칙

크고 복잡한 수들의 연산에는 반드시 쉽게 해결할 수 있는 특성이 있다. 지수법칙, 곱셈공식 등 연산규칙을 활용하여 문제 내에 숨어 있는 수의 연결고리를 찾아야 한다.

> **자주 출제되는 곱셈공식**
> - $a^b\times a^c\div a^d=a^{b+c-d}$
> - $ab\times cd=ac\times bd=ad\times bc$
> - $a^2-b^2=(a+b)(a-b)$
> - $(a+b)(a^2-ab+b^2)=a^3+b^3$
> - $(a-b)(a^2+ab+b^2)=a^3-b^3$

02 식의 계산

(1) 약수 · 소수

① **약수** : 0이 아닌 어떤 정수를 나누어떨어지게 하는 정수

② **소수** : 1과 자기 자신으로만 나누어지는 1보다 큰 양의 정수

  예 10 이하의 소수는 2, 3, 5, 7이 있다.

③ **소인수분해** : 주어진 합성수를 소수의 곱의 형태로 나타내는 것

  예 $12 = 2^2 \times 3$

④ **약수의 개수** : 양의 정수 $N = a^{\alpha}b^{\beta}(a, b$는 서로 다른 소수)일 때, N의 약수의 개수는 $(\alpha+1)(\beta+1)$개다.

⑤ **최대공약수** : 2개 이상의 자연수의 공통된 약수 중에서 가장 큰 수

  예 $GCD(4, 8) = 4$

⑥ **최소공배수** : 2개 이상의 자연수의 공통된 배수 중에서 가장 작은 수

  예 $LCM(4, 8) = 8$

⑦ **서로소** : 1 이외에 공약수를 갖지 않는 두 자연수

  예 $GCD(3, 7) = 1$이므로, 3과 7은 서로소이다.

(2) 수의 크기

분수, 지수함수, 로그함수 등 다양한 형태의 문제들이 출제된다. 분모의 통일, 지수의 통일 등 제시된 수를 일정한 형식으로 정리해 해결해야 한다. 연습을 통해 여러 가지 문제의 풀이방법을 익혀 두자.

예 $\sqrt[3]{2}$, $\sqrt[4]{4}$, $\sqrt[5]{8}$ 의 크기 비교

$$\sqrt[3]{2} = 2^{\frac{1}{3}}, \quad \sqrt[4]{4} = 4^{\frac{1}{4}} = (2^2)^{\frac{1}{4}} = 2^{\frac{1}{2}}, \quad \sqrt[5]{8} = 8^{\frac{1}{5}} = (2^3)^{\frac{1}{5}} = 2^{\frac{3}{5}} \text{이므로}$$

지수의 크기에 따라 $\sqrt[3]{2} < \sqrt[4]{4} < \sqrt[5]{8}$ 임을 알 수 있다.

(3) 수의 특징

주어진 수들의 공통점 찾기, 짝수 및 홀수 연산, 자릿수 등 위에서 다루지 않았거나 복합적인 여러 가지 수의 특징을 가지고 풀이하는 문제들을 모아 놓았다. 주어진 상황에서 제시된 수들의 공통된 특징을 찾는 것이 중요한 만큼 혼동하기 쉬운 수의 자릿수별 개수와 홀수, 짝수의 개수는 꼼꼼하게 체크해가면서 풀어야 한다.

01 다음 식의 값을 구하면?

$$889 \div 7 + 54 - 18$$

① 166

② 165

③ 164

④ 163

⑤ 162

| 해설 | $889 \div 7 + 54 - 18 = 127 + 36 = 163$

정답 ④

02 다음 빈칸에 들어갈 수 있는 값으로 적절한 것은?

$$\frac{3}{11} < (\quad) < \frac{36}{121}$$

① $\frac{1}{11}$

② $\frac{35}{121}$

③ $\frac{4}{11}$

④ $\frac{32}{121}$

⑤ $\frac{2}{11}$

| 해설 | 문제에 주어진 분모 11과 121, 그리고 선택지에서 가장 큰 분모인 121의 최소공배수인 121로 통분해서 구한다.

$$\frac{3}{11} < (\quad) < \frac{36}{121} \rightarrow \frac{33}{121} < (\quad) < \frac{36}{121}$$

따라서 $\frac{35}{121}$ 가 빈칸에 들어갈 수 있다.

오답분석

① $\frac{1}{11} = \frac{11}{121}$, ③ $\frac{4}{11} = \frac{44}{121}$, ④ $\frac{32}{121}$, ⑤ $\frac{2}{11} = \frac{22}{121}$

정답 ②

02 ▶ 응용계산

01 방정식의 활용

1. 날짜 · 요일 · 시계에 관한 문제

(1) 날짜 · 요일

① 1일＝24시간＝1,440분＝86,400초

② 월별 일수 : 1월 31일, 2월 28일(또는 29일), 3월 31일, 4월 30일, 5월 31일, 6월 30일, 7월 31일, 8월 31일, 9월 30일, 10월 31일, 11월 30일, 12월 31일

③ 날짜, 요일 관련 문제는 대부분 나머지를 이용해 계산한다.

예 오늘이 8월 19일 수요일일 경우, 9월 3일의 요일은 {(31－19)＋3}÷7＝2…1이므로 목요일이 된다.

핵심예제

어느 달의 3월 2일이 금요일일 때, 한 달 후인 4월 2일은 무슨 요일인가?

① 월요일   ② 화요일

③ 수요일   ④ 목요일

⑤ 금요일

| 해설 | 3월은 31일까지 있고 일주일은 7일이므로 31÷7＝4…3
따라서 4월 2일은 금요일부터 3일이 지난 월요일이다.

정답 ①

---

(2) 시계

① 시침이 1시간 동안 이동하는 각도 : $\dfrac{360}{12}=30°$

② 시침이 1분 동안 이동하는 각도 : $\dfrac{360}{12\times60}=0.5°$

③ 분침이 1분 동안 이동하는 각도 : $\dfrac{360}{60}=6°$

현재 시간이 7시 20분일 때, 시계의 시침과 분침의 작은 각의 각도는?

① 100°

② 105°

③ 110°

④ 115°

⑤ 120°

| **해설** | 시침은 1시간에 30°, 1분에 0.5°씩 움직이고, 분침은 1분에 6°씩 움직인다.
현재 시간이 7시 20분이므로
- 시침이 움직인 각도 : $30 \times 7 + 0.5 \times 20 = 210 + 10 = 220°$
- 분침이 움직인 각도 : $6 \times 20 = 120°$
따라서 7시 20분의 작은 각의 각도는 (시침의 각도) - (분침의 각도)이므로 $220 - 120 = 100°$이다.

정답 ①

2. 시간 · 거리 · 속력에 관한 문제

① 시간 $= \dfrac{거리}{속력}$, 거리 $=$ 속력 $\times$ 시간, 속력 $= \dfrac{거리}{시간}$

② 흐르는 물을 거슬러 올라갈 때의 속력 $=$ 배 자체의 속력 $-$ 물의 속력

③ 흐르는 물과 같은 방향으로 내려갈 때의 속력 $=$ 배 자체의 속력 $+$ 물의 속력

영희는 집에서 50km 떨어진 할머니 댁에 가는데, 시속 90km로 버스를 타고 가다가 내려서 시속 5km로 걸어갔더니, 총 1시간 30분이 걸렸다. 영희가 걸어간 거리는 몇 km인가?

① 5km

② 10km

③ 13km

④ 20km

⑤ 22km

| **해설** | 영희가 걸어간 거리를 x라고 하고, 버스를 타고 간 거리를 y라고 하면
- $x + y = 50$
- $\dfrac{x}{5} + \dfrac{y}{90} = \dfrac{3}{2}$ → $x = 5$, $y = 45$
따라서 영희가 걸어간 거리는 5km이다.

정답 ①

3. 나이·개수에 관한 문제

부모와 자식 간, 형제간의 나이를 간단한 비례식, 일차방정식 및 연립방정식을 이용해 유추하는 문제와 학생 수, 회원수, 동물의 수, 사물의 수 등을 집합, 방정식을 이용해 유추하는 문제가 출제된다. 연습을 통해 문제의 내용을 정확히 이해하여 식으로 나타낼 수 있도록 해야 한다.

(1) 나이

문제에서 제시된 조건의 나이가 현재인지, 과거인지를 확인한 후 구해야 하는 한 명의 나이를 변수로 잡고 식을 완성해야 한다.

(2) 개체·사물의 수

개체의 수를 구할 때 사람의 경우 남자와 여자의 조건을 혼동하지 않도록 주의해야 하며, 동물의 경우 다리의 개수가 조건에 포함되지 않았는지를 확인해야 한다. 또한, 사물의 수를 구할 때는 수량을 결정짓는 특징이 있는지를 살펴야 한다.

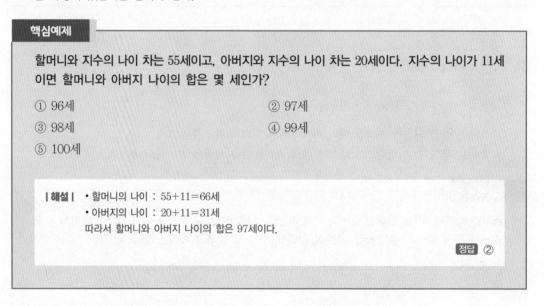

핵심예제

할머니와 지수의 나이 차는 55세이고, 아버지와 지수의 나이 차는 20세이다. 지수의 나이가 11세이면 할머니와 아버지 나이의 합은 몇 세인가?

① 96세   ② 97세

③ 98세   ④ 99세

⑤ 100세

| 해설 | • 할머니의 나이 : 55+11=66세
          • 아버지의 나이 : 20+11=31세
          따라서 할머니와 아버지 나이의 합은 97세이다.

정답 ②

4. 금액에 관한 문제

물건을 구매할 때의 금액, 예금 이자, 환전, 최근에는 휴대폰 요금까지 다양한 형태의 문제들이 현 상황에 맞춰 출제되는 추세이다. 대부분이 비례식과 연립방정식, 부등식 정도로 해결되지만 금리 문제 등에서 등비수열 등의 원리가 사용될 수 있다.

(1) 정가 : 원가＋이익＝원가＋(원가×이율)

(2) 판매가 : 정가×(1－할인율)

(3) a원에서 b원 할인한 할인율 : $\dfrac{b}{a} \times 100 = \dfrac{100b}{a}(\%)$

(4) a원에서 $b\%$ 할인한 가격 : $a \times \left(1 - \dfrac{b}{100}\right)$

(5) 휴대전화 요금 : 기본요금＋[무료통화 외 사용시간(초)×초당 사용요금]

(6) 단리법 · 복리법

　원금 a, 이율 r, 기간 n, 원리금 합계가 S일 때,

　① 단리법 : $S = a(1 + rn)$

　② 복리법 : $S = a(1 + r)^n$

핵심예제

가방의 원가에 40%의 이익을 붙여서 정가를 정한 후, 이벤트로 정가의 25%를 할인하여 물건을 판매하면 1,000원의 이익이 남는다. 이 가방의 원가는 얼마인가?

① 16,000원　　　　　　　　② 18,000원

③ 20,000원　　　　　　　　④ 22,000원

⑤ 24,000원

│해설│ 가방의 원가를 x원이라고 하면 정가는 $1.40x$원이고, 할인 판매가는 $1.40x \times 0.75 = 1.05x$원이다.

$1.05x - x = 1,000 \rightarrow 0.05x = 1,000$

$\therefore x = 20,000$

따라서 가방의 원가는 20,000원이다.

정답 ③

5. 일·톱니바퀴에 관한 문제

(1) 일

전체 일의 양을 1로 놓고, 시간 동안 한 일의 양을 미지수로 놓고 식을 세운다.

핵심예제

S사에 재직 중인 A사원이 혼자 보험안내 자료를 정리하는 데 15일이 걸리고 B사원과 같이 하면 6일 만에 끝낼 수 있다. 이때 B사원 혼자 자료를 정리하는 데 걸리는 시간은 며칠인가?

① 8일 ② 9일

③ 10일 ④ 11일

⑤ 12일

| 해설 | 전체 일의 양을 1이라고 하면 A사원이 혼자 일을 끝내는 데 걸리는 시간은 15일, A, B사원이 같이 할 때는 6일이 걸린다. B사원이 혼자 일하는 데 걸리는 시간을 b일이라고 하면,

$$\frac{1}{15}+\frac{1}{b}=\frac{1}{6} \rightarrow \frac{b+15}{15b}=\frac{1}{6} \rightarrow 6b+6\times15=15b \rightarrow 9b=90$$

$$\therefore b=10$$

따라서 B사원 혼자 자료를 정리하는 데 걸리는 시간은 10일이다.

정답 ③

---

(2) 톱니바퀴

톱니 수×회전수=총 톱니 수

즉, A, B 두 톱니에 대하여, A의 톱니 수×A의 회전수=B의 톱니 수×B의 회전수가 성립한다.

핵심예제

두 개의 톱니바퀴 A, B가 맞물려 회전하고 있다. A의 톱니가 25개이고 B의 톱니가 35개라면 지금 맞물려 있는 톱니가 다시 만나기 위해서는 A가 최소 몇 바퀴 회전해야 하는가?

① 5바퀴 ② 6바퀴

③ 7바퀴 ④ 8바퀴

⑤ 9바퀴

| 해설 | 톱니바퀴가 회전하여 다시 처음의 위치로 돌아오려면 적어도 두 톱니 수의 최소공배수만큼 회전해야 한다.

25와 35의 최소공배수를 구하면 175이다.

따라서 A는 175÷25=7바퀴를 회전해야 한다.

정답 ③

---

6. 농도에 관한 문제

(1) 농도 $=\dfrac{\text{용질의 양}}{\text{용액의 양}} \times 100$

(2) 용질의 양 $=\dfrac{\text{농도}}{100} \times$ 용액의 양

핵심예제

농도를 알 수 없는 설탕물 500g에 3%의 설탕물 200g을 온전히 섞었더니 섞은 설탕물의 농도는 7%가 되었다. 처음 500g의 설탕물에 녹아있던 설탕은 몇 g인가?

① 40g ② 41g

③ 42g ④ 43g

⑤ 44g

| 해설 | 500g의 설탕물에 녹아있는 설탕의 양이 xg이라고 하자.

3%의 설탕물 200g에 들어있는 설탕의 양은 $\dfrac{3}{100} \times 200 = 6$g이다.

$\dfrac{x+6}{500+200} \times 100 = 7 \rightarrow x+6 = 49$

$\therefore x = 43$

따라서 500g의 설탕물에 녹아있는 설탕의 양은 43g이다.

정답 ④

7. 수에 관한 문제(I)

(1) 연속하는 세 자연수 : $x-1$, x, $x+1$

(2) 연속하는 세 짝수(홀수) : $x-2$, x, $x+2$

핵심예제

연속하는 세 자연수를 모두 더하면 129일 때, 가장 큰 자연수는?

① 41   ② 42

③ 43   ④ 44

⑤ 45

| 해설 | 연속하는 세 자연수를 각각 $x-1$, x, $x+1$이라고 하면,
$(x-1)+x+(x+1)=129 \rightarrow 3x=129$
$\therefore x=43$
따라서 가장 큰 자연수는 44이다.

정답 ④

---

8. 수에 관한 문제(II)

(1) 십의 자릿수가 x, 일의 자릿수가 y인 두 자리 자연수 : $10x + y$

이 수에 대해, 십의 자리와 일의 자리를 바꾼 수 : $10y + x$

(2) 백의 자릿수가 x, 십의 자릿수가 y, 일의 자릿수가 z인 세 자리 자연수 : $100x + 10y + z$

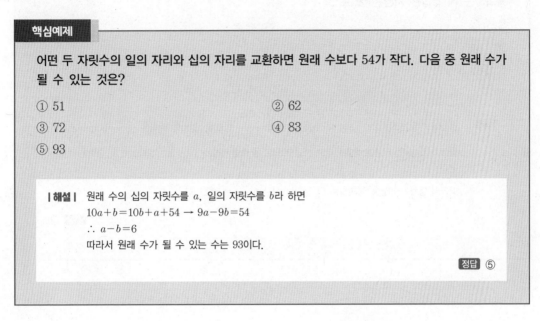

핵심예제

어떤 두 자릿수의 일의 자리와 십의 자리를 교환하면 원래 수보다 54가 작다. 다음 중 원래 수가 될 수 있는 것은?

① 51　　　　　　　　　　② 62

③ 72　　　　　　　　　　④ 83

⑤ 93

| 해설 | 원래 수의 십의 자릿수를 a, 일의 자릿수를 b라 하면
$10a + b = 10b + a + 54 \rightarrow 9a - 9b = 54$
$\therefore a - b = 6$
따라서 원래 수가 될 수 있는 수는 93이다.

정답 ⑤

9. 열차와 터널에 관한 문제

열차가 이동한 거리＝터널의 길이＋열차의 길이

핵심예제

길이가 50m인 열차가 250m의 터널을 통과하는 데 10초가 걸렸다. 이 열차가 310m인 터널을 통과하는 데 걸리는 시간은 몇 초인가?

① 10초 　　　　　　　② 11초

③ 12초 　　　　　　　④ 13초

⑤ 14초

|해설| 열차의 이동거리는 250＋50＝300m이고, 속력＝$\dfrac{거리}{시간}$이므로, 열차의 속력은 $\dfrac{300}{10}$＝30m/s이다.

길이가 310m인 터널을 통과한다고 하였으므로, 총 이동거리는 310＋50＝360m이고, 속력은 30m/s이다.

따라서 열차가 터널을 통과하는 데 걸리는 시간은 $\dfrac{360}{30}$＝12초이다.

정답 ③

10. 증가·감소에 관한 문제

(1) x가 $a\%$ 증가하면, $\left(1 + \dfrac{a}{100}\right)x$

(2) x가 $a\%$ 감소하면, $\left(1 - \dfrac{a}{100}\right)x$

핵심예제

A고등학교의 작년 중국어 수강생은 전체 학생의 20%이다. 올해 전체 학생 수가 1% 증가하고 중국어 수강생이 2% 감소했다면, 올해 중국어 수강생은 전체 학생의 몇 %인가?

① 약 19%

② 약 19.2%

③ 약 19.4%

④ 약 19.6%

⑤ 약 19.8%

| 해설 | 작년 전체 학생 수를 x명이라 하면, 중국어 수강생의 수는 $\dfrac{1}{5}x$명이다.

따라서 올해 1% 증가한 전체 학생 수는 $\dfrac{101}{100}x$, 2% 감소한 중국어 수강생의 수는 $\dfrac{1}{5}x \times \dfrac{98}{100} = \dfrac{98}{500}x$

이므로, 올해 중국어 수강생의 비율은 $\dfrac{\dfrac{98}{500}x}{\dfrac{101}{100}x} \times 100 \fallingdotseq 19.4\%$이다.

정답 ③

11. 그 외의 방정식 활용 문제

혜민이는 가로 9m, 세로 11m인 집을 넓히려고 한다. 세로는 1m를 초과하여 늘릴 수가 없는 상황에서, 가로를 최소 얼마나 늘려야 면적이 10평만큼 늘어나는 효과를 볼 수 있겠는가?(단, 1평＝$3.3m^2$이다)

① 1m   ② 2m

③ 3m   ④ 4m

⑤ 5m

| **해설** | 원래 면적에서 늘어난 면적은 $10 \times 3.3 = 33m^2$이다.
나중 면적－원래 면적＝$33m^2$이므로, 늘려야 할 가로 길이를 xm라 하면,
$(9+x) \times (11+1) - 9 \times 11 = 33 \rightarrow 12x + 108 - 99 = 33 \rightarrow 12x = 24$
$\therefore x = 2$
따라서 가로의 길이를 2m 늘려야 한다.

정답 ②

02 부등식의 활용

문제에 '이상', '이하', '최대', '최소' 등이 들어간 경우로 방정식의 활용과 해법이 비슷하다.

핵심예제

01 반도체 부품을 만드는 공장이 있는데 이 공장에는 구형기계와 신형기계, 두 종류의 기계가 있다. 구형기계 3대와 신형기계 5대를 가동했을 때는 1시간에 부품을 4,200개, 구형기계 5대와 신형기계 3대를 가동했을 때는 1시간에 부품을 3,000개를 만들 수 있다. 구형기계와 신형기계 각각 1대씩을 가동했을 때는 1시간에 몇 개의 부품을 만들 수 있는가?

① 900개

② 1,000개

③ 1,100개

④ 1,200개

⑤ 1,300개

| **해설** | 구형기계와 신형기계가 1시간 동안 만들 수 있는 부품의 수를 각각 x개, y개라고 하자.

$3x+5y=4,200 \cdots \bigcirc$

$5x+3y=3,000 \cdots \bigcirc\!\!\bigcirc$

$\bigcirc$과 $\bigcirc\!\!\bigcirc$을 연립하여 식을 정리하면 $x=150$, $y=750$이다.

따라서 $x+y=900$개이다.

정답 ①

02 A가게에서는 감자 한 박스에 10,000원이고 배송비는 무료이며, B가게에서는 한 박스에 8,000원이고 배송비는 3,000원이라고 할 때, 최소한 몇 박스를 사야 B가게에서 사는 것이 A가게에서 사는 것보다 저렴한가?

① 2박스

② 3박스

③ 4박스

④ 5박스

⑤ 6박스

| **해설** | 감자를 x박스를 산다고 하자.

• A가게에서 드는 돈 : $10,000x$원

• B가게에서 드는 돈 : $(8,000x+3,000)$원

$10,000x>8,000x+3,000$

∴ $x>1.5$

따라서 최소한 2박스를 사야 B가게에서 사는 것이 A가게에서 사는 것보다 저렴하다.

정답 ①

1. 경우의 수

(1) 경우의 수

어떤 사건이 일어날 수 있는 모든 가짓수

예 주사위 한 개를 던졌을 때, 나올 수 있는 모든 경우의 수는 6가지이다.

(2) 합의 법칙

① 두 사건 A, B가 동시에 일어나지 않을 때, A가 일어나는 경우의 수를 m, B가 일어나는 경우의 수를 n이라고 하면, 사건 A 또는 B가 일어나는 경우의 수는 $m+n$이다.

② '또는', '~이거나'라는 말이 나오면 합의 법칙을 사용한다.

예 한 식당의 점심 메뉴는 김밥 3종류, 라면 2종류, 우동 1종류가 있다. 이 중 한 가지의 메뉴를 고르는 경우의 수는 3+2+1=6가지이다.

(3) 곱의 법칙

① A가 일어나는 경우의 수를 m, B가 일어나는 경우의 수를 n이라고 하면, 사건 A와 B가 동시에 일어나는 경우의 수는 $m \times n$이다.

② '그리고', '동시에'라는 말이 나오면 곱의 법칙을 사용한다.

예 집에서 학교를 가는 방법 수는 2가지, 학교에서 집으로 오는 방법 수는 3가지이다. 집에서 학교까지 갔다가 오는 경우의 수는 2×3=6가지이다.

(4) 여러 가지 경우의 수

① 동전 n개를 던졌을 때, 경우의 수 : 2^n

② 주사위 n개를 던졌을 때, 경우의 수 : 6^n

③ 동전 n개와 주사위 m개를 던졌을 때, 경우의 수 : $2^n \times 6^m$

예 동전 3개와 주사위 2개를 던졌을 때, 경우의 수는 $2^3 \times 6^2 = 288$가지

④ n명을 한 줄로 세우는 경우의 수 : $n! = n \times (n-1) \times (n-2) \times \cdots \times 2 \times 1$

⑤ n명 중, m명을 뽑아 한 줄로 세우는 경우의 수 : $_nP_m = n \times (n-1) \times \cdots \times (n-m+1)$

예 5명을 한 줄로 세우는 경우의 수는 5×4×3×2×1=120가지, 5명 중 3명을 뽑아 한 줄로 세우는 경우의 수는 5×4×3=60가지

⑥ n명을 한 줄로 세울 때, m명을 이웃하여 세우는 경우의 수 : $(n-m+1)! \times m!$

예 갑, 을, 병, 정, 무 5명을 한 줄로 세우는데, 을, 병이 이웃하여 서는 경우의 수는 $4! \times 2! = 4 \times 3 \times 2 \times 1 \times 2 \times 1 = 48$가지

⑦ 0이 아닌 서로 다른 한 자리 숫자가 적힌 n장의 카드에서, m장을 뽑아 만들 수 있는 m자리 정수의 개수 : $_nP_m$

예 0이 아닌 서로 다른 한 자리 숫자가 적힌 4장의 카드에서, 3장을 뽑아 만들 수 있는 3자리 정수의 개수는 $_4P_3 = 4 \times 3 \times 2 = 24$가지

⑧ 0을 포함한 서로 다른 한 자리 숫자가 적힌 n장의 카드에서, m장을 뽑아 만들 수 있는 m자리 정수의 개수 : $(n-1) \times {}_{n-1}\mathrm{P}_{m-1}$

　　예 0을 포함한 서로 다른 한 자리 숫자가 적힌 6장의 카드에서, 3장을 뽑아 만들 수 있는 3자리 정수의 개수는 $5 \times {}_5\mathrm{P}_2 = 5 \times 5 \times 4 = 100$가지

⑨ n명 중 자격이 다른 m명을 뽑는 경우의 수 : ${}_n\mathrm{P}_m$

　　예 5명의 학생 중 반장 1명, 부반장 1명을 뽑는 경우의 수는 ${}_5\mathrm{P}_2 = 5 \times 4 = 20$가지

⑩ n명 중 자격이 같은 m명을 뽑는 경우의 수 : ${}_n\mathrm{C}_m = \dfrac{{}_n\mathrm{P}_m}{m!}$

　　예 5명의 학생 중 부반장 2명을 뽑는 경우의 수는 ${}_5\mathrm{C}_2 = \dfrac{{}_5\mathrm{P}_2}{2!} = \dfrac{5 \times 4}{2 \times 1} = 10$가지

⑪ 원형 모양의 탁자에 n명을 앉히는 경우의 수 : $(n-1)!$

　　예 원형 모양의 탁자에 5명을 앉히는 경우의 수는 $4! = 4 \times 3 \times 2 \times 1 = 24$가지

(5) 최단거리 문제

A에서 B 사이에 P가 주어져 있다면, A와 P의 거리, B와 P의 거리를 각각 구하여 곱한다.

핵심예제

S사에서 파견 근무를 나갈 10명을 뽑아 팀을 구성하려 한다. 새로운 팀 내에서 팀장 1명과 회계 담당 2명을 뽑으려고 하는데, 이 인원을 뽑는 경우는 몇 가지인가?

① 300가지　　　　　　　　　　② 320가지

③ 348가지　　　　　　　　　　④ 360가지

⑤ 396가지

| 해설 | ・팀장 1명을 뽑는 경우의 수 : ${}_{10}\mathrm{C}_1 = 10$

　　　　・회계 담당 2명을 뽑는 경우의 수 : ${}_9\mathrm{C}_2 = \dfrac{9 \times 8}{2!} = 36$

　　따라서 $10 \times 36 = 360$가지이다.

정답 ④

2. 확률

(1) 사건 A가 일어날 확률= $\dfrac{\text{사건 A가 일어나는 경우의 수}}{\text{모든 경우의 수}}$

예 주사위 1개를 던졌을 때, 3 또는 5가 나올 확률은 $\dfrac{2}{6}=\dfrac{1}{3}$

(2) 여사건의 확률

① 사건 A가 일어날 확률이 p일 때, 사건 A가 일어나지 않을 확률은 $1-p$이다.
② '적어도'라는 말이 나오면 주로 사용한다.

(3) 확률의 계산

① 확률의 덧셈

두 사건 A, B가 동시에 일어나지 않을 때, A가 일어날 확률을 p, B가 일어날 확률을 q라고 하면, 사건 A 또는 B가 일어날 확률은 $p+q$이다.

② 확률의 곱셈

A가 일어날 확률을 p, B가 일어날 확률을 q라고 하면, 사건 A와 B가 동시에 일어날 확률은 $p \times q$이다.

(4) 여러 가지 확률

① 연속하여 뽑을 때, 꺼낸 것을 다시 넣고 뽑는 경우 : 처음과 나중의 모든 경우의 수는 같다.

예 자루에 흰 구슬 4개와 검은 구슬 5개가 들어 있다. 연속하여 2번을 뽑을 때, 처음에는 흰 구슬, 두 번째는 검은 구슬을 뽑을 확률은?(단, 꺼낸 것은 다시 넣는다)

→ 처음에 흰 구슬을 뽑을 확률은 $\dfrac{4}{9}$이고, 꺼낸 것은 다시 넣는다고 하였으므로 두 번째에 검은 구슬을 뽑을 확률은 $\dfrac{5}{9}$이다. 즉, $\dfrac{4}{9} \times \dfrac{5}{9} = \dfrac{20}{81}$

② 연속하여 뽑을 때, 꺼낸 것을 다시 넣지 않고 뽑는 경우 : 나중의 모든 경우의 수는 처음의 모든 경우의 수보다 1만큼 작다.

예 자루에 흰 구슬 4개와 검은 구슬 5개가 들어 있다. 연속하여 2번을 뽑을 때, 처음에는 흰 구슬, 두 번째는 검은 구슬을 뽑을 확률은?(단, 꺼낸 것은 다시 넣지 않는다)

→ 처음에 흰 구슬을 뽑을 확률은 $\dfrac{4}{9}$이고, 꺼낸 것은 다시 넣지 않는다고 하였으므로 자루에는 흰 구슬 3개, 검은 구슬 5개가 남아 있다. 따라서 두 번째에 검은 구슬을 뽑을 확률은 $\dfrac{5}{8}$이므로,

$\dfrac{4}{9} \times \dfrac{5}{8} = \dfrac{5}{18}$

③ 도형에서의 확률= $\dfrac{\text{해당하는 부분의 넓이}}{\text{전체 넓이}}$

1부터 10까지 적힌 공 중에서 첫 번째는 2의 배수, 두 번째는 3의 배수가 나오도록 공을 뽑을 확률은?(단, 뽑은 공은 다시 넣는다)

① $\dfrac{5}{18}$

② $\dfrac{3}{20}$

③ $\dfrac{1}{7}$

④ $\dfrac{5}{24}$

⑤ $\dfrac{5}{20}$

| 해설 |

• 첫 번째에 2의 배수(2, 4, 6, 8, 10)가 적힌 공을 뽑을 확률 : $\dfrac{5}{10} = \dfrac{1}{2}$

• 두 번째에 3의 배수(3, 6, 9)가 적힌 공을 뽑을 확률 : $\dfrac{3}{10}$ ($\because$ 뽑은 공은 다시 넣음)

따라서 확률은 $\dfrac{1}{2} \times \dfrac{3}{10} = \dfrac{3}{20}$ 이다.

정답 ②

03 ▶ 자료해석

보통 자료해석 문제는 다음 세 가지 유형으로 구분된다. 최근 자체 시험을 보는 기업에서는 회사 관련 자료를 직접 제시하는 경우도 상당수 출제되고 있다. 또한, 과학 관련 자료를 활용해 간단한 과학 상식까지 요하는 경우도 출제될 수 있다.

1. 이해

표와 그래프에서 제시된 정보를 정확하게 읽어내고 이것을 언어적인 형태로 바꾸어 표현할 수 있는지를 평가한다. 이 능력을 함양하기 위해서는 주어진 자료를 언어적 형태로 바꾸는 연습을 해야 한다. 주어진 자료에서 필요한 정보를 확인하고, 사칙연산 등을 통하여 값을 도출한다. 복잡한 식을 계산할 경우에는 계산값이 정확한지도 확인한다. 다양한 지수와 지표들이 산출되는 과정에 대하여 알아두는 것도 문제를 해결하는 데 도움이 될 것이다.

2. 적용

적용능력은 규칙이나 법칙을 제대로 이해하고 이를 새로운 상황에 응용할 수 있는지의 여부를 묻는 것이다. 주어진 공식이나 제약에 따라 수를 조작해 보고 주어진 자료의 형태에 맞는 통계치를 찾아 사용해 본다. 그리고 어떤 자료가 만들어지는 과정에서 논리적인 문제가 없었는지를 살펴보아야 한다.

3. 분석

분석능력은 자료가 어떤 하위요소로 분해되고 각 하위요소가 어떤 관계에 있으며 이것이 조직되어 있는 방식이 무엇인지를 발견하는 능력이다. 이 능력을 기르기 위해서는 주어진 정보에 숨어 있는 가정이 무엇인지를 알아보고 자료에서 분명히 알 수 있는 것과 알 수 없는 것을 구분하는 연습을 해야 한다.

핵심예제

다음은 세계 주요 터널 화재 사고 A ~ F에 관한 자료이다. 이에 대한 설명으로 적절한 것은?

〈세계 주요 터널 화재 사고 통계〉

사고	터널길이(km)	화재규모(MW)	복구비용(억 원)	복구기간(개월)	사망자(명)
A	50.5	350	4,200	6	1
B	11.6	40	3,276	36	39
C	6.4	120	72	3	12
D	16.9	150	312	2	11
E	0.2	100	570	10	192
F	1.0	20	18	8	0

※ (사고비용)=(복구비용)+{(사망자 수)×5억 원}

① 터널길이가 길수록 사망자가 많다.

② 화재규모가 클수록 복구기간이 길다.

③ 사고 A를 제외하면 복구기간이 길수록 복구비용이 크다.

④ 사망자가 가장 많은 사고 E는 사고비용도 가장 크다.

⑤ 사망자가 30명 이상인 사고를 제외하면 화재규모가 클수록 복구비용이 크다.

│해설│ 사망자가 30명 이상인 사고를 제외한 나머지 사고는 A, C, D, F이다. 네 사고를 화재규모와 복구비용이 큰 순으로 각각 나열하면 다음과 같다.
- 화재규모 : A – D – C – F
- 복구비용 : A – D – C – F
따라서 적절한 설명이다.

오답분석

① 터널길이가 긴 순으로, 사망자가 많은 순으로 사고를 각각 나열하면 다음과 같다.
- 터널길이 : A – D – B – C – F – E
- 사망자 수 : E – B – C – D – A – F
따라서 터널길이와 사망자 수는 관계가 없다.

② 화재규모가 큰 순으로, 복구기간이 긴 순으로 사고를 각각 나열하면 다음과 같다.
- 화재규모 : A – D – C – E – B – F
- 복구기간 : B – E – F – A – C – D
따라서 화재규모와 복구기간의 길이는 관계가 없다.

③ 사고 A를 제외하고 복구기간이 긴 순으로, 복구비용이 큰 순으로 사고를 나열하면 다음과 같다.
- 복구기간 : B – E – F – C – D
- 복구비용 : B – E – D – C – F
따라서 적절하지 않은 설명이다.

④ 사고 A ~ F의 사고비용을 구하면 다음과 같다.
- 사고 A : 4,200+1×5=4,205억 원
- 사고 C : 72+12×5=132억 원
- 사고 E : 570+192×5=1,530억 원
- 사고 B : 3,276+39×5=3,471억 원
- 사고 D : 312+11×5=367억 원
- 사고 F : 18+0×5=18억 원
따라서 사고 A의 사고비용이 가장 크다.

정답 ⑤

01 ▶ 기초계산

※ 다음 식을 계산하시오. [1~5]

01

$$9,713-6,750 \div 45-467$$

① 8,796　　　　　　　　　② 8,896
③ 8,996　　　　　　　　　④ 9,096
⑤ 9,196

02

$$9.4 \times 4.8 \div 1.2$$

① 36　　　　　　　　　② 37.6
③ 38　　　　　　　　　④ 39.2
⑤ 40.1

03

$$(14+4 \times 3) \div 2$$

① 11　　　　　　　　　② 12
③ 13　　　　　　　　　④ 14
⑤ 15

04

$$(984-216) \div 48$$

① 16　　　　　　　　　② 17
③ 18　　　　　　　　　④ 19
⑤ 20

05

$$(3,000-1,008)\div 664$$

① 1   ② 2

③ 3   ④ 4

⑤ 5

※ 다음 식을 계산한 값과 같은 것을 고르시오. [6~8]

06

$$(178-302)\div(-1)$$

① $571+48-485$ ② $95+147-118$

③ $78\times 2-48\div 2$ ④ $36+49+38$

⑤ $33\times 61-1,880$

07

$$70.668\div 151+6.51$$

① $3.79\times 10-30.922$ ② $6.1\times 1.2-1.163$

③ $89.1\div 33+5.112$ ④ $9.123-1.5\times 1.3$

⑤ $7.856-2.8\times 1.5$

08

$$36\times 145+6,104$$

① $901\times 35+27$ ② $385\times 12+5,322$

③ $16,212\div 28+8,667$ ④ $516\times 31-4,672$

⑤ $246\times 35-2,800$

09 세 자연수 3, 9, 11로 나누어도 항상 나머지가 1이 되는 가장 작은 자연수를 구하면 얼마인가?

① 97

② 98

③ 99

④ 100

⑤ 101

10 자연수 A로 31을 나누었을 때 나머지가 1이고, 87을 나누었을 때는 나머지가 3이 나왔다. 이때 자연수 A는 무엇인가?

① 4

② 5

③ 6

④ 7

⑤ 8

11 1할은 몇 리인가?

① 10,000리

② 1,000리

③ 100리

④ 10리

⑤ 1리

12 6할 2푼 5리를 백분율로 바르게 변환한 것은?

① 0.625%

② 6.25%

③ 62.5%

④ 625%

⑤ 0.0625%

13 S회사에서 M부품을 만드는데 200개 중 5개가 불량이라고 할 때, M부품의 불량률은 얼마인가?

① 5푼

② 1할 2푼 5리

③ 2할 5리

④ 2푼 5리

⑤ 2할 5푼

14 L은 16개의 회사에 지원하여 총 2곳에 합격했다. L의 합격률은 얼마인가?

① 1할 2푼
② 1할 2푼 5리
③ 1할 5리
④ 2할 5리
⑤ 2할 5푼

15 A는 농구공을 40번 던져서 7번을 바스켓에 넣었다. A의 성공률은 얼마인가?

① 1푼 5리
② 1할 5리
③ 1할 1푼
④ 1할 7푼 5리
⑤ 5할 2리

16 200 이하의 자연수 중 10과 15로 나누어 떨어지는 자연수의 개수는 모두 몇 개인가?

① 4개
② 5개
③ 6개
④ 7개
⑤ 8개

17 두 실수 a, b에 대하여 연산 ◎을 $a◎b=(a-b)+(b×10+2)$로 정의할 때, $(1◎6)+(4◎2)$의 값은?

① -23
② 23
③ -81
④ 81
⑤ 93

18 $\dfrac{1}{1\times2}+\dfrac{1}{2\times3}+\dfrac{1}{3\times4}+\cdots+\dfrac{1}{99\times100}$ 의 값은?

① $\dfrac{99}{100}$

② $\dfrac{1}{100}$

③ $\dfrac{1}{99}$

④ $\dfrac{100}{99}$

⑤ 1

19 다음 빈칸에 들어갈 값으로 옳은 것은?

$2.5\text{m}+3,250\text{mm}=($ $)\text{cm}$

① 5.75

② 575

③ 5,750

④ 57,500

⑤ 575,000

※ 다음 빈칸에 들어갈 알맞은 수를 고르시오. [20~23]

20

$208\times($ $)-19,945=44,951$

① 616

② 552

③ 476

④ 312

⑤ 287

21

$1.5\times($ $)\div2+1=4$

① 2

② 3

③ 4

④ 5

⑤ 6

22

$$66-(\quad)\div 6+16=78$$

① 24　　　　　　　　　　　② 30
③ 36　　　　　　　　　　　④ 42
⑤ 48

23

$$66+77-88\times(\quad)=-825$$

① 11　　　　　　　　　　　② 22
③ 33　　　　　　　　　　　④ 44
⑤ 55

※ 다음 A와 B의 크기를 비교하시오. [24~25]

24

$A : \dfrac{1}{2}+\dfrac{1}{4}+\dfrac{1}{6}$

$B : \dfrac{1}{3}+\dfrac{1}{4}+\dfrac{5}{24}$

① A＞B　　　　　② A＝B　　　　　③ A＜B

25

$A : \dfrac{1}{110}$

$B : 0.99\div 10-\dfrac{1}{11}$

① A＞B　　　　　② A＝B　　　　　③ A＜B

※ 다음 빈칸에 들어갈 사칙연산 기호를 고르시오. [26~28]

26

$$9(\quad)3+14\div2=34$$

① +
③ ×
⑤ =

② −
④ ÷

27

$$\frac{15}{7}\times\frac{3}{11}+\frac{17}{4}(\quad)\frac{12}{21}=\frac{232}{77}$$

① +
③ ×
⑤ =

② −
④ ÷

28

$$5.14\times0.5-6.72(\quad)3=0.33$$

① +
③ ×
⑤ =

② −
④ ÷

02 ▶ 응용계산

01 시계가 6시 30분을 가리킬 때, 시침과 분침이 이루는 작은 각도는 얼마인가?

① 0°   ② 15°

③ 25°   ④ 35°

⑤ 45°

02 독서실 총무인 소연이는 독서실의 시계가 4시간마다 6분씩 늦어진다는 것을 확인하여 오전 8시 정각에 시계를 맞춰 놓았다. 다음 날 아침 오전 9시 30분까지 서울역에 가야하는 소연이는 오전 8시에 독서실을 나서야 하는데, 그때의 독서실 시계는 몇 시를 가리키고 있겠는가?

① 오전 7시 21분   ② 오전 7시 24분

③ 오전 7시 27분   ④ 오전 7시 30분

⑤ 오전 7시 33분

03 2월 5일이 수요일이라고 할 때, 8월 15일은 무슨 요일인가?(단, 2월은 29일까지이다)

① 토요일   ② 일요일

③ 월요일   ④ 화요일

⑤ 수요일

04 A, B, C 세 사람은 주기적으로 집안 청소를 한다. A는 6일마다, B는 8일마다, C는 9일마다 청소를 할 때, 세 명이 9월 10일에 모두 같이 청소를 했다면, 다음에 같이 청소하는 날은 언제인가?

① 11월 5일   ② 11월 12일

③ 11월 16일   ④ 11월 21일

⑤ 11월 29일

05 A, B의 집 간의 거리는 150km이다. 서로를 향하여 각각 3km/h와 12km/h로 간다면, 둘은 몇 시간 후에 만나겠는가?

① 9시간   ② 10시간

③ 11시간   ④ 12시간

⑤ 13시간

06 집에서 할아버지 댁까지는 총 50km라고 한다. 10km/h의 속력으로 25km를 갔더니 도착하기로 한 시간이 얼마 남지 않아서 15km/h의 속력으로 뛰어가 오후 4시에 할아버지 댁에 도착할 수 있었다. 집에서 나온 시각은 언제인가?

① 오전 11시 50분   ② 낮 12시 10분

③ 낮 12시 50분   ④ 오후 1시 10분

⑤ 오후 1시 50분

07 신입사원 A는 집에서 10km 떨어진 회사에 근무하고 있다. 출근할 때는 자전거를 타고 1시간이 걸린다. 퇴근할 때는 회사에서 4km 떨어진 헬스장을 들렸다가 운동 후 7km 거리를 이동하여 집에 도착한다. 퇴근할 때 회사에서 헬스장까지 30분, 헬스장에서 집까지 1시간 30분이 걸린다면 신입사원 A가 출·퇴근하는 평균속력은 몇 km/h인가?

① 5km/h   ② 6km/h

③ 7km/h   ④ 8km/h

⑤ 9km.h

08 슬기와 경서는 꽁꽁 언 강 위에서 각각 다른 일정한 속력으로 썰매를 타고 있다. 슬기는 경서의 출발선보다 1.2m 뒤에서 동시에 출발하여 경서를 따라잡기로 하였다. 경서의 속력은 0.6m/s이며, 슬기가 출발하고 6초 후에 경서를 따라잡았다고 할 때, 슬기의 속력은 몇 m/s인가?

① 0.8m/s   ② 1.0m/s

③ 1.2m/s   ④ 1.4m/s

⑤ 1.6m/s

09 헤어진 두 남녀가 집으로 돌아가다가 마음을 바꾸고 동시에 다시 만나기 위해 달려가고 있다. 두 남녀 간의 거리는 10km이며, 여자는 남자가 있는 곳으로 4km/h의 속도로 달려가고 있고, 남자는 여자가 있는 곳으로 6km/h의 속도로 가고 있다. 여자는 가는 도중 30분을 쉬었다가 달려서 두 남녀가 다시 만났다면, 두 남녀가 다시 만나는 데 걸리는 시간은?

① 1시간
② 1시간 4분
③ 1시간 12분
④ 1시간 18분
⑤ 1시간 22분

10 아버지와 어머니의 나이 차는 4세이고 형과 동생의 나이 차는 2세이다. 또한, 아버지와 어머니의 나이의 합은 형의 나이보다 6배 많다고 한다. 형과 동생의 나이의 합이 40세라면 아버지의 나이는 몇 세인가?(단, 아버지가 어머니보다 나이가 더 많다)

① 59세
② 60세
③ 63세
④ 65세
⑤ 67세

11 A연구소에는 20명의 직원이 근무하고 있으며, 협력업체 B공장에는 41명의 생산직 직원이 근무하고 있다. A연구소 직원의 60%는 남직원이고, A연구소와 B공장 전체 남직원의 40%는 B공장의 생산직 남직원일 때, A연구소의 여직원과 B공장의 생산직 여직원은 모두 몇 명인가?

① 21명
② 26명
③ 33명
④ 37명
⑤ 41명

12 한국, 중국, 일본, 미국, 러시아 5개국이 서울에서 회담을 진행하기로 했다. 5개국에서 각각 5명, 5명, 5명, 4명, 2명의 대표자가 방문하였고, 이들을 6석, 5석, 5석, 3석, 3석의 테이블 5개에 나누어 앉게 하려 한다. 같은 국가에서 온 대표자들을 각기 다른 테이블에 앉게 하려면 한 번에 최대 몇 명의 대표자들을 앉게 할 수 있는가?

① 17명
② 18명
③ 19명
④ 20명
⑤ 21명

13 A고등학교는 도서관에 컴퓨터를 설치하려고 한다. 컴퓨터 구입 가격을 알아보니, 한 대당 100만 원이고 4대 이상 구매 시 3대까지는 한 대당 100만 원, 4대 이상부터는 한 대당 80만 원에 판매가 되고 있었다. 컴퓨터 구입에 배정된 예산이 2,750만 원일 때, 최대 몇 대의 컴퓨터를 구입할 수 있는가?

① 33대   ② 34대

③ 35대   ④ 36대

⑤ 37대

14 〈조건〉이 다음과 같을 때, 자연수로 옳은 것은?

> **조건**
> - 두 자리 자연수이다.
> - 이 자연수는 각 자릿수를 더한 값의 4배이다.
> - 이 자연수는 각 자릿수를 곱한 값은 각 자릿수를 더한 값의 2배이다.

① 62   ② 36

③ 24   ④ 48

⑤ 45

15 S사의 구내식당에서는 지난달 한 포대당 12,500원의 쌀을 구매하는 데 3,750,000원을 사용하였다. 이번 달에도 같은 양의 쌀을 주문하였으나, 최근 쌀값이 올라 한 포대당 14,000원의 금액을 지불하였다. 이번 달의 쌀 구매비용은 지난달보다 얼마나 더 증가하였는가?

① 450,000원   ② 480,000원

③ 520,000원   ④ 536,000원

⑤ 555,000원

16 K마트에서 판매하는 제품인 오리구이 400g과 치킨 1마리를 구매하면 22,000원이고, 치킨 2마리와 오리구이 200g을 구매하면 35,000원이다. 오리구이 100g당 가격은 얼마인가?

① 1,000원   ② 1,500원
③ 2,000원   ④ 2,500원
⑤ 3,000원

17 S매장에서는 직원 6명이 마감청소를 하는 데 5시간이 걸린다. 만약 리모델링 작업을 진행하기 위해 3시간 만에 마감청소를 끝낼 수 있도록 단기 직원을 추가로 고용하려고 한다면, 몇 명의 단기 직원이 추가로 필요한가?(단, 모든 직원의 능률은 동일하다)

① 2명   ② 3명
③ 4명   ④ 5명
⑤ 6명

18 톱니가 각각 24개, 60개인 두 톱니바퀴 A, B가 서로 맞물려 회전하고 있다. 이 두 톱니바퀴가 한 번 맞물린 후 같은 톱니에서 처음으로 다시 맞물리려면 톱니바퀴 A는 최소한 몇 바퀴 회전해야 하는가?

① 2바퀴   ② 3바퀴
③ 5바퀴   ④ 6바퀴
⑤ 8바퀴

19 1L 물통을 가득 채우는 데 수도 A는 15분, 수도 B는 20분이 걸린다고 한다. 수도 A, B를 동시에 사용해 30분 동안 물을 받는다면 물통 몇 개를 채울 수 있는가?

① 1개   ② 2개
③ 3개   ④ 4개
⑤ 5개

20 소금물 160g에 물 40g을 넣었더니 농도가 8%인 소금물이 되었다. 물을 넣기 전 처음 소금물의 농도는 얼마인가?

① 30%   ② 25%

③ 20%   ④ 15%

⑤ 10%

21 상자에 빨간색 수건이 3장, 노란색 수건이 4장, 파란색 수건이 3장 들어있는데 두 번에 걸쳐 한 장씩 뽑으려고 한다. 이때 처음에 빨간색 수건을, 다음에 파란색 수건을 뽑을 확률은?(단, 한 번 꺼낸 수건은 다시 넣지 않는다)

① $\dfrac{9}{100}$ ② $\dfrac{1}{10}$

③ $\dfrac{11}{100}$ ④ $\dfrac{2}{15}$

⑤ $\dfrac{3}{10}$

22 1에서 10까지 적힌 숫자카드 두 장을 임의로 동시에 뽑을 때, 뽑은 두 카드에 적힌 수의 곱이 홀수일 확률은?

① $\dfrac{5}{7}$ ② $\dfrac{7}{8}$

③ $\dfrac{1}{9}$ ④ $\dfrac{2}{9}$

⑤ $\dfrac{5}{9}$

23 제품 A는 1개에 600원, 제품 B는 1개에 1,000원이다. 김사원이 거스름돈을 전혀 남기지 않고 12,000원으로 A와 B를 살 수 있는 방법의 수는?(단, A만 모두 사거나 B만 모두 사는 것도 가능하다)

① 4가지   ② 5가지

③ 6가지   ④ 7가지

⑤ 8가지

24 1g, 2g, 4g, 8g, 16g, …의 추가 있다. 이때, 327g을 재려면 최소 몇 개의 추가 필요한가?

① 4개   ② 5개

③ 6개   ④ 7개

⑤ 8개

25 20층 건물에서 각 층마다 기압을 측정하려고 한다. 1층의 계기판 기압에 표시된 값은 200kPa이며, 한 층씩 높아질 때마다 0.2kPa의 기압이 떨어진다고 할 때, 16층의 기압은 얼마인가?

① 184kPa   ② 187kPa

③ 194kPa   ④ 197kPa

⑤ 195kPa

01 다음은 A제철소에서 생산한 철강의 출하량을 분야별로 기록한 표이다. 2022년도에 세 번째로 많은 생산을 했던 분야에서 2020년 대비 2021년의 변화율을 바르게 표시한 것은?(단, 소수점 첫째 자리에서 반올림한다)

〈A제철소 철강 출하량〉

(단위 : 천 톤)

구분	자동차	선박	토목 / 건설	일반기계	기타
2020년	5,230	3,210	6,720	4,370	3,280
2021년	6,140	2,390	5,370	4,020	4,590
2022년	7,570	2,450	6,350	5,730	4,650

① 약 10% 증가하였다.　　　　　② 약 10% 감소하였다.

③ 약 8% 증가하였다.　　　　　　④ 약 8% 감소하였다.

⑤ 변동 없다.

02 다음은 2017년부터 2022년까지 자원봉사 참여 현황에 대한 표이다. 6년 동안 참여율이 4번째로 높은 해의 전년 대비 참여율의 증가율을 구하면?(단, 소수점 첫째 자리에서 반올림한다)

〈자원봉사 참여 현황〉

구분	2017년	2018년	2019년	2020년	2021년	2022년
총성인 인구수(명)	35,744	36,786	37,188	37,618	38,038	38,931
자원봉사 참여 성인 인구수(명)	1,621	2,103	2,548	3,294	3,879	4,634
참여율(%)	4.5	5.7	6.9	8.8	10.2	11.9

① 약 17%　　　　　　　　　　② 약 19%

③ 약 21%　　　　　　　　　　④ 약 23%

⑤ 약 25%

03 다음은 지식경제부에서 발표한 산업경제지표 추이이다. 이 자료를 보고 판단한 내용으로 옳지 않은 것은?

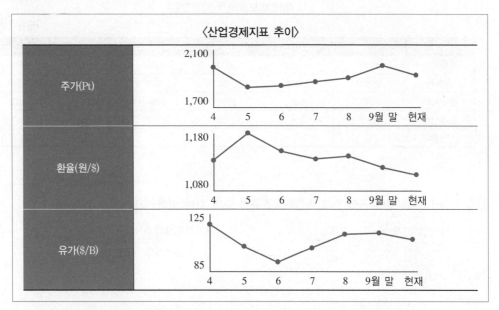

① 주가는 4월부터 급락했다가 9월 말까지 서서히 회복세를 보였으나, 현재는 다시 하락해서 4월선을 회복하지 못하고 있다.

② 환율은 5월 이후 하락세에 있으므로 원화가치는 높아질 것이다.

③ 유가는 6월까지는 큰 폭으로 하락했으나, 그 이후 9월까지 서서히 상승세를 보이고 있다.

④ 숫자상의 변동 폭이 가장 작은 것은 유가이다.

⑤ 8월을 기점으로 위 세 가지 부분은 모두 하락세를 보이고 있다.

※ 다음은 어린이보호구역 지정현황을 나타낸 자료이다. 이어지는 물음에 답하시오. [4~6]

〈어린이보호구역 지정현황〉

(단위 : 개소)

구분	2016년	2017년	2018년	2019년	2020년	2021년
초등학교	5,365	5,526	5,654	5,850	5,917	5,946
유치원	2,369	2,602	2,781	5,476	6,766	6,735
특수학교	76	93	107	126	131	131
보육시설	619	778	1,042	1,755	2,107	2,313
학원	5	7	8	10	11	11

04 2019년과 2021년의 전체 어린이보호구역 수의 차는 얼마인가?

① 1,748개소　　　　　　　② 1,819개소
③ 1,828개소　　　　　　　④ 1,839개소
⑤ 1,919개소

05 어린이보호구역 시설 중 2018년에 전년 대비 증가율이 가장 높은 시설은 무엇인가?

① 초등학교　　　　　　　② 유치원
③ 특수학교　　　　　　　④ 보육시설
⑤ 학원

06 위 자료에 대한 내용으로 적절하지 않은 것은?

① 2016년 어린이보호구역의 합계는 8,434개이다.
② 2021년 어린이보호구역은 2016년보다 총 6,607개 증가했다.
③ 2020년과 2021년 사이에는 어린이보호구역으로 지정된 특수학교 수는 증가하지 않았다.
④ 초등학교 어린이보호구역은 계속해서 증가하고 있다.
⑤ 학원 어린이보호구역은 2021년에 전년 대비 증가율이 0%이다.

※ 다음 자료는 지식재산권 심판청구 현황에 관한 자료이다. 이어지는 물음에 답하시오. [7~8]

〈지식재산권 심판청구 현황〉

(단위 : 건, 개월)

구분		2018년	2019년	2020년	2021년
심판청구 건수	계	20,990	17,124	15,188	15,883
	특허	12,238	10,561	9,270	9,664
	실용신안	906	828	559	473
	디자인	806	677	691	439
	상표	7,040	5,058	4,668	5,307
심판처리 건수	계	19,473	16,728	15,552	16,554
	특허	10,737	9,882	9,632	9,854
	실용신안	855	748	650	635
	디자인	670	697	677	638
	상표	7,211	5,401	4,593	5,427
심판처리 기간	특허·실용신안	5.9	8.0	10.6	10.2
	디자인·상표	5.6	8.0	9.1	8.2

07 다음 중 자료를 보고 판단한 내용으로 적절하지 않은 것은?

① 2018년부터 2021년까지 수치가 계속 증가한 항목은 하나도 없다.

② 심판청구 건수보다 심판처리 건수가 더 많은 해도 있다.

③ 2018년부터 2021년까지 건수가 지속적으로 감소한 항목은 2개이다.

④ 2021년에는 특허·실용신안의 심판처리 기간이 2018년에 비해 70% 이상 더 길어졌다.

⑤ 2020년에는 모든 항목에서 다른 해보다 건수가 적고 기간이 짧다.

08 2018년 대비 2021년 실용신안 심판청구 건수 감소율은 얼마인가?

① 약 45.6% ② 약 47.8%

③ 약 49.7% ④ 약 52.0%

⑤ 약 53.4%

※ 다음은 '갑'국의 도시 A, B, C의 인구수에 관한 자료이다. 이어지는 질문에 답하시오. [9~10]

<A, B, C도시 인구수>

(단위 : 천 명)

구분	2015년	2016년	2017년	2018년	2019년	2020년	2021년
A	2,445	5,525	8,364	10,613	10,231	9,895	9,820
B	2,749	3,353	4,934	7,974	9,958	11,459	12,940
C	5,194	8,879	13,298	18,587	20,189	21,354	22,766
전국	24,989	31,434	37,436	43,411	44,609	46,136	47,279

09 2015년 대비 2017년 전국 인구 증가량은 2018년 대비 2021년 전국 인구 증가량보다 얼마나 더 많은가?

① 7,679천 명 ② 7,579천 명
③ 8,679천 명 ④ 8,579천 명
⑤ 5,479천 명

10 2016 ~ 2021년 동안 전년 대비 A시의 인구 증가량이 가장 높았던 해와 C시의 인구 증가량이 가장 높았던 해는 각각 언제인가?

① 2017년, 2019년 ② 2016년, 2018년
③ 2016년, 2019년 ④ 2018년, 2019년
⑤ 2019년, 2020년

03 추리능력 핵심이론

01 ▸ 수·문자 추리

01 수 추리

(1) 등차수열 : 앞의 항에 일정한 수를 더해 이루어지는 수열

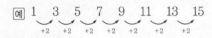

예 1 3 5 7 9 11 13 15
　　+2 +2 +2 +2 +2 +2 +2

핵심예제

일정한 규칙으로 수를 나열할 때, 빈칸에 들어갈 알맞은 수는?

| | 1 | 3 | 5 | 7 | 9 | ( ) | 13 | 15 |

① 10　　　　　　　　　　② 11

③ 12　　　　　　　　　　④ 13

⑤ 14

| 해설 |　앞의 항에 2씩 더하는 수열이다.

정답 ②

---

(2) **등비수열** : 앞의 항에 일정한 수를 곱해 이루어지는 수열

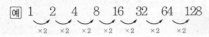

예 1 2 4 8 16 32 64 128
     ×2 ×2 ×2 ×2 ×2 ×2 ×2

핵심예제

일정한 규칙으로 수를 나열할 때, 빈칸에 들어갈 알맞은 수는?

1	2	4	8	16	32	( )	128

① 36   ② 46

③ 54   ④ 64

⑤ 72

| 해설 | 앞의 항에 2씩 곱하는 수열이다.

정답 ④

---

(3) **계차수열** : 앞의 항과의 차가 일정한 규칙을 갖는 수열

예 1 2 4 7 11 16 22 29
     +1 +2 +3 +4 +5 +6 +7
      +1 +1 +1 +1 +1 +1

핵심예제

일정한 규칙으로 수를 나열할 때, 빈칸에 들어갈 알맞은 수는?

5	7	10	14	19	25	( )

① 27   ② 30

③ 32   ④ 35

⑤ 38

| 해설 | 앞의 항에 2, 3, 4, 5, 6, …을 더하는 수열이다.

정답 ③

(4) 피보나치 수열 : 앞의 두 항의 합이 그 다음 항의 수가 되는 수열

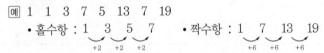

예 $\quad 1 \quad 1 \quad \underset{1+1}{2} \quad \underset{1+2}{3} \quad \underset{2+3}{5} \quad \underset{3+5}{8} \quad \underset{5+8}{13} \quad \underset{8+13}{21}$

PART 1

핵심예제

일정한 규칙으로 수를 나열할 때, 빈칸에 들어갈 알맞은 수는?

| | 1 | 1 | 2 | 3 | 5 | 8 | ( ) | 21 |

① 9   ② 11

③ 13   ④ 15

⑤ 17

| 해설 | (앞의 항)+(뒤의 항)=(다음 항)

정답 ③

---

(5) 건너뛰기 수열

- 두 개 이상의 수열이 일정한 간격을 두고 번갈아가며 나타나는 수열

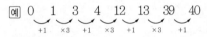

예 $\quad 1 \quad 1 \quad 3 \quad 7 \quad 5 \quad 13 \quad 7 \quad 19$

- 홀수항 : $\underset{+2}{1} \underset{+2}{3} \underset{+2}{5} \quad 7$ • 짝수항 : $\underset{+6}{1} \underset{+6}{7} \underset{+6}{13} \quad 19$

- 두 개 이상의 규칙이 일정한 간격을 두고 번갈아가며 적용되는 수열

예 $\quad \underset{+1}{0} \underset{\times3}{1} \underset{+1}{3} \underset{\times3}{4} \underset{+1}{12} \underset{\times3}{13} \underset{+1}{39} \quad 40$

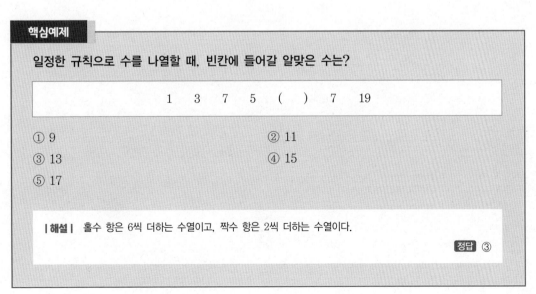

핵심예제

일정한 규칙으로 수를 나열할 때, 빈칸에 들어갈 알맞은 수는?

| | 1 | 3 | 7 | 5 | ( ) | 7 | 19 |

① 9   ② 11

③ 13   ④ 15

⑤ 17

| 해설 | 홀수 항은 6씩 더하는 수열이고, 짝수 항은 2씩 더하는 수열이다.

정답 ③

(6) 군수열 : 일정한 규칙성으로 몇 항씩 끊어서 규칙을 이루는 수열

예 • 1 1 2 1 2 3 1 2 3 4

  ⇒ 1 1 2 1 2 3 1 2 3 4

 • 1 3 4 6 5 11 2 6 8 9 3 12

  ⇒ 1 3 4   6 5 11   2 6 8   9 3 12

     1+3=4   6+5=11   2+6=8   9+3=12

 • 1 3 3 2 4 8 5 6 30 7 2 14

  ⇒ 1 3 3   2 4 8   5 6 30   7 2 14

     1×3=3   2×4=8   5×6=30   7×2=14

핵심예제

일정한 규칙으로 수를 나열할 때, 빈칸에 들어갈 알맞은 수는?

| 1   3   3   2   4   8   5   (   )   30 |

① 6   ② 7

③ 8   ④ 9

⑤ 10

│해설│ $\underline{A\ B\ C} \rightarrow A \times B = C$

정답 ①

02 문자 추리

(1) 알파벳, 자음, 한자, 로마자

1	2	3	4	5	6	7	8	9	10	11	12	13	14	15	16	17	18	19	20	21	22	23	24	25	26
A	B	C	D	E	F	G	H	I	J	K	L	M	N	O	P	Q	R	S	T	U	V	W	X	Y	Z
ㄱ	ㄴ	ㄷ	ㄹ	ㅁ	ㅂ	ㅅ	ㅇ	ㅈ	ㅊ	ㅋ	ㅌ	ㅍ	ㅎ												
一	二	三	四	五	六	七	八	九	十																
i	ii	iii	iv	v	vi	vii	viii	ix	x																

(2) 단모음

1	2	3	4	5	6	7	8	9	10
ㅏ	ㅑ	ㅓ	ㅕ	ㅗ	ㅛ	ㅜ	ㅠ	ㅡ	ㅣ

(3) 단모음 + 이중모음(사전 등재 순서)

1	2	3	4	5	6	7	8	9	10	11	12	13	14	15	16	17	18	19	20	21
ㅏ	ㅐ	ㅑ	ㅒ	ㅓ	ㅔ	ㅕ	ㅖ	ㅗ	ㅘ	ㅙ	ㅚ	ㅛ	ㅜ	ㅝ	ㅞ	ㅟ	ㅠ	ㅡ	ㅢ	ㅣ

핵심예제

일정한 규칙으로 문자를 나열할 때, 빈칸에 들어갈 알맞은 문자는?

		ㄱ ㄷ ㅁ ( ) ㅈ		

① ㄴ　　　　　　　　　　② ㄹ

③ ㅂ　　　　　　　　　　④ ㅅ

⑤ ㅇ

| **해설** | 앞의 항에 2씩 더하는 수열이다.

ㄱ	ㄷ	ㅁ	(ㅅ)	ㅈ
1	3	5	7	9

정답 ④

도형추리 영역은 크게 도형이 변화하는 과정을 보고 마지막에 나올 도형, 중간에 들어갈 도형을 선택하는 유형과 왼쪽 도형의 변화 과정을 보고 오른쪽 도형의 변화를 예측하는 유형으로 나뉜다.

■ 유형

① 제시된 도형이 순서대로 나열되어 있는 유형으로, 왼쪽에서 오른쪽으로 이동하면서 일정한 규칙으로 도형이 변한다.

→ 오각형 속 삼각형이 시계 방향으로 한 변씩 이동, 각 삼각형의 색은 이동 시 변한다.

② 대응관계에 있는 두 분류의 도형으로 왼쪽 도형의 규칙을 찾아 오른쪽 도형에 관계를 파악하는 유형

→ 바깥 도형이 안쪽으로 들어가고 두 도형 사이의 여백은 검은색이 된다.

③ 표 형태로 제시된 도형에서 상하 · 좌우 규칙을 파악하여 정답을 찾아내는 유형

일정한 규칙으로 도형을 나열할 때, 마지막에 들어갈 알맞은 도형을 고르면?

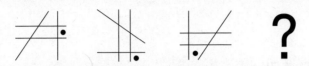

① 　　　②

③ 　　　④

⑤

| 해설 |　전체 도형이 시계 방향으로 90°씩 회전하며, 점은 시계 반대 방향으로 한 칸씩 움직인다.

정답　④

03 | 추리능력 적중예상문제

정답 및 해설 p.017

01 ▶ 수 · 문자 추리

※ 일정한 규칙으로 수를 나열할 때, 빈칸에 들어갈 알맞은 수를 고르시오. [1~10]

01

| | 77 | 35 | 42 | −7 | 49 | ( ) | 105 | −161 |

① −54   ② −56

③ −58   ④ −60

⑤ −61

02

| | 2 | 12 | 32 | 72 | 152 | 312 | 632 | ( ) |

① 1,252   ② 1,262

③ 1,264   ④ 1,272

⑤ 1,283

03

| | 3 | −4 | 10 | −18 | 38 | −74 | 150 | ( ) |

① −298   ② −300

③ −302   ④ 304

⑤ −313

04

1	2	−9	11	81	20	−729	( )

① 37   ② 35

③ 33   ④ 31

⑤ 29

05

51	58	42	49	( )	40	24

① 39   ② 36

③ 35   ④ 33

⑤ 31

06

17	−68	( )	−1,088	4,352

① 162   ② 272

③ 352   ④ 482

⑤ 522

07

$$\frac{41}{391} \quad \frac{47}{385} \quad \frac{53}{379} \quad \frac{59}{373} \quad (\ ) \quad \frac{71}{361}$$

① $\dfrac{61}{367}$ ② $\dfrac{65}{367}$

③ $\dfrac{61}{369}$ ④ $\dfrac{65}{369}$

⑤ $\dfrac{68}{368}$

08

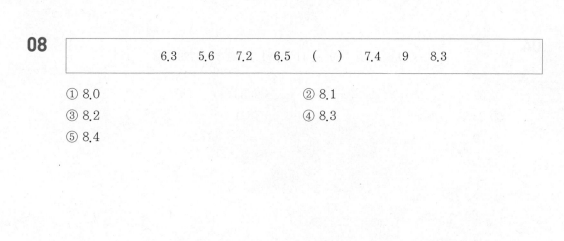

| 6.3 | 5.6 | 7.2 | 6.5 | ( ) | 7.4 | 9 | 8.3 |

① 8.0   ② 8.1

③ 8.2   ④ 8.3

⑤ 8.4

09

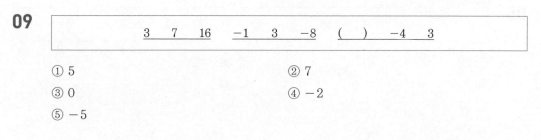

| 3 | 7 | 16 | −1 | 3 | −8 | ( ) | −4 | 3 |

① 5   ② 7

③ 0   ④ −2

⑤ −5

10

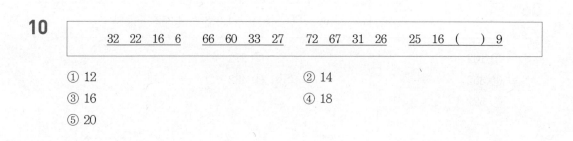

| 32 22 16 6 | 66 60 33 27 | 72 67 31 26 | 25 16 ( ) 9 |

① 12   ② 14

③ 16   ④ 18

⑤ 20

※ 일정한 규칙으로 문자를 나열할 때, 빈칸에 들어갈 알맞은 것을 고르시오. [11~20]

11

| 캐 | 해 | 새 | 채 | 매 | 애 | ( ) |

① 매   ② 배

③ 래   ④ 채

⑤ 대

12

| ( ) X U R O L |

① E   ② D
③ C   ④ A
⑤ Q

13

| ㅁ ㅅ ㅅ ㅊ ㅈ ㅍ ㅋ ( ) |

① ㄴ   ② ㅂ
③ ㅈ   ④ ㅌ
⑤ ㄹ

14

| F G E H D ( ) C |

① B   ② I
③ J   ④ K
⑤ A

15

| F X O L X ( ) |

① F   ② A
③ M   ④ E
⑤ C

16

| ㄴ D ( ) K ㄴ V |

① ㅇ   ② P
③ ㅅ   ④ B
⑤ Q

17

a ㄱ 2 c ㅁ 8 m ( ) 34 c

① ㅊ ② ㅎ
③ ㅅ ④ ㅌ
⑤ ㅈ

18

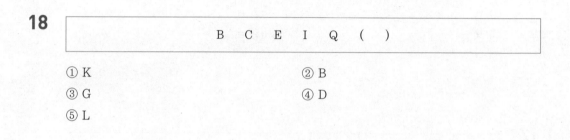

B C E I Q ( )

① K ② B
③ G ④ D
⑤ L

19

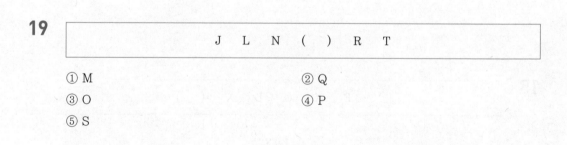

J L N ( ) R T

① M ② Q
③ O ④ P
⑤ S

20

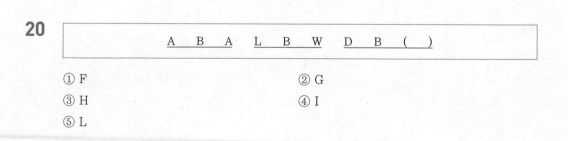

A B A L B W D B ( )

① F ② G
③ H ④ I
⑤ L

02 ▶ 도형 추리

※ 일정한 규칙으로 도형을 나열할 때, ?에 들어갈 알맞은 도형을 고르시오. [1~3]

01

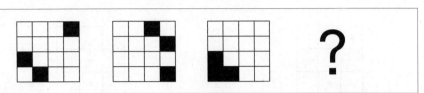

① 　　②

③ 　　④

⑤

02

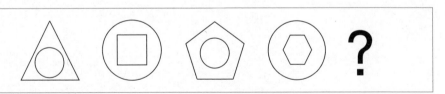

① 　　②

③ 　　④

⑤

03

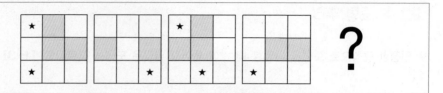

①

②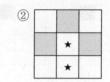

③

④

⑤

※ 다음 도형이 일정한 규칙을 따른다고 할 때, ?에 들어갈 알맞은 도형을 고르시오. [4~6]

04

①

②

③

④

⑤

05

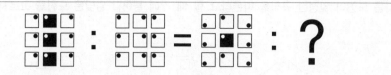

①   ②

③   ④

⑤

06

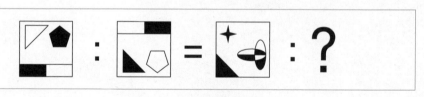

① ②

③ ④

⑤

※ 다음 제시된 도형의 규칙을 보고 ?에 들어갈 알맞은 것을 고르시오. [7~10]

07

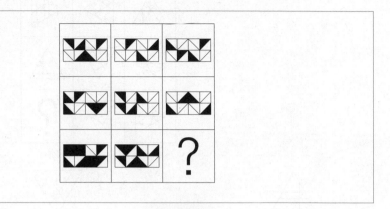

①

②

③

④

⑤

08

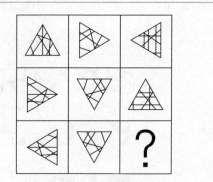

①

②

③

④

⑤

09

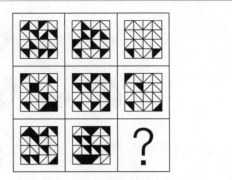

①

②

③

④

⑤

10

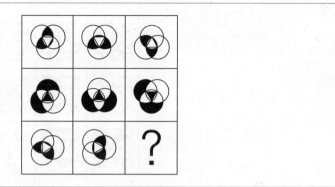

①

②

③

④

⑤

04 지각능력 핵심이론

01 ▶ 공간지각

01 회전 · 반전도형

(1) 180° 회전한 도형은 좌우와 상하가 모두 대칭이 된 모양이 된다.

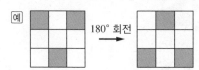

(2) 시계 방향으로 90° 회전한 도형은 시계 반대 방향으로 270° 회전한 도형과 같다.

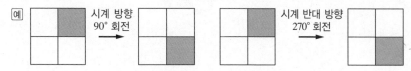

(3) 좌우 반전 → 좌우 반전, 상하 반전 → 상하 반전은 같은 도형이 된다.

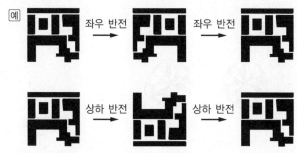

(4) 도형을 거울에 비친 모습은 방향에 따라 좌우 또는 상하로 대칭된 모습이 나타난다.

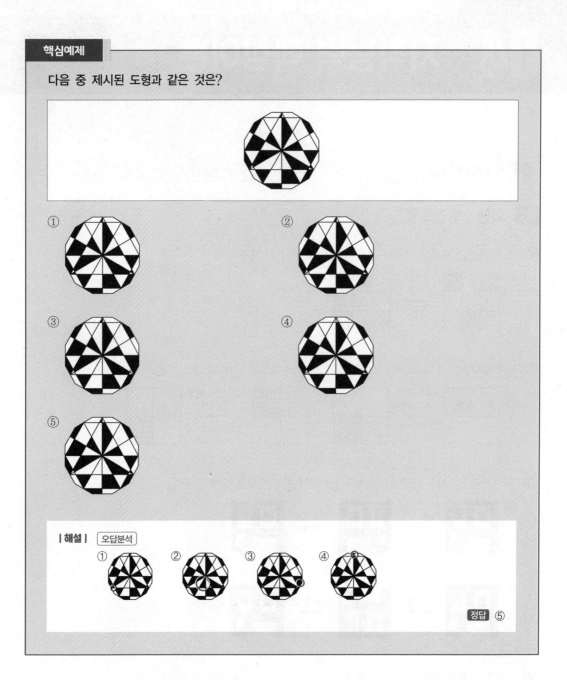

다음 중 제시된 도형과 같은 것은?

① ② ③ ④ ⑤

| 해설 | 오답분석

① ② ③ ④ ⑤

정답 ⑤

02 전개도 · 주사위

제시된 전개도를 이용하여 만들 수 있는 입체도형을 찾는 문제와 제시된 입체도형의 전개도로 알맞은 것을 고르는 유형이 출제된다.

- 선개도상에서는 떨어져 있지만 입체도형으로 만들었을 때 서로 연결되는 면을 주의 깊게 살핀다.
- 마주보는 면과 인접하는 면을 구분하여 학습한다.
- 평면이었던 전개도가 입체도형이 되면서 면의 그림이 회전되는 모양을 확인한다.
- 많이 출제되는 전개도는 미리 마주보는 면과 인접하는 면, 만나는 꼭짓점을 학습한다.
  - ①~⑥은 접었을 때 마주보는 면을 의미한다. 즉, 두 수의 합이 7이 되는 면끼리 마주 보는 면이다. 또한 각 전개도에서 ①에 위치하는 면이 같다고 할 때, 전개도마다 면이 어떻게 배열되는지도 나타낸다.
  - 1~8은 접었을 때 만나는 점을 의미한다. 즉, 접었을 때 같은 숫자가 적힌 점끼리 만난다.

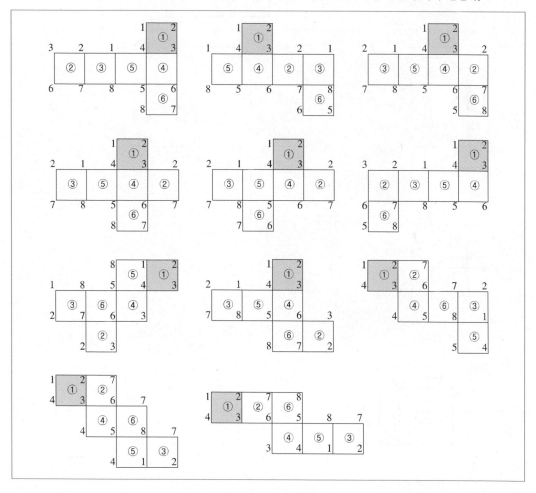

주어진 전개도로 정육면체를 만들 때, 만들어질 수 없는 것은?

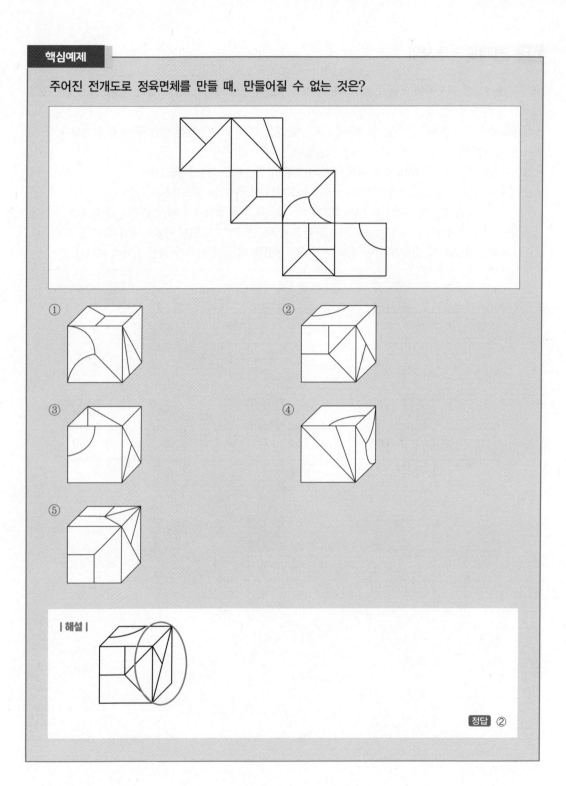

|해설|

정답 ②

03 블록 · 단면도

1. 블록의 개수

(1) 밑에서 위쪽으로 차근차근 세어간다.

(2) 층별로 나누어 세면 수월하다.

(3) 숨겨져 있는 부분을 정확히 찾아내는 연습이 필요하다.

(4) 빈 곳에 블록을 채워서 세면 쉽게 해결된다.

예

1층 : 9개

2층 : 8개

3층 : 5개

블록의 총 개수는 9＋8＋5＝22개

예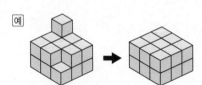

블록의 총 개수는 9×2＝18개

2. 블록의 최대·최소 개수

(1) 최대 개수 : 앞면과 측면의 층별 블록의 개수의 곱의 합

예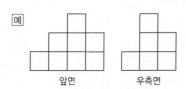

(앞면 1층 블록의 수)×(측면 1층 블록의 수)+(앞면 2층 블록의 수)×(측면 2층 블록의 수)
→ $3 \times 3 + 2 \times 1 = 11$개

예

앞면   우측면

→ $4 \times 3 + 3 \times 2 + 1 \times 1 = 19$개

(2) 최소 개수 : (앞면 블록의 수)+(측면 블록의 수)−(중복되는 블록의 수)

※ 중복되는 블록의 수 : 앞면과 측면에 대해 행이 아닌(즉, 층별이 아닌) 열로 비교했을 때, 블록의
수가 같은 두 열에서 한 열의 블록의 수들의 합(즉, 열에 대하여 블록의 수를 각각 표기했을 때, 앞면
과 측면에 공통으로 나온 숫자들의 합을 구하면 된다)

예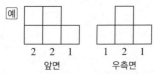

2	2	1

앞면

1	2	1

우측면

공통으로 나온 숫자는 다음과 같다. 앞면 : (②, 2, ①), 우측면 : (①, ②, 1)
→ 중복되는 블록의 수 : $1 + 2 = 3$개
　최소 개수 : $5 + 4 - 3 = 6$개

예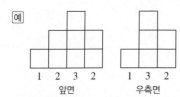

1	2	3	2

앞면

1	3	2

우측면

공통으로 나온 숫자는 다음과 같다. 앞면 : (①, ②, ③, 2), 우측면 : (①, ③, ②)
→ 중복되는 블록의 수 : $1 + 2 + 3 = 6$개
　최소 개수 : $8 + 6 - 6 = 8$개

다음 블록의 개수는 몇 개인가?(단, 보이지 않는 곳의 블록은 있다고 가정한다)

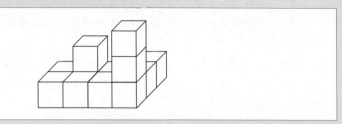

① 10개   ② 11개

③ 12개   ④ 13개

⑤ 14개

| 해설 | 1층 : 9개, 2층 : 2개, 3층 : 1개
         ∴ 12개

정답 ③

지각속도 유형은 같거나 틀린 문자 및 숫자의 개수를 파악하거나 규칙에 따른 변화, 문자·기호 등을 불규칙하게 나열하여 각 위치에 해당하는 번호를 찾는 등 주어진 조건에 맞는 것을 빠르게 파악하여 답을 찾는 문제들이 주로 출제된다.

다른 유형에 비해 비교적 간단한 문제들이 출제되지만 그만큼 신속성과 정확성, 주의력과 인내력 그리고 집중력을 요구한다. 문자·기호의 특징적인 부분을 파악하여 빠른 시간에 해결하는 연습을 중점적으로 하면 큰 어려움이 없을 것이다.

1. 좌 / 우 비교

제시된 일련의 문자, 혹은 좌우의 문자 및 숫자를 대조하여 맞거나 틀린 것을 찾아내는 유형의 문제들이다. 별다른 이론이 필요하지 않지만 그만큼 문제마다 배당되는 시간이 짧은 경우가 많아 신속하고 정확하게 문제를 해결할 필요가 있다.

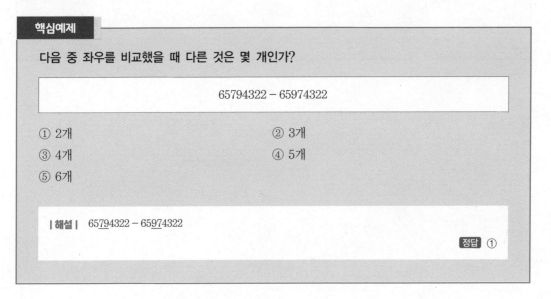

핵심예제

다음 중 좌우를 비교했을 때 다른 것은 몇 개인가?

65794322 – 65974322

① 2개 ② 3개
③ 4개 ④ 5개
⑤ 6개

| 해설 | 65794322 – 65974322

정답 ①

2. 문자 찾기

불규칙하게 제시된 문자 및 기호 등을 파악한 뒤 제시된 것과 비교하여 각 위치에 해당하는 번호를 찾는 문제로 출제된다. 사무지각 유형과 비슷하게 풀이에 특별한 이론보다는 신속성과 정확성이 요구된다. 따라서 문자나 기호의 특징적인 부분을 파악하여 빠른 시간에 해결하는 연습을 중점적으로 해야 한다.

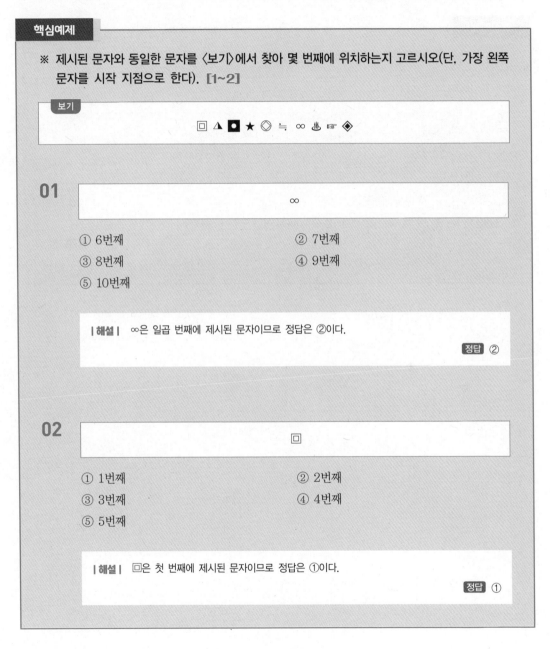

핵심예제

※ 제시된 문자와 동일한 문자를 〈보기〉에서 찾아 몇 번째에 위치하는지 고르시오(단, 가장 왼쪽 문자를 시작 지점으로 한다). [1~2]

보기

▣ ▲ ◉ ★ ◈ ≒ ∞ ♨ ☞ ◈

01

∞

① 6번째   ② 7번째
③ 8번째   ④ 9번째
⑤ 10번째

| 해설 | ∞은 일곱 번째에 제시된 문자이므로 정답은 ②이다.

정답 ②

02

▣

① 1번째   ② 2번째
③ 3번째   ④ 4번째
⑤ 5번째

| 해설 | ▣은 첫 번째에 제시된 문자이므로 정답은 ①이다.

정답 ①

3. 규칙 변형

제시된 문자 및 기호가 임의의 규칙에 따라 변환된 것에 맞는지 확인하는 문제가 출제된다. 정해진 규칙에 의해 변형된 것이 아니므로 필요한 것은 변환된 규칙을 기억하여 빠르게 대조할 수 있는 능력이다. 제시된 문자 및 기호가 한 번의 변형을 거치므로 풀이에 혼동이 오지 않도록 주의하는 능력이 요구된다.

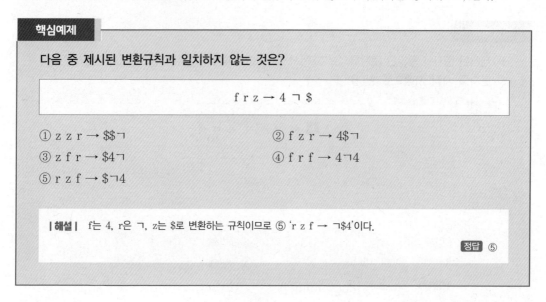

핵심예제

다음 중 제시된 변환규칙과 일치하지 않는 것은?

$$f\ r\ z \rightarrow 4\ \lnot\ \$$$

① z z r → $$ㄱ   ② f z r → 4$ㄱ

③ z f r → $4ㄱ   ④ f r f → 4ㄱ4

⑤ r z f → $ㄱ4

| 해설 | f는 4, r은 ㄱ, z는 $로 변환하는 규칙이므로 ⑤ 'r z f → ㄱ$4'이다.

정답 ⑤

01 ▶ 공간지각

※ 다음 중 제시된 도형과 같은 것을 고르시오. [1~3]

01

①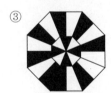

②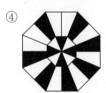

③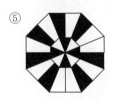

④

⑤

02

①

②

③

④

⑤

03

①

②

③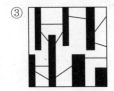

④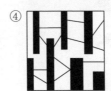

⑤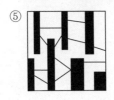

※ 다음 중 나머지 도형과 다른 것을 고르시오. [4~6]

04

①

②

③

④

⑤

05

①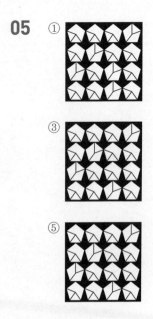

②

③

④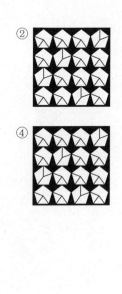

⑤

06

①

②

③

④

⑤

07 다음 도형을 시계 반대 방향으로 90° 회전한 후, 상하 반전한 모양은?

①

②

③

④

⑤

08 다음 도형을 좌우 반전한 후, 180° 회전한 모양은?

①
②
③
④
⑤

09 다음 도형을 시계 방향으로 90° 회전한 후, 거울에 비춘 모양은?

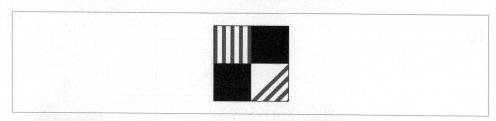

①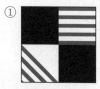

②

③

④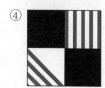

⑤

※ 주어진 전개도로 정육면체를 만들 때, 만들어질 수 없는 것을 고르시오. [10~11]

10

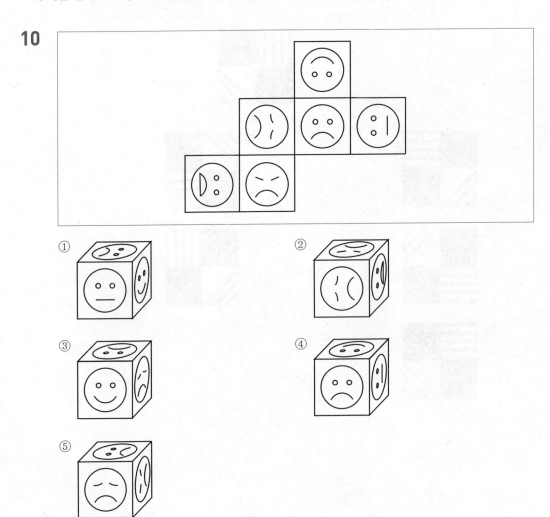

① ② ③ ④ ⑤

11

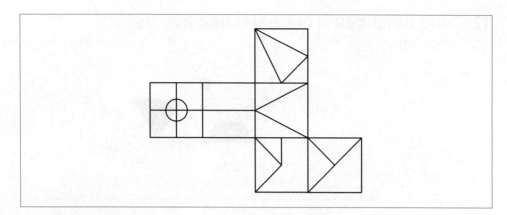

①

②

③

④

⑤

12 제시된 전개도를 접었을 때 나타나는 입체도형으로 알맞은 것은?

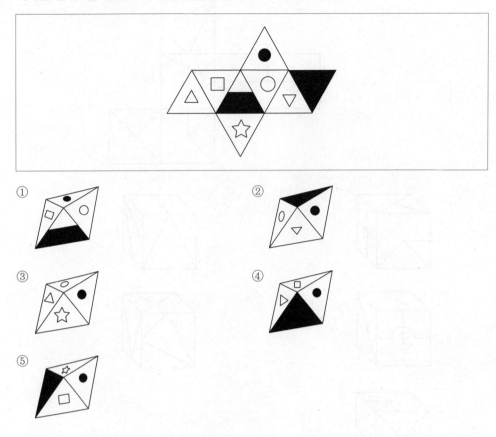

※ 다음 블록의 개수는 몇 개인지 고르시오(단, 보이지 않는 곳의 블록은 있다고 가정한다). [13~17]

13

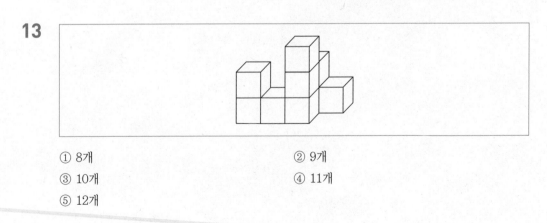

① 8개
③ 10개
⑤ 12개

② 9개
④ 11개

14

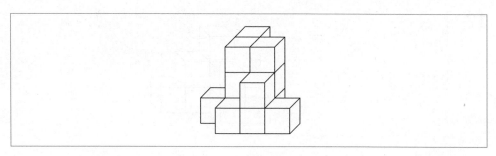

① 12개   ② 13개

③ 14개   ④ 15개

⑤ 16개

15

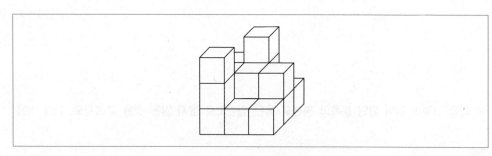

① 15개   ② 16개

③ 17개   ④ 18개

⑤ 19개

16

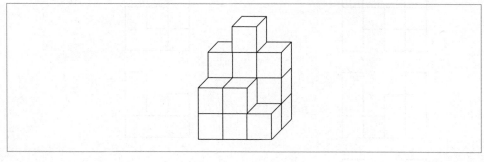

① 15개   ② 16개

③ 17개   ④ 18개

⑤ 19개

17

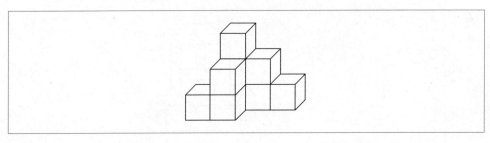

① 8개   ② 9개

③ 10개   ④ 11개

⑤ 12개

※ 다음 그림과 같이 쌓인 블록의 평면도 혹은 입면도로 옳지 않은 것을 고르시오. [18~19]

18

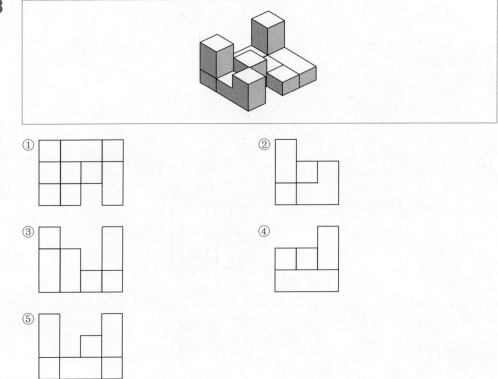

19

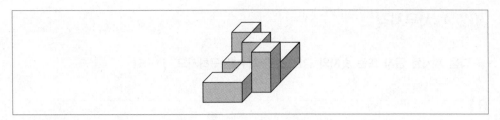

① 〈위〉

② 〈오른쪽〉

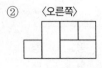

③ 〈앞〉

④ 〈왼쪽〉

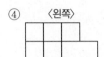

⑤ 〈뒤〉

20 다음 도형을 축을 중심으로 회전시켰을 때 만들어지는 입체도형으로 옳은 것은?

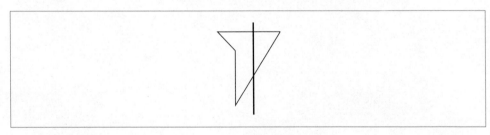

①

②

③

④

⑤

※ 다음 제시된 문자 또는 숫자와 같은 것의 개수를 구하시오. [1~5]

01

탕

탕	컹	펑	켱	탕	컹	형	팽	탱	켱
팽	탱	형	탱	텅	펄	캥	행	헝	떰
켱	형	펑	펑	행	덩	팽	펑	평	헝
펄	탕	켱	텅	평	켱	탕	펑	컹	펄

① 2개   ② 3개
③ 4개   ④ 5개
⑤ 6개

02

XO

XQ	XG	XL	XD	XE	XV	XI	XO	XG	XX	X0	X7
XO	X0	X8	XD	XQ	XV	XE	XD	XX	XG	XL	XD
XL	XE	XD	XG	XO	XA	Xo	XQ	XC	XC	XD	XK
XK	XG	XQ	XD	Xo	XO	XG	XK	XL	XA	XT	X5

① 1개   ② 2개
③ 3개   ④ 4개
⑤ 5개

03

5248

2489	5892	8291	4980	2842	5021	5984	1298	8951	3983	9591	5428
5248	5147	1039	7906	9023	5832	5328	1023	8492	6839	7168	9692
7178	1983	9572	5928	4726	9401	5248	5248	4557	4895	1902	5791
4789	9109	7591	8914	9827	2790	9194	3562	8752	7524	6751	1248

① 1개   ② 2개
③ 3개   ④ 4개
⑤ 5개

04

아

갸	①	가	빠	⑪	⑫	빠	라	나	사	ⓙ	아
㉟	아	쟈	ⓞ	쟈	랴	냐	뱌	⑭	캬	챠	ⓢ
먀	ⓢ	㊵	탸	랴	야	㉝	댜	캬	샤	⑥	햐
아	댜	ⓢ	댜	캬	㉕	⑫	⑫	캬	ⓒ	아	ⓢ

① 1개   ② 2개
③ 3개   ④ 4개
⑤ 5개

05

羅

難	羅	卵	落	諾	拉	衲	捺	廊	朗	尼	內
奈	老	怒	路	懦	蘿	瑙	泥	多	羅	羅	茶
對	代	臺	道	都	羅	搗	儺	邏	頭	杜	羅
羅	徒	團	但	答	踏	蘿	累	淚	畓	荳	屠

① 2개   ② 3개
③ 5개   ④ 6개
⑤ 7개

※ 다음 제시된 좌우의 문자 또는 기호를 비교하여 같으면 ①을, 다르면 ②를 고르시오. [6~9]

06

> 12LJIAGPOQl:HN [　] 12LJIAGPOQl:HN

① 같음　　　　　　　　　　　② 다름

07

> IXiiEAOXx [　] IXiiEAOXx

① 같음　　　　　　　　　　　② 다름

08

> やづごしどなる [　] やづごじどなる

① 같음　　　　　　　　　　　② 다름

09

> 傑琉浴賦忍杜家 [　] 傑瑜浴賦忍杜家

① 같음　　　　　　　　　　　② 다름

※ 다음 중 좌우를 비교했을 때 같은 것은 몇 개인지 고르시오. [10~11]

10

◎☆▽◆☆♤◑♠ - ○★▽■★♠◑♣

① 1개   ② 2개
③ 3개   ④ 4개
⑤ 5개

11

CVNUTQERL – CBNUKQERL

① 3개   ② 4개
③ 5개   ④ 6개
⑤ 7개

※ 다음 중 좌우를 비교했을 때 다른 것은 몇 개인지 고르시오. [12~13]

12

AiioXTVcp – AIIoxTvcb

① 2개   ② 3개
③ 4개   ④ 5개
⑤ 6개

13

ⓩⓢⒺⓗⒼⒿⒺⒷ – ⓩⓢⒹⓐⒼⒿⒺⓑ

① 1개   ② 2개
③ 3개   ④ 4개
⑤ 5개

※ 다음 중 제시되지 않은 문자 또는 숫자를 고르시오. [14~16]

14

MER	LTA	VER	DTA	DLR	ITI	DOR	ETE	RSR	ZER	BTA	LOE
XSR	WER	LSR	UER	OSR	DCR	PER	ASD	WCT	KTI	YAM	GTE
OTA	KKN	YSR	DSR	DZR	ATA	SDR	SSR	DTI	LHE	FTE	BVG
NER	HTE	VOE	TER	JTI	DAA	PSR	DTE	LME	QSR	SDZ	CTA

① LTA   ② DTI
③ LTE   ④ DSR
⑤ PER

15

팖	탈	밥	션	탐	폭	콕	헐	달	합	햔	번
한	랄	발	뱦	팝	턴	핲	뽑	선	퍕	협	곡
팔	혹	곰	독	견	랄	퍌	팍	톡	변	뱜	갈
콕	합	편	던	할	펻	협	신	촉	날	햠	퍕

① 밥   ② 편
③ 톡   ④ 할
⑤ 선

16

1457	4841	3895	8643	3098	4751	6898	5785	6980	4617	6853	6893
1579	5875	3752	4753	4679	3686	5873	8498	8742	3573	3702	6692
3792	9293	8274	7261	6309	9014	3927	6582	2817	5902	4785	7389
3873	5789	5738	8936	4787	2981	2795	8633	4862	9592	5983	5722

① 1023   ② 3895
③ 5873   ④ 6582
⑤ 8936

17

| 6 | 98406198345906148075634361456234 |

① 4개   ② 5개
③ 6개   ④ 7개
⑤ 8개

18

| 3 | 820583058986782320783408539898 3253 |

① 4개   ② 5개
③ 6개   ④ 7개
⑤ 8개

※ 제시된 기호와 동일한 기호를 〈보기〉에서 찾아 몇 번째에 위치하는지 고르시오(단, 가장 왼쪽 기호를 시작 지점으로 한다). [19~23]

> **보기**
>
> ◇ ■ ▼ ♤ ◑ ♫ ∅ ↘ ∋ ⊞

19

■

① 1번째　　　　　　　　　② 2번째
③ 3번째　　　　　　　　　④ 4번째
⑤ 5번째

20

◑

① 2번째　　　　　　　　　② 3번째
③ 4번째　　　　　　　　　④ 5번째
⑤ 6번째

21

♫

① 4번째　　　　　　　　　② 5번째
③ 6번째　　　　　　　　　④ 7번째
⑤ 8번째

22

◇

① 1번째　　　　　　　　　② 2번째
③ 3번째　　　　　　　　　④ 4번째
⑤ 5번째

23

⊒

① 6번째   ② 7번째
③ 8번째   ④ 9번째
⑤ 10번째

※ 다음 규칙에 따라 알맞게 변형한 것을 고르시오. [24~28]

24

pqryz – defhj

① pzyrq – djefh   ② ypzqr – hdjfe
③ zyqpr – jhedf   ④ rzqpy – fjdeh
⑤ rqpzy – fjehj

25

⊏⊃∪∩ – ☆●○★

① ∩⊏∪⊃ – ★☆●○   ② ∪⊏∩⊃ – ○☆★●
③ ⊏∪⊃∩ – ☆●○★   ④ ⊃∩∪⊏ – ●★☆○
⑤ ∩∪⊃⊏ – ☆●○★

26

큐켜케캬쿄 – 뉴녀네냐뇨

① 켜케캬큐쿄 – 녀네냐뇨뉴   ② 케켜쿄큐캬 – 네녀뇨뉴냐
③ 쿄캬케켜큐 – 뇨냐뉴녀네   ④ 캬쿄큐케켜 – 냐뇨뉴네녀
⑤ 큐큐쿄켜캬 – 녀네냐냐뇨

27

규※q★⊃ − 62≡§ ◎

① ⊃★※q규 − ◎§ 2≡6   ② ※q규⊃★ − 2≡6§ ◎

③ q규⊃★※ − ≡6◎2§   ④ ★⊃※규q − § ◎62≡

⑤ 규q※⊃★ − 62≡§ ◎

28

※◎△▽□ − ∋☆※≒☎

① □◎※▽△ − ☎☆※∋≒   ② △※□◎▽ − ※∋☎☆≒

③ ◎※▽△□ − ☆∋≒☎※   ④ ▽□△※◎ − ≒☎☆∋※

⑤ □△▽※◎ − ∋☆※≒☎

※ 다음 규칙에 따라 변형한 것으로 옳지 않은 것을 고르시오. [29~33]

29

TOPIK − ICOET

① OTIKP − CIETO   ② IKTPO − ETIOC

③ KIPOT − TEOCI   ④ PTOKI − OICET

⑤ TKPIO − ITOEC

30

♡♧♠♤♥ − → ← ↑ ↓ ↔

① ♥♧♡♠♤ − ↔←→↓↑   ② ♠♤♧♥♡ − ↑↓←↔→

③ ♧♥♡♠♤ − ←↔↓→↑   ④ ♤♡♠♧♥ − ↓→↑←↔

⑤ ♤♠♡♧♥ − ↓↑→←↔

31

aqprt – 료규뎌마예

① ptraq – 뎌예마료규
② trqpa – 예마규뎌료
③ qptar – 규뎌예마료
④ rpaqt – 마뎌료규예
⑤ atrpq – 료예마뎌규

32

ㄳㅄㄵㄺㄼ – ★●◆■▲

① ㄼㄵㅄㄳㄺ – ▲◆●★■
② ㄵㄳㄺㄼㅄ – ◆★■▲●
③ ㅄㄼㄳㄺㄵ – ●▲◆■★
④ ㄺㄼㄵㅄㄳ – ■▲◆●★
⑤ ㄼㄺㄵㅄㄳ – ▲■◆●★

33

□☆○◎▽ – ii iii iv v vi

① ▽◎○☆□ – vi v iv iii ii
② ○☆□▽◎ – iv iii ii vi v
③ ☆□▽◎○ – iii ii iv v vi
④ ◎○☆▽□ – v iv iii vi ii
⑤ ☆▽◎○□ – iii vi v iv ii

05 | 영어능력 핵심이론

01 어휘의 관계

제시된 단어와 상관 관계를 파악하고, 유의·반의·종속 등의 관계를 갖는 적절한 어휘를 찾는 문제이다. 일반적으로 제시한 한 쌍의 단어와 같은 관계를 가진 단어를 찾는 문제, 보기 중 다른 관계를 가진 단어를 찾는 등의 문제가 출제된다. 어휘의 의미를 정확하게 이해하고 주어진 어휘와의 관계를 추리하는 능력을 길러야 한다.

> **자주 출제되는 유형**
> • 다음 제시된 단어와 같거나 비슷한(혹은 반대) 뜻을 가진 것은?
> • 다음 중 나머지와 다른 단어는?

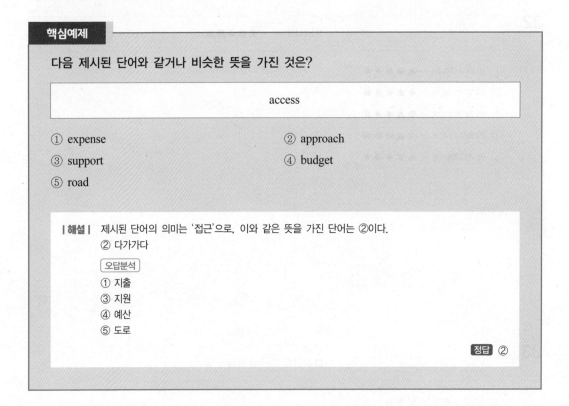

핵심예제

다음 제시된 단어와 같거나 비슷한 뜻을 가진 것은?

access

① expense   ② approach

③ support   ④ budget

⑤ road

| 해설 | 제시된 단어의 의미는 '접근'으로, 이와 같은 뜻을 가진 단어는 ②이다.
② 다가가다

오답분석
① 지출
③ 지원
④ 예산
⑤ 도로

정답 ②

02 문법

문법의 경우 어휘 및 기본적인 문법을 제대로 익히고 있는지 평가하는 부분으로, 가장 다양한 유형으로 문제가 출제된다. 문법의 범위가 굉장히 다양해서 공부를 어떻게 해야 할지 난감할 수도 있지만, 어렵지 않은 수준에서 문제들이 출제되고 있으므로, 숙어를 정리하면서 단어에 부합하는 전치사 및 품사를 정리하는 방법으로 공부를 한다면 그리 어렵지 않게 문제를 풀 수 있다.

자주 출제되는 유형
• 다음 빈칸에 들어갈 말로 알맞은 것을 고르시오.
• 다음 밑줄 친 부분이 옳지 않은 것은?

핵심예제

다음 문장의 빈칸에 들어갈 말로 옳은 것은?

> The left side of the human brain _____ language.

① controls
② to control
③ controlling
④ is controlled
⑤ are controlled

| 해설 | 주어가 3인칭 단수형이므로 동사도 3인칭 단수형인 ① 'controls'가 나와야 한다.

[오답분석]
④ is controled는 수동태이므로 뒤에 목적어가 올 수 없다.
「인간의 왼쪽 뇌는 언어력을 통제한다.」

정답 ①

영어능력의 경우, 직접 대화하는 것이 아니라면 필기시험만으로 정확한 영어능력을 테스트하기란 사실 어렵다. 최근 들어 회화 문제의 출제비중이 높아지는 것이 이러한 단점을 보완하기 위해서이다. 회화 문제를 통해 독해 및 문법 수준을 복합적으로 테스트할 수 있기 때문이다.

회화 문제는 대화의 흐름상 알맞은 말이 무엇인지, 질문에 대한 대답은 어떤 것인지 등을 질문함으로써, 간단한 생활영어 수준을 테스트하는 문제이다. 주어진 문장에 대한 의미를 정확하게 파악할 수만 있다면 어렵지 않게 풀 수 있으므로, 기본적인 어휘능력 및 독해능력을 바탕으로 문제를 풀면 된다.

자주 출제되는 유형
- 다음 질문의 대답으로 알맞지 않은 것은?
- 다음 질문의 가장 알맞은 답은?
- 다음 대화의 빈칸에 들어갈 말로 가장 알맞은 것은?
- 다음 중 어색한 대화는?

핵심예제

다음 대화에서 빈칸에 들어갈 말로 가장 적절한 것은?

> A : Won't you come over and have some beer?
> B : _____, but I have something else to do now.

① Yes　　　　　　　　　　② Ok

③ Sure　　　　　　　　　　④ I'd like to

⑤ No

| 해설 | but으로 볼 때 빈칸에는 그러고 싶다는 내용이 나와야 한다.

「A : 와서 맥주 좀 마실래?

　B : 그러고는 싶지만, 지금 다른 할 일이 있거든.」

정답 ④

04 직업 고르기

글에서 제시되는 특정 직업을 묘사하는 어구나 특정 직업과 관계되는 어휘를 통하여 하나의 직업을 유추하는 문제이다. 다양한 직업에 해당하는 영어 단어를 숙지하고, 각각의 직업의 특징을 대표할 만한 어휘를 미리 파악해 두는 것이 좋다.

다양한 직업

- minister : 목사, 장관
- biologist : 생물학자
- chemist : 화학자
- engineer : 기술자
- plumber : 배관공
- gardener : 정원사
- actor : 배우
- clerk : 점원
- manager : 경영자
- writer : 작가
- president : 대통령
- mayor : 시장
- journalist : 신문기자
- electrician : 전기공
- official : 공무원
- architect : 건축가
- cashier : 출납원
- lawyer : 변호사
- inspector : 조사관
- magician : 마술사
- director : 감독
- sailor : 선원
- scholar : 학자
- physician : 내과의사
- mechanic : 정비공
- custodian : 관리인
- carpenter : 목수
- assembler : 조립공
- actress : 여배우
- businessman : 사업가
- merchant : 상인
- vice-president : 부통령
- statesman : 정치가
- professor : 교수
- prosecutor : 검사
- editor : 편집자
- veterinarian : 수의사
- musician : 음악가
- salesperson : 판매원
- fisher : 어부
- hairdresser : 미용사
- counselor : 상담원
- novelist : 소설가
- mailman : 우체부

자주 출제되는 유형

- 다음 글의 분위기는?
- 다음 글에 나타난 사람의 직업은?

다음 글에 나타난 사람의 직업은?

This man is someone who performs dangerous acts in movies and television, often as a carrier. He may be used when an actor's age precludes a great amount of physical activity or when an actor is contractually prohibited from performing risky acts.

① conductor　　　　　　　② host

③ acrobat　　　　　　　　④ stunt man

⑤ fire fighter

| 해설 | 마지막 문장에서 배우의 risky acts(위험한 연기)를 막는다는 내용을 통해 '스턴트맨'이 정답임을 알 수 있다.
「이 사람은 영화나 텔레비전에서 위험한 연기를 수행하는 사람이다. 그는 배우의 나이로 인해 많은 양의 신체 활동을 못하게 되거나 배우가 위험한 연기를 하는 것으로부터 계약상으로 금지되었을 때 활동한다.」

정답 ④

05 지칭 추론

앞 문장에서 나온 인물이나 사물, 행위의 목적과 결과, 장소, 수치, 시간 등을 지칭하는 지시어나 대명사의 관계를 올바르게 파악하고 찾아내는 문제이다.

문맥의 흐름 파악을 통해 지시어가 가리키는 대상을 구체적으로 찾아야 한다. 글의 내용을 잘못 파악하게 되면 지시어나 대명사가 원래 가리키는 것을 찾는 데 혼동을 가져오기 쉬우므로 글을 읽을 때 주의한다. 대상이 사람일 경우 단수인지 복수인지, 남성인지 여성인지 정확하게 구분하는 것도 잊어서는 안 된다.

자주 출제되는 유형
• 다음 글을 읽고 밑줄 친 (A), (B)가 가리키는 것을 고르면?

핵심예제

다음 글을 읽고 밑줄 친 (A), (B)가 가리키는 것을 고르면?

I was recently searching a school that had been broken into. I had my trusty general purpose dog with me, called Louis. We had received reports that the intruders were still inside the school, so I sent the dog in first to try and locate (A) them. He had picked up the scent and as I approached the communal toilet block. As I entered the room there was a line of about twelve toilet cubicles along the wall. (B) They were all standing with the doors wide open-apart from two which were closed. I shouted that anyone inside the toilet cubicle should come out immediately. No response. I had given them the chance and they refused to open the door, so I sent Louis in who pulled them both out. They will not be breaking into anywhere else for a while.

	(A)	(B)
①	the dog	toilet cubicles
②	intruders	toilet cubicles
③	the dog	the walls
④	intruders	the walls
⑤	the dog	intruders

| 해설 | 「나는 믿을 만한 만능견 Louis를 데리고 최근 침입을 당한 학교를 수색하고 있었다. 우리는 침입자가 여전히 학교 안에 있다는 보고를 받고, 그들의 위치를 확인하기 위하여 개를 먼저 들여보냈다. 개가 냄새를 확인하자 나는 공공 화장실 쪽으로 다가갔다. 그곳에 들어갔을 때, 화장실 벽면엔 12개의 칸이 줄지어 있었다. 그 칸들은 닫혀있는 두 개만을 제외하고 모두 문이 열린 채로 있었다. 나는 그 화장실 칸 안에 있는 사람에게 당장 나오라고 소리쳤지만 응답이 없었다. 나는 다시 한 번 나와서 나와 상대하자 고 불렀다. 역시 대답이 없었다. 그래서 나는 Louis를 보내 그들이 밖으로 나오도록 했다. 그들은 더 이상 어디도 침입하지 않을 것이다.」

정답 ②

앞에 제시된 문장에 이어지는 글의 순서를 정하는 문제로, 글의 논리적 흐름과 연결사, 시간 및 공간적 순서에 따른 적절한 배열을 요구한다.

1. 제시된 문장이 있는 경우

제시된 문장을 읽고 다음에 이어질 내용을 추론한다. 연결사, 지시어, 대명사, 시간 표현 등을 활용하여 문장의 순서를 논리적으로 결정한다.

① 지시어 : this, that, these, those 등
② 연결사 : but, and, or, so, yet, unless 등
③ 접속부사 : in addition(게다가), afterwards(나중에), as a result(결과적으로), for example(예를 들어), fortunately(운 좋게도), otherwise(그렇지 않으면), therefore(그러므로), however(그러나), moreover(더욱이) 등
④ 부정대명사 : one(사람이나 사물의 불특정 단수 가산명사를 대신 받음), some(몇몇의, 약간의), another(지칭한 것 외의 또 다른 하나), other(지칭한 것 외의 몇몇) 등

2. 주어진 문장이 없는 경우

대개 일반적 사실이 글의 서두에 나오고, 이어서 앞에서 언급했던 사실에 대한 부가적 내용이나 개념 정리 등이 나올 수 있다. 대신 지시어나 대명사가 출제되는 문장이나 앞뒤 문장의 상반된 내용을 연결하는 역접 연결사 및 예를 설명하는 연결사가 포함된 문장은 글의 서두에 나오기 어렵다. 이밖에 문맥의 흐름과 상관없거나 문맥상 어색한 문장을 고르는 문제 유형이 나올 수도 있다.

문맥의 흐름과 상관없는 문장을 고르는 문제는 주제문과 이를 뒷받침하는 문장들의 관계에 있어 글의 흐름상 통일성이 결여된 문장을 찾아낸 후, 그 문장을 제외한 후에도 글의 내용이 자연스럽게 흘러가는지 살펴봐야 한다.

문맥상 어색한 문장을 고르는 문제의 경우 우선적으로 글을 꼼꼼하게 읽어 볼 필요가 있으며, 그 다음에 주제문을 파악한 후 이와 어울리지 않는 내용을 골라내는 순서로 문제를 해결한다.

자주 출제되는 유형
• 글의 흐름상 주어진 문장에 이어질 내용을 순서대로 바르게 배열한 것을 고르시오.
• 다음 글에서 전체 흐름과 관계없는 문장을 고르시오.

글의 흐름상 주어진 문장에 이어질 내용을 순서대로 바르게 나열한 것을 고르면?

When asked to make a donation, even those who would like to support the charity in some way say no, because they assume the small amount they can afford won't do much to help the cause.

(A) After introducing himself, the researcher asked the residents, "Would you be willing to help by giving a donation?" For half of the residents, the request ended there. For the other half, however, he added, "Even a penny will help."

(B) Based on this reasoning, a researcher thought that one way to urge people to donate would be to inform them that even a small sum would be helpful. To test this hypothesis, he went to door-to-door to request donations for the American Cancer Society.

(C) When he analyzed the results, the researcher found that, consistent with his hypothesis, people in the "even-a-penny-will-help" condition were almost twice as likely as those in the other condition to donate to the cause.

① (A) − (B) − (C)   ② (A) − (C) − (B)

③ (B) − (A) − (C)   ④ (C) − (A) − (B)

⑤ (C) − (B) − (A)

| 해설 | • donation : 증여, 기부, 기증
• charity : 자애, 자비
• resident : 거주하는, 체류하는
• hypothesis : 가설, 가정

「기부를 요청받았을 때 어떤 방식으로든 기부하려고 했던 사람들도 거절하게 된다. 왜냐하면 그들은 그들이 할 수 있는 작은 부분이 도움이 되지 못한다고 생각하기 때문이다.

(B) 이러한 이유 때문에 조사자들은 아무리 작은 기부라도 도움이 될 수 있다고 사람들에게 설득하는 것을 생각했다. 이러한 가설을 시험하기 위해 조사자들은 집집마다 방문하여 미국암협회에게 기부할 것을 요구했다.

(A) 자신들을 소개한 후 주민들에게 요청했다. "기부를 하지 않으시겠습니까?" 조사대상자들 중 반에게는 이런 말만 하고 나머지 반에게는 "작은 기부라도 도움이 됩니다."라는 말을 덧붙였다.

(C) 조사자들이 결과를 분석해 보니 "작은 기부라도 도움이 됩니다."라는 말을 덧붙인 경우가 실제로 2배나 많은 실질적인 기부를 이끌어냈다.」

정답 ③

07 중심내용과 제목 유추하기

글의 중심어를 포함하면서 간결하게 나타낸 것이 글의 주제나 제목이 되는데, 필자가 이야기하려는 핵심 목적을 파악하는 것이 중요하다.

글의 중심 사건을 바탕으로 주제와 핵심 어휘를 파악한다. 글을 읽다가 모르는 단어가 나와도 당황하지 말고 우선 넘기고 나서 문장의 전체적인 의미를 이해한 후에 어휘의 구체적 의미를 유추한다.

제목은 제시된 글의 내용의 범위보다 지나치게 넓거나 좁아서는 안 된다. 또한 제시된 내용에 근거하지 않고 상식적인 정황을 바탕으로 추측에 의해 성급하게 내린 결론은 결코 제목이 될 수 없다.

지문에 해당하는 질문을 먼저 읽고 해당 내용을 글에서 찾아 이를 위주로 읽어나가는 것도 시간을 절약하는 좋은 방법이다.

자주 출제되는 유형
- 다음 글의 제목으로 가장 적절한 것을 고르시오.
- 다음 글의 요지로 가장 알맞은 것을 고르시오.

핵심예제

다음 글의 주제로 가장 적절한 것은?

> The same gesture can have different meanings from culture to culture. For example, the 'thumbs-up' sign, raising your thumb in the air, is commonly used to mean 'good job'. However, be sure that you don't use it in Nigeria because it is considered a very rude gesture.

① 좋은 직업의 종류
② 칭찬의 긍정적 효과
③ 나이지리아 여행의 즐거움
④ 문화에 따라 다른 제스처의 의미
⑤ 나라별 직장 예절

| 해설 | • gesture : 몸짓
　　　• for example : 예를 들어
　　　• thumb : 엄지손가락
　　　• commonly : 흔히, 보통
　　　• rude : 무례한
「문화 사이에서 같은 몸짓이 다른 의미를 가질 수 있다. 예를 들어 엄지손가락을 들어올리는 '승인(찬성)' 표시는 흔히 '잘했다'는 의미로 쓰이곤 한다. 그러나 그 몸짓은 매우 무례한 몸짓으로 간주될 수 있기 때문에 나이지리아에서는 그 몸짓을 사용하지 않도록 해야 한다.」

정답 ④

08 세부내용 유추하기

글의 도입, 전개, 결론 등의 흐름을 올바르게 파악하고, 세부적인 사항까지 기억해야 하는 문제이다. 글을 읽으면서 중요 어휘에는 표시를 해두거나, 반대로 보기 문항을 먼저 읽어보고 글을 읽으면서 질문에 부합하는지 따져보는 것도 하나의 방법이다.

글의 내용과 일치하지 않는 것을 고르는 문제는 글의 내용과 반대로 말하거나 글에서 언급하지 않은 것을 골라내야 한다. 객관성에 근거하여 판단하도록 하고, 섣부른 추측은 금물이다.

> **자주 출제되는 유형**
> • 글의 내용과 일치하지 않는 것을 고르시오.
> • 다음 글의 내용과 일치하는 것을 고르시오.

핵심예제

다음 글의 내용을 토대로 추측할 수 없는 것은?

> Ecuador is asking developed countries to pay $350 million for them NOT to drill for oil in the heart of the Amazon. The sum amounts to half of the money that Ecuador would receive from drilling in the Amazon. Since Ecuador proposed the plan last year, countries such as Germany, Norway, Italy and Spain have expressed great interest.

① Norway는 Amazon의 석유개발에 반대한다.

② Ecuador는 Amazon의 석유개발로 7억 달러의 수익을 올릴 수 있다.

③ Ecuador는 Amazon의 석유개발의 대가로 선진국들에게 3억 5천만 달러를 요구하였다.

④ Ecuador가 석유개발을 포기하면, 선진국들은 Ecuador에게 석유개발 수익의 반액을 지불할 수 있다.

⑤ Spain은 Ecuador의 석유개발에 대해 Norway와 같은 입장이다.

> **|해설|** 에콰도르가 아마존 심장부에서 석유개발을 하지 않는 것에 대해 선진국들에게 3억 5천만 달러를 요구한다는 내용이다.
> • developed country : (이미 개발이 된) 선진국
> • drill : 땅을 파다
> • propose : 제안하다
> • express : 표현하다
> • interest : 이익, 수익
> 「에콰도르는 선진국들에게 석유를 위해 아마존 심장부를 파지 않는 것에 대해 3억 5천만 달러를 지불하라고 요구하고 있다. 이 액수는 아마존을 파는 것을 통해 에콰도르가 얻는 돈의 반에 달한다. 에콰도르가 이 계획을 지난해 제안한 이후로 독일, 노르웨이, 이탈리아, 스페인 같은 나라들은 큰 관심을 표명했다.」
>
> **정답** ③

※ 다음 중 나머지와 다른 의미 관계를 가진 단어를 고르시오. [1~5]

01
① poem
② novel
③ essay
④ play
⑤ chemistry

02
① basketball
② soccer
③ table tennis
④ baseball
⑤ archery

03
① composer
② conductor
③ accompanist
④ painter
⑤ chorus

04
① dragonfly
② mosquito
③ moth
④ beetle
⑤ crocodile

05
① announcer
② actor
③ lawyer
④ director
⑤ singer

※ 다음 제시된 단어와 유사한 의미를 지닌 단어를 고르시오. [6~10]

06

separate

① allow ② forgive
③ divide ④ unite
⑤ determine

07

usually

① especially ② distinctly
③ commonly ④ naturally
⑤ surely

08

accomplish

① establish ② improve
③ enhance ④ achieve
⑤ emerge

09

settlement

① permanent ② prominent
③ agreement ④ eminent
⑤ preeminent

10

practical

① worthless ② useful
③ actual ④ certain
⑤ useless

11

advance

① suppress　　　　　② settle
③ withdraw　　　　　④ adapt
⑤ strive

12

fragile

① weak　　　　　　② delicate
③ durable　　　　　④ flexible
⑤ suitable

13

repulse

① deny　　　　　　② accept
③ enforce　　　　　④ ensure
⑤ steal

14

assemble

① collect　　　　　② complete
③ conclude　　　　④ scatter
⑤ evaluate

15

appear

① vanish　　　　　② remain
③ contain　　　　　④ require
⑤ trace

16

> Is there any way to prevent a tsunami? Probably not. One of the ways we can do is to try to _____ damage. This can be done by effective warning systems which give people enough time to escape.

① get
② cause
③ reduce
④ increase
⑤ make

17

> Did you ever try to peel a tomato? It is difficult, isn't it? _____, there is an easy way to do it. Place the tomato under hot water, and the skin comes off quickly.

① However
② Besides
③ That is
④ For example
⑤ Because

18

> If any signer of the Constitution _____ return to life for a day, his opinion of our amendments would be interesting.

① was to
② were to
③ had to
④ should have
⑤ to do

19

As soon as we are born, the world gets to work on us and transforms us from merely biological into social units. Every human being at every stage of history or pre-history is born into a society and from his earliest years is moulded by that society. The language which he speaks is not an individual inheritance, but a social acquisition from the group in which he grows up. In a word, the individual apart from society would be both speechless and mindless. The lasting fascination of the Robinson Crusoe myth is due to its attempt to imagine an individual independent of society. The attempt _____. Robinson is not an abstract individual, but an Englishman from York ; he carries his Bible with him and prays to his tribal God. The myth quickly bestows on him his Man Friday ; and the building of a new society begins.

① fails   ② repeats

③ succeeds   ④ helps

⑤ makes

20

In the 1970s and 1980s, greater numbers of working women meant that men were no longer the sole breadwinner. A father's emotional involvement with his family also became more _____. Forty years ago, almost no husbands were present in the delivery room when their wives gave birth. Today, it is generally expected for male partners to attend childbirth classes, be there for the delivery, and to take more responsibility for child rearing than their fathers or grandfathers did.

① conventional   ② important

③ monetary   ④ changeable

⑤ limited

21

The week before I was scheduled to fly home from St. Louis, there ① were periods of bad weather-severe storms and tornadoes. I thought there was a good chance my flight to New York would be canceled. But that morning the weather was flyable and we took off as scheduled. The plane was full, every seat ② to take. We had not been aloft for long—the seat belt sign was still on—when the plane began to shudder. I travel often and have never been afraid of ③ flying. I assumed we were going through ④ what is normally called turbulence, though I had never felt such ⑤ lurching.

22

'In fourteen hundred and ninety-two, Columbus ① sailed the ocean blue.' Every American schoolkid knows this rhyme, and American history books refer to Christopher Columbus more than any other historical ② figure. In them, he is portrayed as the original great American hero. He is even one of only two people the United States honors ③ him by name with a national holiday. Even though every history textbook includes his name and every schoolchild remembers the year 1492, these textbooks leave out ④ virtually all the unfavorable facts that are important to know about Columbus and the European exploration of the Americas. Meanwhile, they make up all kinds of favorable details to create a better story and ⑤ humanize Columbus so that readers will identify with him.

23

If you ever feel ill when ① traveling in remote foreign parts, just drop some gunpowder into a glass of warm, soapy water, and swallow it. That was the advice of Francis Galton in a book ② called The Art of Travel. Bee stings? Well, the tar scraped out of a tobacco pipe and ③ applied on the skin relieves the pain. Galton's book proved a bestseller. It covered every situation, from constructing boats, huts, and tents in a hurry ④ to catch fish without a line. It told readers how to find firewood in a rainstorm (under the roots of a tree) and where ⑤ to put your clothes when it's raining so that they don't get wet (just take them off and sit on them).

24 다음 글에서 밑줄 친 단어와 가장 유사한 의미의 단어를 고르면?

> Including several interviews with the residents who used to mine but now suffer from asthma, the documentary delves into coal mining issues in the suburban area of Ontario.

① discourse
② corroborate
③ explicate
④ converse
⑤ investigate

※ 다음 대화의 빈칸에 들어갈 말로 적절한 것을 고르시오. [25~27]

25

> A : Let's go swimming. What do you say?
> B : _____.

① I'm glad you like it
② That sounds good
③ That's too bad
④ I don't mean it
⑤ not at all

26

> A : Hanna, you look very fashionable today.
> B : You think so? I just bought this dress yesterday.
> A : Seriously, it looks really nice on you. Where did you get it?
> B : _____.

① Actually, the dress is made of silk
② It went on sale
③ I bought this from the department in downtown
④ I'm going to buy it someday
⑤ I'm still short of money

27

> A : Jane, shall we go to the park?
> B : _____. I have to finish my homework.
> A : All right. Maybe next time.

① I'm afraid I can't
② I agree with you
③ Certainly, I'd like to
④ You did a good job
⑤ That sounds like a great idea

28 다음 대화에서 여자가 화난 이유로 옳은 것은?

> W : My flight was overbooked again and it made us late getting off the ground.
> M : That's strange. I've never had a problem with reservations on that airline.
> W : If it happens once more, I'll never fly with it again.

① Her flight was canceled.
② Her reservation was lost.
③ There was not enough food on the plane.
④ Too many tickets were issued for her flight.
⑤ The money came out more than I thought.

29 다음 대화에서 여행객이 떠나는 시간은 언제인가?

> A : It's 2:15. How often does the express train leave?
> B : Every hour on the hour, but there's a local train leaving in 10 minutes.
> A : Thanks. O.K. then I'll wait for the express.

① In 10 minutes.　　　　② In 15 minutes.
③ In 30 minutes.　　　　④ In 45 minutes.
⑤ In 60 minutes.

30 다음 대화가 이루어지는 장소는 어디인가?

> A : Do you have anything to declare?
> B : I beg your pardon?
> A : Are you bringing in any items on which you must pay duty?
> B : Not at all.

① 경찰서　　　　　　　　　② 백화점
③ 공항세관　　　　　　　　④ 관광 안내소
⑤ 버스정류장

31 다음 밑줄 친 우리말을 바르게 영작한 것은?

> A : Wasn't it hot the day before yesterday?
> B : 아니요, 매우 더웠습니다.

① no, it was very hot　　　　　② yes, it was very cold
③ yes, it was very hot　　　　　④ no, it was very cold
⑤ yes, it was very cool

32 다음 중 밑줄 친 (a)와 뜻이 같은 것은?

> A : This information is confidential.
> B : Okay, I understand.
> A : So don't tell a soul.
> B : Don't worry. (a) My lips are sealed.
> A : I mean it, and whatever you do, don't let Sandy know.
> B : No, I won't. Everybody knows she's got a big mouth.

① I have a deep throat.　　　　② I can keep a secret.
③ I am very generous.　　　　　④ I am all ears.
⑤ I can eat as much I want to.

33 다음 대화에서 A와 B의 관계로 가장 적절한 것은?

> A : You look pale. What's the matter?
> B : I have a terrible stomachache. The pain is too much. I think I'm going to throw up.
> A : When did your stomach start hurting?
> B : After breakfast.
> A : Do you have any idea why?
> B : It must have been something I ate.
> A : Let me see. Oh, you have a fever, too. You'd better go to see the school nurse right now.

① teacher − student

② doctor − patient

③ pharmacist − customer

④ mom − son

⑤ seller − buyer

34 다음 글에 드러난 필자의 심경으로 가장 적절한 것은?

> There were some places of worship in the city, and the deep notes of their bells echoed over the town from morning until night. The sun was shining brightly and cheerily, and the air was warm. The streams were flowing with bubbling water, and the tender songs of birds came floating in from the fields beyond the city. The trees were already awake and embraced by the blue sky. Everything around the neighborhood, the trees, the sky, and the sun, looked so young and intimate that they were reluctant to break the spell which might last forever.

① sad and gloomy

② calm and peaceful

③ busy and comic

④ scary and frightening

⑤ weird and threatening

35 다음 글의 목적으로 가장 적절한 것은?

Welcome and thank you for joining the dining club. Our club offers a unique dining experience. You will be trying food from all over the world, but more importantly, you will have the chance to experience each country's dining traditions and customs. In India, for example, they use their hands to eat. If you are used to using forks and knives, you may find this challenging. In France, dinners have many courses, so make sure to schedule enough time for the French meal. In Japan, they don't eat their soup with a spoon, so you have to drink directly from the bowl. These are some of the things you will experience every Saturday evening until the end of August. We hope you will enjoy your dining adventure.

① 식기 사용 방법을 교육하려고
② 음식 맛의 차이를 설명하려고
③ 해외여행 일정을 공지하려고
④ 식사 문화 체험 행사를 알리려고
⑤ 문화 체험관 개관식에 초대하려고

36 다음 글에서 전체 흐름과 관련이 없는 문장은?

Few animals have been so mercilessly exploited for their fur as the beaver. ① In the eighteenth and nineteenth centuries, beaver furs were worth their weight in gold. ② As a result, by 1896, at least 14 American states had announced that all of their beavers had been killed. ③ By the beginning of the twentieth century, it looked as if the beaver was about to disappear from the face of the earth. ④ The beaver is a furry animal like a large rat with a big flat tail. ⑤ However, thanks to a beaver recovery program, which included trapping and relocating to protected areas, particularly in suburban areas of the United States, beavers have made an impressive comeback throughout the country.

37 다음 글의 주제로 가장 적절한 것은?

Man has built his world: he has built factories and houses, he produces cars and clothes, he grows grain and fruit, and so on. But he is not really the master any more of the world he has built; on the contrary, this manmade world has become his master, before whom he bows down, and whom he tries to please as best he can. The work of his own hands has become his master. He seems to be driven by self-interest, but in reality he has become an instrument for the purposes of the very machine his hands have built.

① 새로운 생산물에 대한 인간의 끊임없는 도전
② 물질 문명에 대한 인간의 무한한 욕구
③ 인간과 기계 문명의 상호 보완적 관계
④ 자신이 만든 생산물에 종속된 인간
⑤ 인간의 탐욕이 사회에 미치는 영향

38 다음 글의 내용으로 적절한 것은?

When my printer's type began to go faint, I called a local repair shop where a friendly man informed me that the printer probably needed only to be cleaned. Because the shop charged $50 for such cleanings, he told me, I might be better off reading the printer's manual and trying the job myself. Pleasantly surprised by his candor, I asked, "Does your boss know that you discourage business?" "Actually it's my boss' idea." the employee replied sheepishly. "We usually make more money on repairs if we let people try to fix things themselves first."

① 수리점은 고객의 편의보다 이익을 앞세운다.
② 필자는 50달러를 지불하고 프린터를 고쳤다.
③ 수리점 점원은 사장의 방침을 따르지 않았다.
④ 필자는 점원의 충고를 듣지 않았다.
⑤ 인쇄기는 사실 고장나지 않았다.

39 다음 안내문의 내용과 일치하지 않는 것은?

School Swimming Pool

- Open to all students
- Open hours : 9:00 a.m. to 5:00 p.m.
- Shower rooms and lockers available
- Food and drinks are not allowed.

---

① 모든 학생이 이용할 수 있다.

② 오전 9시부터 오후 5시까지 개방한다.

③ 샤워룸과 사물함을 사용할 수 있다.

④ 음식과 음료수 반입이 가능하다.

⑤ 수심에 관한 내용은 알 수 없다.

40 다음 영어 속담의 의미로 적절하지 않은 것은?

① The grass is greener on the other side of the fence. – 남의 떡이 커 보인다.

② A little knowledge is dangerous. – 낫 놓고 기역자도 모른다.

③ A rolling stone gathers no moss. – 구르는 돌은 이끼가 끼지 않는다.

④ Every dog has his day. – 쥐구멍에도 볕들 날이 있다.

⑤ Many hands make light work. – 백짓장도 맞들면 낫다.

41 다음 중 주어진 문장이 들어갈 위치로 가장 적절한 곳은?

Instead of putting more armed police in the street, they chose to play classical music.

A fascinating experiment once took place in a small Australian village. (①) For the past two years, the village had witnessed that the number of street crimes was rapidly increasing. (②) Local residents, alarmed by the increase in street crime, got together and decided that the best way to confront the problem was to remove the offenders from the main street after nightfall. (③) Every single block began piping out the sounds of Mozart, Bach, Beethoven, and Brahms. (④) In less than a week, the town reported a dramatic decrease in crime. (⑤) The experiment was so successful that the main train station in Copenhagen, Denmark adopted the same approach – with similar results, too

---

42 다음 글에서 필자가 주장하는 바로 가장 적절한 것은?

> Since you can't use gestures, make faces, or present an object to readers in writing, you must rely on words to do both the telling and the showing. Show more than you tell. Use words to make the reader see. For example, don't leave the reader guessing about Laura's beautiful hair. Show how the gentle wind touches the edge of her silky, brown hair. Don't just say you felt happy. Show yourself leaping down the steps four at a time, coat unzipped, shouting in the wind, "Hurray, I did it!"

① 글을 쓰기 전에 주변을 정돈해야 한다.
② 시각적으로 실감나게 글을 써야 한다.
③ 일상생활에서 글의 소재를 찾아야 한다.
④ 글의 내용과 어울리는 그림을 제시해야 한다.
⑤ 마음속에 있는 것을 진솔하게 글에 담아야 한다.

43 다음 중 글의 분위기를 나타낸 것으로 가장 적절한 것은?

> When a little girl got back home from her friend's birthday party, her mother asked if she had remembered to thank her friend's mother. The little girl replied, "Oh, no. I heard one of my friends thanking her for the nice party, and she replied, Don't mention it, – so I didn't."

① boring
② humorous
③ frightening
④ disappointing
⑤ disgusting

44 다음 글에서 설명하는 직업으로 가장 적절한 것은?

> She is a very important person in the airplane. She helps to make the passengers comfortable. She has pillows, blankets, and newspapers for the people who wish to use them. She visits the passengers and points out interesting places over which the plane is flying.

① 간호사
② 비행사
③ 스튜어디스
④ 의사
⑤ 기자

45 다음 중 소년이 밑줄 친 부분처럼 말한 이유는?

> A boy walked into a farmer's melon patch*. "Is there anything I can do for you?" asked the farmer. The boy asked the price of a fine big melon. "That's forty cents", said the farmer. "I have just four cents", the boy told him.
>
> With a smile the farmer said, "Well, how about this one?" pointing to a very small and very green melon. "Fine, I'll take it", the humorous boy said, "<u>but don't cut it off the vine. I'll come to get it in a week or two</u>".
>
> *melon patch : 참외밭

① 부족한 돈을 더 가져오기 위해서
② 농부가 제값을 받도록 해주기 위해서
③ 참외가 더 커졌을 때 가져가기 위해서
④ 참외가 얼마나 컸는지 알아보기 위해서
⑤ 참외를 훼손시키지 않기 위해서

46 다음 글에서 밑줄 친 'it'이 의미하는 것은?

> For me as a person and a businesswoman every day is a challenge that needs to be faced. History has taught me that if I am to achieve my goals, I should never set limits for myself. I believe <u>it</u> is within each and everyone of us to achieve greatness.

① a businesswoman   ② every day
③ a challenge   ④ history
⑤ to achieve greatness

47 다음 중 글쓴이의 심경으로 가장 적절한 것은?

> My best friend has a new boyfriend. When I am with her and her boyfriend, I just don't feel comfortable. When she says she doesn't have any time to spend with me, I feel jealous.

① 자부심   ② 질투심
③ 안도감   ④ 책임감
⑤ 짜릿함

48 다음 중 'Martin'에 대한 설명으로 적절한 것은?

> Martin, aged 3, and his mother went visiting friend's last Sunday. A window was left open. Martin fell forty feet from the 2nd floor. Fortunately, he suffered nothing more than a few cuts.

① 생후 3개월이다.   ② 할머니 집에 갔다.
③ 혼자 창문을 열었다.   ④ 2층에서 떨어졌다.
⑤ 사고로 중상을 입었다.

49 다음 글의 제목으로 적절한 것은?

> Professor Taylor, who wrote "What are Children for?" believes that the status of fatherhood has been affected by modern life. "Fathers have moved farther away from their children than ever before," he says. "In the past, sons looked to their father, emulating his job and wisdom. Now, however, fathers have nothing for their children to inherit. The world is changing too quickly, and instead of sitting at their father's feet listening to stories about the world, children are closed up in their own rooms on the Internet, finding out about it first. It is difficult to redefine the role of father. There is nothing obvious for him to do or be."

① 아버지의 정의 : 축적된 가정의 역사
② 아버지의 유산 : 오랜 전통이 지닌 가치
③ 아버지의 역사 : 대를 잇는 아이들
④ 아버지의 위기 : 자녀를 위해 무엇을 할 수 있는가?
⑤ 아버지의 행복 : 잃어버린 자아를 찾는 법

50 다음 글의 목적으로 가장 적절한 것은?

Perhaps some will say that animals have some inherent value, only less than we have. However, attempts to defend this view can be shown to lack rational justification. What could be the basis of our having more inherent value than animals? Their lack of reason, or autonomy, or intellect? Only if we are willing to make the same judgment in the case of humans who are similarly deficient. But it is not true that such humans — the *retarded child, for example, or the mentally handicapped — have less inherent value than you or I. Neither, then, can we rationally sustain the view that animals like them in being the experiencing subjects of a life have less inherent value. All who have inherent value have it equally, whether they be human animals or not.

*retarded : 정서, 지능이나 학력 발달이 더딘

① Enlighten   ② Verify

③ Justify   ④ Dismay

⑤ Soothe

※ 다음 글을 읽고 물음에 답하시오. [51~52]

One of the common advertising techniques is to repeat the product name. Repeating the product name may increase sales. For example, imagine that you go shopping for shampoo but you haven't decided which to buy. The first shampoo that comes to your mind is the one with the name you have recently heard a lot. _____, repeating the name can lead to consumers buying the product.

51 다음 중 빈칸에 들어갈 말로 가장 적절한 것은?

① However   ② Therefore

③ In contrast   ④ On the other hand

⑤ But

52 다음 중 제시문의 주제로 가장 적절한 것은?

① 광고비 상승의 문제점

② 지나친 샴푸 사용을 줄이는 방법

③ 제품의 이름을 반복하는 광고 효과

④ 판매 촉진을 위한 제품의 품질 보장 제도

⑤ 물건을 구매하는 소비자들의 특징

※ 다음 글을 읽고 물음에 답하시오. [53~55]

(A) While I was walking along the road the other day I happened to notice a small brown leather purse lying on the pavement. I picked it up and opened it to see if I could find out the owner's name. There was nothing inside it except some small change and a rather old photograph — a picture of (a) <u>a woman</u> and a young girl about twelve years old, who looked like the woman's daughter.

(B) Of course she was very surprised when I was able to describe her purse to her. Then I explained that I had recognized her face from the photograph I had found in the purse. My uncle insisted on going round to the police station immediately to claim the purse. As the police sergeant handed it over, he said that it was a remarkable coincidence that I had found not only the purse but also (b) <u>the person</u> who had lost it.

(C) That evening I went to have dinner with an uncle and aunt of mine. They had also invited another person, (c) <u>a young woman</u>, so that there would be four people at table. The young woman's face was familiar, but I could not remember where I had seen it. I was quite sure that we had not met before. In the course of conversation, however, the young woman happened to remark that she had lost her purse that afternoon. I at once remembered where I had seen her face. She was (d) <u>the young girl</u> in the photograph, although she was now much older.

(D) I put the photograph back and took the purse to the police station, where I handed it to the sergeant in charge. Before I left, the sergeant made a note of my name and address in case (e) <u>the owner</u> of the purse wanted to write and thank me.

53 다음 중 (A)에 이어질 내용을 순서대로 바르게 나열한 것은?

① (B) – (C) – (D)
② (C) – (B) – (D)
③ (C) – (D) – (B)
④ (D) – (B) – (C)
⑤ (D) – (C) – (B)

54 윗글의 밑줄 친 (a) ~ (e) 중에서 가리키는 대상이 나머지 넷과 다른 것은?

① (a)
② (b)
③ (c)
④ (d)
⑤ (e)

55 윗글의 내용으로 적절한 것은?

① 화자가 주운 지갑 안에는 낡은 사진 한 장뿐이었다.
② 지갑의 주인인 여성의 얼굴은 사진에서처럼 어려 보였다.
③ 화자는 주운 지갑의 주인을 우연히 삼촌 댁에서 만났다.
④ 화자는 자신의 신분을 밝히지 않고 주운 지갑을 경찰서에 맡겼다.
⑤ 화자는 지갑 분실 이야기를 듣기 전까지 여성의 얼굴을 알아보지 못했다.

성공을 위해서는 가장 먼저 자신을 믿어야 한다.

– 아리스토텔레스 –

PART

2

NCS
직업기초능력평가

01 | 의사소통능력 핵심이론

01 의사소통능력의 의의

(1) 의사소통이란?

① 의사소통의 정의

두 사람 또는 그 이상의 사람들 사이에서 일어나는 의사의 전달과 상호교류를 의미하며, 어떤 개인 또는 집단이 개인 또는 집단에 대해서 정보, 감정, 사상, 의견 등을 전달하고 그것들을 받아들이는 과정을 말한다.

② 성공적인 의사소통의 조건

내가 가진 정보를 상대방이 이해하기 쉽게 표현

$+$

상대방이 어떻게 받아들일 것인가에 대한 고려

$\parallel$

일방적인 말하기가 아닌 의사소통의 정확한 목적을 알고, 의견을 나누는 자세

(2) 의사소통능력의 종류

① 문서적인 의사소통능력

문서이해능력	업무와 관련된 다양한 문서를 읽고 핵심을 이해하며, 정보를 획득하고 수집·종합하는 능력
문서작성능력	목적과 상황에 적합하도록 정보를 전달할 수 있는 문서를 작성하는 능력

② 언어적인 의사소통능력

경청능력	상대방의 이야기를 듣고 의미를 파악하여 이에 적절히 반응하는 능력
의사표현능력	자신의 의사를 목적과 상황에 맞게 설득력을 가지고 표현하는 능력

③ 특징

구분	문서적인 의사소통능력	언어적인 의사소통능력
장점	권위감, 정확성, 전달성, 보존성 높음	유동성 높음
단점	의미의 곡해	정확성 낮음

④ 기초외국어 능력

외국어로 된 간단한 자료, 외국인과의 전화통화와 간단한 대화 등 외국인의 의사 표현을 정확히 이해하고, 자신의 의사를 기초외국어로써 표현할 수 있는 능력

(3) 의사소통의 저해요인

① 의사소통 기법의 미숙, 표현 능력의 부족, 이해 능력의 부족
② 복잡한 메시지, 경쟁적인 메시지
③ 의사소통에 대한 잘못된 선입견
④ 기타 : 정보의 과다, 서로 다른 직위와 과업 지향성, 신뢰의 부족, 의사소통을 위한 구조상의 권한

(4) 의사소통능력의 개발방법

① 사후검토와 피드백의 활용
② 언어의 단순화
③ 적극적인 경청
④ 감정의 억제

02 문서이해능력

(1) 문서이해능력의 의의

① 문서이해능력이란?
다양한 종류의 문서에서 전달하고자 하는 핵심 내용을 요약·정리하여 이해하고, 문서에서 전달하는 정보의 출처를 파악하고 옳고 그름을 파악하는 능력을 말한다.

② 문서이해의 절차

1. 문서의 목적을 이해하기

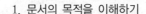

2. 이러한 문서가 작성되게 된 배경과 주제를 파악하기

3. 문서에 쓰여진 정보를 밝혀내고, 문서가 제시하고 있는 현안문제를 파악하기

4. 문서를 통해 상대방의 욕구와 의도 및 내게 요구되는 행동에 관한 내용을 분석하기

5. 문서에서 이해한 목적 달성을 위해 취해야 할 행동을 생각하고 결정하기

6. 상대방의 의도를 도표나 그림 등으로 메모하여 요약, 정리하기

(2) 문서의 종류

① 공문서

- 정부 행정기관에서 대내적·대외적 공무를 집행하기 위해 작성하는 문서
- 정부기관이 일반회사, 단체로부터 접수하는 문서 및 일반회사에서 정부기관을 상대로 사업을 진행할 때 작성하는 문서 포함
- 엄격한 규격과 양식에 따라 정당한 권리를 가진 사람이 작성
- 최종 결재권자의 결재가 있어야 문서로서의 기능 성립

② 보고서

특정 업무에 대한 현황이나 진행 상황 또는 연구·검토 결과 등을 보고할 때 작성하는 문서

종류	내용
영업보고서	영업상황을 문장 형식으로 기재해 보고하는 문서
결산보고서	진행됐던 사안의 수입과 지출결과를 보고하는 문서
일일업무보고서	매일의 업무를 보고하는 문서
주간업무보고서	한 주간에 진행된 업무를 보고하는 문서
출장보고서	출장을 다녀와 외부 업무나 그 결과를 보고하는 문서
회의보고서	회의 결과를 정리해 보고하는 문서

③ 설명서

상품의 특성이나 사물의 성질과 가치, 작동 방법이나 과정을 소비자에게 설명하는 것을 목적으로 작성한 문서

종류	내용
상품소개서	• 일반인들이 친근하게 읽고 내용을 쉽게 이해하도록 하는 문서 • 소비자에게 상품의 특징을 잘 전달해 상품을 구입하도록 유도
제품설명서	• 제품의 특징과 활용도에 대해 세부적으로 언급하는 문서 • 제품의 사용법에 대해 알려주는 것이 주목적

④ 비즈니스 메모

업무상 필요한 중요한 일이나 앞으로 체크해야 할 일이 있을 때 필요한 내용을 메모형식으로 작성하여 전달하는 글

종류	내용
전화 메모	• 업무적인 내용부터 개인적인 전화의 전달사항들을 간단히 작성하여 당사자에게 전달하는 메모 • 스마트폰의 발달로 현저히 줄어듦
회의 메모	• 회의에 참석하지 못한 구성원에게 회의 내용을 간략하게 적어 전달하거나 참고자료로 남기기 위해 작성한 메모 • 업무 상황 파악 및 업무 추진에 대한 궁금증이 있을 때 핵심적인 역할을 하는 자료
업무 메모	개인이 추진하는 업무나 상대의 업무 추진 상황을 메모로 적는 형태

⑤ 비즈니스 레터(E-mail)

- 사업상의 이유로 고객이나 단체에 편지를 쓰는 것
- 직장업무나 개인 간의 연락, 직접방문하기 어려운 고객관리 등을 위해 사용되는 비공식적 문서
- 제안서나 보고서 등 공식적인 문서를 전달하는 데도 사용

03 문서작성능력

(1) 문서작성능력의 의의

① 문서작성능력이란?

　㉠ 문서의 의미

　　제안서·보고서·기획서·편지·메모·공지사항 등 문자로 구성된 것을 지칭하며 일상생활뿐만 아니라 직업 생활에서도 다양한 문서를 자주 사용한다.

　㉡ 문서작성의 목적

　　치열한 경쟁상황에서 상대를 설득하거나 조직의 의견을 전달하고자 한다.

② 문서의 구성요소

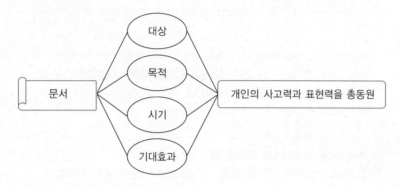

③ 문장 구성 시 주의사항

- 문장은 짧고 간결하게
- 상대방이 이해하기 쉽게
- 중요하지 않은 경우 한자의 사용은 자제
- 문장은 긍정문의 형식으로
- 표제는 간단하게
- 결론을 먼저 작성

(2) 문서작성의 실제

① 상황에 따른 문서의 작성법

상황	내용
요청이나 확인을 위한 경우	• 공문서 형식 • 일정한 양식과 격식을 갖추어 작성
정보제공을 위한 경우	• 홍보물, 보도자료, 설명서, 안내서 • 시각적인 정보의 활용 • 신속한 정보 제공
명령이나 지시가 필요한 경우	• 업무 지시서 • 명확한 지시사항이 필수적
제안이나 기획을 할 경우	• 제안서, 기획서 • 종합적인 판단과 예견적인 지식이 필요
약속이나 추천을 위한 경우	• 제품의 이용에 대한 정보 • 입사지원, 이직 시 상사가 작성

② 문서의 종류에 따른 작성법

  ㉠ 공문서

  - 날짜는 연도와 월일을 반드시 함께 언급해야 함
  - 내용이 복잡할 경우 '-다음-', '-아래-'와 같은 항목을 만들어 구분함
  - 마지막엔 반드시 '끝'자로 마무리 함

  ㉡ 설명서

  - 전문용어의 사용은 가급적 삼가할 것
  - 복잡한 내용은 도표화
  - 명령문보다 평서형으로, 동일한 표현보다는 다양한 표현으로 작성함

  ㉢ 기획서

  - 무엇을 위한 기획서인지 핵심 메시지가 정확히 도출되었는지 확인할 것
  - 표나 그래프를 활용하는 경우, 내용이 제대로 도출되었는지 확인할 것
  - 인용한 자료의 출처가 정확한지 확인할 것

  ㉣ 보고서

  - 핵심내용을 구체적으로 제시할 것
  - 간결하고 핵심적인 내용의 도출이 우선이므로 내용의 중복을 피할 것
  - 보고서의 독자가 궁금한 점을 질문할 것에 대비할 것

(3) 문서표현의 시각화

① 시각화의 구성요소

  문서의 내용을 시각화하기 위해서는 전하고자 하는 내용의 개념이 명확해야 하고, 수치 등의 정보는 그래프 등을 사용하며, 특히 강조하여 표현하고 싶은 내용에는 도형을 이용한다.

② 시각화의 방법

종류	내용
차트 시각화	데이터 정보를 쉽게 이해할 수 있도록 시각적으로 표현하며, 주로 통계 수치 등을 도표나 차트를 통해 명확하고 효과적으로 전달한다.
다이어그램 시각화	개념이나 주제 등 중요한 정보를 도형, 선, 화살표 등 여러 상징을 사용하여 시각적으로 표현한다.
이미지 시각화	전달하고자 하는 내용을 관련 그림이나 사진 등으로 표현한다.

04 경청능력

(1) 경청능력의 의의

① 경청능력이란?

㉠ 경청의 의미

상대방이 보내는 메시지에 주의를 기울이고 이해를 위해 노력하는 행동으로, 대화의 과정에서 신뢰를 쌓을 수 있는 최고의 방법이다.

㉡ 경청의 효과

대화하는 상대방이 본능적으로 안도감을 느끼게 되어 무의식적인 믿음을 갖게 되며, 이 효과로 인해 말과 메시지, 감정이 효과적으로 상대방에게 전달된다.

② 경청의 중요성

경청을 통해	+	대화의 상대방을(의)	⇨	• 한 개인으로 존중하게 된다. • 성실한 마음으로 대하게 된다. • 입장에 공감하며 이해하게 된다.

③ 경청의 방해요인

요인	내용
짐작하기	상대방의 말을 듣고 받아들이기보다 자신의 생각에 들어맞는 단서들을 찾아 자신의 생각을 확인하는 것
대답할 말 준비하기	자신이 다음에 할 말을 생각하기에 바빠서 상대방이 말하는 것을 잘 듣지 않는 것
걸러내기	상대의 말을 듣기는 하지만 상대방의 메시지를 온전하게 듣지 않는 것
판단하기	상대방에 대한 부정적인 판단 때문에, 또는 상대방을 비판하기 위해 상대방의 말을 듣지 않는 것
다른 생각하기	상대방이 말을 할 때 다른 생각을 하는 것으로 현실이 불만스럽지만 이러한 상황을 회피하고 있다는 신호임
조언하기	본인이 다른 사람의 문제를 지나치게 해결해주고자 하는 것을 말하며, 말끝마다 조언하려고 끼어들면 상대방은 제대로 말을 끝맺을 수 없음
언쟁하기	단지 반대하고 논쟁하기 위해서만 상대방의 말에 귀를 기울이는 것
자존심 세우기	자존심이 강한 사람에게서 나타나는 태도로 자신의 부족한 점에 대한 상대방의 말을 듣지 않으려 함
슬쩍 넘어가기	문제를 회피하려 하거나 상대방의 부정적 감정을 회피하기 위해서 유머 등을 사용하는 것으로 이로 인해 상대방의 진정한 고민을 놓치게 됨
비위 맞추기	상대방을 위로하기 위해서 너무 빨리 동의하는 것을 말하며, 상대방에게 자신의 생각이나 감정을 충분히 표현할 시간을 주지 못하게 됨

(2) 적극적 경청과 소극적 경청

적극적 경청	상대의 말에 집중하고 있음을 행동을 통해 표현하며 듣는 것으로 질문, 확인, 공감 등으로 표현된다.
소극적 경청	상대의 말에 특별한 반응 없이 수동적으로 듣는 것을 말한다.

(3) 경청훈련

① 대화법을 통한 경청훈련

- 주의 기울이기
- 상대방의 경험을 인정하고 더 많은 정보 요청하기
- 정확성을 위해 요약하기
- 개방적인 질문하기
- '왜?'라는 질문 피하기

② 공감적 태도와 공감적 반응

공감적 태도	상대방이 하는 말을 상대방의 관점에서 이해하고 느끼는 것으로, 성숙한 인간관계를 유지하기 위해 필요하다.
공감적 반응	상대방의 이야기를 자신의 관점이 아닌 그의 관점에서 이해하며, 상대방의 말 속에 담겨 있는 감정과 생각에 민감하게 반응한다.

05 의사표현능력

(1) 의사표현능력의 의의

① 의사표현능력이란?

- ㉠ 의사표현의 의미

  말하는 이가 자신의 생각과 감정을 듣는 이에게 음성언어나 신체언어로 표현하는 행위로서 말하는 이의 목적을 달성하는 데 효과가 있다고 생각하는 말하기를 말한다.

- ㉡ 의사표현의 종류

종류	내용
공식적 말하기	• 사전에 준비된 내용을 대중을 상대로 말하는 것 • 연설, 토의, 토론 등
의례적 말하기	• 정치적·문화적 행사에서와 같이 의례 절차에 따라 말하는 것 • 식사, 주례, 회의 등
친교적 말하기	• 매우 친근한 사람들 사이에서 이루어지는 것으로 자연스런 상황에서 떠오르는 대로 주고받는 말하기

② 의사표현의 중요성

언어에 의해 그려지는 이미지로 인해 자신의 이미지가 형상화될 수 있다. 즉, 자신이 자주 하는 말로써 자신의 이미지가 결정된다는 것이다.

③ 효과적인 의사표현법

종류	내용
지적	• 충고나 질책의 형태로 나타난다. • '칭찬 – 질책 – 격려'의 샌드위치 화법을 사용한다. • 충고는 최후의 수단으로 은유적으로 접근한다.
칭찬	• 대화 서두의 분위기 전환용으로 사용한다. • 상대에 어울리는 중요한 내용을 포함한다.
요구	• 부탁 : 상대의 상황을 확인한 후 응하기 쉽도록 구체적으로 부탁하며, 거절을 당해도 싫은 내색을 하지 않는다. • 업무상 지시, 명령 : 강압적 표현보다는 청유식 표현이 효과적이다.

거절	• 거절에 대한 사과와 함께 응할 수 없는 이유를 설명한다. • 요구를 들어주는 것이 불가능할 경우 단호하게 거절하지만, 정색하는 태도는 지양한다.
설득	• 강요는 금물이다.

(2) 의사 표현에 영향을 미치는 비언어적 요소
① 연단 공포증
② 말
　㉠ 장단
　㉡ 발음
　㉢ 속도
　㉣ 쉼

핵심예제

다음은 의사소통 저해요인에 대한 직원들의 대화이다. 이 중 잘못된 설명을 한 직원을 모두 고르면?

〈대화〉

김대리 : 우리 과장님은 일방적으로 듣기만 하셔서 의사를 파악하기가 정말 힘들어.

최대리 : 그래. 표현 능력이 부족하셔서 자신의 의사를 잘 전달 못 하시는 걸 수도 있어.

박주임 : 그래도 일방적으로 듣기만 하시는 것은 의사를 수용하시는 것이니 소통상 문제가 아니지 않나요? 일방적으로 전달만 하시는 분과의 의사소통이 문제인 것 같아요.

박사원 : 저는 이전 부서에서 대리님과 대화할 때, 대화 과정에서 어느 내용을 아시는 줄 알았는데 모르고 계셔서 놀란 적이 있어요.

임주임 : 전달한 줄 알았거나, 알고 있는 것으로 착각하는 건 평가적이고 판단적인 태도 때문이야.

양대리 : 맞아. 말하지 않아도 알 것이라 생각하는 문화는 선입견이나 고정관념의 한 유형이야.

① 김대리　　　　　　　　　② 박주임
③ 박사원, 임주임　　　　　　④ 박주임, 양대리
⑤ 임주임, 양대리

> **| 해설 |** 일방적으로 듣기만 하고 의사표현을 잘 안 하는 것도 의사소통상의 문제에 해당한다.
>
> 　오답분석
> • 최대리 : 표현 능력 혹은 이해 능력이 부족하거나, 무책임한 경우에 일방적으로 듣기만 하거나 말하기만 한다.
> • 임주임 : 상대가 특정 내용을 알고 있을 것이라 착각하는 것은 평가적이고, 판단적 태도에서 야기되는 경우가 많다.
> • 양대리 : 전달하지 않아도 알고 있을 것이라는 생각은 과거의 경험에 기반한 선입견, 고정관념에 해당한다.
>
> 　　　　　　　　　　　　　　　　　　　　　　　　　　　　　　　　　정답 ②

01 의사소통능력 적중예상문제

정답 및 해설 p.034

01 다음과 같은 상황에서 A의 의사소통을 저해하는 요소로 가장 적절한 것은?

〈상황〉

A : B씨, 회의 자료 인쇄했어요?

B : 네? 말씀 안하셔서 몰랐어요.

A : 아니, 사람이 이렇게 센스가 없어서야. 그런 건 알아서 해야지.

---

① 의사소통 과정에서의 상호작용 부족

② 경쟁적인 메시지

③ 감정의 억제 부족

④ 잘못된 선입견

⑤ 복잡한 메시지

02 다음 중 비즈니스 메모에 대하여 적절하지 않은 설명을 한 직원을 모두 고르면?

최과장 : 요즘은 휴대전화가 발달해서 전화 메모가 많이 늘었네.

김대리 : 회의 메모는 회의에 참석하지 못한 인원에게 전달 사항이나 회의 내용을 알려주기 위해 적기도 하고, 회의를 기록해두기 위해 적기도 해요.

이주임 : 업무 메모는 본인의 추진 업무에 대한 것만을 가리켜요.

강주임 : 회의 메모가 있으면 월말이나 연말에 업무 상황을 파악하거나 궁금증을 해결할 때 요긴해.

---

① 최과장, 김대리

② 최과장, 이주임

③ 김대리, 이주임

④ 김대리, 강주임

⑤ 이주임, 강주임

03 다음 〈보기〉의 설명 중 상황에 따른 문서작성법에 대한 설명으로 적절하지 않은 것을 모두 고르면?

> **보기**
>
> ㉠ 요청이나 확인을 부탁하는 경우 일반적으로 공문서의 형태로 양식을 준수하여 작성하여야 한다.
> ㉡ 정보제공을 위해 문서를 작성하는 경우 시각적 자료는 내용전달을 방해할 수 있으므로 최소화하는 것이 좋다.
> ㉢ 정보제공을 위한 문서 작성 시 문서는 최대한 신속히 작성하여 전달하는 것이 효과적이다.
> ㉣ 제안이나 기획을 하려는 경우 상대방이 합리적으로 판단할 수 있게 객관적 사실만을 기입하고 개인의 주관은 포함시키지 않는 것이 좋다.

① ㉠, ㉡
② ㉠, ㉢
③ ㉡, ㉢
④ ㉡, ㉣
⑤ ㉢, ㉣

04 다음 대화의 밑줄 친 내용 중 보고서 작성 시 유의사항으로 적절하지 않은 설명을 모두 고르면?

> 김 선임연구원 : 이번 연구는 지금 시점에서 보고하는 것이 좋을 것 같습니다. 간략하게 연구별로 한 장씩 요약하여 작성할까요?
> 유 책임연구원 : ㉠ 성의가 없어 보이니 한 장에 한 개의 사안을 담는 것은 좋지 않아.
> 박 선임연구원 : 맞습니다. ㉡ 꼭 필요한 내용이 아니어도 관련된 참고자료는 이해가 쉽도록 모두 첨부하도록 하시죠.
> 최 책임연구원 : ㉢ 양이 많으면 단락별 핵심을 하위목차로 요약하는 것이 좋겠어. 그리고 ㉣ 연구비 금액의 경우는 개략적으로만 제시하고 정확히 하지 않아도 괜찮아.

① ㉠, ㉡
② ㉠, ㉢
③ ㉠, ㉡, ㉢
④ ㉠, ㉡, ㉣
⑤ ㉡, ㉢, ㉣

05 다음은 경청훈련에 대한 내용 중 일부이다. 빈칸에 들어갈 말로 가장 적절한 것은?

> _____은/는 보통 '누가·언제·어디서·언제 또는 어떻게'라는 어휘로 시작하며, 상대방의 다양한 생각을 이해하고 상대방으로부터 많은 정보를 얻기 위한 방법이다. 서로에 대한 이해 정도를 높일 수 있고, "직장을 옮기는 것에 대해 어떤 생각을 하고 있어요?", "당신, 기운이 없어 보이는군요. 무슨 일이 있어요?" 등의 표현을 예로 들 수 있다.

① '왜?'라는 질문 피하기
② 정확성을 위해 요약하기
③ 주의 기울이기
④ 개방적인 질문하기
⑤ 상대방의 경험을 인정하고 더 많은 정보 요청하기

06 다음 글을 근거로 판단할 때 옳은 것은?

A국의 지방자치단체는 국가에 비해 재원확보능력이 취약하고 지역 간 재정 불균형이 심한 편이다. 이에 따라 국가는 지방자치단체의 재정활동을 지원하고 지역 간 재정 불균형을 해소하기 위해 지방교부세와 국고보조금을 교부하고 있다. 지방교부세는 국가가 각 지방자치단체의 재정부족액을 산정해 국세로 징수한 세금의 일부를 지방자치단체로 이전하는 재원이다. 이에 비해 국고보조금은 국가가 특정한 행정업무를 지방자치단체로 하여금 처리하도록 하기 위해 지방자치단체에 지급하는 재원으로, 국가의 정책상 필요한 사업뿐만 아니라 지방자치단체가 필요한 사업을 지원하기 위한 것이다. 국고보조금의 특징은 다음과 같다. 첫째, 국고보조금은 매년 지방자치단체장의 신청에 의해 지급된다. 둘째, 국고보조금은 특정 용도 외의 사용이 금지되어 있다는 점에서 용도에 제한을 두지 않는 지방교부세와 다르다. 셋째, 국고보조금이 투입되는 사업에 대해서는 상급기관의 행정적·재정적 감독을 받게 되어 예산운용의 측면에서 지방자치단체의 자율성이 약화될 수 있다. 넷째, 국고보조금은 지방자치단체가 사업 비용의 일부를 부담해야 한다는 것이 전제 조건이다. 따라서 재정력이 양호한 지방자치단체의 경우는 국고보조사업을 수행하는 데 문제가 없으나, 재정력이 취약한 지방자치단체는 지방비 부담으로 인해 상대적으로 국고보조사업 신청에 소극적이다.

① 국가는 지방자치단체가 필요로 하는 사업에 용도를 지정하여 지방교부세를 지급한다.

② 국고보조금은 지방교부세에 비해 예산운용의 측면에서 지방자치단체의 자율성을 약화시킬 수 있다.

③ 지방자치단체의 R&D 사업에 지급된 국고보조금의 경우 해당 R&D 사업 외의 용도로 사용될 수 있다.

④ 일반적으로 재정력이 취약한 지방자치단체는 재정력이 양호한 지방자치단체에 비해 국고보조사업 신청에 더 적극적이다.

⑤ 국고보조금은 지방자치단체가 필요로 하는 사업에는 지원되지 않기 때문에 지방자치단체 간 재정 불균형을 해소하는 기능은 없다.

07 다음 글에 대한 판단으로 가장 적절한 것은?

핀테크는 금융과 기술의 합성어로 은행, 카드사 등의 금융기관이 기존 금융서비스에 ICT를 결합한 것이며, 최근 금융 전반에 나타난 디지털 혁신이다. 은행을 직접 방문하지 않아도 스마트폰 등을 이용하여 은행 업무를 처리할 수 있는 것이 대표적이다.

테크핀은 ICT 기업이 자신들의 기술을 통해 특색 있는 금융서비스를 만드는 것으로 핀테크보다 기술을 금융보다 강조하는 점이 특징이다. ○○페이 등의 간편결제, 송금서비스, 인터넷전문은행 등이 대표적이다.

한국은 주로 금융기관이 주축이 되어 금융서비스를 개선하고 있었지만, 최근에는 비금융회사의 금융업 진출이 확대되고 있다. 국내의 높은 IT 인프라와 전자상거래 확산으로 인해 소비자들이 현재보다 편한 서비스를 필요하다고 생각하는 것이 원인이다. 또한 공인인증서 의무사용 폐지와 같은 규제가 완화되는 것 또한 ICT 기업이 금융으로 진출할 수 있는 좋은 상황으로 평가된다.

테크핀의 발전은 핀테크의 발전 역시 야기하였다. 테크핀으로 인한 위기를 느낀 금융기관은 이와 경쟁하기 위해 서비스를 개선하고 있다. 금융기관도 공인인증서, 보안카드 등이 필요 없는 서비스 등을 개선하고 모바일 뱅킹도 더 편리하게 개선하고 있다.

핀테크와 테크핀이 긍정적인 영향만을 가진 것은 아니다. 금융서비스 이용실태 조사에 따르면 금융혁신이 이루어지고 이에 대한 혜택을 받는 사람 중 저연령층이나 고소득층이 높은 비율을 차지하고 있다. 따라서 핀테크와 테크핀을 발전시키는 동시에 모든 사람이 혜택을 누릴 수 있는 방안도 같이 찾아야 한다.

① 핀테크가 발전하면 저소득층부터 고소득층 모두 혜택을 누린다.
② 핀테크는 비금융기관이 주도한 금융 혁신이다.
③ 테크핀은 기술보다 금융을 강조한다.
④ IT 인프라가 높으면 테크핀이 발전하기 쉬워진다.
⑤ 핀테크와 테크핀 동시에 발전할 수 없다.

08 다음은 I은행의 적금 상품인 'I부모급여우대적금'에 대한 자료이다. 자료를 바탕으로 〈보기〉의 고객 문의에 대한 직원의 답변 중 적절하지 않은 것을 고르면?

〈I부모급여우대적금〉

구분	세부내용
상품설명	부모 또는 자녀가 부모급여 / 아동수당을 수급하고 주택청약합저축에 신규가입하면 우대금리를 제공하는 적금상품
가입금액	• 신규금액 : 최소 1만 원 이상 • 납입한도 : 매월 50만 원 이하(만 원 단위)
가입대상	실명의 개인(단, 개인사업자 및 외국인 비거주자 제외)
가입방법	영업점, 텔레마케팅, i-ONE뱅크(스마트폰 앱)
계약기간	1년
이자지급	만기일시지급식
약정이율	연 2.5%(세전)
우대금리	• 계약기간 동안 아래 조건을 충족한 고객이 만기 해지하는 경우, 최대 연 4.0%p 제공(부모와 자녀의 가족등록을 통한 실적합산 가능) 　－ 부모급여 / 아동수당을 6개월 이상 입금받는 경우(매월 25일 '부모, 아동, 보육, 가족, 가정, 여성, 복지'의 용어로 10만 원 이상 입금되는 경우에 한함) : 연 2.0%p 　－ 자사 주택청약종합저축에 신규가입하고 만기 시점까지 보유한 경우(부모 or 자녀 명의 가입 시) : 연 1.0%p 　－ 한부모가족 지원대상자로 한부모가족 증명서를 제출한 경우 : 연 1.0%p
가족실적합산	• 가족등록 　－ 적금 가입자 기준으로 부모－자녀 관계만 1 : 1로 가족(1명) 등록 가능 　－ 등록하는 가족 1명은 'I부모급여우대적금' 가입 필수 아님 　－ 가족관계 확인서류를 지참하고 영업점을 방문하여 등록 가능 • 실적합산 : 가족등록 후 계약기간 중 충족된 실적은 합산하여 우대금리 제공

직원 : 안녕하세요, 고객님! 상담원 A입니다. 무엇을 도와드릴까요?

고객 : 아, 네 안녕하세요. 저 다름이 아니라 제가 출산을 해서 부모급여를 수급하고 있거든요, 그런데 이와 관련한 적금상품이 있다고 들어서요.

직원 : 네, 고객님! 'I부모급여우대적금'을 찾으시는 것 같아요. 해당 상품은 ㉠ 부모급여 또는 아동수당을 수급하는 고객님 중 저희 은행 주택청약종합저축에 신규가입하는 고객님을 대상으로 제공하는 적금상품입니다.

고객 : 어떻게 가입할 수 있죠? 인터넷 홈페이지에서 해도 되나요?

직원 : 죄송합니다. 현재는 ㉡ 인터넷 홈페이지를 통한 가입은 어렵고요, 고객님께서 직접 영업점으로 방문하는 대면 방식과 전화 혹은 스마트폰 앱을 통한 비대면 방식으로 가입을 도와드리고 있습니다.

고객 : 아, 그렇군요. 그럼 가입 가능한 금액이나 금리는 어떻게 되죠?

직원 : 네, 고객님! ㉢ 가입 가능한 금액은 월 최소 1만 원에서 최대 50만 원으로, 연 최대 600만 원까지 가능합니다. 금리는 연 2.5%가 기본금리로 책정되어 있고요, 우대조건 충족 시에 최대 연 4.0%p가 제공되어 최고 6.5의 금리로 해당 상품을 만나보실 수 있으며 우대조건은 다음과 같습니다.

… (중략) …

가입자 본인이 우대조건을 충족하지 못하시더라도, ㉣ 가족관계 확인서류를 지참하고 영업점을 방문하시면 가족 등록을 할 수 있고, ㉤ 계약기간 중 충족된 실적을 합산하여 우대금리를 제공해 드리고 있습니다.

① ㉠

② ㉡

③ ㉢

④ ㉣

⑤ ㉤

※ 다음 글을 읽고, 이어지는 질문에 답하시오. [9~10]

예술 작품에 대한 감상이나 판단은 주관적이라 할 수 있다. 그렇다고 하더라도 어떤 사람의 감상이나 판단은 다른 사람들보다 더 좋거나 나쁠 수도 있지 않을까? 혹은 덜 발달되었을 수도, 더 세련되었을 수도 있지 않을까? 이러한 의문과 관련하여 우리는 흄(D. Hume)의 설명을 참조할 수 있다.

흄은 예술적인 판단이란 색이나 맛과 같은 지각 가능한 성질에 대한 판단과 유사하다고 하면서, ㉠『돈키호테』에 나오는 이야기를 소개한다. 마을 사람들이 포도주를 즐기고 있었는데 두 명의 '전문가'가 불평을 한다. 한 사람은 쇠 맛이 살짝 난다고 했고 또 다른 사람은 가죽 맛이 향을 망쳤다고 했다. 마을 사람들은 그들을 비웃었지만, 포도주 통 밑바닥에서 가죽 끈에 묶인 녹슨 열쇠가 발견되었다. 이 전문가들은 마을 사람들이 느낄 수 없었던 포도주 맛의 요소들을 식별해낸 셈이다.

이는 예술적인 식별과 판단에서도 마찬가지다. 훈련받지 못한 사람은 서로 다른 악기의 소리나 화음의 구성을 구별해낼 수 없을 것이다. 또한 구도나 색 또는 명암의 대비, 중요한 암시를 알아내기 어려울 것이다. 이런 것들은 다양한 작품을 감상하고 세련된 감수성을 지닌 사람들의 말을 들음으로써, 또는 좋은 비평을 읽음으로써 계발될 수 있다. 이처럼 예술적 판단이나 식별이 계발될 수 있다 해도 의문은 남는다. 포도주의 맛을 알아챈 전문가들에게는 가죽 끈에 녹슨 열쇠가 있었지만, 예술 비평가들의 판단이나 식별이 올바르다는 것은 어떻게 알 수 있는가?

이 질문에 답하기 위해 흄은 '진정한 판관(True Judge)'이라는 개념을 제안했다. 흄이 말한 진정한 판관은 세련된 감수성과 섬세한 감각을 가졌으며 부단한 연습과 폭넓은 경험으로 식별력을 키운 사람이다. 그리고 편견이나 편애와 같은 작품 외적 요소들에서 벗어나 있으며, 당대의 일시적인 유행에도 거리를 두고 작품을 볼 수 있는 사람이다. 이러한 조건들을 갖추었을 때 그는 비로소 예술 작품을 식별하고 평가할 수 있는 자격을 얻게 된다. 또한 흄은 '시간의 테스트'를 넘어서, 즉 시간과 공간의 장벽을 가로질러 그 가치를 인정받는 작품들에 주목하였다. 다양한 시대와 문화, 태도들의 차이가 있음에도 불구하고, 그 작품들의 진정한 가치를 알아보고 그것에 매혹되어 온 최고의 비평가들이 있었다.

이처럼 예술 비평가들의 판단과 식별의 타당성은 이들이 갖춘 비평가로서의 자격, 이들이 알아보고 매혹된 위대한 작품들의 존재를 통해서 입증될 수 있다는 것이다. 이러한 흄의 생각은 분명 그럴듯한 점이 있다. 우리가 미켈란젤로와 카라바조, 고야, 렘브란트의 작품을 그 작품들이 창조된 지 수백 년이 지난 후에도 여전히 감상하고 있다는 사실은 그 작품이 지닌 힘과 위대함을 증명해준다.

그렇지만 또 하나의 의문이 여전히 남는다. ㉡ 자격을 갖춘 비평가들, 심지어는 최고라고 평가받는 비평가들에게서조차 비평의 불일치가 생겨난다는 점이다. 흄은 이러한 불일치를 낳는 두 개의 근원을 지적했는데, 비평가 개인의 성격적인 기질의 차이가 그 하나이다. 또한 자격을 갖춘 비평가라 할지라도 자기 시대의 특정한 믿음이나 태도, 가정들에서 완전히 자유로울 수는 없기 때문에 불일치가 생겨난다고 하였다. 이에 따르면 살아있던 당시에는 갈채를 받았던 예술가의 작품이 시간이 흐르면서 왜 역사의 뒤안길로 사라지곤 하는지도 설명할 수 있다. 평범한 사람에게든 자격을 갖춘 비평가에게든 그런 작품들이 당시의 사람들에게 가졌던 호소력은 그 시대에만 특별했던 태도나 가정에 의존했을 가능성이 크기 때문이다.

09 윗글의 전개 방식에 대한 설명으로 가장 적절한 것은?

① 흄의 견해를 순차적으로 소개한 후 비판적으로 평가하고 있다.

② 의문들을 제기하면서 흄의 견해에 근거하여 순차적으로 답변하고 있다.

③ 제기된 의문들과 관련하여 흄의 견해가 변화해 가는 과정을 밝히고 있다.

④ 흄의 견해에 근거하여 통상적인 의문들에 내포된 문제점을 고찰하고 있다.

⑤ 흄의 견해에 근거하여 제기된 의문들에 대한 기존의 답변들을 비판하고 있다.

10 윗글의 밑줄 친 ㉠에서 ㉡에 해당하는 내용으로 볼 수 있는 것은?

① 마을 사람들은 전문가들의 진단을 비웃었다.

② 마을 사람들은 포도주 맛의 요소들을 식별하지 못했다.

③ 포도주 통 밑바닥에서 가죽 끈에 묶인 녹슨 열쇠가 발견되었다.

④ 포도주의 이상한 맛에 대한 전문가들의 원인 진단이 서로 달랐다.

⑤ 마을 사람들과는 달리 전문가들은 포도주 맛에 대해 불평을 했다.

02 | 수리능력 핵심이론

01 & 02 기초연산능력 & 응용수리능력

※ PART 1, CHAPTER 02 수리능력 이론 참고(p.61~)

03 수추리능력

※ PART 1, CHAPTER 03 추리능력 이론 참고(p.101~)

04 기초통계능력

1. 통계의 의의

(1) 통계란?

집단현상에 대한 구체적인 양적 기술을 반영하는 숫자를 의미하며, 특히 사회집단 또는 자연집단의 상황을 숫자로 나타낸 것을 말한다.

(2) 통계의 의의

사회적, 자연적인 현상이나 추상적인 수치를 포함한 모든 집단적 현상을 숫자로 나타낸 것을 말한다.

(3) 통계의 본질

① 구체적인 일정집단에 대한 숫자자료가 통계이며, 단일개체에 대한 숫자자료일 때에는 통계라고 하지 않는다.
② 통계의 요소인 단위나 표지를 어떻게 규정하는지에 따라 통계자료가 다르게 나타나게 되므로 이들에 대한 구체적 개념이나 정의를 어떻게 정하는가가 중요하다.
③ 통계의 필요성이나 작성능력의 측면에서 볼 때 대부분 정부나 지방자치단체 등에 의한 관청통계로 작성되고 있다.

(4) 통계의 기능

- 많은 수량적 자료를 처리할 수 있고 쉽게 이해할 수 있는 형태로 축소시킴
- 표본을 통해 연구대상 집단의 특성을 유추할 수 있게 함
- 의사결정의 보조수단으로 이용됨
- 관찰가능한 자료를 통해 논리적으로 결론을 추출·검증할 수 있게 함

(5) 통계의 속성

① 단위와 표지

집단을 구성하는 각 개체를 단위라 하며, 이 단위가 가지고 있는 공통의 성질을 표지라고 한다.

② 표지의 분류

속성통계	질적인 표지	남녀, 산업, 직업 등
변수통계	양적인 표지	연령, 소득금액 등

(6) 기본적인 통계치

종류	내용
빈도	어떤 사건이 일어나거나 증상이 나타나는 정도
빈도분포	빈도를 표나 그래프로 종합적이면서도 일목요연하게 표시하는 것
평균	모든 사례의 수치를 합한 후 총 사례 수로 나눈 값
백분율	백분비라고도 하며, 전체의 수량을 100으로 하여, 해당되는 수량이 그중 몇이 되는가를 가리키는 수를 %로 나타낸 것
범위	분포의 흩어진 정도를 가장 간단히 알아보는 방법으로, 최고값에서 최저값을 뺀 값
분산	각 관찰값과 평균값 사이 차이의 제곱의 평균을 의미하며, 구체적으로는 각 관찰값과 평균값 차이의 제곱을 모두 합한 값을 개체의 수로 나눈 값
표준편차	분산의 제곱근 값을 의미하며, 개념적으로는 평균으로부터 얼마나 떨어져 있는가를 나타내는 개념으로서 분산과 개념적으로 동일함

2. 통계자료의 해석

(1) 다섯숫자 요약

종류	내용
최솟값(m)	원자료 중 값의 크기가 가장 작은 값
최댓값(M)	원자료 중 값의 크기가 가장 큰 값
중앙값(Q_2)	최솟값부터 최댓값까지 크기에 의하여 배열하였을 때 중앙에 위치하는 값
하위 25%값(Q_1)	원자료를 크기 순서로 배열하여 4등분한 값을 의미하며 백분위수의 관점에서 25백분위수, 75백분위
상위 25%값(Q_3)	수로 표기

(2) 평균값과 중앙값

① 원자료에 대한 대푯값으로써 평균값과 중앙값은 엄연히 다른 개념이지만 모두 중요한 역할을 하게 되므로 통계값을 제시할 때에는 어느 수치를 이용했는지를 명확하게 제시해야 한다.

② 평균값이 중앙값보다 높다는 의미는 자료 중에 매우 큰 값이 일부 있음을 의미하며, 이와 같은 경우는 평균값과 중앙값 모두를 제시해줄 필요가 있다.

1. 도표의 종류와 활용

(1) 도표의 종류

도표는 크게 목적별·용도별·형상별로 구분할 수 있는데, 실제로는 목적, 용도와 형상을 여러 가지로 조합하여 하나의 도표로 작성하게 된다.

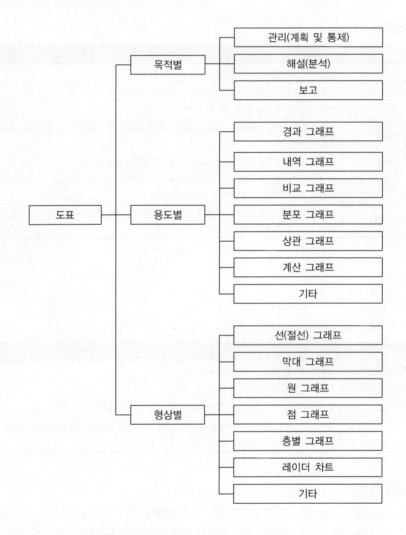

(2) 도표의 활용

종류	내용
선 그래프	시간적 추이(시계열 변화)를 표시하고자 할 때 적합 예 연도별 매출액 추이 변화
막대 그래프	수량 간의 대소관계를 비교하고자 할 때 적합 예 영업소별 매출액
원 그래프	내용의 구성비를 분할하여 나타내고자 할 때 적합 예 제품별 매출액 구성비
층별 그래프	합계와 각 부분의 크기를 백분율로 나타내고 시간적 변화를 보고자 할 때 적합 예 상품별 매출액 추이
점 그래프	지역분포를 비롯한 기업 등의 평가나 위치, 성격을 표시하고자 할 때 적합 예 광고비율과 이익률의 관계
방사형 그래프	다양한 요소를 비교하고자 할 때 적합 예 매출액의 계절변동

2. 도표의 형태별 특징

(1) 선 그래프

시간의 경과에 따라 수량에 의한 변화의 상황을 선의 기울기로 나타내는 그래프로, 시간적 변화에 따른 수량의 변화를 표현하기에 적합하다.

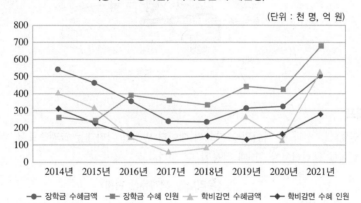

〈중학교 장학금, 학비감면 수혜현황〉

(2) 막대 그래프

비교하고자 하는 수량을 막대 길이로 표시하고 그 길이를 비교하여 각 수량 간의 대소관계를 나타내는 그래프로서, 내역·비교·경과·도수 등을 표시하는 용도로 활용할 수 있다.

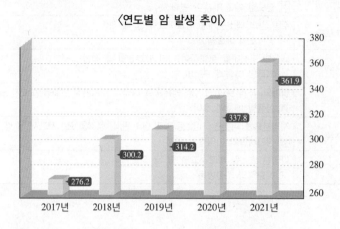

〈연도별 암 발생 추이〉

(3) 원 그래프

내용의 구성비를 원을 분할하여 작성하는 그래프로서, 전체에 대한 구성비를 표현할 때 다양하게 활용할 수 있다.

〈C국의 가계 금융자산 구성비〉

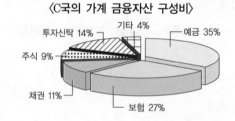

(4) 층별 그래프

선의 움직임보다는 선과 선 사이의 크기로써 데이터 변화를 나타내는 그래프로서, 시간적 변화에 따른 구성비의 변화를 표현하고자 할 때 활용할 수 있다.

〈우리나라 세계유산 현황〉

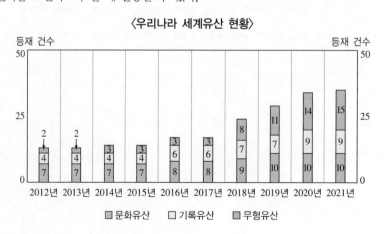

(5) 점 그래프

종축과 횡축에 두 개의 요소를 두고, 보고자 하는 것이 어떤 위치에 있는가를 알려 하는 데 쓰인다.

〈OECD 국가의 대학졸업자 취업률 및 경제활동인구 비중〉

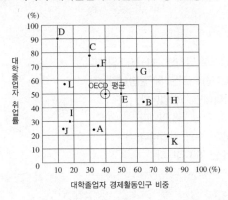

(6) 방사형 그래프(레이더 차트, 거미줄 그래프)

비교하는 수량을 직경 또는 반경으로 나누어 원의 중심에서의 거리에 따라 각 수량의 관계를 나타내는 그래프로서 대상들을 비교하거나 경과를 나타낼 때 활용할 수 있다.

〈외환위기 전후 한국의 경제상황〉

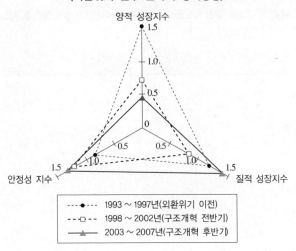

3. 도표 해석 시 유의사항

- 요구되는 지식의 수준을 넓혀야 한다.
- 도표에 제시된 자료의 의미를 정확히 숙지하여야 한다.
- 도표로부터 알 수 있는 것과 없는 것을 구별하여야 한다.
- 총량의 증가와 비율의 증가를 구분하여야 한다.
- 백분위수와 사분위수를 정확히 이해하고 있어야 한다.

공단의 A임원이 가, 나, 다, 라, 마직원에게 문제를 내고, 이를 맞힌 직원에게 만 원권의 상품권 한 장씩 주기로 하였다. 다음 〈보기〉의 대화를 읽고 문제를 맞힌 직원에게 총 얼마의 상품권을 줘야 하는가?

보기

A임원 : 이 수는 2진법으로 말하면 '111000'입니다.
가직원 : 보통 쓰는 10진법으로는 '56'같습니다.
나직원 : 8진법으로 나타내면 '70'입니다.
다직원 : 십진수는 56이 아닌 '58'입니다.
라직원 : '132'의 6진법의 수와 같습니다.
마직원 : 숫자는 십진수인 '56'입니다.

① 1만 원
② 2만 원
③ 3만 원
④ 4만 원
⑤ 5만 원

| 해설 | 2진법 수 $111000_{(2)}$을 10진법으로 바꾸면 $2^3+2^4+2^5=8+16+32=56$이다. 숫자 56은 8진법으로 $8\times7=70_{(8)}$, 6진법으로는 $132_{(6)}(=2+3\times6+6^2)$이다.
따라서 A임원의 문제를 맞힌 직원은 가, 나, 라, 마직원으로 상품권은 총 4만 원이 필요하다.

정답 ④

01 남자 4명, 여자 4명으로 이루어진 팀에서 2명의 팀장을 뽑으려고 한다. 이때 팀장 2명이 모두 남자로만 구성될 확률은?

① $\dfrac{2}{7}$

② $\dfrac{3}{7}$

③ $\dfrac{4}{7}$

④ $\dfrac{1}{14}$

⑤ $\dfrac{3}{14}$

02 방식이 다른 두 종류의 프린터 A, B가 있다. 두 프린터를 동시에 사용하여 100장을 프린트한다고 할 때, A프린터 3대와 B프린터 2대를 사용하면 4분이 걸리고, A프린터 4대와 B프린터 1대를 사용하면 5분이 걸린다. A프린터 2대와 B프린터 3대를 동시에 사용할 때, 100장을 프린트하는 데 걸리는 시간은?(단, 각 프린터마다 1장을 프린트하는 시간은 일정하다)

① 4분 20초

② 4분

③ 3분 20초

④ 3분

⑤ 2분 30초

03 A씨는 태국에서 신용카드로 15,000바트의 기념품을 구매하였다. 카드사에서 적용하는 환율 및 수수료가 다음과 같을 때, A씨가 기념품 비용으로 내야 할 카드 금액은 얼마인가?

〈적용 환율 및 수수료〉

- 태국 환율 : 38.1원/바트
- 해외서비스 수수료 : 0.2%

※ 십 원 미만 절사

① 584,720원

② 572,640원

③ 566,230원

④ 561,280원

⑤ 558,110원

※ 다음은 주요 지역별 성인 여성의 미혼 및 기혼의 비율과, 자녀 수별 기혼 여성 수에 관련된 자료이다. 자료를 참고하여 이어지는 질문에 답하시오. **[4~5]**

〈주요 지역별 여성의 미혼 및 기혼의 비율〉

(단위 : %)

구분	서울	경기	인천	강원	대구	부산	제주
미혼	31.3	28.9	29.1	21.5	19.8	20.8	17.5
기혼	68.7	71.1	70.9	78.5	80.2	79.2	82.5

〈주요 지역의 자녀 수별 기혼 여성 수〉

(단위 : 천 명)

구분	서울	경기	인천	강원	대구	부산	제주
0명	982	1,010	765	128	656	597	121
1명	1,885	1,443	1,211	559	1,324	983	259
2명	562	552	986	243	334	194	331
3명	382	102	554	106	123	88	21
4명 이상	123	58	283	21	36	74	13

※ 다자녀는 3명 이상을 의미함

04 위 자료에 대한 설명으로 옳은 것을 〈보기〉에서 모두 고르면?(단, 소수점 둘째 자리에서 반올림한다)

> **보기**
> ㉠ 미혼과 기혼인 여성의 비율의 격차가 가장 큰 지역은 제주이다.
> ㉡ 자녀 수 4명 이상을 4명이라 가정하면, 서울의 자녀 수는 제주의 자녀 수의 5배 이상이다.
> ㉢ 자녀 수 항목에서 지역별로 기혼 여성 수가 많은 상위 2개 항목은 모든 지역이 동일하다.
> ㉣ 지역별 다자녀가구인 여성 수는 자녀가 2인인 여성 수보다 적다.

① ㉠, ㉡   ② ㉠, ㉢
③ ㉠, ㉣   ④ ㉡, ㉢
⑤ ㉢, ㉣

05 지역별 기혼 여성 수가 다음과 같을 때, 지역과 그 지역의 미혼인 성인 여성의 수를 바르게 연결한 것은?(단, 인원수는 소수점 첫째 자리에서 반올림한다)

〈지역별 기혼 여성 수〉

지역	서울	경기	인천	강원	대구	부산	제주
기혼 여성 수(천 명)	3,934	3,165	3,799	1,057	2,473	1,936	745

① 서울 : 1,792천 명   ② 경기 : 1,355천 명
③ 인천 : 1,686천 명   ④ 강원 : 302천 명
⑤ 제주 : 132천 명

06 K씨는 연 3%인 연복리 예금상품에 4,300만 원을 예치하고자 한다. K씨가 만기 시 금액으로 원금의 2배를 받는 것은 몇 년 후인가?(단, $\log 1.03 \fallingdotseq 0.01$, $\log 2 \fallingdotseq 0.3$으로 계산한다)

① 18년 후
② 20년 후
③ 26년 후
④ 30년 후
⑤ 32년 후

07 다음 글을 근거로 판단할 때, 상황의 ㉠과 ㉡에 들어갈 수치를 바르게 짝지은 것은?

> 채용에서 가장 중요한 점은 조직에 적합한 인재의 선발, 즉 필요한 수준의 기본적 직무적성·태도 등 전반적 잠재력을 가진 지원자를 선발하는 것이다. 그러나 채용 과정에서 적합한 사람을 채용하지 않거나, 적합하지 않은 사람을 채용하는 경우도 있다. 적합한 지원자 중 탈락시킨 지원자의 비율을 오탈락률이라 하고, 적합하지 않은 지원자 중 채용한 지원자의 비율을 오채용률이라 한다.

> **〈상황〉**
>
> 甲회사의 신입사원 채용 공고에 1,200명이 지원하여, 이 중에 360명이 채용되었다. 신입사원 채용 후 조사해보니 1,200명의 지원자 중 회사에 적합한 지원자는 800명이었고, 적합하지 않은 지원자는 400명이었다. 채용된 360명의 신입사원 중 회사에 적합하지 않은 인원은 40명으로 확인되었다. 이에 따르면 오탈락률은 ㉠ %이고, 오채용률은 ㉡ %이다.

	㉠	㉡		㉠	㉡
①	40	5	②	40	10
③	55	10	④	60	5
⑤	60	10			

08 다음은 갑 ~ 병 통신사의 스마트폰 소매가격 및 평가점수 자료이다. 이에 대한 〈보기〉의 설명 중 적절한 것을 모두 고르면?

〈통신사별 스마트폰의 소매가격 및 평가점수〉

(단위 : 달러, 점)

통신사	스마트폰	소매가격	평가항목					종합품질 점수
			화질	내비게이션	멀티미디어	배터리 수명	통화성능	
갑	A	150	3	3	3	3	1	13
	B	200	2	2	3	1	2	( )
	C	200	3	3	3	1	1	( )
을	D	180	3	3	3	2	1	( )
	E	100	2	3	3	2	1	11
	F	70	2	1	3	2	1	( )
병	G	200	3	3	3	2	2	( )
	H	50	3	2	3	2	1	( )
	I	150	3	2	2	3	2	12

※ 스마트폰의 종합품질점수는 해당 스마트폰의 평가항목별 평가점수의 합임

보기

㉠ 소매가격이 200달러인 스마트폰 중 종합품질점수가 가장 높은 스마트폰은 C이다.
㉡ 소매가격이 가장 낮은 스마트폰은 종합품질점수도 가장 낮다.
㉢ 통신사 각각에 대해서 해당 통신사 스마트폰의 통화성능 평가점수의 평균을 계산하여 통신사별로 비교하면 병이 가장 높다.
㉣ 평가항목 각각에 대해서 스마트폰 A ~ I 평가점수의 합을 계산하여 평가항목별로 비교하면 멀티미디어가 가장 높다.

① ㉠
② ㉢
③ ㉠, ㉡
④ ㉡, ㉣
⑤ ㉢, ㉣

09 다음은 2017 ~ 2021년 갑국의 사회간접자본(SOC) 투자규모에 관한 자료이다. 이에 대한 설명으로 적절하지 않은 것은?(단, 소수점 둘째 자리에서 반올림한다)

<갑국의 사회간접자본(SOC) 투자규모>

(단위 : 조 원, %)

구분 \ 연도	2017년	2018년	2019년	2020년	2021년
SOC 투자규모	20.5	25.4	25.1	24.4	23.1
총지출 대비 SOC 투자규모 비중	7.8	8.4	8.6	7.9	6.9

① 2021년 총지출은 300조 원 이상이다.

② 2018년 SOC 투자규모의 전년 대비 증가율은 30% 이하이다.

③ 2018 ~ 2021년 동안 SOC 투자규모가 전년에 비해 가장 큰 비율로 감소한 해는 2021년이다.

④ 2018 ~ 2021년 동안 SOC 투자규모와 총지출 대비 SOC 투자규모 비중의 전년 대비 증감 추이는 동일하다.

⑤ 2022년 SOC 투자규모의 전년 대비 감소율이 2021년과 동일하다면, 2022년 SOC 투자규모는 20조 원 이상이다.

10 표준 업무시간이 80시간인 업무를 각 부서에 할당해 본 결과, 다음과 같은 결과를 얻었다. 어느 부서의 업무효율이 가장 높은가?

<부서별 업무시간 분석결과>

부서명		A	B	C	D	E
투입인원(명)		2	3	4	3	5
개인별 업무시간(시간)		41	30	22	27	17
회의	횟수(회)	3	2	1	2	3
	소요시간(시간/회)	1	2	4	1	2

- (업무효율) = $\dfrac{(\text{표준 업무시간})}{(\text{총투입시간})}$

- (총투입시간) = (개인별 투입시간) × (투입인원)

- (개인별 투입시간) = (개인별 업무시간) + (회의 소요시간) × (회의 횟수)

- 부서원은 업무를 분담하여 동시에 수행할 수 있음

- 투입된 인원의 개인별 업무능력과 인원당 소요시간은 동일함

① A   ② B

③ C   ④ D

⑤ E

03 | 문제해결능력 핵심이론

01 문제해결능력의 의의

(1) 문제의 의의

① 문제와 문제점

문제	업무를 수행하면서 답을 요구하는 질문이나 의논하여 해결해야 하는 사항
문제점	문제의 원인이 되는 사항으로 문제해결을 위해서 조치가 필요한 대상

난폭운전으로 전복사고가 일어난 경우는 '사고의 발생'이 문제이며, '난폭운전'은 문제점이다.

② 문제의 유형

⊙ 기능에 따른 분류 : 제조 문제, 판매 문제, 자금 문제, 인사 문제, 경리 문제, 기술상 문제

ⓛ 시간에 따른 분류 : 과거 문제, 현재 문제, 미래 문제

ⓒ 해결방법에 따른 분류 : 논리적 문제, 창의적 문제

③ 발생형 문제, 탐색형 문제, 설정형 문제

발생형 문제 (보이는 문제)	• 눈앞에서 발생되어 이를 해결하기 위해 고민하는 문제를 말하며 원인 지향적인 문제라고도 함 • 이탈 문제 : 어떤 기준을 이탈함으로써 생기는 문제 • 미달 문제 : 기준에 미달하여 생기는 문제
탐색형 문제 (보이지 않는 문제)	• 현재의 상황을 개선하거나 효율을 높이기 위한 문제를 말하며 문제를 방치하면 뒤에 큰 손실이 따르거나 해결할 수 없게 되는 것 • 잠재 문제 : 문제가 잠재되어 있어 인식하지 못하다가 결국 문제가 확대되어 해결이 어려운 문제 • 예측 문제 : 현재에는 문제가 아니지만 계속해서 현재 상태로 진행될 경우를 가정하면 앞으로 일어날 수 있는 문제 • 발견 문제 : 현재는 문제가 없으나 좋은 제도나 기법, 기술을 발견하여 개선, 향상시킬 수 있는 문제
설정형 문제 (미래의 문제)	• 장래의 경영전략을 통해 앞으로 어떻게 할 것인가 하는 문제 • 새로운 목표를 설정함에 따라 일어나는 문제로서 목표 지향적 문제라고도 함 • 많은 창조적인 노력이 요구되어 창조적 문제라고도 함

(2) 문제해결의 의의

① 문제해결이란?

목표와 현상을 분석하고, 이 분석 결과를 토대로 주요 과제를 도출하여 최적의 해결책을 찾아 바람직한 상태나 기대되는 결과가 나타나도록 실행, 평가해가는 활동을 말한다.

② 문제해결에 필요한 기본요소

- 체계적인 교육훈련
- 창조적 스킬의 습득
- 전문영역에 대한 지식 습득
- 문제에 대한 체계적인 접근

③ 문제해결의 장애요소

- 문제를 철저하게 분석하지 않는 것
- 고정관념에 얽매이는 것
- 쉽게 떠오르는 단순한 정보에 의지하는 것
- 너무 많은 자료를 수집하려고 노력하는 것

④ 문제해결에 필요한 기본적 사고

　㉠ 전략적 사고
　㉡ 분석적 사고

종류	요구되는 사고
성과 지향의 문제	기대하는 결과를 명시하고 효과적으로 달성하는 방법을 사전에 구상하고 실행에 옮길 것
가설 지향의 문제	현상 및 원인분석 전에 지식과 경험을 바탕으로 일의 과정이나 결과, 결론을 가정한 다음 검증 후 사실일 경우 다음 단계의 일을 수행할 것
사실 지향의 문제	일상 업무에서 일어나는 상식, 편견을 타파하여 객관적 사실로부터 사고와 행동을 출발할 것

　㉢ 발상의 전환
　㉣ 내・외부자원의 효과적 활용

(3) 제3자를 통한 문제해결

종류	내용
소프트 어프로치	• 대부분의 기업에서 볼 수 있는 전형적인 스타일 • 조직 구성원들이 같은 문화적 토양을 가짐 • 직접적인 표현보다는 암시를 통한 의사전달 • 제3자 : 결론을 미리 그려가면서 권위나 공감에 의지하여 의견 중재 • 결론이 애매하게 산출되는 경우가 적지 않음
하드 어프로치	• 조직 구성원들이 서로 다른 문화적 토양을 가짐 • 직설적인 주장을 통한 논쟁과 협상 • 논리, 즉 사실과 원칙에 근거한 토론 • 제3자 : 지도와 설득을 통해 전원이 합의하는 일치점 추구 • 이론적으로는 가장 합리적인 방법 • 창조적인 아이디어나 높은 만족감을 이끌어내기 어려움
퍼실리테이션	• 그룹의 지향점을 알려주고, 공감을 이룰 수 있도록 도와주는 것 • 제3자 : 깊이 있는 커뮤니케이션을 통해 창조적인 문제해결 도모 • 창조적인 해결방안 도출, 구성원의 동기와 팀워크 강화 • 퍼실리테이터의 줄거리대로 결론이 도출되어서는 안됨

(1) 창의적 사고와 브레인스토밍

① 창의적 사고란?

당면한 문제를 해결하기 위해 경험적 지식을 해체하여 새로운 아이디어를 다시 도출하는 것으로, 개인이 가지고 있는 경험과 지식을 통해 참신한 아이디어를 산출하는 힘이다.

② 창의적 사고의 특징

- 발전적(확산적) 사고
- 새롭고 유용한 아이디어를 생산해 내는 정신적인 과정
- 기발하거나, 신기하며 독창적인 것
- 유용하고 적절하며, 가치가 있는 것
- 기존의 정보들을 새롭게 조합시킨 것

③ 브레인스토밍

미국의 알렉스 오즈번이 고안한 그룹발산기법으로, 창의적인 사고를 위한 발산방법 중 가장 흔히 사용되는 방법이다. 집단의 효과를 살려서 아이디어의 연쇄반응을 일으켜 자유분방한 아이디어를 내고자 하는 것이다.

④ 브레인스토밍 진행 방법

- 주제를 구체적이고 명확하게 정한다.
- 구성원의 얼굴을 볼 수 있는 좌석 배치와 큰 용지를 준비한다.
- 구성원들의 다양한 의견을 도출할 수 있는 사람을 리더로 선출한다.
- 구성원은 다양한 분야의 사람들로 5 ~ 8명 정도로 구성한다.
- 발언은 누구나 자유롭게 할 수 있도록 하며, 모든 발언 내용을 기록한다.
- 아이디어에 대한 평가는 비판해서는 안 된다.

(2) 창의적 사고의 개발 방법

① 자유 연상법 – 생각나는 대로 자유롭게 발상 – 브레인 스토밍

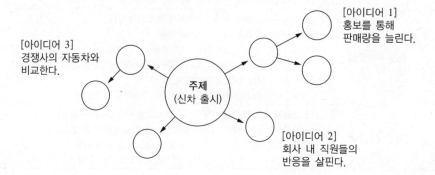

② 강제 연상법 – 각종 힌트와 강제적으로 연결지어서 발상 – 체크리스트

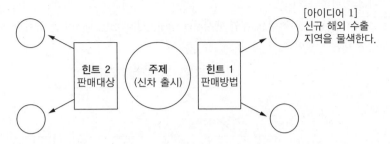

[아이디어 1]
신규 해외 수출
지역을 물색한다.

③ 비교 발상법 – 주제의 본질과 닮은 것을 힌트로 발상 – NM법, Synectics

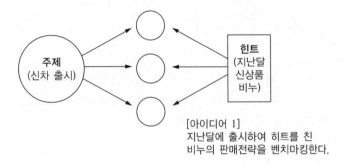

[아이디어 1]
지난달에 출시하여 히트를 친
비누의 판매전략을 벤치마킹한다.

(3) 논리적 사고

① 논리적 사고란?

> • 사고의 전개에 있어서 전후의 관계가 일치하고 있는가를 살피고, 아이디어를 평가하는 능력을 말한다.
> • 업무 수행 중에 자신이 만든 계획이나 주장을 주위 사람에게 이해시켜 실현시키기 위해서는 체계적인 설득 과정을 거쳐야 하는데, 이때 필요로 하는 것이 논리적 사고이다.

② 논리적 사고의 5요소

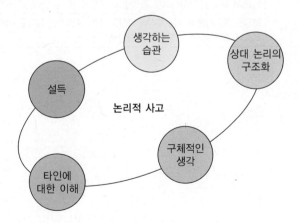

③ 논리적 사고를 개발하기 위한 방법
　㉠ 피라미드 기법
　　보조 메시지들을 통해 주요 메인 메시지를 얻고, 다시 메인 메시지를 종합한 최종적인 정보를
　　도출해 내는 방법이다.

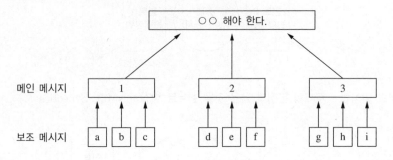

㉡ So What 기법
　"그래서 무엇이지?"하고 자문자답하는 의미로, 눈앞에 있는 정보로부터 의미를 찾아내어 가치 있
　는 정보를 이끌어 내는 사고이다. "So what?"은 단어나 체언만으로 표현하는 것이 아니라 주어
　와 술어가 있는 글로 표현함으로써 "어떻게 될 것인가?", "어떻게 해야 한다"라는 내용이 포함되
　어야 한다.

(4) 비판적 사고

① 비판적 사고의 의의
　어떤 주제나 주장 등에 대해서 적극적으로 분석하고 종합하며 평가하는 능동적인 사고를 말한다. 이는
　문제의 핵심을 중요한 대상으로 하며, 지식과 정보를 바탕으로 한 합당한 근거에 기초를 두고 현상을
　분석하고 평가하는 사고이다.

② 비판적 사고에 필요한 태도

종류	내용
문제의식	문제의식을 가지고 있다면 주변의 사소한 일에서도 정보를 수집할 수 있으며, 이러한 정보를 통해서 새로운 아이디어를 끊임없이 생산해 낼 수 있다.
고정관념의 타파	고정관념은 사물을 보는 시각에 영향을 주며, 일방적인 평가를 내리기 쉽게 한다. 따라서 지각의 폭을 넓히기 위해 고정관념을 타파해야 한다.

03 문제처리능력

(1) 문제 인식

① 문제 인식 절차

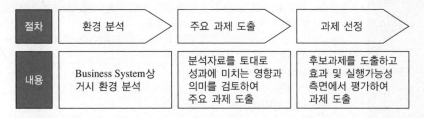

절차	환경 분석	주요 과제 도출	과제 선정
내용	Business System상 거시 환경 분석	분석자료를 토대로 성과에 미치는 영향과 의미를 검토하여 주요 과제 도출	후보과제를 도출하고 효과 및 실행가능성 측면에서 평가하여 과제 도출

② 환경 분석

㉠ 3C 분석

사업환경을 구성하고 있는 요소인 자사, 경쟁사, 고객을 3C라고 하며, 3C에 대한 체계적인 분석을 통해서 환경 분석을 수행할 수 있다.

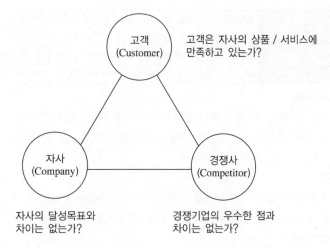

㉡ SWOT 분석

• 의의 : 기업 내부의 강점, 약점과 외부 환경의 기회, 위협요인을 분석 평가하고 이들을 서로 연관 지어 전략을 개발하고 문제해결 방안을 개발하는 방법이다.

		내부 환경요인	
		강점 (Strengths)	약점 (Weaknesses)
외부 환경요인	기회 (Opportunities)	SO 내부강점과 외부기회 요인을 극대화	WO 외부기회를 이용하여 내부약점을 강점으로 전환
	위협 (Threats)	ST 외부위협을 최소화하기 위해 내부강점을 극대화	WT 내부약점과 외부위협을 최소화

- SWOT 분석 방법

외부환경
분석
	• 좋은 쪽으로 작용하는 것은 기회, 나쁜 쪽으로 작용하는 것은 위협으로 분류
	• 언론매체, 개인 정보망 등을 통하여 입수한 상식적인 세상의 변화 내용을 시작으로 당사자에게
	  미치는 영향을 순서대로 점차 구체화
	• 인과관계가 있는 경우 화살표로 연결
	• 동일한 Data라도 자신에게 긍정적으로 전개되면 기회로, 부정적으로 전개되면 위협으로 구분
	• 외부환경분석 시에는 SCEPTIC 체크리스트를 활용
	  ① Social(사회), ② Competition(경쟁), ③ Economic(경제), ④ Politic(정치), ⑤ Technology
	  (기술), ⑥ Information(정보), ⑦ Client(고객)

내부환경
분석
	• 경쟁자와 비교하여 나의 강점과 약점을 분석
	• 강점과 약점의 내용 : 보유하거나 동원 가능하거나 활용 가능한 자원
	• 내부환경분석에는 MMMITI 체크리스트를 활용
	  ① Man(사람), ② Material(물자), ③ Money(돈), ④ Information(정보), ⑤ Time(시간), ⑥
	  Image(이미지)

- SWOT 전략 수립 방법

  내부의 강점과 약점을, 외부의 기회와 위협을 대응시켜 기업 목표 달성을 위한 SWOT 분석을
  바탕으로 구축한 발전전략의 특성은 다음과 같다.

SO전략	외부환경의 기회를 활용하기 위해 강점을 사용하는 전략 선택
ST전략	외부환경의 위협을 회피하기 위해 강점을 사용하는 전략 선택
WO전략	자신의 약점을 극복함으로써 외부환경의 기회를 활용하는 전략 선택
WT전략	자신의 약점을 보완해 미래의 위협에 대응하거나 비상시에 대처하기 위한 전략 선택

③ 주요 과제 도출

과제 도출을 위해서는 한 가지 안이 아닌 다양한 과제 후보안을 도출해내는 일이 체계적이며 바람직
하다. 주요 과제 도출을 위한 과제안 작성 시 과제안 간의 수준은 같아야 하며, 표현의 구체성, 기간
내 해결 가능성 등을 확인해야 한다.

④ 과제 선정

과제안 중 효과 및 실행 가능성 측면을 평가하여 우선순위를 부여한 후 가장 우선순위가 높은 안을
선정하며, 우선순위 평가 시에는 과제의 목표, 자원현황 등을 종합적으로 고려하여 평가한다.

⑤ 과제안 평가기준

과제해결의 중요성, 과제 착수의 긴급성, 과제해결의 용이성을 고려하여 여러 개의 평가 기준을 동시
에 설정하는 것이 바람직하다.

(2) 문제 도출

① 문제 도출 절차

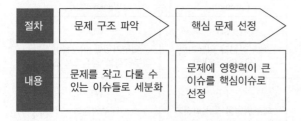

② 문제 구조 파악

전체 문제를 개별화된 세부 문제로 쪼개는 과정으로 문제의 내용 및 미치고 있는 부정적인 영향 등을 파악하여 문제의 구조를 도출해내는 것이다.

③ Logic Tree 방법

주요 과제를 나무모양으로 분해, 정리하는 기술로서, 제한된 시간 동안 문제의 원인을 깊이 파고든다든지, 해결책을 구체화할 때 유용하게 사용된다.

(3) 원인 분석

① 원인 분석 절차

② Issue 분석

절차	내용
핵심이슈 설정	업무에 가장 크게 영향을 미치는 문제로 선정하며, 사내외 고객 인터뷰 등을 활용한다.
가설 설정	이슈에 대해 자신의 직관, 경험 등에 의존하여 일시적인 결론을 예측하는 것이며, 설정된 가설은 관련자료 등을 통해 검증할 수 있어야 하며, 논리적이며 객관적이어야 한다.
Output 이미지 결정	가설검증계획에 따라 분석결과를 미리 이미지화하는 것이다.

③ Data 분석

절차	내용
Data 수집계획 수립	데이터 수집 시에는 목적에 따라 수집 범위를 정하고 전체 자료의 일부인 표본을 추출하는 전통적인 통계학적 접근과 전체 데이터를 활용한 빅데이터 분석을 구분해야 한다. 이때, 객관적인 사실을 수집해야 하며 자료의 출처를 명확히 밝힐 수 있어야 한다.
Data 정리 / 가공	데이터 수집 후에는 목적에 따라 수집된 정보를 항목별로 분류 정리하여야 한다.
Data 해석	정리된 데이터는 "무엇을", "왜", "어떻게" 측면에서 의미를 해석해야 한다.

④ 원인 파악

절차	내용
단순한 인과관계	원인과 결과를 분명하게 구분할 수 있는 경우로, 날씨가 더우면 아이스크림 판매량이 증가하는 경우가 이에 해당한다.
닭과 계란의 인과관계	원인과 결과를 구분하기가 어려운 경우로, 브랜드의 향상이 매출확대로 이어지고, 매출확대가 다시 브랜드의 인지도 향상으로 이어져 원인과 결과를 쉽게 밝혀내기 어려운 상황이 이에 해당한다.
복잡한 인과관계	단순한 인과관계와 닭과 계란의 인과관계의 유형이 복잡하게 서로 얽혀 있는 경우로, 대부분의 문제가 이에 해당한다.

(4) 해결안 개발

① 해결안 개발 절차

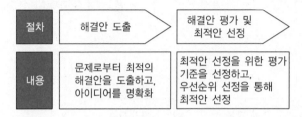

② 해결안 도출과정

- 근본원인으로 열거된 내용을 어떠한 방법으로 제거할 것인지를 명확히 한다.
- 독창적이고 혁신적인 방안을 도출한다.
- 유사한 방법이나 목적을 가진 내용을 군집화한다.
- 최종 해결안을 정리한다.

③ 해결안 평가 및 최적안 선정

문제(What), 원인(Why), 방법(How)을 고려해서 해결안을 평가하고 가장 효과적인 해결안을 선정해야 하며, 중요도와 실현가능성 등을 고려해서 종합적인 평가를 내리고, 채택 여부를 결정하는 과정이다.

(5) 실행 및 후속 조치

① 실행 및 후속 조치 절차

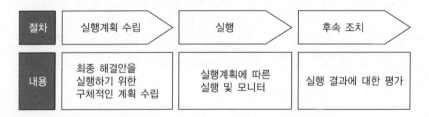

② 실행계획 수립

세부 실행내용의 난이도를 고려하여 가급적 구체적으로 세우는 것이 좋으며, 해결안별 실행계획서를 작성함으로써 실행의 목적과 과정별 진행내용을 일목요연하게 파악하도록 하는 것이 필요하다.

③ 실행 및 후속 조치

　㉠ 사전 조사를 통해 문제점을 발견하고, 해결안을 보완한 후 대상 범위를 넓혀서 전면적으로 실시해야 한다. 그리고 실행상의 문제점 및 장애요인을 신속히 해결하기 위해서 모니터링 체제를 구축하는 것이 바람직하다.

　㉡ 모니터링 시 고려 사항

> • 바람직한 상태가 달성되었는가?
> • 문제가 재발하지 않을 것을 확신할 수 있는가?
> • 사전에 목표한 기간 및 비용은 계획대로 지켜졌는가?
> • 혹시 또 다른 문제를 발생시키지 않았는가?
> • 해결책이 주는 영향은 무엇인가?

핵심예제

두 사람의 대화 내용에서 ㉠과 ㉡에 들어갈 문제해결 절차를 바르게 나열한 것은?

> 강대리 : 팀장님, 아무래도 저희 시스템에 문제가 좀 있는 것 같습니다.
> 최팀장 : 갑자기 그게 무슨 소린가?
> 강대리 : ＿＿＿＿＿＿＿＿＿㉠＿＿＿＿＿＿＿＿＿
> 최팀장 : 그런 현상이 자꾸 발생한다면 큰 문제가 될 텐데, 왜 그런 현상이 나타나는 거지?
> 강대리 : ＿＿＿＿＿＿＿＿＿㉡＿＿＿＿＿＿＿＿＿

	㉠	㉡
①	문제 인식	문제 도출
②	문제 도출	원인 분석
③	원인 분석	실행 및 평가
④	해결안 개발	실행 및 평가
⑤	문제 도출	해결안 개발

| 해설 |　문제해결 절차는 '문제 인식 → 문제 도출 → 원인 분석 → 해결안 개발 → 실행 및 평가'이다.
　㉠은 강대리가 문제 인식을 하고 팀장님께 보고한 후 어떤 문제가 발생했는지 도출해 내는 단계이므로 문제를 명확히 하는 '문제 도출' 단계이다.
　㉡은 최팀장에게 왜 그런 현상이 나타나는 것인지에 대해 대답할 차례이므로 문제가 나타나는 현상에 대한 원인을 분석하는 '원인 분석' 단계이다.

정답 ②

정답 및 해설 p.038

01 다음 제시문에서 말하는 '문제점'에 대해 바르게 이야기한 사람은?

> 문제란 목표와 현실과의 차이다. 한마디로 목표는 '어떻게 되었으면 좋겠는가?'하는 전망을 말하고,
> 현 상황은 '어떻게 되어 있는가?'하는 상태를 말한다. 여기서 차이는 목표와 현재 상황이 어긋났음
> 을 의미한다. 문제점이란 '무엇 때문에 목표와 어긋났는가?'라는 질문에 대한 답변이다. 다시 말하
> 면 문제점은 문제가 아니라 원인이다.

① 지혜 : 매출 목표를 100억 원으로 정했지만, 60억 원밖에 달성하지 못했어.

② 미란 : 교육훈련 시간이 부족해서 인력의 조기전력화가 불가능해졌어.

③ 건우 : 공사착공 후 13개월이 지났는데도 진척률이 95%밖에 안 돼.

④ 경현 : 태블릿 PC 생산 목표를 4만 대에서 3만 대로 줄일 수밖에 없었어.

⑤ 연준 : 해외 공장에서 상반기 65% 이상 생산이 목표였지만 50% 미만이었어.

02 문제해결 절차의 실행 및 평가 단계가 다음과 같이 진행될 때, 실행계획 수립 단계에서 고려해야
할 사항으로 적절하지 않은 것은?

① 인적자원, 물적자원, 예산, 시간을 고려하여 계획을 세운다.

② 세부 실행내용의 난도를 고려하여 구체적으로 세운다.

③ 해결안별 구체적인 실행계획서를 작성한다.

④ 실행의 목적과 과정별 진행내용을 일목요연하게 파악할 수 있도록 작성한다.

⑤ 실행상의 문제점 및 장애요인을 신속하게 해결하기 위해 모니터링 체제를 구축한다.

03 다음 SWOT 분석의 설명을 읽고 추론한 내용으로 적절한 것은?

> SWOT 분석에서 강점은 경쟁기업과 비교하여 소비자로부터 강점으로 인식되는 것이 무엇인지, 약점은 경쟁기업과 비교하여 소비자로부터 약점으로 인식되는 것이 무엇인지, 기회는 외부환경에서 유리한 기회요인은 무엇인지, 위협은 외부환경에서 불리한 위협요인은 무엇인지를 찾아내는 것이다. SWOT 분석의 가장 큰 장점은 기업의 내부 및 외부 환경의 변화를 동시에 파악할 수 있다는 것이다.

① 제품의 우수한 품질은 SWOT 분석의 기회 요인으로 볼 수 있다.
② 초고령화 사회는 실버산업에 있어 기회 요인으로 볼 수 있다.
③ 기업의 비효율적인 업무 프로세스는 SWOT 분석의 위협 요인으로 볼 수 있다.
④ 살균제 달걀 논란은 빵집에게 있어 약점 요인으로 볼 수 있다.
⑤ 근육운동 열풍은 헬스장에게 있어 강점 요인으로 볼 수 있다.

04 다음의 자료에서 설명하는 문제의 유형에 대하여 〈보기〉의 사례가 적절하게 연결된 것은?

〈문제의 유형〉	
발생형 문제	현재 직면한 문제로, 어떤 기준에 대하여 일탈 또는 미달함으로써 발생하는 문제이다.
탐색형 문제	탐색하지 않으면 나타나지 않는 문제로, 현재 상황을 개선하거나 효율을 더 높이기 위해 발생하는 문제이다.
설정형 문제	미래지향적인 새로운 과제 또는 목표를 설정하면서 발생하는 문제이다.

> **보기**
>
> (가) A회사는 초콜릿 과자에서 애벌레로 보이는 곤충 사체가 발견되어 과자 제조과정에 대해 고민하고 있다.
> (나) B회사는 점차 다가오는 초고령사회에 대비하여 노인들을 위한 애플리케이션을 개발하기로 했다.
> (다) C회사는 현재의 충전지보다 더 많은 전압을 회복시킬 수 있는 충전지를 연구하고 있다.
> (라) D회사는 발전하고 있는 드론시대를 위해 드론센터를 건립하기로 결정했다.
> (마) E회사는 업무 효율을 높이기 위해 근로시간을 단축하기로 결정했다.
> (바) F회사는 올해 개발한 침대에 방사능이 검출되어 안전기준에 부적합 판정을 받았다.

	발생형 문제	탐색형 문제	설정형 문제
①	(가), (바)	(다), (마)	(나), (라)
②	(가), (마)	(나), (라)	(다), (바)
③	(가), (나)	(다), (바)	(라), (마)
④	(가), (나)	(마), (바)	(다), (라)
⑤	(가), (바)	(나), (다)	(라), (마)

05 다음 글을 근거로 판단할 때, 〈보기〉에서 옳은 설명을 모두 고르면?

▣ 사업개요
  1. 사업목적
     취약계층 아동에게 맞춤형 통합서비스를 제공하여 아동의 건강한 성장과 발달을 도모하고, 공평한 출발기회를 보장함으로써 건강하고 행복한 사회구성원으로 성장할 수 있도록 지원함
  2. 사업대상
     만 12세까지의 취약계층 아동
     ※ 0세는 출생 이전의 태아와 임산부를 포함
     ※ 초등학교 재학생이라면 만 13세 이상도 포함

▣ 운영계획
  1. 지역별 인력구성
     • 전담공무원 : 3명
     • 아동통합서비스 전문요원 : 4명 이상
     ※ 아동통합서비스 전문요원은 대상 아동 수에 따라 최대 7명까지 배치 가능
  2. 사업예산
     시 · 군 · 구별 최대 3억 원(국비 100%) 한도에서 사업환경을 반영하여 차등 지원
     ※ 단, 사업예산의 최대 금액은 기존사업지역 3억 원, 신규사업지역 1억 5천만 원으로 제한

> **보기**
>
> ㉠ 임신 6개월째인 취약계층 임산부는 사업대상에 해당되지 않는다.
> ㉡ 내년 초등학교 졸업을 앞둔 만 14세 취약계층 학생은 사업대상에 해당한다.
> ㉢ 대상 아동 수가 많은 지역이더라도 해당 사업의 전담공무원과 아동통합서비스 전문요원을 합한 인원은 10명을 넘을 수 없다.
> ㉣ 해당 사업을 신규로 추진하고자 하는 △△시는 사업예산을 최대 3억 원까지 국비로 지원받을 수 있다.

① ㉠, ㉡
② ㉠, ㉣
③ ㉡, ㉢
④ ㉡, ㉣
⑤ ㉢, ㉣

06 다음은 N기업 A직원의 퇴직금 관련 자료이다. 자료에 따라 A직원이 받을 퇴직금을 구하면?(단, A직원은 퇴직금 조건을 모두 만족하고, 주어진 조건 외에는 고려하지 않으며, 1,000원 미만은 절사한다)

〈N기업 퇴직금 산정 기준〉

• 근무한 개월에 따라 1년 미만이라도 정해진 기준에 따라 지급한다.
• 평균임금에는 기본급과 상여금, 기타 수당 등이 포함된다.
• 실비에는 교통비, 식비, 출장비 등이 포함된다.
• 1일 평균임금은 퇴직일 이전 3개월간에 지급받은 임금총액을 퇴직일 이전 3개월간의 근무일수의 합으로 나눠서 구한다.
• 1일 평균임금 산정기간과 총근무일수 중 육아휴직 기간이 있는 경우에는 그 기간과 그 기간 중에 지급된 임금은 평균임금 산정기준이 되는 기간과 임금의 총액에서 각각 뺀다.
• 실비는 평균임금에 포함되지 않는다.
• (퇴직금)=(1일 평균임금)×(30일)×$\dfrac{(총근무일수)}{360}$

〈직원 A의 월급 명세서〉

(단위 : 만 원)

구분	월 기본급	상여금	교통비	식비	기타수당	근무일수	기타
1월	160	–	20	20	25	31일	–
2월	160	–	20	20	25	28일	–
3월	160	–	20	20	25	31일	–
4월	160	–	20	20	25	22일	–
5월	160	–	20	20	–	16일	육아휴직(10일)
6월	160	160	20	20	25	22일	7월 1일 퇴직

① 1,145,000원 ② 1,289,000원
③ 1,376,000원 ④ 1,596,000원
⑤ 1,613,000원

※ 다음은 N은행에서 판매하는 대출상품에 대한 안내 자료이다. 자료를 보고, 이어지는 질문에 답하시오.
   [7~8]

<N은행 대출상품 안내>

구분	내용 및 조건	금리
A	• 대학생, 취업준비생, 사회초년생 대상 저금리 대출상품 　－ 대학생 : 4년제 이상의 국내 대학 재학생 　－ 취업준비생 : 4년제 이상의 국내 대학 졸업 후 3년 이내 　　(단, 기간 내 1년 이상의 재직 경력이 있을 경우 제외) 　－ 사회초년생 : 4년제 이상의 국내 대학 졸업 후 3년 이내로 　　대출 당시 재직연수 1년 미만	• 기본금리 : 연 2.9% • 우대금리 　－ 현재 재학생일 경우 : 연 0.2%p 　－ 수도권 소재 대학일 경우 : 연 0.3%p
B	• 대학생, 사회초년생(만 24세 이상 만 33세 이하) 대상 저금 리 대출상품 　－ 대학생 : 잔여 재학연수 1년 이상 　－ 사회초년생 : 재직 중일 경우 4대보험이 적용되는 곳이어 　　야 하며, 월급 통장의 급여내역 3개월 이상	• 기본금리 : 연 2.8% • 우대금리 　－ 현재 재직 중일 경우 재직연수에 따라 차등 적 　　용(1년 이내 연 0.1%p, 1년 초과 3년 이내 연 　　0.3%p, 3년 초과 연 0.5%p) 　－ 신차 구매 관련 대출금일 경우 : 연 0.4%p
C	• 방문고객 전용 대출상품 직접 N은행에 방문해야 하며, 본인 명의의 N은행 통장을 개설한 지 1년 이상으로 이용 건수 5건 이상	• 기본금리 : 연 3.0% • 우대금리 　－ 다자녀가구(자녀 2명 이상) : 연 0.2%p 　－ 한부모가구 : 연 0.2%p 　－ 자영업자 : 연 0.3%p
D	• 스마트폰 사용 고객 대출상품 대출자 명의의 스마트폰 요금을 N은행을 통해 계좌이체 및 N은행 카드로 납부한 내역이 6개월 이상	• 기본금리 : 연 3.3% • 우대금리(납부방법에 따라 차등 적용) 　－ N은행 카드로 납부 시 : 연 0.2%p 　－ N은행 계좌로 자동이체 시 : 연 0.5%p

※ 상품별 우대금리는 조건 충족 시 중복하여 적용될 수 있음

07 다음은 N은행에 근무 중인 K사원이 받은 고객의 문의 내용이다. K사원이 해당 고객에게 추천할 상품과 상품의 적용금리로 가장 적절한 것은?

> 안녕하세요? 저는 만 26세 사회초년생입니다. 저는 최근 이혼을 하여 아이 둘을 혼자 키우고 있어요. 이번에 이사를 하게 되어 급하게 대출을 받으려 하는데요. 어떤 상품이 좋은지 몰라서요. 저는 국내 수도권 소재의 4년제 대학을 졸업했고, 졸업한 지 이제 2년이 지났는데, 졸업하자마자 취업해서 현재 2년째 재직 중이에요. 저희 회사는 4대보험이 적용되는 회사고, 급여는 N은행 통장으로 받고 있어요. 스마트폰을 사용하고 있긴 하지만, 요금은 다른 은행의 계좌에서 자동이체하고 있어요. 4시 이후에 은행을 방문하려고 하는데, 그 전에 문의 먼저 하려고요.

① A, 2.6%
② B, 2.5%
③ B, 2.7%
④ C, 2.6%
⑤ C, 2.8%

08 다음 N은행의 직원과 고객의 통화 내용을 참고할 때, 직원이 해당 고객에게 추천할 상품과 상품의 적용 금리로 가장 적절한 것은?

> 직원 : 안녕하세요. 고객님, 무엇을 도와드릴까요?
> 고객 : 안녕하세요. 제가 차가 필요해서요, 방문하지 않고 대출을 받고 싶은데요.
> 직원 : 실례지만, 나이와 직업이 어떻게 되시는지요?
> 고객 : 만 25세이며, 현재 지방 소재 4년제 대학의 2학년으로 재학 중입니다.
> 직원 : 혹시 결혼은 하셨는지요?
> 고객 : 아니요. 미혼입니다.
> 직원 : 혹시 저희 은행을 이용 중이신가요?
> 고객 : 네, 대학교 입학 당시 부모님께서 제 명의의 입출금통장을 만들어주셨고 이 통장으로 매달 생활비와 등록금을 받고 있습니다. 또한 대학교 입학 당시부터 이 통장을 통해 스마트폰 요금을 자동이체하고 있고요.
> 직원 : 아, 그러시군요. 그럼 제일 낮은 금리의 상품으로 알려드리겠습니다.

① A, 2.4%
② A, 2.7%
③ B, 2.4%
④ B, 2.8%
⑤ D, 2.8%

※ N은행 □□지점 직원인 귀하는 창구에서 고객 A씨에게 A씨의 고객 등급과 혜택에 대하여 설명하고 있다. 다음 자료를 읽고 물음에 답하시오. [9~10]

〈N은행 고객 등급 선정기준〉

1. 고객 등급

구분	다이아몬드	골드	실버	브론즈		해피
평가점수	1,000점 이상	500점 이상	300점 이상	150점 이상	300점 이상	80점 이상
금융자산	3,000만 원 이상	1,000만 원 이상	300만 원 이상	200만 원 이상	–	–

※ 금융자산 : 수신(입출식예금, 기타예금, 수익증권) 3개월 평균 잔액
※ 브론즈 고객은 2가지 기준 중 1개, 해피 고객은 평가점수만 해당되면 해당 등급으로 선정

2. 대상 거래 및 배점

항목	기준	배점
수신	입출식 예금 직전 3개월 평균 잔액	10만 원당 7점
	거치 · 적립식 예금 직전 3개월 평균 잔액	10만 원당 1점
	수익증권 직전 3개월 평균 잔액	10만 원당 5점
여신	가계대출 직전 3개월간 1천만 원 이상	10점, 이후 100만 원당 1점
외환	직전 3개월 환전	$100당 2점
	직전 3개월 송금	
급여이체	3개월 누계 100만 원 이상	200만 원 미만 100점, 300만 원 미만 150점, 300만 원 이상 200점
결제계좌	신용카드 자동이체 당행 결제계좌 등록	신용카드당 40점, 자동이체 건당 10점 (최대 50점 한도)
고객정보	8개 고객정보 등록 (휴대폰, 이메일, 자택 주소, 자택 전화번호, 직장명, 직장 주소, 직장 전화번호, 주거유형)	정보 1개당 2점
세대등록 정보	세대주로 등록 시(단독세대주 제외)	20점
거래기간	고객 등록일 기준	1년당 5점

〈고객 A씨의 정보〉

- 2006년 9월부터 2023년 11월 현재까지 거래 중
- 최근 3개월 입출식 예금 평균 잔액은 152만 원, 적립식 예금 평균 잔액은 200만 원
- 최근 3개월 연속 급여이체, 급여액은 평균 320만 원
- 5개월 전 가계대출 2,500만 원
- 신용카드 2개 결제대금 자동이체 등록
- 휴대폰번호, 이메일, 자택 주소, 직장명, 직장 주소, 직장 전화번호 등록
- 지난달 해외여행으로 $500 환전

09 A씨의 고객 등급은 무엇인가?

① 다이아몬드
② 골드
③ 실버
④ 브론즈
⑤ 해피

10 09번에 따라 귀하는 고객 A씨에게 고객 등급별 혜택을 안내하려고 한다. 다음 중 A씨에게 혜택으로 안내할 수 있는 항목으로만 바르게 짝지어진 것은?

〈N은행 고객 등급별 혜택〉

구분	다이아몬드	골드	실버	브론즈	해피
무보증 대출	최대 6천만 원	최대 3천만 원	최대 2천만 원	−	−
예금 금리 우대 (입출식·정기)	+0.15% 이내	+0.1% 이내	−	−	−
수수료 면제 및 할인	모든 수수료 면제	모든 수수료 면제	송금 수수료 면제	모든 수수료 50% 할인	−
신용카드 연회비	면제	면제	면제	−	−
외환 환전·송금 환율 우대	50%	50%	50%	30%	10%

① 환율 우대 50%, 무보증 대출 최대 6천만 원
② 예금 금리 0.1% 이내 우대, 모든 수수료 면제
③ 신용카드 연회비 면제, 예금 금리 0.1% 이내 우대
④ 환율 우대 50%, 송금 수수료 면제
⑤ 환율 우대 50%, 모든 수수료 면제

04 | 자기개발능력 핵심이론

01 자기개발능력의 의의

(1) 자기개발의 의미와 중요성

① 자기개발의 의미

자신의 능력, 적성 및 특성 등에서 강점과 약점을 찾아 확인해 강점을 강화하고, 약점을 관리해 성장을 위한 기회로 활용하는 것이다.

② 자기개발의 특징

- 자기개발의 주체와 객체는 모두 자기 자신이다.
- 자기개발을 통해 지향하는 바와 선호하는 방법 등이 사람마다 다르다.
- 평생에 걸쳐 이루어지는 과정이다.
- 일과 관련해 이루어지는 활동이다.
- 생활 가운데 이루어져야 한다.
- 모든 사람이 해야 하는 것이다.

③ 자기개발의 필요성

- 효과적인 업무 처리 즉, 업무 성과의 향상을 위해 필요하다.
- 빠르게 변화하는 환경에 적응하기 위해 필요하다.
- 주변 사람들과 긍정적인 인간관계를 형성하기 위해 필요하다.
- 달성하고자 하는 목표의 성취를 위해 필요하다.
- 개인적으로 보람된 삶을 살기 위해 필요하다.

(2) 자기개발의 방법

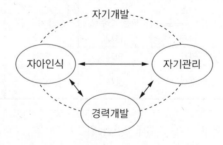

① 자아인식

의미	• 자신의 가치, 신념 등 자신이 누구인지 아는 것 • 자신이 어떠한 특성을 가지고 있는 지를 인식할 수 있어야 함
방법	내가 아는 나를 확인하는 방법, 다른 사람과의 대화를 통해 알아가는 방법, 표준화된 검사 척도를 이용하는 방법 등

② 자기관리

의미	자신을 이해하고, 목표의 성취를 위해 자신의 행동 및 업무수행을 관리하는 것
과정	자신에 대한 이해를 토대로 비전·목표를 수립 → 과제를 발견 → 자신의 일정을 수립·조정해 자기관리를 수행 → 반성 및 피드백

③ 경력개발

경력	일생에 걸쳐서 지속적으로 이루어지는 일과 관련된 경험
경력개발	개인의 경력 목표와 전략을 수립하고 실행하며 피드백하는 과정
경력계획	자신과 상황을 인식하고 경력 관련 목표를 설정해 목표를 달성하기 위한 과정
경력관리	경력계획을 준비하고 실행하며 피드백함

(3) 자기개발 계획

① 자기개발 설계 전략
  ㉠ 장단기 목표의 수립
  ㉡ 인간관계의 고려
  ㉢ 현재의 직무 고려
  ㉣ 구체적인 방법으로 계획
  ㉤ 자신의 브랜드화
    단순히 자신을 알리는 것을 넘어 다른 사람과 자신을 차별화하는 특징을 밝혀내고 이를 부각시키기 위해 지속적인 자기개발을 하며 알리는 것(PR; Public Relations)을 말한다.
② 자기개발 계획 수립의 장애 요인
  자기 정보의 부족, 내·외부 작업 정보의 부족, 의사결정시 자신감의 부족, 일상생활의 요구사항, 주변 상황의 제약

02 자아인식능력

(1) 자아인식의 개념

① 자아인식의 의미

자신의 요구를 파악하고 자신의 능력 및 기술을 이해하여 자신의 가치를 확신하는 것으로, 개인과 팀의 성과를 높이는 데 필수적으로 요구된다.

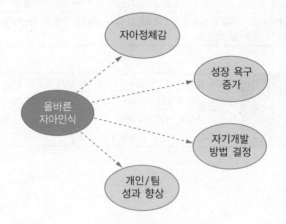

② 자아존중감

개인의 가치에 대한 주관적인 평가와 판단을 통해 자기결정에 도달하는 과정이며, 스스로에 대한 긍정적 또는 부정적 평가를 통해 가치를 결정짓는 것이다.

종류	내용
가치 차원	다른 사람들이 자신을 가치 있게 여기며 좋아한다고 생각하는 것
능력 차원	과제를 완수하고 목표를 달성할 수 있다는 신념
통제감 차원	자신이 세상에서 경험하는 일들과 거기에 영향을 미칠 수 있다고 느끼는 정도

③ 나를 아는 방법

㉠ 본인 스스로에게 질문하는 방법

㉡ 다른 사람과의 대화를 통하는 방법

㉢ 표준화된 검사 도구를 활용하는 방법

(2) 자아성찰

① 자아성찰의 필요성

- 다른 일을 할 때 필요한 노하우의 축적
- 성장의 기회
- 신뢰감 형성
- 창의적인 사고

② 자아성찰을 연습하는 방법

종류	내용
성찰노트의 작성	잘했던 일과 잘못했던 일을 매일 성찰하고, 이에 대한 이유와 개선점을 자유롭게 적는다.
끊임없는 질문	• 지금 일이 잘 진행되거나, 그렇지 않은 이유는 무엇인가? • 이 상태를 변화시키거나, 유지하기 위해 해야 하는 일은 무엇인가?

03 자기관리능력

(1) 자기관리 단계별 계획

① 비전 및 목적 정립

> • 나에게 가장 중요한 것은 무엇인가?
> • 나의 가치관은?
> • 내 삶의 목적은 어디에 있는가?

② 과제 발견

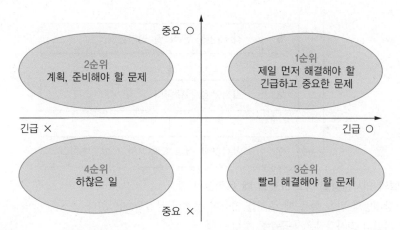

③ 일정 수립

종류	내용
월간 계획	장기적인 관점에서 계획하고 준비해야 될 일을 작성
주간 계획	우선순위가 높은 일을 먼저 하도록 계획을 세움
일간 계획	보다 자세하게 시간 단위로 작성

④ 수행

내가 하려고 하는 일은 무엇인지, 이 일에 영향을 미치는 요소들은 무엇인지, 이를 관리하기 위한 방법은 어떤 것이 있는지 찾아 계획한 대로 바람직하게 수행한다.

⑤ 반성 및 피드백

(2) 합리적인 의사결정

① 합리적인 의사결정의 중요성

합리적인 의사결정은 자신의 목표를 정해 대안들을 찾아보고 가장 실행 가능한 최상의 방법을 선택해 행동하는 것이다.

② 합리적인 의사결정 과정

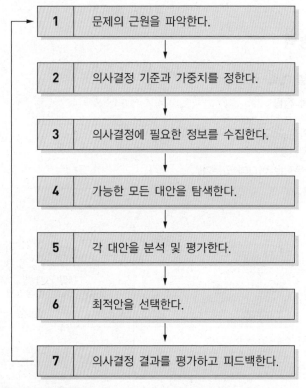

1	문제의 근원을 파악한다.
2	의사결정 기준과 가중치를 정한다.
3	의사결정에 필요한 정보를 수집한다.
4	가능한 모든 대안을 탐색한다.
5	각 대안을 분석 및 평가한다.
6	최적안을 선택한다.
7	의사결정 결과를 평가하고 피드백한다.

③ 거절의 의사결정을 하고 표현할 때 유의할 사항

㉠ 상대방의 말을 들을 때 주의를 기울여 문제의 본질을 파악한다.

㉡ 거절의 의사결정은 빠를수록 좋다.

㉢ 거절할 때에는 분명한 이유를 만들어 제시해야 한다.

㉣ 대안을 제시한다.

(3) 자신의 내면 관리와 성과 향상 방법

① 인내심 키우기

② 긍정적인 마음 가지기

③ 업무수행 성과를 높이기 위한 행동전략

- 일을 미루지 않는다.
- 업무를 묶어서 처리한다.
- 회사와 팀의 업무 지침을 따른다.
- 역할 모델을 설정한다.

04 경력개발능력

(1) 경력개발의 의미

① 경력개발

개인이 경력목표와 전략을 수립하고 실행하며 피드백하는 과정으로, 개인은 한 조직의 구성원으로서 조직과 함께 상호작용하며 자신의 경력을 개발한다.

② 경력개발능력

자신의 진로에 대해 단계적 목표를 설정하고 목표 성취에 필요한 역량을 개발해 나가는 능력을 말한다.

③ 경력개발능력의 필요성

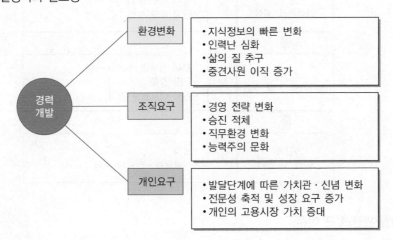

(2) 경력단계의 과정

① 경력개발단계별 세부 내용

직업선택 (0 ~ 25세)	• 최대한 여러 직업의 정보를 수집하여 탐색 후 나에게 적합한 최초의 직업 선택 • 관련학과 외부 교육 등 필요한 교육 이수
조직입사 (18 ~ 25세)	• 원하는 조직에서 일자리 얻음 • 정확한 정보를 토대로 적성에 맞는 적합한 직무선택
경력 초기 (25 ~ 40세)	• 조직의 규칙과 규범에 대해 배움 • 직업과 조직에 적응해 감 • 역량(지식, 기술, 태도)을 증대시킴
경력 중기 (40 ~ 55세)	• 경력초기를 재평가함 • 성인 중기에 적합한 선택을 하고 지속적으로 열심히 일함
경력 말기 (55세 ~ 퇴직)	• 지속적으로 열심히 일함 • 자존심 유지 • 퇴직준비의 자세한 계획(경력 중기부터 준비하는 것이 바람직)

② 경력개발 계획의 단계

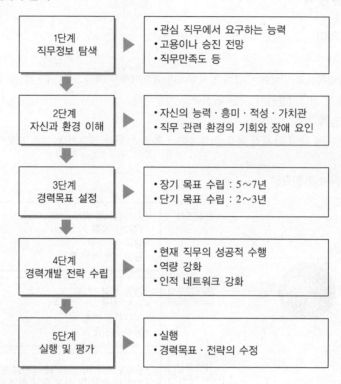

1단계 직무정보 탐색	▶	• 관심 직무에서 요구하는 능력 • 고용이나 승진 전망 • 직무만족도 등
2단계 자신과 환경 이해	▶	• 자신의 능력 · 흥미 · 적성 · 가치관 • 직무 관련 환경의 기회와 장애 요인
3단계 경력목표 설정	▶	• 장기 목표 수립 : 5~7년 • 단기 목표 수립 : 2~3년
4단계 경력개발 전략 수립	▶	• 현재 직무의 성공적 수행 • 역량 강화 • 인적 네트워크 강화
5단계 실행 및 평가	▶	• 실행 • 경력목표 · 전략의 수정

(3) 경력개발 관련 최근 이슈

① 평생학습 사회
② 투잡스(Two-jobs)
③ 청년 실업
④ 창업 경력
⑤ 독립근로자와 같은 새로운 노동형태의 등장
⑥ 일과 생활의 균형(WLB, 워라밸)

경력단계는 직업 선택, 조직 입사, 경력 초기, 경력 중기, 경력 말기로 구분된다. 경력단계 중 다음 〈보기〉의 내용과 관련 있는 것은?

보기

회사에서 차장으로 재직 중인 45세 P씨는 입사 동기 대부분이 부장으로 승진하였거나 퇴사한 상태이다. 조금 있으면 후배 차장들이 승진할 차례이고, 점차 빠르게 변화해가는 조직에서 적응하기도 나름 힘들다는 걸 느끼고 있다. 퇴근 후에는 마음 놓고 속을 털어놓을 동료나 후배가 없어 혼자 포장마차에서 술을 마시고 퇴근하는 경우가 많다. 매일의 반복되는 생활 속에서 새로운 변화를 꿈꾸기도 하여 서점에서 도움이 될 만한 자격증 서적을 찾아서 구입하기도 한다.

① 그동안 성취한 것을 재평가하고 생산성을 그대로 유지하는 단계이다.
② 자신에게 적합한 직업이 무엇인지를 탐색하고, 이를 선택한 후 여기에 필요한 능력을 키우는 과정이다.
③ 자신이 선택한 경력 분야에서 원하는 조직의 일자리를 얻으며 직무를 선택하는 과정이다.
④ 조직의 생산적인 기여자로 남고 자신의 가치를 지속적으로 유지하기 위하여 노력하며, 동시에 퇴직을 고려하게 되는 단계이다.
⑤ 자신이 맡은 업무 내용을 파악하고, 새로 들어간 조직의 규칙이나 규범, 분위기를 알아가는 단계이다.

| 해설 | 보기의 P씨는 경력 중기에 해당하는 위치에 있다. 경력 중기는 자신이 그동안 성취한 것을 재평가하고, 생산성을 그대로 유지하는 단계이다. 그러나 경력 중기에 이르면 직업 및 조직에서 어느 정도 입지를 굳히게 되어 더 이상 수직적인 승진 가능성이 적은 경력 정체 시기에 이르게 되며, 새로운 환경의 변화(과학기술, 관리방법의 변화 등)에 직면하게 되어 생산성을 유지하는 데 어려움을 겪기도 한다. 또한 개인적으로 현 직업이나 라이프스타일에 대한 불만을 느끼며, 매일의 반복적인 일상에 따분함을 느끼기도 한다.

오답분석
② 직업 선택의 단계에 해당한다.
③ 조직 입사의 단계에 해당한다.
④ 경력 말기의 단계에 해당한다.
⑤ 경력 초기의 단계에 해당한다.

정답 ①

01 다음 중 자기개발이 필요한 이유가 같은 사람을 모두 고르면?

> ⊙ IT 회사에 재직 중인 A사원은 새로운 기술이 도입됨에 따라 자신의 업무 방식에 변화가 필요하다는 것을 깨달았다.
> ⓒ 반도체 회사에 근무 중인 B사원은 올해 안에 새로운 제품을 개발하고, 이를 출시하는 것을 목표로 삼았다.
> ⓒ 의류업체에 다니고 있는 C사원은 업무 처리 과정에서의 잦은 실수로 인해 본인의 능력에 대한 자신감을 잃었다.
> ② 자동차 공장에서 일하고 있는 D사원은 본인이 수행하던 작업을 점차 기계가 대신하는 모습을 보면서 심각한 고민에 빠졌다.

① ⊙, ⓒ   ② ⊙, ②
③ ⓒ, ⓒ   ④ ⓒ, ②
⑤ ⓒ, ②

02 H는 외국어능력을 키우기 위해서 영어학원에 등록을 했다. 그런데 몸이 안 좋거나 다른 약속이 생겨서 뜻대로 참석하지 못하고 있다. H의 자기개발을 방해하는 요인과 비슷한 사례는?

① A는 외국계 회사로 이직했다. 이직 후 A는 이전과는 다른 회사 분위기에 적응하느라 2주째 동호회에 나가지 못하고 있다.
② 신입사원 B는 직장 선배에게 회사 일도 중요하지만, 개인적인 능력개발도 중요하다는 이야기를 들었다. 하지만 B는 어디서부터 어떤 것을 시작해야 할지 혼란스럽다.
③ C는 주말마다 봉사활동을 다니고 있지만, 잦은 회식과 과음으로 최근엔 봉사활동에 나가지 못하고 있다.
④ D는 입사한 지 5년이 지났지만, 아직 자신이 잘하는 일이 무엇인지 알 수 없어 고민이다.
⑤ E는 대기업에서 근무하고 있지만, 하고 있는 업무가 적성에 맞지 않아 고민이다. 그렇다고 적성에 맞는 일을 찾아가기에는 너무 늦은 것 같다.

03 신입사원 A씨는 회사에 입사한 후 자신의 능력을 높은 업무성과를 통해 발휘하고 싶다는 생각이 들었다. 그래서 A씨는 앞으로 회사생활에서의 행동전략을 세웠다. 〈보기〉의 A씨가 세운 행동전략 중 옳은 것을 모두 고르면?

> **보기**
>
> ㉠ "그날 할 일은 바로바로 처리해야겠다."
> ㉡ "회사에서 일을 잘한다고 소문이 난 B대리님이 어떻게 일하시는지 살펴보고 참고해 봐야겠다."
> ㉢ "다른 사람들이 일하는 방법을 보고 그 방법대로만 일해야겠다."
> ㉣ "회사의 업무 지침은 참고만 하고 나에게 맞는 업무 지침을 세워야겠다."

① ㉠

② ㉠, ㉡

③ ㉠, ㉡, ㉢

④ ㉠, ㉡, ㉣

⑤ ㉡, ㉢, ㉣

04 사원 H와 I는 회사 복지 차원에서 이루어지는 특강을 들으러 왔다. 오늘 특강의 주제는 '나의 숨겨진 능력을 찾기 위한 자기개발'이다. 이 특강을 듣고 H와 I가 나눈 대화 내용으로 적절하지 않은 것은?

① H사원 : 나의 숨겨진 능력을 찾기 위해서는 어떻게 해야 할까?
　 I사원 : 일단 내가 현재 하고 있는 직무를 고려해서 찾아봐야겠지.

② H사원 : 자기개발을 하기 위해 앞으로 계획을 세워야겠어.
　 I사원 : 계획은 장기적인 미래를 보고 세우는 것이 좋아.

③ H사원 : 계획을 어떤 식으로 세우지?
　 I사원 : 미래 일을 알 수 없으니 구체적으로는 세우지 않아도 돼.

④ H사원 : 목표를 세울 때 몇 가지를 세우는 것이 좋을까?
　 I사원 : 매일의 목표, 한 달 목표, 길게는 10년 목표까지도 세워야 해.

⑤ H사원 : 자기개발을 위해 고려해야 될 사항은 무엇이 있을까?
　 I사원 : 직무지식뿐 아니라 인간관계까지 고려하며 계획을 세워야 해.

05 다음 중 자아효능감에 대한 설명으로 적절하지 않은 것은?

① 자아효능감이 높은 사람은 낮은 사람에 비해 좀 더 어려운 목표를 설정한다.

② 자아효능감이 낮은 사람은 높은 사람에 비해 계획 설정에 어려움을 겪으며 보다 많은 스트레스를 경험한다.

③ 업무 실행 과정에서 장애물이 있을 때 자아효능감이 낮은 사람은 쉽게 포기하는 반면, 높은 사람은 더 많은 노력을 한다.

④ 높은 자아효능감이 성과를 높이고, 높아진 성과는 다시 자아효능감을 높인다.

⑤ 자아효능감이 낮으면 실패 원인을 능력 부족으로 보고, 자아효능감이 높으면 실패 원인을 역량 부족으로 본다.

06 다음 중 밑줄 친 ㉠의 이유로 적절하지 않은 것은?

> 샐러던트(Saladent)란 '샐러리맨(Salary man)'과 '학생'을 뜻하는 '스튜던트(Student)'가 합쳐져서 만들어진 신조어로, ㉠ 현재 직장에 몸담고 있으면서 지속적으로 현 분야 또는 새로운 분야에 대해서 공부를 하는 직장인을 의미한다.

① 업무의 성과 향상을 위해

② 변화하는 환경에 적응하기 위해

③ 회사가 추구하는 목표를 성취하기 위해

④ 긍정적인 인간관계를 형성하기 위해

⑤ 삶의 질을 향상시키고, 보람된 삶을 살기 위해

07 다음은 교육팀에서 근무하는 L사원이 직장동료에게 자신에 대한 평가결과를 이야기하는 내용이다. L사원의 자기개발 실패 원인으로 가장 적절한 것은?

> "이번 회사에서 사원평가를 했는데 나보고 자기개발능력이 부족하다고 하네. 6시 퇴근시각에 바로 퇴근을 하더라도 집이 머니까 도착하면 8시고, 바로 씻고 저녁 먹고 잠깐 쉬면 금방 10시야. 방 정리하고 설거지하면 어느새 11시가 되는데, 어느 틈에 자기개발을 하라는 건지 이해도 잘 안 되고 답답하기만 해."

① 자기중심적이고 제한적인 사고
② 현재하고 있는 일을 지속하려는 습성
③ 자신의 주장과 반대되는 주장에 대한 배척
④ 자기개발 방법에 대한 정보 부족
⑤ 인간의 욕구와 감정의 작용

08 신입사원 A씨는 자신이 하고 있는 일에 적응하기 위하여 흥미를 높이고 자신의 재능을 개발하려고 한다. 〈보기〉 중 A씨가 흥미나 적성을 개발하기 위해 취할 수 있는 방법으로 적절하지 않은 것을 모두 고르면?

> **보기**
> ㉠ '나는 지금 주어진 일이 적성에 맞는다.'라고 마인드컨트롤을 한다.
> ㉡ 업무를 수행할 때 작은 단위로 나누어 수행한다.
> ㉢ 기업의 문화나 풍토를 파악하는 것보다는 흥미나 적성검사를 수행한다.
> ㉣ 커다란 업무를 도전적으로 수행하여 성취를 높인다.

① ㉠, ㉢
② ㉠, ㉡
③ ㉢, ㉣
④ ㉠, ㉡, ㉢
⑤ ㉠, ㉡, ㉣

09 다음은 신입사원을 대상으로 실시한 교육에서 B대리가 신입사원들에게 해 줄 조언을 적은 메모이다. 이에 근거하여 자아인식 단계에서의 성찰과 관련한 B대리의 조언으로 적절하지 않은 것은?

업무상 실수를 했다면, 반드시 그 실수에 대해 성찰하는 시간을 가져야 한다.

• 성찰의 필요성
  - 노하우 축적
  - 지속적 성장 기회 제공
  - 신뢰감 형성
  - 창의적 사고 개발
• 성찰 연습 방법
  - 성찰노트 작성
  - 성찰과 관련된 질문

---

① 앞으로 다른 일을 해결해 나가는 노하우를 축적할 수 있게 된다.
② 세운 목표에 따라 매일 노력하게 된다면 지속적으로 성장할 수 있는 기회가 된다.
③ 같은 실수를 반복하지 않음으로써 다른 사람에게 신뢰감을 줄 수 있다.
④ 성찰을 통해 창의적인 사고 개발이 가능하다.
⑤ 성찰노트 작성은 한 번의 성찰을 통해 같은 실수를 반복하지 않도록 도와준다.

10 다음 사례에서 K씨가 자신의 목표를 달성하지 못한 이유로 적절한 것은?

극장에서 미소지기로 근무하는 K씨는 친절 사원으로 선발된 다른 직원들을 보면서 자신도 이달의 친절왕이 되겠다는 목표를 설정하고, 여러 정보들을 수집하여 구체적인 계획을 세웠다. 그러나 K씨의 무뚝뚝한 표정과 말투로 인해 친절왕은커녕 고객들의 불평·불만만 쌓여갔다. 사실 K씨는 오래 전부터 사람을 대하는 서비스업이 자신에게 적합하지 않다는 생각을 하고 있었다.

---

① 자신감이 부족하여 자기개발과 관련된 결정을 제대로 하지 못하였다.
② 회사 내의 경력기회 및 직무 가능성 등에 대해 충분히 알아보지 않았다.
③ 다른 직업이나 회사 밖의 기회에 대해 충분히 알아보지 않았다.
④ 자신의 흥미·적성 등을 제대로 파악하지 못하였다.
⑤ 둘러싼 주변상황의 제약으로 인해 어려움을 겪었다.

05 | 자원관리능력 핵심이론

01 자원관리능력의 의의

(1) 자원과 자원관리

① 자원이란?

사전적으로는 인간생활에 도움이 되는 자연계 일부를 말하며, 이를 확장하여 사람들이 가지고 있는 기본적인 자산을 물질적 자산(물적 자원), 재정적 자산(돈), 인적 자산(인적 자원)으로 나누기도 한다. 최근에는 시간도 중요한 자원 중 하나로 보고 있다.

② 자원의 유한성

주어진 시간은 제한되기 마련이어서 정해진 시간을 어떻게 활용하느냐가 중요하며, 돈과 물적자원 역시 제한적일 수밖에 없다. 또한, 인적자원 역시 제한된 사람들을 알고 활용할 수밖에 없다. 이러한 자원의 유한성으로 인해 자원을 효과적으로 확보, 유지, 활용하는 자원관리는 매우 중요하다고 할 수 있다.

③ 자원관리의 분류

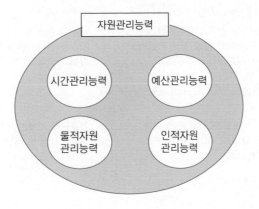

(2) 자원관리의 과정

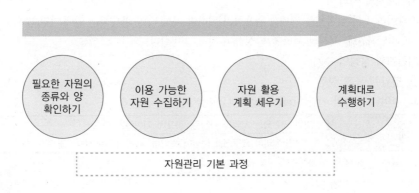

(1) 시간관리의 효과

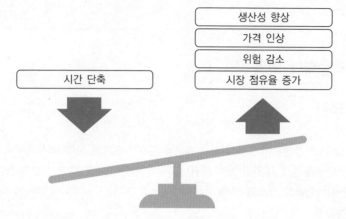

※ '가격 인상'은 기업의 입장에서 일을 수행할 때 소요되는 시간을 단축함으로써 비용이 절감되고, 상대적으로 이익이 늘어남으로써 사실상 '가격 인상' 효과가 있다는 의미이다.

(2) 시간관리에 대한 오해

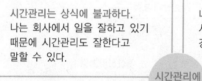

시간관리는 상식에 불과하다.
나는 회사에서 일을 잘하고 있기
때문에 시간관리도 잘한다고
말할 수 있다.

나는 시간에 쫓기면 일을 더 잘하는데,
시간을 관리하면 오히려 나의 이런
강점이 없어질지도 모른다.

시간관리에
대한 오해

나는 약속을 표시해 둔 달력과
해야 할 일에 대한 목록만으로
충분하다.

시간관리 자체는 유용할지 모르나
창의적인 일을 하는 나에게는
잘 맞지 않는다. 나는 일상적인 업무에
얽매이는 것이 싫다.

(3) 시간계획

① 시간계획의 의의

시간이라고 하는 자원을 최대한 활용하기 위하여 가장 많이 반복되는 일에 가장 많은 시간을 분배하고, 최단시간에 최선의 목표를 달성하는 것을 의미한다.

② 시간계획 작성의 순서

㉠ 명확한 목표 설정

㉡ 일의 우선순위 판단(Stenphen R. Covey)

중요성	결과와 연관되는 사명과 가치관, 목표에 기여하는 정도
긴급성	즉각적인 처리가 요구되고 눈앞에 보이며, 심리적으로 압박감을 주는 정도

㉢ 예상 소요시간 결정

㉣ 시간 계획서 작성

③ 60 : 40의 법칙

계획된 행동(60%)	계획 외의 행동(20%)	자발적 행동(20%)
←──────────────── 총 시간 ────────────────→		

03 예산관리능력

(1) 예산관리능력의 의의

① 예산이란?

필요한 비용을 미리 헤아려 계산하는 것이나 그 비용을 의미한다.

② 예산관리의 필요성

예산관리란 이용 가능한 예산을 확인하고, 어떻게 사용할 것인지 계획하여 그 계획대로 사용하는 능력을 의미하며, 최소의 비용으로 최대의 효과를 얻기 위해 요구된다.

③ 예산책정의 원칙

④ 예산관리의 의의

아무리 예산을 정확하게 수립하였다 하더라도 활동이나 사업을 진행하는 과정에서 계획에 따라 적절히 하지 않으면 아무런 효과가 없다. 따라서 활동이나 사업에 드는 비용을 산정하고, 예산 편성뿐만 아니라 예산을 통제하는 과정이 필요하며, 이 과정을 예산관리라 한다.

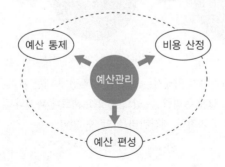

(2) 예산의 구성요소

① 직접비용

간접비용에 상대되는 용어로서, 제품 생산 또는 서비스를 창출하기 위해 직접 소비된 것으로 여겨지는 비용을 말한다.

② 직접비용의 구성

종류	내용
재료비	제품의 제조를 위하여 구매된 재료에 지출된 비용
원료와 장비	제품을 제조하는 과정에서 소모된 원료나 과제를 수행하기 위해 필요한 장비에 지출된 비용. 이 비용에는 실제 구매된 비용이나 임대한 비용이 모두 포함
시설비	제품을 효과적으로 제조하기 위한 목적으로 건설되거나 구매된 시설에 지출한 비용
여행(출장)경비 및 잡비	제품 생산 또는 서비스를 창출하기 위해 출장이나 타 지역으로의 이동이 필요한 경우와 기타 과제 수행상에서 발생하는 다양한 비용을 포함
인건비	제품 생산 또는 서비스 창출을 위한 업무를 수행하는 사람들에게 지급되는 비용. 계약에 의해 고용된 외부 인력에 대한 비용도 인건비에 포함. 일반적으로 인건비는 전체 비용 중에서 가장 비중이 높은 항목

③ 간접비용

- 제품을 생산하거나 서비스를 창출하기 위해 소비된 비용 중에서 직접비용을 제외한 비용으로, 제품 생산에 직접 관련되지 않은 비용을 말한다.
- 보험료, 건물관리비, 광고비, 통신비, 사무비품비, 각종 공과금 등이 대표적인 예이다.

(3) 예산수립절차와 예산집행

① 예산수립절차

② 예산집행

효과적으로 예산을 관리하기 위해서는 예산집행 과정에 대한 관리가 중요하다. 개인 차원에서는 가계부 등을 작성함으로 인해 관리할 수 있으며, 프로젝트나 과제와 같은 경우는 예산집행 실적을 워크 시트를 작성함으로써 효과적인 예산관리를 할 수 있다.

04 물적자원관리능력

(1) 물적자원관리의 의의

① 물적자원의 종류

 ㉠ 자연자원 : 석탄, 석유 등의 자연상태 그대로의 자원

 ㉡ 인공자원 : 시설, 장비 등 인위적으로 가공한 자원

② 물적자원관리의 중요성

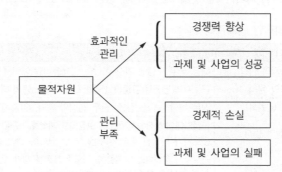

③ 물적자원 활용의 방해요인

- 보관 장소를 파악하지 못하는 경우
- 훼손된 경우
- 분실한 경우
- 분명한 목적 없이 물건을 구입한 경우

(2) 물적자원관리 과정과 기법

① 물적자원관리의 과정

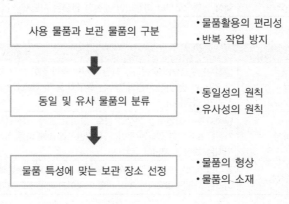

② 바코드와 QR코드

바코드	컴퓨터가 쉽게 판독하고 데이터를 빠르게 입력하기 위하여 굵기가 다른 검은 막대와 하얀 막대를 조합시켜 문자나 숫자를 코드화한 것
QR코드	• 격자무늬 패턴으로 정보를 나타내는 매트릭스 형식의 바코드 • 기존 바코드가 용량 제한에 따라 가격과 상품명 등 한정된 정보만 담는 데 비해 QR코드는 넉넉한 용량을 강점으로 다양한 정보를 담을 수 있음

05 인적자원관리능력

(1) 인적자원의 의의

① 인적자원관리란?

- 필요한 인적자원을 기업이 조달, 확보, 유지, 개발하여 경영조직 내에서 구성원들이 능력을 최고로 발휘하게 하는 것
- 근로자 스스로가 자기만족을 얻게 하는 동시에 경영 목적을 효율적으로 달성하게끔 관리하는 것

② 효율적이고 합리적인 인사관리 원칙

종류	내용
적재적소 배치의 원칙	해당 직무 수행에 가장 적합한 인재를 배치해야 한다.
공정 보상의 원칙	근로자의 인권을 존중하고 공헌도에 따라 노동의 대가를 공정하게 지급해야 한다.
공정 인사의 원칙	직무 배당, 승진, 상벌, 근무 성적의 평가, 임금 등을 공정하게 처리해야 한다.
종업원 안정의 원칙	근로자에게 직장에서 신분이 보장되고 계속해서 근무할 수 있다는 믿음을 갖게 하여 근로자가 안정된 회사 생활을 할 수 있도록 해야 한다.
창의력 계발의 원칙	근로자가 창의력을 발휘할 수 있도록 새로운 제안, 건의 등의 기회를 마련하고 적절한 보상을 하여 인센티브를 제공해야 한다.
단결의 원칙	직장 내에서 구성원들이 소외감을 갖지 않도록 배려하고, 서로 유대감을 가지고 협동·단결하는 체제를 이루도록 한다.

(2) 인맥과 인적자원

① 인맥

자신이 알고 있거나 관계를 형성하고 있는 사람들, 일반적으로 가족이나 친구, 직장동료, 선후배, 동호회 등 다양한 사람들을 포함한다.

종류	내용
핵심 인맥	자신과 직접적인 관계가 있는 사람들
파생 인맥	핵심 인맥으로부터 파생되어 자신과 연결된 사람들

② 인적자원의 특성

종류	내용
능동성	물적자원으로부터의 성과는 자원 자체의 양과 질에 의해 지배되는 수동적인 특성을 지니고 있는 반면, 인적 자원의 경우는 욕구와 동기, 태도와 행동 그리고 만족감 여하에 따라 성과가 결정된다.
개발가능성	인적자원은 자연적인 성장과 성숙, 그리고 교육 등을 통해 개발될 수 있는 잠재능력과 자질을 보유하고 있다는 것이다. 환경변화와 이에 따른 조직의 변화가 심할수록 중요성이 커지는 특성을 지닌다.
전략적 중요성	조직의 성과는 인적자원, 물적자원 등을 효과적이고 능률적으로 활용하는 데 달려있는데, 이러한 자원을 활용하는 것이 바로 사람이기 때문에 인적자원에 대한 중요성이 강조된다.

(3) 인력배치의 원리

① 인력배치의 3원칙

㉠ 적재적소주의

팀의 효율성을 높이기 위해 팀원의 능력이나 성격 등과 가장 적합한 위치에 배치하여 팀원 개개인의 능력을 최대로 발휘해 줄 것을 기대하는 것이다.

© 능력주의

개인에게 능력을 발휘할 수 있는 기회와 장소를 부여하고, 그 성과를 바르게 평가하고, 평가된 능력과 실적에 대해 그에 상응하는 보상을 주는 원칙을 말한다. 적재적소주의 원칙의 상위개념이라고 할 수 있다.

© 균형주의

모든 팀원에 대한 평등한 적재적소, 즉 팀 전체의 적재적소를 고려할 필요가 있다는 것이다.

② 배치의 3가지 유형

종류	내용
양적배치	부분의 작업량과 조업도, 여유 또는 부족 인원을 감안하여 소요인원을 결정하여 배치하는 것
질적배치	적재적소주의와 동일한 개념
적성배치	팀원의 적성 및 흥미에 따라 배치하는 것

③ 과업세부도

할당된 과업에 따른 책임자와 참여자를 명시하여 관리함으로써 업무 추진에 차질이 생기는 것을 막기 위한 문서이다.

핵심예제

다음 사례에 나타난 A씨의 자원 낭비요인은 무엇인가?

〈사례〉

A씨는 요즘 밤늦게까지 게임을 하느라 잠이 부족하다. 어젯밤에도 다음 날 오전에 친구와 약속이 있다는 것을 알면서도 새벽까지 게임을 하느라 아침이 다 되어 잠이 들었다. 알람이 울려 잠시 눈을 떴지만, 잠을 더 자야겠다는 생각에 알람을 끄고 다시 눈을 감았다. 결국 해가 중천에 뜨고 나서야 일어난 A씨는 잔뜩 화가 난 친구의 문자를 확인하고 친구에게 전화를 걸었지만, 친구는 전화를 받지 않았다.

① 비계획적 행동   ② 편리성 추구
③ 자원에 대한 인식 부재   ④ 노하우 부족
⑤ 잘못된 가치 판단

| 해설 | 편리성 추구는 너무 편한 방향으로 자원으로 활용하는 것을 의미한다. 일회용품을 사용하는 것, 늦잠을 자는 것, 주위 사람들에게 멋대로 대하는 것 등이 이에 포함된다. 지나친 편리성 추구는 물적자원뿐만 아니라 시간과 돈의 낭비를 초래할 수 있으며, 주위의 인맥도 줄어들게 될 수 있다.

[오답분석]
① 비계획적 행동 : 자원을 어떻게 활용하는 것인가에 대한 계획이 없는 것으로, 계획 없이 충동적이고 즉흥적으로 행동하여 자원을 낭비하게 된다.
③ 자원에 대한 인식 부재 : 자신이 가지고 있는 중요한 자원을 인식하지 못하는 것으로, 무의식적으로 중요한 자원을 낭비하게 된다.
④ 노하우 부족 : 자원관리의 중요성을 인식하면서도 자원관리에 대한 경험이나 노하우가 부족하여 자원을 효과적으로 활용할 줄 모르는 경우를 말한다.

정답 ②

정답 및 해설 p.042

01 다음 대화의 빈칸에 들어갈 정부장의 조언으로 적절하지 않은 것은?

> 정부장 : 김대리, 시간을 충분히 주었다고 생각했는데 진행 상황이 생각보다 늦네요. 이유가 뭐죠?
> 김대리 : 아, 부장님. 죄송합니다. 저, 그게… 저는 최대한 노력한다고 하는데 항상 시간이 모자랍
> 니다. 업무 능력이 부족해서인 것 같습니다.
> 정부장 : 능력은 충분해요. 노력을 하는 데도 시간이 부족하다면 내 생각에는 계획을 세울 필요가
> 있을 것 같네요. 시간을 쓰는 데도 계획이 있어야 하는데 시간 계획을 세울 때는 _____
> _____

① 목표를 구체적으로 세워야 합니다.

② 행동을 중심으로 세워야 합니다.

③ 현실적으로 가능해야 합니다.

④ 최대한 완벽한 계획을 세울 수 있도록 충분한 시간을 가져야 합니다.

⑤ 측정이 가능한 척도도 같이 세우는 것이 좋습니다.

02 다음 중 시간관리에 관해 바르게 이해한 사람은?

> 윤아 : 시간이 촉박하면 넉넉할 때보다 오히려 집중이 더 잘되는 것 같아.
> 태현 : 시간관리는 꼼꼼히 하면 너무 부담이 되니까 간단히 일정 체크만 해도 충분해.
> 지현 : 시간관리가 중요하다고 해도, 막상 계획대로 진행하면 손해가 더 많았어.
> 성훈 : 창의적인 일을 할 때는 오히려 시간을 관리하는 것이 방해될 것 같아. 관리와 창의는 상대되
> 는 개념이니까.

① 윤아   ② 태현

③ 지현   ④ 성훈

⑤ 없음

03 A유통업체의 물류창고에서는 다량의 물품에 대한 정보를 다음과 같이 기호화하여 관리하고 있다. 다음 중 A유통업체가 사용한 물품관리 방법에 대한 설명으로 적절하지 않은 것은?

9 791125 459972

① 문자나 숫자를 기계가 읽을 수 있는 흑과 백의 막대모양 기호로 조합하였다.
② 데이터를 빠르게 입력할 수 있으며, 컴퓨터가 판독하기 쉽다.
③ 물품의 수명기간 동안 무선으로 물품을 추적 관리할 수 있다.
④ 광학식 마크판독장치를 통해 판독이 가능하다.
⑤ 막대의 넓이와 수, 번호에 따라 물품을 구분한다.

04 A사원은 인적자원의 효과적 활용에 대한 강연을 듣고, 인맥을 활용하였을 때의 장점에 대해 다음과 같이 정리하였다. ㉠ ~ ㉣ 중 A사원이 잘못 메모한 내용은 모두 몇 개인가?

〈인적자원의 효과적 활용〉

• 인적자원이란?

… (중략) …

• 인맥 활용 시 장점
 – ㉠ 각종 정보와 정보의 소스 획득
 – ㉡ '나' 자신의 인간관계나 생활에 대해서 알 수 있음
  ↳ ㉢ 자신의 인생에 탄력이 생김
 – ㉣ '나' 자신만의 사업을 시작할 수 있음 ← 참신한 아이디어 획득

---

① 0개   ② 1개
③ 2개   ④ 3개
⑤ 4개

05 성부장은 올해 연말에 A해수욕장에서 개최할 신년맞이 불꽃놀이 행사에 대한 기획 초안을 검토하고 있다. 다음 기획안의 예상 비용에서 직접비용과 간접비용을 분류한 것으로 적절한 것은?

〈202× ○○년 신년맞이 불꽃놀이 기획 초안〉

– 개최일 : 202×년 12월 31일
– 개최시각 : 22시 00분 ~ 01시 00분
– 개최지 : 경상남도 ××시 A해수욕장
– 목적 : 연말 및 신년맞이 행사와 연계한 지역 관광 상품 홍보 및 ××시 지역 경제 활성화 도모
　　　　추후 국제 행사 개최지 유치 위한 ××시 이미지 개선 및 홍보
– 초대가수 : ○○○, ○○○, ○○○ 등
– 행사순서

시각	내용
22:00 ~ 22:30	개회식 및 ××시 시장 축사
22:30 ~ 23:50	초대가수 축하공연
23:50 ~ 00:10	신년맞이 불꽃놀이 및 새해 소원 기원
00:10 ~ 00:50	초대가수 축하공연
00:50 ~ 01:00	폐회식

– 예상비용

항목	비용
㉠ 무대 설치비	1억 원
㉡ 무대 설치 인건비	5천만 원
㉢ 초대가수 섭외비	4천 5백만 원
㉣ 행사 광고비	2억 5천만 원
㉤ 외부 발전차 임대료	1천 2백만 원
㉥ 행사용 폭죽	2천 5백만 원

제출일 : 202×년 00월 00일

보고자 : 최○○

	직접비용	간접비용
①	㉠, ㉣, ㉥	㉡, ㉢, ㉤
②	㉠, ㉡, ㉣, ㉤, ㉥	㉢
③	㉠, ㉡, ㉤, ㉥	㉢, ㉣
④	㉠, ㉡, ㉢, ㉤, ㉥	㉣
⑤	㉠, ㉢, ㉥	㉡, ㉣, ㉤

06 K기업은 현재 신입사원을 채용하고 있다. 서류전형과 면접전형을 마치고 다음의 평가지표 결과를 얻었다. K기업은 평가지표별 가중치를 이용하여 각 지원자의 최종 점수를 계산하고, 점수가 가장 높은 두 지원자를 채용하려고 한다. 이때, K기업이 채용할 두 지원자는?

〈지원자별 평가지표 결과〉

(단위 : 점)

구분	면접 점수	영어 실력	팀 친화력	직무 적합도	발전 가능성	비고
A지원자	3	3	5	4	4	군필자
B지원자	5	5	2	3	4	군필자
C지원자	5	3	3	3	5	−
D지원자	4	3	3	5	4	군필자
E지원자	4	4	2	5	5	군 면제자

※ 군필자(만기제대)에게는 5점의 가산점을 부여한다.

〈평가지표별 가중치〉

구분	면접 점수	영어 실력	팀내 친화력	직무 적합도	발전 가능성
가중치	3	3	5	4	5

※ 가중치는 해당 평가지표 결과 점수에 곱한다.

① A지원자, D지원자
② B지원자, C지원자
③ B지원자, E지원자
④ C지원자, D지원자
⑤ D지원자, E지원자

07 다음 글과 상황을 근거로 판단할 때, A복지관에 채용될 2명의 후보자는?

A복지관은 청소년업무 담당자 2명을 채용하고자 한다. 청소년업무 담당자들은 심리상담, 위기청소년지원, 진학지도, 지역안전망구축 등 4가지 업무를 수행해야 한다. 채용되는 2명은 서로 다른 업무를 맡아 4가지 업무를 빠짐없이 분담해야 한다.

4가지 업무에 관련된 직무역량으로는 의사소통역량, 대인관계역량, 문제해결역량, 정보수집역량, 자원관리역량 등 5가지가 있다. 각 업무를 수행하기 위해서는 반드시 해당 업무에 필요한 직무역량을 모두 갖춰야 한다. 아래는 이를 표로 정리한 것이다.

업무	필요 직무역량
심리상담	의사소통역량, 대인관계역량
위기청소년지원	의사소통역량, 문제해결역량
진학지도	문제해결역량, 정보수집역량
지역안전망구축	대인관계역량, 자원관리역량

〈상황〉

• A복지관의 채용후보자는 4명(甲, 乙, 丙, 丁)이며, 각 채용후보자는 5가지 직무역량 중 3가지씩을 갖추고 있다.
• 자원관리역량은 丙을 제외한 모든 채용후보자가 갖추고 있다.
• 丁이 진학지도업무를 제외한 모든 업무를 수행하려면, 의사소통역량만 추가로 갖추면 된다.
• 甲은 심리상담업무를 수행할 수 있고, 乙과 丙은 진학지도업무를 수행할 수 있다.
• 대인관계역량을 갖춘 채용후보자는 2명이다.

① 甲, 乙
② 甲, 丙
③ 乙, 丙
④ 乙, 丁
⑤ 丙, 丁

08 K회사에서 근무하는 김사원은 수출계약건으로 한국에 방문하는 바이어를 맞이하기 위해 인천공항에 가야 한다. 미국 뉴욕에서 오는 바이어는 현지시각으로 21일 오전 8시 30분에 한국행 비행기에 탑승할 예정이며, 비행시간은 17시간이다. K회사에서 인천공항까지는 1시간 30분이 걸리고, 바이어의 도착 예정시각 30분 전에 대기하려고 할 때, 김사원이 늦어도 몇 시에 회사에서 출발해야 하는가?(단, 뉴욕은 한국보다 13시간이 느리다)

① 21일 10시 30분
② 21일 12시 30분
③ 22일 12시
④ 22일 12시 30분
⑤ 22일 14시 30분

09 다음은 A기업 직원들의 이번 주 추가근무 계획표이다. 하루에 3명 이상 추가근무를 할 수 없고, 직원들은 각자 일주일에 6시간을 초과하여 추가근무를 할 수 없다고 할 때, 추가근무 일정을 수정해야 하는 사람은?

<일주일 추가근무 일정>

성명	추가근무 일정	성명	추가근무 일정
유진실	금요일 3시간	민윤기	월요일 2시간
김은선	월요일 6시간	김남준	화요일 3시간, 일요일 4시간
이영희	토요일 4시간	전정국	토요일 6시간
최유화	목요일 1시간	정호석	화요일 4시간, 금요일 1시간
김석진	화요일 5시간	김태형	수요일 6시간
박지민	수요일 3시간, 일요일 2시간	박시혁	목요일 1시간

① 김은선　　　　　　　　　　② 김석진
③ 박지민　　　　　　　　　　④ 김남준
⑤ 정호석

10 주어진 자료를 참고할 때, 다음 중 하루 동안 고용할 수 있는 최대 인원은?

총예산	본예산	500,000원
	예비비	100,000원
고용비	1인당 수당	50,000원
	산재보험료	(수당)×0.504%
	고용보험료	(수당)×1.3%

① 10명　　　　　　　　　　② 11명
③ 12명　　　　　　　　　　④ 13명
⑤ 14명

06 │ 대인관계능력 핵심이론

01 대인관계능력의 의의

(1) 대인관계

① 직장에서 타인과 협조적인 관계를 유지하고, 조직 내·외부의 갈등을 원만히 해결하며, 고객의 요구를 충족시킬 수 있는 능력이다.

② 인간관계를 형성할 때 무엇을 말하고 어떻게 행동하느냐보다 사람됨이 가장 중요한 요소이다.

(2) 대인관계 양식의 유형과 특징

구분	특징	보완점
지배형	• 대인관계에 자신 있으며 자기주장이 강하고 주도권을 행사함 • 지도력과 추진력, 지휘 • 강압적, 독단적, 논쟁적, 마찰 발생 • 지시에 순종하지 않고 거만하게 보임	• 경청과 수용의 자세 • 자신의 지배적 욕구를 깊이 성찰
실리형	• 이해관계에 예민하며 성취 지향적 • 자기중심적, 경쟁적, 이익 우선 → 타인에 대한 관심과 배려 부족 • 타인을 신뢰하지 못함 • 불공평한 대우에 예민	• 타인을 배려하는 노력 • 타인과 신뢰를 형성
냉담형	• 이성적이고 냉철하며, 의지가 강하고 타인과 거리를 둠 • 타인의 감정에 무관심 • 긍정적인 감정 표현에 어려움 • 오랜 기간 깊게 사귀기 어려움	• 타인의 감정에 관심을 가지고 긍정적 감정을 표현하는 기술 습득
고립형	• 혼자 일하는 것을 좋아하며 감정을 드러내지 않음 • 사회적 상황을 회피하며 감정을 지나치게 억제 • 침울하고 우유부단하여 고립 가능성	• 대인관계의 중요성 인식 • 타인에 대한 불편함과 두려움에 대해 깊이 성찰
복종형	• 수동적이고 의존적 • 자신감 낮고 주목받는 일을 피함 • 자신의 의사를 전달하기 어려움 • 상급자의 위치에서 일하는 것에 부담	• 자기표현, 자기주장이 필요 • 독립성 향상
순박형	• 단순하고 솔직하여 너그럽고 겸손함 • 주관 없이 끌려 다니기 쉬움 → 이용당할 가능성 • 원치 않은 의견에 반대하지 못함	• 타인의 의도를 깊게 판단하고 행동하는 신중함 • 자신의 의견을 표현하는 노력

02 팀워크능력

(1) 팀워크의 의의

① 팀워크의 정의

'Team'과 'Work'의 합성어로, 팀 구성원이 공동의 목적을 달성하기 위해 상호 관계성을 가지고 협력해 업무를 수행하는 것을 말한다.

팀워크	응집력
구성원이 공동의 목적을 달성하기 위해 상호 관계성을 가지고 서로 협력해 업무를 수행하는 것	사람들로 하여금 집단에 머물도록 하고, 그 집단의 구성원으로 계속 남아 있기를 원하게 만드는 힘

② 팀워크의 유형

협력·통제·자율 등의 3가지 기제를 통해 구분되는데, 조직이나 팀의 목적, 추구하는 사업 분야에 따라 서로 다른 유형의 팀워크를 필요로 한다.

③ 팀워크를 저해하는 요소

- 조직에 대한 이해 부족
- 이기주의
- 자아의식 과잉
- 질투나 시기로 인한 파벌주의
- 그릇된 우정과 인정
- 사고방식의 차이에 대한 무시

(2) 팀워크의 촉진

① 건설적 피드백

문제 제기	해당 팀원으로 하여금 업무 수행이나 근무태도의 특정 사안에 시정해야 할 부분이 있음을 알게 하는 것으로, 업무목표 달성과 관련된 경우나 자신이 해야 할 일이 아닌 업무를 하고 있을 때 문제를 제기하는 단계
상황 이해	업무 수행과 근무태도가 부서에 미치는 영향에 관해 기술하고 상호 이해에 도달함으로써 해당 팀원이 무엇이 문제인지를 알게 하는 단계
문제 해결	바람직한 결과를 끌어내기 위해서 해당 팀원이 현재 상황을 개선할 수 있도록 행동을 취하게 하는 단계

② 갈등의 해결

㉠ 성공적으로 운영되는 팀은 갈등의 해결에 능숙하다. 효과적인 갈등관리로 혼란과 내분을 방지하고 팀 진전 과정에서의 방해 요소를 미리 없앤다.

㉡ 팀원 사이의 갈등을 발견하면 제3자로서 신속히 개입해 중재해야 한다.

03 리더십능력

(1) 리더십의 의의

① 리더십의 의의

모든 조직구성원이 각자의 위치에서 가질 수 있는 것으로, '조직의 공통된 목적을 달성하기 위하여 개인이 조직원들에게 영향을 미치는 과정'을 의미한다.

② 리더와 관리자

리더(Leader)	관리자(Manager)
새로운 상황 창조자	상황에 수동적
혁신지향적	유지지향적
'내일'에 초점을 맞춘다.	'오늘'에 초점을 맞춘다.
사람을 중시	체제나 기구를 중시
정신적	기계적
계산된 위험(Risk)을 취한다.	위험(Risk)을 회피한다.
'무엇을 할까?'를 생각한다.	'어떻게 할까?'를 생각한다.

(2) 리더십의 유형

① 독재자 유형

㉠ 정책의사결정과 대부분의 핵심 정보를 자신에게만 국한해 소유한다.

㉡ 통제가 없이 방만한 상태에 있을 때 혹은 가시적인 성과물이 보이지 않을 때 효과적이다.

㉢ 특징 : 질문 금지, 모든 정보는 내 것이라는 생각, 실수를 용납하지 않음

② 민주주의 근접 유형

㉠ 독재자 유형보다는 관대하다. 그룹에 정보를 전달하려고 노력하고, 전체 그룹 구성원 모두를 목표 방향 설정에 참여시킴으로써 구성원들에게 확신을 심어주려고 노력한다.

㉡ 혁신적이고 탁월한 부하 직원들을 거느리고, 그러한 방향을 계속적으로 지향할 때 가장 효과적이다.

㉢ 특징 : 참여, 토론의 장려, 거부권

③ 파트너십 유형

㉠ 리더와 집단 구성원 사이의 구분이 희미하고, 리더가 조직의 구성원이 되기도 한다.

㉡ 소규모 조직에서 풍부한 경험과 재능을 소유한 조직원이 있을 때 적합하고, 신뢰, 정직, 구성원들의 능력에 대한 믿음이 파트너십의 핵심 요소이다.

㉢ 특징 : 평등, 집단의 비전, 책임 공유

④ 변혁적 유형

㉠ 개개인과 팀이 유지해 온 업무 수행 상태를 뛰어넘으려 한다. 조직에 획기적인 변화가 요구될 때 효과적이다.

㉡ 특징 : 카리스마, 자기 확신, 존경심과 충성심, 풍부한 칭찬, 감화

(3) 동기부여와 임파워먼트(Empowerment)

① 동기부여의 의의

'동기부여'는 리더십의 핵심 개념이다. 성과와 목표의 실현은 동기부여의 직접적인 결과이며, 자신에게 동기를 부여해야 좋은 결과를 얻을 수 있다.

② 임파워먼트(Empowerment)

㉠ 임파워먼트의 의의

직원들에게 일정 권한을 위임하면 자신의 능력을 인정받았다고 인식해 업무 효율성이 높아지므로 훨씬 쉽게 목표를 달성할 수 있다.

㉡ 임파워먼트 환경의 특징

- 도전적이고 흥미 있는 일
- 학습과 성장의 기회
- 높은 성과와 지속적인 개선을 가져오는 요인들에 대한 통제
- 성과에 대한 지식
- 긍정적인 인간관계
- 개인들이 공헌하며 만족한다는 느낌
- 상부로부터의 지원

(4) 변화관리의 단계

① 1단계 : 변화의 이해

② 2단계 : 변화의 인식

③ 3단계 : 변화의 수용

04 갈등관리능력

(1) 갈등의 의의

① '갈등'의 일반적 의미

조직을 구성하는 개인과 집단, 조직 간에 잠재적 또는 현재적으로 대립하고 마찰하는 사회적·심리적 상태를 말한다.

② 갈등과 조직성과 사이의 관계

우측의 그래프에서 갈등이 X_1 수준일 때 조직의 직무성과가 가장 높아진다. 즉, 갈등수준이 전혀 없거나 낮을 때에는 조직 내부는 의욕이 상실되고 환경 변화에 대한 적응력도 떨어져 조직성과가 낮아지게 된다. 그러나 갈등수준이 적정(X_1)할 때는 조직 내부에 생동감이 넘치고 변화지향적이며 문제해결능력이 발휘된다. 그 결과 조직성과는 높아지고, 갈등의 순기능이 작용한다.

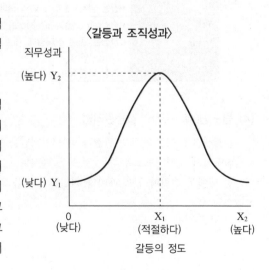

〈갈등과 조직성과〉

(2) 갈등의 두 가지 유형

① 불필요한 갈등

> - 개개인이 저마다 문제를 다르게 인식하거나 정보가 부족한 경우, 편견 때문에 발생한 의견 불일치로 적대적 감정이 생길 때 불필요한 갈등이 일어난다.
> - 자신이 중요하게 생각하는 문제가 타인으로 인해 해결되지 못한다는 생각이 들 때, 불필요한 갈등이 생긴다.
> - 관리자의 신중하지 못한 태도로 인해 갈등이 발생했을 때, 불필요한 갈등이 심각한 수준에 이를 수 있다.

② 해결할 수 있는 갈등

두 사람이 반대되는 욕구나 목표, 가치, 이해에 놓였을 때는 해결 가능한 갈등이 일어난다. 목표와 욕망, 가치, 문제를 바라보는 시각과 이해하는 시각이 다를 경우에 일어날 수 있는 갈등이다.

(3) 갈등을 해결하기 위한 방법

① 갈등의 과정

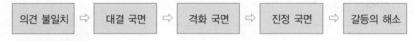

의견 불일치 ⇨ 대결 국면 ⇨ 격화 국면 ⇨ 진정 국면 ⇨ 갈등의 해소

② 갈등 해결 방법

회피형 (Avoiding)	• 자신과 상대방에 대한 관심이 모두 낮은 경우 • 개인의 갈등상황으로부터 철회 또는 회피하는 것 • '나도 지고 너도 지는 방법(I Lose-You Lose)'
경쟁형 (Competing)	• 지배형이라고도 함 • 자신에 대한 관심은 높고 상대방에 대한 관심은 낮은 경우 • '나는 이기고 너는 지는 방법(Win-Lose)', 제로섬(Zero Sum)
수용형 (Accomodating)	• 자신에 대한 관심은 낮고 상대방에 대한 관심은 높은 경우 • '나는 지고 너는 이기는 방법(I Lose-You Win)' • 상대방이 거친 요구를 해오는 경우에 전형적으로 나타나는 반응
타협형 (Compromising)	• 서로가 받아들일 수 있는 결정을 하기 위하여 타협적으로 주고받는 방식(Give and Take) • 갈등 당사자들이 반대의 끝에서 시작하여 중간 정도 지점에서 타협하여 해결점을 찾는 것
통합형 (Integrating)	• 협력형(Collaborating)이라고도 함 • 자신은 물론 상대방에 대한 관심이 모두 높은 경우로서 '나도 이기고 너도 이기는 방법(Win-Win)' • 가장 바람직한 갈등 해결 유형

(4) 윈 – 윈(Win-Win) 갈등관리법

문제해결을 위해 서로의 관점과 공동의 책임을 수용하도록 하는 방법으로, 팀원들에게 서로의 역할을 바꾸어서 수행해보도록 하는 것 등을 예시로 들 수 있다. 어떤 모델을 적용할지 미리 결정하는 것보다 팀 내에서 대립이 있을 때마다 적절한 모델을 적용하는 것이 중요하다.

05 협상능력

(1) 협상의 단계

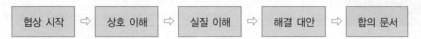

협상 시작 ⇨ 상호 이해 ⇨ 실질 이해 ⇨ 해결 대안 ⇨ 합의 문서

(2) 협상 전략의 종류

종류	내용
협력전략 (문제해결전략 : Cooperative Strategy)	• 'I Win, You Win, We Win' 전략 • 협상 참여자들이 협동과 통합으로 문제를 해결하고자 하는 협력적 문제 해결 전략 • 문제를 해결하는 합의에 이르기 위해서 협상 당사자들이 서로 협력하는 것 • 협상전술 : 협동적 원인 탐색, 정보수집과 제공, 쟁점의 구체화, 대안 개발, 개발된 대안들에 대한 공동평가, 협동하여 최종안 선택
유화전략 (양보전략 : Smoothing Strategy)	• 'I Lose, You Win' 전략 • 상대방이 제시하는 것을 일방적으로 수용하여 협상의 가능성을 높이려는 전략 • 상대방의 욕구와 주장에 자신의 욕구와 주장을 조정하고 순응시켜 굴복 • 협상전술 : 유화, 양보, 순응, 수용, 굴복, 요구사항의 철회 등
회피전략 (무행동전략 : Avoiding Strategy)	• 'I Lose, You Lose, We Lose' 전략 • 협상을 피하거나 잠정적으로 중단하거나 철수하는 전략 • 협상의 가치가 낮거나 중단하고자 할 때나 혹은 상대방에게 필요한 양보를 얻어내고자 할 때, 또는 협상 이외의 방법으로 대안이 존재할 경우에 회피전략 사용 • 협상전술 : 협상을 회피, 무시, 상대방의 도전에 대한 무반응, 협상안건을 타인에게 넘겨주기, 협상으로부터 철수 등
강압전략 (경쟁전략 : Forcing Strategy)	• 'I Win, You Lose' 전략 • 상대방의 주장을 무시하고 자신의 힘으로 일방적으로 밀어붙여 상대방에게 자신의 입장을 강요하는 전략 • 상대방에 비해 자신의 힘이 강하거나 서로 인간관계가 나쁘고, 신뢰가 전혀 없는 상황에서 자신의 실질적 결과를 극대화하고자 할 때 강압전략이 사용 • 협상전술 : 위압적인 입장 천명, 협박과 위협, 협박적 설득, 확고한 입장에 대한 논쟁, 협박적 회유와 설득, 상대방 입장에 대한 강압적 설명 요청

06 고객서비스능력

(1) 고객서비스의 의의

다양한 고객의 요구를 파악하고 대응법을 마련하여 고객에게 양질의 서비스를 제공하는 것을 말한다.

(2) 고객불만 처리 프로세스와 고객만족 조사

① 고객불만 처리 프로세스

경청	고객의 항의를 경청하고, 선입관을 버리고 문제를 파악한다.
감사와 공감 표시	• 일부러 시간을 내서 해결의 기회를 준 것에 감사를 표시한다. • 고객의 항의에 공감을 표시한다.
사과	문제점에 대해 인정하고 잘못된 부분에 대해 사과한다.
해결 약속	고객이 불만을 느낀 상황에 대해 관심과 공감을 보이며, 문제의 빠른 해결을 약속한다.

정보 파악	• 문제 해결을 위해 꼭 필요한 질문만 하여 정보를 얻는다. • 최선의 해결 방법을 찾기 어려우면 고객에게 어떻게 해 주면 만족스러울지를 묻는다.
신속 처리	잘못된 부분을 신속하게 시정한다.
처리 확인과 사과	불만 처리 후 고객에게 처리 결과에 만족하는지를 물어본다.
피드백	고객불만 사례를 회사 및 전 직원에게 알려 다시는 동일한 문제가 발생하지 않도록 한다.

② 고객만족 조사

고객의 주요 요구를 파악해 가장 중요한 요구를 도출하고, 자사가 가지고 있는 자원을 토대로 경영 프로세스의 개선에 활용함으로써 경쟁력을 증대시키기 위한 것이다.

핵심예제

다음은 멤버십 유형별 특징을 정리한 자료이다. 이에 따라 각 유형의 멤버십을 가진 사원에 대한 리더의 대처방안으로 가장 적절한 것은?

〈멤버십 유형별 특징〉

소외형	순응형
• 조직에서 자신을 인정해주지 않음 • 적절한 보상이 없음 • 업무 진행에 있어 불공정하고 문제가 있음	• 기존 질서를 따르는 것이 중요하다고 생각함 • 리더의 의견을 거스르는 것은 어려운 일임 • 획일적인 태도와 행동에 익숙함
실무형	수동형
• 조직에서 규정준수를 강조함 • 명령과 계획을 빈번하게 변경함	• 조직이 나의 아이디어를 원치 않음 • 노력과 공헌을 해도 아무 소용이 없음 • 리더는 항상 자기 마음대로 함

① 소외형 사원은 팀에 협조하는 경우에 적절한 보상을 주도록 한다.
② 소외형 사원은 팀을 위해 업무에서 배제시킨다.
③ 순응형 사원에 대해서는 조직을 위해 순응적인 모습을 계속 권장한다.
④ 실무형 사원에 대해서는 징계를 통해 규정준수를 강조한다.
⑤ 수동형 사원에 대해서는 의견 존중을 통해 자신감을 주도록 한다.

| **해설** | 수동형 사원은 자신의 능력과 노력이 조직으로부터 인정받지 못해 자신감이 떨어지는 모습을 보인다. 따라서 사원의 의견을 존중해 자신감을 키워주는 것이 가장 적절하다. |

오답분석
① 적절한 보상이 없다고 느끼는 소외형 사원에게 팀에 대한 협조의 조건으로 보상을 제시하는 것은 적절하지 않다.
② 리더는 팀원을 배제시키지 않고, 팀 목표를 위해 팀원들이 자발적으로 업무에 참여하도록 노력해야 한다.
③ 순응형 사원에 대해서는 그들의 잠재력 개발을 통해 팀 발전을 위한 창의적인 모습을 갖도록 해야 한다.
④ 실무형 사원에 대해서는 징계를 통해 규정준수를 억지로 강조하는 모습보다는 의사소통을 통해 규정 준수를 이해시키는 것이 적절하다.

정답 ⑤

06 | 대인관계능력 적중예상문제

정답 및 해설 p.044

01 다음 대화 내용을 읽고 난 후 B선임이 취했어야 할 행동을 〈보기〉에서 골라 순서대로 바르게 나열한 것은?

> A팀장 : 자네 정신이 있는 겐가? 임원회의에서 PT를 맡은 사람이 지각하면 어떡하나? 그러고도 프로젝트 관리자야?
> B선임 : 죄송합니다. 하지만 어쩔 수 없는 사정이 있었습니다.
> A팀장 : 무슨 큰일이라도 있었나?
> B선임 : 출근길에 앞서 가던 할머니께서 계단을 오르다 심하게 넘어지셔서 병원에 모셔다 드릴 수밖에 없었습니다.

보기

ⓐ 구급대원의 도착을 확인하고 회사로 이동한다.
ⓑ 가장 가까운 병원을 검색한다.
ⓒ 상사에게 상황을 보고하고 조치한다.
ⓓ 할머니를 최대한 빨리 병원으로 모시고 간다.
ⓔ 119에 신고한다.

① ⓑ - ⓒ - ⓓ
② ⓑ - ⓒ - ⓔ
③ ⓒ - ⓑ - ⓓ
④ ⓔ - ⓑ - ⓐ
⑤ ⓔ - ⓒ - ⓐ

02 다음 중 고객 만족도를 향상시키고, 지속적인 상품 구매를 유도하기 위한 상담원의 고객 응대 자세로 적절하지 않은 것은?

① 수익을 많이 올릴 수 있는 고부가가치의 상품을 중심으로 설명하고 판매하도록 노력한다.
② 고객 관리를 위해 고객 정보나 취향을 데이터 시트에 기록하고, 지속적인 관계 유지를 위해 노력한다.
③ 자신 있는 태도와 음성으로 전문적인 상담을 진행해 고객의 신뢰를 획득해야 한다.
④ 설득력 있는 대화와 유용한 정보 제공을 통해 고객의 구매 결정에 도움을 주어야 한다.
⑤ 상품의 장점과 지속 구매 시 이점을 고객에게 충분히 이해시켜 고객의 니즈를 충족시킨다.

03 다음 글에서 나타난 잘못된 고객응대 자세로 가장 적절한 것은?

> 직원 J씨는 규모가 큰 대형 마트에서 육류제품의 유통 업무를 담당하고 있다. 전화벨이 울려 신속하게 인사와 함께 전화를 받았는데 채소류에 관련된 업무 문의여서 J씨는 고객에게 자신은 채소류에 관련된 담당자가 아니라고 설명하고, "지금 거신 전화는 육류에 관련된 부서로 연결되어 있습니다. 채소류 관련 부서로 전화를 돌려드릴 테니 잠시만 기다려주십시오."라고 말하고 해당 부서로 전화를 돌렸다.

① 신속하게 전화를 받지 않았다.
② 기다려 주신 데 대한 인사를 하지 않았다.
③ 고객의 기다림에 대해 양해를 구하지 않았다.
④ 전화를 다른 부서로 돌려도 괜찮은지 묻지 않았다.
⑤ 자신의 직위를 밝히지 않았다.

04 과거에는 한 사람의 출세와 성공에 가장 큰 영향을 주는 것은 학교성적, 즉 공부를 잘하는 것이라고 생각하였다. 그러나 최근의 연구 결과를 보면, 대인관계능력이 높은 사람이 성공하는 경우가 더 많았으며, 학교성적은 성공과 크게 관련이 없다는 것이 밝혀졌다. 대인관계능력이 성공과 밀접한 관련이 있다고 할 경우, 다음 중 직장생활에서 가장 성공하기 어려운 사람은?

> • B가 근무하는 부서에 신입사원 A가 입사하였다. 평소 B는 입사 때 회사선배로부터 일을 제대로 못 배워 동기들보다 승진이 늦어졌다고 생각하여, A에게 일을 제대로 가르친다는 생각으로 잘한 점은 도외시하고 못한 점만 과장하여 지적하여 A가 항상 긴장상태에서 일 처리를 하도록 하였다.
> • C의 입사동기이자 업무능력이 뛰어난 동료 D는 회사의 큰 프로젝트를 담당하고 있으며, 이 프로젝트를 성공리에 완수할 경우 올해 말에 C보다 먼저 승진할 가능성이 높았음에도 불구하고, D가 업무 도움을 요청하자 C는 흔쾌히 D의 업무를 도와주었다.
> • E는 자기 팀이 작년 연말평가에서 최하 등급을 받아서 팀 내 분위기가 어수선해지자, 팀의 발전이 자신의 발전이라고 생각하여 매일 아침에 모닝커피를 타서 팀원 전체에게 돌리고, 팀 내의 힘들고 궂은일을 솔선수범하여 처리하였다.
> • F는 대인관계에서 가장 중요한 것은 인간관계 기법과 테크닉이라고 생각하여, 진심에서 우러나오지 않지만 항상 무엇을 말하느냐, 어떻게 행동하느냐를 중시하였다.

① B, C   ② B, F
③ C, E   ④ C, F
⑤ E, F

05 다음 자료는 고객불만 처리 프로세스 8단계를 나타낸 것이다. 자료를 참고하여 아래와 같이 B사원의 고객불만 처리 대응을 볼 때, 고객불만 처리 프로세스 8단계에서 B사원이 빠뜨린 항목은?

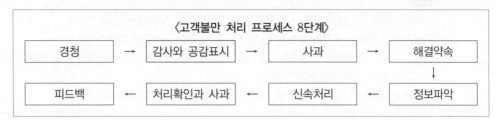

〈고객불만 처리 프로세스 8단계〉

경청 → 감사와 공감표시 → 사과 → 해결약속
↓
피드백 ← 처리확인과 사과 ← 신속처리 ← 정보파악

B사원 : 안녕하세요. ○○쇼핑몰입니다. 무엇을 도와드릴까요?

K고객 : 아 정말, 제가 고른 옷 사이즈랑 다른 사이즈가 왔는데 이거 어떻게 해결할 건가요? 3일 후에 이 옷 입고 소개팅 나가려고 했는데 정말 답답하네요. 당장 보상하세요!

B사원 : 고객님, 주문하신 옷이 잘못 배송되었나보군요. 화내시는 점 충분히 이해합니다. 정말 죄송합니다.

K고객 : 아니, 그래서 어떻게 해결할 건데요.

B사원 : 네 고객님, 우선 최대한 빠른 시일 내로 교환해 드릴 수 있도록 최선을 다하겠습니다. 우선 제가 고객님의 구매 내역과 재고 확인을 해보고 등록된 번호로 다시 연락드리겠습니다. 전화를 끊고 잠시만 기다려주시기 바랍니다.

(구매 내역과 재고를 확인하고 10분 후, B사원은 K고객에게 다시 전화를 건다)

K고객 : 여보세요.

B사원 : 고객님 안녕하세요. ○○쇼핑몰입니다. 재고 확인 결과 다행히 사이즈가 남아있어서 오늘 바로 배송드릴 예정입니다. 오늘 배송 시 내일 도착 예정이어서 말씀하셨던 약속 날짜 전에 옷을 받으실 수 있을 겁니다. 잘못 보내진 옷은 택배받으시고 반송 처리해 주시면 되겠습니다. 정말 죄송합니다.

K고객 : 다행이네요. 일단 알겠습니다. 앞으로 조심 좀 해주세요.

(B사원은 통화를 끝내고, 배송이 잘못된 원인과 자신의 응대에 잘못이 없었는지 확인한다)

① 감사와 공감표시
② 사과
③ 해결약속
④ 정보파악
⑤ 처리확인과 사과

06 다음 〈보기〉 중 갈등해결법을 모색함에 있어 명심해야 할 사항으로 옳지 않은 것을 모두 고르면?

> **보기**
>
> ㉠ 역지사지의 관점에서 다른 사람의 입장을 이해하고자 노력해야 한다.
> ㉡ 해결하기 어려운 문제는 갈등을 심화시킬 수 있으므로 되도록 피해야 한다.
> ㉢ 자신의 의견을 명확하게 밝히는 것은 상대방의 반감을 살 수 있으므로 자신의 의견을 피력하기
>   보다는 듣는 것에 집중해야 한다.
> ㉣ 갈등을 대함에 있어서 논쟁하고 싶은 마음이 들더라도 이를 자제해야 한다.

① ㉠, ㉡   ② ㉠, ㉢
③ ㉡, ㉢   ④ ㉡, ㉣
⑤ ㉢, ㉣

07 다음 A부서의 문제를 해결하는 데 필요한 리더십 유형으로 옳은 것을 〈보기〉에서 모두 고르면?

> A부서에는 급박한 업무나 반드시 처리해야만 하는 업무가 아니면 수행하지 않는 소극적이고 피동적
> 인 문화가 만연하다. 또한, 절차상의 문제를 준수하여 분쟁을 회피하는 것을 가장 우선시하므로 구
> 체적인 성과를 찾아보기 어렵다.

> **보기**
>
> ㉠ 독재자 유형
> ㉡ 민주주의에 근접한 유형
> ㉢ 파트너십 유형
> ㉣ 변혁적 유형

① ㉠, ㉡   ② ㉠, ㉣
③ ㉡, ㉢   ④ ㉡, ㉣
⑤ ㉢, ㉣

08 다음은 S공단 총무부에 근무하는 최과장과 S공단에 사무용품을 납품하는 협력업체 정사장의 대화이다. 거래처 관리를 위한 최과장의 업무처리 방식으로 가장 바람직한 것은?

> 정사장 : 과장님, 이번 달 사무용품 주문량이 급격히 감소하여 궁금해 찾아왔습니다. 저희 물품에 무슨 문제라도 있습니까?
>
> 최과장 : 사장님께서 지난 7년간 계속 납품해 주고 계시는 것에 저희는 정말 만족하고 있습니다. 그런데 아시다시피 요즘 들어 경기가 침체되어 저희 내부에서도 비용절약운동을 하고 있어요. 그래서 개인책상 및 서랍 정리를 통해 사용 가능한 종이와 펜들이 많이 수거되었지요. 아마 이런 이유 때문이 아닐까요?
>
> 정사장 : 그렇군요. 그런데 얼마 전 저희에게 주문하시던 종이가방을 다른 업체에서도 견적서를 받으신 것을 우연히 알게 되었습니다. 저희 종이가방에 어떤 하자가 있었나요?
>
> 최과장 : 아, 그러셨군요. 사실 회사의 임원께서 종이가방의 비용이 많이 든다는 지적을 하셨습니다. 그래서 가격비교 차원에서 다른 업체의 견적서를 받아 본 것입니다.

① 유사 서비스를 제공하는 업체는 많으므로 늘 가격 비교 및 서비스 비교를 통해 업체를 자주 변경하는 것이 유리하다.

② 오래된 거래업체라고 해도 가끔 상호관계와 서비스에 대해 교차점검을 하는 것이 좋다.

③ 사내 임원이나 동료의 추천으로 거래처를 소개받았을 경우에는 기존의 거래처에서 변경하는 것이 좋다.

④ 한 번 선정된 업체는 될 수 있는 대로 변경하지 않고 동일 조건으로 계속 거래를 유지하는 것이 가장 바람직하다.

⑤ 거래할 때마다 다른 거래처와 거래를 함으로써 여러 거래처를 아는 것이 좋다.

09 K사원은 현재 H공단에서 고객응대 업무를 맡고 있다. 다음과 같이 고객의 민원에 답변하였을 때, 고객 전화 응대법과 관련하여 적절하지 않은 답변은?

> P고객 : 저기요. 제가 너무 답답해서 이렇게 전화했습니다.
> K사원 : <u>안녕하세요, 고객님. 상담사 K입니다. 무슨 문제로 전화해 주셨나요?</u> … ①
> P고객 : 아니, 아직 납부기한이 지나지도 않았는데, 홈페이지에 왜 '납부하지 않은 보험료'로 나오는 건가요? 일 처리를 왜 이렇게 하는 건가요?
> K사원 : <u>고객님, 이건 저희 실수가 아니라 고객님이 잘못 이해하신 부분 같습니다.</u> … ②
> P고객 : 무슨 소리예요? 내가 지금 홈페이지에서 확인하고 왔는데.
> K사원 : <u>네 고객님. 홈페이지 '납부하지 않은 보험료'로 표시되는 경우에는 고객님께서 다음 달 10일까지 납부하셔야 할 당월분 보험료라고 이해하시면 됩니다.</u> … ③
> P고객 : 정말이에요? 나 참 왜 이렇게 헷갈리게 만든 건가요?
> K사원 : <u>죄송합니다, 고객님. 참고로 이미 보험료를 납부했는데도 '납부하지 않은 보험료'로 표시되는 경우에는 보험료 납부내역이 공단 전산에 반영되는 기준일이 '납부 후 최장 4일 경과한 시점'이기 때문임을 유의해 주시기 바랍니다.</u> … ④
> P고객 : 알겠습니다. 수고하세요.
> K사원 : <u>감사합니다. 고객님 좋은 하루 보내세요. 상담사 K이었습니다.</u> … ⑤

10 다음과 같은 상황에서 가장 적절한 대응방안은?

> 〈상황〉
>
> 고객이 상품을 주문했는데 배송이 일주일이 걸렸다. 상품을 막상 받아보니 사이즈가 작아 반품을 했으나, 주문처에서 갑자기 반품 배송비용을 청구하였다. 고객은 반품 배송비용을 고객이 부담해야 한다는 공지를 받은 적이 없어 당황해했으며 기분 나빠했다.

① 배송을 빨리 하도록 노력하겠습니다.
② 사이즈를 정확하게 기재하겠습니다.
③ 반품 배송비가 있다는 항목을 제대로 명시하겠습니다.
④ 주문서를 다시 한 번 확인하겠습니다.
⑤ 고객에게 사이즈를 교환해 주겠습니다.

07 | 정보능력 핵심이론

01 정보능력의 의의

(1) 정보의 의의

① 정보능력의 의미

컴퓨터를 활용하여 필요한 정보를 수집, 분석, 활용하는 능력이다.

② 자료(Data), 정보(Information), 지식(Knowledge)

구분	일반적 정의	사례
자료	객관적 실체를 전달이 가능하게 기호화한 것	스마트폰 활용 횟수
정보	자료를 특정한 목적과 문제 해결에 도움이 되도록 가공한 것	20대의 스마트폰 활용 횟수
지식	정보를 체계화하여 보편성을 갖도록 한 것	스마트폰 디자인에 대한 20대의 취향

일반적으로 '자료 ⊇ 지식 ⊇ 정보'의 포함관계로 나타낼 수 있다.

③ 정보의 핵심특성

㉠ 적시성 : 정보는 원하는 시간에 제공되어야 한다.

㉡ 독점성 : 정보는 공개가 되고 나면 정보가치가 급감하나(경쟁성), 정보획득에 필요한 비용이 줄어드는 효과도 있다(경제성).

구분	공개 정보	반(半)공개 정보	비(非)공개 정보
경쟁성	낮음	——————————→	높음
경제성	높음	←——————————	낮음

(2) 정보화 사회

① 정보화 사회의 의의

정보가 사회의 중심이 되는 사회로 IT 기술을 활용해 필요한 정보가 창출되는 사회이다.

② 정보화 사회의 특징

- 정보의 사회적 중요성이 요구되며, 정보 의존성이 강화된다.
- 전 세계를 하나의 공간으로 여기는 수평적 네트워크 커뮤니케이션이 가능해진다.
- 경제 활동의 중심이 유형화된 재화에서 정보, 서비스, 지식의 생산으로 옮겨간다.
- 정보의 가치 생산을 중심으로 사회 전체가 움직이게 된다.

③ 미래 사회의 특징

- 지식 및 정보 생산 요소에 의한 부가가치 창출
- 세계화의 진전
- 지식의 폭발적 증가

(3) 정보 처리 과정

기획	⇨	수집	⇨	관리	⇨	활용

① 기획

정보 활동의 가장 첫 단계이며, 정보 관리의 가장 중요한 단계이다.

5W	What(무엇을)	정보의 입수대상을 명확히 한다.
	Where(어디에서)	정보의 소스(출처)를 파악한다.
	When(언제)	정보의 요구 시점을 고려한다.
	Why(왜)	정보의 필요 목적을 염두에 둔다.
	Who(누가)	정보 활동의 주체를 확정한다.
2H	How(어떻게)	정보의 수집 방법을 검토한다.
	How much(얼마나)	정보 수집의 효용성을 중시한다.

② 수집

㉠ 다양한 정보원으로부터 목적에 적합한 정보를 입수하는 것이다.

㉡ 정보 수집의 최종적인 목적은 '예측'을 잘하기 위함이다.

③ 관리

㉠ 수집된 다양한 형태의 정보를 사용하기 쉬운 형태로 바꾸는 것이다.

㉡ 정보관리의 3원칙

목적성	사용 목적을 명확히 설명해야 한다.
용이성	쉽게 작업할 수 있어야 한다.
유용성	즉시 사용할 수 있어야 한다.

④ 활용

최신 정보기술을 통한 정보들을 당면한 문제에 활용하는 것이다.

02 컴퓨터활용능력

(1) 인터넷 서비스의 종류

① 전자우편

> • 인터넷을 이용하여 다른 이용자들과 정보를 주고받는 통신 방법을 말한다.
> • 포털, 회사, 학교 등에서 제공하는 전자우편 시스템에 계정을 만들어 이용가능하다.

② 웹하드

웹서버에 대용량의 저장 기능을 갖추고 사용자가 개인의 하드디스크와 같은 기능을 인터넷을 통해 이용할 수 있게 하는 서비스를 말한다.

③ 메신저

컴퓨터를 통해 실시간으로 메시지와 데이터를 주고받을 수 있는 서비스이며, 응답이 즉시 이루어져 가장 보편적으로 사용되는 서비스이다.

④ 클라우드

> • 사용자들이 별도의 데이터 센터를 구축하지 않고도 인터넷 서버를 활용해 정보를 보관하고 있다가
> 필요할 때 꺼내 쓰는 기술을 말한다.
> • 모바일 사회에서는 장소와 시간에 관계없이 다양한 단말기를 통해 사용가능하다.

⑤ SNS

온라인 인맥 구축을 목적으로 개설된 커뮤니티형 웹사이트를 말하며 트위터, 페이스북, 인스타그램과 같은 1인 미디어와 정보 공유 등을 포괄하는 개념이다.

(2) 정보 검색

① 검색 엔진 유형

종류	내용
키워드 검색 방식	• 정보와 관련된 키워드를 직접 입력하여 정보를 찾는 방식 • 검색의 방법이 간단하나 키워드를 불명확하게 입력하면 효율적인 검색이 어려움
주제별 검색 방식	• 주제별, 계층별로 문서들을 정리해 DB를 구축한 후 이용하는 방식 • 원하는 정보를 찾을 때까지 분류된 내용을 차례로 선택해 검색
자연어 검색 방식	• 문장 형태의 질의어를 형태소 분석을 거쳐 각 질문에 답이 들어 있는 사이트를 연결해 주는 방식
통합형 검색 방식	• 검색엔진 자신만의 DB를 구축하지 않음 • 검색어를 연계된 다른 검색 엔진에 보낸 후 검색 결과를 보여줌

② 정보 검색 연산자

대문자, 소문자의 구분이 없으며, 앞뒤로 반드시 공백을 넣어야 한다.

기호	연산자	검색조건
*, &	AND	두 단어가 모두 포함된 문서를 검색 예 인공위성 and 자동차, 인공위성 * 자동차
|	OR	두 단어가 모두 포함되거나, 두 단어 중에서 하나만 포함된 문서를 검색 예 인공위성 or 자동차, 인공위성 | 자동차
-, !	NOT	'-' 기호나 '!' 기호 다음에 오는 단어는 포함하지 않는 문서를 검색 예 인공위성 not 자동차, 인공위성 ! 자동차
~, near	인접검색	앞 / 뒤의 단어가 가깝게 인접해 있는 문서를 검색 예 인공위성 near 자동차

(3) 업무용 소프트웨어

① 워드프로세서

㉠ 문서를 작성, 편집, 저장, 인쇄할 수 있는 프로그램을 말하며, 키보드 등으로 입력한 문서의 내용을 화면으로 확인하면서 쉽게 고칠 수 있어 편리하다.

㉡ 흔글과 MS-Word가 가장 대표적으로 활용되는 프로그램이다.

ⓒ 워드프로세서의 주요 기능

종류	내용
입력	키보드나 마우스를 통해 문자, 그림 등을 입력할 수 있는 기능
표시	입력한 내용을 표시 장치를 통해 나타내주는 기능
저장	입력된 내용을 저장하여 필요할 때 사용할 수 있는 기능
편집	문서의 내용이나 형태 등을 변경해 새롭게 문서를 꾸미는 기능
인쇄	작성된 문서를 프린터로 출력하는 기능

② 스프레드시트

ⓐ 수치나 공식을 입력하여 그 값을 계산해내고 결과를 차트로 표시할 수 있는 프로그램을 말하며, 다양한 함수를 이용해 복잡한 수식도 계산할 수 있다.

ⓑ Excel이 가장 대표적으로 활용되는 프로그램이다.

ⓒ 스프레드시트의 구성단위

스프레드시트는 셀, 열, 행, 영역의 4가지 요소로 구성된다. 그중에서 셀은 가로행과 세로열이 교차하면서 만들어지는 공간을 말하며 이는 정보를 저장하는 기본단위이다.

③ 프리젠테이션

ⓐ 컴퓨터 등을 이용하여 그 속에 담겨 있는 각종 정보를 전달하는 행위를 프리젠테이션이라고 하며, 이를 위해 사용되는 프로그램들을 프리젠테이션 프로그램이라고 한다.

ⓑ Power Point와 Keynote가 가장 대표적으로 활용되는 프로그램이다.

(4) 데이터베이스

① 데이터베이스의 의의

여러 개의 서로 연관된 파일을 데이터베이스라 하며, 이 연관성으로 인해 사용자는 여러 개의 파일에 있는 정보를 한 번에 검색할 수 있다.

데이터베이스 관리시스템	데이터와 파일의 관계를 생성, 유지, 검색할 수 있게 하는 소프트웨어
파일 관리시스템	한 번에 한 개의 파일만 생성, 유지, 검색할 수 있는 소프트웨어

② 데이터베이스의 필요성

종류	내용
데이터 중복 감소	데이터를 한 곳에서만 갖고 있으므로 유지 비용이 절감된다.
데이터 무결성 증가	데이터가 변경될 경우 한 곳에서 수정하는 것만으로 해당 데이터를 이용하는 모든 프로그램에 반영된다.
검색의 용이	한 번에 여러 파일에서 데이터를 찾을 수 있다.
데이터 안정성 증가	사용자에 따라 보안등급에 차등을 둘 수 있다.

03 정보처리능력

(1) 1차 자료와 2차 자료

1차 자료	원래의 연구 성과가 기록된 자료
2차 자료	1차 자료를 효과적으로 찾아보기 위한 자료 혹은 1차 자료에 포함되어 있는 정보를 압축, 정리한 자료

(2) 인포메이션과 인텔리전스

인포메이션	하나하나의 개별적인 정보
인텔리전스	인포메이션 중 몇 가지를 선별해 그것을 연결시켜 판단하기 쉽게 도와주는 하나의 정보 덩어리

(3) 정보 분석의 절차

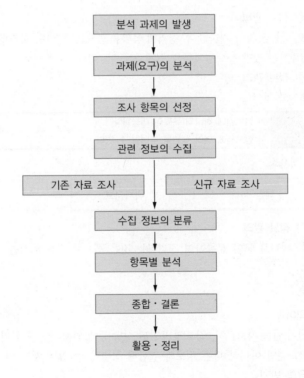

(4) 정보의 서열화와 구조화

① 1차 정보가 포함하는 내용을 몇 개의 카테고리로 분석해 각각의 상관관계를 확정하고,
② 1차 정보가 포함하는 주요 개념을 대표하는 용어(키워드)를 추출하며,
③ 이를 간결하게 서열화·구조화해야 한다.

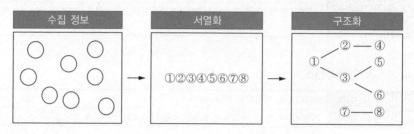

(5) 효율적인 정보 관리 방법

① 목록을 이용한 정보 관리
정보에서 중요 항목을 찾아 기술한 후 정리해 목록을 만드는 것이며, 디지털 파일로 저장해 두면 특정 용어를 입력하는 것만으로 결과물을 쉽게 찾을 수 있다.

② 색인을 이용한 정보 관리
㉠ 목록과 색인의 차이

목록	한 정보원에 하나의 목록이 대응된다.
색인	한 정보원에 여러 색인을 부여할 수 있다.

㉡ 색인의 구성요소

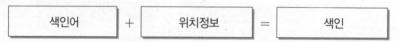

③ 분류를 이용한 정보 관리
유사한 정보를 하나로 모아 분류하여 정리하는 것은 신속한 정보 검색을 가능하게 한다.

(6) 개인정보의 보호

① 개인정보의 의미
생존하는 개인에 관한 정보로서, 정보에 포함된 성명 등에 의해 개인을 식별할 수 있는 정보를 의미한다. 단일 정보뿐만 아니라 다른 정보와 결합해 식별할 수 있는 것도 이에 해당한다.

② 개인정보의 유출 방지

- 회원 가입 시 이용 약관 확인
- 이용 목적에 부합하는 정보를 요구하는지 확인
- 정기적인 비밀번호 교체
- 정체가 불분명한 사이트 접속 자제
- 가입 해지 시 정보 파기 여부 확인
- 생년월일, 전화번호 등 유추 가능한 비밀번호 사용 자제

A전자는 사원들만 이용할 수 있는 사내 공용 서버를 운영하고 있다. 이 서버는 아이디와 패스워드를 입력하지 않고 자유롭게 접속하여 업무 관련 파일들을 올리고 내릴 수 있다. 하지만 얼마 전부터 공용 서버의 파일을 다운로드 받은 개인용 컴퓨터에서 바이러스가 감지되어, 우선적으로 공용 서버의 바이러스를 모두 치료하였다. 이런 상황에서 발생한 문제에 대처하기 위한 추가 조치사항으로 적절한 것만을 〈보기〉에서 모두 고르면?

보기

ㄱ. 접속하는 모든 컴퓨터를 대상으로 바이러스를 치료한다.
ㄴ. 공용 서버에서 다운로드한 파일을 모두 실행한다.
ㄷ. 접속 후에는 쿠키를 삭제한다.
ㄹ. 임시 인터넷 파일의 디스크 공간을 최대로 늘린다.

① ㄱ, ㄴ
② ㄱ, ㄷ
③ ㄴ, ㄷ
④ ㄷ, ㄹ
⑤ ㄴ, ㄹ

| 해설 | ㄱ. 공용 서버 안의 모든 바이러스를 치료한 후에 접속하는 모든 컴퓨터를 대상으로 바이러스 검사를 하고 치료해야 한다.
ㄷ. 쿠키는 공용으로 사용하는 PC로 인터넷에 접속했을 때 개인 정보 유출을 방지하기 위해 삭제한다.

오답분석

ㄴ. 다운로드받은 감염된 파일을 모두 실행하면 바이러스가 더욱 확산된다.
ㄹ. 바이러스 치료에 대한 조치사항과는 무관한 내용이다.

정답 ②

PART 2

정답 및 해설 p.046

01 A회사는 임직원들의 인문학적 소양과 업무능력을 배양하기 위하여 사내 도서관을 설치하고 운영하기로 결정하였다. 다음 자료는 A회사가 모범 사례로 참고하고 있는 B회사의 사내 도서관 관리 방법이다. 이 방법을 무엇이라 하는가?

> B회사는 5년 전 사내 도서관을 설치하고 현재까지 운영하고 있다. 임직원들의 독서를 권장하기 위하여 다양한 도서와 콘텐츠를 구비하고 도서 대여 서비스를 제공하고 있다. 또한, 임직원들의 추천 도서는 반기별로 1,000권 이상씩 꾸준히 구매하고 있다. 이로 인해 지난 5년 동안 2만여 권의 도서 및 콘텐츠를 확보하게 되었으며, 이를 효율적으로 관리하기 위하여 도서명, 저자, 출판일, 출판사 등의 도서 정보를 목록화하는 도서 관리 프로그램을 자체적으로 개발하여 활용하고 있다. 해당 프로그램을 통해 임직원들은 자신이 원하는 도서의 대출 현황과 위치 등을 손쉽게 확인할 수 있어 그 활용도가 높다고 한다.

① 목록을 활용한 정보관리
② 색인을 활용한 정보관리
③ 분류를 활용한 정보관리
④ 1 : 1 매칭을 활용한 정보관리
⑤ Big Data를 활용한 정보관리

02 다음 A사원과 B사원의 대화를 볼 때, 빈칸에 들어갈 단축키 내용으로 적절한 것은?

> A사원 : 오늘 야근 예정이네. 이걸 다 언제하지?
> B사원 : 무슨 일인데 그래?
> A사원 : 아니 부장님이 오늘 가입한 회원들 중 30대의 데이터만 모두 추출하라고 하시잖아. 오늘 가입한 사람들만 1,000명이 넘는데….
> B사원 : 엑셀의 자동필터 기능을 사용하면 되잖아. 단축키는 _____ 야.
> A사원 : 이런 기능이 있었구나! 덕분에 오늘 일찍 퇴근할 수 있겠군. 고마워!

① Ctrl + Shift + L
② Ctrl + Shift + %5
③ Ctrl + Shift + &7
④ Ctrl + Shift + :
⑤ Ctrl + Shift + F

03 다음 중 4차 산업혁명의 적용 사례로 적절하지 않은 것은?

① 농사 기술에 ICT를 접목한 농장에서는 농작물 재배 시설의 온도・습도・햇볕량・토양 등을 분석하고, 그 결과에 따라 기계 등을 작동하여 적절한 상태로 변화시킨다.

② 주로 경화성 소재를 사용하고, 3차원 모델링 파일을 출력 소스로 활용하여 프린터로 입체 모형의 물체를 뽑아낸다.

③ 인터넷 서버에 데이터를 저장하고 여러 IT 기기를 사용해 언제 어디서든 이용할 수 있는 컴퓨팅 환경에서는 자신의 컴퓨터가 아닌 인터넷으로 연결된 다른 컴퓨터로 정보를 처리할 수 있다.

④ 인터넷에서 정보를 교환하는 시스템으로, 하이퍼텍스트 구조를 활용해서 인터넷상의 정보들을 연결해 준다.

⑤ 사물에 센서를 부착해 실시간으로 데이터를 인터넷으로 주고받는 환경에서는 세상 모든 유형・무형 객체들이 연결되어 새로운 서비스를 제공한다.

04 파워포인트는 상단의 [보기] 탭에서 [프레젠테이션 보기] 그룹을 활용하여 여러 가지 방법으로 슬라이드를 볼 수 있다. 다음 중 슬라이드 보기 방법에 대한 설명으로 옳지 않은 것은?

① [기본]은 슬라이드 작성을 위한 주된 편집 보기 방법이다.

② [개요 보기]에서 프레젠테이션의 내용 수정은 불가능하다.

③ [여러 슬라이드] 상태에서는 슬라이드 순서를 바꾸고 구성할 수 있다.

④ [슬라이드 노트]는 노트 창에 텍스트를 입력할 수 있으며, 인쇄도 가능하다.

⑤ [읽기용 보기]에서도 슬라이드 쇼와 같이 애니메이션이 표시된다.

05 다음은 회사 게시판을 관리하는 A사원과 B사원의 대화이다. 빈칸에 들어갈 내용으로 적절하지 않은 것은?

> A사원 : 요즘 회사 게시판을 이용하면서 네티켓을 지키지 않는 사람들이 많은 것 같아.
> B사원 : 맞아. 게시판에 올린 글은 많은 사람들이 보고 있다는 것을 인식하면 좋을텐데.
> A사원 : 회사 게시판 사용 네티켓을 안내하는 것은 어떨까?
> B사원 : 좋은 생각이야. 게시판 사용 네티켓으로는 '_____'는 내용이 포함되어야 해.

① 글의 내용은 길게 작성하기보다 간결하게 요점만 작성한다.

② 게시판의 주제와 관련 없는 내용은 올리지 않는다.

③ 글을 쓰기 전에 이미 같은 내용의 글이 없는지 확인한다.

④ 글의 내용 중 잘못된 점이 있으면 빨리 수정하거나 삭제한다.

⑤ 글의 제목에는 함축된 단어를 가급적 사용하지 않는다.

06 다음 중 ㉠, ㉡에 들어갈 기능으로 옳은 것은?

> _____㉠_____ 은/는 특정 값의 변화에 따른 결괏값의 변화 과정을 한 번의 연산으로 빠르게 계산하여 표의 형태로 표시해 주는 도구이고, _____㉡_____ 은/는 비슷한 형식의 여러 데이터의 결과를 하나의 표로 통합하여 요약해 주는 도구이다.

	㉠	㉡
①	데이터 표	통합
②	정렬	시나리오 관리자
③	데이터 표	피벗 테이블
④	해 찾기	데이터 유효성 검사
⑤	통합	정렬

07 다음 중 스프레드시트의 차트에 대한 설명으로 옳지 않은 것은?

① 표면형 차트 : 두 개의 데이터 집합에서 최적의 조합을 찾을 때 사용한다.

② 방사형 차트 : 분산형 차트의 한 종류로 데이터 계열 간의 항목 비교에 사용된다.

③ 분산형 차트 : 데이터의 불규칙한 간격이나 묶음을 보여주는 것으로 주로 과학이나 공학용 데이터 분석에 사용된다.

④ 이중 축 차트 : 특정 데이터 계열의 값이 다른 데이터 계열의 값과 현저하게 차이가 날 경우나 두 가지 이상의 데이터 계열을 가진 차트에 사용한다.

⑤ 원형 차트 : 데이터 계열 하나에 있는 항목의 크기가 항목 합계에 비례하여 표시되며, 데이터 요소는 원형 전체에 대한 백분율로 표시된다. 원형 차트는 각 항목의 값들이 항목 합계의 비율로 표시되므로 중요한 요소를 강조할 때 사용하기 좋다.

08 영업팀에 근무하는 귀하는 작년 한 해 동안 판매된 아이스크림의 수량과 총액을 간략하게 그래프로 나타내었다. 이를 본 A대리는 시각적인 효과가 더 좋도록 그래프를 다음과 같이 수정해 주었다. A대리가 수정해 준 그래프를 보고 귀하가 할 수 있는 생각이 아닌 것은?

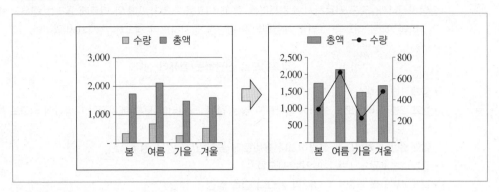

① 대리님께서는 '수량' 계열의 차트 종류를 변경하셨구나.

② 기본 세로 축의 주 눈금선을 없애셨네.

③ 보조 축으로 총액 계열을 사용하셨어.

④ 기본 세로 축의 주 단위를 500으로 설정하셨어.

⑤ 수치를 더 세분화해서 알아보기 쉽게 만들었네.

09 P씨는 이번에 새로 산 노트북의 사양을 알아보기 위해 다음과 같이 [제어판]의 [시스템]을 열어 보았다. 다음 중 P씨의 노트북 사양에 대한 내용으로 옳지 않은 것은?

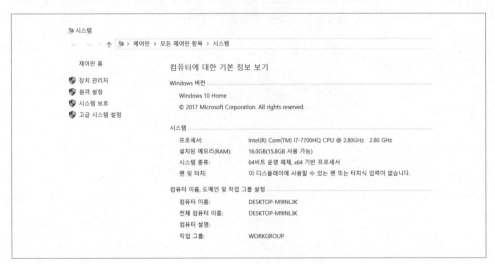

① 그래픽카드는 i7 – 7700HQ 모델이 설치되어 있다.

② OS는 Windows 10 Home이 설치되어 있다.

③ 설치된 RAM의 용량은 16GB이다.

④ Window 운영체제는 64비트 시스템이 설치되어 있다.

⑤ 컴퓨터의 이름은 DESKTOP – M9INL3K로 설정되어 있다.

10 다음은 A회사 인트라넷에 올라온 컴퓨터의 비프음과 관련된 문제 해결 방법에 대한 공지사항이다. 부팅 시 비프음 소리와 해결방법에 대한 설명으로 적절하지 않은 것은?

안녕하십니까. 최근 사용하시는 컴퓨터를 켤 때 비프음 소리가 평소와 다르게 들리는 경우가 종종 있습니다. 해당 비프음 소리별 해결원인과 방법을 공지하오니 참고해 주시기 바랍니다.

〈비프음으로 진단하는 컴퓨터 상태〉

- 짧게 1번 : 정상
- 짧게 2번 : 바이오스 설정이 올바르지 않은 경우, 모니터에 오류 메시지가 나타나게 되므로 참고 하여 문제 해결
- 짧게 3번 : 키보드가 불량이거나 올바르게 꽂혀 있지 않은 경우
- 길게 1번+짧게 1번 : 메인보드 오류
- 길게 1번+짧게 2번 : 그래픽 카드의 접촉 점검
- 길게 1번+짧게 3번 : 쿨러의 고장 등 그래픽 카드 접촉 점검
- 길게 1번+짧게 9번 : 바이오스의 초기화, A/S 점검
- 아무 경고음도 없이 모니터가 켜지지 않을 때 : 전원 공급 불량 또는 합선, 파워서플라이의 퓨즈 점검, CPU나 메모리의 불량
- 연속으로 울리는 경고음 : 시스템 오류, 메인보드 점검 또는 각 부품의 접촉 여부와 고장 확인

---

① 짧게 2번 울릴 때는 모니터에 오류 메시지가 뜨니 원인을 참고해 해결할 수 있다.
② 비프음이 길게 1번, 짧게 1번 울렸을 때 CPU를 교체해야 한다.
③ 길게 1번, 짧게 9번 울리면 바이오스 ROM 오류로 바이오스의 초기화 또는 A/S가 필요하다.
④ 키보드가 올바르게 꽂혀 있지 않은 경우 짧게 3번 울린다.
⑤ 연속으로 울리는 경고음은 시스템 오류일 수 있다.

08 | 기술능력 핵심이론

01 기술능력의 의의

(1) 기술의 의의

① 기술의 의미

지적인 도구를 특정한 목적에 사용하는 지식 체계를 말하며 제품이나 용역을 생산하는 원료, 생산 공정 등에 관한 지식의 집합체를 의미한다.

② 노하우(Know-how)와 노와이(Know-why)

원래 노하우의 개념이 강하였으나 시대가 지남에 따라 노하우와 노와이가 결합하는 모습을 보이고 있다.

노하우	• 특허권을 수반하지 않는 엔지니어 등이 가지고 있는 체화된 기술 • 경험적, 반복적인 행위를 통해 얻게 됨
노와이	• 어떻게 기술이 성립하고 작용하는가에 관한 원리적 측면 • 이론적인 지식으로서, 과학적인 탐구를 통해 얻게 됨

③ 광의의 기술과 협의의 기술

광의의 기술	직업 세계에서 필요로 하는 기술적 요소
협의의 기술	구체적 직무수행능력

(2) 기술교양과 기술능력

기술교양	기술의 특성 등에 대해 일정 수준의 지식을 갖추는 것
기술능력	일상적으로 요구되는 수단・도구・조작 등에 관한 기술적인 요소들을 이해하고, 적절한 기술을 선택・적용하는 능력. 기술교양의 개념을 구체화시킨 개념

(3) 산업재해

① 산업재해의 의미

산업 활동 중의 사고로 인해 사망・부상을 당하거나 유해 물질에 의한 중독 등으로 직업성 질환, 신체적 장애를 가져오는 것

② 산업재해의 원인

교육적 원인	안전지식의 불충분, 안전수칙의 오해, 훈련의 불충분 등
기술적 원인	기계 장치의 설계불량, 구조물의 불안정, 생산 공정의 부적당 등
작업 관리상 원인	안전관리 조직의 결함, 작업 준비 불충분, 인원 배치의 부적당 등

③ 산업재해 예방 대책 5단계

안전관리 조직	• 경영자 : 사업장의 안전 목표 설정, 안전관리 책임자 선정 • 안전관리 책임자 : 안전계획 수립, 시행, 감독
사실의 발견	사고 조사, 현장 분석, 관찰 및 보고서 연구, 면담 등
원인 분석	발생 장소, 재해 형태, 재해 정도, 공구 및 장비의 상태 등
시정책의 선정	기술적 개선, 인사 조정 및 교체, 공학적 조치 등
시정책의 적용	안전에 대한 교육 및 훈련 실시, 결함 개선 등

④ 불안전한 행동과 상태의 제거

불안전한 행동 제거	안전수칙 제정, 상호 간 불안전한 행동 지적, 쾌적한 작업 환경 등
불안전한 상태 제거	안전성이 보장된 설비제작, 사고 요인의 사전 제거

02 기술이해능력

(1) 기술이해능력의 의의

기본적인 업무 수행에 필요한 기술의 원리 및 절차를 이해하는 능력이다.

(2) 기술 시스템의 의의

개별 기술들이 네트워크로 결합하여 새로운 기술이 만들어지는 것을 말한다.

(3) 기술 시스템의 발전 4단계

1단계	• 발명, 개발, 혁신의 단계 • 기술 시스템이 탄생하고 성장하며, 기술자의 역할이 중요
2단계	• 이전의 단계 • 성공적인 기술이 다른 지역으로 이동하며, 기술자의 역할이 중요
3단계	• 성장의 단계 • 기술 시스템 사이의 경쟁이 이루어지며 기업가의 역할이 중요
4단계	• 공고화 단계 • 경쟁에서 승리한 기술시스템이 관성화되며 자문 엔지니어의 역할이 중요

03 기술선택능력

(1) 기술선택의 의의

기업이 어떤 기술을 외부로부터 도입할 것인지 자체 개발할 것인지를 결정하는 것이다.

(2) 의사결정 방법

상향식 기술선택	• 연구자나 엔지니어들이 자율적으로 기술을 선택한다. • 고객의 니즈와 동떨어진 기술이 선택될 수 있다.
하향식 기술선택	• 경영진과 기획담당자들에 의한 체계적인 분석이 이루어진다. • 내부역량과 외부환경 분석, 전략수립을 통해 우선순위를 결정한다.

(3) 기술선택 절차

(4) 벤치마킹

① 벤치마킹의 의의

특정 분야에서 뛰어난 기술 등을 배워 합법적으로 응용하는 것으로, 단순한 모방이 아니라 자사의 환경에 맞추어 재창조하는 것을 말한다.

② 벤치마킹의 종류

비교대상에 따른 분류	내부 벤치마킹	• 대상 : 같은 기업 내의 유사한 활용 • 자료 수집이 용이하고 다각화된 우량기업의 경우 효과가 크나, 관점이 제한적일 수 있다.
	경쟁적 벤치마킹	• 대상 : 동일 업종에서 고객을 공유하는 경쟁기업 • 기술에 대한 비교가 가능하지만, 대상의 적대적인 태도로 인해 자료 수집이 어렵다.
	비경쟁적 벤치마킹	• 대상 : 우수한 성과를 거둔 비경쟁 기업 • 혁신적인 아이디어의 창출 가능성이 높으나, 환경이 상이하다는 것을 감안하지 않으면 효과가 없다.
	글로벌 벤치마킹	• 대상 : 최고로 우수한 동일 업종의 비경쟁적 기업 • 자료 수집이 용이하나, 문화, 제도적인 차이로 인한 차이를 감안하지 않으면 효과가 없다.
수행방식에 따른 분류	직접적 벤치마킹	• 직접 접촉하여 자료를 입수하고 조사하기 때문에 정확도가 높으며 지속가능하다. • 벤치마킹 대상의 선정이 어렵고 수행비용 및 시간이 과다하게 소요된다.
	간접적 벤치마킹	• 인터넷 및 문서 형태의 자료를 통해서 수행한다. • 비용과 시간이 절약되나 벤치마킹 결과가 피상적이며 핵심 자료의 수집이 어렵다.

(5) 지식재산권

인간의 창조적 활동 또는 경험 등을 통해 창출되거나 발견한 지식·정보·기술이나 표현·표시, 그 밖에 무형적인 것으로서, 재산적 가치가 실현될 수 있는 지적 창작물에 부여된 권리를 말한다.

04 기술적용능력

(1) 기술적용능력과 기술경영

① 기술적용능력의 의의

직장생활에 필요한 기술을 실제로 적용하고 결과를 확인하는 능력을 말한다.

② 기술적용의 형태

기술을 그대로 적용	• 시간과 비용의 절감 • 기술이 적합하지 않을 경우 실패할 가능성 높음
기술을 그대로 적용하되 불필요한 기술은 버리고 적용	• 시간과 비용의 절감, 프로세스의 효율성 • 버린 기술이 과연 불필요한가에 대한 문제제기
기술을 분석하고 가공	• 시간과 비용의 소요 • 업무 환경에 맞는 프로세스를 구축할 수 있음

③ 기술적용 시 고려사항

> • 기술적용에 따른 비용이 많이 드는가?
> • 기술의 수명주기는 어떻게 되는가?
> • 기술의 전략적 중요도는 어떻게 되는가?
> • 잠재적으로 응용 가능성이 있는가?

(2) 네트워크 혁명과 융합기술

① 네트워크 혁명의 의의

사람과 사람을 연결하는 방법, 정보를 교환하는 방법 등 대상 간의 연결 방법에 혁명적인 변화가 생기고 있는 현상을 말하며, 인터넷이 상용화된 1990년대 이후에 촉발되었다.

② 네트워크 혁명의 특징

> • 정보통신 네트워크의 전 지구성에 따라 네트워크 혁명도 전 지구적이다.
> • 상호 영향이 보편화되면서 사회의 위험과 개인의 불안이 증가한다.
> • '이타적 개인주의'라는 공동체 철학이 부각된다.

③ 네트워크 혁명의 3가지 법칙

무어의 법칙	컴퓨터의 파워가 18개월마다 2배씩 증가
메트칼피의 법칙	네트워크의 가치는 사용자 수의 제곱에 비례
카오의 법칙	창조성은 네트워크가 가진 다양성이 비례

④ 융합기술의 의의

나노기술(NT), 생명공학기술(BT), 정보기술(IT), 인지과학(CS)의 4대 핵심기술(NBIC)이 상호 의존적으로 결합되는 것을 의미한다.

귀하는 반도체 회사의 기술연구팀에서 연구원으로 근무하고 있다. 하루는 인사팀에서 '기술능력이 뛰어난 신입사원' 한 명을 추천해달라는 요청을 받았다. 귀하는 추천에 앞서 먼저 해당 추천서에 필요한 평가 항목을 정하려고 한다. 다음 중 추천서의 평가 항목으로 적절하지 않은 것은 무엇인가?

① 문제를 해결하기 위해 다양한 해결책을 개발하고 평가하려는 사람인가?
② 실질적 문제해결을 위해 필요한 지식이나 자원을 선택하고 적용할 줄 아는 사람인가?
③ 아무런 제약이 없다면 자신의 능력을 최대한 발휘할 수 있는 사람인가?
④ 처리하는 기술적 문제 사항이 실제 업무에 효용성이 있는가?
⑤ 해결에 필요한 문제를 예리하게 간파할 줄 아는 사람인가?

| 해설 | 기술능력이 뛰어난 사람은 한계가 주어지더라도 문제를 잘 해결할 줄 아는 사람이다. 그러므로 기술능력이 뛰어난 신입사원을 평가하는 항목에서 아무런 제약이 없을 때의 가능성을 묻는 ③과 같은 질문은 적절하지 않다.

기술능력이 뛰어난 사람
• 실질적 해결을 필요로 하는 문제를 인식할 줄 아는 사람
• 인식한 문제를 위해 여러 해결책을 개발할 줄 아는 사람
• 문제해결을 위해 지식이나 자원 등의 사항들을 선택하여 적용할 줄 아는 사람
• 한계가 주어지거나 자원이 제한적이더라도 일할 줄 아는 사람
• 효용적으로 기술적 해결이 가능한 사람
• 다양한 상황 속에서도 기술적 체계와 도구를 사용하고 배울 줄 아는 사람

정답 ③

08 | 기술능력 적중예상문제

정답 및 해설 p.047

※ 사내 의무실 체온계의 고장으로 새로운 체온계를 구입하였다. 이어지는 질문에 답하시오. **[1~2]**

■ 사용방법

1) 체온을 측정하기 전 새 렌즈필터를 부착하여 주세요.
2) 〈ON〉 버튼을 눌러 액정화면이 켜지면 귓속에 체온계를 삽입합니다.
3) 〈START〉 버튼을 눌러 체온을 측정합니다.
4) 측정이 잘 이루어졌으면 '삐' 소리와 함께 측정 결과가 액정화면에 표시됩니다.
5) 60초 이상 사용하지 않으면 자동으로 전원이 꺼집니다.

■ 체온 측정을 위한 주의사항

－ 오른쪽 귀에서 측정한 체온은 왼쪽 귀에서 측정한 체온과 다를 수 있습니다. 그러므로 항상 같은 귀에서 체온을 측정하십시오.
－ 체온을 측정할 때는 정확한 측정을 위해 과다한 귀지가 없도록 하십시오.
－ 한쪽 귀를 바닥에 대고 누워 있을 때, 매우 춥거나 더운 곳에 노출되어 있는 경우, 목욕을 한 직후 등은 외부적 요인에 의해 귀 체온측정에 영향을 미칠 수 있으므로 이런 경우에는 30분 정도 기다리신 후 측정하십시오.

■ 문제해결

상태	해결방법	에러 메시지
렌즈필터가 부착되어 있지 않음	렌즈필터를 끼우세요.	－ －
체온계가 렌즈의 정확한 위치를 감지할 수 없어 정확한 측정이 어려움	〈ON〉 버튼을 3초간 길게 눌러 화면을 지운 다음 정확한 위치에 체온계를 넣어 측정합니다.	POE
측정체온이 정상범위($34\,℃ \sim 42.2\,℃$)를 벗어난 경우 － HI : 매우 높음 － LO : 매우 낮음	온도가 $10\,℃$와 $40\,℃$ 사이인 장소에서 체온계를 30분간 보관한 다음 다시 측정하세요.	HI $℃$ LO $℃$
건전지 수명이 다하여 체온 측정이 불가능한 상태	새로운 건전지(1.5V AA타입 2개)로 교체하십시오.	＿ ＿ ＿

01 근무 중 몸이 좋지 않아 의무실을 내원한 A사원의 체온을 측정하려고 한다. 다음 중 체온 측정 과정으로 가장 적절한 것은?

① 렌즈필터가 깨끗하여 새것으로 교체하지 않고 체온을 측정하였다.

② 오른쪽 귀의 체온이 38℃로 측정되어 다시 왼쪽 귀의 체온을 측정하였다.

③ 정확한 측정을 위해 귓속의 귀지를 제거한 다음 체온을 측정하였다.

④ 정확한 측정을 위해 영점조정을 맞춘 뒤 체온을 측정하였다.

⑤ 구비되어 있는 렌즈필터가 없어 렌즈를 알코올 솜으로 닦은 후 측정하였다.

02 체온계 사용 중 'POE' 에러 메시지가 떴다. 에러 메시지 확인 후 해결방법으로 가장 적절한 것은?

① 〈ON〉 버튼을 3초간 길게 눌러 화면을 지운 뒤, 정확한 위치에서 다시 측정한다.

② 렌즈필터가 부착되어 있지 않으므로 깨끗한 새 렌즈필터를 끼운다.

③ 1분간 그대로 뒀서 전원을 끈 다음 〈ON〉 버튼을 눌러 다시 액정화면을 켠다.

④ 건전지 삽입구를 열어 1.5V AA타입 2개의 새 건전지로 교체한다.

⑤ 온도가 10℃와 40℃ 사이인 장소에서 체온계를 30분간 보관한 다음 다시 측정한다.

03 다음 〈보기〉의 내용을 참고할 때, 빈칸에 들어갈 말로 적절한 것은?

> **보기**
>
> 우선 지역의 특성을 살려 진열 방법을 바꿨다. 즉, 가족 고객이 많은 지역의 매장에는 패밀리 코디를 강조하는 것이다. 대학가 지역에는 젊은 층을 공략한 코디를 전시하도록 했다. 이처럼 동일한 상품에 판에 박힌 진열 방식을 완전히 뒤집은 것이 가장 큰 성공전략이었다.

> 귀하는 의류회사의 마케팅팀에서 팀장으로 근무하고 있다. 위와 같은 내용을 본 귀하는 해당 기업을 벤치마킹하여 제품진열 _____ 변경에 대한 회의 안건을 제안하려 한다.

① 매뉴얼 ② 약관
③ 정관 ④ 계약서
⑤ 작업지시서

04 귀하는 캐나다 정부에서 막대한 예산을 투입해 토양 청정화 기술을 지원한다는 기사를 읽고, 현재 추진 중인 프로젝트에 접목해 보려고 한다. 다음 〈보기〉에서 귀하가 선택할 만한 적절한 계획을 모두 고르면?

> **보기**
>
> ㉠ 고갈되는 에너지를 최대한 활용해 낭비적 소비 형태를 지양하는 방향으로 추진해 보자.
> ㉡ 미래 세대보다는 현재 세대의 발전과 환경적 상황을 고려해야 돼.
> ㉢ 자원의 재생산뿐 아니라 얼마나 생산적인 방식으로 사용되는지도 고려해 봐야겠다.
> ㉣ 기술적 효용뿐 아니라 환경 효용까지 추구해야 할 거야.

① ㉠ ② ㉡
③ ㉣ ④ ㉠, ㉡
⑤ ㉢, ㉣

05 겨울철 난방뿐만 아니라 임산부 산후조리, 신경통 환자 등 수요가 늘어나면서 전기요 매출이 해마다 늘고 있고 이에 따라 고객의 문의도 늘어나고 있는 추세이다. 고객상담팀에서 근무하고 있는 김과장은 사원 정기 교육을 앞두고 제품 매뉴얼을 점검하고 있다. 다음 중 전기요 사용 시 지켜야 할 사항으로 적절하지 않은 것은?

PART 2

〈올바른 사용법〉

• 침대 사용 시 전기요·전기장판을 구김 없이 바르게 펼쳐 밀리지 않도록 고정하여 사용하십시오.
• 바닥에서 사용하실 때는 카펫을 깔고 그 위에 전기요를 펼치고 위에 얇은 패드를 깔아서 사용하시면 보온효과가 크고 전력소모도 적게 들어 경제적입니다.
• 전기요 본체의 접속기와 온도조절기의 접속코드를 정확하게 꽂아주십시오.
• AC 220V 전원플러그를 정확히 꽂아 사용하십시오.
• 선택된 온도는 실온에 따라 자동조절이 됩니다.

〈사용 시 주의사항〉

• 제품을 접어서 방석용으로 사용하지 마십시오.
• 구겨진 상태이거나 젖은 채로 사용하지 마십시오.
• 무거운 물체를 올려놓지 마십시오.
• 온도 조절기는 반드시 본체(이불) 밖으로 내어놓고 사용하십시오.
• 장시간 사용할 때에는 취침 모드 또는 저온으로 사용하십시오.
• 본 제품은 옥외용이 아닙니다.
• 베개 위치는 가급적 본체 밖에 놓고 사용하십시오.
• 사용 중에 이불을 개어 본체 위 한쪽에 쌓아 놓은 채로 사용하지 마십시오.
• 라텍스 매트리스를 사용 시에는 보온력이 높아 과열될 수 있으니 취침 모드 또는 저온으로 사용하십시오.
• 온도 조절기는 절대로 다른 조절기와 바꾸어 사용하지 마십시오.
• 사용하지 않을 때는 반드시 전원플러그를 콘센트에서 빼 주십시오.
• 온도 조절기는 수분이 많은 곳을 피해야 하며, 물이 묻었을 때는 말린 후에 사용하시거나 A/S센터에 문의 바랍니다.
• 온도 조절기 내부를 임의로 열거나 조작하면 화재나 불량의 원인이 됩니다.
• 온도 조절기가 낡거나 손상을 입지 않았는지 자주 살펴보아야 합니다.
• 전기요 본체를 세탁할 때는 드럼 세탁기 사용이 가능(울 코스)합니다.
• 전기요 세탁 후 말릴 때는 잘 펴서 햇볕에 말려 주세요.
• 전기요 커버는 세탁기 세탁이 가능합니다.
• 전기요 커버를 세탁할 때는 표백제 사용을 하시면 안 됩니다.
• 먼지를 턴다고 두드리지 마십시오.
• 사용하지 않을 시에는 가볍게 접어서 제일 위에 올려놓습니다.

---

① 열선 손상의 위험이 있기 때문에 사용 시 접지 않아야 한다.
② 맨바닥에 깔면 안 된다.
③ 커버 및 본체는 세탁기 사용이 가능하다.
④ 본체에 압력이 가해지면 안 된다.
⑤ 사용 시 가장 경계해야 할 환경 요소는 습도이다.

06 다음 글을 읽고 이해한 내용으로 가장 적절한 것은?

> 최근 환경오염의 주범이었던 화학회사들이 환경보호 정책을 표방하고 나섰다. 기업의 분위기가 변하면서 대학의 엔지니어뿐만 아니라 기업에 고용된 엔지니어들도 점차 대체기술, 환경기술, 녹색 디자인 등을 추구하는 방향으로 전환해 가고 있는 것이다.
>
> 또한, 최근 각광받고 있는 3R의 구호[줄이고(Reduce), 재사용하고(Reuse), 재활용하자(Recycle)]는 엔지니어들로 하여금 미래 사회를 위한 자신들의 역할에 대해 방향을 제시해 주고 있다.

① 개발이라는 이름으로 행해지는 개발독재의 사례로 볼 수 있어.
② 자연과학기술에 대한 연구개발의 사례로 적절하구나.
③ 균형과 조화를 위한 지속가능한 개발의 사례로 볼 수 있어.
④ 기술이나 자금을 위한 개발수입의 사례인 것 같아.
⑤ 기업의 생산능률을 위한 조직개발의 사례로 볼 수 있겠구나.

07 다음 중 산업재해에 대한 원인으로 옳지 않은 것은?

> 전선 제조 사업장에서 고장난 변압기 교체를 위해 K전력 작업자가 변전실에서 작업을 준비하던 중 특고압 배전반 내 충전부 COS 1차 홀더에 접촉 감전되어 치료 도중 사망하였다. 증언에 따르면 변전실 TR-5 패널의 내부는 협소하고, 피재해자의 키에 비하여 경첩의 높이가 높아 문턱 위에 서서 불안전한 작업자세로 작업을 실시하였다고 한다. 또한 피재해자는 전기 관련 자격이 없었으며, 복장은 일반 안전화, 면장갑, 패딩점퍼를 착용한 상태였다.

① 불안전한 행동   ② 불안전한 상태
③ 작업 관리상 원인   ④ 기술적 원인
⑤ 작업 준비 불충분

08 D사에는 직원들의 편의를 위해 휴게실에 전자레인지가 구비되어 있다. 회사의 기기를 관리하는 업무를 맡고 있는 E사원은 어느 날, 동료 사원들로부터 전자레인지를 사용할 때 가끔씩 불꽃이 튀고 음식이 잘 데워지지 않는다는 이야기를 들었다. 아래의 제품설명서를 토대로 서비스를 접수하기 전에 점검할 사항이 아닌 것은?

증상	원인	조치 방법
전자레인지가 작동하지 않는다.	• 전원 플러그가 콘센트에 바르게 꽂혀 있습니까? • 문이 확실히 닫혀 있습니까? • 배전판 퓨즈나 차단기가 끊어지지 않았습니까? • 조리방법을 제대로 선택하셨습니까? • 혹시 정전은 아닙니까?	• 전원 플러그를 바로 꽂아주십시오. • 문을 다시 닫아 주십시오. • 끊어졌으면 교체하고 연결시켜 주십시오. • 취소를 누르고 다시 시작하십시오.
동작 시 불꽃이 튄다.	• 조리실 내벽에 금속 제품 등이 닿지 않았습니까? • 금선이나 은선으로 장식된 그릇을 사용하고 계십니까? • 조리실 내에 찌꺼기가 있습니까?	• 벽에 닿지 않도록 하십시오. • 금선이나 은선으로 장식된 그릇은 사용하지 마십시오. • 깨끗이 청소해 주십시오.
조리 상태가 나쁘다.	조리 순서, 시간 등 사용 방법을 잘 선택하셨습니까?	요리책을 다시 확인하고 사용해 주십시오.
회전 접시가 불균일하게 돌거나 돌지 않는다.	회전 접시와 회전 링이 바르게 놓여 있습니까?	각각을 정확한 위치에 놓아 주십시오.
불의 밝기나 동작 소리가 불균일하다.	출력의 변화에 따라 일어난 현상이니 안심하고 사용하셔도 됩니다.	

① 조리실 내 위생 상태 점검   ② 사용 가능 용기 확인
③ 사무실, 전자레인지 전압 확인   ④ 조리실 내벽 확인
⑤ 조리 순서, 시간 확인

※ K기업은 6월 농번기를 앞두고 5월 한 달 동안 G군 농민들을 대상으로 트랙터 안전 사용법 및 주의사항에 대한 교육을 실시할 예정이다. 자료를 보고 이어지는 질문에 답하시오. **[9~10]**

〈5월 트랙터 안전 사용법 및 주의사항 교육〉

■ **사용방법**

① 시동 전에 윤활유, 연료, 냉각수량을 필히 점검하고 트랙터에 승차한다.

② 주차브레이크와 변속레버의 중립을 먼저 확인한다. 그 후 클러치 페달을 완전히 밟은 채로 시동키를 돌린다(클러치 페달을 완전히 밟지 않은 경우 시동모터 작동이 되지 않음).

③ 추운 날씨에는 시동키를 왼쪽으로 돌려 30 ~ 40초 정도 예열시킨 후 시동한다.

④ 작업기 연결에 앞서 작업기와 상부링크, 링크볼의 일치 여부, 체크체인을 점검한다.

⑤ 트랙터 후진 후 하부링크를 내리고 작업기와 트랙터가 수직이 되도록 트랙터를 정지하고 시동을 끈다 (이때 주차 브레이크는 풀어둔다).

⑥ 뒷바퀴를 움직여가며 하부링크를 들어올려 왼쪽 - 오른쪽 순서로 작업기의 마운팅 핀에 끼운다.

⑦ 유니버셜조인트를 연결하고 반드시 커버를 씌운다.

⑧ 상부링크 연결 후 작업기의 전후, 좌우 수평을 조절한다.

■ **주의사항**

① 운전자 외에는 절대 탑승하지 않는다(별도의 좌석이 있는 경우는 제외).

② 시동이 걸린 상태에서는 절대 하차해서는 안 된다.

③ 경사지에 주차할 때는 반드시 시동을 끄고 주차 브레이크를 채운 후 받침목을 한다.

④ 포장에 드나들 때는 트랙터를 똑바로 진입시킨다.

■ **오작동 시 확인 사항 및 조치 방법**

현상	원인	조치 방법
트랙터 엔진이 시동되지 않음	① 연료가 없음 ② 연료계통에 공기가 들어있음 ③ 연료필터 막힘 ④ 에어클리너 엘리먼트 막힘 ⑤ 예열플러그의 단선	① 경유를 보충함 ② 연료탱크에서 분사펌프까지 연료파이프 점검 ③ 연료필터 세척 및 교환 ④ 에어클리너 엘리먼트 청소 및 교환 ⑤ 예열플러그 교환
트랙터 시동모터가 회전하지 않음	① 배터리 방전 ② 안전스위치 조정 불량 ③ 시동모터 불량 ④ 키 스위치 불량	① 배터리 충전 ② 안전스위치 조정 ③ 시동모터 수리 또는 교환 ④ 배선점검, 수리 후 새로운 퓨즈링 교환
트랙터 소음기에서 흰 연기가 나옴	① 엔진 오일량의 과다 ② 엔진 오일 점도가 낮음	① 엔진 오일을 규정량까지 뺌 ② 점도가 높은 오일로 교환
충전경고등이 소등되지 않음	① 퓨즈가 끊어짐 ② 팬벨트의 늘어남 ③ 팬벨트 끊어짐	① 배선점검, 수리 후 새 퓨즈로 교환 ② 장력을 조정 ③ 교환
소음기에서 검은 연기가 나옴	① 에어클리너 엘리먼트 막힘 ② 과부하 운전을 함 ③ 경유 이외의 연료를 사용	① 세척 또는 교환 ② 부하를 가볍게 함 ③ 경유로 교환

※ 안내한 조치 방법으로 해결되지 않을 경우 담당자에게 연락 바랍니다.

09 교육을 받고 돌아온 농업인 P씨는 트랙터 엔진이 시동되지 않는 원인을 파악한 후 조치를 취하고자 한다. 다음 중 문제의 원인을 파악하기 위해 확인해야 할 사항과 그에 따른 조치 방법으로 적절하지 않은 것은?

① 연료의 유무를 확인한 후 연료가 없다면 경유를 보충한다.

② 연료계통에 공기가 들어있는지 확인하고, 만일 공기가 들어있다면 연료탱크에서 분사펌프까지 연료파이프를 점검한다.

③ 배터리의 방전 유무를 확인한 후 배터리를 충전한다.

④ 연료필터가 막혔는지 확인한 후 연료필터를 세척하거나 교환한다.

⑤ 예열플러그의 단선일 경우 예열플러그를 교환한다.

10 귀하는 트랙터 안전 사용법 및 주의사항 교육의 담당자이다. 교육을 마친 후의 질문 및 답변 시간에 답변한 내용 중 옳지 않은 것은?

① Q : 추운 날씨에는 트랙터 시동을 어떻게 해야 하나요?

　A : 추운 날씨에는 시동키를 왼쪽으로 돌려 30 ~ 40초 정도 예열시킨 후 시동하면 됩니다.

② Q : 저번에 주차브레이크와 변속레버의 중립을 확인한 후 클러치 페달을 밟은 채로 시동키를 돌렸는데도 시동이 켜지지 않던데 그건 왜 그런가요?

　A : 클러치 페달을 완전히 밟지 않았기 때문입니다. 반드시 클러치 페달을 완전히 밟아야지 시동이 켜집니다.

③ Q : 트랙터 후진 후 하부링크를 내릴 때, 트랙터가 수직이 되도록 트랙터를 정지하고 시동을 끌 때 특별히 주의해야 할 사항들이 있나요?

　A : 주차 브레이크는 반드시 풀어주셔야 합니다.

④ Q : 트랙터에 승차하기 전 확인해야 할 사항들은 무엇이 있나요?

　A : 반드시 상부링크, 체크체인 확인, 그리고 링크볼의 일치 여부를 점검한 후 승차해야 합니다.

⑤ Q : 이번 주에 손주들이 놀러 와서 제 옆에 앉힌 후 트랙터를 운전하게 하고 싶은데 특별한 주의사항이 있을까요?

　A : 트랙터는 별도의 좌석이 있는 경우를 제외하고는 운전자 외에는 절대 탑승해서는 안 됩니다.

09 | 조직이해능력 핵심이론

01 조직이해능력의 의의

(1) 조직과 조직이해능력

① 조직의 의의

두 사람 이상이 공동의 목표를 달성하기 위해 의식적으로 구성되며 상호작용과 조정을 행하는 행동의 집합체를 말한다.

② 조직의 기능

경제적 기능	재화나 서비스를 생산함
사회적 기능	조직구성원들에게 만족감을 주고 협동을 지속시킴

③ 조직이해능력의 의의

자신이 속한 조직의 경영과 체제를 이해하고, 직장생활과 관련된 국제감각을 가지는 능력을 말한다.

(2) 조직의 유형

① 공식성에 따른 분류

비공식조직으로부터 공식화가 진행되어 공식조직으로 발전되지만, 공식조직 내에서 인간관계를 지향하면서 비공식조직이 새롭게 생성되기도 한다.

공식조직	조직의 구조, 기능, 규정 등이 조직화되어 있는 조직
비공식 조직	개인들의 협동과 상호작용에 따라 형성된 자발적인 집단 조직

② 영리성에 따른 분류

영리조직	기업과 같이 이윤을 목적으로 하는 조직
비영리조직	정부조직을 비롯해 공익을 추구하는 조직

③ 조직 규모에 따른 분류

소규모조직	가족 소유의 상점과 같이 규모가 작은 조직
대규모조직	대기업과 같이 규모가 큰 조직, 최근에는 동시에 둘 이상의 국가에서 법인을 설립하고 경영 활동을 벌인은 다국적 기업이 증가하고 있음

(3) 조직의 변화

① 조직 변화의 의의

급변하는 환경에 맞춰 조직이 생존하려면 조직은 새로운 아이디어와 행동을 받아들이는 조직 변화에 적극적이어야 한다.

② 조직 변화의 과정

환경변화 인지 ⇨ 조직 변화방향 수립 ⇨ 조직변화 실행 ⇨ 변화결과 평가

02 경영이해능력

(1) 경영의 의의

① 경영이란?

조직의 목적을 달성하기 위한 전략·관리·운영 활동을 의미하며, 조직은 목적을 달성하기 위해 지속적인 관리와 운영이 요구된다.

② 경영의 구성요소

경영 목적	조직의 목적을 어떤 과정과 방법을 통해 수행할 것인가를 구체적으로 제시함
조직 구성원	조직에서 일하고 있는 임직원들로, 이들이 어떠한 역량을 가지고 어떻게 직무를 수행하는지에 따라 경영 성과가 달라짐
자금	경영 활동에 사용할 수 있는 돈으로, 이윤 추구를 목적으로 하는 사기업에서 자금은 새로운 이윤을 창출하는 기초가 됨
경영 전략	기업 내 모든 인적, 물적 자원을 경영 목적을 달성하기 위해 조직화하고, 이를 실행에 옮겨 경쟁우위를 달성하는 일련의 방침 및 활동

③ 경영의 과정

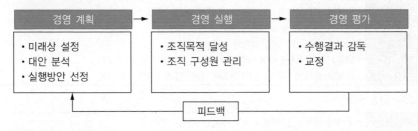

경영 계획	경영 실행	경영 평가
• 미래상 설정 • 대안 분석 • 실행방안 선정	• 조직목적 달성 • 조직 구성원 관리	• 수행결과 감독 • 교정

피드백

④ 경영 활동의 유형

외부 경영 활동	조직 외부에서 조직의 효과성을 높이기 위해 이루어지는 활동, 즉 외적 이윤 추구 활동을 말하며, 마케팅 활동이 이에 해당한다.
내부 경영 활동	조직 내부에서 인적·물적 및 기술을 관리하는 것을 말하며 인사, 재무, 생산 관리가 이에 해당한다.

(2) 의사결정과정

① 확인단계 : 의사결정이 필요한 문제를 인식하는 단계
② 개발단계 : 확인된 문제의 해결 방안을 모색하는 단계
③ 선택단계 : 실행 가능한 해결안을 선택하는 단계

(3) 브레인스토밍

① 브레인스토밍의 의의

여러 명이 한 가지의 문제를 놓고 아이디어를 비판 없이 제시해 그중에서 최선책을 찾아내는 방법을
말한다.

② 브레인스토밍의 규칙

> • 다른 사람이 아이디어를 제시할 때에는 비판하지 않는다.
> • 문제에 대한 제안은 자유롭게 이루어질 수 있다.
> • 아이디어는 많이 나올수록 좋다.
> • 모든 아이디어들이 제안되고 나면 이를 결합하여 해결책을 마련한다.

03 체제이해능력

(1) 조직 구조

① 조직 구조의 유형

기계적 조직	• 구성원들의 업무가 분명하게 정의됨 • 다수의 규칙과 규제가 존재함 • 상하 간 의사소통이 공식적인 경로를 통해 이루어짐 • 위계질서가 엄격함
유기적 조직	• 의사결정권한이 하부 구성원들에게 많이 위임됨 • 업무가 고정되지 않고 공유가 가능함 • 비공식적인 의사소통이 원활함 • 규제나 통제의 정도가 낮아 변화에 따라 쉽게 변화할 수 있음

② 조직 구조의 결정 요인

전략	• 조직의 목적을 달성하기 위해 수립한 계획 • 조직이 자원을 배분하고 경쟁적 우위를 달성하기 위한 주요 방침
규모	• 대규모 조직은 소규모 조직에 비해 업무가 전문화 · 분화되어 있고 많은 규칙과 규정이 존재함
기술	• 조직이 투입 요소를 산출물로 전환시키는 지식, 절차 등을 의미 • 소량생산 기술은 유기적 조직, 대량생산 기술은 기계적 조직과 연결
환경	• 안정적이고 확실한 환경에는 기계적 조직 • 급변하는 환경에는 유기적 조직이 적합

(2) 조직 구조의 형태

① 기능적 조직 구조

> • 조직의 최상층에 최고경영자(CEO)가 위치하고, 구성원들이 단계적으로 배열되는 구조
> • 환경이 안정되었거나 일상적인 기술을 사용하는 경우에 유리함
> • 기업의 규모가 작을 때 업무의 내용이 유사한 것들을 결합하여 조직을 구성함

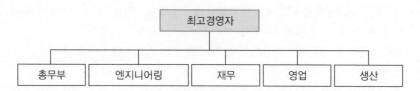

② 사업별 조직 구조

> • 급변하는 환경에 대응하고 제품·지역·고객별 차이에 신속하게 대응하기 위함
> • 의사결정이 분권화되어 이루어짐
> • 개별 제품, 서비스, 프로젝트 등에 따라 조직화됨

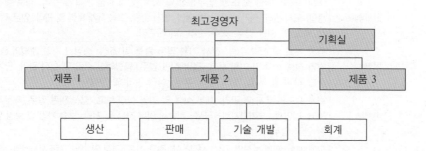

(3) 조직 내 집단

① 집단의 유형

공식적인 집단	• 조직의 공식적인 목표를 추구하기 위해 의도적으로 만든 집단 • 목표, 임무가 비교적 명확하게 규정 • 참여하는 구성원들도 인위적으로 결정 • 각종 위원회, 임무 수행을 위한 태스크 포스 팀
비공식적인 집단	• 조직구성원들의 요구에 따라 자발적으로 형성된 집단 • 공식적인 업무 수행 이외의 다양한 요구에 의해 이루어짐 • 스터디 모임, 봉사활동 동아리, 각종 친목회

② 집단 간 경쟁

조직 내의 한정된 자원을 더 많이 가지려 하거나 서로 상반되는 목표를 추구하기 때문에 발생하게 된다.

순기능	집단 내부에서는 응집성이 강화되고, 집단의 활동이 더욱 조직화됨
역기능	경쟁이 과열되면 자원의 낭비, 업무 방해, 비능률 등의 문제가 발생

04 업무이해능력

(1) 업무의 의의와 특성

① 업무의 의의

상품이나 서비스를 창출하기 위한 생산적인 활동으로, 조직의 목적 달성을 위한 근거가 된다.

② 업무의 종류

㉠ 조직의 목적·규모에 따라 업무는 다양하게 구성되며, 같은 규모의 조직도 업무의 종류·범위가 다를 수 있다.

㉡ 업무의 종류를 세분화할 것인가, 업무의 수를 줄일 것인가의 문제도 조직에 따라 다양하게 결정 될 수 있다.

㉢ 각 조직마다 외부 상황, 특유의 조직문화와 내부 권력 구조, 성공 여건 내지 조직의 강점·약점 등이 서로 다르기 때문에 업무의 종류도 달라질 수 있다.

부서	업무 예시
총무부	주주총회 및 이사회 개최 관련 업무, 의전 및 비서 업무, 집기·비품 및 소모품의 구입과 관리, 사무실 임차 및 관리, 차량 및 통신시설의 운영, 국내외 출장 업무 협조, 복리·후생 업무, 법률 자문과 소송 관리, 사내외 홍보·광고 업무
인사부	조직 기구의 개편 및 조정, 업무분장 및 조정, 인력 수급 계획 및 관리, 직무 및 정원의 조정 종합, 노사 관리, 평가 관리, 상벌 관리, 인사 발령, 교육 체계 수립 및 관리, 임금 제도, 복리·후생 제도 및 지원 업무, 복무 관리, 퇴직 관리
기획부	경영 계획 및 전략 수립, 전사 기획 업무 종합 및 조정, 중장기 사업 계획의 종합 및 조정, 경영 정보 조사 및 기획 보고, 경영 진단 업무, 종합예산 수립 및 실적 관리, 단기 사업 계획 종합 및 조정, 사업 계획, 손익 추정, 실적 관리 및 분석
회계부	회계 제도의 유지 및 관리, 재무 상태 및 경영 실적 보고, 결산 관련 업무, 재무제표 분석 및 보고, 법인세·부가가치세·국세·지방세 업무 자문 및 지원, 보험 가입 및 보상 업무, 고정자산 관련 업무
영업부	판매 계획, 판매 예산의 편성, 시장조사, 광고 선전, 견적 및 계약, 제조지시서의 발행, 외상매출금의 청구 및 회수, 제품의 재고 조절, 거래처로부터의 불만 처리, 제품의 애프터서비스, 판매원가 및 판매가격의 조사·검토

③ 업무의 특성

공통된 목적 지향	업무는 조직 목적의 효과적 달성을 위해 세분화된 것이므로 궁극적으로 같은 목적을 지향한다.
적은 재량권	개인이 선호하는 업무를 임의로 선택할 수 있는 재량권이 적다.
다른 업무와의 관련성	업무는 서로 독립적으로 이루어지지만 업무 간에는 서열이 있어서 순차적으로 이루어지기도 하며, 서로 정보를 주고 받기도 한다.
업무권한	구성원들이 업무를 공적으로 수행할 수 있는 힘을 말하며, 구성원들은 이에 따라 자신이 수행한 일에 대한 책임도 부여받는다.

(2) 업무 수행 계획 수립의 절차

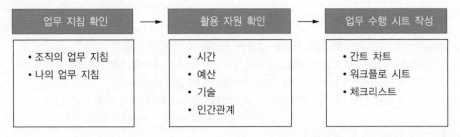

업무 지침 확인	→	활용 자원 확인	→	업무 수행 시트 작성
• 조직의 업무 지침 • 나의 업무 지침		• 시간 • 예산 • 기술 • 인간관계		• 간트 차트 • 워크플로 시트 • 체크리스트

(3) 업무 수행 시트의 종류

① 간트 차트

단계별로 업무를 시작해서 끝내는 데 걸리는 시간을 바 형식으로 표시한다. 전체 일정을 한눈에 볼 수 있고, 단계별로 소요되는 시간과 각 업무활동 사이의 관계를 파악할 수 있다.

② 워크플로 시트

일의 흐름을 동적으로 보여주는 데 효과적이며, 사용되는 도형을 다르게 표현함으로써 각각의 작업의 특성을 구분하여 표현할 수 있다.

③ 체크리스트

업무의 각 단계를 효과적으로 수행했는지 자가 점검해 볼 수 있으며 각 활동별로 기대되는 수행 수준을 달성했는지를 확인하는 데 효과적이다. 단, 시간의 흐름을 표현하기는 어렵다.

05 국제감각

(1) 국제감각이란

① 국제감각의 의미

업무를 하는 중에 다른 나라의 문화를 이해하고 국제적인 동향을 이해하는 능력을 말한다.

② 글로벌화의 의미

활동 범위가 세계로 확대되는 것으로, 경제나 산업 등의 측면에서 벗어나 문화나 정치 등 다른 영역까지 확대되는 개념을 말한다.

③ 글로벌화에 따른 변화

세계적인 경제 통합	• 신기술을 확보한 기업이 국경을 넘어 확장 • 다국적 기업의 증가에 따른 국가 간 경제 통합 강화
FTA 체결	무역장벽을 없애기 위한 노력

(2) 외국인과의 커뮤니케이션

① 문화충격(Culture Shock)

- 한 문화권에 속한 사람이 다른 문화를 접하게 되었을 때 체험하는 충격
- 상대문화를 이질적으로 대하게 되고 불일치, 위화감, 심리적 부적응 상태를 경험
- 문화충격에 대비하려면 다른 문화에 대해 개방적인 태도를 견지해야 함
- 자신의 기준으로 다른 문화를 평가하지 않되, 자신의 정체성은 유지해야 함

② 이문화(Intercultural) 커뮤니케이션

언어적 커뮤니케이션	• 언어를 통해 의사소통하는 것으로 상대방에게 의사를 전달할 때 직접적으로 이용되는 것이다. • 외국어 사용능력과 직결된다.
비언어적 커뮤니케이션	• 생활양식, 행동규범 등을 통해 상대방과 의사소통하는 것을 말한다. • 외국어능력이 유창해도 문화적 배경을 잘 모르면 언어에 내포된 의미를 오해하거나 수용하지 못할 수 있다.

핵심예제

귀하는 A회사의 영업팀에 채용돼 일주일간의 신입사원 교육을 마친 뒤, 오늘부터 본격적인 업무를 시작하게 되었다. 영업팀 팀장은 첫 출근한 귀하를 자리로 불러 "다른 팀장들에게 인사하기 전에, 인사기록카드를 작성해서 관련 팀에 제출하도록 하세요. 그리고 우리 팀 비품 신청 건이 어떻게 처리되고 있는지도 좀 부탁해요."라고 하셨다. 팀장의 지시를 모두 처리하기 위한 귀하의 행동으로 올바른 것은?

① 비서실에 가서 인사기록카드를 제출하고, 영업팀 비품 신청 상황을 묻는다.
② 인사팀에 가서 인사기록카드를 제출하고, 영업팀 비품 신청 상황을 묻는다.
③ 기획팀에 가서 인사기록카드를 제출하고, 영업팀 비품 신청 상황을 묻는다.
④ 인사팀에 가서 인사기록카드를 제출하고, 총무팀에 가서 영업팀 비품 신청 상황을 묻는다.
⑤ 생산팀에 가서 인사기록카드를 제출하고, 총무팀에 가서 영업팀 비품 신청 상황을 묻는다.

> | 해설 | 부서 명칭만 듣고도 대략 어떤 업무를 담당하는지 알고 있어야 한다. 인사팀의 주요 업무는 근태관리 · 채용관리 · 인사관리 등이 있다. 인사기록카드 작성은 인사팀의 업무인 인사관리에 해당하는 부분이므로, 인사팀에 제출하는 것이 올바르다. 한편, 총무팀은 회사의 재무와 관련된 전반적 업무를 총괄한다. 회사의 부서 구성을 보았을 때, 비품 구매는 총무팀의 소관 업무로 보는 것이 올바르다.
>
> 정답 ④

정답 및 해설 p.049

01 다음 S기업의 경영구조에 대한 설명으로 적절하지 않은 것은?

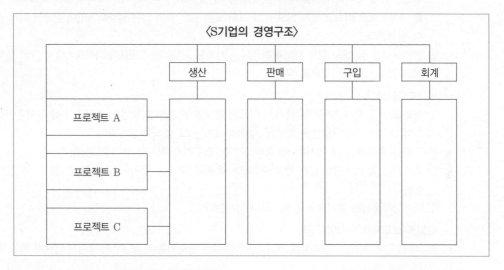

〈S기업의 경영구조〉

① 고객의 이중적 요구에 대응할 수 있다.
② 대규모로 물건을 생산하는 대규모 조직에 적합하다.
③ 기술의 개발을 효율적으로 수행할 수 있다.
④ 명령구조가 이원화되어 있다.
⑤ 유연성이 있어서 변화에 적응하기가 수월하다.

02 다음은 K기업의 사무관리규칙의 일부이다. 이에 따라 판단할 때, 직원의 행동으로 잘못된 것을 〈보기〉에서 모두 고르면?

제7조(문서의 성립 및 효력발생)

① 문서는 결재권자가 해당 문서에 서명(전자이미지서명, 전자문자서명을 포함한다. 이하 같다)의 방식으로 결재함으로써 성립한다.

② 문서는 수신자에게 도달(전자문서의 경우는 수신자가 관리하거나 지정한 전자적 시스템 등에 입력되는 것을 말한다)됨으로써 그 효력을 발생한다. 다만, 공고문서는 그 문서에서 효력발생 시기를 구체적으로 밝히고 있지 않으면 그 고시 또는 공고 등이 있은 날부터 5일이 경과한 때에 효력이 발생한다.

③ 민원문서를 정보통신망을 이용하여 접수 · 처리한 경우에는 민원사무처리규칙에서 정한 절차에 따라 접수 · 처리된 것으로 본다.

제13조(발신명의)

① 대외의 기관 등에 발신하는 문서는 이사장 명의로 발신한다. 다만 소속기관의 장이 위임전결규칙에 의하여 권한위임받은 업무를 시행할 때에는 그 명의로 발신한다.

② 교재의 검정에 관한 문서는 제1항의 규정에 불구하고 이사장 명의로 발신한다.

③ 소속기관 및 보조기관 상호 간에 수발되는 문서는 각 소속기관장 또는 보조기관장의 명의로 발신한다.

④ 내부결재문서는 발신명의를 표시하지 아니한다.

제25조(보도자료의 실명제공)

기업에서 언론기관에 보도자료를 제공하는 경우에는 당해자료에 담당부서 담당자 연락처 등을 함께 기재하여야 한다.

제30조(직인날인 및 서명)

① 이사장 또는 소속기관장의 명의로 발신하는 문서의 시행문, 임용장, 상장 및 각종 증명서에 속하는 문서에는 직인을 찍거나 이사장 또는 소속기관장이 서명을 하고 보조기관 상호 간에 발신하는 문서의 시행문에는 보조기관이 서명을 한다. 다만, 전신 또는 전화로 발신하는 문서나 신문 등에 게재하는 문서에는 직인을 찍거나 서명을 하지 아니하며 경미한 내용의 문서에는 직인을 찍는 것과 서명하는 것을 생략할 수 있다.

② 직인을 찍어야 할 문서로서 다수의 수신자에게 동시에 발신 또는 교부하는 문서에는 직인날인에 갈음하여 직인의 인영을 인쇄하여 사용할 수 있다.

③ 제2항의 규정에 의하여 직인의 인영을 인쇄 사용하고자 할 때에는 결재권자의 승인을 얻기 전에 문서관리부서의 장과 협의하여야 한다.

○ 최대리는 결재권자인 김부장의 결재를 받아 8월 10일 지역사업과에 P사업의 즉시시행을 지시하는 문서를 우편으로 발송하였으며, 8월 12일 지역사업과에 해당 문서가 도달하였다. 최대리는 8월 10일을 P사업 시작일로 보고 사업시행기간을 기산하였다.

ⓒ 미래전략팀 이주임 담당의 자료를 보유하고 있던 자료관리팀 김주임은 Z신문사에 해당 자료를 제공하며 미래전략팀 이주임의 연락처를 기재하였다.

ⓒ S공사와의 협력 업무에 있어 이사장으로부터 권한을 위임받은 최부장은 해당 업무와 관련된 문서를 S공사에 자신의 명의로 발신하였다.

ⓒ 이사장이 부재중이자, 비서실 김대리는 이사장 명의로 J공사에게 발신하는 문서에 대하여 보조기관의 서명을 대신 첨부하여 발신하였다.

① ㉠, ㉡   　　　　　　　　　　　　② ㉠, ㉣

③ ㉡, ㉢   　　　　　　　　　　　　④ ㉡, ㉣

⑤ ㉢, ㉣

03 S사 총무부에서 근무하는 P대리는 다음 업무를 처리해야 한다. 각 업무의 기한과 P대리의 업무처리 정보가 아래와 같을 때, P대리가 업무들에 착수할 순서로 가장 적절한 것은?

〈업무처리 정보〉

• P대리는 동시에 최대 두 가지 업무를 수행할 수 있다.
• P대리는 중요한 일보다 긴급한 일에 먼저 착수하고자 한다.
• 현재는 2월 17일이다.
• 같은 날에 하는 업무라도 업무 착수 순서는 구별한다.

〈처리필요 업무 리스트〉

• 본부에서 이번 분기에 가장 중요한 사업으로 지정한 A사업안의 계획안을 2월 24일까지 검토하여야 하며, 검토에는 6일이 소요된다.
• 총무부 내 업무분장 갱신안 B를 2월 19일까지 제출하여야 하며, 갱신안 구상에는 3일이 소요된다.
• B대리는 개인적 부탁 C를 2월 22일까지 해줄 것을 부탁하였으며, 일 완료에는 3일이 소요된다.
• 총무부 내 비품을 2월 19일까지 파악하여 보고서 D를 작성하여야 하며, 비품 파악에 1일, 이후 보고서 작성에 1일이 소요된다.

① A − B − D − C   　　　　　　　　② B − A − C − D

③ B − D − A − C   　　　　　　　　④ C − A − D − B

⑤ C − D − A − B

04 귀하의 회사는 몇 년째 실적 부진으로 골머리를 앓고 있다. 문제를 해결하기 위해 귀하를 비롯한 회사의 임직원들이 모여 회사의 문제점을 파악하고 구체적인 해결책을 마련해보는 시간을 가졌다. 각 사원이 말한 문제점과 해결책으로 적절하지 않은 것은?

① A사원 : 우리 회사의 문제점은 자신이 소속된 부서 이외에는 별로 관심이 없다는 것입니다. 이번 기회로 부서들끼리 자주 소통하는 자리를 마련해 다른 부서의 업무를 파악하는 데 주의를 기울일 필요가 있을 것 같습니다.

② B사원 : 각 부서의 목표가 너무 상이하다는 것도 문제입니다. 분기별로 회의를 통해 하나의 목표를 설정한 뒤 모든 부서가 그 목표를 달성하기 위해 힘을 모으는 것이 좋겠습니다.

③ C사원 : 직원들의 업무 독립성이 좀 더 뚜렷해질 필요도 있습니다. 예를 들어 A라는 업무는 A사원이 담당해 처음부터 끝까지 모든 과정을 책임지는 거죠. 지금은 업무과정이 너무 유기적이에요.

④ D사원 : 직원들의 성과급이 너무 적어서 업무 만족도나 의욕 등이 점점 낮아지고 있다고 생각해요. 성과가 있을 때마다 회사에서 그에 합당한 보상을 확실히 해 준다면 직원들의 업무 의욕도 점점 커질 것입니다.

⑤ E사원 : 분기별로 업무 계획을 확실히 세우고 매일매일 그것을 확인해 가는 방식으로 일을 해보는 것은 어떨까요? 우리 회사는 구체적인 계획을 세우기보다 즉흥적으로 일을 해나가는 점이 문제인 것 같아서요.

05 K은행에서는 부패방지 교육을 위해 오늘 일과 중 1시간을 반영하여 부서별로 토론식 교육을 할 것을 지시하였다. 귀하의 직급은 사원으로, 적당한 교육시간을 판단하여 보고하여야 한다. 부서원의 스케줄이 다음과 같을 때, 교육을 편성하기에 가장 적절한 시간은?

시간	직급별 스케줄				
	부장	차장	과장	대리	사원
09:00 ~ 10:00	부서장 회의				
10:00 ~ 11:00					비품 신청
11:00 ~ 12:00			고객 응대		
12:00 ~ 13:00	점심식사				
13:00 ~ 14:00	부서 업무 회의				
14:00 ~ 15:00				타 지점 방문	
15:00 ~ 16:00				일일 업무 결산	
16:00 ~ 17:00		업무보고			
17:00 ~ 18:00	업무보고				

① 09:00 ~ 10:00
② 10:00 ~ 11:00
③ 13:00 ~ 14:00
④ 14:00 ~ 15:00
⑤ 15:00 ~ 16:00

06 다음은 건강보험심사평가원 조직도의 일부이다. 건강보험심사평가원의 각 부서와 업무 간 연결이 적절하지 않은 것은?

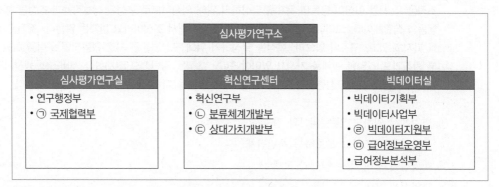

① ㉠ : 국제연수사업 및 외국인 방문단 운영에 관한 사항
② ㉡ : 재활환자분류체계(KRPG) 개발 및 관리
③ ㉢ : 상대가치 연구 및 산출
④ ㉣ : 빅데이터를 활용한 창업 지원에 관한 사항
⑤ ㉤ : 직원의 포상, 징계 및 복무관리에 관한 사항

07 다음 체크리스트의 성격을 볼 때, (가)에 들어갈 내용으로 가장 적절한 것은?

No.	항목	현재능력				
		매우 낮음	낮음	보통	높음	매우 높음
1	경쟁국 업체의 주요 현황을 알고 있다.	①	②	③	④	⑤
2	다른 나라의 문화적 차이를 인정하고 이에 대해 개방적인 태도를 견지하고 있다.	①	②	③	④	⑤
3	현재 세계의 정치적 이슈가 무엇인지 잘 알고 있다.	①	②	③	④	⑤
4	업무와 관련된 최근 국제이슈를 잘 알고 있다.	①	②	③	④	⑤
5	(가)	①	②	③	④	⑤

① 분기별로 고객 구매 데이터를 분석하고 있다.
② 업무와 관련된 국제적인 법규를 이해하고 있다.
③ 인사 관련 경영 자료의 내용을 파악하고 있다.
④ 자신의 연봉과 연차수당을 계산할 수 있다.
⑤ 구성원들의 국제증명서를 관리하고 발급할 수 있다.

08 다음 글에서 알 수 있는 조직의 사례로 적절하지 않은 것은?

> 조직은 두 사람 이상이 공동의 목표를 달성하기 위해 의식적으로 구성된 상호작용과 조정을 행하는 행동의 집합체이다. 그러나 단순히 사람들이 모였다고 해서 조직이라고 하지는 않는다. 조직은 목적을 가지고 있고, 구조가 있으며, 목적을 달성하기 위해 구성원들은 서로 협동적인 노력을 하고, 외부 환경과도 긴밀한 관계를 가지고 있어야 한다. 조직은 일반적으로 재화나 서비스의 생산이라는 경제적 기능과 조직구성원들에게 만족감을 주고 협동을 지속시키는 사회적 기능을 갖는다.

① 병원에서 일하고 있는 의사와 간호사
② 유기견을 구조하고 보호하는 시민단체
③ 백화점에 모여 있는 직원과 고객
④ 편의점을 운영 중인 가족
⑤ 다문화 가정을 돕고 있는 종교단체

09 다음 중 주혜정 씨가 가장 마지막에 처리할 업무는?

> Henry Thomas의 부하직원 주혜정은 Mr. Thomas와 국내 방송사 기자와의 인터뷰 일정을 최종 점검 중이다.
> 다음은 기자와의 통화내용이다.
> 주혜정 : 공진호 기자님 안녕하세요. 저는 Sun Capital의 주혜정입니다. Mr. Thomas와의 인터뷰 일정 확인차 연락드립니다. 지금 통화 가능하세요?
> 공진호 : 네, 말씀하세요.
> 주혜정 : 인터뷰 예정일이 7월 10일 오후 2시인데 변동사항이 있나 확인하고자 합니다.
> 공진호 : 네, 예정된 일정대로 진행 가능합니다. Sun Capital의 회의실에서 하기로 했죠?
> 주혜정 : 맞습니다. 인터뷰 준비 관련해서 저희 측에서 더 준비해야 하는 사항이 있나요?
> 공진호 : 카메라 기자와 함께 가니 회의실 공간이 좀 넓어야 하겠고, 회의실 배경이 좀 깔끔해야 할 텐데 준비가 가능할까요?

① 총무팀에 연락하여 인터뷰 당일 회의실 예약을 미리 해놓는다.
② 기자에게 인터뷰의 방영 일자를 확인하여 인터뷰 영상 내용을 자료로 보관한다.
③ 인터뷰 당일 점심 식사 약속을 연기한다.
④ 인터뷰 진행 시 통역이 필요한지 확인하고, 질문지를 사전에 받아 Mr. Thomas에게 전달한다.
⑤ 인터뷰 할 질문을 미리 정리한다.

10 다음 글을 읽고 C사원이 처리해야 할 업무 순서로 적절한 것은?

> 상사 : 벌써 2시 50분이네. 3시에 팀장회의가 있어서 지금 업무지시를 할게요. 업무보고는 내일 9시 30분에 받을게요. 업무보고 전 아침에 회의실과 마이크 체크를 한 내용을 업무보고에 반영해 주세요. 내일 있을 3시 팀장회의도 차질 없이 준비해야 합니다. 아, 그리고 오늘 P사원이 아파서 조퇴했으니 P사원 업무도 부탁할게요. 간단한 겁니다. 사업 브로슈어에 사장님의 개회사를 추가하는 건데, 브로슈어 인쇄는 2시간밖에 걸리지 않지만 인쇄소가 오전 10시부터 6시까지 하니 비서실에 방문해 파일을 미리 받아 늦지 않게 인쇄소에 넘겨주세요. 비서실은 본관 15층에 있으니 가는 데 15분 정도 걸릴 거예요. 브로슈어는 다음날 오전 10시까지 준비되어야 하는 거 알죠? 팀장회의에 사용할 케이터링 서비스는 매번 시키는 D업체로 예약해 주세요. 24시간 전에는 예약해야 하니 서둘러 주세요.

보기

ⓐ 비서실 방문
ⓒ 케이터링 서비스 예약
ⓔ 업무보고
ⓑ 회의실, 마이크 체크
ⓓ 인쇄소 방문

① ㉠-㉢-㉣-㉡-㉤
② ㉡-㉠-㉣-㉤-㉢
③ ㉢-㉠-㉣-㉡-㉤
④ ㉢-㉡-㉠-㉣-㉤
⑤ ㉢-㉡-㉣-㉠-㉤

10 │ 직업윤리 핵심이론

01 직업윤리의 의의

(1) 직업과 직업윤리

① 직업의 의미

직업은 본인의 자발적 의사에 의한 것이며, 생활에 필요한 경제적 보상을 주고, 평생에 걸쳐 물질적인 보수 외에 만족감, 명예 등 자아실현의 중요한 기반이 된다.

② 직업의 특징

종류	내용
계속성	주기적으로 일을 하거나, 명확한 주기가 없어도 계속 행해지며, 현재 하고 있는 일을 계속할 의지와 가능성이 있어야 함을 의미한다.
경제성	경제적 거래 관계가 성립되는 활동이어야 한다. 따라서 무급 자원봉사나 전업 학생은 직업으로 보지 않으며, 자연 발생적인 이득의 수취나 우연하게 발생하는 경제적 과실에 전적으로 의존하는 활동도 직업으로 보지 않는다.
윤리성	비윤리적인 영리 행위나 반사회적인 활동을 통한 경제적 이윤추구는 직업 활동으로 인정되지 않음을 의미한다.
사회성	모든 직업 활동이 사회 공동체적 맥락에서 의미 있는 활동이어야 한다는 것이다.
자발성	속박된 상태에서의 제반 활동은 경제성이나 계속성의 여부와 상관없이 직업으로 보지 않는다는 것이다.

③ 직업윤리의 의미

직업 활동을 하는 개인이 자신의 직무를 잘 수행하고 자신의 직업과 관련된 직업과 사회에서 요구하는 규범에 부응하여 개인이 갖추고 발달시키는 직업에 대한 신념, 태도, 행위를 의미한다.

④ 직업윤리의 5대 기본원칙

종류	내용
객관성의 원칙	업무의 공공성을 바탕으로 공사 구분을 명확히 하고, 모든 것을 숨김없이 투명하게 처리하는 원칙을 말한다.
고객 중심의 원칙	고객에 대한 봉사를 최우선으로 생각하고 현장 중심, 실천 중심으로 일하는 원칙을 말한다.
전문성의 원칙	자기 업무에 전문가로서의 능력과 의식을 가지고 책임을 다하며, 능력을 연마하는 것을 말한다.
정직과 신용의 원칙	업무와 관련된 모든 것을 숨김없이 정직하게 수행하고, 본분과 약속을 지켜 신뢰를 유지하는 것을 말한다.
공정 경쟁의 원칙	법규를 준수하고, 경쟁 원리에 따라 공정하게 행동하는 것을 말한다.

02 근로윤리

(1) 근면한 태도

① 근면의 개념적 특성

    ㉠ 고난의 극복 : 근면은 과거의 고난을 극복한 경험을 통해 형성되고, 현재의 고난을 극복할 수 있는 자원이 된다.

    ㉡ 개인의 절제나 금욕 : 근면은 고난을 극복하기 위해서 금전과 시간, 에너지를 사용할 수 있도록 준비하는 것이다.

    ㉢ 장기적이고 지속적인 행위 과정 : 근면은 고난을 극복하기 위해서 금전과 시간, 에너지를 사용할 수 있도록 준비하는 것이다.

② 근면의 종류

종류	내용
외부로부터 강요당한 근면	• 삶(생계)의 유지를 위한 필요에 의해서 강요된 근면 • 상사의 명령에 따라 잔업을 하는 것 • 오직 삶의 유지를 위해 열악한 노동 조건에서 기계적으로 일하는 것
자진해서 하는 근면	• 자신의 것을 창조하며 조금씩 자신을 발전시키고, 시간의 흐름에 따라 자아를 확립시켜 가는 근면 • 회사 내 진급시험을 위해 외국어를 열심히 공부하는 것 • 세일즈맨이 자신의 성과를 높이기 위해 노력하는 것

(2) 정직과 성실

① 정직의 의의

> • 타인이 전하는 말·행동이 사실과 부합된다는 신뢰가 없다면 일일이 직접 확인해야 하므로 사람들의 행동은 상당한 제약을 피할 수 없으며, 조직과 사회 체제의 유지 자체가 불가능해진다.
> • 따라서 정직에 기반을 두는 신뢰가 있어야만 사람과 사람이 함께 살아가는 사회 시스템이 유지·운영될 수 있다.

② 성실의 의미

사전적 의미	정성스럽고 참됨을 의미하며 단어의 본질을 살펴보았을 때, 그 의미가 근면함보다는 충(忠) 혹은 신(信)의 의미와 더 가깝다.
심리학적 의미	사회규범이나 법을 존중하고 충동을 통제하며 목표 지향적 행동을 조직하고 유지하며 목표를 추구하도록 동기를 부여하는 것을 의미하기도 한다.

03 공동체윤리

(1) 봉사와 책임의식

① 봉사와 책임의식의 의미

봉사	다른 사람과 공동체에 대하여 봉사하는 정신을 갖추고 실천하는 태도를 의미하며, 나아가 고객의 가치를 최우선으로 하는 고객 서비스 개념
책임의식	직업에 대한 사회적 역할과 책무를 충실히 수행하고 책임지려는 태도이며, 맡은 업무를 어떠한 일이 있어도 수행해 내는 태도

② 기업의 사회적 책임(CSR; Corporate Social Responsibility)

단순히 이윤 추구를 하는 집단의 형태를 벗어나 자신들이 벌어들인 이익의 일부분을 사회로 환원하는 개념을 말한다.

(2) 직장에서의 예절

① 예절의 의미

일정한 생활문화권에서 오랜 생활 습관을 통해 하나의 공통된 생활 방법으로 정립되어 관습적으로 행해지는 사회계약적인 생활 규범을 말한다.

② 에티켓과 매너

에티켓	사람과 사람 사이에 마땅히 지켜야 할 규범으로서 형식적 측면이 강함
매너	생활 속에서의 관습이나 몸가짐 등 일반적인 룰

③ 비즈니스 매너

㉠ 인사 예절

- 악수는 윗사람이 아랫사람에게, 여성이 남성에게 청한다.
- 소개를 할 때는 나이 어린 사람을 연장자에게, 내가 속해 있는 회사의 관계자를 타 회사의 관계자에게, 동료를 고객에게 소개한다.
- 명함을 건넬 때는 하위인 사람이 먼저 왼손으로 받치고 오른손으로 건네는데, 자신의 이름이 상대방을 향하도록 한다.

㉡ 전화 예절

- 전화가 연결되면 자신을 소개하고 간결하고 정확하게 용건을 전달한다. 전화를 끊기 전 내용을 다시 한 번 정리해 확인하고 담당자가 없을 땐 전화번호를 남긴다.
- 전화를 받을 때는 벨이 3 ~ 4번 울리기 전에 받는다.

㉢ 이메일 예절

- 이메일을 쓸 때는 서두에 소속과 이름을 밝힌다.
- 업무 성격에 맞는 형식을 갖추고 간결하면서도 명확하게 쓴다.
- 메일 제목은 반드시 쓰고 간결하면서 핵심을 알 수 있게 작성한다.

④ 직장 내 괴롭힘

근로기준법상에 따른 사용자 등이 사업장 내의 모든 근로자에게, 지위 또는 관계 등의 우위를 이용하여 업무상 적정 범위를 넘는 행위를 통해 신체적, 정신적 고통을 주거나 근무환경을 악화시키는 행위를 할 경우

⑤ 직장 내 성희롱

- 성희롱의 당사자 요건 충족
- 지위를 이용하거나 업무와의 관련성이 있을 것
- 성적인 언어나 행동, 또는 이를 조건으로 하는 행위일 것
- 고용상 불이익을 초래하거나 성적 굴욕감을 유발하여 고용환경을 악화시키는 경우

핵심예제

A기업의 김팀장은 신입사원을 대상으로 올바른 사내 예절에 대한 교육을 진행하려고 한다. 진행에 앞서 강의할 내용을 다음과 같이 메모했을 때, 잘못된 부분을 모두 고르면?

〈직장에서의 예절〉

1. 나의 신입사원 시절 실수담
2. 인사 예절
   - 악수 예절
     ㉠ 왼손잡이의 경우 왼손으로 해도 무방하다.
     ㉡ 윗 사람에게는 먼저 목례를 한 후에 악수를 한다.
     ㉢ 상대의 눈을 보지 않고 하는 악수는 실례이다.
     ㉣ 오른손에 가방을 들고 있다면 왼손으로 악수한다.
   - 소개 예절
                    … (중략) …

① ㉠, ㉡   ② ㉠, ㉣
③ ㉡, ㉢   ④ ㉡, ㉣
⑤ ㉢, ㉣

| 해설 | ㉠ 악수는 오른손으로 하는 것이 원칙이다.
         ㉣ 오른손에 가방을 들고 있다면 악수에 대비해서 왼손으로 바꿔 든다.

정답 ②

10 직업윤리 적중예상문제

정답 및 해설 p.051

※ 다음 글을 읽고 이어지는 질문에 답하시오. [1~2]

A과장은 성격이 활달하고 사교적이다. 회사 일뿐만 아니라 사회 활동에도 무척 적극적이다. 그래서 가끔 지인들이 회사 앞으로 찾아오곤 하는데, 이때 A과장은 인근 식당에서 지인들에게 식사를 대접하며 본인 이름으로 결제를 하고는 했다.

그러던 어느 날 A과장은 경영지원팀 C팀장에게 한 가지 지적을 받게 되었다. 회사 인근 식당에서 지나치게 많은 식대가 A과장 이름으로 결제가 되었는데, 도대체 회사 직원 몇 명과 같이 저녁 식사를 했기에 그렇게 많은 비용이 나왔냐는 것이었다. A과장은 본부원 30명에 가까운 인원이 그날 야근을 해서 식대가 많이 나온 거라며 거짓으로 둘러댔다.

그리고 얼마 후 회사 감사팀에서 출퇴근 명부와 식대를 비교해 보니 A과장의 말이 거짓임이 밝혀졌다. A과장은 징계를 면할 수 없었고, 결국 견책의 징계를 받게 되었다.

01 다음 중 징계를 피하기 위해 A과장에게 요구됐던 태도로 가장 적절한 것은?

① 매사에 심사숙고하려는 태도
② 늘 정직하게 임하려는 태도
③ 단호하게 의사결정을 내리는 태도
④ 공사 구분을 명확히 하는 태도
⑤ 항상 최선을 다하는 태도

02 다음 A과장에게 요구됐던 태도 중 정직에 대한 설명으로 적절하지 않은 것은?

① 사람은 혼자서는 살아갈 수 없으므로, 다른 사람과의 신뢰가 필요하다.
② 정직한 것은 성공을 이루게 되는 기본 조건이 된다.
③ 말이나 행동이 사실과 부합된다는 신뢰가 없어도 사회생활을 하는 데 별로 지장이 없다.
④ 신뢰를 형성하기 위해 필요한 규범이 정직이다.
⑤ 바른 사회생활은 정직에 기반을 둔 신뢰가 있어야 한다.

03 다음 중 고객접점 서비스(MOT; Moments Of Truth)에 대한 설명으로 옳지 않은 것은?

① 고객이 매장에 들어서서 구매를 결정하기까지 단 한 번 경험하는 짧지만 결정적인 순간을 '진실의 순간' 또는 '결정적 순간'이라고 한다.

② '결정적 순간'이란 고객이 기업조직의 어떠한 측면과 접촉하는 순간이며, 그 서비스의 품질에 관하여 무언가 인상을 얻을 수 있는 순간이다.

③ 서비스 상품을 구매하는 동안의 모든 고객접점 순간을 관리하고 고객을 만족시켜줌으로써 지속적으로 고객을 유지하고자 하는 방법이 고객접점 마케팅이다.

④ 고객접점에 있는 서비스 요원은 책임과 권한을 가지고 고객의 선택이 가장 좋은 선택이라는 사실을 고객에게 입증시켜야 한다.

⑤ 고객접점에 있는 서비스 요원들에게 권한을 부여하면서 철저한 교육이 필요하며, 고객과 상호적용에 의하여 서비스가 순발력 있게 제공될 수 있는 서비스 전달시스템을 갖추어야 한다.

04 최근 직장에서는 성희롱과 같은 문제가 이슈화되고 있다. 이러한 문제는 서로에 대한 무지에서부터 비롯되기도 한다. 다음은 우리 사회의 성희롱 문제에 대한 전근대적인 인식의 전환이 가장 시급함을 말해 주는 사례이다. 사례를 읽고 귀하가 취할 자세로 적절한 것은?

〈사례〉

X회사의 A부장은 일을 잘한다고 여직원들을 칭찬할 때 그들의 엉덩이를 툭툭 친다거나 머리를 쓰다듬는 방식을 취한다. 그것이 여직원들의 업무 능력에 대한 A부장의 인정과 친밀감의 표현이라는 것은 그 직장에 있는 사람은 누구나 아는 일이다. 여직원 B씨는 처음 이런 일을 당했을 때 매우 불쾌했지만, 자신을 칭찬한다는 점에서는 어느 정도 불쾌감이 감해졌고, 그 이상의 짓을 할 것 같지는 않았으므로, 이 정도면 참을 수 있다고 스스로 달랬다.

---

① 회사 직원 모두 A부장이 호의로 한다는 것을 알고 있으므로 그냥 넘어간다.

② B씨의 불쾌감이 어느 정도 감해졌으므로 그냥 넘어간다.

③ A부장에게 성희롱에 대한 인식을 환기시키고 다시는 재발하지 않도록 한다.

④ 성희롱에 해당하므로 B씨에게 관계 기관에 신고하라고 조언한다.

⑤ 성희롱에 대한 강력한 항의는 조직 분위기에 해가 되므로 그냥 넘어간다.

05 다음은 A기업의 전화응대 매뉴얼이다. 매뉴얼을 참고하여 바르게 답변한 것은?

〈전화응대 매뉴얼〉

1. 전화를 받을 땐 먼저 본인의 소속과 이름을 밝힌다.
2. 동료가 자리를 비울 땐 전화를 당겨 받는다.
3. 전화 당겨 받기 후 상대방에게 당겨 받은 이유를 설명한다.
4. 친절하게 응대한다.
5. 통화내용을 메모로 남긴다.
6. 전화를 끊기 전 메모 내용을 다시 한 번 확인한다.
7. 시간 지체가 없도록 펜과 메모지를 항상 준비해 둔다.

A사원 : 네, 전화받았습니다. ··· ①
B사원 : 안녕하세요. 송전부 C대리님 자리에 안계신가요?
A사원 : 네, C대리님이 오늘부터 이틀간 지방 출장이셔서 제가 대신 받았습니다. ···· ②
B사원 : 네, 그렇군요. 여기는 서비스부서입니다.
A사원 : 서비스부에서 웬일이세요? ·· ③
B사원 : 다름이 아니라 고객 문의 사항 회신관련 답변이 없어 전화했습니다.
A사원 : 죄송합니다만, 제 담당이 아니라 잘 알지 못합니다.
B사원 : 그러면, 담당자 분께 고객이 직접 전화 달라는 내용 좀 전해 주시겠습니까?
A사원 : 네, 잠시만요, 메모지 좀 찾을게요…. ································· ④
        담당자가 오시면 메모 전해 드리겠습니다. ······················· ⑤
B사원 : 네, 감사합니다.

06 다음 〈보기〉의 설명 중 직장에서의 바람직한 소개 예절에 해당하지 않는 것을 모두 고르면?

보기
㉠ 신입에게 부서원을 소개할 때에는 고참자를 신입에게 먼저 소개한다.
㉡ 동료임원을 고객 및 손님에게 먼저 소개한다.
㉢ 소속 회사의 관계자를 타 회사의 관계자에게 먼저 소개한다.
㉣ 나이 어린 사람을 연장자에게 먼저 소개한다.

① ㉠
② ㉡
③ ㉠, ㉢
④ ㉠, ㉣
⑤ ㉠, ㉢, ㉣

07 다음 중 전화응대의 기본예절로 적절하지 않은 것은?

① 인사나 필요한 농담이라도 길어지지 않도록 한다.

② 상대가 누구이건 차별하지 말고 높임말을 쓰도록 한다.

③ 업무에 방해되지 않도록 출근 직후나 퇴근 직전에 전화한다.

④ 상대가 이해하지 못할 전문용어나 틀리기 쉬운 단어는 사용하지 않는다.

⑤ 전화하기 전 상대의 전화번호, 소속, 성명 등을 다시 한번 확인한다.

08 다음 중 직장 내 다양한 인간관계 속에서 직업인이 지켜야 할 예절로서 적절하지 않은 것은?

① 외부 인사와 첫인사로 악수를 할 때는 서로의 이름을 말하고 간단한 인사 몇 마디를 주고받는 정도의 시간 안에 끝내야 한다.

② 비즈니스상의 소개를 할 때는 직장 내에서의 서열과 나이, 성별을 고려해야 한다.

③ 명함을 교환할 때는 하위에 있는 사람이 먼저 꺼내는데 상위자에 대해서는 왼손으로 가볍게 받치는 것이 예의이며, 동위자·하위자에게는 오른손으로만 쥐고 건넨다.

④ 전화를 받을 때는 전화벨이 3 ~ 4번 울리기 전에 받고 자신이 누구인지를 즉시 말한다.

⑤ 휴대폰 이용 시 지나친 SNS의 사용은 업무에 지장을 주므로 휴식시간을 이용한다.

09 다음 중 업무 관련 이메일(E-mail) 예절에 대한 설명으로 적절하지 않은 것은?

① 내용을 보낼 때는 용건을 간단히 하여 보낸다.

② 용량이 큰 파일은 압축하여 첨부한다.

③ 주소가 정확한지 다시 확인하고 발송하도록 한다.

④ SNS에서 사용되는 함축어나 이모티콘 등을 활용한다.

⑤ 내용을 쉽게 알 수 있도록 적당한 제목을 붙인다.

10 다음 중 개인윤리와 직업윤리가 조화를 이루는 상황으로 옳지 않은 것은?

① 업무상 개인의 판단과 행동이 사회적 영향력이 큰 기업시스템을 통하여 다수의 이해관계자와 관련되게 된다.

② 수많은 사람이 관련되어 고도화된 공동의 협력을 요구하므로 맡은 역할에 대한 책임완수가 필요하고, 정확하고 투명한 일 처리가 필요하다.

③ 규모가 큰 공동의 재산, 정보 등을 개인의 권한하에 위임·관리하므로 높은 윤리 의식이 요구된다.

④ 팔은 안으로 굽는다는 속담은 직장 내에서도 활용된다.

⑤ 각각의 직무에서 오는 특수한 상황에서는 개인적 덕목차원의 일반적인 상식과 기준으로는 규제할 수 없는 경우가 많다.

불가능한 것이라고 생각하는 순간, 그것은 당신을 멈추게 만들 것이다.

- 알버트 아인슈타인 -

정답 및 해설 p.054

01 언어능력

01 다음 제시된 단어에서 공통으로 연상할 수 있는 단어는?

> 낙엽   모래   무미

① 가능   ② 사막
③ 건조   ④ 쓸쓸함
⑤ 가뭄

02 다음 제시된 낱말의 대응 관계로 볼 때, 빈칸에 들어가기에 적절한 것끼리 짝지어진 것은?

> (　　) : 도착하다 = 활동하다 : (　　)

① 도전하다, 허전하다   ② 시작하다, 토론하다
③ 실패하다, 참가하다   ④ 출발하다, 움직이다
⑤ 행동하다, 당도하다

03 다음 밑줄 친 부분과 같은 의미로 쓰인 것은?

> <u>노는</u> 시간에 잠 좀 그만 자고 소설책이라도 읽어라.

① 우리 가게는 월요일에 <u>논다</u>.
② 앞니가 흔들흔들 <u>논다</u>.
③ 배 속에서 아기가 <u>논다</u>.
④ 동생이 공놀이를 하며 <u>논다</u>.
⑤ 돈 있는 사람들은 자기들끼리 <u>노는</u> 법이다.

04 다음 중 수효가 가장 작은 단위 명사는?

① 톳 　　　　　　　　　② 강다리

③ 손 　　　　　　　　　④ 우리

⑤ 접

05 다음 중 호칭어가 잘못된 것은?

① 손위 올케 – 언니, 새언니

② 손아래 누이의 남편 – 매형

③ 남편의 여동생 – 아가씨

④ 시동생 – 도련님, 서방님

⑤ 오빠의 아내 – 올케

06 다음 중 맞춤법이 적절하지 않은 것은?

① 감염병의 <u>발생률</u>을 낮추기 위해 노력해야 한다.

② 상금을 두고 세기의 대결이 <u>펼쳐졌다</u>.

③ 퇴사를 앞두고 책상을 <u>깨끗이</u> 치웠다.

④ 새로운 시대에 <u>걸맞는</u> 인재를 양성해야 한다.

⑤ 그녀의 손에 편지를 <u>쥐여</u> 주었다.

07 다음 상황에 가장 적절한 사자성어는?

> 아무개는 어릴 때부터 능력이 뛰어났다. 학교를 다니며 전교 1등을 놓친 적이 없고, 운동도 잘해서
> 여러 운동부에서 가입을 권유받기도 하였다. 그런 아무개는 주변 사람들을 무시하면서 살았고, 시간
> 이 지나자 그의 주변에는 아무도 없게 되었다. 후에 아무개는 곤경에 처해 도움을 청해 보려했지만
> 연락을 해도 아무도 도와주지 않았다. 아무개는 이 상황에 처해서야 지난날의 자신의 삶을 반성하며
> 돌아보게 되었다. 이후 아무개는 더 이상 주변사람을 무시하거나 우쭐대지 않고, 자신의 재능을 다
> 른 사람을 위해 사용하기 시작했다.

① 새옹지마(塞翁之馬) 　　　　　② 개과천선(改過遷善)

③ 전화위복(轉禍爲福) 　　　　　④ 사필귀정(事必歸正)

⑤ 자과부지(自過不知)

08 다음 중 밑줄 친 부분의 띄어쓰기가 옳은 문장은?

① 이 건물을 <u>짓는데</u> 몇 년이나 걸렸습니까?

② <u>김철수씨는</u> 지금 창구로 와 주시기 바랍니다.

③ 걱정하지 마. 그 일은 내가 알아서 <u>해결할 게</u>.

④ 물건을 교환하시려면 <u>1주일 내에</u> 방문하셔야 합니다.

⑤ 다음 주에 발표할 보고서가 아직 완성이 <u>안됐다</u>.

09 제시문 A를 읽고, 제시문 B가 참인지 거짓인지 혹은 알 수 없는지 고르면?

[제시문 A]
• 미희는 매주 수요일마다 요가 학원에 간다.
• 미희가 요가 학원에 가면 항상 9시에 집에 온다.

[제시문 B]
미희가 9시에 집에 오는 날은 수요일이다.

① 참   ② 거짓   ③ 알 수 없음

10 다음 A와 B가 참일 때, C가 참인지 거짓인지 알 수 없는지 고르면?

A. 비판적 사고를 하는 모든 사람은 반성적 사고를 한다.
B. 반성적 사고를 하는 모든 사람은 창의적 사고를 한다.
C. 비판적 사고를 하는 사람은 창의적 사고도 한다.

① 참   ② 거짓   ③ 알 수 없음

※ 다음 글을 읽고 각각의 보기가 옳은지 그른지, 주어진 지문으로는 알 수 없는지 고르시오. [11~13]

경제성장률은 기술 수준을 고려한 1인당 국민소득 수준과 장기균형 국민소득 수준의 격차에 비례해서 결정되고 장기적으로는 기술 증가율에 의해 결정된다. 이를 보면 기술 수준의 변화를 고려하지 않는다고 하더라도 경제성장률을 결정해주는 것은 경제규모인 총국민소득이 아니라 1인당 국민소득 수준이라는 것을 쉽게 알 수 있다. 세계은행이 발표한 자료 중 가장 많은 국가들이 포함된 연도인 2003년의 2000년 기준 실질자료를 보면 경제규모를 반영하는 국내총생산(GDP)의 경우 세계 180개 국 중 한국은 미국(1위), 일본(2위), 브라질(10위), 멕시코(11위) 다음인 12위였다. 반면 1인당 국민소득을 반영하는 1인당 GDP는 룩셈부르크(1위), 노르웨이(2위) 등에 비해 한국은 1만 2,245달러로 세계에서 35위였다. 반면에 최근 고속성장을 하는 중국과 인도를 보자. 중국은 GDP 기준으로 세계 4위에 해당되지만 1인당 GDP는 1,209달러로 세계 111위에 해당되고, 인도는 GDP로는 세계 13위이지만 1인당 GDP는 512달러로 141위에 해당한다. 경제의 성숙도를 경제규모 기준으로 본다면 중국이 한국보다 훨씬 높은 성숙단계의 국가가 되고 이는 최근 5년간 성장률이 10%에 이르는 중국이 한국(4.8%)보다 앞서는 것을 설명하기 어렵다. 또한 유사한 경제규모를 갖고 있는 인도의 경우 최근 5년간 약 7.8%의 성장률을 보여 같은 기간 우리보다 높은 경제성장률을 보여 주는 것도 설명하기 어렵다. 이는 국가의 성숙도를 경제규모가 아닌 1인당 국민소득으로 봐야 함을 뜻한다.

11 중국이 인도보다 1인당 GDP가 더 높다.

① 항상 옳다.
② 전혀 그렇지 않다.
③ 주어진 지문으로는 옳고 그름을 알 수 없다.

12 경제성장률을 결정해주는 것은 경제규모인 총국민소득이다.

① 항상 옳다.
② 전혀 그렇지 않다.
③ 주어진 지문으로는 옳고 그름을 알 수 없다.

13 한국은 인도보다 총국민소득이 많다.

① 항상 옳다.
② 전혀 그렇지 않다.
③ 주어진 지문으로는 옳고 그름을 알 수 없다.

14 다음 제시문을 바탕으로 추론할 수 있는 것은?

> • 커피를 좋아하는 사람은 홍차를 좋아한다.
> • 우유를 좋아하는 사람은 홍차를 좋아하지 않는다.
> • 우유를 좋아하지 않는 사람은 콜라를 좋아한다.

① 커피를 좋아하는 사람은 콜라를 좋아하지 않는다.
② 우유를 좋아하는 사람은 콜라를 좋아한다.
③ 커피를 좋아하는 사람은 콜라를 좋아한다.
④ 우유를 좋아하지 않는 사람은 홍차를 좋아한다.
⑤ 콜라를 좋아하는 사람은 커피를 좋아하지 않는다.

15 제시된 내용을 바탕으로 내린 결론 A, B에 대한 판단으로 옳은 것은?

> • 정육점에는 다섯 종류의 고기를 팔고 있다.
> • 소고기가 닭고기보다 비싸다.
> • 오리고기보다 비싸면 돼지고기이다.
> • 소고기 2kg의 가격이 염소고기 4kg의 가격과 같다.
> • 오리고기가 소고기보다 비싸다.

> A : 닭고기보다 비싼 고기 종류는 세 가지이다.
> B : 가격의 순위를 정하는 경우의 수는 세 가지이다.

① A만 옳다.
② B만 옳다.
③ A, B 모두 옳다.
④ A, B 모두 틀리다.
⑤ A, B 모두 옳은지 틀린지 판단할 수 없다.

16 다음 글의 중심내용으로 가장 적절한 것은?

그리스 철학의 집대성자라고도 불리는 철학자 아리스토텔레스는 자연의 모든 물체는 '자연의 사다리'에 의해 계급화되어 있다고 생각했다. 자연의 사다리는 아래에서부터 무생물, 식물, 동물, 인간, 그리고 신인데, 이러한 계급에 맞춰 각각에 일정한 기준을 부여했다. 18세기 유럽 철학계와 과학계에서는 이러한 자연의 사다리 사상이 크게 유행을 했으며 사다리의 상층인 신과 인간에게는 높은 이성과 가치가 있고, 그 아래인 동물과 식물에게는 인간보다 낮은 가치가 있다고 보기 시작했다. 이처럼 서양의 자연관은 인간과 자연을 동일시하던 고대에서 벗어나 인간만이 영혼이 있으며, 이에 따라 인간만이 자연을 지배할 수 있다고 믿는 기독교 중심의 중세시대를 지나, 여러 철학자들을 거쳐 점차 인간이 자연보다 우월한 자연지배관으로 모습이 바뀌기 시작했다. 이러한 자연관을 토대로 서양에서는 자연스럽게 산업혁명 등을 통한 대량소비와 대량생산의 경제성장구조와 가치체계가 발전되어 왔다.

동양의 자연관 역시 동양철학과 불교 등의 이념과 함께 고대에서 중세세대를 지나게 되었다. 하지만 서양의 인간중심 철학과 달리 동양철학과 불교에서는 자연과 인간을 동일선상에 놓거나 둘의 조화를 중요시하여 합일론을 주장했다. 이들의 사상은 노자와 장자의 무위자연의 도, 불교의 윤회사상 등에서 살펴볼 수 있다. 대량소비와 대량생산으로 대표되는 자본주의의 한계와 함께 지구온난화, 자원고갈, 생태계 파괴가 대두되는 요즘 동양의 자연관이 주목받고 있다.

① 서양철학에서 나타나는 부작용
② 자연의 사다리와 산업혁명
③ 철학과 지구온난화의 상관관계
④ 서양과 동양의 자연관 차이
⑤ 서양철학의 문제점과 동양철학을 통한 해결법

17 다음은 '지역민을 위한 휴식 공간 조성'에 대한 글을 쓰기 위한 개요이다. 개요의 수정 · 보완 및 자료 제시 방안으로 적절하지 않은 것은?

Ⅰ. 서론 ··· ㉠
Ⅱ. 본론
  1. 휴식 공간 조성의 필요성
    가. 휴식 시간의 부족에 대한 직장인의 불만 증대 ·········· ㉡
    나. 여가를 즐길 수 있는 공간에 대한 지역민의 요구 증가
  2. 휴식 공간 조성의 장애 요인
    가. 휴식 공간을 조성할 지역 내 장소 확보 ···················· ㉢
    나. 비용 마련의 어려움
  3. 해결 방안 ··· ㉣
    가. 휴식 공간을 조성할 지역 내 장소 부족
    나. 무분별한 개발로 훼손되고 있는 도시 경관 ··············· ㉤
Ⅲ. 결론 : 지역민을 위한 휴식 공간 조성 촉구

---

① ㉠ : 지역 내 휴식 공간의 면적을 조사한 자료를 통해 지역의 휴식 공간 실태를 나타낸다.

② ㉡ : 글의 주제를 고려하여 '휴식 공간의 부족에 대한 지역민의 불만 증대'로 수정한다.

③ ㉢ : 상위 항목과의 연관성을 고려하여 'Ⅱ-3-가'와 위치를 바꾼다.

④ ㉣ : 'Ⅱ-2-나'의 내용을 고려하여 '지역 공동체와의 협력을 통한 비용 마련'을 하위 항목으로 추가한다.

⑤ ㉤ : 상위 항목과 어울리지 않으므로 'Ⅱ-2'의 하위 항목으로 옮긴다.

18 다음 글의 빈칸에 들어갈 말로 가장 적절한 것은?

기분관리 이론은 사람들의 기분과 선택 행동의 관계에 대해 설명하기 위한 이론이다. 이 이론의 핵심은 사람들이 현재의 기분을 최적 상태로 유지하려고 한다는 것이다. 따라서 기분관리 이론은 흥분 수준이 최적 상태보다 높을 때는 사람들이 이를 낮출 수 있는 수단을 선택한다고 예측한다. 반면에 흥분 수준이 낮을 때는 이를 회복시킬 수 있는 수단을 선택한다고 예측한다. 예를 들어, 음악 선택의 상황에서 전자의 경우에는 차분한 음악을 선택하고 후자의 경우에는 흥겨운 음악을 선택한다는 것이다. 기분조정 이론은 기분관리 이론이 현재 시점에만 초점을 맞추고 있다는 점을 지적하고 이를 보완하고자 한다. 기분조정 이론을 음악 선택의 상황에 적용하면, _____ 고 예측할 수 있다.

연구자 A는 음악 선택 상황을 통해 기분조정 이론을 검증하기 위한 실험을 했다. 그는 실험 참가자들을 두 집단으로 나누고 집단 1에게는 한 시간 후 재미있는 놀이를 하게 된다고 말했고, 집단 2에게는 한 시간 후 심각한 과제를 하게 된다고 말했다. 집단 1은 최적 상태 수준에서 즐거워했고, 집단 2는 최적 상태 수준을 벗어날 정도로 기분이 가라앉았다. 이때 연구자 A는 참가자들에게 기다리는 동안 음악을 선택하게 했다. 그랬더니 집단 1은 다소 즐거운 음악을 선택한 반면, 집단 2는 과도하게 흥겨운 음악을 선택했다. 그런데 30분이 지나고 각 집단이 기대하는 일을 하게 될 시간이 다가오자 두 집단 사이에는 뚜렷한 차이가 나타났다. 집단 1의 선택에는 큰 변화가 없었으나, 집단 2는 기분을 가라앉히는 차분한 음악을 선택하는 쪽으로 변하는 경향을 보인 것이다. 이러한 선택의 변화는 기분조정 이론을 뒷받침하는 것으로 간주되었다.

① 사람들은 현재의 기분을 지속하는 데 도움이 되는 음악을 선택한다.
② 사람들은 다음에 올 상황을 고려해 흥분을 유발할 수 있는 음악을 선택한다.
③ 사람들은 다음에 올 상황에 맞추어 현재의 기분을 조정하는 음악을 선택한다.
④ 사람들은 현재의 기분과는 상관없이 자신이 평소 선호하는 음악을 선택한다.
⑤ 사람들은 현재의 기분이 즐거운 경우에는 그것을 조정하기 위해 그와 반대되는 기분을 자아내는 음악을 선택한다.

19 다음 글에서 추론한 내용으로 적절하지 않은 것은?

헤로도토스의 앤드로파기(＝식인종)나 신화 또는 전설적 존재들인 반인반양, 켄타우루스, 미노타우로스 등은 아무래도 역사적인 구체성이 크게 결여된 편이다. 반면에 르네상스의 야만인 담론에 등장하는 야만인들은 서구의 전통 야만인관에 의해 각색되는 것은 여전하지만 이전과는 달리 현실적 구체성을 띠고 나타난다. 하지만 이때도 문명의 시각이 작동하기는 마찬가지며 야만인이 저질 인간으로 인식되는 것도 마찬가지다. 다만 이제 이런 인식은 서구 중심의 세계체제 형성과 관련을 맺는다. 르네상스 야만인상은 서구인의 문명건설 과업과 관련하여 만들어진 것이다. '신대륙 발견'과 더불어 '문명'과 '야만'의 접촉이 빈번해지자 야만인은 더는 신화적·상징적·문화적 이해 대상이 아니다. 이제 그는 실제 경험의 대상으로서 서구인의 일상생활에까지 모습을 드러내는 존재이다.

특히 주목해야 할 점은 콜럼버스의 '신대륙 발견' 이후로 야만인 담론은 유럽인이 '발견'한 지역의 원주민들과 직접 그리고 집단으로 만나는 실제 체험과 관련되어 있다는 사실이다. 르네상스 이전이라고 해서 이방의 원주민들을 만나지 않았을 리 없겠지만 그때에는 원주민에 관한 정보가 직접 경험에 의한 것이라기보다는 뜬소문에 근거하거나 아니면 순전히 상상의 산물인 경우가 많았다. 반면에 르네상스 시대 야만인은 그냥 원주민이 아니다. 이때 원주민은 식인종이며 바로 이 점 때문에 문명인의 교화를 받거나 정복과 절멸의 대상이 된다. 이 점은 코르테스가 정복한 아스테카 제국인 멕시코를 생각하면 쉽게 이해할 수 있다. 멕시코는 당시 거대한 제국으로써 유럽에서도 유례를 찾아보기 힘들 정도로 거대한 인구 25만의 도시를 건설한 '문명국'이었지만 코르테스를 수행하여 멕시코 정벌에 참여하고 나중에 이 경험에 관한 회고록으로 『뉴스페인 정복사』를 쓴 베르날 디아즈에 따르면 지독한 식인습관을 가진 것으로 매도된다. 멕시코 원주민들이 식인종으로 규정되고 나면 그들이 아무리 스페인 정복군이 눈이 휘둥그레질 정도로 발달된 문화를 가지고 있어도 소용이 없다. 집단으로 '식인' 야만인으로 규정됨으로써 정복의 대상이 되고 또 이로 말미암아 세계사의 흐름에 큰 변화가 오게 된다. 거대한 대륙의 주인이 바뀌는 것이다.

① 고대에 형성된 야만인 이미지들은 경험에 의한 것이기보다 허구의 산물이었다.

② 르네상스 이후 서구인의 야만인 담론은 전통적인 야만인관과 단절을 이루었다.

③ 르네상스 이후 야만인은 서구의 세계 제패 전략의 관점에서 인식되고 평가되었다.

④ 스페인 정복군에 의한 아스테카 문명의 정복은 서구 야만인 담론을 통해 합리화되었다.

⑤ 콜럼버스 신대륙 발견 이후 야만인은 문명에 의해 교화되거나 정복되어야 할 잔인한 존재로 매도되었다.

20 다음 글을 통해 알 수 있는 내용으로 가장 적절한 것은?

> 상업 광고는 기업은 물론이고 소비자에게도 요긴하다. 기업은 마케팅 활동의 주요한 수단으로 광고를 적극적으로 이용하여 기업과 상품의 인지도를 높이려 한다. 소비자는 소비 생활에 필요한 상품의 성능, 가격, 판매 조건 등의 정보를 광고에서 얻으려 한다. 광고를 통해 기업과 소비자가 모두 이익을 얻는다면 이를 규제할 필요는 없을 것이다. 그러나 광고에서 기업과 소비자의 이익이 상충하는 경우도 있고 광고가 사회 전체에 폐해를 낳는 경우도 있어, 다양한 규제 방식이 모색되었다.
>
> 이때 문제가 된 것은 과연 광고로 인한 피해를 책임질 당사자로서 누구를 상정할 것인가였다. 초기에는 '소비자 책임 부담 원칙'에 따라 광고 정보를 활용한 소비자의 구매 행위에 대해 소비자가 책임을 져야 한다고 보았다. 여기에는 광고 정보가 정직한 것인지와는 상관없이 소비자는 이성적으로 이를 판단하여 구매할 수 있어야 한다는 전제가 있었다. 그래서 기업은 광고에 의존하여 물건을 구매한 소비자가 입은 피해에 대하여 책임을 지지 않았고, 광고의 기만성에 대한 입증 책임도 소비자에게 있었다.
>
> 책임 주체로 기업을 상정하여 '기업 책임 부담 원칙'이 부상하게 된 배경은 복합적이다. 시장의 독과점 상황이 광범위해지면서 소비자의 자유로운 선택이 어려워졌고, 상품에 응용된 과학 기술이 복잡해지고 첨단화되면서 상품 정보에 대한 소비자의 정확한 이해도 기대하기 어려워졌다. 또한 다른 상품 광고와의 차별화를 위해 통념에 어긋나는 표현이나 장면도 자주 활용되었다. 그리하여 경제적, 사회·문화적 측면에서 광고로부터 소비자를 보호해야 한다는 당위를 바탕으로 기업이 광고에 대해 책임을 져야 한다는 공감대가 확산되었다.
>
> 오늘날 행해지고 있는 여러 광고 규제는 이런 공감대에서 나온 것인데, 이는 크게 보아 법적 규제와 자율 규제로 나눌 수 있다. 구체적인 법 조항을 통해 광고를 규제하는 법적 규제는 광고 또한 사회적 활동의 일환이라는 점에 근거한다. 특히 자본주의 사회에서는 기업이 시장 점유율을 높여 다른 기업과의 경쟁에서 승리하기 위하여 사실에 반하는 광고나 소비자를 현혹하는 광고를 할 가능성이 높다. 법적 규제는 허위 광고나 기만 광고 등을 불공정 경쟁의 수단으로 간주하여 정부 기관이 규제를 가하는 것이다.
>
> 자율 규제는 법적 규제에 대한 기업의 대응책으로 등장했다. 법적 규제가 광고의 역기능에 따른 피해를 막기 위한 강제적 조치라면, 자율 규제는 광고의 순기능을 극대화하기 위한 자율적 조치이다. 광고에 대한 기업의 책임감에서 비롯된 자율 규제는 법적 규제를 보완하는 효과가 있다.

① 광고 주체의 자율 규제가 잘 작동될수록 광고에 대한 법적 규제의 역할도 커진다.

② 기업의 이익과 소비자의 이익이 상충하는 정도가 클수록 법적 규제와 자율 규제의 필요성이 약화된다.

③ 시장 독과점 상황이 심각해지면서 기업 책임 부담 원칙이 약화되고 소비자 책임 부담 원칙이 부각되었다.

④ 첨단 기술을 강조한 상품의 광고일수록 소비자가 광고 내용을 정확히 이해하지 못한 채 상품을 구매할 가능성이 커진다.

⑤ 광고의 기만성을 입증할 책임을 소비자에게 돌리는 경우, 그 이유는 소비자에게 이성적 판단 능력이 있다는 전제를 받아들이지 않기 때문이다.

※ 다음 식을 계산한 것으로 옳은 것을 고르시오. [1~2]

01

$$23,128 \div 56 + 27,589 \div 47$$

① 800   ② 900
③ 1,000   ④ 1,100
⑤ 1,200

02

$$32 \times \frac{4,096}{256} - 26 \times \frac{361}{19}$$

① 18   ② 22
③ 18.4   ④ 22.4
⑤ 28

03 다음 빈칸에 들어갈 알맞은 사칙연산 기호는?

$$233 \times 23 - 4,387 \div 4(\ )3 = 4,265.25$$

① +   ② −
③ ×   ④ ÷
⑤ =

04 다음 〈보기〉의 A, B에 대한 비교식으로 옳은 것은?

> **보기**
>
> • A : $\dfrac{7}{3} + \dfrac{4}{5}$
>
> • B : $\dfrac{3}{2} + \dfrac{32}{15}$

① A>B   ② A=B   ③ A<B

05 49의 3할 9푼 3리는 얼마인가?

① 19.257   ② 192.57

③ 20.257   ④ 202.57

⑤ 23.257

06 10명의 각 나라 대표들이 모여 당구 경기를 진행하려고 한다. 경기 진행방식은 토너먼트 방식으로 다음과 같이 진행될 때, 만들어질 수 있는 대진표의 경우의 수는?

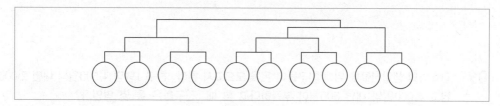

① 27,200가지   ② 27,560가지

③ 28,000가지   ④ 28,350가지

⑤ 29,700가지

07 집에서 2km 떨어진 도서관에 가는 데 처음에는 분속 80m의 속력으로 걷다가 늦을 것 같아 속력을 두 배로 올렸더니 총 20분이 걸렸다. 분속 80m로 걸은 거리는 얼마인가?

① 600m

② 800m

③ 1,000m

④ 1,200m

⑤ 1,400m

08 다음 내용에 따라 팀장의 나이를 추론하면 몇 세인가?

> • 팀장의 나이는 과장보다 4살이 많다.
> • 대리의 나이는 31세이다.
> • 사원은 대리보다 6살 어리다.
> • 과장과 팀장 나이의 합은 사원과 대리의 나이 합의 2배이다.

① 56세

② 57세

③ 58세

④ 59세

⑤ 60세

09 갑돌이의 생일선물을 위해 친구들이 돈을 모으고자 한다. 친구 1명당 4,500원씩 내면 2,000원이 남고 4,000원씩 내면 500원이 부족하다고 할 때, 친구들은 총 몇 명인가?

① 5명

② 6명

③ 7명

④ 8명

⑤ 9명

10 빵집에서 크로와상 60개, 소보로 52개, 단팥빵 48개를 똑같이 나누어 가능한 한 많은 상자를 포장하려고 할 때, 상자의 최대 개수는?

① 1상자   ② 2상자

③ 3상자   ④ 4상자

⑤ 5상자

11 a, b, c 세 유리수의 합은 18이다. a는 b와 c 합의 2배이고, c는 b의 3배일 때, 세 유리수 중에서 가장 큰 수는?

① $\dfrac{27}{2}$ ② 11

③ 12   ④ $\dfrac{44}{3}$

⑤ 15

12 수영장에 오염농도가 5%인 물 20kg이 있다. 이 물에 깨끗한 물을 넣어 오염농도를 1%만큼 줄이려고 한다. 이때 물을 얼마나 넣어야 하는가?

① 3kg   ② 4kg

③ 5kg   ④ 6kg

⑤ 7kg

13 서진이와 민진이를 포함한 5명이 일렬로 놓인 영화관의 좌석에 앉으려고 한다. 서진이와 민진이 사이에 적어도 1명이 앉게 될 확률은?

① $\dfrac{1}{5}$

② $\dfrac{3}{5}$

③ $\dfrac{7}{15}$

④ $\dfrac{8}{15}$

⑤ $\dfrac{13}{17}$

14 귤 상자 2개에 각각 귤이 들어있다고 한다. 한 상자당 귤이 안 익었을 확률이 10%, 썩었을 확률이 15%이고 나머지는 잘 익은 귤일 때, 두 사람이 각각 다른 상자에서 귤을 꺼낼 때 한 사람은 잘 익은 귤을 꺼내고, 다른 한 사람은 썩거나 안 익은 귤을 꺼낼 확률은 몇 %인가?

① 31.5%

② 33.5%

③ 35.5%

④ 37.5%

⑤ 39.5%

15 다음은 A씨가 1월부터 4월까지 지출한 외식비이다. 1월부터 5월까지의 평균 외식비가 120,000원 이상 130,000원 이하가 되게 하려고 할 때, A씨가 5월에 최대로 사용할 수 있는 외식비는?

〈월별 외식비〉

(단위 : 원)

1월	2월	3월	4월	5월
110,000	180,000	50,000	120,000	?

① 14만 원

② 15만 원

③ 18만 원

④ 19만 원

⑤ 22만 원

16 다음은 K은행 2023년도 1·2분기 전체 민원 건수 및 해결률을 나타낸 자료이다. 2023년 2분기 금융 분야 민원 해결 건수는 전분기의 $\frac{5}{7}$이다. 2023년 2분기 서비스 분야 민원 해결 건수가 97건이고, 2023년 1분기 총건수 해결률이 (다)라고 할 때, (가)+(나)+(다)의 값을 구하면?(단, 건수 및 해결률은 소수점 첫째 자리에서 반올림한다)

〈K은행 2023년도 1·2분기 민원 해결 건수〉

(단위 : 건, %)

구분		민원 건수	
		2023년 1분기	2023년 2분기
금융	전체 민원 건수	102	72
	해결률	96	(가)
서비스	전체 민원 건수	20	(나)
	해결률	100	(가)

※ (총건수)=(금융 건수)+(서비스 건수)
※ 해결률은 민원 건수 중 해결된 건수의 비율임

① 290
② 292
③ 294
④ 296
⑤ 300

17 다음은 우리나라의 2023년도 상반기 달러, 유로, 엔화의 월별 환율 변동을 나타낸 표이다. 표 내용을 바르게 분석한 것은?(단, 변화량은 절댓값으로 비교한다)

〈상반기 월별 환율 현황〉

구분	원/달러	원/유로	원/100엔
1월	1,205.0	1,300.5	1,034.0
2월	1,180.0	1,320.0	1,012.0
3월	1,112.0	1,350.0	1,048.0
4월	1,141.0	1,350.0	1,049.0
5월	1,142.0	1,400.0	1,060.0
6월	1,154.0	1,470.0	1,080.0

① 2023년도 상반기 전월 대비 원/달러 변화량의 최댓값은 원/100엔 변화량의 최댓값보다 작다.
② 유로/달러의 경우 2월의 값이 6월의 값보다 크다.
③ 6월의 원/유로 환율은 1월 대비 18% 이상 증가하였다.
④ 유로의 환율은 지속적으로 증가하고 있다.
⑤ 2월부터 6월까지 원/달러와 원/100엔의 전월 대비 증감추이는 항상 동일하다.

※ 다음은 A, B, C사의 농기계(트랙터, 이앙기, 경운기)에 대한 직원들의 평가를 나타낸 자료이다. 이어지는 물음에 답하시오. [18~20]

〈A, B, C사 트랙터 만족도〉

(단위 : 점)

구분	가격	성능	안전성	디자인	연비	사후관리
A사	5	4	5	4	2	4
B사	4	5	3	4	3	4
C사	4	4	4	4	3	5

〈A, B, C사 이앙기 만족도〉

(단위 : 점)

구분	가격	성능	안전성	디자인	연비	사후관리
A사	4	3	5	4	3	4
B사	5	5	4	4	2	4
C사	4	5	4	5	4	5

〈A, B, C사 경운기 만족도〉

(단위 : 점)

구분	가격	성능	안전성	디자인	연비	사후관리
A사	3	3	5	5	4	4
B사	4	4	3	4	4	4
C사	5	4	3	4	3	5

※ 모든 항목의 만족도는 5점(최상) ~ 1점(최하)으로 1점 단위로 평가함

18 세 가지 농기계의 평가를 모두 고려했을 때, 직원들이 가장 선호하는 회사와 만족도 점수를 구하면?(단, 만족도 비교는 해당 점수의 총합으로 한다)

① A사, 71점

② B사, 70점

③ B사, 73점

④ C사, 72점

⑤ C사, 75점

19 가격과 성능만을 고려하여 세 가지 농기계를 한 회사에서 구입하려고 할 때, 해당 회사와 만족도 점수는 어떻게 되는가?(단, 만족도 비교는 해당 점수의 총합으로 한다)

① A사, 22점

② B사, 27점

③ C사, 26점

④ B사, 28점

⑤ C사, 25점

20 안전성과 연비만을 고려하여 세 가지 농기계를 한 회사에서 구입하려고 할 때, 해당 회사와 만족도의 점수는 어떻게 되는가?(단, 만족도 비교는 해당 점수의 총합으로 한다)

① A사, 24점

② B사, 15점

③ A사, 21점

④ B사, 27점

⑤ C사, 26점

※ 일정한 규칙으로 수를 나열할 때, 빈칸에 들어갈 알맞은 수를 고르시오. [1~5]

01

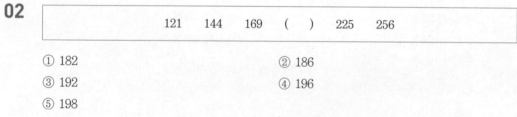

| | 6 | 24 | 60 | 120 | (|) | 336 | 504 | 720 |

① 198　　　　　　　　　　　② 210

③ 256　　　　　　　　　　　④ 274

⑤ 282

02

| | 121 | 144 | 169 | (|) | 225 | 256 |

① 182　　　　　　　　　　　② 186

③ 192　　　　　　　　　　　④ 196

⑤ 198

03

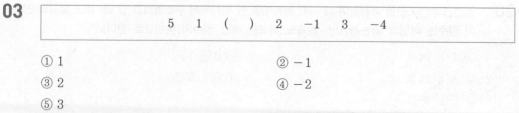

| | 5 | 1 | (|) | 2 | −1 | 3 | −4 |

① 1　　　　　　　　　　　② −1

③ 2　　　　　　　　　　　④ −2

⑤ 3

04

$$\frac{39}{16} \qquad \frac{13}{8} \qquad \frac{13}{12} \qquad \frac{13}{18} \qquad (\quad) \qquad \frac{26}{81}$$

① $\dfrac{13}{9}$ ② $\dfrac{14}{18}$

③ $\dfrac{13}{18}$ ④ $\dfrac{14}{9}$

⑤ $\dfrac{13}{27}$

05

<u>4 6 2</u> <u>11 12 15</u> <u>3 5 ( )</u>

① -5 ② 0
③ 3 ④ 4
⑤ 5

※ 일정한 규칙으로 문자를 나열할 때, 빈칸 안에 들어갈 알맞은 것을 고르시오. [6~10]

06

ㄱ ㄴ ㄷ ㄱ ㅈ ㅍ ( ) ㅊ ㅋ

① ㅍ ② ㄱ
③ ㅅ ④ ㅈ
⑤ ㅎ

07

ㄴ ㅁ ㅈ ㅎ ㅂ ( )

① ㅍ ② ㅂ
③ ㅈ ④ ㄱ
⑤ ㅊ

08

Q O M K I G ( ) C

① A   ② D
③ B   ④ E
⑤ C

09

ㄱ B ㄹ H ㄴ ( )

① C   ② D
③ E   ④ F
⑤ G

10

a 2 c 5 h 13 ( ) 34

① k   ② n
③ q   ④ u
⑤ r

11

①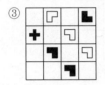

②

③

④

⑤

PART 3

12

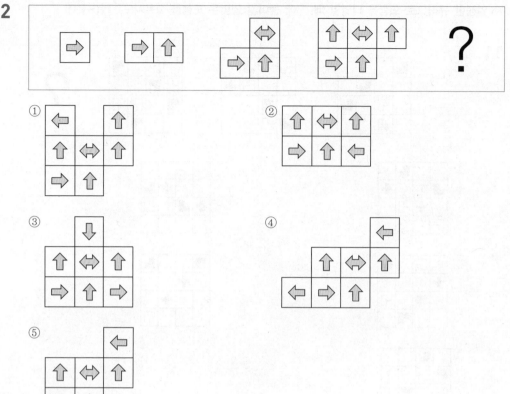

①

②

③

④

⑤

13

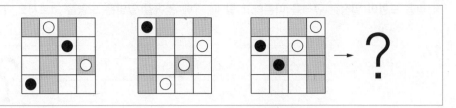

①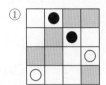

②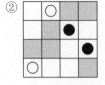

③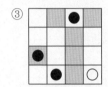

④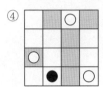

⑤

PART 3

※ 다음 도형이 일정한 규칙을 따른다고 할 때, ?에 들어갈 알맞은 도형을 고르시오. [14~16]

14

①   ②

③   ④

⑤

15

①   ②

③   ④

⑤

16

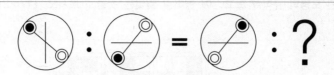

 ①

 ②

 ③

 ④

 ⑤

17

①

②

③

④

⑤

18

①

②

③

④

⑤

19

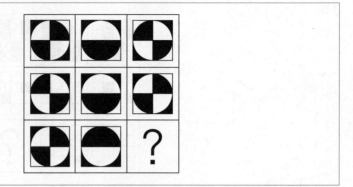

①

②

③

④

⑤

20

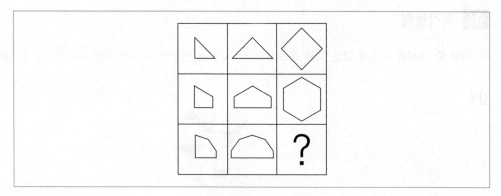

①

②

③

④

⑤

※ 다음 중 제시된 도형과 같은 것을 고르시오(단, 도형을 반전해도 같은 도형으로 본다). [1~2]

01

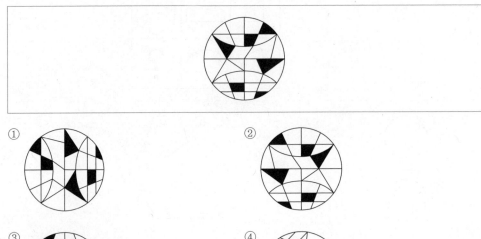

① 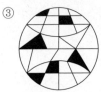 ②

③  ④

⑤

02

① 　　　②

③ 　　　④

⑤

※ 다음 중 나머지 도형과 다른 것을 고르시오. [3~4]

03 ① 　②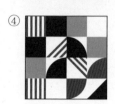

③ 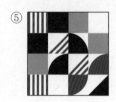　④

⑤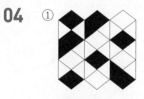

04 ① 　②

③ 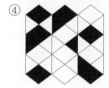　④

⑤

05 다음 도형을 좌우 반전한 후, 시계 방향으로 90° 회전한 모양은?

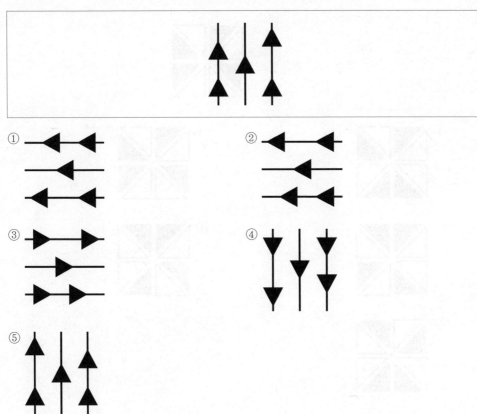

PART 3

06 다음 도형을 상하 반전하고 시계 반대 방향으로 90° 회전한 후, 좌우 반전한 모양은?

①

②

③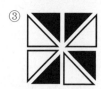

④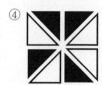

⑤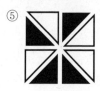

07 주어진 전개도로 정육면체를 만들 때, 만들어질 수 없는 것은?

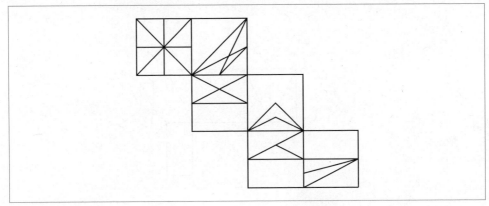

①

②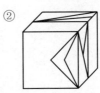

③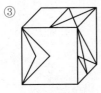

④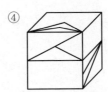

⑤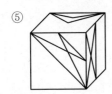

08 제시된 전개도를 접었을 때 나타나는 도형으로 알맞은 것을 고르면?

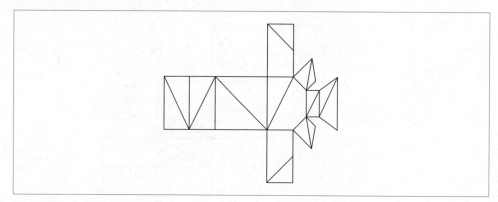

①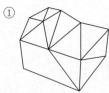

②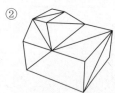

③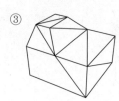

④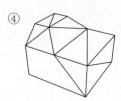

⑤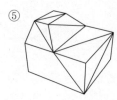

※ 다음과 같은 모양을 만드는 데 사용된 블록의 개수를 고르시오(단, 보이지 않는 곳의 블록은 있다고 가정한다). [9~10]

09

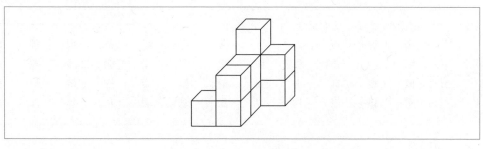

① 10개　　　　　　　　② 11개
③ 12개　　　　　　　　④ 13개
⑤ 14개

10

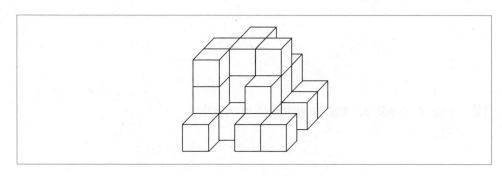

① 25개　　　　　　　　② 26개
③ 27개　　　　　　　　④ 28개
⑤ 29개

11 다음 제시된 문자와 같은 것은 몇 개인가?

惡

岳	握	顎	埀	惡	渥	愕	嶽	龌	幄	鄂	鍔
鰐	治	岳	係	龍	徐	安	岸	眼	顔	鞍	雁
械	嶽	籠	握	安	龌	顎	泰	鰐	帶	岸	龌
惡	嶽	嶽	愕	眼	鍔	埀	顔	岳	鄂	渥	龍

① 1개   ② 2개
③ 3개   ④ 4개
⑤ 5개

12 다음 중 좌우를 비교했을 때 같은 것은 몇 개인가?

いゆよびてねぽみ － りゆよびでぬぽみ

① 2개   ② 3개
③ 4개   ④ 5개
⑤ 6개

13 다음 표에 제시되지 않은 숫자는?

413	943	483	521	253	653	923	653	569	467	532	952
472	753	958	551	956	538	416	567	955	282	568	954
483	571	462	933	457	353	442	482	668	533	382	682
986	959	853	492	957	558	955	453	913	531	963	421

① 467   ② 568

③ 531   ④ 482

⑤ 953

14 다음 문제의 왼쪽에 표시된 문자의 개수를 고르면?

土	夫土＋土＋夫＋土＋＋夫＋土＋＋＋夫土＋夫夫＋＋土＋土＋夫夫

① 4개   ② 5개

③ 6개   ④ 7개

⑤ 8개

※ 제시된 기호와 동일한 기호를 〈보기〉에서 찾아 몇 번째에 위치하는지 고르시오(단, 가장 왼쪽 기호를 시작 지점으로 한다). [15~19]

보기

♡ ♭ ☺ ♂ ♈ ☐ ♉ ♫ ☯ ✹

15

☺

① 1번째 ② 2번째
③ 3번째 ④ 4번째
⑤ 5번째

16

♫

① 6번째 ② 7번째
③ 8번째 ④ 9번째
⑤ 10번째

17

♡

① 1번째 ② 2번째
③ 3번째 ④ 4번째
⑤ 5번째

18

ϒ

① 4번째   ② 5번째
③ 6번째   ④ 7번째
⑤ 8번째

19

✳

① 6번째   ② 7번째
③ 8번째   ④ 9번째
⑤ 10번째

20 다음 규칙에 따라 알맞게 변형한 것은?

%a&b - 갸겨교규

① a%b& - 겨갸교규   ② ba&% - 규겨갸교
③ &%ba - 교겨갸규   ④ %ba& - 갸규겨교
⑤ &ab% - 겨겨교갸

※ 다음 중 제시된 단어와 반대되는 의미를 가진 것을 고르시오. [1~3]

01

faithful

① constant   ② devoted

③ eager   ④ impatient

⑤ disloyal

02

ill

① suffer   ② energy

③ worth   ④ healthy

⑤ belly

03

obvious

① distinct   ② unclear

③ certain   ④ conservative

⑤ familiar

※ 다음 중 제시된 단어와 같거나 비슷한 뜻을 가진 것을 고르시오. [4~6]

04

convince

① persuade   ② decline

③ deliberate   ④ dispose

⑤ contribute

05

obscure

① obsolete   ② insolent

③ eccentric   ④ abnormal

⑤ unknown

06

predict

① advantage   ② solitary

③ tolerable   ④ foresee

⑤ familiar

07 다음 중 밑줄 친 부분의 뜻으로 옳은 것은?

You should <u>take off</u> your hat in this room.

① 입다   ② 쓰다

③ 벗다   ④ 먹다

⑤ 주다

08 다음 중 나머지 넷과 의미 관계가 다른 것은?

① daisy   ② zebra

③ maple   ④ cactus

⑤ camomile

09 다음 글의 밑줄 친 부분 중 어법상 틀린 것은?

Within any discipline the growth of the subject strictly parallels the economic marketplace. Scholars cooperate with one another because they find it mutually beneficial. They accept from one another's work ① <u>that</u> they find useful. They exchange their findings — by verbal communication, by circulating unpublished papers, by publishing in journals and books. Cooperation is worldwide, just as in the economic market. The esteem or approval of fellow scholars serves very much the same function that monetary reward ② <u>does</u> in the economic market. The desire to earn that esteem, to have their work ③ <u>accepted</u> by their peers, leads scholars to direct their activities in scientifically efficient directions. The whole becomes greater than the sum of ④ <u>its parts</u>, as one scholar builds on another's work. His work in turn becomes the basis for ⑤ <u>further</u> development.

10 다음 대화 중 어색한 것은?

① A : This school was established in 1975.

    B : Oh, was it?

② A : My mom is working as a teacher.

    B : Oh, is she?

③ A : We will consider your situation.

    B : Oh, will they?

④ A : You did a good job on your presentation.

    B : Oh, did I?

⑤ A : I want to give some financial rewards to you.

    B : Oh, do you?

11 다음 중 대화 내용이 어색한 것은?

① A : I'm afraid I must go.

　B : But the night is still young.

② A : You look gorgeous in that red dress.

　B : Thank you. I'm very flattered.

③ A : How would you like your eggs?

　B : Scrambled, please.

④ A : I feel under the weather.

　B : I'm happy for you.

⑤ A : Would you show me your boarding pass?

　B : Yes, here it is.

12 다음 중 밑줄 친 문장과 의미가 가장 가까운 것은?

All along the route were thousands of homespun attempts to pay tribute to the team, including messages etched in cardboard, snow and construction paper.

① honor
③ publicize
⑤ throw

② compose
④ join

13 다음 대화가 이루어지는 장소로 가장 적절한 곳은?

A : Good evening! How can I help you?
B : I have a sore throat.
A : Take this medicine and it's $5.
B : Here it is. Thanks.

① 약국
③ 도서관
⑤ 학교

② 은행
④ 동물원

14 다음 빈칸에 문법상 들어갈 말로 알맞은 것은?

> This year's profits _____ the accountant by next monday.

① was known to
② will has been known to
③ will be known to
④ will know
⑤ is known to

15 다음 중 빈칸에 들어갈 가장 적절한 말은?

> A : Here's a gift for you.
> B : Thank you. May I open it now?
> A : _____.
> B : What a pretty doll!

① Of course
② You can't
③ Excuse me
④ I'm fine
⑤ Pardon

16 다음 빈칸에 공통으로 들어갈 어휘로 적절한 것은?

> • The meeting will _____ place at a hotel.
> • They _____ advantage of the dry weather.

① put
② come
③ look
④ take
⑤ to

17 다음 글의 주제로 가장 적절한 것은?

> In America, it is important for boys and girls to be independent. Parents tell their children to try to do things without other people's help. In Korea, people are good at working together with others, and parents tell their children to do their best in a group or a family.

① The different views of teaching children
② Doing one's best for one's parents
③ How to be good parents
④ The parents of yesterday and today
⑤ How to talk with children

18 다음 글에서 필자가 주장하는 바로 가장 적절한 것은?

> In the United States, some people maintain that TV media will create a distorted picture of a trial, while leading some judges to pass harsher sentences than they otherwise might. However, there are some benefits connected to the televising of trials. It will serve to educate the public about the court process. It will also provide full and accurate coverage of exactly what happens in any given case. Therefore, it is necessary to televise trials to increase the chance of a fair trial. And, if trials are televised, a huge audience will be made aware of the case, and crucial witnesses who would otherwise have been ignorant of the case may play their potential role in it.

① 범죄 예방을 위해 재판 과정을 공개해야 한다.
② 준법 정신 함양을 위해 재판 과정을 공개해야 한다.
③ 재판 중계권을 방송국별로 공정하게 배분해야 한다.
④ 재판의 공정성을 높이기 위해 재판 과정을 중계해야 한다.
⑤ 증인의 신변 보호를 위하여 법정 공개는 금지되어야 한다.

19 다음 중 필자의 주장으로 적절한 것은?

Generally, the quality of life is said to rely on what steps we take to preserve our environment. To save our world, what can we do personally? If we are to preserve our earth, we should listen to the following : "Think globally, act locally". In other words, we should consider the whole earth and its future in our daily activities. Here are some rules we have to keep to preserve our environment.

① 세계화를 이룩하자.
② 현재 환경을 생각해 보자.
③ 삶의 질을 높이자.
④ 다른 사람의 말에 귀를 기울이자.
⑤ 환경의 보전을 생활화하자.

20 다음 글의 내용으로 적절하지 않은 것은?

Aesop was a man who lived in Greece from about 620 to 560 B.C. He told fables that were about different animals. Fables are short stories that have a moral or lesson. After Aesop died, many other people told his tales and added new ones. These tales have become known as Aesop's fables. They are the most famous fables in the world. Although Aesop's fables are usually stories about animals, they help teach humans how to live their lives well.

① 이솝은 기원전에 그리스에 살았다.
② 이솝은 동물에 관한 우화를 들려주었다.
③ 우화는 재미있지만 교훈과는 거리가 있다.
④ 이솝 우화는 인간에게 잘 사는 법을 가르쳐 준다.
⑤ 많은 사람들이 그의 이야기를 들려주었다.

모바일 OMR

정답 및 해설 p.065

01 다음은 새로 부임한 김과장에 대한 직원들의 대화내용이다. 키슬러의 대인관계 의사소통에 따를 때, 김과장에게 해줄 조언으로 가장 적절한 것은?

> 직원 A : 최과장님이 본사로 발령 나시면서, 홍보팀에 과장님이 새로 부임하셨다며! 어떠셔? 계속 지방에 출장 중이어서 이번에 처음 뵙는데 궁금하네.
>
> 직원 B : 김과장님? 음. 되게 능력이 있으시다고 들었어. 회사에서 상당한 연봉을 제시해서 직접 스카웃했다고 들었거든. 근데 좀 직원들에게 관심이 너무 많으셔.
>
> 직원 C : 맞아. 최과장님은 업무를 지시하시고 나서는 우리가 보고할 때까지 아무 간섭 안 하시고 보고 후에 피드백을 주셔서 일하는 중에는 부담이 덜했잖아. 근데 새로 온 김과장님은 업무 중간에 어디까지 했냐? 어떻게 처리되었냐? 이렇게 해야 한다. 저렇게 해야 한다. 계속 말씀하셔서 너무 눈치 보여. 물론 바로바로 피드백을 받을 수 있어서 수정이 수월하긴 하지만 말이야.
>
> 직원 B : 맞아. 그것도 그렇지만 나는 회식 때마다 이전 회사에서 했던 프로젝트에 대해 계속 자랑하셔서 이젠 그 대사도 외울 지경이야. 물론 김과장님의 능력이 출중하다는 건 우리도 알기는 하지만 ….

① 독단적으로 결정하시면 대인 갈등을 겪으실 수도 있으니 직원들과 상의가 필요합니다.

② 자신만 생각하지 마시고, 타인에게 관심을 갖고 배려해주세요.

③ 타인에 대한 높은 관심과 인정받고자하는 욕구는 낮출 필요성이 있어요.

④ 인정이 많으신 것은 좋으나 직원들의 요구를 적절하게 거절할 필요성이 있어요.

⑤ 직원들과 어울리지 않으시고 혼자 있는 것만 선호하시면 대인관계를 유지하기 어려워요.

PART 3

02 직장 내에서의 의사소통은 반드시 필요하지만, 적절한 의사소통을 형성한다는 것은 쉽지 않다. 다음과 같은 갈등 상황을 유발한 원인으로 가장 적절한 것은?

> 기획팀의 K대리는 팀원 3명과 함께 프로젝트를 수행하고 있다. K대리는 이번 프로젝트를 조금 여유 있게 진행할 것을 팀원들에게 요청하였다. 팀원들은 프로젝트 진행을 위해 회의를 진행하였는데, L사원과 P사원의 의견이 서로 대립하여 결론을 내리지 못한 채 회의를 마치게 되었다. K대리가 회의 내용을 살펴본 결과 L사원은 프로젝트 기획 단계에서 좀 더 꼼꼼하고 상세한 자료를 모으자는 의견이었던 반면, P사원은 프로젝트 수정 · 보완 단계에서 더 많은 시간을 사용하자는 의견이었다.

① L사원과 P사원이 K대리의 의견을 서로 다르게 받아들였기 때문이다.
② L사원은 K대리의 고정적 메시지를 잘못 이해하고 있기 때문이다.
③ L사원과 P사원이 자신의 정보를 상대방이 이해하기 어렵게 표현하고 있기 때문이다.
④ L사원과 P사원이 서로 잘못된 정보를 전달하고 있기 때문이다.
⑤ L사원과 P사원이 서로에 대한 선입견을 갖고 있기 때문이다.

03 다음은 문서 작성 시 유의해야 할 한글 맞춤법 및 어법의 표기 방법이다. 이에 따라 밑줄 친 표기가 옳지 않은 것을 고르면?

〈한글 맞춤법 및 어법〉

1) 고 / 라고
   앞말이 직접 인용되는 말임을 나타내는 조사는 '라고'이다. '고'는 앞말이 간접 인용되는 말임을 나타내는 격조사이다.

2) 로써 / 로서
   지위나 신분 또는 자격을 나타내는 격조사는 '로서'이며, '로써'는 어떤 일의 수단이나 도구를 나타내는 격조사이다.

3) 율 / 률
   받침이 있는 말 뒤에서는 '렬, 률', 받침이 없는 말이나 'ㄴ' 받침으로 끝나는 말 뒤에서는 '열, 율'로 적는다.

4) 년도 / 연도
   한자음 '녀, 뇨, 뉴, 니'가 단어 첫머리에 올 때는 두음 법칙에 따라 '여, 요, 유, 이'로 적는다. 단, 의존 명사의 경우 두음 법칙을 적용하지 않는다.

5) 연월일의 표기
   아라비아 숫자만으로 연월일을 표시할 경우 마침표는 연월일 다음에 모두 사용해야 한다.

---

① 이사장은 "이번 기회를 통해 소중함을 깨닫게 되었으면 좋겠다."라고 말했다.

② 모든 것이 말로써 다 표현되는 것은 아니다.

③ 올해의 상반기 목표 성장률을 달성하기 위해서는 모두가 함께 노력해야 한다.

④ 노인 일자리 추가 지원 사업을 시작한 지 반 연도 되지 않아 지원이 끝이 났다.

⑤ 시험 원서 접수는 2023. 12. 31.에 마감됩니다.

PART 3

※ 다음 글을 읽고 물음에 답하시오. [4~5]

'GDP(국내총생산)'는 국민경제 전체의 생산 수준을 파악할 수 있는 지표인데, 한 나라 안에서 일정 기간 새로 생산된 최종 생산물의 가치를 모두 합산한 것이다. GDP를 계산할 때는 총생산물의 가치에서 중간생산물의 가치를 빼는데, 그 결과는 최종 생산물 가치의 총합과 동일하다. 다만 GDP를 산출할 때는 그해에 새로 생산된 재화와 서비스 중 화폐로 매매된 것만 계산에 포함하고, 화폐로 매매되지 않은 것은 포함하지 않는다.

그런데 상품 판매 가격은 물가 변동에 따라 오르내리기 때문에 GDP를 집계 당시의 상품 판매 가격으로 산출하면 그 결과는 물가 변동의 영향을 그대로 받는다. 올해에 작년과 똑같은 수준으로 재화를 생산하고 판매했더라도 올해 물가 변동에 따라 상품 판매 가격이 크게 올랐다면 올해 GDP는 가격 상승분만큼 부풀려져 작년 GDP보다 커진다. 이런 까닭으로 올해 GDP가 작년 GDP보다 커졌다 하더라도 생산 수준이 작년보다 실질적으로 올랐다고 볼 수는 없다. 심지어 GDP가 작년보다 커졌더라도 실질적으로 생산 수준이 떨어졌을 수도 있다.

그래서 실질적인 생산 수준을 판단할 수 있는 GDP를 산출할 필요가 있다. 그러자면 먼저 어느 해를 기준 시점으로 정해 놓고, 산출하고자 하는 해의 가격을 기준 시점의 물가 수준으로 환산해 GDP를 산출하면 된다. 기준 시점의 물가 수준으로 환산해 산출한 GDP를 '실질 GDP'라고 하고, 기준 시점의 물가 수준으로 환산하지 않은 GDP를 실질 GDP와 구분하기 위해 '명목 GDP'라고 부르기도 한다. 예를 들어 기준 시점을 1995년으로 하여 2000년의 실질 GDP를 생각해 보자. 1995년에는 물가 수준이 100이었고 명목 GDP는 3천 원이며, 2000년에 물가 수준은 200이고 명목 GDP는 6천 원이라고 가정하자. 이 경우 명목 GDP는 3천 원에서 6천 원으로 늘었지만, 물가 수준 역시 두 배로 올랐으므로 결국 실질 GDP는 동일하다.

경제가 실질적으로 얼마나 성장했는지 알려면 실질 GDP의 추이를 보는 것이 효과적이므로 실질 GDP는 경제성장률을 나타내는 공식 경제지표로 활용되고 있다. 금년도의 경제성장률은 아래와 같은 식으로 산출할 수 있다.

$$(경제성장률) = \frac{(금년도\ 실질\ GDP) - (전년도\ 실질\ GDP)}{(전년도\ 실질\ GDP)} \times 100(\%)$$

경제지표 중 GDP만큼 중요한 'GNI(국민총소득)'라는 것도 있다. GNI는 GDP에 외국과 거래하는 교역 조건의 변화로 생기는 실질적 무역 손익을 합산해 집계한다. 그렇다면 ㉠ GDP가 있는데도 GNI를 따로 만들어 쓰는 이유는 무엇일까? 만약 수입 상품 단가가 수출 상품 단가보다 올라 대외 교역 조건이 나빠지면 전보다 많은 재화를 생산·수출하고도 제품·부품 수입 비용이 증가하여 무역 손실이 발생할 수도 있다. 이때 GDP는 무역 손실에 따른 실질소득의 감소를 제대로 반영하지 못하기 때문에 GNI가 필요한 것이다. 결국 GDP가 국민경제의 크기와 생산 능력을 나타내는 데 중점을 두는 지표라면 GNI는 국민경제의 소득 수준과 소비 능력을 나타내는 데 중점을 두는 지표라고 할 수 있다.

04 윗글의 내용으로 적절하지 않은 것은?

① 상품 판매 가격은 물가 변동의 영향을 받는다.

② GDP는 최종 생산물 가치의 총합으로 계산할 수 있다.

③ 화폐로 매매되지 않은 것은 GDP 계산에 넣지 않는다.

④ 새로 생산된 재화와 서비스만이 GDP 계산의 대상이 된다.

⑤ GDP는 총생산물 가치에 중간생산물 가치를 더하여 산출한다.

05 윗글의 밑줄 친 ㉠에 대한 대답으로 가장 적절한 것은?

① 국가의 총생산 능력을 정확히 측정하기 위해

② 생산한 재화의 총량을 정확히 측정하기 위해

③ 생산한 재화의 수출량을 정확히 측정하기 위해

④ 국가 간의 물가 수준의 차이를 정확히 재기 위해

⑤ 무역 손익에 따른 실질 소득의 증감을 정확히 재기 위해

06 K회사의 D과장은 우리나라 사람들의 해외취업을 돕기 위해 박람회를 개최하고자 한다. 박람회 개최 〈조건〉이 다음과 같을 때, D과장이 박람회 장소로 선택할 나라는?

> **조건**
> • K회사의 해외 EPS센터가 있는 나라여야 한다.
>   – 해외 EPS센터(15개국) : 필리핀, 태국, 인도네시아, 베트남, 스리랑카, 몽골, 우즈베키스탄, 파키스탄, 캄보디아, 중국, 방글라데시, 키르기스스탄, 네팔, 미얀마, 동티모르
> • 100개 이상의 한국 기업이 진출해 있어야 한다.
> • 자국민의 안전을 위해 치안이 보장되어야 한다.

〈국가별 상황〉

국가	경쟁력	비고
인도네시아	한국 기업이 100개 이상 진출해 있으며 안정적인 정치 및 경제 구조를 가지고 있다.	두 번의 박람회를 열었으나 실제 취업까지 연결되는 성과가 미미하였다.
아랍에미리트	UAE 자유무역지역에 다양한 다국적 기업이 진출해 있다.	석유가스산업, 금융산업에는 외국 기업의 진출이 불가하다.
중국	한국 기업이 170개 이상 진출해 있으며, 현지 기업의 80% 이상이 우리나라 사람의 고용을 원한다.	중국 청년의 실업률이 높아 사회문제가 되고 있다.
미얀마	2023년 기준 약 2,600명의 한인이 거주 중이며 한류 열풍이 거세게 불고 있다.	내전으로 우리나라 사람들의 치안이 보장되지 않는다.
베트남	여성의 사회진출이 높고 정치, 경제, 사회 각 분야에서 많은 여성이 활약 중이다.	한국 기업 진출을 위한 인프라 구축이 잘되어 있다.

① 인도네시아 ② 아랍에미리트
③ 중국 ④ 미얀마
⑤ 베트남

07 다음 수제 초콜릿에 대한 분석 기사를 읽고 〈보기〉에서 설명하는 SWOT 분석에 의한 마케팅 전략을 수립하고자 할 때, 적절하지 않은 것은?

> 오늘날 식품 시장을 보면 원산지와 성분이 의심스러운 제품들로 넘쳐 납니다. 이로 인해 소비자들은 고급스럽고 안전한 먹거리를 찾고 있습니다. 우리의 수제 초콜릿은 이러한 요구를 완벽하게 충족시켜주고 있습니다. 풍부한 맛, 고급 포장, 모양, 건강상의 혜택, 강력한 스토리텔링 모두 높은 품질을 원하는 소비자들의 요구를 충족시키는 것입니다. 사실 수제 초콜릿을 만드는 데는 비용이 많이 듭니다. 각종 장비 및 유지 보수에서부터 값비싼 포장과 유통 업체의 높은 수익을 보장해주다 보면 초콜릿을 생산하는 업체에 남는 이익은 많지 않습니다. 또한 수제 초콜릿의 존재 자체를 많은 사람들이 알지 못하는 상황입니다. 하지만 보다 좋은 식품에 대한 인기가 높아짐에 따라 더 많은 업체들이 수제 초콜릿을 취급하기를 원하고 있습니다. 따라서 수제 초콜릿은 일반 초콜릿보다 더 높은 가격으로 판매될 수 있을 것입니다. 현재 초콜릿을 대량으로 생산하는 대형 기업들은 자신들의 일반 초콜릿과 수제 초콜릿의 차이를 줄이는 데 최선을 다하고 있습니다. 그리고 직접 맛을 보기 전에는 일반 초콜릿과 수제 초콜릿의 차이를 알 수 없기 때문에 소비자들은 굳이 초콜릿에 더 많은 돈을 지불해야 하는 이유를 알지 못할 수 있습니다. 따라서 수제 초콜릿의 효과적인 마케팅 전략이 필요한 시점입니다.

보기

〈SWOT 분석에 의한 마케팅 전략〉

- SO전략(강점 – 기회전략) : 강점을 살려 기회를 포착
- ST전략(강점 – 위협전략) : 강점을 살려 위협을 회피
- WO전략(약점 – 기회전략) : 약점을 보완하여 기회를 포착
- WT전략(약점 – 위협전략) : 약점을 보완하여 위협을 회피

---

① 수제 초콜릿의 값비싸고 과장된 포장을 바꾸고, 그 비용으로 안전하고 맛있는 수제 초콜릿을 홍보하면 어떨까.

② 수제 초콜릿을 고급 포장하여 수제 초콜릿의 스토리텔링을 더 살려보는 것은 어떨까.

③ 수제 초콜릿의 스토리텔링을 포장에 명시한다면 소비자들이 믿고 구매할 수 있을 거야.

④ 수제 초콜릿의 마케팅을 강화하는 방법으로 수제 초콜릿의 차이를 알려 대기업과의 경쟁에서 이겨야겠어.

⑤ 전문가의 의견을 통해 수제 초콜릿의 풍부한 맛을 알리는 동시에 일반 초콜릿과 맛의 차이도 알려야겠어.

08 다음 글의 내용으로 적절하지 않은 것은?

> 간디는 절대로 몽상가는 아니다. 그가 말한 것은 폭력을 통해서는 인도의 해방도, 보편적인 인간 해방도 없다는 것이었다. 민족 해방은 단지 외국 지배자의 퇴각을 의미하는 것일 수는 없다. 참다운 해방은 지배와 착취와 억압의 구조를 타파하고 그 구조에 길들여져 온 심리적 습관과 욕망을 뿌리로부터 변화시키는 일 – 다시 말하여 일체의 '칼의 교의(教義)' – 로부터의 초월을 실현하는 것이다. 간디의 관점에서 볼 때, 무엇보다 큰 폭력은 인간의 근원적인 영혼의 요구에 대해서는 조금도 고려하지 않고, 물질적 이득의 끊임없는 확대를 위해 착취와 억압의 구조를 제도화한 서양의 산업 문명이었다.

① 간디는 비폭력주의자이다.
② 간디는 산업 문명에 부정적이었다.
③ 간디는 반외세 사회주의자이다.
④ 간디는 외세가 인도를 착취하였다고 보았다.
⑤ 간디는 서양의 산업 문명을 큰 폭력이라고 보았다.

09 다음 중 글의 논지 전개 구조를 바르게 설명한 것은?

> ㉠ 중국에 생원이 있듯이 우리나라에는 양반이 있다. 중국의 고정림(顧亭林)이 온 천하 사람이 생원이 되는 것을 우려하였던 것처럼 나는 온 나라 사람이 양반이 되는 것을 우려한다.
> ㉡ 그런데 양반의 폐단은 더욱 심한 바가 있다. 생원은 실제로 과거에 응시해서 생원 칭호를 얻는 것이지만, 양반은 문무관(文武官)도 아니면서 허명(虛名)만 무릅쓰는 것이다.
> ㉢ 생원은 정원(定員)이 있으나 양반은 도대체 한절(限節)이 없으며, 생원은 세월이 지남에 따라 변천이 있으나 양반은 한번 얻으면 백세토록 버리지 않는다.
> ㉣ 항차 생원의 폐는 양반이 모두 다 겸하여 지녔음에랴.
> ㉤ 그러하니 내가 바라는 것은 온 나라 사람이 양반이 되어 온 나라에 양반이 없는 것과 같이 되도록 하는 것이다.

① ㉡·㉢·㉣은 ㉤의 근거가 된다.
② ㉠은 이 글의 중심 문단이다.
③ ㉡은 ㉠의 상술 문단이다.
④ ㉢은 ㉠의 상술 문단이다.
⑤ ㉣은 ㉠의 부연 문단이다.

10 A기업은 담수화 플랜트 관련 사업을 추진하며 현 실태를 파악하기 위해 담수화 과정을 도입하고 있는 나라와 그 배경을 조사하였다. 조사 중 한 신문에서 다음과 같은 글을 보았을 때 글에서 언급하지 않은 것은?

> 최근 세계적으로 사막화가 빠른 속도로 진행되고 있다. 이러한 사막화가 인류에게 심각한 위협이라는 인식을 전 세계가 공유해야만 한다. 유엔의 조사결과, 이대로 가면 지구 육지 면적의 3분의 1이 사막화될 것으로 예상된다.
>
> 사막화란 건조 지대에서 일어나는 토지 황폐화 현상으로, 지구 온난화를 비롯한 지구 환경의 변화 때문에 발생한다. 과도한 경작으로 땅을 혹사시키거나 무분별한 벌목으로 삼림을 파괴하는 인간의 잘못된 활동에 의해서도 일어날 수 있다. 사막화는 많은 나라에서 진행되기 때문에 심각한 문제이다. 그중 특히 심각한 곳은 아프리카이고 중동이나 호주, 중국도 심각한 수준이다.
>
> 사막화의 피해는 눈에 띌 정도로 뚜렷하게 나타난다. 우선 생산력을 잃은 토지에서 식물이 자랄 수 없게 되고 농경이 불가능해진다. 이것은 식량 생산의 감소를 의미한다. 또한, 식수가 부족하게 될 것이다. 최근 중동 지역이나 호주 같은 나라들은 이 문제를 해결하기 위해 바닷물을 담수화 과정을 거쳐 식수로 만들고 있다.

① 사막화를 막는 방안   ② 사막화가 심한 지역
③ 사막화 진행 이유   ④ 사막화의 정의
⑤ 사막화의 부정적 전망

11 다음은 '올바른 New Have 체크카드'에 관한 설명이다. 해당 체크카드에 대한 설명으로 옳지 않은 것을 〈보기〉에서 모두 고르면?

〈올바른 New Have 체크카드〉

• 주요서비스
1. 기본 적립
   국내/외 이용가맹점 0.7% 포인트 적립
   – 적립한도 및 전월실적 조건 없음
   – 해외이용 시 국제브랜드수수료 및 해외서비스수수료가 별도로 포함되어 청구
2. 스마트 적립
   ① 온라인쇼핑, ② 오프라인쇼핑, ③ 이동통신, ④ 대중교통, ⑤ 커피/편의점, ⑥ 해외가맹점 등 6개 사용영역 중 당월(1일 ~ 말일) 이용금액 1 ~ 2위 영역은 기본적립의 2 ~ 3배 자동적용
   – 1위 영역 : 기본적립 0.7%+추가적립 1.4%=총 2.1% 적립
   – 2위 영역 : 기본적립 0.7%+추가적립 0.7%=총 1.4% 적립
   이외 영역 및 기타 이용금액은 기본적립만 제공
   ※ 잡화/커피/편의점의 경우 역사, 백화점 및 할인점(아울렛) 입점매장 결제 건은 이용금액 산정 및 적립 대상에서 제외
   ※ 대중교통은 실물카드 후불교통(RF) 결제 건에 한함
   ※ 상품권 및 선불카드류 구매(충전 포함), 거래취소금액, 포인트(전부/일부) 결제 시 포인트 사용분, 무이자 할부(무이자 할부 행사 및 우수고객 무이자 할부 지원 포함) 결제 건은 이용금액 산정 및 적립 대상에서 제외
   ※ 해외 및 교통카드 이용금액, 통신료 자동이체금액은 매출표 접수일 기준으로 이용금액 산정 및 적립 적용

   > • 기본적립과 별개로 추가적립은 이용월 익월 15일 이후에 일괄 적립되며, 적립내역은 홈페이지에서 확인 가능합니다.
   > • 영역별 이용금액이 동일한 경우 영역 번호(① ~ ⑥) 순으로 순위가 적용됩니다.

• 적립 한도

전월실적	월 적립한도
40만 원 이상	1만 포인트

   – 전월실적 조건 및 적립한도는 추가적립에 대해서만 적용
   – 적립 제외 대상 : 대학(대학원)등록금, 교육비(학부모부담금), 임대료, 각종 세금 및 공과금, 상하수도요금, 과태료(범칙금), 우체국 우편요금, 아파트관리비, 도시가스요금, 전기요금, 각종 수수료 및 이자, 연체료, 연회비

> **보기**
>
> ⊙ 카드 사용자가 6개의 사용영역에서 모두 동일한 금액을 이용한 경우 대중교통 영역에서는 이용 금액의 1.4%를 적립받을 수 있다.
> ⓛ 전월실적이 40만 원 미만인 경우 전월 이용금액 전액에 대하여 적립을 받을 수 없다.
> ⓒ 통신요금 자동이체를 설정해 둔 경우 결제 승인일을 기준으로 이용금액이 산정되어 적립이 적용된다.
> ⓔ 아파트관리비를 해당 체크카드로 납부한 경우는 전월실적으로 인정되지 않는다.

① ㉠, ㉣   ② ㉡, ㉢

③ ㉠, ㉡, ㉢   ④ ㉠, ㉡, ㉣

⑤ ㉡, ㉢, ㉣

※ 다음은 2023년 각 지역의 에너지원별 소비량을 나타낸 자료이다. 자료를 참고하여 이어지는 질문에 답하시오. [12~13]

〈각 지역의 에너지원별 소비량〉

[단위 : 만 톤(ton), 만 톤(toe)]

구분	석탄	석유	천연가스	수력·풍력	원자력
서울	885	2,849	583	2	574
인천	1,210	3,120	482	4	662
경기	2,332	2,225	559	3	328
대전	1,004	998	382	0.5	112
강원	3,120	1,552	101	28	53
부산	988	1,110	220	6	190
충청	589	1,289	88	4	62
전라	535	1,421	48	2	48
경상	857	1,385	58	2	55
대구	1,008	1,885	266	1	258
울산	552	888	53	1	65
광주	338	725	31	1	40
제주	102	1,420	442	41	221
합계	13,520	20,867	3,313	95.5	2,668

12 다음 〈보기〉에서 각 지역의 에너지원별 소비량에 대한 설명으로 적절한 것을 모두 고르면?

> **보기**
> ㉠ 석유와 천연가스, 원자력의 소비량 상위 3개 지역은 동일하다.
> ㉡ 강원의 소비량 1위인 에너지원은 총 2가지이다.
> ㉢ 석유의 소비량이 가장 많은 지역의 소비량은 가장 적은 지역의 소비량의 4배 이상이다.
> ㉣ 수력·풍력의 소비량 상위 5개 지역의 소비량의 합은 전체 소비량의 90% 이상을 차지한다.

① ㉠, ㉡
② ㉠, ㉢
③ ㉠, ㉣
④ ㉡, ㉢
⑤ ㉢, ㉣

13 에너지원별 소비량이 가장 적은 지역의 소비량이 전체 소비량에서 차지하는 비율을 구해 그 비율이 큰 순서대로 에너지원을 나열하면?(단, 소수점 셋째 자리에서 반올림한다)

① 원자력 – 석유 – 천연가스 – 석탄 – 수력·풍력
② 석유 – 천연가스 – 원자력 – 석탄 – 수력·풍력
③ 석유 – 원자력 – 석탄 – 천연가스 – 수력·풍력
④ 석유 – 원자력 – 천연가스 – 수력·풍력 – 석탄
⑤ 석유 – 원자력 – 천연가스 – 석탄 – 수력·풍력

14 민수가 아이들에게 노트를 나눠주려고 하는데 남는 노트가 없이 나눠주려고 한다. 7권씩 나눠주면 13명이 노트를 못 받고, 마지막으로 노트를 받은 아이는 2권밖에 받지 못해서 6권씩 나눠주었더니 10명이 노트를 못 받고, 마지막으로 노트를 받은 아이는 2권밖에 받지 못했다. 그렇다면 몇 권씩 나눠주어야 노트가 남지 않으면서 공평하게 나눠줄 수 있겠는가?

① 1권   ② 2권
③ 3권   ④ 4권
⑤ 5권

15 진희는 월 이자율 15%의 현금서비스를 받았다. 이달의 카드회사 청구금액이 97,750원이었다면, 이자는 얼마인가?

① 9,000원   ② 11,350원
③ 12,100원   ④ 12,750원
⑤ 13,200원

16 다음은 A지역의 곡물 재배면적 및 생산량을 정리한 자료이다. 이에 대한 설명으로 적절한 것은?

〈A국의 곡물 재배면적 및 생산량〉

(단위 : ha, 백 톤)

구분		2017년	2018년	2019년	2020년	2021년
미곡	재배면적	1,148	1,100	998	1,118	1,164
	생산량	15,276	14,145	13,057	15,553	18,585
맥류	재배면적	1,146	773	829	963	1,034
	생산량	7,347	4,407	4,407	6,339	7,795
두류	재배면적	450	283	301	317	339
	생산량	1,940	1,140	1,143	1,215	1,362
잡곡	재배면적	334	224	264	215	208
	생산량	1,136	600	750	633	772
서류	재배면적	59	88	87	101	138
	생산량	821	1,093	1,228	1,436	2,612

① 잡곡의 생산량이 가장 적은 해와 잡곡의 재배면적이 가장 적은 해는 같다.
② 2017 ~ 2021년까지 잡곡의 재배면적은 매년 서류 재배면적의 2배 이상이다.
③ 두류의 생산량이 가장 많은 해에 재배면적이 가장 큰 곡물은 맥류이다.
④ 2019 ~ 2021년 동안 미곡과 두류의 전년 대비 생산량 증감추이는 동일하다.
⑤ 2017 ~ 2021년 동안 매년 생산량은 두류가 잡곡보다 많다.

17 증권회사에 근무 중인 귀하는 자사의 HTS 및 MTS 프로그램 인지도를 파악하기 위하여 설문조사 계획을 수립하였다. 장소는 유동인구가 100,000명인 명동에서 시간은 퇴근시간대인 16:00 ~ 20:00에 30 ~ 40대를 대상으로 실시할 예정이다. 설문조사를 원활하게 진행하기 위해서 사전에 설문지를 준비할 계획인데, 시간대별 유동인구 현황을 찾아본 결과 일부 정보가 누락되어 있었다. 다음 자료를 참고할 때, 귀하는 30 ~ 40대에게 배포하기 위하여 최소 몇 장의 설문지를 준비하여야 하는가?

(단위 : %)

구분	10대	20대	30대	40대	50대	60대	70대	소계
08:00 ~ 12:00	1	1	3	4	1	0	1	11
12:00 ~ 16:00	0	2	3		3	1	0	13
16:00 ~ 20:00		3			2	1	1	32
20:00 ~ 24:00	5	6		13		2	0	44
소계	10	12	30		10		2	100

① 4,000장   ② 11,000장

③ 13,000장   ④ 21,000장

⑤ 32,000장

18 다음은 K공사의 2017년부터 2021년까지 부채현황에 관한 자료이다. 〈보기〉의 직원 중 부채현황에 대해 옳은 설명을 한 사람을 모두 고르면?

PART 3

〈K공사 부채현황〉

(단위 : 백만 원)

구분	2017년	2018년	2019년	2020년	2021년
자산	40,544	41,968	44,167	44,326	45,646
자본	36,642	38,005	39,295	40,549	41,800
부채	3,902	3,963	4,072	3,777	3,846
금융부채	–	–	–	–	–
연간이자	–	–	–	–	–
부채비율	10.7%	10.4%	10.4%	9.3%	9.2%
당기순이익	1,286	1,735	1,874	1,902	1,898

보기

김대리 : 2018년부터 2020년까지 당기순이익과 부채의 전년 대비 증감추이는 동일해.
이주임 : 2020년 부채의 전년 대비 감소율은 10% 미만이야.
최주임 : 2019년부터 2021년까지 부채비율은 전년 대비 매년 감소하였어.
박사원 : 자산 대비 자본의 비율은 2020년에 전년 대비 증가하였어.

① 김대리, 이주임
② 김대리, 최주임
③ 최주임, 박사원
④ 이주임, 박사원
⑤ 김대리, 최주임, 박사원

19 다음은 □□은행이 판매하는 예·적금 상품이다. □□은행 상품에 가입하고자 하는 고객의 문의사항에 따라 추천할 상품으로 가장 적절한 것은?

〈□□은행 예·적금 상품〉

상품	특징
스마트 적금	• 가입기간 : 6 ~ 12개월 • 가입금액 : 매일 앱으로 1,000원씩 자동입금 • 복잡한 우대금리 조건이 없는 스마트폰 전용 적금
나라지킴이 적금	• 가입기간 : 24개월 • 가입금액 : 최대 50만 원 • 군인인 경우에만 가입 가능
우리아이 정기예금	• 가입기간 : 12 ~ 36개월 • 가입금액 : 첫 예치 시 1,000만 원 이상 • 우대금리 : 신규고객으로 한정하며, 최초 통장 개설 시 200만 원 이상 예치금 입금
우리집 만들기 예금	• 가입기간 : 12 ~ 24개월 • 가입금액 : 제한 없음 • 우대금리 : 당행 계열사 카드 전월 실적 30만 원 이상 및 당행 예·적금 상품 신규고객을 대상으로 하며, 통장에 300만 원 이상 보유 시
청년 적금	• 가입기간 : 36개월 • 가입금액 : 월 1,000 ~ 300만 원 • 우대금리 : 만 19 ~ 28세 이하인 경우 우대

〈고객 문의〉

저는 이번에 □□은행 예·적금 상품에 가입하고자 하며, 기간은 24개월로 하고 싶습니다. 저는 □□은행 계열사 카드를 매달 40만 원씩 쓰고 있고, 통장에 5백만 원 정도 있습니다. 현재 □□은행 상품에 가입한 이력이 없습니다. 제대는 이미 오래전에 했고요, 지금 나이는 30살입니다. 가입금액은 월 10만 원씩 넣고 싶습니다.

① 스마트 적금
② 나라지킴이 적금
③ 우리아이 정기예금
④ 우리집 만들기 예금
⑤ 청년 적금

20 다음은 N은행의 계좌번호 생성 방법이다. 이에 대한 설명으로 적절하지 않은 것은?

<계좌번호 생성 방법>

000-00-000000
- 1~3번째 자리 : 지점번호
- 4~5번째 자리 : 계정과목
- 6~10번째 자리 : 일련번호(지점 내 발급 순서)
- 11번째 자리 : 체크기호(난수)

[지점번호]

지점	번호	지점	번호	지점	번호
국회지점	736	영등포지점	123	동대문지점	427
당산지점	486	삼성역지점	318	종로지점	553
여의도지점	583	신사동지점	271	보광동지점	110
신길동지점	954	청담동지점	152	신용산지점	294

[계정과목]

계정과목	보통예금	저축예금	적금	당좌예금	가계종합	기업자유
번호	01	02	04	05	06	07

① 271-04-540616 : N은행의 신사동지점에서 발행된 계좌번호이다.

② 553-01-480157 : 입금과 인출을 자유롭게 할 수 있는 통장을 개설하였다.

③ 954-04-126541 : 일정한 금액을 주기적으로 불입하는 조건으로 개설했다.

④ 294-05-004325 : 신용산지점에서 4,325번째 개설된 당좌예금이다.

⑤ 427-02-040483 : 마지막 자리 숫자 3은 앞의 10자리 숫자가 정확하게 기재되었는지 오류를 검증할 수 있는 기호이다.

21 다음은 미국의 수입 세탁기 세이프 가드와 국내 기업의 대미 세탁기 수출량을 나타낸 자료이다. 이에 대한 설명으로 적절하지 않은 것은?(단, 소수점 셋째 자리에서 반올림한다)

〈미국의 수입 세탁기 세이프 가드〉

'세이프 가드'란 특정 상품 수입이 급증하여 국내 산업계에 심각한 피해가 발생하거나 발생할 우려가 있을 경우 취하는 긴급 수입제한 조치이다. 미국은 2019년부터 한국의 세탁기에 대해 세이프 가드를 적용하였으며, 첫 해는 세탁기 120만 대까지의 수입에 대해서만 관세를 20% 적용하고, 초과분에 대해서는 50%의 관세를 적용했다. 2년째 되는 해에는 세탁기 120만 대까지는 18%, 초과분에 대해서는 45%의 관세를 적용했다. 3년째 되는 해에는 세탁기 120만 대까지는 16%, 초과분에 대해서는 40%의 관세를 적용했다.

〈국내 기업의 대미 세탁기 수출량〉

(단위 : 대)

구분	2016년	2017년	2018년	2019년	2020년	2021년
국내 제조 수출량	909,180	619,070	229,190	162,440	313,590	398,360
국외 제조 수출량	504,430	1,447,750	1,893,780	2,754,770	2,206,710	2,287,840
총수출량	1,413,610	2,066,820	2,122,970	2,917,210	2,520,300	2,686,200

① 2020년 한국의 세탁기 120만 대까지는 미국으로부터 18%의 관세가 적용되었다.
② 전년 대비 2017년 세탁기 총수출량은 40% 이상 증가하였다.
③ 2019년에 초과분 관세를 적용받는 세탁기는 175만 대 이하이다.
④ 2016 ~ 2019년 국내 제조 수출량과 국외 제조 수출량의 증감추이는 다르다.
⑤ 국내 제조 수출량 대비 국외 제조 수출량 비율은 2018년에 가장 높다.

22 논리적인 사고를 하기 위해서는 생각하는 습관, 상대 논리의 구조화, 구체적인 생각, 타인에 대한 이해, 설득의 5가지 요소가 필요하다. 다음 글에서 설명하는 설득에 해당하는 내용은?

> 논리적 사고의 구성요소 중 설득은 자신의 사상을 강요하지 않고, 함께 일을 진행하는 상대와 의논하기도 하고 설득해 나가는 가운데 자신이 깨닫지 못했던 새로운 가치를 발견하고 발견한 가치에 대해 생각해 내는 과정을 의미한다.

① 아, 네가 아까 했던 말이 이거였구나. 그래, 지금 해 보니 아까 했던 이야기가 무슨 말인지 이해가 될 것 같아.

② 네가 왜 그런 생각을 하게 됐는지 이해가 됐어. 그래, 너와 같은 경험을 했다면 나도 그렇게 생각했을 것 같아.

③ 네가 하는 말이 이해가 잘 안 되는데, 내가 이해한 게 맞는지 구체적인 사례를 들어서 한번 이야기해 볼게.

④ 너는 지금처럼 불안정한 시장 상황에서 무리하게 사업을 확장할 경우 리스크가 너무 크게 발생할 수 있다는 거지?

⑤ 네가 말한 내용이 업무 개선에 좋을 것 같다고 하지만, 명확히 왜 좋은지 알 수 없어 생각해 봐야할 거 같아.

23 다음은 J기술원 소속 인턴들의 직업선호 유형 및 책임자의 관찰 사항에 대한 자료이다. 자료를 참고할 때, 소비자들의 불만을 접수해서 처리하는 업무를 맡기기에 가장 적합한 인턴은?

〈직업선호 유형 및 책임자의 관찰 사항〉

구분	유형	유관 직종	책임자의 관찰 사항
A인턴	RI	DB개발, 요리사, 철도기관사, 항공기 조종사, 직업군인, 운동선수, 자동차 정비원	부서 내 기기 사용에 문제가 생겼을 때 해결방법을 잘 찾아냄
B인턴	AS	배우, 메이크업 아티스트, 레크리에이션 강사, 광고기획자, 디자이너, 미술교사, 사회복지사	자기주장이 강하고 아이디어가 참신한 경우가 종종 있음
C인턴	CR	회계사, 세무사, 공무원, 비서, 통역가, 영양사, 사서, 물류전문가	무뚝뚝하나 잘 흥분하지 않으며, 일처리가 신속하고 정확함
D인턴	SE	사회사업가, 여행안내원, 교사, 한의사, 응급구조 요원, 스튜어디스, 헤드헌터, 국회의원	부서 내 사원들에게 인기 있으나 일처리는 조금 늦는 편임
E인턴	IA	건축설계, 게임기획, 번역, 연구원, 프로그래머, 의사, 네트워크엔지니어	분석적이나 부서 내에서 잘 융합되지 못하고, 겉도는 것처럼 보임

① A인턴   ② B인턴

③ C인턴   ④ D인턴

⑤ E인턴

24 S은행에서는 A ~ N직원 중 면접위원을 선발하고자 한다. 면접위원의 구성 조건이 다음과 같을 때, 적절하지 않은 내용은?

〈면접위원 구성 조건〉

• 면접관은 총 6명으로 구성한다.
• 이사 이상의 직급으로 50% 이상 구성해야 한다.
• 인사팀을 제외한 모든 부서는 2명 이상 선출할 수 없고, 인사팀은 반드시 2명 이상을 포함한다.
• 모든 면접위원의 입사 후 경력은 3년 이상으로 한다.

직원	직급	부서	입사 후 경력
A	대리	인사팀	2년
B	과장	경영지원팀	5년
C	이사	인사팀	8년
D	과장	인사팀	3년
E	사원	홍보팀	6개월
F	과장	홍보팀	2년
G	이사	고객지원팀	13년
H	사원	경영지원	5개월
I	이사	고객지원팀	2년
J	과장	영업팀	4년
K	대리	홍보팀	4년
L	사원	홍보팀	2년
M	과장	개발팀	3년
N	이사	개발팀	8년

① L사원은 면접위원으로 선출될 수 없다.
② N이사는 반드시 면접위원으로 선출된다.
③ B과장이 면접위원으로 선출됐다면 K대리도 선출된다.
④ 과장은 2명 이상 선출되었다.
⑤ 모든 부서에서 면접위원이 선출될 수는 없다.

25 다음 빈칸에 들어갈 내용으로 가장 적절한 것은?

> 미국 대통령 후보 선거제도 중 '코커스'는 정당 조직의 가장 하위 단위인 기초선거구의 당원들이 모여 상위의 전당대회에 참석할 대의원을 선출하는 당원회의이다. 대의원 후보들은 자신이 대통령 후보로 누구를 지지하는지 먼저 밝힌다. 상위 전당대회에 참석할 대의원들은 각 대통령 후보에 대한 당원들의 지지율에 비례해서 선출된다. 코커스에서 선출된 대의원들은 카운티 전당대회에서 투표권을 행사하여 다시 다음 수준인 의회선거구 전당대회에 보낼 대의원들을 선출한다. 여기서도 비슷한 과정을 거쳐 주(州) 전당대회 대의원들을 선출해내고, 거기서 다시 마지막 단계인 전국 전당대회 대의원들을 선출한다. 주에 따라 의회선거구 전당대회는 건너뛰기도 한다.
> 1971년까지는 선거법에 따라 민주당과 공화당 모두 5월 둘째 월요일까지 코커스를 개최해야 했다. 그런데 민주당 전국위원회가 1972년부터는 대선후보 선출을 위한 전국 전당대회를 7월 말에 개최하도록 결정하면서 1972년 아이오와주 민주당의 코커스는 그 해 1월에 열렸다. 아이오와주 민주당 규칙에 코커스, 카운티 전당대회, 의회선거구 전당대회, 주 전당대회, 전국 전당대회 순서로 진행되는 각급 선거 간에 최소 30일의 시간적 간격을 두어야 한다는 규정이 있었기 때문이다. 이후 아이오와주에서 공화당이 1976년부터 코커스 개최시기를 1월로 옮기면서, ＿＿＿＿＿＿＿＿＿＿＿＿ 아이오와주의 선거 운영 방식은 민주당과 공화당 간에 차이가 있었다. 공화당의 경우 코커스를 포함한 하위 전당대회에서 특정 대선후보를 지지하여 당선된 대의원이 상위 전당대회에서 반드시 같은 후보를 지지해야 하는 것은 아니었다. 반면 민주당의 경우 그러한 구속력을 부여하였다. 그러나 2016년부터 공화당 역시 상위 전당대회에 참여하는 대의원에게 같은 구속력을 부여함으로써 기층 당원의 대통령 후보에 대한 지지도가 전국 전당대회에 참여할 주(州) 대의원 선출에 반영되도록 했다.

① 아이오와주는 미국의 대선후보 선출 과정에서 선거 운영 방식이 달라진 최초의 주가 되었다.
② 아이오와주는 미국의 대선후보 선출 과정에서 민주당과 공화당 사이에 깊은 골을 남기게 되었다.
③ 아이오와주는 미국의 대선후보 선출 과정에서 코커스의 개정을 요구하는 최초의 주가 되었다.
④ 아이오와주는 미국의 대선후보 선출 과정에서 민주당과 공화당 모두 가장 먼저 코커스를 실시하는 주가 되었다.
⑤ 아이오와주는 미국의 대선후보 선출 과정에서 코커스 제도를 폐지한 최초의 주가 되었다.

26 다음 자료는 K공사 고객의 소리 운영 규정의 일부이다. 고객서비스 업무를 담당하고 있는 1년차 사원인 A씨는 2023년 7월 18일에 어느 한 고객으로부터 질의민원을 접수받았다. 그러나 부득이한 사유로 기간 내 처리가 불가능할 것으로 보여 본사 총괄부서장의 승인을 받고 연장하였다. 해당 민원은 늦어도 언제까지 처리가 완료되어야 하는가?(단, 고객서비스 업무는 휴무가 없음을 가정한다)

제1조(목적)
이 규정은 K공사에서 고객의 소리 운영에 필요한 사항에 대하여 규정함을 목적으로 한다.

제2조(정의)
'고객의 소리(Voice of Customer)'라 함은 K공사 직무와 관련된 행정 처리에 대한 이의신청, 진정 등 민원과 K공사의 제도, 서비스 등에 대하여 불만이나 불편사항, 건의·단순 질의 등 모든 고객의 의견을 말한다.

제7조(처리기간)
① 고객의 소리는 다른 업무에 우선하여 처리하여야 하며, 처리기간이 남아있음 등의 이유로 처리를 지연시켜서는 아니 된다.
② 고객의 소리 처리기간은 24시간으로 한다. 다만, 서식민원은 별도로 한다.

제8조(처리기간의 연장)
① 부득이한 사유로 기간 내 처리하기 곤란한 경우 중간답변을 해야 하며, 이 경우 처리기간은 48시간으로 한다.
② 중간답변을 하였음에도 기간 내 처리하기 어려운 사항은 1회에 한하여 본사 총괄부서장의 승인을 받고 추가로 연장할 수 있다. 이 경우 추가되는 연장시간은 48시간으로 한다.
③ 업무의 성격이나 중요도, 본사 총괄부서의 처리시간에 임박한 재배정 등으로 제1항 내지 제2항의 기간 내 처리할 수 없는 사항은 부서장 또는 소속장이 본사 총괄부서장에게 특별 기간 연장을 요구할 수 있다.

---

① 7월 19일
② 7월 20일
③ 7월 21일
④ 7월 22일
⑤ 7월 23일

27 귀하는 직원 A ~ E 5명을 대상으로 마케팅 전략에 대한 찬반 의견을 물었고, 이에 대해 직원들은 〈조건〉에 따라 찬성과 반대 둘 중 하나의 의견을 제시하였다. 다음 중 항상 옳은 것은?

> **조건**
>
> • A 또는 D 둘 중 적어도 하나가 반대하면, C는 찬성하고 E는 반대한다.
> • B가 반대하면, A는 찬성하고 D는 반대한다.
> • D가 반대하면, C도 반대한다.
> • E가 반대하면, B도 반대한다.
> • 적어도 한 사람은 반대한다.

① A는 찬성하고 B는 반대한다.　　　② A는 찬성하고 E는 반대한다.

③ B와 D는 반대한다.　　　④ C는 반대하고 D는 찬성한다.

⑤ C와 E는 찬성한다.

※ L공사는 직원들의 복지를 개선하고자 체육관 개선공사를 계획하고 있다. 다음은 체육관 개선공사 입찰에 참여한 A ~ F업체를 입찰기준에 따라 분야별로 10점 척도로 점수화한 자료이다. 자료를 보고 이어지는 질문에 답하시오. [28~29]

〈입찰업체의 분야별 점수〉

(단위 : 점)

입찰기준 / 입찰업체	운영건전성 점수	환경친화자재 점수	시공실적 점수	디자인 점수	공간효율성 점수
A	6	7	3	4	7
B	7	3	9	8	5
C	5	9	6	1	3
D	8	2	8	2	9
E	9	6	5	8	5
F	6	4	6	3	4

〈입찰업체별 입찰가격〉

(단위 : 억 원)

입찰업체	입찰가격
A	5
B	11
C	7
D	6
E	9
F	10

28 L공사는 아래의 선정방식에 따라 체육관 개선공사 업체를 선정하고자 한다. 다음 중 최종 선정될 업체는?

- 입찰가격이 9억 원 이하인 업체를 선정대상으로 한다.
- 운영건전성 점수와 시공실적 점수, 공간효율성 점수에 1 : 2 : 2의 가중치를 적용하여 합산한 값이 가장 높은 3개 업체를 중간 선정한다.
- 중간 선정된 업체들 중 디자인 점수가 가장 높은 곳을 최종 선정한다.

① A   ② C

③ D   ④ E

⑤ F

29 L공사가 내부 판단에 따라 환경친화자재 점수도 포함하여 공정하게 업체를 선정하고자 한다. 다음 변경된 선정방식에 따라 최종 선정될 업체는?

- 입찰가격이 11억 원 미만인 업체를 선정대상으로 한다.
- 운영건전성 점수, 환경친화자재 점수, 시공실적 점수, 디자인 점수의 가중치를 2 : 1 : 3 : 1로 하여 점수를 합산한다.
- 시공실적 점수가 16점 미만인 업체는 선정에서 제외한다.
- 합산한 점수가 가장 높은 2개 업체를 중간 선정한다.
- 중간 선정된 업체들 중 운영건전성 점수가 더 높은 곳을 최종 선정한다.

① A   ② B

③ C   ④ D

⑤ E

30 6명의 학생이 아침, 점심, 저녁을 먹는데, 메뉴는 김치찌개와 된장찌개뿐이다. 주어진 〈조건〉이 모두 참일 때, 옳지 않은 것은?

> **조건**
> • 아침과 저녁은 다른 메뉴를 먹는다.
> • 점심과 저녁에 같은 메뉴를 먹은 사람은 4명이다.
> • 아침에 된장찌개를 먹은 사람은 3명이다.
> • 하루에 된장찌개를 한 번만 먹은 사람은 3명이다.

① 아침에 된장찌개를 먹은 사람은 모두 저녁에 김치찌개를 먹었다.
② 된장찌개는 총 9그릇이 필요하다.
③ 저녁에 된장찌개를 먹은 사람들은 모두 아침에 김치찌개를 먹었다.
④ 점심에 된장찌개를 먹은 사람은 아침이나 저녁 중 한 번은 된장찌개를 먹었다.
⑤ 김치찌개는 총 10그릇이 필요하다.

31 다음 중 C가 계획 수행에 성공하지 못한 이유로 적절하지 않은 것은?

> ○○은행 신입사원 C는 회사 일도 잘하고 싶고 업무 외의 자기개발에도 욕심이 많다. 그래서 업무와 관련한 자격증을 따기 위해서 3개의 인터넷 강의도 등록하였고, 체력관리를 위해 피트니스 센터에도 등록하였으며, 친목을 다지기 위해 본인이 동호회도 만들었다. 그러나 의욕에 비해 첫 주부터 자격증 강의도 반밖에 듣지 못했고, 피트니스 센터에는 2번밖에 가지 못했다. 동호회는 자신이 만들었기 때문에 빠질 수가 없어서 참석했지만 C는 수행하지 못한 다른 일 때문에 기분이 좋지 않다. 단순히 귀찮아서가 아니라 회사 회식도 빠지기 난감했고, 감기에 걸려 몸도 좋지 않았기 때문인데 계획이 문제인지 본인이 문제인지 C는 고민이 많아졌다.

① 자기실현에 대한 욕구보다 다른 욕구가 더 강해서
② 자기합리화를 하려는 인간의 제한적인 사고 때문에
③ 자기개발에 대한 구체적인 방법을 몰라서
④ 내·외부 요인 때문에
⑤ 투자할 수 있는 시간에 비해 계획이 과해서

32 다음 제시된 사례 중에서 성격이 다른 하나는 무엇인가?

① A씨는 유제품 제조판매 업체의 영업팀에서 근무하고 있다. 매일같이 남들보다 1시간 일찍 출근해 A씨가 하는 일은 바로 중국어 공부이다. 중국의 유제품시장을 공략하기 위해 A씨는 퇴근 후에도 2시간씩 중국어 공부에 매진한다.

② B씨는 증권회사의 부동산금융부에서 투자전문가로 근무하고 있다. B씨는 부동산 트렌드를 알기 위해 분기마다 열리는 부동산 포럼에 참여하며 관련 정보를 익히고 있다.

③ C씨는 대기업의 IT연구개발팀에서 근무하고 있다. C씨는 출근 후 자신의 일과를 우선순위에 맞게 꼼꼼히 검토하는 일로 하루를 시작한다. 업무를 마친 뒤에는 오늘 하루의 업무 내용을 피드백하며 부족한 점이 무엇이었는지 다시 한 번 면밀히 살펴본다.

④ D씨는 건설회사의 토목팀에서 현장시공기사로 근무하고 있다. 국토개발분야 토목사업에 관심이 많은 D씨는 요즘 관련된 자격증 공부를 업무와 병행하고 있다.

⑤ E씨는 출판사 편집부의 교열팀에서 근무하고 있다. E씨는 틈틈이 사내교육프로그램인 이러닝 (e-Learning)을 활용해 자신의 업무 능력을 개발하는 데 노력하고 있다.

33 다음 정의에 따른 경력개발 방법으로 적절하지 않은 것을 〈보기〉에서 모두 고르면?

〈정의〉

경력개발은 개인이 경력목표와 전략을 수립하고 실행하며 피드백하는 과정으로 직업인은 한 조직의 구성원으로서 조직과 함께 상호작용하며, 자신의 경력을 개발해 나간다.

보기

㉠ 영업직에 필요한 것은 사교성일 수도 있지만, 무엇보다 사람에 대한 믿음과 성실함이 기본이어야 한다고 생각한다. 영업팀에서 10년째 근무 중인 나는 인맥을 쌓기 위해 오랜 기간 인연을 지속한 사람들을 놓치지 않으려고 노력하였다.

㉡ 전략기획팀에서 근무하고 있는 나는 앞으로 회사의 나아갈 방향을 설정하는 업무를 주로 하고 있다. 따라서 시대의 흐름을 놓쳐서는 안 된다. 나의 이러한 감각을 배양하기 위해 전문 서적을 탐독하고, 경영환경 변화에 대한 공부를 끊임없이 하고 있다.

㉢ 나는 지난달부터 체력단련을 위해 헬스를 하고 있다. 자동차 동호회 활동을 통해 취미활동도 게을리 하지 않는다.

㉣ 직장 생활도 중요하지만, 개인적인 삶을 풍요롭게 할 필요가 있다. 회사는 내가 필요한 것과 내 삶을 윤택하게 하는 데 도움을 주는 요소이다. 그러므로 회사 내의 활동이나 모임 등에 집중하기 보다는 나를 위한 투자(운동, 개인학습 등)에 소홀하지 않아야 한다.

① ㉠, ㉡   ② ㉠, ㉢

③ ㉡, ㉢   ④ ㉡, ㉣

⑤ ㉢, ㉣

34 다음은 N은행에 대한 SWOT 분석결과이다. 이를 토대로 판단할 때, 빈칸에 들어갈 전략이 잘못 연결된 것은?

〈SWOT 분석결과〉

구분	분석 결과
강점(Strength)	– 대중적으로 알려진 인지도 – 안정적인 자금력
약점(Weakness)	– N은행에는 자산이 많은 부유층 고객수가 적음 – 농업인들을 위한 은행이라는 인식
기회(Opportunity)	– 다른 은행들의 부유층 고객들이 최근 주거래 은행을 옮기는 현상 발생 – 최근 정부의 금융상품에 대한 규제 완화
위협(Threat)	– 신규 온라인 은행들의 설립 및 관련 정책 활성화 – 농업인, 어업인 등 특정 단체를 위한 은행 출범

구분	강점(S)	약점(W)
기회(O)	• 안정적인 자금력을 대중들에게 홍보하여 부유한 고객을 영업한다.	• (㉠)
위협(T)	• (㉡)	• (㉢)

① ㉠ : 농업인이 아닌 다양한 국민들이 이용할 수 있는 새로운 금융상품을 만들어 판매한다.

② ㉠ : 규제 전에 할 수 없던 고금리 금융상품을 만들어 부유층 고객에게 어필한다.

③ ㉡ : 대중에게 당행의 자금력이 안정적인 것을 어필하여 신규 은행보다 재무적으로 안전하다는 것을 인식시킨다.

④ ㉡ : 안정적인 자금력을 어필하여 부유층 고객이 안심할 수 있다는 점을 중점으로 광고한다.

⑤ ㉢ : 신규 온라인 은행과 특정인을 위한 은행의 상품보다 혜택이 좋은 금융상품 개발을 통해 선제적으로 시장을 선점한다.

35 자원의 낭비요인을 다음과 같이 4가지로 나누어 볼 때, 〈보기〉의 사례에 해당하는 낭비요인이 바르게 연결된 것은?

〈자원의 낭비요인〉

(가) 비계획적 행동 : 자원을 어떻게 활용할 것인가에 대한 계획 없이 충동적이고 즉흥적으로 행동하여 자원을 낭비하게 된다.
(나) 편리성 추구 : 자원을 편한 방향으로만 활용하는 것을 의미하며, 물적자원뿐만 아니라 시간, 돈의 낭비를 초래할 수 있다.
(다) 자원에 대한 인식 부재 : 자신이 가지고 있는 중요한 자원을 인식하지 못하는 것으로, 무의식적으로 중요한 자원을 낭비하게 된다.
(라) 노하우 부족 : 자원관리의 중요성을 인식하면서도 자원관리에 대한 경험이나 노하우가 부족한 경우를 말한다.

보기

㉠ A는 가까운 거리에 있는 패스트푸드점을 직접 방문하지 않고 배달 앱을 통해 배달료를 지불하고 음식을 주문한다.
㉡ B는 의자를 만들어 달라는 고객의 주문에 공방에 남은 재료와 주문할 재료를 떠올리고는 일주일 안으로 완료될 것이라고 이야기하였지만, 재료의 배송 기간을 생각지 못해 약속된 기한 내에 완료하지 못했다.
㉢ 수습사원인 C는 처음으로 프로젝트를 담당하게 되면서 나름대로 계획을 세우고 열심히 수행했지만, 예상치 못한 상황이 발생하자 당황하여 처음 계획했던 대로 진행할 수 없었고 결국 아쉬움을 남긴 채 프로젝트를 완성하였다.
㉣ D는 TV에서 홈쇼핑 채널을 시청하면서 품절이 임박했다는 쇼호스트의 말을 듣고는 무작정 유럽 여행 상품을 구매하였다.

	(가)	(나)	(다)	(라)
①	㉡	㉣	㉠	㉢
②	㉢	㉣	㉡	㉠
③	㉢	㉠	㉡	㉣
④	㉣	㉠	㉡	㉢
⑤	㉣	㉢	㉡	㉠

36 시간관리의 중요성에 관한 사내 교육을 받은 A사원은 일일 업무에 대한 시간계획을 세워보기로 결심했다. 다음 중 A사원이 시간계획을 하는 데 있어서 주의해야 할 사항으로 적절하지 않은 것은?

① 시간계획의 기본 원리에 따라 하루의 60%는 계획된 행동으로 구성하고, 나머지 40%는 계획 외의 행동과 자발적 행동으로 각각 20%씩 구성해야겠어.

② 당일에 예정된 행동은 모두 계획에 포함시키고, 작성한 시간계획은 정기적·체계적으로 체크해서 일을 일관성 있게 마칠 수 있도록 해야겠어.

③ 부득이한 일이 생겨 계획에서 놓친 시간은 야근을 해서라도 미루지 않고 당일에 즉시 메우는 것이 좋겠어.

④ 야근을 해도 끝내지 못한 일은 나의 능력 밖의 일이므로 어쩔 수 없이 다른 사람에게 부탁하는 것이 좋겠어.

⑤ 나에게 주어진 시간만을 생각하지 않고, 다른 팀원의 시간계획도 함께 고려하면서 나의 시간계획을 조정해야겠어.

37 K은행 경영지원실 C주임은 새롭게 부서 비품관리를 맡게 되었다. 물적자원 관리과정에 따라 〈보기〉에서 C주임이 해야 할 행동을 순서대로 나열한 것은?

> **보기**
> (A) 비품관리실 한쪽에 위치한 서랍 첫 번째 칸에 필기구와 메모지를 넣어두고 A4 용지는 습기가 없는 장소에 보관한다.
> (B) 바로 사용할 비품 중 필기구와 메모지를 따로 분류한다.
> (C) 기존에 있던 비품 중 사용할 사무용품과 따로 보관해둘 물품을 분리한다.

① (A) – (C) – (B)　　　　　　　② (B) – (C) – (A)

③ (B) – (A) – (C)　　　　　　　④ (C) – (B) – (A)

⑤ (C) – (A) – (B)

38 다음 밑줄 친 '이것'에 대해 바르게 이해한 사람을 〈보기〉에서 모두 고르면?

> <u>이것</u>은 과제를 수행하기 위해 소비된 비용 중 생산에 직접 관련되지 않은 비용을 말한다. 과제에 따라 매우 다양하게 발생하며, 과제가 수행되는 상황에 따라서도 다양하게 나타날 수 있다. 여기에는 보험료, 건물관리비, 광고비, 각종 공과금 등이 포함되며, 이러한 비용을 적절히 예측하여 계획을 세우고 관리하는 것이 중요하다.

보기

- 창수 : '이것'은 과제를 위해 활동이나 과업을 수행하는 사람들에게 지급되는 비용도 포함되는군.
- 장원 : '이것'은 직접비용에 상대되는 비용을 뜻해.
- 휘동 : 기업의 사무비품비가 '이것'에 포함되겠군.
- 경원 : 개인의 보험료도 '이것'에 포함돼.

① 창수, 장원
② 창수, 휘동
③ 장원, 휘동
④ 창수, 장원, 경원
⑤ 장원, 휘동, 경원

39 다음은 외부 강의 금액 상한선에 대한 규정이다. 이에 따라 강의자들에게 지불해야 하는 외부 강의 사례금액의 상한액은 총 얼마인가?

〈외부 강의 금액 상한선〉

- 공무원과 그 밖에 다른 법률에 따라 그 자격·임용·교육훈련·복무·보수·신분보장 등에 있어서 공무원으로 인정된 사람 등의 공직자는 40만 원이 상한이다.
- 각급 학교 및 사립학교법에 따른 학교법인 각급 학교의 장과 교직원 및 학교 법인의 임직원은 100만 원이 상한이다.
- 언론중재 및 피해구제 등에 대한 법률에 따른 언론사 대표자와 그 임직원은 100만 원이 상한이다.
- 국립대학의 교수와 강사는 20만 원이 상한이다.
- 공공기관과 공직유관단체 및 그 기관의 장과 임직원은 40만 원이 상한이다.
- 강의의 상한액은 1시간을 기준으로 하고, 1시간을 초과하여 강의 등을 하는 경우에는 강의 시간에 관계없이 1시간 초과분에 대하여 시간당 상한액의 100분의 150에 해당하는 금액을 추가 지급한다.
- 외부강의 상한액은 원고료, 출연료, 강의료 등 명목에 관계없이 일체의 사례금을 포함한다.

강의자	강의시간	기타
A국립대 M교수	1시간	–
B언론사 K기자	2시간	–
C병원 S병원장	2시간	–
D사립대 J강사	1시간	원고료 10만 원 추가 요청

※ C병원은 공직유관단체임

① 380만 원
② 410만 원
③ 430만 원
④ 450만 원
⑤ 470만 원

※ H기업에서 일하는 B조의 팀장 K씨는 필리핀 연수 일정을 짜려고 한다. 다음 자료를 보고 이어지는 질문에 답하시오. [40~41]

프로그램	소요시간	비고
세미나	2시간	–
토론	5시간	첫날만 이수 가능
팀워크	4시간	–
리더십 교육	5시간	비상대응역량 교육 이수 후 참여 가능
비상대응역량 교육	2시간	–
어학	1시간	–
원전수출 대상국 현지 전문가 과정 1	3시간	–
원전수출 대상국 현지 전문가 과정 2	3시간	현지 전문가 과정 1 이수 후 참여 가능
원전수출 대상국 현지 전문가 과정 3	3시간	현지 전문가 과정 2 이수 후 참여 가능
특강	1시간	–

40 A조와 B조는 같은 날 같은 비행기를 타고 출국할 예정이다. 첫째 날은 오전에 필리핀 공항에 도착하므로 오후부터 프로그램을 이수할 수 있다. A조의 연수 일정이 다음과 같이 정해졌을 때, B조는 A조와 연수 프로그램이 겹치지 않도록 〈조건〉에 따라 최대한 빨리 일정을 끝내려 한다. B조의 총연수기간은?

		첫째 날		둘째 날		셋째 날	
구분		오전	오후	오전	오후	오전	오후
A조	프로그램	공항 도착	토론	현지 전문가 과정 1	팀워크	비상대응역량 교육	리더십 교육
	시간	×	5	3	4	2	5

〈A조 연수 일정〉

> **조건**
> • 연수 프로그램 운영시간은 09:00 ~ 18:00이다.
> • 점심시간(12:00 ~ 13:00)을 기준으로 오전과 오후를 나눈다.
> • 오전과 오후에 각각 한 개의 프로그램만 이수할 수 있다.
> • 마지막 날에는 프로그램이 오후에 끝나도 그날 귀국한다.
> • 연수 프로그램은 최소 18시간을 이수해야 한다.
> • B조는 어학 프로그램을 반드시 이수해야 한다.
> • 연수기간은 최대 5일까지 가능하다.

① 1박 2일
② 2박 3일
③ 3박 4일
④ 4박 5일
⑤ A조의 일정을 바꾸어야 5일 안에 연수 가능

41 다음은 B조가 연수를 다녀와야 할 달의 달력이다. 40번 문제에서 구한 연수기간과 아래의 비행기 시간표를 참고할 때, 출국일과 귀국일이 바르게 연결된 것은?

일	월	화	수	목	금	토
	1	2	3	4	5	6
7	8	9	10	11	12	13
14	15	16	17	18	19	20
21	22	23	24	25	26	27
28	29	30				

※ 연수 일정은 주말도 포함한다.
※ 귀국 다음 날 연수 과정을 정리하여 본사의 상사에게 보고해야 한다(본사 토·일 휴무).
※ 연수원은 공항에서 1시간 거리에 있다.
※ 5일, 9일은 회사 행사로 연수가 불가능하다.

〈비행기 시간표(출발지 시간 기준)〉

한국 → 필리핀	4일	6일	9일	16일	20일	22일
오전 출발	07:00	07:00	08:00	06:00	07:00	07:00
오후 출발	–	–	–	–	–	–

필리핀 → 한국	8일	11일	19일	23일	25일	26일
오전 출발	10:00	09:00	11:00	10:00	11:00	12:00
오후 출발	17:00	15:00	13:00	–	14:00	14:00

※ 한국 시각은 필리핀 시각보다 1시간 빠르다.
※ 한국 – 필리핀 간 비행시간은 4시간이다.

	출국일	귀국일
①	6일	8일
②	9일	11일
③	16일	19일
④	20일	23일
⑤	22일	25일

42 A은행에서 근무하는 K사원은 새로 출시되는 상품 관련 홍보자료를 만들어서 배포하려고 한다. 다음 중 가장 저렴한 비용으로 인쇄할 수 있는 업체는?

〈인쇄 업체별 비용 견적〉

(단위 : 원)

| 구분 | 페이지당 비용 | 표지 가격 | | 권당 제본 비용 | 할인 |
		유광	무광		
A인쇄소	50	500	400	1,500	–
B인쇄소	70	300	250	1,300	–
C인쇄소	70	500	450	1,000	100부 초과 시 초과한 부수의 비용에서 5% 할인
D인쇄소	60	300	200	1,000	–
E인쇄소	100	200	150	1,000	5,000페이지 초과 시 총비용에서 20% 할인

※ 홍보자료는 20개 지점에 배포하고, 각 지점마다 10부씩 배포함
※ 홍보자료는 30페이지 분량으로 제본하며, 표지는 유광표지로 함

① A인쇄소
② B인쇄소
③ C인쇄소
④ D인쇄소
⑤ E인쇄소

43 대학교 입학을 위해 지방에서 올라온 S씨는 자취방을 구하려고 한다. 대학교 근처 자취방의 월세와 대학교까지 거리는 다음과 같다. 한 달을 기준으로 S씨가 지출하게 될 자취방 월세와 자취방에서 대학교까지 왕복 거리비용을 합산할 때, S씨가 선택할 수 있는 가장 저렴한 비용의 자취방은?

구분	월세	대학교까지 거리
A자취방	330,000원	1.8km
B자취방	310,000원	2.3km
C자취방	350,000원	1.3km
D자취방	320,000원	1.6km
E자취방	340,000원	1.4km

※ 대학교 통학일(한 달 기준) : 15일
※ 거리비용 : 1km당 2,000원

① A자취방
② B자취방
③ C자취방
④ D자취방
⑤ E자취방

44 어느 버스회사에서 (가)에서 (나)를 연결하는 버스 노선을 개통하기 위해 새로운 버스를 구매하려고 한다. 최소 몇 대의 버스를 주문해야 하며 이때 필요한 운전사는 최소 몇 명인가?

- 새 노선의 왕복 시간은 평균 2시간이다(승하차 시간을 포함).
- 배차시간은 15분 간격이다.
- 운전사의 휴식시간은 매 왕복 후 30분씩이다.
- 첫차의 발차는 5시 정각에, 막차는 23시에 (가)를 출발한다.
- 모든 차는 (가)에 도착하자마자 (나)로 곧바로 출발하는 것을 원칙으로 한다.
  즉, (가)에 도착하는 시간이 (나)로 출발하는 시간이다.
- 모든 차는 (가)에서 출발해서 (가)로 복귀한다.

	버스	운전사
①	6대	8명
②	8대	10명
③	10대	12명
④	12대	14명
⑤	14대	16명

※ 귀하는 K은행의 상담사이며, 현재 불만고객 응대 프로세스에 따라 불만고객 응대를 하고 있는 중이다. 다음 대화문을 읽고 이어지는 질문에 답하시오. [45~46]

> 상담사 : 안녕하십니까. K은행 상담사 □□□입니다.
> 고객 : 학자금 대출 이자 납입 건으로 문의할 게 있어서요.
> 상담사 : 네, 고객님 어떤 내용이신지 말씀해 주시면 제가 도움을 드리도록 하겠습니다.
> 고객 : 제가 K은행으로부터 대출을 받았는데 아무래도 대출 이자가 잘못 나가고 있는 것 같아서요. 안 그래도 바쁘고 시간도 없는데 이것 때문에 비 오는데 우산도 없이 은행에 왔다 갔다 했네요. 도대체 일을 어떻게 처리하는 건지….
> 상담사 : 아 그러셨군요, 고객님. 번거롭게 해드려서 죄송합니다. 확인을 위해서 고객님 성함과 전화번호를 불러주시겠어요?
> 고객 : 네, △△△이구요, 전화번호는 000-0000-0000입니다.
> 상담사 : 확인해 주셔서 감사합니다.
> _____㉠_____

45 위 제시문에서 언급된 불만고객은 다음 중 어떤 유형의 불만고객에 해당하는가?

① 거만형
② 의심형
③ 트집형
④ 빨리빨리형
⑤ 우유부단형

46 위 제시문에서 상담사의 마지막 발언 직후 빈칸 ㉠에 이어질 내용으로 적절한 것끼리 바르게 짝지어진 것은?

> (A) 어떤 해결 방안을 제시해주는 것이 좋은지 고객에게 의견을 묻는다.
> (B) 고객 불만 사례를 동료에게 전달하겠다고 한다.
> (C) 고객이 불만을 느낀 상황에 대한 빠른 해결을 약속한다.
> (D) 대출 내역을 검토한 후 어떤 부분에 문제가 있었는지 확인하고 답변해준다.

① (A) - (B)
② (B) - (C)
③ (C) - (D)
④ (A) - (D)
⑤ (B) - (D)

47 '감정은행계좌'라는 용어가 있다. 은행에 계좌를 만들어 예입과 인출을 하듯이, 인간관계에서 구축하는 신뢰의 정도를 은행계좌에 빗댄 말이다. 다른 사람의 입장을 이해하고 배려하는 바람직한 인간관계는 감정 예입에 해당하며, 그 반대는 감정 인출에 해당한다. 다음 중 감정은행계좌에 대한 설명으로 적절하지 않은 것은?

> • A는 술만 먹으면 아무것도 아닌 일로 동료들과 언성을 높인다. 그런 일이 있고난 후에는 그 동료에게 사과하고 음료수나 점심을 사곤 했는데, 어제도 또다시 동료하고 술자리에서 다퉜고, 오늘 아침에 다시 그 동료에게 음료수를 주며 사과하였다.
> • 해외 출장업무를 떠나는 상사가 팀원들에게 '내가 없더라도 맡은 일을 충실히 하라.'고 당부하자, B는 "여기 일은 아무 염려 마시고 출장 잘 다녀오십시오."라고 답변하였다. 그 후 상사가 해외 출장업무를 떠나자 B는 몸이 아파 병원에 다녀온다고 나가서는 퇴근시간이 다 되어서야 들어왔다.
> • 원래 비가 내린다는 예보가 없었는데 퇴근시간에 갑자기 비가 쏟아지기 시작하였다. 상사 C는 마침 우산이 2개가 있어서 한 개를 두 여직원 중에서 정장을 입고 온 여직원에게 빌려주었다. 다음 날 우산을 빌려 간 여직원은 밝게 웃으며 업무를 하고 있었지만, 다른 여직원은 아침부터 한마디도 하지 않고 업무만 하고 있었다.
> • D는 자신의 팀이 맡은 프로젝트가 끝나면 크게 회식을 하자고 약속을 해놓고는, 프로젝트가 끝난 지 한 달이 넘도록 아무 말 없이 회식을 하지 않았다.
> • E는 평소 예의 바르기로 소문이 자자한 사람이다. 업무능력도 뛰어나고 동료들과의 마찰도 거의 없다. 하지만 점심을 먹을 때나 회식 자리에서 자리에 없는 동료들에 대해 비난을 쏟아내곤 한다.

① A는 자신의 잘못이 반복될 때마다 매번 사과하였으므로 감정은행계좌 예입 행위에 해당한다.
② B의 행위는 타인의 기대를 저버린 행위이므로 감정은행계좌 인출 행위에 해당한다.
③ C의 행위는 사소한 일에 대한 관심을 소홀히 한 행위이므로 감정은행계좌 인출 행위에 해당한다.
④ D의 행위는 상대방과 한 약속을 지키지 않은 행위이므로 감정은행계좌 인출 행위에 해당한다.
⑤ E의 행위는 자신에 대한 상대방의 기대에 부응하지 않는 행위이므로 감정은행계좌 인출 행위에 해당한다.

48 다음 중 정보의 기획단계에서 사용하는 방법이 아닌 것은?

① WHAT   ② WHERE
③ HOW   ④ HOW MANY
⑤ WHY

49 다음 중 엑셀의 틀 고정 기능에 관한 설명으로 적절하지 않은 것은?

① 고정하고자 하는 행의 위 또는 열의 왼쪽에 셀 포인터를 위치시킨 후 [보기] – [틀 고정]을 선택한다.

② 틀을 고정하면 셀 포인터의 이동에 상관없이 고정된 행이나 열이 표시된다.

③ 문서의 내용이 많은 경우 셀 포인터를 이동하면 문서의 제목 등이 안 보이므로 틀 고정을 사용한다.

④ 인쇄할 때는 틀 고정을 해놓은 것이 적용이 안 되므로 인쇄를 하려면 설정을 바꿔줘야 한다.

⑤ 틀 고정을 취소할 때에는 셀 포인터의 위치는 상관없이 [보기] – [틀 고정 취소]를 클릭한다.

50 다음을 참고할 때, 기술경영자의 역할이 아닌 것은?

> 기술경영자에게는 리더십, 기술적인 능력, 행정 능력 외에도 다양한 도전을 해결하기 위한 여러 능력들이 요구된다. 기술개발이 결과 지향적으로 수행되도록 유도하는 능력, 기술개발 과제의 세부 사항까지도 파악할 수 있는 능력, 기술개발 과제의 전 과정을 전체적으로 조망할 수 있는 능력이 그것이다. 또한 기술개발은 기계적인 관리보다는 조직 및 인간 행동상의 요인들이 더 중요하게 작용되는 사람 중심의 진행이기 때문에 이 밖에도 기술의 성격 및 이와 관련된 동향·사업 환경 등을 이해할 수 있는 능력과 기술적인 전문성을 갖춰 팀원들의 대화를 효과적으로 이끌어낼 수 있는 능력 등 다양한 능력을 필요로 하고 있다. 이와는 달리 중간급 매니저라 할 수 있는 기술관리자에게는 기술경영자와는 조금 다른 능력이 필요한데, 이에는 기술적 능력에 대한 것과 계획서 작성, 인력 관리, 예산 관리, 일정 관리 등 행정 능력에 대한 것이다.

① 시스템적인 관점에서 인식하는 능력

② 기술을 효과적으로 평가할 수 있는 능력

③ 조직 내의 기술 이용을 수행할 수 있는 능력

④ 새로운 제품개발 시간을 단축할 수 있는 능력

⑤ 기술을 기업의 전반적인 전략 목표에 통합시키는 능력

51 다음 대화의 빈칸에 들어갈 말로 가장 적절한 것은?

> 수인 : 요즘은 금융기업이 아닌데도, ○○페이 형식으로 결제서비스를 제공하는 곳이 많더라.
>
> 희재 : 맞아! 나도 얼마 전에 온라인 구매를 위해 결제창으로 넘어갔는데, ○○페이에 가입해서 결제하면 혜택을 제공한다고 하여 가입해서 ○○페이를 통해 결제했어.
>
> 수인 : 이렇게 모바일 기술이나 IT에 결제, 송금과 같은 금융서비스가 결합된 새로운 서비스를 _____라고 부른대. 들어본 적 있니?

① P2P

② O2O

③ 핀테크

④ IoT

⑤ 클라우드

52 다음 벤치마킹의 종류에 대한 설명으로 적절한 것은?

> 네스프레소는 가정용 커피머신 시장의 선두주자이다. 네스프레소는 기존의 산업 카테고리를 벗어나 랑콤, 이브로쉐 등 고급 화장품 업계의 채널 전략을 벤치마킹했다. 고급 화장품 업체들은 독립 매장에서 고객들에게 화장품을 직접 체험할 수 있는 기회를 제공하고, 이를 적극적으로 수요와 연계하고 있었다. 네스프레소는 이를 통해 신규 수요를 창출하기 위해서는 커피머신의 기능을 강조하는 것이 아니라, 즉석에서 추출한 커피의 신선한 맛을 고객에게 체험하게 하는 것이 중요하다는 인사이트를 도출했다. 이후 전 세계 유명 백화점에 오프라인 단독 매장들을 개설해 고객에게 커피를 시음할 수 있는 기회를 제공했다. 이를 통해 네스프레소의 수요는 급속도로 늘어나 매출 부문에서 30 ~ 40%의 고속성장을 거두게 됐고 전 세계로 확장되었으며, 여전히 높은 성장세를 이어가고 있다.

① 자료수집이 쉬우며 효과가 크지만 내부시각에 편중될 우려가 있다는 단점이 있다.

② 적대적 태도로 인해 자료수집이 어려운 단점이 있다.

③ 문화 및 제도적인 차이에 대한 검토가 부족하면 잘못된 결과가 나올 수 있다.

④ 경영성과와 관련된 정보 입수가 가능하나 윤리적인 문제가 발생할 소지가 있다.

⑤ 새로운 아이디어가 나올 가능성이 높지만 가공하지 않고 사용한다면 실패할 수 있다.

53 다음은 산업재해가 발생한 상황을 바탕으로 예방 대책을 세운 것이다. 재해 예방 대책에서 누락되어 보완되어야 할 사항은?

사고사례		
B소속 정비공인 피재자 A가 대형 해상크레인의 와이어로프 교체작업을 위해 고소작업대(차량탑재형 이동식크레인) 바스켓에 탑승하여 해상크레인 상부 붐(33m)으로 공구를 올리던 중 해상크레인 붐이 바람과 파도에 의해 흔들려 피재자가 탑승한 바스켓에 충격을 가하였고, 바스켓 연결부(로드셀)가 파손되면서 바스켓과 함께 도크바닥으로 떨어져 사망한 재해이다.		
재해 예방 대책	1단계	사고 조사, 안전 점검, 현장 분석, 작업자의 제안 및 여론 조사, 관찰 및 보고서 연구 등을 통하여 사실을 발견한다.
	2단계	재해의 발생 장소, 재해 형태, 재해 정도, 관련 인원, 직원 감독의 적절성, 공구 장비의 상태 등을 정확히 분석한다.
	3단계	원인 분석을 토대로 적절한 시정책, 즉 기술적 개선, 인사 조정 및 교체, 교육, 설득, 공학적 조치 등을 선정한다.
	4단계	안전에 대한 교육 및 훈련 시행, 안전 시설과 장비의 결함 개선, 안전 감독 실시 등의 선정된 시정책을 적용한다.

① 안전 관리 조직   ② 시정책 선정

③ 원인 분석   ④ 시정책 적용 및 뒤처리

⑤ 사실의 발견

54 다음은 산업재해를 예방하기 위해 제시되고 있는 하인리히의 법칙이다. 이를 근거로 할 때, 산업재해의 예방을 위해 조치를 취해야 하는 단계는 무엇인가?

> 1931년 미국의 한 보험회사에서 근무하던 하인리히는 회사에서 접한 수많은 사고를 분석하여 하나의 통계적 법칙을 발견하였다. 1 : 29 : 300 법칙이라고도 불리는 이 법칙은 큰 사고로 인해 산업재해가 발생하면 이 사고가 발생하기 이전에 같은 원인으로 발생한 작은 사고 29번, 잠재적 사고 징후가 300번이 있었다는 것을 나타낸다.
> 하인리히는 이처럼 심각한 산업재해의 발생 전에 여러 단계의 사건이 도미노처럼 발생하기 때문에 앞 단계에서 적절히 대처한다면 산업재해를 예방할 수 있다고 주장한다.

① 사회 환경적 문제가 발생한 단계
② 개인 능력의 부족이 보이는 단계
③ 기술적 결함이 나타난 단계
④ 불안전한 행동 및 상태가 나타난 단계
⑤ 작업 관리상 문제가 나타난 단계

55 다음은 A회사 직무전결표의 일부분이다. 이에 따라 문서를 처리한 경우로 적절하지 않은 것은?

직무 내용	대표이사	위임 전결권자		
		전무이사	상무이사	부서장
정기 월례 보고				○
각 부서장급 인수인계		○		
3천만 원 초과 예산 집행	○			
3천만 원 이하 예산 집행		○		
각종 위원회 위원 위촉	○			
해외 출장			○	

① 인사부장의 인수인계에 관하여 전무이사에게 결재받은 후 시행하였다.
② 인사징계위원회 위원을 위촉하기 위하여 대표이사 부재중에 전무이사가 전결하였다.
③ 영업팀장의 해외 출장을 위하여 상무이사에게 결재를 받았다.
④ 3천만 원에 해당하는 물품 구매를 위하여 전무이사 전결로 처리하였다.
⑤ 정기 월례 보고서를 작성한 후 부서장의 결재를 받았다.

56 다음 글의 밑줄 친 '마케팅 기법'에 대한 설명으로 옳은 것을 〈보기〉에서 모두 고르면?

기업들이 신제품을 출시하면서 한정된 수량만 제작 판매하는 한정판 제품을 잇따라 내놓고 있다. 이번 기회가 아니면 더 이상 구입할 수 없다는 메시지를 끊임없이 던지며 소비자의 호기심을 자극하는 <u>마케팅 기법</u>이다. K자동차 회사는 가죽 시트와 일부 외형이 기존 제품과 다른 모델을 8,000대 한정 판매하였는데, 단기간에 매진을 기록하였다.

보기

㉠ 소비자의 충동 구매를 유발하기 쉽다.
㉡ 이윤 증대를 위한 경영 혁신의 한 사례이다.
㉢ 의도적으로 공급의 가격탄력성을 크게 하는 방법이다.
㉣ 소장 가치가 높은 상품을 대상으로 하면 더 효과적이다.

① ㉠, ㉡
② ㉠, ㉢
③ ㉡, ㉣
④ ㉠, ㉡, ㉣
⑤ ㉡, ㉢, ㉣

57 K은행에서 근무한 지 1년이 지난 귀하는 최근 영업실적 저조로 인하여 고민이 많다. 이를 극복하기 위해 영업실적이 좋기로 유명한 M대리에게 상담을 요청하여 적립식 예금 영업에 대한 노하우를 배웠다. 다음 중 M대리의 조언으로 적절하지 않은 것은?

① 자유적립식 예금이 상대적으로 입출금이 자유로운 통장보다 이자가 높고, 수시로 입금하거나 중도인출이 가능하다는 점을 강조하여 권유한다.
② 기준금리가 떨어지고 있을 때, 서둘러 적립식 예금을 가입해야 조금이라도 높은 금리로 이자를 수령할 수 있음을 강조하여 가입을 권유한다.
③ 고객의 직업군에 특화된 금융 상품을 추천하는 등 상품별 특징을 잘 살펴 고객에게 적합한 생애주기별 특화 상품을 추천한다.
④ 적립식 예금의 경우 월 저축금을 약정한 납입일보다 지연하면 소정의 입금지연이자가 차감되므로 자동이체를 통해 정기 적립되도록 권유한다.
⑤ 한도 소진 시 판매가 중단되는 특판 적립식 예금을 절판 마케팅으로 적극 권유한다.

58 귀하는 K기관의 교육담당자이며, 전 직원들을 대상으로 진행할 직업윤리 강의에 인용할 기업 사례를 모집하고 있다. 다음 중 올바른 직업윤리라는 강의의 긍정적 사례로 언급하기에 적절하지 않은 것은?

① 뇌물·리베이트가 없는 M사

② 부당 이익의 3배를 물어야 하는 T사

③ 전관예우를 중시하는 W사

④ 쉬운 윤리강령 앞에 평등한 G사

⑤ 사내 성희롱 교육을 하는 Z사

59 다음 중 (가)의 입장에서 (나)의 문제점을 해결하기 위해 제시할 수 있는 자세로 옳은 것을 〈보기〉에서 모두 고르면?

> (가) 모든 사회구성원이 공정하게 대우받는 정의로운 공동체를 만들기 위해서는 부패 행위를 방지해야 한다. 우리 조상들은 전통적으로 청렴 의식을 중요하게 여겨 청렴 의식을 강조하는 전통 윤리를 지켜왔다.
>
> (나) 부패 인식 지수는 공무원과 정치인이 얼마나 부패해 있는지에 대한 정도를 비교하여 국가별로 순위를 매긴 것이다. 100점 만점을 기준으로 점수가 높을수록 청렴하다. 지난 조사 결과 우리나라의 부패 인식 지수는 55로, 조사대상국 175개국 중 43위를 기록했다.

> **보기**
> ㉠ 공동체와 국가의 공사(公事)를 넘어서 개인의 일을 우선하는 정신을 기른다.
> ㉡ 공직자들은 개인적 이익과 출세만을 추구하지 않고 바른 마음과 정성을 가진다.
> ㉢ 부당한 방법으로 공익을 추구하려 하지 않고 개인의 이익을 가장 중요하게 여긴다.
> ㉣ 공직자들은 청빈한 생활 태도를 유지하면서 국가의 일에 충심을 다하려는 정신을 지닌다.

① ㉠, ㉡   ② ㉠, ㉢

③ ㉡, ㉢   ④ ㉡, ㉣

⑤ ㉢, ㉣

60 N은행은 1년에 2번씩 사원들에게 봉사 의식을 심어주기 위해 자원봉사 활동을 진행하고 있다. 자원봉사 활동 전에 사원들에게 봉사에 대한 마음가짐을 설명하고자 할 때, 적절하지 않은 것은?

① 봉사는 적절한 보상에 맞춰 참여해야 한다.

② 봉사는 의도적이고 계획된 활동이 되어야 한다.

③ 봉사는 함께하는 공동체 의식에 바탕을 두어야 한다.

④ 봉사는 개인의 의지에 따라 이루어져야 한다.

⑤ 봉사는 상대방의 입장에서 생각하고 행동해야 한다.

PART

4

인성검사

01 | 인성검사 소개

업무를 수행하면서 능률적인 성과물을 만들기 위해서는 개인의 능력과 경험 그리고 회사의 교육 및 훈련 등이 필요하지만, 개인의 성격이나 성향 역시 중요하다. 여러 직무분석 연구에서 나온 결과에 따르면, 직무에서의 성공과 관련된 특성 중 최고 70% 이상이 능력보다는 성격과 관련이 있다고 한다. 따라서 최근 기업들은 인성검사의 비중을 높이고 있는 추세이다.

현재 기업들은 인성검사를 KIRBS(한국행동과학연구소)나 SHR(에스에이치알) 등의 전문기관에 의뢰해서 시행하고 있다. 전문기관에 따라서 인성검사 방법에 차이가 있고, 보안을 위해서 인성검사를 의뢰한 기업을 공개하지 않을 수 있기 때문에 특정 기업의 인성검사를 정확하게 판단할 수 없지만, 지원자들이 후기에 올린 문제를 통해 유형을 예상할 수 있다.

여기에서는 삼성그룹의 인성검사와 수검요령 및 검사 시 유의사항에 대해 간략하게 정리하였으며, 인성검사 모의연습을 통해 실제 시험 유형을 확인할 수 있도록 하였다.

1. 인성검사 수검요령

인성검사는 특별한 수검요령이 없다. 다시 말하면 모범답안이 없고, 정답이 없다는 이야기다. 국어 문제처럼 말뜻을 풀이하는 것도 아니다. 군이 수검요령을 말하자면, 진실하고 솔직한 자신의 생각이 답변이라고 할 수 있을 것이다.

인성검사에서 가장 중요한 것은 첫째, 솔직한 답변이다. 지금까지의 경험을 통해 축적된 내 생각과 행동을 허구 없이 솔직하게 기재해야 한다. 예를 들어, "나는 타인의 물건을 훔치고 싶은 충동을 느껴본 적이 있다."라는 질문에 피검사자들은 많은 생각을 하게 된다. 생각해 보라. 유년기에 또는 성인이 되어서도 타인의 물건을 훔친 적은 없다 해도 마음속에서 훔치고 싶은 충동은 누구나 조금은 느껴보았을 것이다. 그런데 이 질문에 고민하는 사람이 간혹 있다. 이 질문에 "예"라고 대답하면 담당 검사관들이 나를 사회적으로 문제가 있는 사람으로 여기지는 않을까 하는 생각에 "아니요"라는 답을 기재하게 된다. 이런 솔직하지 않은 답변은 답변의 신뢰와 솔직함을 나타내는 타당성 척도에 좋지 않은 점수를 준다.

둘째, 일관성 있는 답변이다. 인성검사의 수많은 질문 문항 중에는 비슷한 뜻의 질문이 여러 개 숨어 있는 경우가 많다. 그 질문들은 피검사자의 솔직한 답변과 심리적인 상태를 알아보기 위해 내포되어 있는 문항들이다. 가령 "나는 유년시절 타인의 물건을 훔친 적이 있다."라는 질문에 "예"라고 대답했는데, "나는 유년시절 타인의 물건을 훔쳐보고 싶은 충동을 느껴본 적이 있다."라는 질문에는 "아니요"라는 답을 기재한다면 어떻겠는가. 일관성 없이 '대충 기재하자'라는 식의 심리적 무성의성 답변이 되거나, 정신적으로 문제가 있는 사람으로 보일 수 있다.

인성검사는 많은 문항 수를 풀어나가기 때문에 피검사자들은 지루함과 따분함, 반복된 뜻의 질문으로 인해 인내 상실 등이 나타날 수 있다. 인내하면서 솔직하게 내 생각을 대답하는 것이 무엇보다 중요한 요령이 될 것이다.

2. 인성검사 시 유의사항

(1) 충분한 휴식으로 불안을 없애고 정서적인 안정을 취한다. 심신이 안정되어야 자신의 마음을 표현할 수 있다.

(2) 생각나는 대로 솔직하게 응답한다. 자신을 너무 과대포장지도, 너무 비하시키지도 마라. 답변을 꾸며서 하면 앞뒤가 맞지 않게끔 구성되어 있어 불리한 평가를 받게 되므로 솔직하게 답하도록 한다.

(3) 검사문항에 대해 지나치게 생각해서는 안 된다. 지나치게 몰두하면 엉뚱한 답변이 나올 수 있으므로 불필요한 생각은 삼간다.

(4) 검사시간에 너무 신경 쓸 필요는 없다. 인성검사는 시간제한이 없는 경우가 많으며 있다 해도 시간은 충분하다.

(5) 인성검사는 대개 문항 수가 많기에 자칫 건너뛰는 경우가 있는데, 가능한 한 모든 문항에 답해야 한다. 응답하지 않은 문항이 많을 경우 평가자가 정확한 평가를 내리지 못해 불리한 평가를 내릴 수 있기 때문이다.

3. 인성검사 모의연습

유형 1

※ 다음 질문을 읽고, ①~⑤ 중 자신에게 해당하는 것을 고르시오(① 전혀 그렇지 않다, ② 약간 그렇지 않다, ③ 보통이다, ④ 약간 그렇다, ⑤ 매우 그렇다). **[1~250]**

번호	질문	응답				
01	결점을 지적받아도 아무렇지 않다.	①	②	③	④	⑤
02	피곤할 때도 명랑하게 행동한다.	①	②	③	④	⑤
03	실패했던 경험을 생각하면서 고민하는 편이다.	①	②	③	④	⑤
04	언제나 생기가 있다.	①	②	③	④	⑤
05	선배의 지적을 순수하게 받아들일 수 있다.	①	②	③	④	⑤
06	매일 목표가 있는 생활을 하고 있다.	①	②	③	④	⑤
07	열등감으로 자주 고민한다.	①	②	③	④	⑤
08	남에게 무시당하면 화가 난다.	①	②	③	④	⑤
09	무엇이든지 하면 된다고 생각하는 편이다.	①	②	③	④	⑤
10	자신의 존재를 과시하고 싶다.	①	②	③	④	⑤
11	사람을 많이 만나는 것을 좋아한다.	①	②	③	④	⑤
12	사람들이 당신에게 말수가 적다고 하는 편이다.	①	②	③	④	⑤
13	특정한 사람과 교제를 하는 편이다.	①	②	③	④	⑤
14	친구에게 먼저 말을 하는 편이다.	①	②	③	④	⑤
15	친구만 있으면 된다고 생각한다.	①	②	③	④	⑤
16	많은 사람 앞에서 말하는 것이 서툴다.	①	②	③	④	⑤
17	반 편성과 교실 이동을 싫어한다.	①	②	③	④	⑤
18	다과회 등에서 자주 책임을 맡는다.	①	②	③	④	⑤
19	새 팀 분위기에 쉽게 적응하지 못하는 편이다.	①	②	③	④	⑤
20	누구하고나 친하게 교제한다.	①	②	③	④	⑤

번호	질문	응답				
21	충동구매는 절대 하지 않는다.	①	②	③	④	⑤
22	컨디션에 따라 기분이 잘 변한다.	①	②	③	④	⑤
23	옷 입는 취향이 오랫동안 바뀌지 않고 그대로이다.	①	②	③	④	⑤
24	남의 물건이 좋아 보인다.	①	②	③	④	⑤
25	광고를 보면 그 물건을 사고 싶다.	①	②	③	④	⑤
26	자신이 낙천주의자라고 생각한다.	①	②	③	④	⑤
27	에스컬레이터에서 걷지 않는다.	①	②	③	④	⑤
28	꾸물대는 것을 싫어한다.	①	②	③	④	⑤
29	고민이 생겨도 심각하게 생각하지 않는다.	①	②	③	④	⑤
30	반성하는 일이 거의 없다.	①	②	③	④	⑤
31	남의 말을 호의적으로 받아들인다.	①	②	③	④	⑤
32	혼자 있을 때가 편안하다.	①	②	③	④	⑤
33	친구에게 불만이 있다.	①	②	③	④	⑤
34	남의 말을 좋은 쪽으로 해석한다.	①	②	③	④	⑤
35	남의 의견을 절대 참고하지 않는다.	①	②	③	④	⑤
36	기분 나쁜 일은 금세 잊는 편이다.	①	②	③	④	⑤
37	선배와 쉽게 친해진다.	①	②	③	④	⑤
38	슬럼프에 빠지면 좀처럼 헤어나지 못한다.	①	②	③	④	⑤
39	자신의 소문에 관심을 기울인다.	①	②	③	④	⑤
40	주위 사람에게 인사하는 것이 귀찮다.	①	②	③	④	⑤
41	기호에 맞지 않으면 거절하는 편이다.	①	②	③	④	⑤
42	여간해서 흥분하지 않는 편이다.	①	②	③	④	⑤
43	옳다고 생각하면 밀고 나간다.	①	②	③	④	⑤
44	항상 무슨 일이든지 해야만 한다.	①	②	③	④	⑤
45	휴식시간에도 일하고 싶다.	①	②	③	④	⑤
46	걱정거리가 생기면 머릿속에서 떠나지 않는 편이다.	①	②	③	④	⑤
47	매일 힘든 일이 너무 많다.	①	②	③	④	⑤
48	시험 전에도 노는 계획을 세운다.	①	②	③	④	⑤
49	슬픈 일만 머릿속에 남는다.	①	②	③	④	⑤
50	사는 것이 힘들다고 느낀 적은 없다.	①	②	③	④	⑤
51	처음 만난 사람과 이야기하는 것이 피곤하다.	①	②	③	④	⑤
52	비난을 받으면 신경이 쓰인다.	①	②	③	④	⑤
53	실패해도 또 다시 도전한다.	①	②	③	④	⑤
54	남에게 비판을 받으면 불쾌하다.	①	②	③	④	⑤
55	다른 사람의 지적을 순수하게 받아들일 수 있다.	①	②	③	④	⑤
56	자신의 프라이드가 높다고 생각한다.	①	②	③	④	⑤
57	자신의 입장을 잊어버릴 때가 있다.	①	②	③	④	⑤
58	남보다 쉽게 우위에 서는 편이다.	①	②	③	④	⑤
59	목적이 없으면 마음이 불안하다.	①	②	③	④	⑤
60	일을 할 때에 자신이 없다.	①	②	③	④	⑤
61	상대방이 말을 걸어오기를 기다리는 편이다.	①	②	③	④	⑤
62	친구 말을 듣는 편이다.	①	②	③	④	⑤
63	싸움으로 친구를 잃은 경우가 있다.	①	②	③	④	⑤

번호	질문	응답				
64	모르는 사람과 말하는 것은 귀찮다.	①	②	③	④	⑤
65	아는 사람이 많아지는 것이 즐겁다.	①	②	③	④	⑤
66	신호대기 중에도 조바심이 난다.	①	②	③	④	⑤
67	매사를 심각하게 생각하는 것을 싫어한다.	①	②	③	④	⑤
68	자신이 경솔하다고 자주 느낀다.	①	②	③	④	⑤
69	상대방이 통화 중이어도 자꾸 전화를 건다.	①	②	③	④	⑤
70	충동적인 행동을 하지 않는 편이다.	①	②	③	④	⑤
71	칭찬도 나쁘게 받아들이는 편이다.	①	②	③	④	⑤
72	자신이 손해를 보고 있다고 생각한다.	①	②	③	④	⑤
73	어떤 상황에서나 만족할 수 있다.	①	②	③	④	⑤
74	무슨 일이든지 자신의 생각대로 하지 못한다.	①	②	③	④	⑤
75	부모님에게 불만을 느낀다.	①	②	③	④	⑤
76	깜짝 놀라면 당황하는 편이다.	①	②	③	④	⑤
77	주위의 평판이 좋다고 생각한다.	①	②	③	④	⑤
78	자신이 소문에 휘말려도 좋다.	①	②	③	④	⑤
79	긴급사태에도 당황하지 않고 행동할 수 있다.	①	②	③	④	⑤
80	윗사람과 이야기하는 것이 불편하다.	①	②	③	④	⑤
81	정색하고 화내기 쉬운 화제를 올릴 때가 있다.	①	②	③	④	⑤
82	남들이 자신이 좋아하는 연예인을 욕해도 화가 나지 않는다.	①	②	③	④	⑤
83	남을 비판할 때가 있다.	①	②	③	④	⑤
84	주체할 수 없을 만큼 여유가 많은 것은 싫어한다.	①	②	③	④	⑤
85	의견이 어긋날 때는 한 발 양보한다.	①	②	③	④	⑤
86	싫은 사람과도 협력할 수 있다.	①	②	③	④	⑤
87	사람은 너무 고통거리가 많다고 생각한다.	①	②	③	④	⑤
88	걱정거리가 있으면 잠을 잘 수가 없다.	①	②	③	④	⑤
89	즐거운 일보다는 괴로운 일이 더 많다.	①	②	③	④	⑤
90	싫은 사람이라도 인사를 한다.	①	②	③	④	⑤
91	사소한 일에도 신경을 많이 쓰는 편이다.	①	②	③	④	⑤
92	누가 나에게 말을 걸기 전에 내가 먼저 말을 걸지는 않는다.	①	②	③	④	⑤
93	이따금 결심을 빨리 하지 못하기 때문에 손해 보는 경우가 많다.	①	②	③	④	⑤
94	사람들은 누구나 곤경을 벗어나기 위해 거짓말을 할 수 있다.	①	②	③	④	⑤
95	어떤 일을 실패하면 두고두고 생각한다.	①	②	③	④	⑤
96	비교적 말이 없는 편이다.	①	②	③	④	⑤
97	기왕 일을 한다면 꼼꼼하게 하는 편이다.	①	②	③	④	⑤
98	지나치게 깔끔한 척을 하는 편에 속한다.	①	②	③	④	⑤
99	나를 기분 나쁘게 한 사람을 쉽게 잊지 못하는 편이다.	①	②	③	④	⑤
100	수줍음을 많이 타서 많은 사람 앞에 나서길 싫어한다.	①	②	③	④	⑤
101	혼자 지내는 시간이 즐겁다.	①	②	③	④	⑤
102	내 주위 사람이 잘되는 것을 보면 상대적으로 내가 실패한 것 같다.	①	②	③	④	⑤
103	어떤 일을 시도하다가 잘 안되면 금방 포기한다.	①	②	③	④	⑤
104	이성 친구와 웃고 떠드는 것을 별로 좋아하지 않는다.	①	②	③	④	⑤
105	낯선 사람과 만나는 것을 꺼리는 편이다.	①	②	③	④	⑤
106	밤낮없이 같이 다닐만한 친구들이 거의 없다.	①	②	③	④	⑤

번호	질문	응답				
107	연예인이 되고 싶은 마음은 조금도 가지고 있지 않다.	①	②	③	④	⑤
108	여럿이 모여서 얘기하는 데 잘 끼어들지 못한다.	①	②	③	④	⑤
109	사람들은 이득이 된다면 옳지 않은 방법이라도 쓸 것이다.	①	②	③	④	⑤
110	사람들이 정직하게 행동하는 건 다른 사람의 비난이 두렵기 때문이다.	①	②	③	④	⑤
111	처음 보는 사람들과 쉽게 얘기하거나 친해지는 편이다.	①	②	③	④	⑤
112	모르는 사람들이 많이 모여 있는 곳에서도 활발하게 행동하는 편이다.	①	②	③	④	⑤
113	여기저기에 친구나 아는 사람들이 많이 있다.	①	②	③	④	⑤
114	모임에서 말을 많이 하고 적극적으로 행동한다.	①	②	③	④	⑤
115	슬프거나 기쁜 일이 생기면 부모나 친구에게 얘기하는 편이다.	①	②	③	④	⑤
116	활발하고 적극적이라는 말을 자주 듣는다.	①	②	③	④	⑤
117	시간이 걸리는 일이나 놀이에 싫증을 내고, 새로운 놀이나 활동을 원한다.	①	②	③	④	⑤
118	혼자 조용히 있거나 책을 읽는 것보다는 사람들과 어울리는 것을 좋아한다.	①	②	③	④	⑤
119	새로운 유행이 시작되면 다른 사람보다 먼저 시도해 보는 편이다.	①	②	③	④	⑤
120	기분을 잘 드러내기 때문에 남들이 본인의 기분을 금방 알게 된다.	①	②	③	④	⑤
121	비유적이고 상징적 표현보다는 구체적이고 정확한 표현을 더 잘 이해한다.	①	②	③	④	⑤
122	주변 사람들의 외모나 다른 특징들을 자세히 기억한다.	①	②	③	④	⑤
123	꾸준하고 참을성이 있다는 말을 자주 듣는다.	①	②	③	④	⑤
124	공부할 때 세부적인 내용을 암기할 수 있다.	①	②	③	④	⑤
125	손으로 직접 만지거나 조작하는 것을 좋아한다.	①	②	③	④	⑤
126	상상 속에서 이야기를 잘 만들어 내는 편이다.	①	②	③	④	⑤
127	종종 물건을 잃어버리거나 어디에 두었는지 기억을 못하는 때가 있다.	①	②	③	④	⑤
128	창의력과 상상력이 풍부하다는 이야기를 자주 듣는다.	①	②	③	④	⑤
129	다른 사람들이 생각하지도 않는 엉뚱한 행동이나 생각을 할 때가 종종 있다.	①	②	③	④	⑤
130	이것저것 새로운 것에 관심이 많고 새로운 것을 배우고 싶어 한다.	①	②	③	④	⑤
131	'왜'라는 질문을 자주 한다.	①	②	③	④	⑤
132	의지와 끈기가 강한 편이다.	①	②	③	④	⑤
133	궁금한 점이 있으면 꼬치꼬치 따져서 궁금증을 풀고 싶어 한다.	①	②	③	④	⑤
134	참을성이 있다는 말을 자주 듣는다.	①	②	③	④	⑤
135	남의 비난에도 잘 견딘다.	①	②	③	④	⑤
136	다른 사람의 감정에 민감하다.	①	②	③	④	⑤
137	자신의 잘못을 쉽게 인정하는 편이다.	①	②	③	④	⑤
138	싹싹하고 연하다는 소리를 잘 듣는다.	①	②	③	④	⑤
139	쉽게 양보를 하는 편이다.	①	②	③	④	⑤
140	음식을 선택할 때 쉽게 결정을 못 내릴 때가 많다.	①	②	③	④	⑤
141	계획표를 세밀하게 짜 놓고 그 계획표에 따라 생활하는 것을 좋아한다.	①	②	③	④	⑤
142	대체로 먼저 할 일을 해 놓고 나서 노는 편이다.	①	②	③	④	⑤
143	시험보기 전에 미리 여유 있게 공부 계획표를 짜 놓는다.	①	②	③	④	⑤
144	마지막 순간에 쫓기면서 일하는 것을 싫어한다.	①	②	③	④	⑤
145	계획에 따라 규칙적인 생활을 하는 편이다.	①	②	③	④	⑤
146	자기 것을 잘 나누어주는 편이다.	①	②	③	④	⑤
147	자신의 소지품을 덜 챙기는 편이다.	①	②	③	④	⑤
148	신발이나 옷이 떨어져도 무관심한 편이다.	①	②	③	④	⑤
149	자기 것을 덜 주장하고, 덜 고집하는 편이다.	①	②	③	④	⑤

번호	질문	응답				
150	활동이 많으면서도 무난하고 점잖다는 말을 듣는 편이다.	①	②	③	④	⑤
151	몇 번이고 생각하고 검토한다.	①	②	③	④	⑤
152	여러 번 생각한 끝에 결정을 내린다.	①	②	③	④	⑤
153	어떤 일이든 따지려 든다.	①	②	③	④	⑤
154	일단 결정하면 행동으로 옮긴다.	①	②	③	④	⑤
155	앞에 나서기를 꺼린다.	①	②	③	④	⑤
156	규칙을 잘 지킨다.	①	②	③	④	⑤
157	나의 주장대로 행동한다.	①	②	③	④	⑤
158	지시나 충고를 받는 것이 싫다.	①	②	③	④	⑤
159	급진적인 변화를 좋아한다.	①	②	③	④	⑤
160	규칙을 반드시 지킬 필요는 없다.	①	②	③	④	⑤
161	혼자서 일하기를 좋아한다.	①	②	③	④	⑤
162	미래에 대해 별로 염려를 하지 않는다.	①	②	③	④	⑤
163	새로운 변화를 싫어한다.	①	②	③	④	⑤
164	조용한 분위기를 좋아한다.	①	②	③	④	⑤
165	도전적인 직업보다는 안정된 직업이 좋다.	①	②	③	④	⑤
166	친구를 잘 바꾸지 않는다.	①	②	③	④	⑤
167	남의 명령을 듣기 싫어한다.	①	②	③	④	⑤
168	모든 일에 앞장서는 편이다.	①	②	③	④	⑤
169	다른 사람이 하는 일을 보면 답답하다.	①	②	③	④	⑤
170	남을 지배하는 사람이 되고 싶다.	①	②	③	④	⑤
171	규칙적인 것이 싫다.	①	②	③	④	⑤
172	매사에 감동을 자주 받는다.	①	②	③	④	⑤
173	새로운 물건과 일에 대한 생각을 자주 한다.	①	②	③	④	⑤
174	창조적인 일을 하고 싶다.	①	②	③	④	⑤
175	나쁜 일은 오래 생각하지 않는다.	①	②	③	④	⑤
176	사람들의 이름을 잘 기억하는 편이다.	①	②	③	④	⑤
177	외딴 곳보다는 사람들이 북적거리는 곳에 살고 싶다.	①	②	③	④	⑤
178	제조업보다는 서비스업이 잘 맞을 것 같다.	①	②	③	④	⑤
179	농사를 지으면서 자연과 더불어 살고 싶다.	①	②	③	④	⑤
180	예절 같은 것은 별로 신경 쓰지 않는다.	①	②	③	④	⑤
181	거칠고 반항적인 사람보다 예의바른 사람들과 어울리고 싶다.	①	②	③	④	⑤
182	대인관계에서 상황을 빨리 파악하는 편이다.	①	②	③	④	⑤
183	계산에 밝은 사람은 꺼려진다.	①	②	③	④	⑤
184	친구들과 노는 것보다 혼자 노는 것이 편하다.	①	②	③	④	⑤
185	교제범위가 넓은 편이라 사람을 만나는 데 많은 시간을 소비한다.	①	②	③	④	⑤
186	손재주는 비교적 있는 편이다.	①	②	③	④	⑤
187	기획과 섭외 중 기획을 더 잘할 수 있을 것 같다.	①	②	③	④	⑤
188	도서실 등에서 책을 정리하고 관리하는 일을 싫어하지 않는다.	①	②	③	④	⑤
189	선입견으로 판단하지 않고 이론적으로 판단하는 편이다.	①	②	③	④	⑤
190	예술제나 미술전 등에 관심이 많다.	①	②	③	④	⑤
191	행사의 사회나 방송 등 마이크를 사용하는 분야에 관심이 많다.	①	②	③	④	⑤
192	하루 종일 방에 틀어 박혀 연구하거나 몰두해야 하는 일은 싫다.	①	②	③	④	⑤

번호	질문	응답				
193	공상이나 상상을 많이 하는 편이다.	①	②	③	④	⑤
194	모르는 사람과도 마음이 맞으면 쉽게 마음을 터놓고 바로 친해진다.	①	②	③	④	⑤
195	물건을 만들거나 도구를 사용하는 일이 싫지는 않다.	①	②	③	④	⑤
196	새로운 아이디어를 생각해내는 일이 좋다.	①	②	③	④	⑤
197	회의에서 사회나 서기를 맡는다면 서기 쪽이 맞을 것 같다.	①	②	③	④	⑤
198	사건 뒤에 숨은 본질을 생각해 보기를 좋아한다.	①	②	③	④	⑤
199	색채감각이나 미적 센스가 풍부한 편이다.	①	②	③	④	⑤
200	다른 사람들의 눈길을 끌고 주목을 받는 것이 아무렇지도 않다.	①	②	③	④	⑤
201	문화재 위원과 체육대회 위원 중 체육대회 위원을 하고 싶다.	①	②	③	④	⑤
202	보고 들은 것을 문장으로 옮기기를 좋아한다.	①	②	③	④	⑤
203	남에게 뭔가 가르쳐주는 일이 좋다.	①	②	③	④	⑤
204	많은 사람과 장시간 함께 있으면 피곤하다.	①	②	③	④	⑤
205	엉뚱한 일을 하기 좋아하고 발상도 개성적이다.	①	②	③	④	⑤
206	전표 계산 또는 장부 기입 같은 일을 싫증내지 않고 할 수 있다.	①	②	③	④	⑤
207	책이나 신문을 열심히 읽는 편이다.	①	②	③	④	⑤
208	신경이 예민한 편이며, 감수성도 예민하다.	①	②	③	④	⑤
209	연회석에서 망설임 없이 노래를 부르거나 장기를 보이는 편이다.	①	②	③	④	⑤
210	즐거운 캠프를 위해 계획세우기를 좋아한다.	①	②	③	④	⑤
211	데이터를 분류하거나 통계내는 일을 싫어하지는 않는다.	①	②	③	④	⑤
212	드라마나 소설 속의 등장인물의 생활과 사고방식에 흥미가 있다.	①	②	③	④	⑤
213	자신의 미적 표현력을 살리면 상당히 좋은 작품이 나올 것 같다.	①	②	③	④	⑤
214	화려한 것을 좋아하며 주위의 평판에 신경을 쓰는 편이다.	①	②	③	④	⑤
215	여럿이서 여행할 기회가 있다면 즐겁게 참가한다.	①	②	③	④	⑤
216	여행 소감을 쓰기를 좋아한다.	①	②	③	④	⑤
217	상품전시회에서 상품설명을 한다면 잘할 수 있을 것 같다.	①	②	③	④	⑤
218	변화가 적고 손이 많이 가는 일도 꾸준히 하는 편이다.	①	②	③	④	⑤
219	신제품 홍보에 흥미가 있다.	①	②	③	④	⑤
220	열차시간표 한 페이지 정도라면 정확하게 옮겨 쓸 자신이 있다.	①	②	③	④	⑤
221	자신의 장래에 대해 자주 생각해본다.	①	②	③	④	⑤
222	혼자 있는 것에 익숙하다.	①	②	③	④	⑤
223	근심이 별로 없다.	①	②	③	④	⑤
224	나의 환경에 아주 만족한다.	①	②	③	④	⑤
225	상품을 고를 때 디자인과 색에 신경을 많이 쓴다.	①	②	③	④	⑤
226	연기학을 공부해보고 싶다는 생각을 한 적 있다.	①	②	③	④	⑤
227	외출할 때 날씨가 좋지 않아도 그다지 신경을 쓰지 않는다.	①	②	③	④	⑤
228	손님을 불러들이는 호객행위도 마음만 먹으면 할 수 있을 것 같다.	①	②	③	④	⑤
229	신중하고 주의 깊은 편이다.	①	②	③	④	⑤
230	하루 종일 책상 앞에 앉아 있어도 지루해하지 않는 편이다.	①	②	③	④	⑤
231	알기 쉽게 요점을 정리한 다음 남에게 잘 설명하는 편이다.	①	②	③	④	⑤
232	생물 시간보다는 미술 시간에 흥미가 있다.	①	②	③	④	⑤
233	남이 자신에게 상담을 해오는 경우가 많다.	①	②	③	④	⑤
234	친목회나 송년회 등의 총무역할을 좋아하는 편이다.	①	②	③	④	⑤
235	실패하든 성공하든 그 원인은 꼭 분석한다.	①	②	③	④	⑤

번호	질문	응답				
236	실내장식품이나 액세서리 등에 관심이 많다.	①	②	③	④	⑤
237	남에게 보이기 좋아하고 지기 싫어하는 편이다.	①	②	③	④	⑤
238	대자연 속에서 마음대로 몸을 움직이는 일이 좋다.	①	②	③	④	⑤
239	파티나 모임에서 자연스럽게 돌아다니며 인사하는 성격이다.	①	②	③	④	⑤
240	무슨 일에 쉽게 빠져드는 편이며 장인의식도 강하다.	①	②	③	④	⑤
241	우리나라 분재를 파리에서 파는 방법 따위를 생각하기 좋아한다.	①	②	③	④	⑤
242	하루 종일 거리를 돌아다녀도 그다지 피곤을 느끼지 않는다.	①	②	③	④	⑤
243	컴퓨터의 키보드 조작도 연습하면 잘할 수 있을 것 같다.	①	②	③	④	⑤
244	자동차나 모터보트 등의 운전에 흥미를 갖고 있다.	①	②	③	④	⑤
245	인기탤런트의 인기비결을 곧 잘 생각해본다.	①	②	③	④	⑤
246	과자나 빵을 판매하는 일보다 만드는 일이 나에게 맞을 것 같다.	①	②	③	④	⑤
247	대체로 걱정하거나 고민하지 않는다.	①	②	③	④	⑤
248	비판적인 말을 들어도 쉽게 상처받지 않았다.	①	②	③	④	⑤
249	초등학교 선생님보다는 등대지기가 더 재미있을 것 같았다.	①	②	③	④	⑤
250	남의 생일이나 명절 때 선물을 사러 다니는 일이 귀찮게 느껴진다.	①	②	③	④	⑤

유형 2

※ 다음 질문내용을 읽고 본인에 해당하는 응답의 '예', '아니요'에 ○표 하시오. [1~133]

번호	질문	응답	
01	조심스러운 성격이라고 생각한다.	예	아니요
02	사물을 신중하게 생각하는 편이라고 생각한다.	예	아니요
03	동작이 기민한 편이다.	예	아니요
04	포기하지 않고 노력하는 것이 중요하다.	예	아니요
05	일주일의 예정을 만드는 것을 좋아한다.	예	아니요
06	노력의 여하보다 결과가 중요하다.	예	아니요
07	자기주장이 강하다.	예	아니요
08	장래의 일을 생각하면 불안해질 때가 있다.	예	아니요
09	소외감을 느낄 때가 있다.	예	아니요
10	훌쩍 여행을 떠나고 싶을 때가 자주 있다.	예	아니요
11	대인관계가 귀찮다고 느낄 때가 있다.	예	아니요
12	자신의 권리를 주장하는 편이다.	예	아니요
13	낙천가라고 생각한다.	예	아니요
14	싸움을 한 적이 없다.	예	아니요
15	자신의 의견을 상대에게 잘 주장하지 못한다.	예	아니요
16	좀처럼 결단하지 못하는 경우가 있다.	예	아니요
17	하나의 취미를 오래 지속하는 편이다.	예	아니요
18	한 번 시작한 일은 끝을 맺는다.	예	아니요
19	행동으로 옮기기까지 시간이 걸린다.	예	아니요

번호	질문	응답	
20	다른 사람들이 하지 못하는 일을 하고 싶다.	예	아니요
21	해야 할 일은 신속하게 처리한다.	예	아니요
22	병이 아닌지 걱정이 들 때가 있다.	예	아니요
23	다른 사람의 충고를 기분 좋게 듣는 편이다.	예	아니요
24	다른 사람에게 의존적이 될 때가 많다.	예	아니요
25	타인에게 간섭받는 것은 싫다.	예	아니요
26	의식 과잉이라는 생각이 들 때가 있다.	예	아니요
27	수다를 좋아한다.	예	아니요
28	잘못된 일을 한 적이 한 번도 없다.	예	아니요
29	모르는 사람과 이야기하는 것은 용기가 필요하다.	예	아니요
30	끙끙거리며 생각할 때가 있다.	예	아니요
31	다른 사람에게 항상 움직이고 있다는 말을 듣는다.	예	아니요
32	매사에 얽매인다.	예	아니요
33	잘하지 못하는 게임은 하지 않으려고 한다.	예	아니요
34	어떠한 일이 있어도 출세하고 싶다.	예	아니요
35	막무가내라는 말을 들을 때가 많다.	예	아니요
36	신경이 예민한 편이라고 생각한다.	예	아니요
37	쉽게 침울해한다.	예	아니요
38	쉽게 싫증을 내는 편이다.	예	아니요
39	옆에 사람이 있으면 싫다.	예	아니요
40	토론에서 이길 자신이 있다.	예	아니요
41	친구들과 남의 이야기를 하는 것을 좋아한다.	예	아니요
42	푸념을 한 적이 없다.	예	아니요
43	남과 친해지려면 용기가 필요하다.	예	아니요
44	통찰력이 있다고 생각한다.	예	아니요
45	집에서 가만히 있으면 기분이 우울해진다.	예	아니요
46	매사에 느긋하고 차분하게 매달린다.	예	아니요
47	좋은 생각이 떠올라도 실행하기 전에 여러모로 검토한다.	예	아니요
48	누구나 권력자를 동경하고 있다고 생각한다.	예	아니요
49	몸으로 부딪혀 도전하는 편이다.	예	아니요
50	당황하면 갑자기 땀이 나서 신경 쓰일 때가 있다.	예	아니요
51	친구들이 진지한 사람으로 생각하고 있다.	예	아니요
52	감정적으로 될 때가 많다.	예	아니요
53	다른 사람의 일에 관심이 없다.	예	아니요
54	다른 사람으로부터 지적받는 것은 싫다.	예	아니요
55	지루하면 마구 떠들고 싶어진다.	예	아니요
56	부모에게 불평을 한 적이 한 번도 없다.	예	아니요
57	내성적이라고 생각한다.	예	아니요
58	돌다리도 두들기고 건너는 타입이라고 생각한다.	예	아니요
59	굳이 말하자면 시원시원하다.	예	아니요

번호	질문	응답	
60	끈기가 강하다.	예	아니요
61	전망을 세우고 행동할 때가 많다.	예	아니요
62	일에는 결과가 중요하다고 생각한다.	예	아니요
63	활력이 있다.	예	아니요
64	항상 천재지변을 당하지는 않을까 걱정하고 있다.	예	아니요
65	때로는 후회할 때도 있다.	예	아니요
66	다른 사람에게 위해를 가할 것 같은 기분이 든 때가 있다.	예	아니요
67	진정으로 마음을 허락할 수 있는 사람은 없다.	예	아니요
68	기다리는 것에 짜증내는 편이다.	예	아니요
69	친구들로부터 줏대 없는 사람이라는 말을 듣는다.	예	아니요
70	사물을 과장해서 말한 적은 없다.	예	아니요
71	인간관계가 폐쇄적이라는 말을 듣는다.	예	아니요
72	매사에 신중한 편이라고 생각한다.	예	아니요
73	눈을 뜨면 바로 일어난다.	예	아니요
74	난관에 봉착해도 포기하지 않고 열심히 해본다.	예	아니요
75	실행하기 전에 재확인할 때가 많다.	예	아니요
76	리더로서 인정을 받고 싶다.	예	아니요
77	어떤 일이 있어도 의욕을 가지고 열심히 하는 편이다.	예	아니요
78	다른 사람의 감정에 민감하다.	예	아니요
79	다른 사람들이 남을 배려하는 마음씨가 있다는 말을 한다.	예	아니요
80	사소한 일로 우는 일이 많다.	예	아니요
81	반대에 부딪혀도 자신의 의견을 바꾸는 일은 없다.	예	아니요
82	누구와도 편하게 이야기할 수 있다.	예	아니요
83	가만히 있지 못할 정도로 침착하지 못할 때가 있다.	예	아니요
84	다른 사람을 싫어한 적은 한 번도 없다.	예	아니요
85	그룹 내에서는 누군가의 주도하에 따라가는 경우가 많다.	예	아니요
86	차분하다는 말을 듣는다.	예	아니요
87	스포츠 선수가 되고 싶다고 생각한 적이 있다.	예	아니요
88	모두가 싫증을 내는 일에도 혼자서 열심히 한다.	예	아니요
89	휴일은 세부적인 예정을 세우고 보낸다.	예	아니요
90	완성된 것보다 미완성인 것에 흥미가 있다.	예	아니요
91	잘하지 못하는 것이라도 자진해서 한다.	예	아니요
92	가만히 있지 못할 정도로 불안해질 때가 많다.	예	아니요
93	자주 깊은 생각에 잠긴다.	예	아니요
94	이유도 없이 다른 사람과 부딪힐 때가 있다.	예	아니요
95	타인의 일에는 별로 관여하고 싶지 않다고 생각한다.	예	아니요
96	무슨 일이든 자신을 가지고 행동한다.	예	아니요
97	유명인과 서로 아는 사람이 되고 싶다.	예	아니요
98	지금까지 후회를 한 적이 없다.	예	아니요
99	의견이 다른 사람과는 어울리지 않는다.	예	아니요

PART 4

번호	질문	응답	
100	무슨 일이든 생각해 보지 않으면 만족하지 못한다.	예	아니요
101	다소 무리를 하더라도 피로해지지 않는다.	예	아니요
102	굳이 말하자면 장거리 주자에 어울린다고 생각한다.	예	아니요
103	여행을 가기 전에는 세세한 계획을 세운다.	예	아니요
104	능력을 살릴 수 있는 일을 하고 싶다.	예	아니요
105	성격이 시원시원하다고 생각한다.	예	아니요
106	굳이 말하자면 자의식 과잉이다.	예	아니요
107	스스로를 쓸모없는 인간이라고 생각할 때가 있다.	예	아니요
108	주위의 영향을 받기 쉽다.	예	아니요
109	지인을 발견해도 만나고 싶지 않을 때가 많다.	예	아니요
110	다수의 반대가 있더라도 자신의 생각대로 행동한다.	예	아니요
111	번화한 곳에 외출하는 것을 좋아한다.	예	아니요
112	지금까지 다른 사람의 마음에 상처준 일이 없다.	예	아니요
113	다른 사람에게 자신이 소개되는 것을 좋아한다.	예	아니요
114	실행하기 전에 재고하는 경우가 많다.	예	아니요
115	몸을 움직이는 것을 좋아한다.	예	아니요
116	완고한 편이라고 생각한다.	예	아니요
117	신중하게 생각하는 편이다.	예	아니요
118	커다란 일을 해보고 싶다.	예	아니요
119	계획을 생각하기보다 빨리 실행하고 싶어한다.	예	아니요
120	작은 소리도 신경 쓰인다.	예	아니요
121	자질구레한 걱정이 많다.	예	아니요
122	이유도 없이 화가 치밀 때가 있다.	예	아니요
123	융통성이 없는 편이다.	예	아니요
124	다른 사람보다 기가 세다.	예	아니요
125	다른 사람보다 쉽게 우쭐해진다.	예	아니요
126	다른 사람을 의심한 적이 한 번도 없다.	예	아니요
127	어색해지면 입을 다무는 경우가 많다.	예	아니요
128	하루의 행동을 반성하는 경우가 많다.	예	아니요
129	격렬한 운동도 그다지 힘들어하지 않는다.	예	아니요
130	새로운 일에 처음 한 발을 좀처럼 떼지 못한다.	예	아니요
131	앞으로의 일을 생각하지 않으면 진정이 되지 않는다.	예	아니요
132	인생에서 중요한 것은 높은 목표를 갖는 것이다.	예	아니요
133	무슨 일이든 선수를 쳐야 이긴다고 생각한다.	예	아니요

※ 다음 문항을 읽고, 자신의 성향과 가까운 정도에 따라 1 ~ 7점을 부여한다(① 매우 그렇지 않다, ② 거의 그렇지 않다, ③ 조금 그렇지 않다, ④ 보통이다, ⑤ 조금 그렇다, ⑥ 거의 그렇다, ⑦ 매우 그렇다). 그리고 3개의 문장에서 자신과 가장 가까운 것과 가장 먼 것에 체크하시오. [1~50]

01

문항군	응답 1							응답 2	
	전혀 아님	《	보통	》	매우 그러함			멀다	가깝다
A. 사물을 신중하게 생각하는 편이라고 생각한다.	①	②	③	④	⑤	⑥	⑦	멀	갑
B. 포기하지 않고 노력하는 것이 중요하다.	①	②	③	④	⑤	⑥	⑦	멀	갑
C. 자신의 권리를 주장하는 편이다	①	②	③	④	⑤	⑥	⑦	멀	갑

02

문항군	응답 1							응답 2	
	전혀 아님	《	보통	》	매우 그러함			멀다	가깝다
A. 노력의 여하보다 결과가 중요하다.	①	②	③	④	⑤	⑥	⑦	멀	갑
B. 자기주장이 강하다.	①	②	③	④	⑤	⑥	⑦	멀	갑
C. 어떠한 일이 있어도 출세하고 싶다.	①	②	③	④	⑤	⑥	⑦	멀	갑

03

문항군	응답 1							응답 2	
	전혀 아님	《	보통	》	매우 그러함			멀다	가깝다
A. 다른 사람의 일에 관심이 없다.	①	②	③	④	⑤	⑥	⑦	멀	갑
B. 때로는 후회할 때도 있다.	①	②	③	④	⑤	⑥	⑦	멀	갑
C. 진정으로 마음을 허락할 수 있는 사람은 없다.	①	②	③	④	⑤	⑥	⑦	멀	갑

04

문항군	응답 1							응답 2	
	전혀 아님	《	보통	》	매우 그러함			멀다	가깝다
A. 한번 시작한 일은 반드시 끝을 맺는다.	①	②	③	④	⑤	⑥	⑦	멀	갑
B. 다른 사람들이 하지 못하는 일을 하고 싶다.	①	②	③	④	⑤	⑥	⑦	멀	갑
C. 좋은 생각이 떠올라도 실행하기 전에 여러모로 검토한다.	①	②	③	④	⑤	⑥	⑦	멀	갑

05

문항군	응답 1							응답 2	
	전혀 아님	《	보통	》	매우 그러함			멀다	가깝다
A. 다른 사람에게 항상 움직이고 있다는 말을 듣는다.	①	②	③	④	⑤	⑥	⑦	멀	갑
B. 옆에 사람이 있으면 싫다.	①	②	③	④	⑤	⑥	⑦	멀	갑
C. 친구들과 남의 이야기를 하는 것을 좋아한다.	①	②	③	④	⑤	⑥	⑦	멀	갑

PART 4

06

문항군	응답 1							응답 2	
	전혀 아님	《	보통	》	매우 그러함			멀다	가깝다
A. 모두가 싫증을 내는 일에도 혼자서 열심히 한다.	①	②	③	④	⑤	⑥	⑦	멀	깐
B. 완성된 것보다 미완성인 것에 흥미가 있다.	①	②	③	④	⑤	⑥	⑦	멀	깐
C. 능력을 살릴 수 있는 일을 하고 싶다.	①	②	③	④	⑤	⑥	⑦	멀	깐

07

문항군	응답 1							응답 2	
	전혀 아님	《	보통	》	매우 그러함			멀다	가깝다
A. 번화한 곳에 외출하는 것을 좋아한다.	①	②	③	④	⑤	⑥	⑦	멀	깐
B. 다른 사람에게 자신이 소개되는 것을 좋아한다.	①	②	③	④	⑤	⑥	⑦	멀	깐
C. 다른 사람보다 쉽게 우쭐해진다.	①	②	③	④	⑤	⑥	⑦	멀	깐

08

문항군	응답 1							응답 2	
	전혀 아님	《	보통	》	매우 그러함			멀다	가깝다
A. 다른 사람의 감정에 민감하다.	①	②	③	④	⑤	⑥	⑦	멀	깐
B. 다른 사람들이 나에게 남을 배려하는 마음씨가 있다는 말을 한다.	①	②	③	④	⑤	⑥	⑦	멀	깐
C. 사소한 일로 우는 일이 많다.	①	②	③	④	⑤	⑥	⑦	멀	깐

09

문항군	응답 1							응답 2	
	전혀 아님	《	보통	》	매우 그러함			멀다	가깝다
A. 통찰력이 있다고 생각한다.	①	②	③	④	⑤	⑥	⑦	멀	깐
B. 몸으로 부딪혀 도전하는 편이다.	①	②	③	④	⑤	⑥	⑦	멀	깐
C. 감정적으로 될 때가 많다.	①	②	③	④	⑤	⑥	⑦	멀	깐

10

문항군	응답 1							응답 2	
	전혀 아님	《	보통	》	매우 그러함			멀다	가깝다
A. 타인에게 간섭받는 것을 싫어한다.	①	②	③	④	⑤	⑥	⑦	멀	깐
B. 신경이 예민한 편이라고 생각한다.	①	②	③	④	⑤	⑥	⑦	멀	깐
C. 난관에 봉착해도 포기하지 않고 열심히 한다.	①	②	③	④	⑤	⑥	⑦	멀	깐

11

문항군	응답 1							응답 2	
	전혀 아님	≪	보통	≫	매우 그러함			멀다	가깝다
A. 해야 할 일은 신속하게 처리한다.	①	②	③	④	⑤	⑥	⑦	멀	갑
B. 매사에 느긋하고 차분하다.	①	②	③	④	⑤	⑥	⑦	멀	갑
C. 끙끙거리며 생각할 때가 있다.	①	②	③	④	⑤	⑥	⑦	멀	갑

12

문항군	응답 1							응답 2	
	전혀 아님	≪	보통	≫	매우 그러함			멀다	가깝다
A. 하나의 취미를 오래 지속하는 편이다.	①	②	③	④	⑤	⑥	⑦	멀	갑
B. 낙천가라고 생각한다.	①	②	③	④	⑤	⑥	⑦	멀	갑
C. 일주일의 예정을 만드는 것을 좋아한다.	①	②	③	④	⑤	⑥	⑦	멀	갑

13

문항군	응답 1							응답 2	
	전혀 아님	≪	보통	≫	매우 그러함			멀다	가깝다
A. 자신의 의견을 상대에게 잘 주장하지 못한다.	①	②	③	④	⑤	⑥	⑦	멀	갑
B. 좀처럼 결단하지 못하는 경우가 있다.	①	②	③	④	⑤	⑥	⑦	멀	갑
C. 행동으로 옮기기까지 시간이 걸린다.	①	②	③	④	⑤	⑥	⑦	멀	갑

14

문항군	응답 1							응답 2	
	전혀 아님	≪	보통	≫	매우 그러함			멀다	가깝다
A. 돌다리도 두드리며 건너는 타입이라고 생각한다.	①	②	③	④	⑤	⑥	⑦	멀	갑
B. 굳이 말하자면 시원시원하다.	①	②	③	④	⑤	⑥	⑦	멀	갑
C. 토론에서 이길 자신이 있다.	①	②	③	④	⑤	⑥	⑦	멀	갑

15

문항군	응답 1							응답 2	
	전혀 아님	≪	보통	≫	매우 그러함			멀다	가깝다
A. 쉽게 침울해진다.	①	②	③	④	⑤	⑥	⑦	멀	갑
B. 쉽게 싫증을 내는 편이다.	①	②	③	④	⑤	⑥	⑦	멀	갑
C. 도덕 / 윤리를 중시한다.	①	②	③	④	⑤	⑥	⑦	멀	갑

16

문항군	응답 1							응답 2	
	전혀 아님	《	보통	》	매우 그러함			멀다	가깝다
A. 매사에 신중한 편이라고 생각한다.	①	②	③	④	⑤	⑥	⑦	멀	깝
B. 실행하기 전에 재확인할 때가 많다.	①	②	③	④	⑤	⑥	⑦	멀	깝
C. 반대에 부딪혀도 자신의 의견을 바꾸는 일은 없다.	①	②	③	④	⑤	⑥	⑦	멀	깝

17

문항군	응답 1							응답 2	
	전혀 아님	《	보통	》	매우 그러함			멀다	가깝다
A. 전망을 세우고 행동할 때가 많다.	①	②	③	④	⑤	⑥	⑦	멀	깝
B. 일에는 결과가 중요하다고 생각한다.	①	②	③	④	⑤	⑥	⑦	멀	깝
C. 다른 사람으로부터 지적받는 것은 싫다.	①	②	③	④	⑤	⑥	⑦	멀	깝

18

문항군	응답 1							응답 2	
	전혀 아님	《	보통	》	매우 그러함			멀다	가깝다
A. 다른 사람에게 위해를 가할 것 같은 기분이 들 때가 있다.	①	②	③	④	⑤	⑥	⑦	멀	깝
B. 인간관계가 폐쇄적이라는 말을 듣는다.	①	②	③	④	⑤	⑥	⑦	멀	깝
C. 친구들로부터 줏대 없는 사람이라는 말을 듣는다.	①	②	③	④	⑤	⑥	⑦	멀	깝

19

문항군	응답 1							응답 2	
	전혀 아님	《	보통	》	매우 그러함			멀다	가깝다
A. 누구와도 편하게 이야기할 수 있다.	①	②	③	④	⑤	⑥	⑦	멀	깝
B. 다른 사람을 싫어한 적은 한 번도 없다.	①	②	③	④	⑤	⑥	⑦	멀	깝
C. 리더로서 인정을 받고 싶다.	①	②	③	④	⑤	⑥	⑦	멀	깝

20

문항군	응답 1							응답 2	
	전혀 아님	《	보통	》	매우 그러함			멀다	가깝다
A. 기다리는 것에 짜증내는 편이다.	①	②	③	④	⑤	⑥	⑦	멀	깝
B. 지루하면 마구 떠들고 싶어진다.	①	②	③	④	⑤	⑥	⑦	멀	깝
C. 남과 친해지려면 용기가 필요하다.	①	②	③	④	⑤	⑥	⑦	멀	깝

21

문항군	응답 1							응답 2	
	전혀 아님	《	보통	》	매우 그러함			멀다	가깝다
A. 사물을 과장해서 말한 적은 없다.	①	②	③	④	⑤	⑥	⑦	멀	갑
B. 항상 천재지변을 당하지 않을까 걱정하고 있다.	①	②	③	④	⑤	⑥	⑦	멀	갑
C. 어떤 일이 있어도 의욕을 가지고 열심히 하는 편이다.	①	②	③	④	⑤	⑥	⑦	멀	갑

22

문항군	응답 1							응답 2	
	전혀 아님	《	보통	》	매우 그러함			멀다	가깝다
A. 그룹 내에서는 누군가의 주도하에 따라가는 경우가 많다.	①	②	③	④	⑤	⑥	⑦	멀	갑
B. 내성적이라고 생각한다.	①	②	③	④	⑤	⑥	⑦	멀	갑
C. 모르는 사람과 이야기하는 것은 용기가 필요하다.	①	②	③	④	⑤	⑥	⑦	멀	갑

23

문항군	응답 1							응답 2	
	전혀 아님	《	보통	》	매우 그러함			멀다	가깝다
A. 집에서 가만히 있으면 기분이 우울해진다.	①	②	③	④	⑤	⑥	⑦	멀	갑
B. 당황하면 갑자기 땀이 나서 신경 쓰일 때가 있다.	①	②	③	④	⑤	⑥	⑦	멀	갑
C. 차분하다는 말을 듣는다.	①	②	③	④	⑤	⑥	⑦	멀	갑

24

문항군	응답 1							응답 2	
	전혀 아님	《	보통	》	매우 그러함			멀다	가깝다
A. 어색해지면 입을 다무는 경우가 많다.	①	②	③	④	⑤	⑥	⑦	멀	갑
B. 융통성이 없는 편이다.	①	②	③	④	⑤	⑥	⑦	멀	갑
C. 이유도 없이 화가 치밀 때가 있다.	①	②	③	④	⑤	⑥	⑦	멀	갑

25

문항군	응답 1							응답 2	
	전혀 아님	《	보통	》	매우 그러함			멀다	가깝다
A. 자질구레한 걱정이 많다.	①	②	③	④	⑤	⑥	⑦	멀	갑
B. 다른 사람을 의심한 적이 한 번도 없다.	①	②	③	④	⑤	⑥	⑦	멀	갑
C. 지금까지 후회를 한 적이 없다.	①	②	③	④	⑤	⑥	⑦	멀	갑

26

문항군	응답 1							응답 2	
	전혀 아님	《	보통	》	매우 그러함			멀다	가깝다
A. 무슨 일이든 자신을 가지고 행동한다.	①	②	③	④	⑤	⑥	⑦	멀	가
B. 자주 깊은 생각에 잠긴다.	①	②	③	④	⑤	⑥	⑦	멀	가
C. 가만히 있지 못할 정도로 불안해질 때가 많다.	①	②	③	④	⑤	⑥	⑦	멀	가

27

문항군	응답 1							응답 2	
	전혀 아님	《	보통	》	매우 그러함			멀다	가깝다
A. 스포츠 선수가 되고 싶다고 생각한 적이 있다.	①	②	③	④	⑤	⑥	⑦	멀	가
B. 유명인과 서로 아는 사람이 되고 싶다.	①	②	③	④	⑤	⑥	⑦	멀	가
C. 연예인에 대해 동경한 적이 없다.	①	②	③	④	⑤	⑥	⑦	멀	가

28

문항군	응답 1							응답 2	
	전혀 아님	《	보통	》	매우 그러함			멀다	가깝다
A. 휴일은 세부적인 예정을 세우고 보낸다.	①	②	③	④	⑤	⑥	⑦	멀	가
B. 잘하지 못하는 것이라도 자진해서 한다.	①	②	③	④	⑤	⑥	⑦	멀	가
C. 이유도 없이 다른 사람과 부딪힐 때가 있다.	①	②	③	④	⑤	⑥	⑦	멀	가

29

문항군	응답 1							응답 2	
	전혀 아님	《	보통	》	매우 그러함			멀다	가깝다
A. 타인의 일에는 별로 관여하고 싶지 않다고 생각한다.	①	②	③	④	⑤	⑥	⑦	멀	가
B. 의견이 다른 사람과는 어울리지 않는다.	①	②	③	④	⑤	⑥	⑦	멀	가
C. 주위의 영향을 받기 쉽다.	①	②	③	④	⑤	⑥	⑦	멀	가

30

문항군	응답 1							응답 2	
	전혀 아님	《	보통	》	매우 그러함			멀다	가깝다
A. 지인을 발견해도 만나고 싶지 않을 때가 많다.	①	②	③	④	⑤	⑥	⑦	멀	가
B. 굳이 말하자면 자의식 과잉이다.	①	②	③	④	⑤	⑥	⑦	멀	가
C. 몸을 움직이는 것을 좋아한다.	①	②	③	④	⑤	⑥	⑦	멀	가

31

문항군	응답 1							응답 2	
	전혀 아님	<<	보통	>>	매우 그러함			멀다	가깝다
A. 무슨 일이든 생각해 보지 않으면 만족하지 못한다.	①	②	③	④	⑤	⑥	⑦	멀	가
B. 다수의 반대가 있더라도 자신의 생각대로 행동한다.	①	②	③	④	⑤	⑥	⑦	멀	가
C. 지금까지 다른 사람의 마음에 상처준 일이 없다.	①	②	③	④	⑤	⑥	⑦	멀	가

32

문항군	응답 1							응답 2	
	전혀 아님	<<	보통	>>	매우 그러함			멀다	가깝다
A. 실행하기 전에 재고하는 경우가 많다.	①	②	③	④	⑤	⑥	⑦	멀	가
B. 완고한 편이라고 생각한다.	①	②	③	④	⑤	⑥	⑦	멀	가
C. 작은 소리도 신경 쓰인다.	①	②	③	④	⑤	⑥	⑦	멀	가

33

문항군	응답 1							응답 2	
	전혀 아님	<<	보통	>>	매우 그러함			멀다	가깝다
A. 다소 무리를 하더라도 피로해지지 않는다.	①	②	③	④	⑤	⑥	⑦	멀	가
B. 다른 사람보다 고집이 세다.	①	②	③	④	⑤	⑥	⑦	멀	가
C. 성격이 밝다는 말을 듣는다.	①	②	③	④	⑤	⑥	⑦	멀	가

34

문항군	응답 1							응답 2	
	전혀 아님	<<	보통	>>	매우 그러함			멀다	가깝다
A. 다른 사람이 부럽다고 생각한 적이 한 번도 없다.	①	②	③	④	⑤	⑥	⑦	멀	가
B. 자신의 페이스를 잃지 않는다.	①	②	③	④	⑤	⑥	⑦	멀	가
C. 굳이 말하면 이상주의자다.	①	②	③	④	⑤	⑥	⑦	멀	가

35

문항군	응답 1							응답 2	
	전혀 아님	<<	보통	>>	매우 그러함			멀다	가깝다
A. 가능성에 눈을 돌린다.	①	②	③	④	⑤	⑥	⑦	멀	가
B. 튀는 것을 싫어한다.	①	②	③	④	⑤	⑥	⑦	멀	가
C. 방법이 정해진 일은 안심할 수 있다.	①	②	③	④	⑤	⑥	⑦	멀	가

PART 4

36

문항군	응답 1							응답 2	
	전혀 아님	<<	보통	>>	매우 그러함			멀다	가깝다
A. 매사에 감정적으로 생각한다.	①	②	③	④	⑤	⑥	⑦	멀	갭
B. 스케줄을 짜고 행동하는 편이다.	①	②	③	④	⑤	⑥	⑦	멀	갭
C. 지나치게 합리적으로 결론짓는 것은 좋지 않다.	①	②	③	④	⑤	⑥	⑦	멀	갭

37

문항군	응답 1							응답 2	
	전혀 아님	<<	보통	>>	매우 그러함			멀다	가깝다
A. 다른 사람의 의견에 귀를 기울인다.	①	②	③	④	⑤	⑥	⑦	멀	갭
B. 사람들 앞에 잘 나서지 못한다.	①	②	③	④	⑤	⑥	⑦	멀	갭
C. 임기응변에 능하다.	①	②	③	④	⑤	⑥	⑦	멀	갭

38

문항군	응답 1							응답 2	
	전혀 아님	<<	보통	>>	매우 그러함			멀다	가깝다
A. 꿈을 가진 사람에게 끌린다.	①	②	③	④	⑤	⑥	⑦	멀	갭
B. 직감적으로 판단한다.	①	②	③	④	⑤	⑥	⑦	멀	갭
C. 틀에 박힌 일은 싫다.	①	②	③	④	⑤	⑥	⑦	멀	갭

39

문항군	응답 1							응답 2	
	전혀 아님	<<	보통	>>	매우 그러함			멀다	가깝다
A. 친구가 돈을 빌려달라고 하면 거절하지 못한다.	①	②	③	④	⑤	⑥	⑦	멀	갭
B. 어려움에 처한 사람을 보면 원인을 생각한다.	①	②	③	④	⑤	⑥	⑦	멀	갭
C. 매사에 이론적으로 생각한다.	①	②	③	④	⑤	⑥	⑦	멀	갭

40

문항군	응답 1							응답 2	
	전혀 아님	<<	보통	>>	매우 그러함			멀다	가깝다
A. 혼자 꾸준히 하는 것을 좋아한다.	①	②	③	④	⑤	⑥	⑦	멀	갭
B. 튀는 것을 좋아한다.	①	②	③	④	⑤	⑥	⑦	멀	갭
C. 굳이 말하자면 보수적이라 생각한다.	①	②	③	④	⑤	⑥	⑦	멀	갭

41

문항군	응답 1							응답 2	
	전혀 아님	《	보통	》		매우 그러함		멀다	가깝다
A. 다른 사람과 만났을 때 화제에 부족함이 없다.	①	②	③	④	⑤	⑥	⑦	멀	가
B. 그때그때의 기분으로 행동하는 경우가 많다.	①	②	③	④	⑤	⑥	⑦	멀	가
C. 현실적인 사람에게 끌린다.	①	②	③	④	⑤	⑥	⑦	멀	가

42

문항군	응답 1							응답 2	
	전혀 아님	《	보통	》		매우 그러함		멀다	가깝다
A. 병이 아닌지 걱정이 들 때가 있다.	①	②	③	④	⑤	⑥	⑦	멀	가
B. 자의식 과잉이라는 생각이 들 때가 있다.	①	②	③	④	⑤	⑥	⑦	멀	가
C. 막무가내라는 말을 들을 때가 많다.	①	②	③	④	⑤	⑥	⑦	멀	가

43

문항군	응답 1							응답 2	
	전혀 아님	《	보통	》		매우 그러함		멀다	가깝다
A. 푸념을 한 적이 없다.	①	②	③	④	⑤	⑥	⑦	멀	가
B. 수다를 좋아한다.	①	②	③	④	⑤	⑥	⑦	멀	가
C. 부모에게 불평을 한 적이 한 번도 없다.	①	②	③	④	⑤	⑥	⑦	멀	가

44

문항군	응답 1							응답 2	
	전혀 아님	《	보통	》		매우 그러함		멀다	가깝다
A. 친구들이 나를 진지한 사람으로 생각하고 있다.	①	②	③	④	⑤	⑥	⑦	멀	가
B. 엉뚱한 생각을 잘한다.	①	②	③	④	⑤	⑥	⑦	멀	가
C. 이성적인 사람이라는 말을 듣고 싶다.	①	②	③	④	⑤	⑥	⑦	멀	가

45

문항군	응답 1							응답 2	
	전혀 아님	《	보통	》		매우 그러함		멀다	가깝다
A. 예정에 얽매이는 것을 싫어한다.	①	②	③	④	⑤	⑥	⑦	멀	가
B. 굳이 말하자면 장거리주자에 어울린다고 생각한다.	①	②	③	④	⑤	⑥	⑦	멀	가
C. 여행을 가기 전에는 세세한 계획을 세운다.	①	②	③	④	⑤	⑥	⑦	멀	가

46

문항군	응답 1							응답 2	
	전혀 아님	<<	보통	>>	매우 그러함			멀다	가깝다
A. 굳이 말하자면 기가 센 편이다.	①	②	③	④	⑤	⑥	⑦	⑨	㉮
B. 신중하게 생각하는 편이다.	①	②	③	④	⑤	⑥	⑦	⑨	㉮
C. 계획을 생각하기보다는 빨리 실행하고 싶어 한다.	①	②	③	④	⑤	⑥	⑦	⑨	㉮

47

문항군	응답 1							응답 2	
	전혀 아님	<<	보통	>>	매우 그러함			멀다	가깝다
A. 자신을 쓸모없는 인간이라고 생각할 때가 있다.	①	②	③	④	⑤	⑥	⑦	⑨	㉮
B. 아는 사람을 발견해도 피해버릴 때가 있다.	①	②	③	④	⑤	⑥	⑦	⑨	㉮
C. 앞으로의 일을 생각하지 않으면 진정이 되지 않는다.	①	②	③	④	⑤	⑥	⑦	⑨	㉮

48

문항군	응답 1							응답 2	
	전혀 아님	<<	보통	>>	매우 그러함			멀다	가깝다
A. 격렬한 운동도 그다지 힘들어하지 않는다.	①	②	③	④	⑤	⑥	⑦	⑨	㉮
B. 무슨 일이든 먼저 해야 이긴다고 생각한다.	①	②	③	④	⑤	⑥	⑦	⑨	㉮
C. 예정이 없는 상태를 싫어한다.	①	②	③	④	⑤	⑥	⑦	⑨	㉮

49

문항군	응답 1							응답 2	
	전혀 아님	<<	보통	>>	매우 그러함			멀다	가깝다
A. 잘하지 못하는 게임은 하지 않으려고 한다.	①	②	③	④	⑤	⑥	⑦	⑨	㉮
B. 다른 사람에게 의존적이 될 때가 많다.	①	②	③	④	⑤	⑥	⑦	⑨	㉮
C. 대인관계가 귀찮다고 느낄 때가 있다.	①	②	③	④	⑤	⑥	⑦	⑨	㉮

50

문항군	응답 1							응답 2	
	전혀 아님	<<	보통	>>	매우 그러함			멀다	가깝다
A. 장래의 일을 생각하면 불안해질 때가 있다.	①	②	③	④	⑤	⑥	⑦	⑨	㉮
B. 가만히 있지 못할 정도로 침착하지 못할 때가 있다.	①	②	③	④	⑤	⑥	⑦	⑨	㉮
C. 침울해지면 아무것도 손에 잡히지 않는다.	①	②	③	④	⑤	⑥	⑦	⑨	㉮

02 | UK 작업태도검사

01 UK작업태도검사

인간은 잠을 잘 때를 제외하곤 항상 어떤 작업을 하고 있으므로 작업 중에 인격적 요인이 반영될 수밖에 없다. 따라서 일정한 조건 아래 단순한 작업을 시키고 나서 그 작업량의 패턴에서 인격을 파악하려고 하는 것이 UK작업태도검사다. 일반적으로 이 방법은 실시가 간단해 집단적으로 실시할 수 있고, 비언어적인 과제를 사용하고 있으므로 언어 이해력을 필요로 하지 않는다는 이점이 있으나 성격 전반에 대한 정보를 얻는 것은 무리다.

작업검사의 대표적인 검사방법으로는 우리나라에서 UK검사라는 약칭으로 통용되는 우치다-크레펠린 정신작업검사가 있다. 이 검사의 기초가 된 것은 크레펠린(Kraepelin)이 실험심리학의 연구법으로 개발한 단순가산작업이지만, 이것을 인격검사에 받아들인 것은 우치다 유우자부로(內田勇三郞)다.

우치다-크레펠린 정신검사는 1행의 숫자가 가로 91자, 세로 34행으로 된 용지를 사용하는데 1분에 한 행씩 각 행의 숫자를 가산해서 답의 일의 자리 숫자만 쓰는 작업이 주어진다. 현재 삼성에서는 이와 동일하지는 않지만, 비슷한 방식으로 UK작업태도검사를 시행하고 있다. 검사결과의 정리방법은 우선 각 행의 작업이 이루어진 최후의 숫자를 연결하는 것에 의해 작업곡선을 기입한다.

1. 측정요인

평균작업량	휴식 후 15분간 작업량의 평균작업량을 측정한다.
초두효과율	작업에 대한 처음의 좋음이나 순조로움을 보이는 요인으로서 작업개시 시의 의지와 긴장 정도를 재는 것이다.
평균오류량	휴식 전후(前後)의 1줄에 대한 평균오류량을 측정한다.
휴식효과율	전반부와 후반부의 작업량을 비교하여 휴식 후의 작업증가율을 나타내는 요인으로서 휴식단계에서 피로가 줄었음에도 불구하고 작업량이 휴식 전보다 낮다면 휴식효과가 낮게 나타난다. 특히 정신분열증 환자의 경우에는 이 휴식효과율이 낮다고 되어 있다.

(1) 양적 측정

휴식 후 15분간 작업량의 평균작업량을 기준으로 측정한다. 일반적으로 UK검사의 작업량은 계산의 연속이기 때문에 피검사자의 IQ(지능지수)와 많은 연관성이 있지만 성격상의 결함이 있는 사람이 많고, 휴식효과율이 낮은 사람이 있기 때문에 직접적으로 지능지수와 연관성을 맺기에는 무리가 있다. 양적 측정은 말 그대로 작업량의 많고 적음을 나타내기도 하고, 휴식효과에 관련해서 정서, 집중력, 가변성 등의 판단결과가 나타난다고 볼 수 있다.

(2) 질적 측정

휴식 전 작업곡선과 휴식 후 작업곡선을 기준으로 초두노력의 결여, 평균오류량, 휴식효과율 등을 판정하여 성격적인 측면을 검사한다.

정형	곡선의 양단이 중앙부보다 높고, 완만하게 하강하고 다시 완만하게 상승하는 형
상승형	전반부가 높고 후반부가 낮아지는 형
중고형	정형과 반대의 형
하강형	전반부가 낮고 후반부가 높아지는 형
수평형	1줄의 작업 최대차가 5 이내로, 상승도 하강도 하지 않는 형
파상형	전체적으로 일정한 규칙이 없이 곡선의 진폭이 크고, 파도치듯이 나타나는 형

2. 검사방법

(1) 검사마다 다르지만 보통 전반 15분, 휴식 5분, 후반 15분의 형태로 실시한다.

(2) 두 개의 숫자를 더하여 10자리(앞자리)를 제외한 1자리(뒷자리)만 숫자와 숫자 사이 아래에 적는다.

(3) 1줄에 1분씩 연속해서 실시한다.

(4) 검사가 끝나면 틀린 부분을 ×표시한다.

(5) ×표시가 있는 부분만큼 기재한 숫자 중 2개씩을 끝부분에서 제외한다.

(6) 끝부분을 연결한다.

01

```
2 4 1 5 7 7 8 9 6 5 4 1 2 5 4 7 8 9 6 3 2 1 0 5 4 0 2 5 4 5 5 8 9 6 3 0 1 1
2 4 5 6 6 9 7 6 8 9 7 4 2 3 5 8 4 2 3 6 7 9 4 2 8 3 7 9 5 1 6 8 0 3 7 9 5 4
3 8 6 1 6 7 9 5 3 8 0 4 9 7 5 8 1 2 6 8 1 6 8 5 9 6 4 7 9 5 4 3 6 5 7 7 5 6
3 0 5 7 5 9 7 6 8 5 6 4 9 6 5 1 2 4 5 2 8 6 4 3 5 9 6 5 4 2 8 9 3 5 4 9 3 8
6 2 4 8 2 8 2 4 6 3 8 2 1 6 9 3 7 4 4 2 8 1 8 6 4 9 3 8 6 4 2 5 6 8 2 6 7 5
8 9 6 4 2 6 5 8 7 3 6 3 5 4 7 9 2 3 6 3 2 8 4 3 9 6 4 6 9 2 0 6 5 9 7 5 2 1
9 7 6 3 5 4 0 8 7 9 6 5 4 8 6 3 5 3 3 4 8 4 6 9 2 5 7 1 8 9 6 2 4 8 9 6 8 7
3 5 4 9 1 3 7 6 2 7 4 3 0 4 7 9 5 4 3 8 4 9 6 8 4 2 3 8 4 3 6 8 4 2 6 8 7 4
5 6 1 0 6 8 7 4 9 3 8 7 7 5 1 3 6 8 5 2 8 7 2 4 6 9 5 2 7 8 9 5 2 4 6 9 5 4
7 6 9 8 4 4 8 7 5 3 5 4 7 8 5 4 7 8 5 1 5 7 5 9 6 2 4 4 7 5 6 9 8 7 8 0 2 3
0 1 4 5 7 8 9 9 6 5 4 2 3 5 4 7 7 8 4 5 2 9 8 4 5 6 3 2 4 5 5 7 8 5 6 5 2 4
0 8 2 3 6 5 5 4 1 2 4 1 2 5 4 1 2 5 4 1 2 5 4 1 2 5 4 1 1 2 5 4 5 3 6 6 7 5
2 1 4 9 2 4 5 6 8 7 4 6 5 6 8 4 2 4 4 2 6 8 2 2 3 3 6 3 8 7 8 5 4 2 6 8 2 1 6
1 5 6 9 7 0 9 9 5 4 3 7 6 1 8 2 7 5 4 9 6 7 3 8 4 2 3 6 7 9 4 2 8 3 7 9 5 1
6 8 0 3 7 9 5 4 3 8 6 1 6 7 9 5 3 8 0 4 9 7 5 8 1 2 6 8 1 6 8 5 9 6 4 7 9 5
4 3 6 5 7 3 4 1 6 9 4 7 1 4 6 3 9 1 0 2 4 0 1 4 8 9 0 1 2 0 2 5 1 4 1 0 4 7
7 6 3 0 4 1 6 9 5 7 5 8 4 2 2 3 6 4 7 5 9 6 3 5 4 9 7 4 2 3 5 6 9 8 4 4 8 7
5 3 5 4 7 8 5 4 7 8 5 1 5 7 5 9 6 2 4 4 7 5 6 9 8 7 8 0 2 3 0 1 4 5 7 8 9 9
6 5 4 2 3 5 4 3 4 1 6 9 4 7 1 4 6 3 9 1 0 2 4 0 1 4 8 9 0 1 2 0 2 5 1 4 1 0
4 7 7 6 3 0 4 1 6 9 5 7 5 8 4 2 2 3 6 4 2 5 8 6 3 5 4 6 9 8 4 4 8 7 5 3 5 4
7 8 5 4 7 8 5 1 5 7 5 9 6 2 4 4 7 5 6 9 8 7 8 0 2 3 0 1 4 5 7 8 9 9 6 5 4 2
3 5 4 7 7 8 4 5 2 9 8 4 5 6 3 2 4 5 5 7 8 5 6 5 2 4 0 8 2 3 6 5 5 4 1 2 4 1
2 5 4 1 2 5 4 1 2 5 4 1 2 5 4 1 1 2 5 4 5 3 6 6 7 5 2 1 4 6 5 4 2 3 8 4 7 9
5 4 2 3 6 5 4 1 2 2 3 6 5 0 7 8 9 4 7 9 2 1 9 7 8 4 2 3 6 7 8 9 4 3 5 7 8 9
5 4 2 3 4 5 7 0 6 7 5 4 7 8 5 9 6 8 8 9 6 2 2 0 5 8 7 5 6 9 8 7 4 5 8 7 4 9
5 7 7 0 3 2 5 6 6 8 7 4 2 4 9 6 2 4 8 6 2 4 7 8 0 6 1 5 6 9 8 3 5 4 7 8 9 5
4 5 1 0 5 4 7 9 6 5 5 4 2 3 6 9 4 5 7 9 2 1 0 2 3 6 0 1 4 7 5 8 8 5 6 0 3 2
4 5 3 0 5 5 4 6 8 2 4 6 2 6 5 7 2 4 9 5 5 1 9 7 3 5 8 4 2 6 8 4 5 7 5 8 4 2
6 9 5 1 3 5 7 1 5 5 6 3 8 7 1 3 1 1 4 7 8 9 6 3 2 4 5 4 7 5 8 5 8 5 4 8 6 3
2 4 1 5 7 7 8 9 6 5 4 1 2 5 4 7 8 9 6 3 2 1 0 5 4 0 2 5 4 5 5 8 9 6 3 0 1 1
```

PART 4

```
4 3 6 5 7 3 4 1 6 9 4 7 1 4 6 3 9 1 0 2 4 0 1 4 8 9 0 1 2 0 2 5 1 4 1 0 4 7
7 6 3 0 4 1 6 9 5 7 5 8 4 2 2 3 6 4 7 5 9 6 3 5 4 9 7 4 2 3 5 6 9 8 4 4 8 7
5 3 5 4 7 8 5 4 7 8 5 1 5 7 5 9 6 2 4 4 7 5 6 9 8 7 8 0 2 3 0 1 4 5 7 8 9 9
6 5 4 2 3 5 4 3 4 1 6 9 4 7 1 4 6 3 9 1 0 2 4 0 1 4 8 9 0 1 2 0 2 5 1 4 1 0
4 7 7 6 3 0 4 1 6 9 5 7 5 8 4 2 2 3 6 4 2 5 8 6 3 5 4 6 9 8 4 4 8 7 5 3 5 4
7 8 5 4 7 8 5 1 5 7 5 9 6 2 4 4 7 5 6 9 8 7 8 0 2 3 0 1 4 5 7 8 9 9 6 5 4 2
3 5 4 7 7 8 4 5 2 9 8 4 5 6 3 2 4 5 5 7 8 5 6 5 2 4 0 8 2 3 6 5 5 4 1 2 4 1
2 5 4 1 2 5 4 1 2 5 4 1 2 5 4 1 1 2 5 4 5 3 6 6 7 5 2 1 4 6 5 4 2 3 8 4 7 9
5 4 2 3 6 5 4 1 2 2 3 6 5 0 7 8 9 4 7 9 2 1 9 7 8 4 2 3 6 7 8 9 4 3 5 7 8 9
5 4 2 3 4 5 7 0 6 7 5 4 7 8 5 9 6 8 8 9 6 2 2 0 5 8 7 5 6 9 8 7 4 5 8 7 4 9
5 7 7 0 3 2 5 6 6 8 7 4 2 4 9 6 2 4 8 6 2 4 7 8 0 6 1 5 6 9 8 3 5 4 7 8 9 5
4 5 1 0 5 4 7 9 6 5 5 4 2 3 6 9 4 5 7 9 2 1 0 2 3 6 0 1 4 7 5 8 8 5 6 0 3 2
4 5 3 0 5 4 6 8 2 4 6 2 6 5 7 2 4 9 5 5 1 9 7 3 5 8 4 2 6 8 4 5 7 5 8 4 2
6 9 5 1 3 5 7 1 5 5 6 3 8 7 1 3 1 1 4 7 8 9 6 3 2 4 5 4 7 5 8 5 8 5 4 8 6 3
2 4 1 5 7 7 8 9 6 5 4 1 2 5 4 7 8 9 6 3 2 1 0 5 4 0 2 5 4 5 5 8 9 6 3 0 1 1
2 4 1 5 7 7 8 9 6 5 4 1 2 5 4 7 8 9 6 3 2 1 0 5 4 0 2 5 4 5 5 8 9 6 3 0 1 1
2 4 5 6 6 9 7 6 8 9 7 4 2 3 5 8 4 2 3 6 7 9 4 2 8 3 7 9 5 1 6 8 0 3 7 9 5 4
3 8 6 1 6 7 9 5 3 8 0 4 9 7 5 8 1 2 6 8 1 6 8 5 9 6 4 7 9 5 4 3 6 5 7 7 5 6
3 0 5 7 5 9 7 6 8 5 6 4 9 6 5 1 2 4 5 2 8 6 4 3 5 9 6 5 4 2 8 9 3 5 4 9 3 8
6 2 4 8 2 8 2 4 6 3 8 2 1 6 9 3 7 4 4 2 8 1 8 6 4 9 3 8 6 4 2 5 6 8 2 6 7 5
8 9 6 4 2 6 5 8 7 3 6 3 5 4 7 9 2 3 6 3 2 8 4 3 9 6 4 6 9 2 0 6 5 9 7 5 2 1
9 7 6 3 5 4 0 8 7 9 6 5 4 8 6 3 5 3 3 4 8 4 6 9 2 5 7 1 8 9 6 2 4 8 9 6 8 7
3 5 4 9 1 3 7 6 2 7 4 3 0 4 7 9 5 4 3 8 4 9 6 8 4 2 3 8 4 3 6 8 4 2 6 8 7 4
5 6 1 0 6 8 7 4 9 3 8 7 7 5 1 3 6 8 5 2 8 7 2 4 6 9 5 2 7 8 9 5 2 4 6 9 5 4
7 6 9 8 4 4 8 7 5 3 5 4 7 8 5 4 7 8 5 1 5 7 5 9 6 2 4 4 7 5 6 9 8 7 8 0 2 3
0 1 4 5 7 8 9 9 6 5 4 2 3 5 4 7 7 8 4 5 2 9 8 4 5 6 3 2 4 5 5 7 8 5 6 5 2 4
0 8 2 3 6 5 5 4 1 2 4 1 2 5 4 1 2 5 4 1 2 5 4 1 2 5 4 1 1 2 5 4 5 3 6 6 7 5
2 1 4 9 2 4 5 6 8 7 4 6 5 8 4 2 4 4 2 6 8 2 2 3 3 6 3 8 7 8 5 4 2 6 8 2 1 6
1 5 6 9 7 0 9 9 5 4 3 7 6 1 8 2 7 5 4 9 6 7 3 8 4 2 3 6 7 9 4 2 8 3 7 9 5 1
6 8 0 3 7 9 5 4 3 8 6 1 6 7 9 5 3 8 0 4 9 7 5 8 1 2 6 8 1 6 8 5 9 6 4 7 9 5
```

```
0 8 2 3 6 5 5 4 1 2 4 1 2 5 4 1 2 5 4 1 2 5 4 1 2 5 4 1 1 2 5 4 5 3 6 6 7 5
2 1 4 9 2 4 5 6 8 7 4 6 5 8 4 2 4 4 2 6 8 2 2 3 3 6 3 8 7 8 5 4 2 6 8 2 1 6
6 8 0 3 7 9 5 4 3 8 6 1 6 7 9 5 3 8 0 4 9 7 5 8 1 2 6 8 1 6 8 5 9 6 4 7 9 5
1 5 6 9 7 0 9 9 5 4 3 7 6 1 8 2 7 5 4 9 6 7 3 8 4 2 3 6 7 9 4 2 8 3 7 9 5 1
5 3 5 4 7 8 5 4 7 8 5 1 5 7 5 9 6 2 4 4 7 5 6 9 8 7 8 0 2 3 0 1 4 5 7 8 9 9
6 5 4 2 3 5 4 3 4 1 6 9 4 7 1 4 6 3 9 1 0 2 4 0 1 4 8 9 0 1 2 0 2 5 1 4 1 0
4 7 7 6 3 0 4 1 6 9 5 7 5 8 4 2 2 3 6 4 2 5 8 6 3 5 4 6 9 8 4 4 8 7 5 3 5 4
7 8 5 4 7 8 5 1 5 7 5 9 6 2 4 4 7 5 6 9 8 7 8 0 2 3 0 1 4 5 7 8 9 9 6 5 4 2
3 5 4 7 7 8 4 5 2 9 8 4 5 6 3 2 4 5 5 7 8 5 6 5 2 4 0 8 2 3 6 5 5 4 1 2 4 1
4 3 6 5 7 3 4 1 6 9 4 7 1 4 6 3 9 1 0 2 4 0 1 4 8 9 0 1 2 0 2 5 1 4 1 0 4 7
7 6 3 0 4 1 6 9 5 7 5 8 4 2 2 3 6 4 7 5 9 6 3 5 4 9 7 4 2 3 5 6 9 8 4 4 8 7
3 5 4 9 1 3 7 6 2 7 4 3 0 4 7 9 5 4 3 8 4 9 6 8 4 2 3 8 4 3 6 8 4 2 6 8 7 4
2 5 4 1 2 5 4 1 2 5 4 1 2 5 4 1 1 2 5 4 5 3 6 6 7 5 2 1 4 6 5 4 2 3 8 4 7 9
5 4 2 3 6 5 4 1 2 2 3 6 5 0 7 8 9 4 7 9 2 1 9 7 8 4 2 3 6 7 8 9 4 3 5 7 8 9
5 4 2 3 4 5 7 0 6 7 5 4 7 8 5 9 6 8 8 9 6 2 2 0 5 8 7 5 6 9 8 7 4 5 8 7 4 9
2 4 5 6 6 9 7 6 8 9 7 4 2 3 5 8 4 2 3 6 7 9 4 2 8 3 7 9 5 1 6 8 0 3 7 9 5 4
3 8 6 1 6 7 9 5 3 8 0 4 9 7 5 8 1 2 6 8 1 6 8 5 9 6 4 7 9 5 4 3 6 5 7 7 5 6
3 0 5 7 5 9 7 6 8 5 6 4 9 6 5 1 2 4 5 2 8 6 4 3 5 9 6 5 4 2 8 9 3 5 4 9 3 8
6 2 4 8 2 8 2 4 6 3 8 2 1 6 9 3 7 4 4 2 8 1 8 6 4 9 3 8 6 4 2 5 6 8 2 6 7 5
8 9 6 4 2 6 5 8 7 3 6 3 5 4 7 9 2 3 6 3 2 8 4 3 9 6 4 6 9 2 0 6 5 9 7 5 2 1
9 7 6 3 5 4 0 8 7 9 6 5 4 8 6 3 5 3 3 4 8 4 6 9 2 5 7 1 8 9 6 2 4 8 9 6 8 7
5 7 7 0 3 2 5 6 6 8 7 4 2 4 9 6 2 4 8 6 2 4 7 8 0 6 1 5 6 9 8 3 5 4 7 8 9 5
4 5 1 0 5 4 7 9 6 5 5 4 2 3 6 9 4 5 7 9 2 1 0 2 3 6 0 1 4 7 5 8 8 5 6 0 3 2
4 5 3 0 5 5 4 6 8 2 4 6 2 6 5 7 2 4 9 5 5 1 9 7 3 5 8 4 2 6 8 4 5 7 5 8 4 2
6 9 5 1 3 5 7 1 5 5 6 3 8 7 1 3 1 1 4 7 8 9 6 3 2 4 5 4 7 5 8 5 8 5 4 8 6 3
2 4 1 5 7 7 8 9 6 5 4 1 2 5 4 7 8 9 6 3 2 1 0 5 4 0 2 5 4 5 5 8 9 6 3 0 1 1
2 4 1 5 7 7 8 9 6 5 4 1 2 5 4 7 8 9 6 3 2 1 0 5 4 0 2 5 4 5 5 8 9 6 3 0 1 1
5 6 1 0 6 8 7 4 9 3 8 7 7 5 1 3 6 8 5 2 8 7 2 4 6 9 5 2 7 8 9 5 2 4 6 9 5 4
7 6 9 8 4 4 8 7 5 3 5 4 7 8 5 4 7 8 5 1 5 7 5 9 6 2 4 4 7 5 6 9 8 7 8 0 2 3
0 1 4 5 7 8 9 9 6 5 4 2 3 5 4 7 7 8 4 5 2 9 8 4 5 6 3 2 4 5 5 7 8 5 6 5 2 4
```

```
6 5 4 2 3 5 4 3 4 1 6 9 4 7 1 4 6 3 9 1 0 2 4 0 1 4 8 9 0 1 2 0 2 5 1 4 1 0
0 1 4 5 7 8 9 9 6 5 4 2 3 5 4 7 7 8 4 5 2 9 8 4 5 6 3 2 4 5 5 7 8 5 6 5 2 4
9 7 6 3 5 4 0 8 7 9 6 5 4 8 6 3 5 3 3 4 8 4 6 9 2 5 7 1 8 9 6 2 4 8 9 6 8 7
3 8 6 1 6 7 9 5 3 8 0 4 9 7 5 8 1 2 6 8 1 6 8 5 9 6 4 7 9 5 4 3 6 5 7 7 5 6
4 3 6 5 7 3 4 1 6 9 4 7 1 4 6 3 9 1 0 2 4 0 1 4 8 9 0 1 2 0 2 5 1 4 1 0 4 7
6 2 4 8 2 8 2 4 6 3 8 2 1 6 9 3 7 4 4 2 8 1 8 6 4 9 3 8 6 4 2 5 6 8 2 6 7 5
8 9 6 4 2 6 5 8 7 3 6 3 5 4 7 9 2 3 6 3 2 8 4 3 9 6 4 6 9 2 0 6 5 9 7 5 2 1
3 5 4 7 7 8 4 5 2 9 8 4 5 6 3 2 4 5 5 7 8 5 6 5 2 4 0 8 2 3 6 5 5 4 1 2 4 1
2 5 4 1 2 5 4 1 2 5 4 1 2 5 4 1 1 2 5 4 5 3 6 6 7 5 2 1 4 6 5 4 2 3 8 4 7 9
3 5 4 9 1 3 7 6 2 7 4 3 0 4 7 9 5 4 3 8 4 9 6 8 4 2 3 8 4 3 6 8 4 2 6 8 7 4
5 6 1 0 6 8 7 4 9 3 8 7 7 5 1 3 6 8 5 2 8 7 2 4 6 9 5 2 7 8 9 5 2 4 6 9 5 4
7 6 9 8 4 4 8 7 5 3 5 4 7 8 5 4 7 8 5 1 5 7 5 9 6 2 4 4 7 5 6 9 8 7 8 0 2 3
4 5 3 0 5 5 4 6 8 2 4 6 2 6 5 7 2 4 9 5 5 1 9 7 3 5 8 4 2 6 8 4 5 7 5 8 4 2
6 9 5 1 3 5 7 1 5 5 6 3 8 7 1 3 1 1 4 7 8 9 6 3 2 4 5 4 7 5 8 5 8 5 4 8 6 3
2 4 5 6 6 9 7 6 8 9 7 4 2 3 5 8 4 2 3 6 7 9 4 2 8 3 7 9 5 1 6 8 0 3 7 9 5 4
0 8 2 3 6 5 5 4 1 2 4 1 2 5 4 1 2 5 4 1 2 5 4 1 2 5 4 1 1 2 5 4 5 3 6 6 7 5
2 1 4 9 2 4 5 6 8 7 4 6 5 8 4 2 4 4 2 6 8 2 2 3 3 6 3 8 7 8 5 4 2 6 8 2 1 6
1 5 6 9 7 0 9 9 5 4 3 7 6 1 8 2 7 5 4 9 6 7 3 8 4 2 3 6 7 9 4 2 8 3 7 9 5 1
3 0 5 7 5 9 7 6 8 5 6 4 9 6 5 1 2 4 5 2 8 6 4 3 5 9 6 5 4 2 8 9 3 5 4 9 3 8
2 4 1 5 7 7 8 9 6 5 4 1 2 5 4 7 8 9 6 3 2 1 0 5 4 0 2 5 4 5 5 8 9 6 3 0 1 1
6 8 0 3 7 9 5 4 3 8 6 1 6 7 9 5 3 8 0 4 9 7 5 8 1 2 6 8 1 6 8 5 9 6 4 7 9 5
4 7 7 6 3 0 4 1 6 9 5 7 5 8 4 2 2 3 6 4 2 5 8 6 3 5 4 6 9 8 4 4 8 7 5 3 5 4
7 8 5 4 7 8 5 1 5 7 5 9 6 2 4 4 7 5 6 9 8 7 8 0 2 3 0 1 4 5 7 8 9 9 6 5 4 2
5 4 2 3 6 5 4 1 2 2 3 6 5 0 7 8 9 4 7 9 2 1 9 7 8 4 2 3 6 7 8 9 4 3 5 7 8 9
7 6 3 0 4 1 6 9 5 7 5 8 4 2 2 3 6 4 7 5 9 6 3 5 4 9 7 4 2 3 5 6 9 8 4 4 8 7
5 3 5 4 7 8 5 4 7 8 5 1 5 7 5 9 6 2 4 4 7 5 6 9 8 7 8 0 2 3 0 1 4 5 7 8 9 9
5 7 7 0 3 2 5 6 6 8 7 4 2 4 9 6 2 4 8 6 2 4 7 8 0 6 1 5 6 9 8 3 5 4 7 8 9 5
2 4 1 5 7 7 8 9 6 5 4 1 2 5 4 7 8 9 6 3 2 1 0 5 4 0 2 5 4 5 5 8 9 6 3 0 1 1
4 5 1 0 5 4 7 9 6 5 5 4 2 3 6 9 4 5 7 9 2 1 0 2 3 6 0 1 4 7 5 8 8 5 6 0 3 2
5 4 2 3 4 5 7 0 6 7 5 4 7 8 5 9 6 8 8 9 6 2 2 0 5 8 7 5 6 9 8 7 4 5 8 7 4 9
```

```
6 9 5 1 3 5 7 1 5 5 6 3 8 7 1 3 1 1 4 7 8 9 6 3 2 4 5 4 7 5 8 5 8 5 4 8 6 3
7 8 5 4 7 8 5 1 5 7 5 9 6 2 4 4 7 5 6 9 8 7 8 0 2 3 0 1 4 5 7 8 9 9 6 5 4 2
2 4 5 6 6 9 7 6 8 9 7 4 2 3 5 8 4 2 3 6 7 9 4 2 8 3 7 9 5 1 6 8 0 3 7 9 5 4
0 8 2 3 6 5 5 4 1 2 4 1 2 5 4 1 2 5 4 1 2 5 4 1 2 5 4 1 1 2 5 4 5 3 6 6 7 5
9 7 6 3 5 4 0 8 7 9 6 5 4 8 6 3 5 3 3 4 8 4 6 9 2 5 7 1 8 9 6 2 4 8 9 6 8 7
3 8 6 1 6 7 9 5 3 8 0 4 9 7 5 8 1 2 6 8 1 6 8 5 9 6 4 7 9 5 4 3 6 5 7 7 5 6
4 3 6 5 7 3 4 1 6 9 4 7 1 4 6 3 9 1 0 2 4 0 1 4 8 9 0 1 2 0 2 5 1 4 1 0 4 7
6 2 4 8 2 8 2 4 6 3 8 2 1 6 9 3 7 4 4 2 8 1 8 6 4 9 3 8 6 4 2 5 6 8 2 6 7 5
5 3 5 4 7 8 5 4 7 8 5 1 5 7 5 9 6 2 4 4 7 5 6 9 8 7 8 0 2 3 0 1 4 5 7 8 9 9
5 7 7 0 3 2 5 6 6 8 7 4 2 4 9 6 2 4 8 6 2 4 7 8 0 6 1 5 6 9 8 3 5 4 7 8 9 5
2 4 1 5 7 7 8 9 6 5 4 1 2 5 4 7 8 9 6 3 2 1 0 5 4 0 2 5 4 5 5 8 9 6 3 0 1 1
4 5 1 0 5 4 7 9 6 5 5 4 2 3 6 9 4 5 7 9 2 1 0 2 3 6 0 1 4 7 5 8 8 5 6 0 3 2
5 4 2 3 4 5 7 0 6 7 5 4 7 8 5 9 6 8 8 9 6 2 2 0 5 8 7 5 6 9 8 7 4 5 8 7 4 9
8 9 6 4 2 6 5 8 7 3 6 3 5 4 7 9 2 3 6 3 2 8 4 3 9 6 4 6 9 2 0 6 5 9 7 5 2 1
3 5 4 9 1 3 7 6 2 7 4 3 0 4 7 9 5 4 3 8 4 9 6 8 4 2 3 8 4 3 6 8 4 2 6 8 7 4
6 8 0 3 7 9 5 4 3 8 6 1 6 7 9 5 3 8 0 4 9 7 5 8 1 2 6 8 1 6 8 5 9 6 4 7 9 5
7 6 9 8 4 4 8 7 5 3 5 4 7 8 5 4 7 8 5 1 5 7 5 9 6 2 4 4 7 5 6 9 8 7 8 0 2 3
4 5 3 0 5 5 4 6 8 2 4 6 2 6 5 7 2 4 9 5 5 1 9 7 3 5 8 4 2 6 8 4 5 7 5 8 4 2
6 5 4 2 3 5 4 3 4 1 6 9 4 7 1 4 6 3 9 1 0 2 4 0 1 4 8 9 0 1 2 0 2 5 1 4 1 0
2 1 4 9 2 4 5 6 8 7 4 6 5 8 4 2 4 4 2 6 8 2 2 3 3 6 3 8 7 8 5 4 2 6 8 2 1 6
1 5 6 9 7 0 9 9 5 4 3 7 6 1 8 2 7 5 4 9 6 7 3 8 4 2 3 6 7 9 4 2 8 3 7 9 5 1
3 0 5 7 5 9 7 6 8 5 6 4 9 6 5 1 2 4 5 2 8 6 4 3 5 9 6 5 4 2 8 9 3 5 4 9 3 8
5 6 1 0 6 8 7 4 9 3 8 7 7 5 1 3 6 8 5 2 8 7 2 4 6 9 5 2 7 8 9 5 2 4 6 9 5 4
2 4 1 5 7 7 8 9 6 5 4 1 2 5 4 7 8 9 6 3 2 1 0 5 4 0 2 5 4 5 5 8 9 6 3 0 1 1
4 7 7 6 3 0 4 1 6 9 5 7 5 8 4 2 2 3 6 4 2 5 8 6 3 5 4 6 9 8 4 4 8 7 5 3 5 4
0 1 4 5 7 8 9 9 6 5 4 2 3 5 4 7 7 8 4 5 2 9 8 4 5 6 3 2 4 5 5 7 8 5 6 5 2 4
5 4 2 3 6 5 4 1 2 2 3 6 5 0 7 8 9 4 7 9 2 1 9 7 8 4 2 3 6 7 8 9 4 3 5 7 8 9
7 6 3 0 4 1 6 9 5 7 5 8 4 2 2 3 6 4 7 5 9 6 3 5 4 9 7 4 2 3 5 6 9 8 4 4 8 7
3 5 4 7 7 8 4 5 2 9 8 4 5 6 3 2 4 5 5 7 8 5 6 5 2 4 0 8 2 3 6 5 5 4 1 2 4 1
2 5 4 1 2 5 4 1 2 5 4 1 2 5 4 1 1 2 5 4 5 3 6 6 7 5 2 1 4 6 5 4 2 3 8 4 7 9
```

```
5 7 7 0 3 2 5 6 6 8 7 4 2 4 9 6 2 4 8 6 2 4 7 8 0 6 1 5 6 9 8 3 5 4 7 8 9 5
2 4 1 5 7 7 8 9 6 5 4 1 2 5 4 7 8 9 6 3 2 1 0 5 4 0 2 5 4 5 5 8 9 6 3 0 1 1
8 9 6 4 2 6 5 8 7 3 6 3 5 4 7 9 2 3 6 3 2 8 4 3 9 6 4 6 9 2 0 6 5 9 7 5 2 1
3 5 4 7 7 8 4 5 2 9 8 4 5 6 3 2 4 5 5 7 8 5 6 5 2 4 0 8 2 3 6 5 5 4 1 2 4 1
3 5 4 9 1 3 7 6 2 7 4 3 0 4 7 9 5 4 3 8 4 9 6 8 4 2 3 8 4 3 6 8 4 2 6 8 7 4
3 8 6 1 6 7 9 5 3 8 0 4 9 7 5 8 1 2 6 8 1 6 8 5 9 6 4 7 9 5 4 3 6 5 7 7 5 6
4 3 6 5 7 3 4 1 6 9 4 7 1 4 6 3 9 1 0 2 4 0 1 4 8 9 0 1 2 0 2 5 1 4 1 0 4 7
6 2 4 8 2 8 2 4 6 3 8 2 1 6 9 3 7 4 4 2 8 1 8 6 4 9 3 8 6 4 2 5 6 8 2 6 7 5
5 3 5 4 7 8 5 4 7 8 5 1 5 7 5 9 6 2 4 4 7 5 6 9 8 7 8 0 2 3 0 1 4 5 7 8 9 9
4 5 1 0 5 4 7 9 6 5 5 4 2 3 6 9 4 5 7 9 2 1 0 2 3 6 0 1 4 7 5 8 8 5 6 0 3 2
5 4 2 3 4 5 7 0 6 7 5 4 7 8 5 9 6 8 8 9 6 2 2 0 5 8 7 5 6 9 8 7 4 5 8 7 4 9
6 8 0 3 7 9 5 4 3 8 6 1 6 7 9 5 3 8 0 4 9 7 5 8 1 2 6 8 1 6 8 5 9 6 4 7 9 5
2 5 4 1 2 5 4 1 2 5 4 1 2 5 4 1 1 2 5 4 5 3 6 6 7 5 2 1 4 6 5 4 2 3 8 4 7 9
7 6 9 8 4 4 8 7 5 3 5 4 7 8 5 4 7 8 5 1 5 7 5 9 6 2 4 4 7 5 6 9 8 7 8 0 2 3
2 4 5 6 6 9 7 6 8 9 7 4 2 3 5 8 4 2 3 6 7 9 4 2 8 3 7 9 5 1 6 8 0 3 7 9 5 4
4 5 3 0 5 5 4 6 8 2 4 6 2 6 5 7 2 4 9 5 5 1 9 7 3 5 8 4 2 6 8 4 5 7 5 8 4 2
6 5 4 2 3 5 4 3 4 1 6 9 4 7 1 4 6 3 9 1 0 2 4 0 1 4 8 9 0 1 2 0 2 5 1 4 1 0
1 5 6 9 7 0 9 9 5 4 3 7 6 1 8 2 7 5 4 9 6 7 3 8 4 2 3 6 7 9 4 2 8 3 7 9 5 1
3 0 5 7 5 9 7 6 8 5 6 4 9 6 5 1 2 4 5 2 8 6 4 3 5 9 6 5 4 2 8 9 3 5 4 9 3 8
5 6 1 0 6 8 7 4 9 3 8 7 7 5 1 3 6 8 5 2 8 7 2 4 6 9 5 2 7 8 9 5 2 4 6 9 5 4
6 9 5 1 3 5 7 1 5 5 6 3 8 7 1 3 1 1 4 7 8 9 6 3 2 4 5 4 7 5 8 5 8 5 4 8 6 3
9 7 6 3 5 4 0 8 7 9 6 5 4 8 6 3 5 3 3 4 8 4 6 9 2 5 7 1 8 9 6 2 4 8 9 6 8 7
0 1 4 5 7 8 9 9 6 5 4 2 3 5 4 7 7 8 4 5 2 9 8 4 5 6 3 2 4 5 5 7 8 5 6 5 2 4
7 8 5 4 7 8 5 1 5 7 5 9 6 2 4 4 7 5 6 9 8 7 8 0 2 3 0 1 4 5 7 8 9 9 6 5 4 2
2 1 4 9 2 4 5 6 8 7 4 6 5 8 4 2 4 4 2 6 8 2 2 3 6 3 8 7 8 5 4 2 6 8 2 1 6
2 4 1 5 7 7 8 9 6 5 4 1 2 5 4 7 8 9 6 3 2 1 0 5 4 0 2 5 4 5 5 8 9 6 3 0 1 1
4 7 7 6 3 0 4 1 6 9 5 7 5 8 4 2 2 3 6 4 2 5 8 6 3 5 4 6 9 8 4 4 8 7 5 3 5 4
0 8 2 3 6 5 5 4 1 2 4 1 2 5 4 1 2 5 4 1 2 5 4 1 2 5 4 1 1 2 5 4 5 3 6 6 7 5
5 4 2 3 6 5 4 1 2 2 3 6 5 0 7 8 9 4 7 9 2 1 9 7 8 4 2 3 6 7 8 9 4 3 5 7 8 9
7 6 3 0 4 1 6 9 5 7 5 8 4 2 2 3 6 4 7 5 9 6 3 5 4 9 7 4 2 3 5 6 9 8 4 4 8 7
```

```
9 7 6 3 5 4 0 8 7 9 6 5 4 8 6 3 5 3 3 4 8 4 6 9 2 5 7 1 8 9 6 2 4 8 9 6 8 7
0 1 4 5 7 8 9 9 6 5 4 2 3 5 4 7 7 8 4 5 2 9 8 4 5 6 3 2 4 5 5 7 8 5 6 5 2 4
3 5 4 9 1 3 7 6 2 7 4 3 0 4 7 9 5 4 3 8 4 9 6 8 4 2 3 8 4 3 6 8 4 2 6 8 7 4
3 8 6 1 6 7 9 5 3 8 0 4 9 7 5 8 1 2 6 8 1 6 8 5 9 6 4 7 9 5 4 3 6 5 7 7 5 6
7 8 5 4 7 8 5 1 5 7 5 9 6 2 4 4 7 5 6 9 8 7 8 0 2 3 0 1 4 5 7 8 9 9 6 5 4 2
4 3 6 5 7 3 4 1 6 9 4 7 1 4 6 3 9 1 0 2 4 0 1 4 8 9 0 1 2 0 2 5 1 4 1 0 4 7
6 2 4 8 2 8 2 4 6 3 8 2 1 6 9 3 7 4 4 2 8 1 8 6 4 9 3 8 6 4 2 5 6 8 2 6 7 5
4 5 1 0 5 4 7 9 6 5 5 4 2 3 6 9 4 5 7 9 2 1 0 2 3 6 0 1 4 7 5 8 8 5 6 0 3 2
4 7 7 6 3 0 4 1 6 9 5 7 5 8 4 2 2 3 6 4 2 5 8 6 3 5 4 6 9 8 4 4 8 7 5 3 5 4
5 4 2 3 4 5 7 0 6 7 5 4 7 8 5 9 6 8 8 9 6 2 2 0 5 8 7 5 6 9 8 7 4 5 8 7 4 9
6 8 0 3 7 9 5 4 3 8 6 1 6 7 9 5 3 8 0 4 9 7 5 8 1 2 6 8 1 6 8 5 9 6 4 7 9 5
2 5 4 1 2 5 4 1 2 5 4 1 2 5 4 1 1 2 5 4 5 3 6 6 7 5 2 1 4 6 5 4 2 3 8 4 7 9
7 6 9 8 4 4 8 7 5 3 5 4 7 8 5 4 7 8 5 1 5 7 5 9 6 2 4 4 7 5 6 9 8 7 8 0 2 3
0 8 2 3 6 5 5 4 1 2 4 1 2 5 4 1 2 5 4 1 2 5 4 1 2 5 4 1 1 2 5 4 5 3 6 6 7 5
5 4 2 3 6 5 4 1 2 2 3 6 5 0 7 8 9 4 7 9 2 1 9 7 8 4 2 3 6 7 8 9 4 3 5 7 8 9
7 6 3 0 4 1 6 9 5 7 5 8 4 2 2 3 6 4 7 5 9 6 3 5 4 9 7 4 2 3 5 6 9 8 4 4 8 7
2 4 5 6 6 9 7 6 8 9 7 4 2 3 5 8 4 2 3 6 7 9 4 2 8 3 7 9 5 1 6 8 0 3 7 9 5 4
4 5 3 0 5 5 4 6 8 2 4 6 2 6 5 7 2 4 9 5 5 1 9 7 3 5 8 4 2 6 8 4 5 7 5 8 4 2
6 5 4 2 3 5 4 3 4 1 6 9 4 7 1 4 6 3 9 1 0 2 4 0 1 4 8 9 0 1 2 0 2 5 1 4 1 0
1 5 6 9 7 0 9 9 5 4 3 7 6 1 8 2 7 5 4 9 6 7 3 8 4 2 3 6 7 9 4 2 8 3 7 9 5 1
3 0 5 7 5 9 7 6 8 5 6 4 9 6 5 1 2 4 5 2 8 6 4 3 5 9 6 5 4 2 8 9 3 5 4 9 3 8
5 6 1 0 6 8 7 4 9 3 8 7 7 5 1 3 6 8 5 2 8 7 2 4 6 9 5 2 7 8 9 5 2 4 6 9 5 4
5 7 7 0 3 2 5 6 6 8 7 4 2 4 9 6 2 4 8 6 2 4 7 8 0 6 1 5 6 9 8 3 5 4 7 8 9 5
2 4 1 5 7 7 8 9 6 5 4 1 2 5 4 7 8 9 6 3 2 1 0 5 4 0 2 5 4 5 5 8 9 6 3 0 1 1
8 9 6 4 2 6 5 8 7 3 6 3 5 4 7 9 2 3 6 3 2 8 4 3 9 6 4 6 9 2 0 6 5 9 7 5 2 1
3 5 4 7 7 8 4 5 2 9 8 4 5 6 3 2 4 5 5 7 8 5 6 5 2 4 0 8 2 3 6 5 5 4 1 2 4 1
6 9 5 1 3 5 7 1 5 5 6 3 8 7 1 3 1 1 4 7 8 9 6 3 2 4 5 4 7 5 8 5 8 5 4 8 6 3
2 1 4 9 2 4 5 6 8 7 4 6 5 8 4 2 4 4 2 6 8 2 2 3 3 6 3 8 7 8 5 4 2 6 8 2 1 6
2 4 1 5 7 7 8 9 6 5 4 1 2 5 4 7 8 9 6 3 2 1 0 5 4 0 2 5 4 5 5 8 9 6 3 0 1 1
5 3 5 4 7 8 5 4 7 8 5 1 5 7 5 9 6 2 4 4 7 5 6 9 8 7 8 0 2 3 0 1 4 5 7 8 9 9
```

03 | 인성검사 결과로 예상 면접 준비하기

인성검사는 특히 면접질문과 관련성이 높은 부분이다. 면접관은 지원자의 인성검사 결과를 토대로 질문을 하게 된다. 그렇다고 해서 자신의 성격을 꾸미는 것은 바람직하지 않다. 실제 시험은 매우 복잡하여 전문가라 해도 일관된 성격을 유지하면서 답변을 하는 것이 불가능하기 때문이다. 따라서 인성검사는 솔직하게 임하되 인성검사 모의연습으로 자신의 성향을 정확히 파악하고 아래 예상 면접질문을 참고하여 자신의 단점은 보완하면서 강점은 어필할 수 있는 답변을 준비하도록 하자.

1. 사회적 내향성 척도

(1) 득점이 낮은 사람

- 자기가 선택한 직업에 대해 어떤 인상을 가지고 있습니까?
- 부모님을 객관적으로 봤을 때 어떻게 생각합니까?
- 사의 사장님 성함을 알고 있습니까?

> 수다스럽기 때문에 내용이 없다는 인상을 주기 쉽다. 질문의 요지를 파악하여 논리적인 발언을 하도록 유의하자. 한 번에 많은 것을 이야기하려고 하면 이야기가 다른 곳으로 빠지게 되므로 내용을 정리하여 간결하게 발언해야 한다.

(2) 득점이 높은 사람

- 친구들에게 있어 당신은 어떤 사람입니까?
- 특별히 무언가 묻고 싶은 것이 있습니까?
- 친구들의 상담을 받는 쪽입니까?

> 높은 득점은 마이너스 요인이다. 면접에서 보완해야 하므로 자신감을 가지고 발언할 때에는 끝까지 또박또박 큰 소리로 말하도록 하자. 절대 얼버무리거나 기어들어가는 목소리는 안 된다.

2. 내성성 척도

(1) 득점이 낮은 사람

- 학생시절에 후회되는 일은 없습니까?
- 학생과 사회인의 차이는 무엇이라고 생각합니까?
- 당신이 가장 흥미를 가지고 있는 것에 대해 이야기해 주십시오.

답변 내용을 떠나 일단 평소보다 천천히 말하자. 생각나는 대로 말해 버리면 이야기가 두서없이 이곳저곳으로 빠져 부주의하고 경솔하다는 인식을 줄 수 있으므로 머릿속에서 내용을 정리하고 이야기하도록 유의하자. 응답은 가능한 한 간결하게 한다.

(2) 득점이 높은 사람

- 인생에는 무엇이 중요하다고 생각합니까?
- 좀 더 큰소리로 이야기해 주십시오.
- 애독하는 책이나 잡지는 무엇입니까?

과도하게 긴장해서 불필요한 생각을 하다가 반응이 늦어버리면 곤란하다. 특히 새로운 질문을 받았는데도 했던 대답을 재차 하면 전체 흐름을 저해하게 되므로 평소부터 이러한 습관을 의식하면서 적절한 타이밍의 대화를 하도록 하자.

3. 신체활동성 척도

(1) 득점이 낮은 사람

- 휴일은 어떻게 보냅니까?
- 학창시절에 무엇에 열중했습니까?

영어회화, 컴퓨터 능력 등 사회인으로서 도움이 되는 경험이 있다면 적극 어필한다. 이미 면접담당자는 면접자를 소극적이라고 생각하고 있으며, 적극적이라고 말해도 성격프로필의 결과와 모순되므로 일부러 꾸며 말하지 않는다.

(2) 득점이 높은 사람

- 제대로 질문을 듣고 있습니까?
- 희망하는 직종으로 배속되지 않으면 어떻게 하겠습니까?

일부러 긴장시키고 반응을 살피는 경우가 있다. 활동적이지만 침착함이 없다는 인상을 줄 수 있으므로 머릿속에서 생각을 정리하는 습관을 들이자. 행동할 때도 마찬가지다. 편하게 행동하는 것은 플러스 요인이지만, 반사적인 언동이 많으면 마이너스가 되므로 주의한다.

4. 지속성 척도

(1) 득점이 낮은 사람

- 일에 활용할 수 있을 만한 자격이나 특기 또는 취미가 있습니까?
- 오랫동안 배운 것에 대해 들려주십시오.

금방 싫증내서 무언가를 오래 지속하지 못하는 이미지는 마이너스다. 쉽게 포기하고 내팽개치는 사람은 어느 곳에서도 필요로 하지 않는다는 것을 상기한다. 면접을 보는 동안 금방 싫증내는 성격으로 보이지는 않겠지만, 대기시간에도 주의하여 차분하지 못한 행동을 하지 않도록 한다.

(2) 득점이 높은 사람

- 이런 것도 모릅니까?
- 이 직업에 맞지 않는 것은 아닙니까?

> 짓궂은 질문을 받으면 감정적이 되거나 옹고집을 부릴 가능성이 있다. 냉정하고 침착하게 받아 넘겨야 한다. 비슷한 경험을 쌓다보면 차분하게 응답할 수 있게 되므로 모의면접 등의 기회를 활용한다.

5. 신중성 척도

(1) 득점이 낮은 사람

- 당신에게 부족한 것은 어떤 점입니까?
- 결점을 극복하기 위해 어떻게 노력하고 있습니까?

> 질문의 요지를 잘못 받아들이거나 불필요한 이야기까지 하는 등 대답에 일관성이 없으면 마이너스이다. 직감적인 언동을 하지 않도록 평소부터 논리적으로 생각하는 습관을 키우자.

(2) 득점이 높은 사람

- 주위 사람에게 욕을 들으면 어떻게 하겠습니까?
- 출세하고 싶습니까?
- 제 질문에 대한 답이 아닙니다.

> 예상 외의 질문에 답이 궁해지거나 깊이 생각하게 되면 역시나 신중이 지나쳐 결단이 늦다는 인상을 주게 된다. 주위의 상황을 파악하고 발언하려는 나머지 반응이 늦어지고 집단면접 등에서 시간이 걸리게 되면 행동이 느리다는 인식을 주게 되므로 주의한다.

6. 달성의욕 척도

(1) 득점이 낮은 사람

- 인생의 목표를 들려주십시오.
- 입사하면 무엇을 하고 싶습니까?
- 지금까지 목표를 향해 노력하여 달성한 적이 있습니까?

> 결과에 대한 책임감이 낮다. 지시에 따르기만 할 뿐 주체성이 없다는 인상을 준다면 매우 곤란하다. 목표 의식이나 의욕의 유무, 주위의 상황에 휩쓸리는 경향 등에 대해 물어오면 의욕이 낮다는 인식을 주지 않도록 목표를 향해 견실하게 노력하려는 자세를 강조하자.

(2) 득점이 높은 사람

- 도박을 좋아합니까?
- 다른 사람에게 지지 않는다고 말할 수 있는 것이 있습니까?

> 행동이 따르지 않고 말만 앞선다면 평가가 낮아진다. 목표나 이상을 바라보고 노력하지 않는 태도는 한번 도박으로 일확천금을 노리는 것과 같다는 사실을 명심하고 자신이 어떤 목표를 이루기 위해 노력한 경험이 있는지 생각해 두어 행동적인 부분을 어필하는 답변을 하도록 하자.

7. 활동의욕 척도

(1) 득점이 낮은 사람

- 어떤 일을 할 때 주도적으로 이끄는 편입니까?
- 신념이나 신조에 대해 말해 주십시오.
- 질문의 답이 다른 사람과 똑같습니다.

> 의표를 찌르는 질문을 받더라도 당황하지 말고 수비에 강한 면을 어필하면서 무모한 공격을 하기보다는 신중하게 매진하는 성격이라는 점을 강조할 수 있는 답을 준비해 두자.

(2) 득점이 높은 사람

- 친구들로부터 어떤 성격이라는 이야기를 듣습니까?
- 협조성이 있다고 생각합니까?

> 사고과정을 전달하지 않으면 너무 막무가내이거나 경박하고 생각 없이 발언한다는 인식을 줄 수 있으므로 갑자기 결론을 내리거나 단숨에 본인이 하고 싶은 말만 하는 것은 피하자.

8. 민감성 척도

(1) 득점이 낮은 사람

- 좌절한 경험에 대해 이야기해 주십시오.
- 스스로에 대해 어떻게 생각합니까?
- 당신이 약하다고 느낄 때는 어떤 때입니까?

> 구체적으로 대답하기 어려운 질문이나 의도를 알기 어려운 질문을 통해 감수성을 시험하게 된다. 냉정하게 자기분석을 하여 독선적이지 않은 응답을 하자.

(2) 득점이 높은 사람

- 지금까지 신경이 예민하다는 이야기를 들은 적이 있습니까?
- 채용되지 못하면 어떻게 하시겠습니까?
- 당신의 성격에서 고치고 싶은 부분이 있습니까?

> 예민한 성격이라는 부분을 마음에 두고 있으면 직접적인 질문을 받았을 때 당황하게 된다. 신경이 예민하다기보다 세세한 부분도 눈에 잘 들어오는 성격이라고 어필하자.

9. 자책성 척도

(1) 득점이 낮은 사람

- 학생시절을 통해 얻은 것은 무엇이라고 생각합니까?
- 당신의 생활신조를 들려주십시오.
- 자기 자신을 분석했을 때 좋아하는 면은 무엇입니까?

> 낙관적인 것은 면접관이 이미 알고 있으므로 솔직한 부분이나 신념을 가지고 의의가 있는 삶을 살고 있다는 점을 어필하자.

(2) 득점이 높은 사람

- 곤란한 상황에 어떻게 대처하겠습니까?
- 실수한 경험과 그 실수에서 얻은 교훈을 들려주십시오.
- 장점과 단점을 말해 주십시오.

> 좋지 않은 쪽으로 생각해서 불필요하게 긴장하면 더욱 사태가 악화된다. 쉽게 비관하는 성격이므로, 면접을 받는 동안은 면접담당자의 눈을 보며 밝게 응답하고, 말끝을 흐리지 않고 또박또박 말하도록 유의하자. 또한 '할 수 없다', '자신이 없다' 등의 발언이 많으면 좋은 평가를 받을 수 없으므로 평소부터 부정적인 말을 사용하지 않도록 긍정적으로 사고하는 습관을 들여야 한다.

10. 기분성 척도

(1) 득점이 낮은 사람

- 친구와 의견차이가 있을 때 어떻게 해결하였습니까?
- 만약 리더가 된다면 어떻게 보여지리라 생각합니까?
- 업무수행 중 상사와 의견이 다르면 어떻게 하겠습니까?

> 자기주장이 너무 강하여 집단생활에 맞지 않다고 생각될 수 있다. 냉정하고 의지가 강할 뿐 아니라, 다른 사람을 배려하고 소중히 하는 협조성도 갖추고 있음을 어필하자. 집단면접 시에는 주위의 의견을 잘 듣고 자신의 의견을 밀어붙이거나 토론의 흐름을 무시하지 않도록 주의한다.

(2) 득점이 높은 사람

- 어떻게 우리 회사에서 근무할 수 있다고 생각했는지 모르겠군요.
- 이 업무에는 어울리지 않네요.
- 상식이 없는 것은 아닌지요?
- 화가 났을 때 어떻게 대처합니까?

> 기분성의 득점이 높은 것을 이미 알고 짓궂은 질문을 통해 감정의 기복이나 의존성 등 정서적으로 불안정한 부분이 없는지를 시험받게 된다. 감정에 치우치지 말고 침착하고 의연하게 받아넘기자.

11. 독자성 척도

(1) 득점이 낮은 사람

- 취직활동에 대해서 누군가와 상담했습니까?
- 질문의 답이 다른 사람과 똑같네요.
- 지금 가장 흥미가 있는 것은 어떠한 것입니까?

> 일반론이 아닌 자신의 생각이 있다는 것을 전달해야 한다. 발언의 근거를 명확히 하는 것이 중요하다. 그러나 자신의 생각을 어필한다고 영합이나 반대를 하는 것은 건설적이지 못하므로 주의한다.

(2) 득점이 높은 사람

- 당신의 친한 친구는 어떤 회사에 취직하려고 합니까?
- 최근 부모님과 어떤 이야기를 나눴습니까?
- 다른 사람과 대립했을 때는 어떻게 합니까?

> 독자성의 득점이 높다는 것은 일단 플러스 요인이지만, 극단적일 경우에는 자신만의 세계에 갇히게 될 수 있고 조직의 일원으로 적합하게 보이지 않을 수 있다. 위화감을 주지 않도록 주의한다.

12. 자신감 척도

(1) 득점이 낮은 사람

- 당신의 장점을 말해 주십시오.
- 지금까지 성공한 경험은 있습니까?
- 취직활동에 대해 누군가에게 상담했습니까?

> 질문에 대해 깊이 생각하거나, 망설이지 않는다. 발언횟수는 적더라도 중요한 곳에서 내용 있는 발언을 하여 자신의 존재를 어필하자. 응답할 때는 끝까지 또박또박 이야기한다.

(2) 득점이 높은 사람

- 본인이 본 조직에서 어떠한 공헌을 할 수 있다고 생각합니까?
- 상사와 의견 차이를 보이면 어떻게 합니까?
- 정규과정 이외에서 무언가 공부하는 것이 있습니까?

> 자신이 있으면 무엇을 설명하는 데도 자랑하는 듯한 태도가 되는 버릇이 있을 수 있다. 자신과잉이나 고압적인 태도가 되지 않도록 겸허하게 응답하자.

13. 고양성 척도

(1) 득점이 낮은 사람

- 리더의 경험이 있습니까?
- 친구들 사이에서는 어떤 역할을 맡고 있습니까?

> 어둡고 수수한 인상은 성격프로필 표에 이미 나와 있기 때문에 무리해서 밝고 적극적임을 어필하려고 하면 오히려 역효과를 볼 수 있다. 노력하지 않고 낙관적인 사람보다 훨씬 양심적이므로 진지하고 차분한 면을 강조하자.

(2) 득점이 높은 사람

- 인간관계의 실패담을 들려주십시오.
- 오랫동안 계속하고 있는 취미가 있습니까?
- 당신에게 있어 일은 무엇입니까?

> 밝고 낙천적이므로 우쭐해 하지만 않으면 인상은 나쁘지 않다. 변덕스러움이나 흥분하기 쉬운 부분이 확인되기 때문에 냉정하고 침착한 부분을 강조하는 것이 필요하므로 오랫동안 계속 유지하고 있는 취미가 없어도 무언가 찾아내고 그 이유도 준비한다.

14. 라이 스케일(타당성) 척도

라이 스케일의 설문은 전체 설문 속에 교묘하게 섞여 들어가 있다. 본서에서는 자기분석의 편의를 도모하여 일정 주기로 같은 척도에 관한 설문이 되어 있지만, 실제 시험에서는 컴퓨터로 채점하기 때문에 더욱 복잡한 구조이다. 따라서 자신도 모르게 채용시험이라는 부담감에 이상론이나 겉치레적인 답을 하게 되면 회답태도에 허위성이 그대로 드러나게 되는 것이다. 예를 들어, '화를 낸 적이 없다.'는 어지간한 성인군자라도 어렵다. 이와 마찬가지로 '거짓말을 한 적이 한 번도 없다.'에 '예'로 답하고, '때로는 거짓말을 하기도 한다.'에 '아니요'라고 답하면 라이 스케일의 득점이 올라가게 되며, 그렇게 되면 모든 회답에 신빙성이 사라지고 '자신을 돋보이게 하려는 사람'이라는 평가를 받을 수 있다.

01 | 취업 준비하기

01 취업 준비

(1) 직업이란?

① 일생 동안 수행하는 일 중에서 특정 시점에 수행하는 일의 역할

② 지속적으로 수행하는 경제 및 사회 활동

※ 단, 가정주부, 학생, 법률 위반에 의한 강제 노동자와 매각, 사회복지 정책, 배당금, 사유재산을 통해 얻는 수입의 경우는 직업이 아님

(2) 직업의 요소

① 생계유지 : 인간의 기본적 욕구인 의식주 해결을 위함

② 사회적 책무 : 필연적으로 사회에 소속되는 인간은 일정한 사회적 책무를 분담해야 함

③ 개성 발휘 : 직업을 통해 타고난 소질과 기량을 발휘할 수 있고, 자아실현 가능

④ 계속성 : 주기적으로 혹은 지속적으로 하고 있어야 함

⑤ 노동 : 정신적·육체적 노동이 반드시 수반되어야 함

(3) 기술·생산직 알아보기

① 전기·전자제품 및 부품 조립 및 검사원

　㉠ 직무 개요

　　• 설정된 절차나 작업 지시서에 따라 가정용 및 산업용 전기장비 또는 전자장비의 구성품이나 부품을 조립한다. 이들은 전기장비 제조업, 전자부품 제조업체에 고용되어 있다.

　㉡ 수행 직무

　　• 담당한 작업내용과 영역을 숙지하고 전기장비의 구성품 또는 부품에 대한 교육을 이수한다.

　　• 컨베이어나 자동화 라인 중에 수공구, 동력공구, 측정장비 등의 장비로서 부품을 삽입·접합·분리·검사·조립한다.

　　• 다음 조립단계로 넘기기 전에 간단한 검사장비로 반제품의 검사를 실시하기도 한다.

　　• 작업 중 문제가 된 부품이나 제품은 수리실이나 검사실로 옮겨 문제해결 업무를 수행하기도 한다.

　　• 부품, 하위 부품 및 최종 생산품을 검사하고 시험하여, 최종 생산품이 품질기준에 적합한가를 확인한다.

② 전기 및 전자설비 조작원

　㉠ 직무 개요

　　사업체 및 건물 내에 설치되어 있는 전기공작물, 전기시설, 전기장비 등의 원활한 가동 및 유지를 위하여 수배전설비, 조명설비, 건축물 유지설비 등을 보수·유지·수리를 한다. 이들은 병원, 대학, 공공기관, 상업시설물 등에 고용되어 있다.

ⓛ 수행 직무
- 사업체나 건축물의 전기배선설계도를 검토한다.
- 전기수리작업에 따른 안전수칙과 수리 방법 및 절차를 숙지하고 작업에 필요한 보호구 및 수리도구를 준비하여 성능을 점검한다.
- 수리가 필요한 작업 장소의 주전원 스위치 개폐상태를 확인하고 작업 표시판을 부착한다.
- 전기설비의 온도, 동작상태, 체결상태, 절연저항, 부식여부 등을 점검·검사하여 고장 원인과 고장부품을 찾고 신품과 교체하거나 수리절차에 따라 제반 문제점을 해결한다.
- 건축물 내의 누전, 합선 등을 방지하기 위하여 절연시험을 한다. 지선을 설치하고 퓨즈상태, 이상소음, 진동상태, 가열여부 등을 점검·확인한다. 작업내용, 시간, 소요부품, 작업자 등을 안전작업일지에 기록한다.

③ 섬유 관련 등급원 및 검사원

ⓣ 직무 개요

견본을 검사해서 제품이 제대로 만들어졌는지 확인한다. 이들은 섬유관련 회사에 고용되어 있다.

ⓛ 수행 직무
- 검단기 등을 작동하여 원단이나 섬유제품이 규격에 맞게 만들어졌는가를 검사한다.
- 크기, 상태, 무게별로 원피나 가죽을 검사하고 등급을 매긴다.
- 직물의 형태와 직물 길이를 기록한다.
- 실·분필·스티커로 결점을 표시한다.
- 수선 가능한 결점은 가위·칼·세척용제 등으로 수선하기도 한다.
- 기록된 기준에 맞추어 직물의 질을 조사하기도 한다.
- 품질에 따라 포장을 하기도 한다.

④ 통신 및 관련 장비 설치 및 수리원

ⓣ 직무 개요

유선통신장비, 무선통신장비 등을 설치하고 수리한다. 주로 방송국, CATV, 위성, 통신업체, 멀티미디어 시설, 영상 및 음향을 전문으로 하는 엔지니어회사, 영상 및 음향기자재 무역회사, 음향, 조명 대행시설 및 용역업체에 주로 근무한다.

ⓛ 수행 직무
- 유·무선 통신설비에 따라 해당업무에 차이가 있는데 유선통신장비 설치 및 수리원의 경우, 송신소와 수신소를 연결하는 금속 또는 유전체 회로에 전류흐름의 변화로 두 지점 간에 음성 및 기타 메시지를 전달해주는 유선송신기, 유선수신기, 방송통신기, 신호변환기, 유선전화용 기기 등의 각종 유선통신장비를 설치하고 수리한다.
- 유선통신장비 설치 및 수리원의 경우, 무선송신기, 무선전기, 정보통신장비, 이동 무선·휴대용 무선 통신장비, 통신위성, 무선전신기 및 기타 무선통신기를 설치하고 수리한다.
- 기타 통신케이블 가·포설 및 유지보수원의 경우, 통신용 케이블의 가설, 포설, 접속연공시험 및 보수공사에 종사한다.

⑤ 보일러 설치 및 정비원

㉠ 직무 개요

산업용 및 건물 난방용 보일러를 설치하기 위하여 보일러, 탱크, 압력용기 등을 조립하여 배관・용접하거나 고장이 난 보일러를 수리한다.

㉡ 수행 직무

- 시공도면을 읽고 천장, 바닥, 벽면에 구멍을 뚫고 슬리브(Sleeve)를 설치한다.
- 보일러 기초의 앵커볼트와 형강 받침대를 너트로 연결한다.
- 장비를 이용하여 보일러 받침대에 수평으로 올려놓고 볼트와 너트로 고정시킨다.
- 펌프를 기초 위에 설치하고 앵커볼트에 진동방지용 고무를 대고 펌프와 고정시킨다.
- 응축수 탱크와 펌프 사이를 용접하여 배관하고 수량계와 인젝터를 설치한다.
- 연료탱크와 오일버너를 적당한 위치에 설치하고 파이프를 이용하여 탱크모서리에 누유검사구를 만든다.
- 탱크와 연소장치 사이에 연료 이송관을 연결하고 케이트, 밸브, 첵밸브, 유수분리기, 오일필터 등을 연료 이송관에 나사이음으로 조립한다.
- 철판을 성형하여 연도를 만들고 연도 중간에 온도계와 가스 채취구를 설치하여 버너 배기구에 설치한다.
- 보일러의 주밸브와 건물 난방용 배관구 또는 산업기기의 스팀 밸브 사이에 관을 연결하여 용접하고 압력계를 설치한다.
- 급유 및 급수상태, 밸브의 위치 등을 조정・점검하고 시운전을 한다.
- 보일러가 고장이 났을 경우 이를 수리한다.

> **Tip**
>
> 워크넷 홈페이지 '직업・진로(www.work.go.kr/jobMain.do)'에서 다양한 직업 관련 정보를 얻을 수 있으며, 커리어 상담도 받을 수 있다.

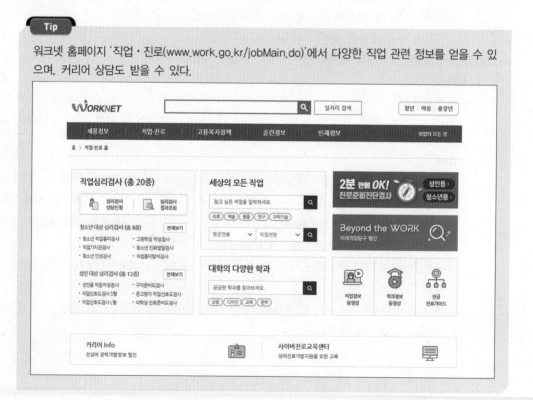

02 나의 직업 찾기

(1) 진로 찾기

자신에게 적합한 직업을 찾기 위해서는 무엇보다도 그 일을 하면서 흥미를 느낄 수 있어야 한다. 흥미가 어떤 일을 잘할 수 있는 능력을 나타내는 것은 아니지만, 꾸준히 일을 하기 위해서는 자신이 좋아하는 것이 무엇인지 파악하는 것이 중요하다.

(2) Holland 진로탐색검사

Holland의 이론은 개인의 특성과 직업세계의 특징과의 최적의 조화를 가장 강조하였다. 개인의 직업적 적응 또는 직업적 적합성은 그 개인의 초기경험의 산물인 인성에 따라 이루어진다는 이론적 전제 아래 사람들은 자신의 인성을 표현할 수 있는 적합한 환경을 추구한다는 것이다. 또한 이 이론은 사람의 행동은 그들의 성격에 적절한 직업 환경 특성 간의 상호작용에 의해 결정된다고 본다. Holland는 개인의 인성은 그들의 직업적 선택을 통해서 표현되며, 개인의 직업적 만족, 안정, 성취 그리고 적응은 그들의 인성과 직업 환경 간의 적절한 연결에 달려 있다고 보았다.

〈직업적 성격의 관계 모형〉

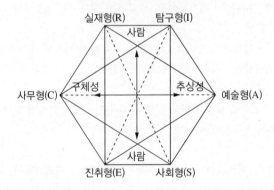

① 실재형(Realistic)

  ㉠ 성격

    남성적이고, 솔직하고, 성실하며, 검소하고, 지구력이 있고, 신체적으로 건강하며, 소박하고, 말이 적으며, 고집이 있고, 직선적이며, 단순하다.

  ㉡ 좋아하는 직업 활동

    분명하고, 질서 정연하고, 체계적인 대상·연장·기계·동물들의 조작을 주로 하는 활동 내지는 신체적 기술들을 좋아하고, 교육적·치료적 활동은 좋아하지 않는다.

ⓒ 특징

기계적이거나 운동적인 능력은 있으나 대인 관계 능력은 부족하다. 수공, 농업, 전기, 기술적 능력은 높으나 교육적 능력은 부족하다.

ⓓ 대표 직업

기계기술자, 조종사, 정비사, 농부, 엔지니어, 전기, 기계기사, 운동선수, 중장비기사, 자동차정비기술자, 전기기술자, 항공정비사, 전투조종사, 제도사, 건축가, 기계제도 기능사

② 탐구형(Investigative)

ⓐ 성격

탐구심이 많고, 논리적·분석적·합리적이며, 정확하고, 호기심이 많으며, 지적이고 학구적이며, 나서지 않고, 비판적·내성적이고, 수줍음을 잘 타며, 신중하다.

ⓑ 좋아하는 직업 활동

관찰적·상징적·체계적인 물리적·생물학적·문화적 현상의 창조적인 탐구를 수반하는 활동들에 흥미를 보이지만, 사회적이고 반복적인 활동들에서는 관심이 부족한 면이 있다.

ⓒ 특징

학구적이고 지적인 자부심을 가지고 있으며, 수학적이고 과학적인 능력은 높으나 지도력이나 설득력이 부족하다. 연구능력이 높다.

ⓓ 대표 직업

과학자, 천문학자, 의료기술자, 의사, 수학자, 인류학자, 사회과학자, 과학 잡지편집자, 물리학자, 화학자, 생물학자, 의학자, 생리학자, 유전공학자, 기술서적 저자, 지질학자

③ 예술형(Artistic)

ⓐ 성격

상상력과 감수성이 풍부하고, 자유분방하며, 개방적이고, 직관적이고, 까다로우며, 순응하지 않고, 즉흥적이고, 감정이 풍부하고, 독창적이고, 개성이 강하고, 협동적이지 않다.

ⓑ 좋아하는 직업 활동

변화와 다양성을 좋아하고, 틀에 박힌 것을 싫어한다. 모호하고 자유롭고, 상징적인 활동들을 좋아하지만 명쾌하고, 체계적이고 구조화된 활동에는 흥미가 없다.

ⓒ 특징

미술적·음악적 능력은 있으나 사무적 기술은 부족하다. 상징적이고, 자유적이나 체계적인 능력은 부족하다.

ⓔ 대표 직업

예술가, 시인, 소설가, 미술가, 디자이너, 상업미술가, 극작가, 화가, 기타연주가, 성악가, 조각가, 연극인, 음악가, 음악평론가, 작곡가, 무용가, 만화가

④ 사회형(Social)

ⓐ 성격

사람들을 좋아하며, 어울리기 좋아하고, 친절하고, 이해심이 많으며, 우호적이다. 사회성이 있어 관대하고, 남을 잘 도와주고, 감정적이며, 이상주의적이다.

ⓑ 좋아하는 직업 활동

타인의 문제를 듣고 이해하고 도와주고 치료해주고, 봉사하는 활동들에 흥미를 보이지만 기계·도구·물질과 함께하는 명쾌하고 질서 정연하고, 체계적인 활동에는 흥미가 없다.

ⓒ 특징

사회적·교육적 지도력과 대인관계 능력은 있으나 기계적·과학적 능력은 부족하다. 기계적이고 체계적인 능력이 부족하다.

ⓔ 대표 직업

종교지도자, 상담가, 언어치료사, 사회사업가, 간병인, 비행청소년전문가, 사회복지사, 상담교사, 보건교사, 특수아동교사, 교육심리학자, 언어학자, 레크레이션지도자, 간호사, 청소년지도자, 유아원장

⑤ 진취형(Enterprising)

ⓐ 성격

지배력·통솔력·지도력이 있으며, 말을 잘하고, 설득적이며, 경쟁적이고, 쟁취적이며, 모험심이 강하다. 야심적이며, 외향적이고, 낙관적이고, 열성적이다.

ⓑ 좋아하는 직업 활동

조직의 목적과 경제적 이익을 얻기 위해 타인을 선도·계획·통제·관리하는 일과 그 결과로 얻어지는 위신·인정·권위를 얻는 활동들을 좋아하지만, 관찰적·상징적·체계적 활동에는 흥미가 없다.

ⓒ 특징

적극적이고, 사회적이고, 지도력과 언어의 능력은 있으나 과학적인 능력은 부족하다. 대인 간 설득적인 능력은 있으나 체계적 능력은 부족하다.

ⓔ 대표 직업

기업경영인, 판사, 영업사원, 상품구매인, 보험회사원, 판매원, 연출가, 행정가, 영업부장, 증권거래인, 자동차 판매원, 보험계약업자, 공인중개사, 판매관리사, 노동조합지도자

⑥ 사무형(Conventional)

㉠ 성격

정확하고, 빈틈이 없고, 조심성이 있으며, 세밀하고, 계획성이 있으며, 보수적이고 순응적이다. 방어적 · 실천적 · 사무적 · 능률적인 성격으로 완고하고, 책임감이 강하다.

㉡ 좋아하는 직업 활동

정해진 원칙과 계획에 따라 자료를 기록 · 정리 · 조직하는 일을 좋아하고, 체계적인 직업 환경에서 사무적으로 계산하는 것을 좋아한다. 창의적이고 자율적인 비체계적 활동은 매우 혼란을 느낀다.

㉢ 특징

사무적이며, 계산적이고 회계 정리 능력은 있지만 예술적 · 상상적인 능력은 부족하다. 체계성 · 정확성은 있으나 탐구적 · 독창적 능력은 부족하다.

㉣ 대표 직업

공인회계사, 도서관 사서, 안전관리사, 법원 속기사, 계리사, 세관원, 자료처리사, 행정사무원, 보험수리사, 세무사, 은행원, 신용조사원, 컴퓨터프로그래머, 법무사

(3) 직업심리검사의 종류와 특징

① 청소년 진로발달검사

㉠ 청소년 진로 특성에 근거한 검사

진로에 대한 태도, 진로와 관련된 지식의 정도, 이에 맞는 진로 행동의 정도 등을 포함하는 진로성숙 수준뿐만 아니라, 성격요인, 정보요인, 갈등요인 등을 포함하는 진로미결정 정도를 동시에 파악하도록 구성되어 있기 때문에 보다 포괄적인 수준에서 진로발달의 정도를 파악할 수 있도록 구성되어 있다.

ⓛ 진로 행동의 평가 및 촉진 가능

진로 행동의 정도를 평가하기 때문에 검사 실시 자체가 피검사자들에게 자극이 될 수 있고 행동적 노력을 촉진시키는 계기를 마련한다.

ⓒ 진로 및 직업상담의 목표와 내용 제시 가능

청소년 진로발달검사의 결과는 피검사자가 자신의 진로발달을 위하여 앞으로 좀 더 보완해야 할 부분이 무엇인지를 명확하게 제시한다.

ⓔ 진로상담과 심리상담의 통합적 적용 가능

성격요인(동기, 결정성, 불안) 및 갈등요인(직업과 자신 간의 갈등, 외적인 조건들과 자신 간의 갈등)을 파악할 수 있기 때문에 진로문제에 내재되어 있는 심리적 문제의 근원을 알 수 있으며, 이를 근거로 진로상담과 심리상담의 통합적 적용을 통한 보다 효율적인 문제해결을 도모한다.

② 청소년 직업흥미검사

ⓐ 청소년 직업흥미검사는 전 세계적으로 진로 및 직업상담 시 가장 많이 활용되고 있는 Holland 흥미이론에 기초하여 제작된 것이다.

ⓑ 본 검사는 개인의 흥미를 보다 넓은 관점에서의 일반 흥미 유형과 이보다 좁고 구체적인 측면에서의 기초 흥미 분야로 나누어 단계적으로 측정하고 있으므로, 개인의 흥미에 대한 충분한 탐색과 구체적인 진로설계에 효과적으로 활용 가능하다.

ⓒ 직업 흥미를 측정함에 있어서 단순히 특정 활동들에 대한 '좋음', '싫음'이 아닌 자신감과 직업 선호를 함께 측정하므로 다양한 관점에서 흥미에 대한 해석이 가능하다.

③ 청소년 적성검사

ⓐ 고등학생의 적성능력을 측정하여 적합한 직업분야 및 학업분야를 추천해준다.

ⓑ 본 검사는 직업 추천을 우선 추천 직업, 고려해볼 수 있는 직업, 비추천 직업 등으로 세분화하여 정보를 제공하고, 직업 분야에 대한 추천뿐 아니라 다양한 31가지 학업 전공 분야에서 필요로 하는 학업 적성 정보도 제공한다.

ⓒ 자신의 희망직업에서 요구하는 적성요인들과 자신의 검사점수를 비교할 수 있도록 정보를 제공한다.

ⓔ 청소년 적성검사는 고려 가능한 직업들에 대해서 보다 상세한 정보를 제공함으로써 직접적인 직업선택뿐만 아니라 가능한 진로를 탐색하는 데 초점을 둔다.

④ 직업가치관검사

ⓐ 직업선택 및 경력설계 등의 직업의사결정에 도움

직업가치관검사는 개인이 중요하게 생각하는 직업가치관에 대해 측정하여 개인의 직업가치를 실현하기 위해 가장 적합한 직업을 안내해준다.

ⓑ 피검사자의 희망직업과 비교가 가능

피검사자가 희망하는 직업에서 요구하는 가치점수와 자신의 가치점수를 비교할 수 있도록 하여, 자신이 바라는 직업을 선택하기 위해 어떤 가치가 유사하고 어떤 가치가 차이를 나타내는지를 세부적으로 안내한다.

ⓒ 직업에 종사하고 있는 재직자들에 대한 실사조사를 통하여 얻어진 가치기준점수를 활용하여 직업을 추천

ⓔ 적합 직업에 대한 상세한 직업정보를 탐색

검사결과상에서 제시되는 직업정보는 한국고용정보원에서 제공되는 각종 직업정보와 연계되어 자신에게 적합한 직업에 대한 상세한 직업정보를 탐색한다.

⑤ 청소년 직업인성검사

      ㉠ 직업인성검사는 진단용 검사가 아니라 개개인의 성격특성을 알아보는 검사이다. 따라서 '좋다', '나쁘다'로 이해하기보다 '누구는 이러한 특성이고 누구는 이러한 특성의 성격이구나'로 이해하는 검사이다.

      ㉡ 본 검사의 결과를 가지고 상담할 때 상담자는 5요인 모델에 대한 용어들을 내담자에게 설명해줌으로써 내담자와 상담자가 분명하고 간결하게 내담자의 인성에 대해 서로 의사소통할 수 있고, 내담자의 행동에 영향을 미치는 동기에 대해서 토론할 수 있다.

      ㉢ 내담자가 검사결과를 보고 자신이 생각하는 성격이 아니라든가, 자신이 맘에 들지 않는 성격으로 나와서 싫다는 얘기를 하는 경우도 있을 수 있는데, 이때 검사결과를 하나의 결론으로 전제하며 내담자가 결과를 받아들이도록 설득하는 방식이 아닌 내담자의 얘기를 수용하면서 어떻게 차이가 나는지, 자신의 맘에 들지 않는 이유가 무엇인지, 피검자의 검사에 대한 태도, 검사에 대한 선입견 여부 등 검사결과에 대한 이해를 높일 수 있도록 결과해석 자료를 구성한다.

      ㉣ 다양한 하위요인의 역동을 고려하여 내담자에게 보다 적절한 상담접근을 결정할 수 있고 각 사람에게 적절한 상담접근법에 따라 진로상담을 할 수 있도록 결과해석 자료를 구성할 수 있다.

(4) 채용 정보 확인하기

지원 회사의 사이트뿐만 아니라 채용 공고 사이트, 취업 준비 카페 등을 통해 다양한 채용 정보를 확인할 수 있다.

채용정보사이트 워크넷(www.work.go.kr)

02 | 이력서 작성하기

이력서는 학력, 경력, 자격 사항 등 구직자에 대한 정보가 간결하게 정리된 문서로, 입사를 위한 첫 단계이기도 하다. 인사 담당자가 한 장의 이력서를 보는 데는 평균 30초이다. 수많은 지원자의 입사지원서 중에서 눈에 띄는 입사지원서를 작성하기 위해서는 체계적인 전략이 필요하다.

(1) 입사지원서 작성 시 준비할 사항

① 내가 살아온 길 되돌아보기
- 본적 및 가족사항
- 학창시절, 입학 및 졸업예정일 확인
- 경력사항(봉사활동 및 동아리 활동 등)
- 학생생활기록부, 각종 상장 및 수료증, 추천서
- 보유 자격증

② 내가 앞으로 살아갈 방향 생각해보기
- 내가 좋아하는 일이 무엇인지 파악하기
- 내가 잘할 수 있는 일 파악하기
- 내가 희망하는 회사 알아보기
- 지원 분야의 전망 살펴보기

③ 준비사항
- 규격에 맞는 사진
- 주민등록등본과 자격증 사본

(2) 입사지원서 양식 예시

입사지원서

입사구분	신입 / 경력	응시부문		희망연봉	만 원
제목					

사진 (3.5×4.5)	성명	한글)		漢子)		영문)	
	생년월일	년 월 일 (만 세)			성별	남 · 여	
	주소	(우편번호: −)					
	전화번호			국가보훈 여부	대상 ( ) / 비대상( )		

학력사항	기간	학교 / 교육기관	학과명(학점)	졸업구분
	~	고등학교		

경력사항	기간	근무처	담당업무	세부내용
	~			
	~			
	~			

주요활동	기간	활동단체명	직책	세부내용

자격 / 면허	자격(면허)명	등급	취득일	발행처

외국어	외국어명		IT 능력	S/W 및 언어	
	점수			활용능력	
	구사정도			S/W 및 언어	
	해외연수			활용능력	

수상 경력	수상명	수상일	수상기관	내용

(3) 이렇게 작성하자!

① 두괄식 표현 또는 헤드라인은 읽는 사람을 배려하고 임팩트를 주어 호기심을 유발하는 효과가 있다.

② 사진은 가능한 한 최근에 찍은 사진을 부착하고, 화려하게 꾸민 모습보다는 단정하고 밝은 인상을 보일 수 있도록 한다.

③ 급하게 연락을 할 수 있기 때문에 연락 가능한 번호를 2개 이상 기재한다.

④ 호주와의 관계는 호주 쪽에서 본 자신의 관계임을 유의한다.

⑤ 학력은 고등학교 졸업부터 적는 것이 일반적이다.

⑥ 인터넷 용어와 이모티콘을 사용하지 않는다. 오탈자와 틀린 맞춤법이 있는지 확인하는 것은 필수이다.

⑦ 종교나 개인적 취향, 건강상태 등 회사에서 요구하지 않은 불필요한 내용을 일일이 적지 않는다.

⑧ 고등학교를 졸업하고 바로 취업하는 경우 다른 경력사항이 많지 않기 때문에 아르바이트 경험이나 봉사활동의 경험, 동아리 활동 등의 경험을 기록한다.

⑨ 지원 분야 업무와 관련된 자격증 취득 내용을 우선 기재한다. 또한 국가공인 자격증뿐만 아니라 민간 자격증도 모두 기재하여 가능한 한 공란을 두지 않는다.

⑩ 한 이력서를 여러 회사에 보내다 보면 다른 회사의 이름으로 지원하는 실수를 범할 수 있다. 회사 이름이나 지원 분야를 꼭 확인하여 기록한다.

Tip

E-mail 접수 시 유의사항

• 회사의 입사지원서 양식이 있다면 반드시 그 양식을 사용한다.
• 긴급 연락처도 추가 기입하는 것이 좋다.
  예 ps. 010-1234-5678
• 접수 시 제목에는 이름과 지원 분야만 간단하게 적는다.
  예 금번 하반기 공채 기술 생산직 파트에 지원하는 ○○○입니다. (○)
     귀사의 기술 생산직에서 꼭 뽑히고 싶은 ○○○입니다!!! (×)
• E-mail 닉네임에 주의한다.
• 제출 서류의 파일 첨부를 잊지 않는다(자격증 사본, 증명서 등). 단, 압축은 피한다.

Tip

E-mail 접수 시 본문 예시

인사 담당자님께
안녕하십니까? 저는 귀사의 반도체 생산직에 관한 공고를 보고 입사 지원하는 ○○고등학교 ○○○과 3학년 ○○○입니다.
전자제품 개발에 관심이 많아 귀사의 사보나 기사는 빠뜨리지 않고 모아왔습니다. 또한 3년간 기술실무를 배우고 관련 자격증을 취득하여 처음 일을 시작할 때 빨리 적응하고 정확하게 처리할 것이라고 확신합니다.
채용공고를 보고 이메일로 귀사에 대한 저의 관심을 전해드리며 연락 기다리겠습니다.
그럼 안녕히 계십시오. 감사합니다.

2024. ○. ○

○○○ 드림

03 | 자기소개서 작성하기

(1) 좋은 자기소개서란

① 직무를 먼저 확실하게 정한다.

② 해당 직무를 맡을 인재가 갖추어야 할 능력 몇 가지를 생각해 본다.

③ 해당 키워드를 드러낼 수 있는 에피소드를 생각해 본다.

④ 자기소개서 각 항목에 키워드와 에피소드를 배치한다.

⑤ 에피소드를 구체화시켜 설득력을 드러낸다.

(2) 자기소개서 쓸 때 주의할 점

① 두서없이 주절주절 쓰지 않는다.

태어나서부터 현재까지의 모든 이야기를 쓰려고 하면 끝도 없을 뿐더러 인사 담당자는 모든 성장과정을 궁금해 하지 않는다. 지원 분야를 선택하게 된 동기가 되는 경험을 핵심적으로 쓴다.

② 과장되거나 거짓된 정보를 쓰지 않는다.

동시에 지나친 솔직함도 금물이다. 알릴 필요가 없는 자신의 단점까지 노출할 필요는 없다.

③ 진부한 표현을 쓰지 않는다.

"꼭 뽑히고 싶다.", "뽑아만 주신다면 열심히 하겠다."와 같은 상투적인 표현은 하지 않는다.
왜 선발되어야 하는지, 선발되면 어떤 일을 할 수 있는지에 대한 구체적인 내용을 적는다.

④ 경쟁자와의 차별성을 드러낸다.

수많은 지원자 가운데 돋보이지 않는다면 이미 합격의 가능성은 없어진 것이다. 자신만의 색깔이 두드러질 수 있는 전략을 세워보자.

⑤ 포괄적이고 애매모호한 표현을 쓰지 않는다.

자신의 역량을 나타낼 수 있는 정확한 데이터나 수치화를 알려 주는 것이 효과적이다.

자기소개서에 사용하면 안 되는 단어

미국 CNN 인터넷판은 '이력서에 적어서는 안 될 25개 단어들(25 words that hurt your resume)'이라는 제목으로 커리어빌더닷컴 로라 모쉬(Laura Morsch)의 글을 올렸다. 모쉬는 베넷이 제시한 '이력서에 쓰지 말아야 할 멋있지만 모호한 어휘 25개'를 나열했다.

- 적극적인(Aggressive)
- 패기 있는(Ambitious)
- 능력 있는(Competent)
- 창조적인(Creative)
- 꼼꼼한(Detail-oriented)
- 단호한(Etermined)
- 능률적인(Efficient)
- 경험 많은(Experienced)
- 융통성 있는(Flexible)
- 목표의식이 강한(Goal-oriented)
- 열심히 일하는(Hard-working)
- 독립심이 강한(Independent)
- 혁신적인(Innovative)

- 아는 게 많은(Knowledgeable)
- 논리적인(Logical)
- 자극하는(Motivated)
- 신중한(Meticulous)
- 막연한 의미의 사람(People, Person)
- 전문적인(Professional)
- 믿을 만한(Reliable)
- 수완이 좋은(Resourceful)
- 혼자서도 잘하는(Self-motivated)
- 성공적인(Successful)
- 팀워크가 좋은(Team Player)
- 계획적인(Well-organized)

(3) 자기소개서 예시

다음에 제시된 자기소개서들은 각 기업체에서 합격한 자기소개서이다. 인사 담당자에게 합격 점수를 받은 데에는 세 가지 비밀이 있다.

① 에피소드로 설득력을 높였다.

② 두괄식 표현으로 읽는 사람을 배려하였다.

③ 지원하는 직무에 필요한 핵심 역량을 표현하였다.

이와 같은 특징을 살려 인사 담당자에게 합격 점수를 받은 자기소개서를 살펴보자.

[자기소개서 예시문 1]

성장과정 (핵심키워드 → 봉사심, 빠른 작업속도)
"설거지 속도가 남보다 2배 빠릅니다."
6살 때부터 저와 언니는 친할머니 손에서 성장하였습니다. 손녀 둘을 정성껏 돌봐주시는 할머니의 따뜻한 마음을 배워서 저 또한 봉사심을 기를 수 있었습니다. 가난한 사람들에게 음식을 제공하는 푸드뱅크에서 봉사활동으로 한 달 동안 설거지를 매일 4시간씩 하였는데 다른 자원봉사자들보다 2배 속도로 셀 수 없을 만큼의 그릇을 닦아냈습니다. 사랑을 받은 사람이 사랑을 베풀 수 있다고 생각합니다. 어려운 환경이었지만 많은 분들의 격려와 사랑을 받으며 자라왔기 때문에 늘 감사하는 마음으로 어떤 직원보다 2배 더 열심히 일할 수 있을 것 같습니다.

성격의 장단점 (핵심키워드 → 팔로워십, 대인관계능력)
"반장이 예뻐해 주는 학생"
같은 나이에 학급의 리더로 일하는 반장을 보면 참 대단해 보입니다. 저는 앞에서 누군가를 이끌어 가기보다는 뒤에서 서포트해주는 일을 더 좋아하기 때문입니다. 다른 친구들은 동갑내기 반장을 무시하기도 하고 말을 잘 안 들어주는데 저는 반장의 리더 권한을 존중해주고 시키는 대로 잘 따릅니다. 그래서 반장이 저를 너무 예뻐합니다. 이렇게 뒤에서 리더를 지지해 주는 것이 저의 가장 큰 장점입니다. 반면에 앞에 나서서 사람들을 이끄는 것은 부끄러움을 타서 잘하지 못하는 것이 단점입니다. 그러나 리더는 지지자가 없으면 무용지물이기에 리더를 지켜주는 지지자가 어쩌면 더 중요한 것 같습니다.

학창시절 및 경험사항 (핵심키워드 → 회계능력)
"전문계고에서 전자상거래과를 전공하면서 회계능력을 키웠습니다."
전자상거래과에 진학하면서 2학년 때부터는 회계와 ERP라는 과목을 배웠습니다. 회계 과목은 흥미가 있어 늘 상위권에 속했습니다. 그리고 현재 전산회계 자격증을 준비하면서 실무에 필요한 지식과 정보를 갖춰 나가고 있습니다. 특히 카임과 더존 프로그램 두 가지 중에 요즘 기업에서 많이 쓴다는 더존 프로그램으로 공부를 더 하고 있습니다. 언제라도 바로 투입되어서 업무를 할 수 있는 준비된 인재입니다.

지원동기 및 입사 후 포부 (핵심키워드 → 인내심, 체력)
"검단산을 올랐던 인내심과 체력으로"
고등학교는 중학교와 또 다르게 공부하는 과목도 많아지고 야간자율학습도 해야 하는 등 힘든 일이 많았습니다. 그때 제가 선택한 것은 검단산을 오르는 일이었습니다. 처음에는 중턱까지 밖에 오르지 못하고 내려와야 했습니다. 등산하는 법을 잘 몰랐고 무엇보다도 길이 잘 보이지 않아 두려웠던 제 마음의 벽을 뛰어 넘지 못했던 것 같습니다. 그 후에 다시 올랐습니다. 그리고 또 정상까지 올라가지 못했습니다. 그러나 세 번째 등산에서 결국 정상에 오를 수 있었습니다. 이 경험을 통해서 목표를 분명히 가지고 꾸준히 노력하면 꼭 이루어진다는 것을 배웠습니다. 분명 사회생활도 힘든 일이 많겠지만 그때마다 검단산을 오르며 인내심과 체력을 다져서 맑은 정신을 바탕으로 맡은 일에 최선을 다하는 인재가 되겠습니다.

[자기소개서 예시문 2]

성장과정 (핵심키워드 → 체력, 신뢰감)

"체력이 국력이다."라는 아버지 뜻에 따라 다양한 운동을 하면서 성장하였습니다. 특히 아버지는 산악자전거를 자주 타시는데 저도 어렸을 때부터 자전거를 타면서 신체를 건강히 하였습니다. '건강한 신체에 건강한 정신이 깃든다.'는 말이 있습니다. 덕분에 주변 어르신들께 늘 예의 바른 학생으로 칭찬을 받았고 이웃집의 아이들을 돌봐줄 수 있는 기회도 많이 얻게 되었습니다. 어린 학생한테 어린아이를 맡긴 것은 '신뢰감'을 쌓은 덕분이라고 생각합니다. 주변 사람들한테 성실한 이미지로 신뢰감을 받으며 성장하였습니다.

성격의 장단점 (핵심키워드 → 꼼꼼함, 청결함)

"학급의 미화부장을 담당할 정도로 꼼꼼함을 지녔습니다."

매년 학기 초가 되면 모든 학급은 '환경미화대회'라는 큰 행사에 몰두합니다. 게시판을 아름답게 꾸미고 청소를 깨끗이 하는 반이 우승을 하는 것입니다. 고등학교 3학년 때 저는 이 대회를 총괄하는 '미화부장'에 당선되었습니다. 그리고 선생님과 학급 친구들과 협력하여 전체 1등을 수상하였습니다. 손재주가 좋아서 예쁘게 꾸미는 것도 잘하고 성격이 꼼꼼하여 창틀의 먼지까지도 말끔하게 닦는 성격입니다. 주변 친구들은 너무 깔끔한 것을 추구하는 것은 결벽증이라고 저의 단점이라고도 합니다. 그러나 회사생활을 하는 데 청결한 생활태도는 큰 도움이 될 것이라고 생각합니다.

학창시절 및 경험사항 (핵심키워드 → 원칙준수, 기본을 지키는 성향)

비누공예 동아리에서 비누를 만들어서 바자회를 했던 경험이 있습니다. 천연비누 재료를 받아 든 모든 친구들은 선생님의 설명을 다 듣지도 않은 채 이것저것 섞고 만들고 하였습니다. 설명대로 하지 않아서 색과 향기도 좋지 않았습니다. 그러나 저는 모든 설명서를 꼼꼼하게 읽고 천천히 만들었습니다. 결국 바자회에서 제일 잘 팔린 것은 설명서대로 만든 작품들이었습니다. 덕분에 작은 일에도 원칙을 지키는 것이 중요하다는 교훈을 얻을 수 있었습니다. 학교생활과 회사생활의 공통점은 사람이 사는 사회이기 때문에 규칙을 지키는 것이라고 생각합니다. 많은 이들이 규칙을 고리타분하게 여기지만 저는 공동의 목표를 위해 원칙을 잘 지켜야 한다고 생각합니다.

지원동기 및 입사 후 포부 (핵심키워드 → 다양한 일을 한 번에 처리하는 능력)

"요리, 서빙, 배달, 설거지, 청소 5가지를 한 번에 하는 멀티플레이어입니다."

태어나기 전부터 어머니는 식당을 운영하셨습니다. 덕분에 어려서부터 요리하기, 손님이 오시면 서빙하기 등 다양한 경험들을 할 수 있었습니다. 초등학교 5학년 때는 처음으로 배달도 했습니다. 어린 나이에 남의 집에 배달하러 가는 것이 쑥스러울 수 있었지만 어머니를 도와드릴 수 있다는 생각에 기쁜 마음으로 했습니다. 이제는 학교 마치고 집에 가서 제가 식당의 거의 모든 일을 다 합니다. 주문을 받으면 요리부터 서빙, 설거지까지 일사천리로 일하는 법을 배웠습니다. 회사에 입사하게 되면 시켜서 하는 사원이 아니라 알아서 일을 찾아서 하는 일꾼이 되겠습니다. 한 번에 다양한 일을 시키셔도 잘 해내는 멀티플레이어 인재가 되겠습니다.

[자기소개서 예시문 3]

성장과정 (핵심키워드 → 성실함)

초·중·고 12년의 학창 생활 동안 단 한 번의 결석도 하지 않았습니다. 이런 성실함은 사회인의 기본이라고 생각합니다. 물론 몸이 좋지 않은 날도 있었지만 양호실에서 쉬어가면서도 학교는 빠지지 않았습니다. 결근은 절대 하지 않겠다는 약속은 자신 있게 할 수 있습니다. 사회생활을 하다 보면 많이 지치고 힘들겠지만 스스로 격려하고 동기부여하며 맡은 일에 성실함을 다하여 일하겠습니다.

성격상의 장단점 (핵심키워드 → 정직성, 책임감)

중학교 3학년 때 조별 청소하는 날이었습니다. 다른 친구들이 선생님 몰래 하나둘씩 도망가기 시작하였습니다. 결국 혼자 남아서 열 명의 몫을 청소해야만 했습니다. 친구들은 이렇게 요령을 피우지 못하고 미련하게 일을 하는 것이 저의 단점이라고 합니다. 물론 혼자 큰 교실을 청소하는 것이 버거웠고 저 또한 도망가고 싶었지만 제 스스로에게 떳떳하지 못한 기분이 싫었습니다. 결국 지나가시던 담임선생님께서 제가 혼자 청소하는 것을 보시고 함께 청소해주시며 칭찬해 주셨습니다. 이번 일을 계기로 반 대표로 표창장까지 받았습니다. 요령 피우는 것은 짧게 보면 이로울 것 같으나 결국 도망간 학생들은 선생님으로부터 신뢰를 잃었고 한 달 동안 벌로 청소를 해야 했습니다. 원칙을 지키고 책임감을 다해 맡은 일을 끝내면 바보처럼 보일지 몰라도 길게 봤을 때 더 좋다는 것을 배울 수 있었던 계기가 되었습니다. 맡은 일에 책임을 다하는 것이 저의 가장 큰 장점입니다.

지원동기 및 입사 후 포부 (핵심키워드 → 인내심, 서비스마인드)

고등학교 2학년 때 용돈을 마련하기 위해 배스킨라빈스라는 아이스크림 전문점에서 아르바이트를 하였습니다. 오전 10시부터 오후 4시까지 6시간 동안 서서 딱딱한 아이스크림을 쉴 새 없이 퍼내는 것이 생각보다 지치고 힘들었습니다. 손가락이 후들후들 떨리고 계속 서 있는 것도 힘겨웠습니다. 그러나 고객이 들어오시면 늘 밝게 인사를 하였습니다. 고객을 맞이하는 30초라는 짧은 순간이 저희 가게의 이미지를 결정할 것이라 생각했기 때문이었습니다. 결국 방학이 끝나서 아르바이트를 마칠 때 점장님께서 학생 같지 않게 잘해주었다고 칭찬해 주셨습니다. 힘들어도 늘 미소를 잃지 않는 일꾼이 되겠습니다.

04 | 면접 준비하기

01 면접이란?

면접이야말로 지원자의 자질과 능력, 끼, 창의력, 업무추진력, 조직적응력 등 총체적인 모습을 평가할 수 있는 가장 유력한 방법이다. 이런 이유로 기업에서는 다양한 면접 방법을 동원해 우수인재를 찾기 위해 고심 중이다. 지원자를 난처하게 만드는 질문부터, 전공과 관련된 전문적인 질문까지 갈수록 다양해지고 어려워지는 면접, 취업 성공으로 가기 위한 마지막 기회인만큼 후회 없이 가지고 있는 모든 것을 보여주어야 할 것이다.

면접의 사전적 정의는 면접관이 지원자를 직접 만나보고 인품(人品)이나 언행(言行) 등을 시험하는 일로, 흔히 필기시험 후에 최종적으로 심사하는 방법이다.

최근 주요 기업의 인사담당자들을 대상으로 채용 시 면접이 차지하는 비중을 설문조사했을 때 50 ~ 80% 이상이라고 답한 사람이 전체 응답자의 80%를 넘었다. 이와 대조적으로 지원자들을 대상으로 취업 시험에서 면접을 준비하는 기간을 물었을 때 대부분의 응답자가 2 ~ 3일 정도라고 대답했다. 지원자가 일정 수준의 스펙을 채우기 위해 자격증 시험과 토익을 보고 이력서와 자기소개서까지 쓰다 보면 면접까지는 준비할 여유가 없는 것이 사실이다. 또한 서류전형과 필기시험을 통과해야만 면접을 볼 수 있기 때문에 자연스럽게 면접은 취업 시험 과정에서 그 비중이 작아질 수밖에 없다. 하지만 아이러니하게도 위의 조사에서 나타난 것처럼 실제 채용 과정에서 면접이 차지하는 비중은 거의 절대적이라고 해도 과언이 아니다.

요즈음 기업들은 채용 과정에서 토론 면접, 인성 면접, 프레젠테이션 면접, 역량 면접 등의 다양한 면접을 실시하고 있다. 1차 커트라인이라고 할 수 있는 서류전형을 통과한 지원자들의 스펙이나 능력은 서로 엇비슷하다고 판단되기 때문에 서류상 보이는 자격증이나 토익 성적 이외에도 지원자의 인성을 더 파악하기 위해 면접을 강화하는 것이다. 일부 기업은 의도적으로 압박면접을 실시하기도 한다. 지원자가 당황할 수 있는 질문을 던져 그것에 대한 지원자의 반응을 살펴보는 것이다.

면접을 통과해 최종 합격을 하기 위해서는 면접을 어렵게 생각하는 마음부터 바꿔야 한다. 면접을 다르게 생각한다면 '나는 누구인가?'에 대한 물음에 쉽게 답할 수 있을 것이다. 취업난 속에 자격증을 취득하고 토익 성적을 올리기 위해 앞만 보고 달려온 지원자들은 자신에 대해서 고민하고 탐구할 수 있는 시간을 평소 쉽게 가질 수 없었을 것이다. 하지만 자신을 잘 알고 있어야 자신에 대해서 자신감 있게 말할 수 있다. 대체로 사람들은 자신에게 관대한 편이기 때문에 자신에 대한 어떤 기대와 환상을 가지고 있는 경우가 많다. 하지만 면접은 제삼자에 의해 개인의 능력을 객관적으로 평가받는 시험이다.

어떤 지원자들은 다른 사람에게 자신을 표현하는 것을 어려워하는 경향이 있다. 평소에 잘 사용하지 않는 용어를 내뱉으면서 거창하게 포장하는 지원자도 많다. 면접에서의 기본은 자기 자신을 면접관에게 알기 쉽게 표현하는 것이다. 이러한 표현을 바탕으로 자신이 앞으로 하고자 하는 것과 그 이유를 설명해야 한다.

(1) 고등학생의 면접은 다르다!

① 기출질문을 사전에 파악하는 것이 좋다.
② 생활기록부가 면접에 반영된다.
③ 교복을 착용하고 면접을 진행한다.
④ 같은 학교 지원자와 함께 면접을 보기도 한다.
⑤ 적극적인 지원자를 선호한다.
⑥ 순수하고 솔직해서 탈락하는 경우가 많다.

(2) 회사가 나에게 확인하고 싶은 것들

① 회사에서 원하는 능력과 지식을 가지고 있는지
② 필요한 기술을 능숙하게 충분히 사용할 수 있는지
③ 일하는 자세나 태도가 좋은지
④ 회사에 적응할 수 있는 성격인지
⑤ 업무에 맞는 경험이나 경력을 가지고 있는지
⑥ 필요한 자격을 갖추고 있는지
⑦ 회사에 오래 근무할 수 있는 사람인지

(3) 면접 전날 준비사항

① 면접장 위치, 교통편, 소요시간 확인
② 옷, 구두 상태 점검
③ 이력서와 기타 제출 서류 챙기기

02 자기소개의 기술

자기소개를 시키는 이유는 면접관이 지원자의 자기소개서를 압축해서 듣고, 지원자의 첫인상을 평가할 수 있는 시간을 가질 수 있기 때문이다. 면접을 위한 워밍업이라고 할 수 있으며, 첫인상을 결정하는 과정이므로 매우 중요한 과정이다.

(1) 정해진 시간에 자기소개를 마쳐라.

쉬워 보이지만 의외로 지원자들이 정해진 시간을 넘기거나 혹은 빨리 끝내서 면접관에게 지적을 받는 경우가 많다. 본인이 면접을 받는 마지막 지원자가 아닌 이상, 정해진 시간을 지키지 않는 것은 수많은 지원자를 상대하기에 바쁜 면접관과 대기 시간에 지친 다른 지원자들에게 짜증을 일으킬 수 있다. 또한 회사에서 시간 관념은 절대적인 것이므로 반드시 자기소개 시간을 지켜야 한다. 말하기의 속도는 1분에 200자 원고지 2장 분량의 글을 읽는 정도가 가장 적당하다. 이를 A4 용지에 10point 글자 크기로 작성하면 반 장 분량이 된다.

(2) 간단하지만 신선한 문구로 자기소개를 시작하자.

최근 많은 지원자들이 이 방법을 사용하고 있기 때문에 웬만한 소재의 문구가 아니면 면접관의 관심을 받을 수 없다. 따라서 시대적으로 유행하는 광고 카피를 패러디하는 경우와 격언 등을 인용하는 경우, 그리고 지원한 회사의 경영철학이나 경영이념, 인재상 등을 사용하여 자기소개를 시작하는 것도 좋은 방법이다. 지원자는 이러한 여러 문구 중에 자신의 첫인상을 북돋아줄 수 있는 것을 선택해서 말해야 한다. 자신의 이름을 문구 속에 적절하게 넣어서 말한다면 좀 더 효과적인 자기소개가 될 것이다.

(3) 무엇을 먼저 말할 것인지 고민하자.

면접관이 많이 던지는 질문 중에 하나가 지원동기이다. 그래서 최근에는 성장기 과정을 생략하고, 지원한 회사에 들어오기 위해 어떻게 준비했는지를 구체적으로 설명하는 자기소개가 대세이다.

(4) 면접관의 호기심을 불러일으킬 수 있게 말하라.

면접관에게 질문을 많이 받는 지원자의 합격률이 반드시 높은 것은 아니지만, 질문을 전혀 못 받는 것보다는 좋은 평가를 기대할 수 있다. 면접관의 호기심을 자극하기 위해 학창시절 이야기를 하면서 자기의 장기를 잠깐 보여주는 것도 좋은 방법일 것이다. 또한 지원한 분야와 관련된 수상경력이나 프로젝트 등을 말하는 것도 좋다. 이는 지원자의 업무 능력과 직접 연결되는 것이므로 효과적인 자기 홍보가 될 수 있다. 일부 지원자들은 자신만의 특별한 경험을 이야기하는데, 이때는 그 경험이 보편적으로 사람들의 공감대를 얻을 수 있는 것인지 다시 생각해 봐야 한다.

(5) 최대한 깔끔하게 마무리하자.

자신의 답변이 미흡했다는 생각에 마지막 답을 소홀하게 하는 경우가 많다. 비록 답변을 잘못했더라도 포기하지 말고 마지막 질문까지 최선을 다하는 태도를 보여주어야 한다. 면접이 끝났다고 판단되더라도 긴장을 풀고 다리를 꼰다거나 머리를 긁적인다거나 하는 등 풀어진 모습을 보여서는 안 되며 끝까지 침착함을 유지하는 것이 좋다.

03 1분 자기소개 시 주의사항

(1) 자기소개서와 1분 자기소개가 같다면 감점일까?

아무리 자기소개서를 외워서 말한다 해도 1분 자기소개가 자기소개서와 토씨 하나 다르지 않고 똑같을 수는 없다. 그러나 자기소개서의 분량이 더 많고 회사마다 요구하는 필수 항목들이 있기 때문에 굳이 고민할 필요는 없다. 오히려 자기소개서의 내용을 잘 정리하여 말하는 것이 더 좋은 결과를 만들 수 있다. 하지만 자기소개서와 상반된 내용을 말하는 것은 큰 실수를 범하는 것임을 잊지 말자. 이것은 신뢰성을 떨어뜨리는 일이며 지원자의 신뢰성이 떨어진다는 것은 곧 불합격을 의미한다.

(2) 말하는 자세를 바르게 익혀라.

지원자가 자기소개를 하는 동안 면접관은 지원자의 동작 하나하나를 관찰한다. 바른 자세는 우리가 이미 알고 있는 것이다. 하지만 문제는 무의식적으로 나오는 버릇 때문에 자세가 흐트러지는 순간 면접관에게 나쁜 인상을 줄 수 있다는 것이다. 이러한 버릇들을 고칠 수 있는 가장 좋은 방법은 평소 캠코더나 휴대전화로 자신의 모습을 찍어 보는 것이다. 거울을 사용할 경우에는 시선이 자꾸 자기 눈과 마주치기 때문에 집중하기 힘들다. 하지만 촬영된 동영상은 제삼자의 입장에서 자신을 볼 수 있기 때문에 많은 도움이 된다.

(3) 정확한 발음과 억양으로 자신 있게 말하라.

지원자의 모양새가 아무리 뛰어나더라도 목소리가 작고 말이 부정확하면 큰 감점을 받을 수 있다. 이러한 모습은 지원자의 좋은 점에까지 악영향을 끼칠 수 있다. 직장을 흔히 사회생활의 시작이라고 말하는 사회적 정서에서 사람들과 의사소통을 하는 데 문제가 있다고 판단되는 지원자는 부적절한 인재로 평가될 수밖에 없다.

04 대화법

대화법 전문가들이 말하는 대화 기술의 핵심은 '상대방을 배려하면서 이야기하라'는 것이다. 대화는 나와 다른 사람의 소통이다. 내용에 대한 공감이나 이해가 없다면 대화는 더이상 진전되지 않을 것이다.

'카네기 인간관계론'이라는 베스트셀러를 남긴 철학자 '카네기'가 말하는 최상의 대화법은 자신의 경험을 토대로 이야기하는 것이다. 즉, 살아오면서 직접 겪은 이야기를 진솔하게 말하는 것이 상대방의 관심을 끌 수 있는 가장 좋은 방법이라는 것이다.

특히 어떤 일을 이루기 위해 노력하는 과정에서 겪은 실패나 희망에 대해 진솔하게 이야기한다면 상대방은 어느새 당신의 편에 서서 그 이야기에 동조할 것이다.

독일의 사업가이자 동기부여 트레이너인 위르겐 힐러의 연설법 중 가장 유명한 것은 시즐(Sizzle)을 잡는 것이다. 시즐이란 새우튀김이나 돈가스가 기름에서 지글지글 튀겨질 때 나는 소리이다. 즉, 자신의 말을 듣고 시즐처럼 반응하는 상대방의 감정에 적절하게 대응하라는 것이다.

말을 시작한 지 10 ~ 15초 안에 상대방의 '시즐'을 알아채야 한다. 자신의 이야기에 대한 상대방의 첫 반응에 따라 말하기 전략도 달라져야 한다. 첫 이야기의 반응이 미지근하다면 가능한 그 이야기를 빨리 마무리하고 새로운 이야깃거리를 생각해 내야 한다. 시간이 길지 않은 면접에서 자기에게 몇 번 오지 않는 대답의 기회를 살리기 위해서는 보다 전략적이고 냉철해야 하는 것이다.

05 차림새

(1) 면접을 위한 옷차림

면접에도 적합한 옷차림이 있다. 고등학교 재학 중인 교복을 착용하되 특히 이마와 귀는 신뢰를 상징하기 때문에 반드시 보여야 함을 잊지 말아야 한다. 그리고 교복을 입을 때에는 다음과 같은 기본적인 격식을 갖추도록 한다.

① 깨끗하게 세탁해서 입기
② 너무 타이트하게 재단한 교복 입지 않기
③ 짧은 치마 입지 않기
④ 뱃지, 명찰, 리본(넥타이) 착용하기

(2) 구두

면접 날에 어떤 옷을 입어야 할지는 며칠 동안 고민하면서 정작 구두는 면접을 보는 당일 현관을 나서면서 즉흥적으로 신고 가는 지원자들이 많다. 특히 남자 지원자들이 이러한 실수를 많이 한다. 구두를 보면 그 사람의 됨됨이를 알 수 있다고 한다. 면접관 역시 이러한 것을 놓치지 않기 때문에 지원자는 자신의 구두에 더욱 신경을 써야 한다. 스타일의 마무리는 발끝에서 이루어지는 것이다. 아무리 멋진 옷을 입고 있어도 구두가 어울리지 않는다면 전체 스타일이 흐트러지기 때문이다.

정장용 구두는 디자인이 깔끔하고, 광택이 도는 에나멜 가죽 소재 제품으로, 계절에 상관없이 어느 옷에나 잘 어울리는 검정, 감색, 브라운 계열의 세 가지 색 중의 하나면 무난하다.

검정 계열 구두는 회색과 감색 정장에, 브라운 계열의 구두는 베이지나 갈색 정장에 어울린다.

참고로 구두는 오전에 사는 것보다 발이 충분히 부은 상태인 저녁에 사는 것이 좋다. 마지막으로 당연한 일이지만, 반드시 면접을 보기 전날 구두 뒤축이 닳아 있는지 확인하고 구두를 깨끗하게 닦아놓는다.

(3) 양말

양말은 옷과 구두의 색상을 비교해서 골라야 한다. 특히 검정이나 감색의 진한 색상의 바지에 흰 양말을 신는 것은 시대에 뒤처지는 일이다. 일반적으로 양말의 색깔은 바지의 색깔과 같아야 한다. 또한 양말의 길이도 신경 써야 한다. 남성의 경우에 의자에 바르게 앉거나 다리를 꼬아서 앉을 때 다리털이 보여서는 안 된다. 반드시 긴 정장 양말을 신어야 한다.

(4) 헤어스타일

헤어스타일 역시 자신의 이미지를 보여주는 데 중요한 역할을 할 수 있다. 면접 시 면접관에게는 지원자가 상체 위주로 보이기 때문이다.

면접은 면접관과 면접자가 서로의 시선을 맞추는 것에서부터 시작되기 때문에 얼굴을 가리는 헤어스타일은 피하는 것이 좋으며, 단정하고 깔끔하게 정리해야 한다.

06 첫인상

(1) 면접을 위한 이미지 메이킹

면접에서 첫인상은 매우 중요하다. 다음은 첫인상을 결정하는 데 영향을 미치는 요소를 나타낸 것이다. 시각적인 요소가 사람의 첫인상에 많은 영향을 끼치고 있음을 알 수 있다. 따라서 면접에 임할 때에도 좋은 이미지를 선보일 수 있도록 준비하는 것이 필요하다.

취업을 위해 성형수술을 받는 사람들의 이야기는 이제 뉴스거리가 되지 않는다. 그만큼 많은 사람들이 좁은 취업문을 뚫기 위해 이미지 향상에 신경을 쓰고 있다. 이는 면접관에게 좋은 첫인상을 주기 위한 것으로, 이러한 현상은 지원서에 올리는 증명사진을 이미지 프로그램을 통해 수정하는 이른바 '사이버 성형'이 유행하는 것과 같은 맥락이다. 실제로 외모가 채용 과정에서 영향을 끼치는가에 대한 설문조사에서도 60% 이상의 인사담당자들이 그렇다고 답변했다.

하지만 외모와 첫인상을 절대적인 관계로 이해하는 것은 잘못된 판단이다. 외모가 첫인상에서 많은 부분을 차지하지만, 외모 외에 다른 결점이 발견된다면 그 결점이 다른 장점들을 가리는 특징이 있다. 첫인상은 몇 초 안에 결정된다. 첫인상을 결정짓는 요소 중 시각적인 요소가 80% 이상을 차지한다. 첫눈에 들어오는 생김새나 복장, 표정 등에 의해서 첫인상이 만들어지는 것이다. 면접을 시작할 때 자기소개를 시키는 것도 지원자별로 첫인상을 평가하기 위해서이다. 첫인상이 중요한 이유는 첫인상이 잘못 인지되면 지원자의 다른 좋은 면까지 거부당하기 때문이다. 이러한 현상을 심리학에서는 초두효과(Primacy Effect)라고 한다.

또한 한 번 형성된 첫인상은 여간해서 바꾸기 힘들다. 이는 첫인상이 나중에 들어오는 정보에까지 영향을 주기 때문이다. 첫인상의 정보가 나중에 들어오는 정보 처리의 지침이 되는 것을 심리학에서는 맥락효과(Context Effect)라고 한다. 따라서 평소에 첫인상을 좋게 만들려는 노력을 꾸준히 해야만 하는 것이다.

좋은 첫인상이 반드시 외모에만 집중되는 것은 아니다. 오히려 깔끔한 옷차림과 부드러운 표정, 그리고 말과 행동 등에서 전반적인 이미지가 만들어진다. 누구나 이러한 것들 중에 한두 가지 단점을 가지고 있다. 최근에는 이미지 컨설팅을 통해서 자신의 단점들을 보완하는 지원자도 있다. 특히 표정이 밝지 않은 지원자는 평소 웃는 연습을 의식적으로 해야 한다. 면접을 받는 동안 면접관에게 계속해서 여유 있는 표정을 보이기 위해서는 이러한 연습이 필수이다.

(2) 면접 인사법 및 자세

면접에서 좋은 인상은 매우 중요하다. 면접실에 들어갈 때부터 면접을 끝내고 나올 때까지 좋은 인상을 남길 수 있도록 해야 한다. 면접관에게 좋은 인상을 남길 수 있는 방법을 알아보자.

① 면접실에 들어가서 면접관을 향해 서서 미소를 지으며 인사를 한다.
② 면접관이 앉으라고 하면 자리에 앉는다.
③ 허리는 반듯이 세워서 앉고 두 손은 무릎 위에 올린다.
④ 면접관과 눈을 마주치며, 지나치게 눈을 깜박이거나 천장 혹은 바닥을 응시하지 않는다.
⑤ 다른 사람이 이야기하는 것을 경청하는 모습을 보여준다.
⑥ 면접 시간 동안 옷매무새를 다듬거나 자세를 흐트러뜨리지 않는다.
⑦ "~했습니다.", "~입니다."로 분명하게 말끝을 맺는다.
⑧ 줄임말, 신조어, 외래어 등을 사용하지 않는다.

⑨ 질문에 대해 솔직하게 말하고, 모르는 질문에는 "잘 모르겠습니다."라고 말한다.

⑩ 면접을 잘 못 본 것 같아도 면접이 끝나면 면접관에게 밝은 미소로 인사하고 나온다.

07 면접의 유형

과거 천편일률적인 일대일 면접과 달리 현재 면접에는 다양한 유형이 도입되어 "면접은 이렇게 보는 것이다."라고 말할 수 있는 정해진 유형이 없어졌다. 그러나 어느 정도 유형을 파악하여 사전에 대비가 가능하다. 면접의 기본인 단독 면접부터, 다대일 면접, 집단 면접의 유형과 그 대책에 대해 알아보자.

(1) 단독 면접

단독 면접이란 지원자와 면접관이 일대일로 마주하는 형식을 말한다. 면접관 한 사람과 지원자 한 사람이 마주 앉아 자유로운 화제를 가지고 질의응답을 되풀이하는 방식이다. 이 방식은 면접의 가장 기본적인 방법으로 소요시간은 10 ~ 20분 정도가 일반적이다.

① 단독 면접의 장점

필기시험 등으로 판단할 수 없는 성품이나 능력을 알아내는 데 가장 적합하다고 평가받아 온 면접방식으로 지원자 한 사람 한 사람에 대해 여러 면에서 비교적 폭넓게 파악할 수 있다. 지원자의 입장에서는 한 사람의 면접관만을 대하는 것이므로 상대방에게 집중할 수 있으며, 긴장감도 다른 면접방식에 비해서는 적은 편이다.

② 단독 면접의 단점

면접관의 주관이 강하게 작용해 객관성을 저해할 소지가 있으며, 면접 평가표를 활용한다 하더라도 일면적인 평가에 그칠 가능성을 배제할 수 없다. 또한 시간이 많이 소요되는 것도 단점이다.

> **단독 면접 준비 Point**
>
> • 평소 논리 정연하게 대화를 나눌 수 있는 능력을 기르는 것이 중요하다.
> • 면접장에서는 면접관을 선배나 선생님 혹은 부모님을 대하는 기분으로 면접에 임하여야 최대한 부담을 덜고, 실력을 발휘할 수 있다.

(2) 다대일 면접

다대일 면접은 일반적으로 가장 많이 사용되는 면접방법으로 보통 2 ~ 5명의 면접관이 1명의 지원자에게 질문하는 형태의 면접방법이다. 면접관이 여러 명이므로 다각도에서 질문을 하여 지원자에 대한 정보를 많이 알아낼 수 있다는 점 때문에 선호하는 면접방법이다.

하지만 지원자의 입장에서는 면접관에 따라 질문도 각양각색이고 동료 지원자가 없으므로 숨돌릴 틈도 없게 느껴진다. 또한 관찰하는 눈도 많아서 조그만 실수라도 지나치는 법이 없기 때문에 정신적 압박과 긴장감이 높은 면접방법이다. 따라서 지원자는 긴장을 풀고 한 명의 면접관이 묻더라도 면접관 전원을 향해 대답한다는 기분으로 또박또박 대답하는 자세가 필요하다.

① 다대일 면접의 장점

　　면접관이 집중적인 질문과 다양한 관찰을 통해 지원자가 과연 조직에 필요한 인물인가를 완벽히 검증할 수 있다.

② 다대일 면접의 단점

　　면접시간이 보통 10~30분 정도로 좀 긴 편이고 지원자에게 지나친 긴장감을 조성하는 면접 방법이다.

다대일 면접 준비 Point

- 질문을 들을 때 시선은 면접관을 향하고 다른 데로 돌리지 말아야 한다.
- 대답을 할 때 고개를 숙이거나 입속에서 우물거리는 소극적인 태도는 피하도록 한다.
- 면접관과 대등하다는 마음가짐으로 편안한 태도를 유지하면 대답도 자연스러운 상태에서 좀 더 충실히 할 수 있고, 이에 따라 면접관이 받는 인상도 달라진다.

(3) 집단 면접

집단 면접은 다수의 면접관이 여러 명의 지원자를 한꺼번에 평가하는 방식으로 짧은 시간에 능률적으로 면접을 진행할 수 있다. 각 지원자에 대한 질문내용, 질문횟수, 시간배분이 똑같지는 않으며, 모두에게 같은 질문이 주어지기도 하고, 각각 다른 질문을 받기도 한다.

또한 어떤 지원자가 한 대답에 대한 의견을 묻는 등 그때그때의 분위기나 면접관의 의향에 따라 변수가 많다. 집단 면접은 지원자의 입장에서는 개별 면접에 비해 긴장감은 다소 덜한 반면에 다른 지원자들과의 비교가 확실하게 나타나므로 지원자는 몸가짐이나 표현력·논리성 등이 결여되지 않도록 자신의 생각이나 의견을 솔직하게 발표하여 집단 속에 묻히거나 밀려나지 않도록 주의해야 한다.

① 집단 면접의 장점

　　집단 면접의 장점은 면접관의 입장에서는 지원자 한 사람에 대한 관찰시간이 상대적으로 길고, 비교평가가 가능하기 때문에 결과적으로 평가의 객관성과 신뢰성을 높일 수 있다는 점과 지원자의 입장에서는 동료들과 함께 면접을 받기 때문에 긴장감이 다소 덜하다는 점을 들 수 있다. 또한 동료가 답변하는 것을 들으며, 자신의 답변 방식이나 자세를 조정할 수 있다는 것도 큰 이점이다.

② 집단 면접의 단점

　　응답하는 순서에 따라 지원자마다 유리하고 불리한 점이 있고, 면접관의 입장에서는 각각의 개인적인 문제를 깊게 다루기가 곤란하다는 것이 단점이다.

집단 면접 준비 Point

- 대답은 간단명료하게 해야 한다. 내용이 없는 발언을 한다거나 대답을 질질 끄는 태도는 좋지 않다.
- 말하는 중에 내용이 주제에서 벗어나거나, 자기중심적으로만 말하는 것을 피해야 한다.
- 평소에 논리적이며 설득력 있게 말하는 능력을 계발하는 데 힘써야 하며, 다른 사람 앞에서 자신의 의견을 조리 있게 개진할 수 있는 발표력을 갖추기 위해 많은 노력을 기울여야 한다.
- 자신과 동료 지원자들 간 실력에는 큰 차이가 없다는 것을 기억하라.
- 동료 지원자들과 서로 협조하라.
- 답변하지 않을 때의 자세가 중요하다.
- 개성 표현은 좋지만 튀는 것은 위험하다.
- 자기 과시를 지나치게 하지 않는 것이 좋다.

(4) 집단 토론식 면접

집단 토론식 면접은 집단 면접과 형태는 유사하지만 질의응답이 아니라 지원자들끼리의 토론이 중심이 되는 면접방법으로 최근 들어 급증세를 보이고 있다.

이는 공통의 주제에 대해 다양한 견해들을 개진하고 그 과정을 통해 함께 결론을 도출하는 과정, 즉 토론을 통해 지원자의 다양한 면에 대한 평가가 가능하다는 집단 토론식 면접의 장점이 널리 확산된 데 따른 것으로 보인다.

사실 집단 토론식 면접을 활용하면 주제와 관련된 지식 정도와 이해력, 판단력, 설득력, 협동성은 물론 리더십, 조직 적응력, 적극성과 대인관계 능력 등을 파악하는 것이 용이하다고 한다.

토론식 면접에서는 자신의 의견을 명확히 제시하면서도 상대방의 의견을 경청하는 토론의 기본 자세가 필수적이며, 지나친 경쟁심이나 자기 과시욕은 접어두는 것이 좋다.

또한 집단 토론의 목적이 결론을 도출해 나가는 과정에 있다는 것을 감안하여 무리하게 자신의 주장을 관철시키기보다 오히려 토론의 질을 높이는 데 기여하는 것이 좋은 인상을 줄 수 있다는 점을 알아야 한다. 취업 희망자들은 토론식 면접이 급속도로 확산되는 추세임을 감안해 특히 철저한 준비를 해야 한다. 평소에 신문의 사설이나 매스컴 등의 토론 프로그램을 주의 깊게 보면서 논리 전개 방식을 비롯한 토론 과정을 익히도록 하고, 친구들과 함께 간단한 주제를 놓고 토론을 진행해 볼 필요가 있다. 또한 사회·시사문제에 대해 자기 나름대로의 관점을 정립해두는 것도 꼭 필요하다.

> **집단 토론식 면접 준비 Point**
>
> • 토론은 정답이 없다는 것을 명심한다.
> • 내 주장을 강조하지 않는다.
> • 남이 말할 때 끼어들지 않는다.
> • 필기구를 준비하여 메모하면서 면접에 임한다.
> • 주제에 자신이 없다면 첫 번째 발언자가 되지 않는다.
> • 자신의 입장을 먼저 밝힌다.
> • 상대측의 사소한 발언에 집착하지 않고 전체적인 의미에 초점을 놓치지 않아야 한다.
> • 남의 의견을 경청한다.
> • 예상 밖의 반론에 당황스럽다 하더라도 유연함을 잃지 않아야 한다.

(5) PT 면접

PT 면접, 즉 프레젠테이션 면접은 최근 들어 집단 토론 면접과 더불어 그 활용도가 점차 커지고 있다. PT 면접은 기업마다 특성이 다르고 인재상이 다른 만큼 인성 면접만으로는 알 수 없는 지원자의 문제해결 능력, 전문성, 창의성, 기본 실무능력, 논리성 등을 관찰하는 데 중점을 두는 면접으로, 지원자 간의 변별력이 높아 대부분의 기업에서 적용하고 있으며, 확산하는 추세이다.

면접 시간은 기업별로 차이가 있지만, 전문지식, 시사성 관련 주제를 제시한 다음 보통 20 ~ 50분 정도 준비하여 5분가량 발표할 시간을 준다. 면접관과 지원자의 단순한 질의응답식이 아닌, 주제에 대해 일정 시간 동안 지원자의 발언과 발표하는 모습 등을 관찰하게 된다. 정확한 답이나 지식보다는 논리적 사고와 의사표현력이 더 중시되기 때문에 자신의 생각을 어떻게 설명하느냐가 매우 중요하다.

PT 면접에서 같은 주제라도 직무별로 평가요소가 달리 나타난다. 예를 들어, 영업직은 설득력과 의사소통 능력에 중점을 둘 수 있겠고, 관리직은 신뢰성과 창의성 등을 더 중요하게 평가한다.

- 면접관의 관심과 주의를 집중시키고, 발표 태도에 유의한다.
- 모의 면접이나 거울 면접을 통해 미리 점검한다.
- PT 내용은 세 가지 정도로 정리해서 말한다.
- PT 내용에는 자신의 생각이 담겨 있어야 한다.
- 중간에 자문자답 방식을 활용한다.
- 평소 지원하는 업계의 동향이나 직무에 대한 전문지식을 쌓아둔다.
- 부적절한 용어 사용이나 무리한 주장 등은 하지 않는다.

05 | 주요 금융권 실제 면접 기출 질문

1. 신용보증기금

[과제 수행 면접]
- 최저임금 상승에 대한 찬반여부에 대하여 토론하시오.
- 사립유치원에 국가관리 회계 시스템(에듀파인)을 적용하는 것이 바람직하다고 생각하는가?
- 종교인 과세에 대해 찬반을 나누어 토론하시오.
- 교육 평등주의에 대해 찬반을 나누어 토론하시오.
- 보증기업 사장에게 한도 축소를 통보할 때 어떻게 해야 하는가?
- 전사적 차원에서 신용보증과 신용보험을 어떠한 비중으로 분배해야 하는가?
- 클라우드 컴퓨팅을 신보에 적용해야 하는가? 적용해야 한다면 그 이유는 무엇인가?
- 금융정책기관으로서 신용보증기금이 확대·강화해야 할 업무영역은 무엇인가?
- 연대보증 폐기에 대한 본인의 생각은 무엇인가?
- 우버택시의 도입에 대해서 찬반을 나누어 토론하시오.
- SNS소통에 대해 긍정적인가 부정적인가?
- 전업주부 영유아 어린이집 이용제한에 대해 찬반을 나누어 토론하시오.
- 벤처 창업자에 대한 병역혜택을 찬반을 나누어 토론하시오.

[실무 면접]
- DBM이란 무엇인가?
- OSI 7계층은 무엇인가?
- TCP는 몇 계층인지 알고 있는가?
- 공통키, 대칭키 방식에 대하여 설명하시오.
- 유동화증권에 대하여 설명하시오.
- 후순위채권은 누가 매입하는지 알고 있는가?
- 후순위채권 매입 시 회계처리 과정에 대하여 알고 있는가?
- M&A 보증 시 꼭 진행해야 하는 상법적 절차에 대하여 알고 있는가?
- 중소기업의 재무제표를 볼 때, 수익성을 보기 위해서는 어떤 계정과목 혹은 재무비율을 보아야 하는가?
- 자산담보부증권에 대하여 알고 있는가?
- 지원자가 알고 있는 자산담보부증권에 대하여 말해 보시오.
- 기업가치평가 기법에 대하여 설명하시오.
- 블록 체인이 무엇인지 알고 있는가?
- 보증심사 시 고려해야 할 사항을 말해 보시오.
- 지원자가 생각하는 가장 소중한 물건에 대하여 말해 보시오.
- 팔로우십에 대한 생각을 말해 보시오.

- 지원자의 롤 모델에 대하여 말해 보시오.
- 상사가 부당한 업무를 지시했을 때, 어떻게 대처하겠는가?
- 지원자의 직업관은 무엇인가?
- 신용보증기금의 최근 이슈에 대해 아는 것이 있는가?
- 중소기업의 자생력을 높이기 위한 방안을 설명할 수 있는가?
- 자격증과 교육훈련이 업무를 수행하면서 어떤 도움이 되겠는가?
- 단점이 무엇이며 어떻게 극복하여 업무에 활용할 것인가?
- 4차 산업혁명과 같은 기술발전으로 인한 명과 암에 대해 말해 보시오.
- 약속이 있는 날, 오늘 꼭 처리해야만 하는 업무가 생겼다. 어떤 선택을 할 것인가?
- 국보 1호가 왜 국보 1호로 지정되었는지 아는가?
- 직장상사가 사내결혼에 대해 심한 선입견을 가지고 있고, 본인은 사내연애 중이며 결혼을 생각하고 있다. 상사의 선입견을 풀기 위해 어떻게 할 것인가?
- 황제경영을 해결하기 위한 방안은 무엇인가?

2. 기술보증기금

[인성 면접]
- 30초간 자기소개를 해 보시오.
- 어떤 상사가 좋은 상사라고 생각하는가?
- 전국 순환근무에 적응할 자신이 있는가?
- 금융기관 직원으로서 지녀야 할 중요한 덕목은 무엇이라고 생각하는가?
- 창의력을 키우기 위한 지원자만의 노력이 있는가?
- 지원자의 스트레스 해소방법은 무엇인가?
- 마지막으로 20초간 맺음말을 해 보시오.
- 여러 금융기관 중 기술보증기금에 지원한 이유가 무엇인가?
- 기술보증기금의 핵심가치와 지원자의 가치관이 어떻게 부합하는가?
- 기술보증기금이 여성을 배려하고 있는 점에 대하여 아는 것이 있는가?
- 다른 사람들이 생각하는 지원자의 모습 중 지원자의 생각과 다른 점이 있었는가?
- 인턴생활을 하면서 힘들었던 점을 말해 보시오.

[PT 면접]
- 문화 콘텐츠 보증에 대하여 발표하시오.
- 최신 IT 기술을 기술보증기금 업무에 적용할 방안에 대하여 발표하시오.
- 문화 콘텐츠(영화, 드라마, 게임, 캐릭터 등) 평가 방안에 대하여 발표하시오.
- 대기업의 중소기업 기술탈취에 대해 어떻게 생각하는가?
- 기금의 경제 활성화 방안에 대하여 설명하시오.
- 금리 인하로 인한 우리 정부의 앞으로의 방향은 어떠한지 말해 보시오.
- 빅데이터에 3V가 있는데 4V, 5V에 V가 무엇인지 아는가?
- 지원자가 생각하기에 기술평가에서 중요하게 생각할 요소와 각 비중을 정해 설명하시오.
- 기술평가와 관련하여 어떤 경험과 역량을 쌓아왔는가?

- 실제 기술평가 시 어떤 평가요소를 중점적으로 평가할 것인가?
- CAMP에서 베타는 어떻게 구하는가?

[임원 면접]
- 남들이 생각하는 지원자의 모습 중 지원자의 생각과 다른 것이 있는가?
- 기금의 경제 활성화 방안에 대하여 설명하시오.
- 지원자가 생각하는 기술금융이란 무엇인가?
- 기술보증기금의 보증절차에 대해 설명하시오.
- 지원자가 지원한 직무에서 가장 중요하다고 생각하는 점은 무엇인가?
- 거주하고 있는 지역 외 근무를 하게 돼도 괜찮은가?
- 자기소개를 20초 내로 하시오.
- 남들보다 경쟁력이 있다고 생각하는 것은 무엇인가?
- 조직융화와 전문성 중에 어떤 것을 중시하는가?

3. 한국수출입은행

[인성 면접]
- 한국수출입은행에 지원한 동기는 무엇인가?
- 한국수출입은행에 입사하게 된다면 어떤 업무를 가장 잘할 수 있는가?
- 한국수출입은행의 장점과 단점은 무엇인가?
- 한국수출입은행의 미션은 무엇인가?
- 책임감을 가지고 일을 해서 성과를 낸 경험이 있는가?
- 자신의 경험이나 역량을 한국수출입은행에서 어떻게 발휘할 것인가?
- 전공이 다름에도 한국수출입은행을 선택한 이유는 무엇인가?
- 조직생활에서 가장 중요한 것은 무엇인가?
- 업무 중 커피 심부름을 시킨다면 어떻게 할 것인가?

4. 예금보험공사

[임원 면접]
- 갈등상황이 발생하였을 때 어떻게 해결하는가?
- 1분 자기소개를 해 보시오.
- 상사가 본인의 동료에게 부당한 지시를 내린다면 어떻게 할 것인가?
- 예금보험공사에 입사하여 배우고 싶은 것은 무엇인가?
- 최근에 읽은 기사는 무엇인가?
- 입사한다면 어떠한 능력을 보여줄 것인가?
- 본인을 어필해 보시오.
- 예금보험공사는 어떤 일을 하는 공사인가?
- 조직생활에 어떻게 적응할 것인가?
- 다른 지원자들보다 뛰어난 점이 있다면 무엇인가?

5. IBK기업은행

[PT 면접]
- IBK기업은행이 대중친화적이고, 이미지 상승효과를 얻을 수 있는 광고 시나리오
- 제조업 경기하락과 고비용 저효율로 어려운 중소기업에 대한 기업은행의 전략방안
- 복합점포 개발 방안
- IBK기업은행이 인구통계학적으로 고객을 유치할 수 있는 방안
- IBK기업은행 동반자금융이 나아가야 할 방향
- 3.0의 방향성과 전략
- MICE 산업 활성화 방안
- 기업은행을 흥(興)하게 만드는 전략
- 기업은행의 아시아 또는 아프리카 진출 전략
- 외국인 노동자와 다문화가정을 위한 상품 및 서비스
- 30 ~ 40대 독신남녀를 유치할 수 있는 방안

[인성 면접]
- 자기소개를 해 보시오.
- 본인이 잘한 면접과 못한 면접이 무엇인가?
- 대학생들이 보는 기업은행의 이미지는 어떠한가?
- 전공이 다른데 은행에 왜 지원했는가?
- 기업은행의 장・단점은 무엇인가?
- 오늘 조원들 중 누가 가장 잘했다고 생각하는가?
- 은행원이 안 된다면 무엇을 할 것인가?
- 가장 기억에 남은 면접 프로그램은 무엇인가?
- 오늘 면접 프로그램 중에서 어떤 점이 아쉬웠는가?
- 자신의 성격 중 장점은 무엇인가?
- 오늘 남에게 배울 점은 무엇이 있었는가?
- 은행에 오기 위한 자신의 열정에는 무엇이 있는가?

[임원 면접]
- 요즘 취업난을 해결하기 위해 기업의 입장에서 어떤 방법이 있을지 개인의 의견을 말해 보시오.
- 입행이 결정되고 한 달의 시간이 주어진다면 어떤 것을 해보고 싶은가?
- 은행원으로서 가장 중요하게 생각하는 덕목은 무엇인가?
- K은행의 나라사랑카드와 기업은행의 나라사랑카드의 장・단점은 무엇인가?
- 은행원이 되고 싶은 이유는 무엇인가?
- 이 자격증을 취득한 이유는 무엇인가?
- 어떤 은행원이 되고 싶은가?
- 전공이 이쪽이 아닌데 왜 은행에 관심을 가지게 되었나?
- 인턴은 왜 지원하였나?
- 학점에 비해 대외활동의 흔적이 적은데 학교 수업에 치중하였나?
- 면접을 하면서 느낀 점은 무엇인가?
- 취미는 무엇인가?
- 졸업하고 난 후 기간이 있는 편이다. 무엇을 하였는가?

6. 신한은행

[인성 면접]

- 자기소개를 해 보시오.
- 타행에서 인턴을 했음에도 불구하고 신한은행을 지원한 이유는 무엇인가?
- 신한은행에 최근 방문했던 경험이 있는가?
- 신한은행의 쏠(SOL)의 사용해 보았는가? 해보았다면 장·단점이 무엇이라고 생각하는가?
- 신한은행하면 떠오르는 이미지가 있는가?
- 본인이 세상을 이롭게 했던 경험이 있는가?
- 기업금융과 관련된 자격증이 없는데, 대기업을 준비하다가 은행에 지원한 것인가?
- 본인이 기업금융 업무에 가진 역량이 무엇이라고 생각하는가?
- 본인이 가장 중요시하는 가치관은 무엇인가?

[임원 면접]

- 신한은행에서 이루고 싶은 꿈이 있는지 설명하시오.
- 면접에 임하는 각오를 말해 보시오.
- 우리 은행과 거래하던 중소기업이 주거래 은행을 변경하는 경우가 있다. 이를 방지하기 위해서 해야 할 일은?
- 옆의 지원자의 장점은 무엇이라고 생각하는가?
- 옆의 지원자보다 나은 내 장점은 무엇인가?
- 자기소개를 해 보시오.
- 마지막으로 하고 싶은 말이 있는가?
- 지원동기를 말해 보시오.
- 본인의 별명에 대해 말해 보시오.
- 워라밸에 대한 자신의 생각을 말해 보시오.
- 어제 본 기사 중 생각나는 것을 말해 보시오.

7. 우리은행

[PT 면접]

- 저출산 극복을 위한 은행 대응 방안
- 워라밸을 위한 은행 대응 방안
- 공유경제를 활용한 은행 대응 방안
- 부동산 플랫폼을 활성화시킬 수 있는 은행의 플랫폼 방안
- 코리아세일 페스타
- 블록체인을 활용한 우리은행의 새로운 서비스 기획
- 현금 없는 사회에서 금융권이 해야 할 일
- 유전자 편집 기술은 인간에게 유익한 기술인가? 인간의 존엄성을 해치는 것인가?
- 빅데이터를 이용한 범죄예방서비스의 개인정보 침해논란
- 예비범죄자 등록시스템에 대한 반발의 해결방법
- 범죄자가 형량을 다 채웠을 때 범죄자로 봐야 하나? 일반 국민으로 봐야 하나?

[인성 면접]
• 자기소개를 해 보시오.
• 진상 고객을 어떻게 대처할 것인가?
• 회사의 가치관과 본인의 가치관이 맞지 않는다면 어떻게 할 것인가?
• 본인은 리더인가? 팔로워인가?
• 본인이 성공했던 경험을 말해 보시오.
• 현 경제이슈 중에서 우리은행과 관련이 높다고 생각하는 것은 무엇인가? 그리고 우리은행이 그 정책과 관련해 갖춰야 하는 태도는 무엇이라고 생각하는가?
• 행원이 갖춰야 하는 자질은 무엇인가?
• 본인을 한 단어로 정의한다면?
• 마지막으로 하고 싶은 말은 무엇인가?

8. KB국민은행

[인성/역량 면접]
• 자기소개를 해 보시오.
• 국민은행 지점 및 어플 개선방안을 말해 보시오.
• 국민은행의 새로운 캐릭터에 대한 아이디어 제안해 보시오.
• 국민은행의 캐릭터 고양이 vs 강아지 중 자신의 생각을 말해 보시오.
• 국민은행의 금융투자상품을 추천해 보시오.
• 이제 발표까지 한 달 남았는데 무엇을 하고 싶은가?
• KB국민은행 면접을 보러 오면서 이 건물에서 보았던 문구든, 무엇이든 상관없으니 기억에 남은 것이 무엇인지 말해 보시오.
• 은행에 입행한 후에 어떤 역량이 중요하다고 생각하는가?
• 시국이 별로 좋지 않다. 정치적 색을 제외하고 국가란 무엇인지 자유롭게 생각을 말해 보시오.

[토론 면접]
• 회식장소로 고깃집을 선택할 것인가, 혹은 횟집을 선택할 것인가에 대한 토론
• 사공이 많으면 배가 산으로 가는가에 대한 찬반토론
• 고객을 만나러 가는 길에 길이 막히는데, 버스전용 차선을 탈것인가에 대한 토론
• 야유회를 산이나 바다 중 어디로 갈 것인가에 대한 토론
• 상대평가와 절대평가 중 무엇이 더 좋은지에 대한 토론
• 국민연금의 주주의결권 확대에 대한 찬반토론
• 네이버의 독점에 대한 찬반토론
• 양적완화 축소에 대한 찬반토론
• 기부금 세액공제에 대한 찬반토론
• 마트 상품판매품목 제한에 대한 찬반토론
• 기업의 성공을 위해 필요한 전략으로서 다각화 VS 선택과 집중에 대한 입장토론

[임원 면접]
- 입행해서 어떤 업무를 하고 싶은가?
- 4차 산업혁명에 대해 말해 보시오.
- 떨어져도 다시 도전할 것인가?
- 행복이란 무엇인가?
- 재밌게 들었던 수업과 가장 중요하다고 느낀 수업은?
- 가장 재미없게 읽었던 책은?
- 정치색 없이 국가란 무엇인가?

9. 지역농협

[상식 면접]
- 은행원으로서 중요한 2가지 역량은?
- 사모펀드의 장·단점은?
- 미국의 금리 인상이 농협은행에 미치는 영향은?
- 지급유예제도란?
- 레임덕이란?
- 모태펀드란?
- 순이자수익이란?
- 임금피크제란?
- 퇴직연금이란?
- 옐로칩과 블루칩이란?

[인성 면접]
- 최근에 칭찬받은 경험이 있는가?
- 팀원을 설득해서 좋은 평가를 받아본 경험이 있는가?
- 편견을 가지고 상대방을 대해서 실수한 경험이 있는가?
- 국내 부동산 현황에 대해 어떻게 생각하는가?
- 본인의 매력 포인트는 무엇이라고 생각하는가?
- 최근 본 영화 중 인상 깊었던 것과 그 이유는?
- 생활신조는 무엇인가?
- 본인의 가치관에 대해 말해 보시오.
- 본인을 상품화한다면 어떻게 소개할 지 말해 보시오.
- 농협의 인재상은 무엇인가?
- 본인의 주량은 얼마인가?
- 감명 깊게 읽은 책은 무엇인가?
- 농협의 사회적 위치에 대해서 말해 보시오.

[주장 면접]
- 친환경 농산물의 소비 연령층을 넓힐 수 있는 방안
- 최저임금 인상에 대한 찬반

- 전자제품 수출과 농산물 수입에 대한 찬반
- 오디션 프로그램에 대한 찬반
- 자립형 사립고 폐지에 대한 의견
- 한·중 FTA에 대한 찬반
- 기초선거구 정당공천제 폐지에 대한 의견
- 식품 산업에서 농협의 역할에 대한 의견
- 저금리시대에 농협이 나아갈 방안
- 농협의 비대면 금융서비스 제안

10. NH농협은행 6급

[인성 면접]
- 1분 자기소개를 해 보시오.
- 1억 원을 모아야 한다면 어떤 방법으로 모을 것인가?
- 첫 월급을 100만 원으로 받았을 때 전체 금액으로 선물을 한다면 누구에게 무엇을 할 것인가?
- 금융권에서 가장 중요하게 생각하는 덕목과 역량은?
- 사람을 평가한 경험이 있는가? 무엇을 가장 중요하게 생각하는가?
- 고객이 전화에 대고 막 화를 내는 클레임이 생긴다면?
- 이전 회사를 그만둔 사유는 무엇인가?
- 본인의 단점은 무엇인가?
- 은행원이 갖춰야 할 역량은 무엇이라고 생각하는가?
- 본인만의 영업전략은?
- 마지막으로 하고 싶은 말은?

[상식 면접]
- 유동성함정의 구체적 예를 들고, 해결 방안을 제시해 보시오.
- 파생금융상품이란 무엇인가?
- CMA란 무엇인가?
- 보이스피싱이란 무엇인가?
- 블랙스완이란 무엇인가?
- PF가 무엇인지 아는가?
- 블랙컨슈머에 대한 기업의 대응 방안은?
- DTI가 무엇인가?
- LTV를 설명하시오.
- BIS 비율을 설명하시오.
- ABS를 설명하시오.
- BIB와 BWB는 무엇인가?
- PEF가 무엇인지 설명해보시오.
- 개인회생제도가 무엇인가?

부록

금융업무 일반

금융업무 일반

01 ▶ 예금거래

1. 예금계약의 이해

(1) 소비임치계약

예금은 금융회사가 개인이나 법인 등의 예금주(고객)가 위탁한 금전을 보관하거나 운용함으로써 발생하는 금융회사의 채무로, 예금주의 입장에서는 금융회사에 대한 청구권이라고 할 수 있으며, 법적으로는 금전으로 이루어지는 소비임치계약으로 본다.

(2) 낙성계약과 요물계약

예금계약을 낙성계약 또는 요물계약으로 보는 것은 명확하지 않다. 대법원의 판례와 예금계약 후 예금자의 이행강제를 할 수 없다는 점에서 요물계약으로 볼 수 있으나, 반드시 일정한 금액을 금융회사에 인도하지 않아도 계약신규가 가능한 점을 고려하면 낙성계약으로 볼 수 있다.

> **이론 더하기**
>
> • 낙성계약(諾成契約) : 계약 당사자 간의 합의만으로 성립하는 계약
> • 요물계약(要物契約) : 계약 당사자 간의 합의 이외에 물건의 인도 등 기타 급부를 하여야만 성립되는 계약

(3) 무상(無償)계약

예금주는 예금계약이 이루어진 후 그 기간에 따른 대가를 지급하지 않고 오히려 상당 기간에 해당하는 이자를 받으므로 무상계약으로 본다.

(4) 편무(片務)계약

예금계약은 예금을 입금하는 것을 조건으로 금융회사가 일방적으로 원리금의 지급의무를 부담하므로 편무계약으로 본다.

2. 예금거래의 종류

(1) 수시입출식 예금 : 입금과 출금이 자유로운 예금

(2) 적립식 예금 : 일정한 기간 동안 정기적 또는 비정기적으로 금전을 적립하고 일정 기간 이후 만기금액과 이자를 지급받는 예금

(3) 거치식 예금 : 일정한 금액을 예치한 후 정해진 기간이 지난 뒤에 예치원금과 이자를 지급받는 예금

3. 예금거래의 대상

(1) 개인(개인사업자 포함) : 자연인이나 법인 모두 가능함(개인사업자의 경우 사업자등록증 소지 여부 등에 따라 결정됨)

(2) 법인 : 스스로 거래 행위를 할 수 없기 때문에 대표자 또는 대리인이 법인을 대신하여 예금 신규 거래가 가능함

(3) 미성년자 : 원칙적으로 법정대리인의 동의가 있거나 법정대리인이 대리하여 신규 거래가 가능함. 단, 신분증(주민등록등본 등)이 있는 만 14세 이상의 미성년자는 저축 관련 통장 개설이 단독으로 가능함

(4) 비거주자 : 예금거래에 제한이 있으며, 자금의 국내 사용을 목적으로 예치하는 '비거주자원화계정'과 대외 지급을 자유롭게 하기 위해 자금을 예치하는 '비거주자자유원계정'으로 함(국민인 비거주자 또는 외국인 비거주자 중 주한 외교관 등은 예금 종류에 제한이 없음)

(5) 공동명의 : 모든 명의인이 예금 신규 거래 자격을 갖추어야 함

4. 금융실명제

(1) 실명확인의 원칙
　① 신규 거래 시마다 실명확인증표 원본을 이용하여 실명확인
　② 원장, 거래신청서, 계약서 등에 "실명확인필"을 표시하고 확인자가 날인 또는 서명
　③ 전산인자로 실명거래의 확인자가 식별되는 경우에는 확인자 날인 또는 서명 생략 가능

(2) 실명확인 방법
　① 성명과 주민등록번호, 실명확인증표에 첨부된 사진 등을 통해 거래신청자의 본인 여부를 확인
　② 제시된 실명확인증표의 사진으로 본인 여부를 파악하기 어려운 경우에는 다른 실명확인증표를 보완적으로 사용 가능

(3) **실명확인자** : 실제로 고객의 실명을 확인한 직원으로 금융회사 본부의 영업부서를 포함한 영업점의
직원

(4) **실명확인증표(개인)**

구분	실명확인증표
일반인	주민등록증(주민등록증 발급신청확인서 포함), 운전면허증, 청소년증(청소년증 발급신청확인서 포함), 노인복지카드(경로우대증), 장애인복지카드(장애인등록증 포함), 여권, 선원수첩, 국가유공자증(유족 포함), 새터민임시신분증(여권번호와 같이 조립)
학생	학생증(사진과 주민등록번호가 있는 경우에 한함) ※ 주민등록번호가 없는 학생증은 주민등록등(초)본 또는 건강보험증 또는 가족관계증명서를 함께 제시
군인	군운전면허증
소년소녀가장	주민등록등본(세대주가 본인인 것), 학교장이 확인한 서류
외국인	외국인등록증, 여권, 여행증명서, 국내 발급 운전면허증
재외동포(재외국민, 외국 국적 동포)	재외국민(외국 국적 동포) 국내거소신고증, 여권
기타	국가기관 또는 지방자치단체가 발급한 신분증 및 자격증

※ 실명확인증표의 사본, 금융거래 시점에 유효하지 않은 실명확인증표, 사원증, 전역증, 휴가증, 상공회의소나
산업인력공단이 발급한 자격증 등은 실명확인을 위한 증표로 사용할 수 없다.

5. 예금신규 거래 절차

(1) 예금신규거래신청서 작성 방법을 안내하고 작성된 신청서를 받아 확인한다.

(2) 고객 유형을 파악하여 유형별 실명확인 방법에 따라 실명을 확인한다.

(3) 신규 거래 시 필요한 서류를 징구하여 확인한다.

(4) 고객정보를 전산에 등록하거나 이미 등록되어 있는 경우 변경 사항에 대해 등록한다.

(5) 신규 거래되는 예금의 통장이나 증서를 작성한다.

(6) 작성한 통장이나 증서에 고객의 인감 또는 서명날인을 받는다.

(7) 책임자의 결재를 받는다.

(8) 고객의 인감 또는 서명날인 부분과 책임자의 결재받은 부분이 덮히도록 스티커를 붙인다.

(9) 고객에게 신규발급된 통장을 전달한다.

(10) 거래신청서와 신규 관련 서류 일체를 정리하여 신규일로부터 영업일 3일 이내에 금고에 보관한다.

6. 예금해지 거래 절차

(1) 해지 신청인에게 예금통장을 징구한다.

    ※ 예금통장을 분실한 경우 제사고신고 절차에 따라 예금주 본인을 확인하고 계좌인감(서명)을 확인하여 사고 신고 등록 처리 후 재발급 절차 없이 해지처리를 진행함

(2) 해지 신청인에게 예금청구서를 작성하도록 하며, 작성 완료된 청구서를 징구한다.

(3) 해지 신청인이 예금주 본인인지 확인한다.

    ① 예금청구서에 찍힌 인감이 이미 신고된 인감과 일치하는지 여부 확인

    ② 서명에 의한 거래인 경우 본인확인증표에 의해 본인을 확인한 후 처리

    ③ 예금주 본인이 의심스러울 경우 개설 서류가 보관된 개설점에서 개설 서류에 첨부된 실명증표를 받아 사진 및 필적을 대조하여 확인

(4) 통장 또는 증서의 위·변조 여부를 확인한다.

(5) 기타 사항을 다음과 같이 처리한다.

    ① 사고신고 또는 압류 등 법적 지급제한 유무의 여부를 확인

    ② 자동이체가 등록되어 있는 경우 그 내역을 고객에게 확인하고 고객의 의사를 확인하여 해제

(6) 해지금액을 고객에게 확인시키고 수령할 방법을 확인한다.

(7) 해지 거래통장의 M / S(Magnetic Stripe)를 제거한 후 지급필(Paid)을 철인한다.

(8) 통장과 청구서를 책임자에게 인도하여 결재를 받는다.

(9) 해지 후 고객이 수령하는 금액을 확인하고, 해지된 예금통장과 지급한 금액에 대한 확인서를 고객에게 교부한다.

02 ▶ 입출금거래

1. 입금거래

(1) 입금거래의 종류

    ① 창구입금 : 예금주가 금융회사에 금전을 전달함으로써 금전의 소유권을 금융회사에 이전하는 것으로 입금 완료 시기는 담당 직원이 고객이 인도한 금액을 수령하고 그 금액을 확인한 때이다.

② 현금자동입출금기에 의한 입금 : 고객이 현금자동입출금기에 현금을 넣고 기계 조작을 한 후, 현금자동입출금기가 나타낸 합계 금액에 대해 고객이 확인 버튼을 누른 때에 예금계약이 성립된 것으로 본다.

③ 계좌송금에 의한 입금 : 송금을 의뢰한 고객이 은행에 입금처리함으로써 계좌송금 및 계좌이체 계약이 종료되는데, 이는 예금주의 거래 은행이 이체금액을 확인하는 절차가 없기 때문에 고객이 송금하고 입금 기장을 마친 때에 입금계약이 성립한 것으로 본다.

(2) 고객주의의무제도(Know-Your-Customer)

① 금융사가 자신이 제공하는 금융 서비스가 자금세탁과 같은 불법적인 행위에 이용되지 않도록 하기 위해 금융 거래 시 고객의 신분, 계좌 및 거래의 성격 등에 대해 적절한 주의를 기울여야 하는 의무이다.

② 주요 내용

㉠ 고객이 계좌를 신규로 개설하거나 일정 금액 이상으로 일회성 금융 거래를 하는 경우 : 거래 당사자의 신원에 관한 사항으로서 실명확인을 하여야 한다.

㉡ 실제 거래 당사자 여부가 의심되는 경우 : 고객이 자금세탁 행위 등 실제 거래 당사자 여부가 의심되는 경우에는 본인 실명확인과 금융거래목적확인서를 징구하여 확인하여야 한다.

2. 출금거래

(1) 출금거래의 종류

① 기계에 의하지 않은 지급

㉠ 창구지급 : 창구의 지급 담당자(텔러)가 예금주로부터 통장(증서) 등과 지급청구서 또는 어음(수표)에 의한 청구를 받고 지급하는 방법

㉡ 교환지급 : 어음교환소를 통한 지급청구가 있을 때 이에 응하여 지급하는 것으로 당좌계정의 어음(수표)지급 방법

㉢ 대체지급 : 예금주에게 현금을 지급하고 그 현금을 다시 받아 별도의 예금계좌에 입금하거나 대출이자 등에 충당하는 대신, 현금의 지급과 다른 계좌로의 입금이라는 절차를 생략하고 금융회사의 내부 장부 조작만으로 계정을 이동시키는 지급 방법

② 기계에 의한 지급

㉠ 현금자동지급기(CD) 또는 현금자동입출금기(ATM)

㉡ 텔레뱅킹 또는 모바일(스마트)뱅킹

㉢ 인터넷뱅킹 또는 펌뱅킹

(2) 예금지급 시 주의사항

① 인감 및 비밀번호의 확인

② 통장이나 증서 또는 지급청구서의 위·변조 여부 확인

③ 사고신고 유무 확인

④ 각종 지급제한 유무 확인

(3) 예금지급 오류

① **예금의 과다지급**

직원이 예금의 과다지급을 하였다면 과다지급한 금액에 대해서 예금주에게 부당이득반환청구권을 행사하여 잘못 지급한 금액의 반환을 청구할 수 있다. 다만, 과다지급했다는 사실을 금융회사에서 입증해야 하므로 금액의 일치 여부를 항상 확인해야 한다.

② **예금의 과소지급**

과소지급한 그 차액에 대한 예금지급은 금융회사에서 이행한 것이 아니므로, 예금주의 예금채권은 그대로 존속하며 은행의 예금채무는 그대로 남게 된다. 예금의 과소지급에 대한 입증 책임은 예금주가 부담하게 된다.

③ **예금의 과오지급**

예금지급청구에 따라 은행이 예금을 지급할 때 권한이 없는 자에게 예금을 지급하는 경우로 예금지급을 청구하는 자에 대해 본인 여부와 대리인 여부를 철저하게 확인하여야 한다.

ㄱ 금융회사의 면책이 인정되는 경우 : 권리자 확인을 위해 상당한 노력을 하였음에도 불구하고 무권리자임을 알 수 없어 예금을 지급했다면 금융회사는 과오지급에 대한 책임을 지지 않는다. 단, 진정한 예금주는 무권리자를 상대로 부당이득반환청구권 등을 행사하여 반환받을 수 있다.

ㄴ 금융회사의 면책이 인정되지 않는 경우 : 무권리자에 대한 예금지급 책임이 금융회사에 있는 경우 진정한 예금주가 지급청구를 하면 금융회사는 이중으로 지급해야 한다. 이 경우 금융회사는 무권리자에 대해 부당이득반환청구권을 행사할 수 있다.

03 ▶ 수표 발행 및 지급

1. 수표의 이해

(1) 수표의 정의

발행인이 증권상에 적혀 있는 지급을 받을 자(수취인) 또는 증권의 소지인에게 조건없이 일정한 금액을 지급할 것을 제3자(지급인)에게 위탁하는 유가증권이다.

(2) 수표의 법적 성격

① **요식증권성** : 수표법이 정하는 일정한 사항을 하나라도 구비하지 않으면 수표로서의 효과가 없다.

② **제시증권성** : 수표를 소지한 사람이 증권에 적힌 금액에 대항하는 권리를 행사하기 위해서는 해당 수표를 적법하게 제시하여야 한다.

③ **상환증권성** : 수표를 소지한 사람은 수표의 채무자에 대하여 당해 수표와 상환함으로써만 수표에 적힌 금액의 지급청구를 할 수 있다.

④ **채권증권** : 수표는 특정인이 다른 특정인에게 일정한 의무의 이행을 청구할 수 있는 권리로서 금전지급청구권을 표시하는 채권증권이다.

⑤ **지시증권** : 수표는 증권에 특정인이 권리자로 기재되어 있지만 그가 지시하는 자도 권리자가 되는 유가증권으로 증권상에 특정인만이 권리자로 기재되어 있을 뿐 그 특정인이 지정하는 자가 권리자로 기재되어 있지 않더라도 그 특정인이 지정하는 자도 법률상 당연히 권리자가 되는 법률상 당연한 지시증권이다.

⑥ **설권증권** : 증권의 작성이 있어야만 비로소 권리가 발생하는 유가증권으로, 수표가 작성되어야 비로소 권리가 생긴다는 점에서 설권증권의 성격을 지닌다.

⑦ **무인증권** : 수표는 매매나 금전소비대차 등이 처음부터 존재하지 않거나 무효 또는 취소, 기타의 사유로 인한 실효가 되더라도 그에 의하여 영향을 받지 않고 존재한다는 점에서 무인증권에 속한다.

⑧ **완전유가증권** : 수표는 권리의 발생과 이전 및 행사 모두에 증권을 소지할 것을 전제로 하는 완전유가증권이다.

⑨ **문언증권** : 수표상에 적혀 있는 문언에 따라 수표의 권리가 정해지므로 문언증권의 성격을 갖는다.

2. 수표의 종류

(1) 당좌수표 : 은행 이외의 자가 은행과 당좌계정 거래약정을 체결하고 은행에 있는 지급자금의 범위 내에서 은행을 지급인으로 하여 발행한 수표

(2) 자기앞수표 : 은행이 자신을 지급인으로 하여 발행한 수표

(3) 선일자수표 : 발행일자를 실제로 발행한 일자가 아닌 장래의 일자로 적어 발행한 수표

(4) 후일자수표 : 발행일자를 실제로 발행된 날 이전의 일자로 적은 수표

(5) 횡선수표 : 수표의 표면에 두줄을 그어 그 수표의 취득과 지급에 제한을 가한 수표

(6) 송금수표 : 송금의 목적으로 발행되는 수표

(7) 국고수표 : 국고금의 지출 원인 행위에 따라 지출관이 한국은행을 지급인으로 하여 발행한 수표

(8) 여행자수표 : 은행이 발행인이 되고 여행자를 수취인으로 하여 발행하는 수표

이론 더하기

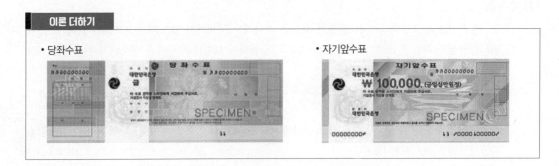

• 당좌수표

• 자기앞수표

---

3. 수표 발행의 요건(수표법 명시사항)

(1) **수표임을 표시하는 글자** : 국어로 수표임을 표시하는 글자를 적어야 한다.

(2) **조건 없이 일정한 금액을 지급할 것을 위탁하는 뜻** : 일반적으로 금액 아래에 "이 수표의 금액을 소지인에게 지급하여 주십시오."라고 적는다.

(3) **지급인의 명칭** : 수표를 제시한 때에 발행인이 처분할 수 있는 자금이 있는 은행과 수표법의 적용에 있어서 은행과 동시되는 사람이나 시설을 적어야 한다.

(4) **수표에는 만기를 적을 수 없음** : 수표는 신용증권이 아니므로 특성상 만기가 없다.

(5) **지급지** : 수표금이 지급될 지역으로 독립한 최소 행정 구역(특별시, 광역시, 시, 읍·면 단위)으로 적는 것이 원칙이다.

(6) **발행일과 발행지** : 발행일은 수표를 발행한 날로 수표상에 적혀 있는 일자를 의미하고, 발행지는 수표를 발행한 장소로 수표상에 적혀 있는 장소를 의미한다.

4. 수표 지급 거래 절차

(1) **수표를 받은 경우 다음과 같은 내용을 확인한다.**
　① 정당한 수표인지 여부를 확인한다.
　② 수표를 지급할 때에는 절대적 요건이 빠짐없이 기재되어 있는지 확인해야 한다.

(2) **수표 뒷면에 배서 안내를 한다.**

(3) **사고신고 또는 압류 등 법적 지급제한의 유무를 확인한다.**

(4) **출납인 날인 및 책임자 결재를 받는다.**

(5) **고객으로부터 현금, 계좌입금 요청 등 필요한 자원을 확인한다.**

(6) **금액을 확인하고 지급 대전을 고객에게 교부한다.**

(7) **타행 정액 자기앞수표의 지급은 절차에 따라 지급 거래를 수행한다.**

04 ▶ 시재관리

1. 출납업무

(1) 출납업무의 정의

통화 및 이와 동일시되는 수표·어음 등 모든 증권류의 수납 및 지급업무, 그리고 이에 부수적으로 발생하는 현금의 정리 및 보관, 시재금 관리, 어음교환 등을 행하는 업무이다.

> **이론 더하기**
> • 시재금 : 출납업무를 수행하는 직원이 현재 보유하고 있는 통화의 합계를 말한다.
> • 어음 : 발행하는 사람이 미래의 일정한 금액을 일정한 시기와 장소에서 무조건 지급할 것을 약속하거나(약속어음) 또는 제3자에게 그 지급을 위탁하는(환어음) 유가증권이다.

(2) 현금보관 및 검사

① 현금의 보관

현금보관은 현금을 보관할 수 있는 금고에 보관하여야 한다. 금고에는 통화를 권종별(예 1만 원권, 5만 원권)로 정리하여 보관하고, 다음 영업일에는 꼭 필요한 최소의 자금만을 출고하며 불필요한 통화는 금고에 보관하여야 한다. 또한 출납 담당자는 영업시간 중에도 수시로 통화를 인도받아 현금보관 시설인 금고에 보관하도록 하여야 한다.

② 통화의 보유한도

각 은행은 영업점별로 통화 보유한도를 기준으로 적정액을 보유하여야 하며, 배정된 통화 보유한도 이내로 유지되도록 관리하여야 한다. 이때 통화 보유한도는 본부에서 점포의 특성 및 특수 요인을 반영하여 직접 배정한다.

③ 업무 마감 및 현금검사

출납 담당 책임자는 매일, 부점장은 매월 1회 이상 불특정일에 현금을 검사하여 출납일계표상의 시재금명세표와 부합 여부(맞는지)를 확인한다. 시재금은 10원 단위까지만 부합 여부를 확인할 수 있다.

④ 현금의 과잉·부족 시 처리

구분	현금 과잉 시	현금 부족 시
처리 방법	• 원인을 파악하여 당일 내 정당한 고객을 찾아 입금 • 원인 파악이 불가능한 경우 : 가수금 출납과 입금 항목으로 입금처리 • 정당한 고객을 찾을 수 없을 때는 3개월 경과 후 해당월 말일에 전산으로 자동 이익금 처리 • 과잉금은 가수금 계정에 5년간 별도로 구분하여 입금하고, 5년이 경과하여 원인을 규명하지 못한 경우에는 해당월 말일에 이익금 처리 • 이익금으로 처리한 후 원인이 규명되어 고객에게 돌려주어야 할 경우에는 그 고객이 정확한 소유자인지를 확인하고, 손실금으로 출금하여 고객에게 지급	• 당일 업무 마감 후 부족금이 발생한 원인을 찾아 정당 업무 처리 • 당일 중 찾는 것이 어려울 경우 직무전결 규정에 따라 가지급금 처리하고 원인을 조사 • 개월이 경과하여도 그 내용이 밝혀지지 않을 경우에는 취급자가 즉시 변상 조치 • 거액의 현금이 없어졌을 경우에는 취급자가 사건 보고서를 검사부장에게 전산 보고하여 조사 • 출납사고가 발생되었다면 금액에 관계없이 각 은행의 「사고금 처리규정」에 따르며, 보고한 과부족금의 원인이 규명되거나 정리된 후에도 보고

2. 수납업무

(1) 수납업무의 정의

현금계정에 현금을 받는 업무이며, 수납할 수 있는 범위는 통화와 자(당)점권 및 어음교환이 가능한 은행에서 발행한 어음·수표·우편환증서이다.

(2) 수납업무의 절차

① 수납자금의 접수 및 확인
- 고객으로부터 수납금과 입금표를 접수하고 입금전표 등 관련 서류 확인
- 텔러는 반드시 고객이 보는 앞에서 수납금의 금액과 종류 및 위조지폐 또는 손상권(파손된 지폐)의 유무를 확인한 후 권종별로 분류하여 돈 보관함에 정돈·보관
- 자(당)점권이 자기앞수표인 경우에는 지급처리 절차를 취하고, 당좌수표나 약속어음은 담당자에게 인감, 사고신고 유무를 확인하고 지급처리하여 현금화한 후에 입금
- 타점권은 오른쪽 상단에 특정 횡선을 날인한다. 이때 특정 횡선이 인감 등 중요한 기재사항에 겹쳐 찍히지 않도록 주의
- 자(당)점권이나 타점권의 이면에는 입금계좌번호 기록
- 수납현금은 수시로 모출납 담당자(출납관리 최종 책임자)에게 인도
- 수납한 타점권은 어음교환 담당 직원에게 인도하고, 업무 마감 시 전산으로 어음교환 담당자에게 전산등록
② 단말기 조작
- 수납금은 통화, 자(당)점권, 타점권으로 구분하고 타점권은 그 종류별로 구분하여 입금처리
- 지급절차를 마친 자(당)점권은 현금 또는 대체로 입금
③ 취급자 및 책임자 날인
- 창구직원 전결사항인 경우에는 담당자가 날인. 다만, 전산으로 취급자를 확인할 수 있는 경우에는 날인 생략 가능
- 창구직원의 전결 범위를 초과하는 입금거래 시에는 담당책임자의 결재

3. 지급업무

(1) 지급업무의 정의

통화를 고객에게 지급하는 업무로서 대차대조표상으로는 채권(자산)의 발생, 채무(부채)의 소멸이 발생하는 업무라고 볼 수 있다. 지급업무는 정당한 고객에게 정당한 금액을 지급하는 것이다.

(2) 지급업무의 처리 절차

① 청구서의 접수 및 확인
  ㉠ 청구서, 수표, 증서, 기타 지급증표를 고객으로부터 접수하여 이상 유무를 확인
  ㉡ 실명확인이 필요한 경우에는 실명확인 절차를 취함
  ㉢ 사고신고 접수 여부 및 인감 또는 서명 일치 여부를 확인
② 단말기 조작 : 접수된 예금 및 수표 지급 시에는 유의 사항을 검토한 후 단말기를 조작하여 지급처리

③ 지급
  ㉠ 지급금액이 창구전결인 경우에는 창구직원 책임하에 지급하고, 창구직원 전결 범위를 초과하는 경우에는 책임자의 검인을 받아 지급
  ㉡ 해당 금액을 지급할 때는 지급전표의 정당 여부를 확인하고 지급하기 전에 반드시 수령인에게 금액을 물어 당해 전표의 금액과 일치하는가를 확인
④ 출납인, 취급자의 날인 : 지급전표에는 출납인과 출납원의 취급인을 날인

(3) 지급업무 처리 시 유의 사항

① 모텔러(텔러의 총책임자)는 영업 개시 전 당일 영업자금을 현금금고에서 출고하여 영업 준비를 하고, 현금 부족이 예상되는 경우에는 절차를 거쳐 현금을 청구한다.
② 자텔러(모텔러로부터 자금을 받아 처리하는 직원)는 영업 개시 전 모텔러로부터 영업에 필요한 자금을 인수받아 영업 준비를 갖추고, 고객의 지급전표 중 평소의 거래 상태에 비추어 청구금액이 과다한 경우에는 언어, 행동 등 기타 의심스러운 점이 없는지 확인한 후 지급업무 처리 절차에 따라 지급에 응해야 한다.

4. 금고시재 마감절차

(1) 시재금을 수수한다.

① 출납 담당자는 수시 현금 인수·인도를 통하여 최소한의 영업자금만 창구에 보유하도록 하고, 여타 현금은 금고실 내 현금금고에 보관한다.
② 출납 담당자 간의 자금 수수는 인도·인수자가 날인 또는 서명한 '통화인도인수표'를 사용하여 책임관계를 명확히 한다.
③ '통화인도인수표'는 영업점 계수 확정 시까지 보관한다.

(2) 시재금을 마감한다.

① 시재금은 영업 마감 후 권종별로 구분·정리하여야 한다. 다만, 현금자동입출금기(ATM 및 CD기 등)는 별도로 정한 바에 따른다.
② 텔러별 시재금 보유한도는 700만 원 이하로 하되, 지폐는 권종별로 100장 미만으로 보유하여야 한다.

(3) 현금을 검사한다.

출납 담당 책임자는 매일, 부점장은 매월 1회 이상 불특정일에 현금(마감 후 취급분 포함)을 검사하여 출납일계표상의 시재금명세표와 부합 여부를 확인 후 검인한다.
※ 시재금은 10원 단위까지만 부합 여부를 확인한다.

(4) 시재 박스를 보관한다.

① 각 텔러는 업무 종료 후 마감현금을 시재 박스(각 텔러가 당일 출납업무 수행 후 현금을 보관하는 시건장치가 있는 소형 금고)에 보관한다.
② 모텔러는 시재 박스를 금고실 내 현금금고에 보관한다.

5. 자동화기기 관리

(1) 자동화기기(CD / ATM)의 정의

고객이 금융회사 창구에 방문하지 않고도 카드, 통장 또는 핸드폰을 이용하여 현금입금, 출금, 계좌송금, 통장정리, 현금서비스, 대출금 납부, 지로·공과금 납부 등의 각종 금융 거래를 편리하게 이용할 수 있는 기기이다.

(2) 자동화기기(CD / ATM) 이용고객

① 은행 현금카드(IC 카드 포함) 및 통장 또는 제휴카드, 타행 카드를 소지한 고객
② 자동화기기를 사용할 수 있는 매체가 없는 경우 고객이 은행에 사용 신청 후 이용

(3) 자동화기기(CD / ATM) 제공 서비스

① 현금입출금

현금입출금업무는 고객이 은행의 자동화기기(CD / ATM)를 이용하여 예금잔액 범위 내에서 현금을 인출하거나 자신의 계좌에 입금하는 서비스이다. 현재 1회 인출한도(100만 원 이내) 및 1일 인출한도(600만 원 이내)는 금융위원회의 전자금융감독규정에서 정한 한도금액 내에서 예금계좌 개설 은행이 정하여 운영하고 있다. 다만, 자동화기기(CD / ATM)의 계좌이체 기능을 이용한 전화금융사기 사건의 증가로 인한 피해를 최소화하기 위하여 2009년 6월부터 1년 이상 자동화기기를 통한 계좌이체 실적이 없는 고객에 한하여 1일 및 1회 이체한도를 각각 70만 원으로 축소하였다.

② 현금서비스

현금서비스 업무는 고객이 자동화기기(CD / ATM)를 이용하여 신용카드 현금서비스를 받을 수 있는 제도로, 1993년 9월부터 서비스가 시작되었으며, 현금서비스 한도는 각 신용카드 발급사가 개별 고객의 신용도에 따라 정하고 있다.

③ 계좌이체

계좌이체는 이용 고객이 자동화기기(CD / ATM)를 이용하여 동일 은행 내 계좌이체를 하거나 다른 은행의 본인 또는 타인 계좌로 자금을 이체할 수 있는 서비스이다. 현재 1회 이체 가능 금액(600만 원 이내) 및 1일 이체 가능 금액(3,000만 원 이내)은 금융위원회의 전자금융감독규정에서 정한 한도금액 내에서 각 은행이 정하여 운영하고 있다. 다만, 보이스피싱 피해 방지를 위해 2012년 6월부터 수취 계좌 기준 1회 300만 원 이상 이체금액에 대해 자동화기기(CD / ATM)에서 인출 시 입금된 시점부터 10분 후 인출이 가능하도록 하는 지연인출제도가 시행되고 있다.

(4) 자동화기기(CD / ATM) 이용 수수료

자동화기기(CD / ATM) 이용 수수료는 금융결제원 전산위원회에서 참가 은행들이 공동으로 단일 수수료로 책정하였으나, 1994년 5월부터는 은행공동망 이용 서비스 수수료 자율화 조치에 따라 각 금융회사가 이를 자율적으로 책정하고 있다. 한편 다른 은행 자동화기기(CD / ATM)을 이용한 현금인출 및 계좌이체 업무에 있어서의 은행 간 수수료는 참가 은행 간 협의에 의해 결정되고 있다.

05 ▶ 외국환거래

1. 외국환의 이해

(1) 외국환의 정의

외국환은 나라와 나라 사이의 거래에서 채권이나 채무 관계를 결제하고 자금이 이동되는 수단을 말한다.

(2) 외국환의 특징

① 외국환은 서로 다른 나라 사이의 거래에서 지급을 하는 수단이기 때문에 상이한 통화 수단 간의 교환이 이루어져 그 통화 수단 간 교환 비율인 환율이 존재한다. 또한 환율의 변동에 따른 환리스크가 존재하기 때문에 이에 대한 위험 관리가 필요하다.

② 서로 다른 나라 간의 거래는 시간상 차이가 발생하게 되므로 시간상 차이를 보상하기 위한 이자가 개입된다.

③ 외국환거래의 지급 절차는 각 나라의 은행 시스템에 따라 해당 국가의 환거래 은행을 거치게 되므로 결제의 절차가 일반 결제와 비교해 복잡하고 오래 걸릴 수 있다.

(3) 외국환의 형태

① 대외지급 수단, 외화증권, 외화채권으로 구분

대외지급 수단으로서의 외국환은 외국통화, 외국통화로 표시되었거나 외국에서 사용할 수 있는 정부 지폐, 은행권, 주화, 우편환, 신용장, 환어음, 약속어음을 포함한다. 외화증권은 외국에서 지급받을 수 있도록 외화로 표시된 증권을 말하며, 외화채권은 외화증권과 마찬가지로 외국에서 지급받을 수 있도록 외화로 표시된 채권을 말한다.

② 거래의 형태에 따른 구분

구분	내용
송금환	자금을 외국으로 보내는 것
추심환	자금을 청구하는 것
당발환	환거래의 시발점이 되는 은행에서 발행하는 외국환
타발환	거래가 종결되는 은행의 입장에서 처리하게 되는 외국환
매도환	원화를 수납하거나 대금을 지급하기 위하여 외국환을 매각하는 것
매입환	은행의 입장에서 원화의 지급을 목적으로 외국환을 받아들이는 것
보통환	외국환의 결제가 우편으로 이루어지는 것
전신환	자금의 이동이 전신으로 이루어지는 것

(4) 외국환거래 규정

① 외국환의 매입 규정(외국환거래 규정 제2장 제1절, 제2 - 2조)

㉠ 외국환은행이 외국환을 매입하는 경우 매각하고자 하는 사람이 취득한 외국환이 신고 대상인지를 확인해야 한다.

㉡ 특별한 경우를 제외하고 동일한 사람이 같은 날 미화 1만 달러를 초과하여 외국환을 매각하게 되면 매입하는 외국환은행은 이를 월별로 다음 월 10일 이내에 이 사실을 국세청장 및 관세청장에게 통보해야 한다.

ⓒ 외국환은행이 외국인거주자 또는 비거주자로부터 취득경위를 입증하는 서류를 제출하지 않는 대
외지급수단을 매입하는 경우에는 대외지급수단매매신고서에 의하여 한국은행총재에게 신고해야
한다.

ⓔ 외국환은행은 외국인거주자 또는 비거주자로부터 외국환을 매입하는 경우에는 1회에 한하여 외국
환매입증명서, 영수증, 계산서 등 외국환의 매입을 증명할 수 있는 서류를 발행·교부해야 한다.

② 외국환의 매도 규정(외국환거래 규정 제2장 제1절, 제2 ~ 3조)

ⓐ 외국환은행은 다음과 같이 규정에 정한 경우에 한하여 내국지급수단을 대가로 외국환을 매각할
수 있다.

- 거주자에 대한 매각

  외국환을 매입하고자 하는 자가 당해 외국환을 인정된 거래 또는 지급에 사용하기 위한 경
  우, 외국인거주자에게 매각하는 때에는 외국환의 매각금액이 최근 입국일 이후 미화 1만
  달러 이내 또는 규정에 의한 금액 범위 이내인 경우, 외국인거주자를 제외한 거주자가 외국
  통화·여행자수표 및 여행자카드를 소지할 목적으로 매입하는 경우, 거주자계정 및 거주자
  외화신탁계정에 예치를 위하여 매각하는 경우, 다른 외국환은행으로 이체하기 위하여 외국
  환을 매각하는 경우. 다만 대외계정 및 비거주자외화신탁계정으로 이체하는 경우에는 인정
  된 거래에 한한다.

- 비거주자에 대한 매각

  비거주자가 최근 입국일 이후 당해 체류기간 중 외국환업무취급기관 또는 환전영업자에게
  내국통화 및 원화표시여행자수표를 대가로 외국환을 매각한 실적 범위 내, 비거주자가 외
  국환은행해외지점·현지법인금융기관 및 규정에서 정한 외국금융기관에 내국 통화 및 원
  화표시여행자수표를 대가로 외국환을 매각한 실적 범위 내, 외국에서 발행된 신용카드 또
  는 직불카드를 소지한 비거주자가 국내에서 원화현금서비스를 받거나 직불카드로 원화를
  인출한 경우에는 그 금액 범위 내, 실적이 없는 경우에는 미화 1만 달러 이내, 인정된 거래
  에 따른 대외지급을 위한 경우에는 규정에서 정한 금액 내에 한한다.

- 별지의 서식 대외지급수단매매신고서에 의하여 한국은행에게 신고하는 경우 규정에 의한
  국내원화예금·신탁계정 관련 원리금의 지급, 외국인거주자의 국내부동산 매각대금의 지
  급, 교포 등에 대한 여신과 관련하여 담보 제공 또는 보증에 따른 대지급을 제외하고 비거
  주자 간의 거래와 관련하여 비거주자가 담보·보증 제공 후 국내 재산처분 대금의 지급,
  범위를 초과하여 내국지급수단을 대가로 지급하고자 하는 경우에 한한다.

ⓑ 외국환은행의 장은 외국인거주자에게 미화 1만 달러 이내를 매각하는 경우 그 거래자의 여권에
매각금액을 표시해야 한다.

ⓒ 외국환은행은 거주자 또는 비거주자에게 취득 또는 보유가 인정된 외국환을 대가로 다른 외국통
화 표시 외국환을 매각할 수 있다.

ⓓ 외국환은행은 국내 거주기간이 5년 미만인 외국인거주자 또는 비거주자에게 외국환을 매각하는
경우 매각 실적 등을 증빙하는 서류를 제출받아 당해 외국환의 매각일자, 금액, 기타 필요한 사항
을 기재해야 한다.

ⓔ 외국환은행은 거주자에게 동일자, 동일인 기준 미화 1만 달러를 초과하는 외국통화, 여행자카드
및 여행자수표를 매각한 경우에는 동 사실을 매월 익월 10일 이내에 국세청장 및 관세청장에게
통보해야 한다.

(5) 거주성 확인

① 거주자

거주자는 국민인 거주자, 외국인거주자, 법인·단체·기관으로 구분된다. 국민인 거주자는 국민인 비거주자가 입국하여 3개월 이상 체재하고 있거나 대한민국 재외공관에 근무할 목적으로 외국에 파견하여 체재하고 있는 자를 포함한다. 외국인거주자는 국내에서 영업활동에 종사하는 자와 6개월 이상 국내에 체재하고 있는 자를 말한다. 법인·단체·기관은 대한민국 재외공관과 국내에 주된 사무소가 있는 단체나 조직 및 기타 이에 준하는 조직체를 말한다.

② 비거주자

비거주자는 국민인 비거주자, 외국인 비거주자, 법인·단체·기관으로 구분된다. 국민인 비거주자는 외국에서 영업활동에 종사하고 있거나, 외국에 있는 국제기구에서 근무하고 있는 자, 2년 이상 외국에 체재하고 있는 자를 뜻한다. 외국인 비거주자는 국내에 있는 외국정부의 공관 또는 국제기구에서 근무할 목적으로 국내에 파견되어 체재하고 있는 외교관·영사 또는 그 수행원이나 사용인, 국내주둔 미합중국군대 등의 외국군인 및 군속 그리고 초청계약자와 동거가족, 외국 정부 또는 국제기구의 공무로 입국하는 자, 거주자였던 외국인으로서 출국하여 외국에서 3개월 이상 체재 중인 자를 뜻한다. 법인·단체·기관 중에서는 국내에 있는 외국정부의 공관과 국제기구, 대한민국과 아메리카합중국 간의 상호방위조약 제4조에 의한 시설과 구역 및 대한민국에서의 미합중국 군대의 지위에 관한 협정에 의한 미합중국 군대 및 이에 준하는 국제연합군, 미합중국군대 등의 비세출자금기관, 군사우편국 및 군용은행시설, 외국에 있는 영업소, 기타의 사무소, 외국에 주된 사무소가 있는 단체와 기관 및 기타 이에 준하는 조직체를 말한다.

2. 환율의 이해

(1) 환율

① 환율은 자국의 통화가치를 다른 나라의 통화가치로 나타내는 것으로 서로 다른 통화 간의 교환 비율(Exchange Rate)을 뜻한다.

② 환율의 표시는 자국통화표시방법과 외국통화표시방법이 있는데 우리나라의 금융기관에서는 주로 자국통화표시방법을 사용한다. 자국통화표시방법은 외국통화 1단위와 교환되는 자국통화의 가치를 나타내는 것으로, 예를 들면 1달러당 원화의 가치로 표시하는 것을 뜻한다(1 USD = 1,100 KRW). 외국통화표시방법은 자국통화 1단위와 교환되는 외국통화의 가치를 나타내는 것으로, 예를 들면 1원당 달러의 가치로 표시하는 것을 뜻한다(1 KRW = 1/1,100 USD).

③ 환율은 분류 방법에 따라 다양한 종류로 나뉜다. 각국의 통화에 대한 환율에서 기본이 되는 환율인지 혹은 간접적으로 산정된 환율인지에 따라 기준환율(재정환율, 기본이 되는 환율인 기준환율로 직접 산정)과 크로스환율(간접적으로 산정)로 나뉘고, 거래의 상대방에 따라 은행 간 환율(거래의 상대방이 외국환은행)과 대고객환율(거래의 상대방이 일반 고객)로 나뉘며, 외국환은행의 입장에서 매입하고자 하는 가격에 대한 환율인가 혹은 매도하고자 하는 희망가격에 대한 환율인가에 따라 매입환율과 매도환율로 나뉘기도 하며, 외국환의 인수도 시기가 현재(통상 매매계약 후 2영업일 이내)인가 혹은 특정 기일 이후인가에 따라 현물환율과 선물환율로 나뉜다.

- 기준환율 : 환율의 기준이 되는 환율로 우리나라의 경우 한국은행기준율이 있음
- 크로스환율 : 기준환율을 중심으로 간접적인 방법에 의해서 결정되는 환율
- 은행간 환율 : 외환시장에서 은행 간의 거래에 따라 형성되는 환율
- 대고객환율 : 은행간 환율을 기초로 고객을 대상으로 하는 거래에 적용하기 위한 환율
- 매입환율 : 거래 당사자의 입장에서 매입하고자 하는 통화의 가격에 대한 환율
- 매도환율 : 거래 당사자의 입장에서 매도하고자 하는 통화의 가격에 대한 환율
- 현물환율 : 외국환의 인수도 시기가 현재(계약 후 2영업일 이내)일 때 적용되는 환율
- 선물환율 : 외국환의 인수도 시기가 미래의 일정 시점(계약 후 2영업일 이후)일 때 적용되는 환율

(2) 우리나라 환율 구조

① 매매기준율

전날 외국환중개회사를 통해 거래된 외환의 거래량과 가격을 가중평균하여 산출한 시장평균환율로 익일에 공시된다. 한국은행기준율을 제외한 모든 환율 산정의 기준이 되는 환율이다.

② 재정환율

미화 이외의 통화와 미화와의 매매중간율을 시장평균환율로 재정한 환율을 말한다.

③ 대고객매매율

대고객매매율에는 전신환(T / T)매매율, 현찰매매율, 여행자수표(T / C) 매도율이 있다. 전신환매매율은 환의 결제를 전신으로 하는 경우 적용되며 전신환매입률[고객으로부터 전신환(외화)을 매입하고 원화를 지급]과 전신환매도율[고객으로부터 원화를 받고 외화(전신환)를 매도]이 있다. 외국환은행의 수수료와 환리스크에 대한 보험료 등의 요인으로 인하여 전신환매입율은 고시기준율보다 낮고 전신환매도율은 고시기준율보다 높다. 현찰을 매매할 때에는 현찰매매율이 적용되며 전신환매매율과 마찬가지로 현찰매입률(고객으로부터 외화현찰을 매입하고 원화를 지급)과 현찰매도율(고객으로부터 원화를 받고 외화현찰을 매도)이 있다. 여행자수표를 판매할 때에는 매입률은 별도로 없으며 여행자수표를 판매할 때 적용하는 여행자수표 매도율이 존재한다.

3. 외국통화 교부 절차

(1) 원칙적으로 적용되는 대고객매매율을 안내한다.

외국환을 현찰로 매도할 때 적용되는 원칙적인 환율은 전산상 매도시점의 외화현찰매도율임을 안내한다.

(2) 환율우대를 적용한다.

① 전상상에 수기로 우대환율을 입력하거나 우대율을 적용한다.

전산상 매도시점의 대고객 '외화현찰매도율'이 적용되므로, 환율우대 적용을 하는 경우 우대환율을 수기로 입력하거나 우대환율을 우대율(%) 개념으로 우대해 줄 수 있다.

② 환율우대율 입력 시 다음의 사항을 유의해야 한다.

㉠ 고시기준율(Middle Rate)과 현찰매도율(Cash Selling Rate)의 환율 차이에 대해 일정비율로 우대하고자 하는 경우 해당 우대율(%)을 입력한다.

㉡ 최소 외환매매이익률을 고려한다.

(3) 환율우대 내용에 대하여 기록한다.

고시율과 다르게 예외환율을 적용한 경우에는 해당 내용을 기록·유지하여야 하는데, 전산화면에서 우대환율을 적용한 건을 출력하여 영업점장의 일괄 승인을 득한 후 보관한다.

(4) 외국통화를 교부한다.

출력된 전표 내용에 따라 외국통화 매도대금을 고객으로부터 받고 책임자 검인을 받은 후 매도 신청한 외국통화와 계산서 및 여권 등을 고객에게 교부한다.

06 ▶ 전자금융 서비스

1. 전자금융 거래의 개념

(1) 전자금융 거래

① 전자금융이란 금융업무에 정보통신기술(Information & Communication Technology)을 적용하여 금융업무과정의 자동화 및 전산화를 실현하는 것이다. 넓은 의미로는 전자기술을 이용한 금융회사의 기계화 및 컴퓨터화를 뜻하며, 좁게는 고객 자신이 개인의 정보통신기기를 직접 조작함으로써 이루어지는 금융회사와의 관계를 의미한다.

② 전자금융거래법의 정의에 따르면, '전자금융 거래'는 금융회사 또는 전자금융업자가 전자적 장치를 통하여 금융상품 및 서비스를 제공하고, 이용자가 금융회사 또는 전자금융업자의 종사자와 직접 대면하거나 의사소통을 하지 아니하고 자동화된 방식으로 이를 이용하는 거래를 말한다.

(2) 금융정보망

금융회사의 컴퓨터를 연결하여 금융업무를 전자적으로 처리하는 네트워크 시스템을 금융정보망이라고 한다. 금융정보망은 망구축 범위와 이용 주체에 따라 자체전산망, 공동전산망, 대고객전산망으로 구분된다.

자체전산망은 개별 금융회사가 자체 업무를 처리하기 위하여 구축·운영하는 전자 네트워크 시스템이다. 공동전산망은 금융회사 간의 공동 업무를 처리하기 위해 각 금융회사의 자체전산망을 상호 연결하여 구축·운영하는 전산망이다. 그리고 금융회사의 자체전산망 또는 공동전산망을 고객과 전자적인 방법으로 연결하여 전자금융 서비스를 제공하기 위해 구축된 네트워크를 대고객전산망이라고 한다. 이들 각 망은 상호 연결되어 포괄적인 네트워크 시스템으로 운영되기 때문에 이들 망 전체를 하나의 금융정보망으로 부르기도 한다.

2. 인터넷뱅킹

(1) 인터넷뱅킹의 효용

① 인터넷뱅킹이란 인터넷이 가능한 PC를 통해 은행 방문 없이 직접 인터넷에서 조회, 이체, 신규 가입 등 각종 금융업무를 처리할 수 있는 전자금융 서비스이다. 개인 및 개인사업자이면 누구나 이용이 가능하며, 만 14세 미만의 고객은 법정대리인의 동의를 얻어 인터넷뱅킹 서비스에 가입할 수 있다.

② 인터넷뱅킹은 지역적·시간적 제약을 받지 않고 금융 거래를 할 수 있으며, 금융 거래 비용이 절감된다는 장점이 있다. 또한 신규·해지, 공과금 납부, 금리우대 등 다양한 금융서비스와 맞춤형 상품정보 제공을 통해 서비스 품질의 질적 제고에 기여하고 있다.

(2) 인터넷뱅킹의 위험 요소

인터넷뱅킹은 개방형 네트워크를 이용하고 있기 때문에 시스템과 보안 측면에서 위험 요소가 존재한다. 외부 침입으로 인해 통신망·시스템 및 데이터베이스 등이 손상될 수 있는 보안위험(Security Risk)이 있으며, 구조적으로 시스템 운용상에 문제가 발생할 수도 있고, 잘못된 유지·보수 등으로 금융회사가 경제적 손실을 입을 수도 있다. 또한 개인정보 관리, 계좌번호 및 비밀번호 관리 부실로 인해 문제가 발생할 수도 있으며, 거래의 특성상 거래 당사자 간에 권리와 의무가 명확하게 구분되지 않는 경우의 위험도 존재한다.

(3) 인터넷뱅킹 서비스 내용

구분	서비스 내용
조회	• 예금계좌, 입출금 내역, 통장 미정리 내역, 상세거래내역, 이체내역 조회 • 잔액, 해지 예상 금액, 자동이체, 가상계좌조회 • 외화예금, 외화수표, 환율, 신탁상품 배당률 조회 • 계좌이체 결과 및 예약이체 결과 확인 조회 • 신용카드 결제대금, 이용한도, 청구내역, 이용대금 승인 내역 조회 • 연체금액, 세금우대한도, 보험 기본계약사항, 해약환급금 조회 • 대출금이자 및 원리금 조회, 외국환은행 지정 조회, 선물환 조회 • 자기앞수표·당좌수표·어음번호별 조회
자금이체	• 자행 및 타행 계좌이체, 신탁이체, 대량이체 • 자행 및 타행 예약이체 및 취소, 증권계좌로 이체, 자동이체, 급여이체 • 대출금이자 및 원리금 납부 • 수익증권 입금, CMS 계좌이체, 연계 계좌이체 • 적금·부금, 펀드, 신탁 등 납입
예금·신탁	• 적립식·거치식 예금신규, 신탁신규 • 계좌해지 환매, 예금상품 안내, 예금금리, 예금가이드, 수수료 안내 등
대출	• 대출원금상환, 이자 납부 • 예금담보대출, 신용대출, 카드론 신청 등
외환	• 환전, 외화송금, 외화예금 간 이체 • 외화예금 신규·해지 등
신용카드	• 카드 보유 현황, 결제내역 및 사용한도 등 조회 • 현금서비스, 현금카드 등록, 카드발급 신청, 선결제, 회원정보 변경 등
보험	• 연금보험, 저축성보험, 보장성보험 가입 등
공과금 납부	• 지로요금, 생활요금, 아파트관리비, 통합징수보험료 등 납부 • 국세, 지방세, 벌과금, 기금 및 기타 국고, 대학등록금 등 납부
사고신고	• 통장 및 인감, 직불카드, 현금카드, 신용카드 분실신고 • 자기앞수표, 보안카드 분실신고 등
사용자 관리	• 고객정보, 비밀번호, 이체한도, 출금 가능 계좌 변경 등
부가 서비스	• 상담, 고객불만사항 접수, 이메일, SMS 통지 서비스 • 무통장무카드출금, 연말정산증명서, 전자화폐업무, 영업점 안내 서비스 등

(4) 보안 관련 접근매체

① 보안카드
  ⊙ 계좌이체 시에 기존의 비밀번호 외에 보안용 비밀번호를 추가로 입력할 때 사용하는 카드이다.
  ⓛ 보안카드에는 30개 또는 50개의 코드번호와 해당 비밀번호가 수록되어 있어 이체할 때마다 무작위로 임의의 코드번호에 해당하는 비밀번호를 입력함으로써 사고를 예방한다.

② OTP(One Time Password)
  ⊙ 전자금융 거래의 인증을 위하여 이용 고객에게 제공되는 일회용 비밀번호 생성 보안매체이다.
  ⓛ OTP 발생기의 비밀번호 생성은 6자리 숫자가 1분 단위로 자동 변경되어 보여주며, 고객은 전자금융 이용 시 해당 숫자를 입력하도록 하는 서비스이다.
  ⓒ 고객이 보유하고 있는 OTP 1개로 「OTP통합인증센터」에 참여하고 있는 은행, 증권, 보험사 등 58개(19. 8. 기준) 금융회사의 전자금융 서비스 이용이 가능하며, 다른 금융회사가 발급한 범용 OTP를 소지한 고객은 인터넷뱅킹에서 추가 본인확인 절차를 수행한 후 직접 이용 등록할 수 있다.

③ IC칩이 부착된 보안카드
  ⊙ IC칩이 부착된 보안카드는 NFC(Near Field Communication : 10cm 이내의 가까운 거리에서 다양한 무선 데이터를 주고받는 통신) 제어기술 특허를 보유한 보안카드로 공인인증서나 보안카드 비밀번호가 유출되더라도 보안카드 실물 없이는 이체 등의 거래가 불가능하도록 설계되어 있다.
  ⓛ 거래 시에 카드를 스마트폰에 직접 접촉해야만 본인인증이 가능하도록 해 안전성이 향상되었다.

④ 공인인증서
  ⊙ 공인인증서는 정부에서 인정한 공인인증기관이 발행하는 인증서로, 전자서명법에 의하여 법적인 효력과 증거력을 갖추고 있어 인터넷에서 일어나는 각종 계약·신청 등에 사용하는 인증서이다. 즉, 공인인증서를 사용하면 거래 사실을 법적으로 증빙할 수 있으므로 인감을 날인한 것과 같은 효력이 생긴다.
  ⓛ 공인인증서의 종류와 용도

구분		대상	용도	수수료
개인 인증서	은행·보험용	개인, 개인사업자	인터넷뱅킹, 온라인 보험 거래, 전자민원 서비스, 온라인 신용카드 결제	무료
	전자거래범용		인증서가 필요한 모든 거래 • 인터넷뱅킹 • 온라인 주식 거래 • 전자상거래, 온라인 신용카드 결제 • 전자민원 서비스 등	4,400원/년
기업 인증서	은행·보험용	법인, 단체, 개인사업자	인터넷뱅킹, 온라인 보험 거래, 전자민원 서비스, 온라인 신용카드 결제	4,400원/년
	전자세금용		전자세금계산서 관련 업무 • 국세청 e세로 사이트 • 전자세금계산서 ASP 전체 사이트 • ERP 사이트 • 국세청 제공 민원업무(홈택스 등)	4,400원/년 (금융 거래 불가)
	전자거래범용		인증서가 필요한 모든 거래 • 인터넷뱅킹 • 온라인 주식 거래 • 전자상거래, 온라인 신용카드 결제 • 전자민원 서비스 등	11만 원/년

3. 모바일뱅킹

(1) 모바일뱅킹의 의의

① 모바일뱅킹은 무선 인터넷 접속이 가능한 휴대폰·PDA 등을 이용하여 시간과 장소에 구애받지 않고 인터넷뱅킹 시스템에 접속하여 각종 잔액조회, 거래내역 조회는 물론 당행·타행 간 계좌이체, 현금서비스 이체 등의 뱅킹 거래를 이용할 수 있는 서비스를 말한다.

② 모바일뱅킹 서비스는 이동성을 보장받고자 하는 고객의 수요와 이동통신사의 새로운 수익원 창출 노력이 결합되면서 제공되기 시작하였다. 또한 금융과 통신이 상호 보완의 기능을 하고, 전자상거래·모바일기기 보급률 증가 등 모바일뱅킹의 인프라와 새로운 비즈니스 모델을 마련할 수 있는 여건이 마련되면서 그 활용이 증가하고 있다.

(2) 모바일뱅킹 서비스 내용

구분	서비스 내용
조회	예금, 신탁, 펀드, 대출, 신용카드 거래 등 각종 계좌정보 및 거래 내역 조회, 금리, 환율, 수표 조회 등
이체	이체(당행·타행), 예약이체(당행·타행), 적금·부금, 펀드, 신탁 등 납입, 자동이체 등록·조회·해지 등
대출	조회, 이자 납입, 원리금상환 등
외환	환율조회, 해외송금, 해외송금, 외화예금 간 이체, 계좌 간 환전 등
신용카드	카드 보유 현황, 결제내역 및 사용한도 등 조회 등
공과금 납부	지로요금, 생활요금·부담금, 지방세, 국세, 관세, 벌과금 등
사용자 관리	고객정보, 비밀번호 변경 등
부가 서비스	SMS 통지 서비스, 사고·분실신고 등

(3) 핀테크의 이해

① 핀테크(Fintech)는 금융(Finance)과 기술(Technology)의 합성어로, 금융과 IT의 융합을 통한 금융 서비스 및 산업의 변화를 통칭한다. 금융 서비스 측면에서는 모바일, SNS, 빅데이터 등 새로운 IT 기술 등을 활용하여 기존 금융기법과 차별화된 금융 서비스를 제공하는 것을 말한다. 모바일 결제와 송금·앱카드가 대표적이며, 온라인 개인 자산관리, 크라우드 펀딩 등 전통적인 금융 서비스와 정보통신기술이 결합된 형태의 금융 서비스를 의미한다. 광범위하게 보급된 스마트폰 등 정보통신망을 이용하여 간편하고 다양한 형태의 금융기법 내지는 금융상품의 활용이 급증하고 있다.

② 오늘날 대부분의 금융업무가 인터넷 통신망을 기반으로 신속하게 이루어지기 때문에, 초기 투자비용이 적고 인건비 절감 등의 장점이 있어, 전통적인 금융회사가 아니더라도 다수의 기업이 이에 참여하고 있다. 비금융기업이 보유 기술을 활용하여 지급결제와 같은 금융 서비스를 이용자에게 직접 제공하고 있으며, 애플페이·알리페이·페이팔 등이 대표적이다. 애플페이와 삼성페이 같은 하드웨어 기반 모바일 간편결제 서비스부터 카카오페이와 라인페이 같은 앱 기반 간편결제 서비스까지 다양한 서비스가 제공되고 있다.

③ 핀테크산업을 주도하는 국내외의 운영 형태를 보면, 소액 지급결제는 물론 P2P(Peer to Peer) 대출 업무까지 확대되고, 인터넷 전문 은행이 설립될 가능성이 높아지고 있는 등 다양한 형태의 금융 서비스가 확산될 것으로 보인다.

4. 텔레뱅킹

(1) 텔레뱅킹의 이해

① 텔레뱅킹은 고객이 영업장을 방문하지 않고 전화를 이용하여 직접 각종 조회, 계좌이체, 사고신고, 자동이체 신고, 주택청약, 지로 및 공과금 납부, 신규계좌 개설, 상담 등의 은행업무를 처리하는 서비스를 말한다.

② 각종 조회, 분실신고는 거래 은행에 별도의 신청 절차 없이 비밀번호 입력만으로 이용이 가능하며, 자금이체 등은 이용신청서를 제출하고 이용 시 비밀번호를 입력하도록 하고 있다.

③ 모든 은행에서 ARS를 이용한 자행이체 수수료를 면제하고 있으며, 타행이체인 경우에는 수수료를 징수하되 고객의 등급에 따라 수수료 면제 서비스가 제공된다.

(2) 텔레뱅킹 서비스 내용

구분		서비스 내용
조회	예금	• 입금, 출금, 입출금명세 조회 • 예금잔액, 예금해지 예상 금액 조회 • 외화예금잔액, 신탁상품 배당률 조회 • 현금카드, 직불카드 통장번호 조회 • 계좌이체 및 예약이체 결과 확인 조회
	신용카드	• 결제대금, 사용한도, 사용내역, 현금서비스 거래명세, 결제 통장번호 등 조회 • 연체 금액, 거래정지 사유 조회
	기타	• 자기앞수표, 환율, 대출금이자 및 원리금 조회 • 사고신고 등 조회
자금이체	계좌이체	• 자행 및 타행 계좌이체, 자동이체 • 예약이체 및 취소, 증권계좌로 이체 • 대출금이자 및 원리금 납부 • 국세, 지방세, 지로대금 납부
	서비스이체	• 신용카드 현금서비스 이체
분실신고		• 통장 및 인감, 직불카드, 현금카드 신용카드, 자기앞수표
전화 및 팩스 통지 서비스		• 입금명세 전화 통지 및 전화 통지 서비스 취소 • 환율, 거래확인증, 신용카드 사용내역, 예금거래명세
텔레뱅킹 서비스 이용안내		• 이용 안내, 비밀번호 신규 등록, 비밀번호 변경, 서비스 일시 정지 및 부활, 텔레뱅킹 서비스 해지 등
대출 및 금융상품 상담		• 예금, 신용카드, 외환, 보험 상담

07 ▶ 금융상품 세일즈

1. 예금상품

(1) 입출식예금

① 정의

예치기간을 따로 정하지 않고 자유롭게 입금과 출금을 할 수 있는 예금으로, 요구불예금이라고도 한다. 입금과 출금이 자유롭다는 특성이 있는 반면, 이자를 지급하지 않거나 매우 낮은 이율이 적용되어 수익성이 거의 없다는 특성이 있다. 이러한 특성 때문에 입출식예금은 자산증식의 목적보다는 일시적으로 투자자금을 보유하거나 송금·결제를 하기 위한 자금을 잠시 보유하는 수단으로 주로 이용되고 있다.

② 종류

구분	내용
보통예금	• 예치금액이나 예치기간을 따로 정하지 않고 입금을 자유롭게 할 수 있는 대표적인 입출식예금 • 예치금액이 일정 금액 이하인 경우 이자를 지급하지 않거나, 매우 낮은 이율이 적용(연 0.1% 내외의 차등금리 적용)됨에 따라 현재는 보통예금의 거래가 많이 감소함
저축예금	• 입출금을 자유롭게 할 수 있는 예금 • 보통예금에 비해 높은 금리를 지급한다는 특성 때문에 현재 입출식예금 중 가장 많이 사용됨
기업자유예금	• 기업의 여유자금을 예치하기 위한 입출금이 자유로운 예금 • 가입대상은 사업자등록번호를 부여받은 자(국가, 지방자치단체, 법인, 개인사업자) 또는 고유번호를 부여받은 단체로, 보통예금보다는 높은 금리가 지급됨
시장금리부 수시입출금식예금 (MMDA)	• 시장실세 금리를 적용하여 입출금이 자유로우면서도 저축예금이나 기업자유예금에 비해 상대적으로 높은 금리를 제공하는 상품 • 매일의 최종 잔액에 따라 예치 금액별로 차등금리가 적용됨 • 결제를 위한 대기자금이나 사용 시기를 정확하게 예측할 수 없는 단기운용자금에 유리
당좌예금	• 은행과 당좌거래계약을 체결한 예금주 간의 지급위탁계약으로 이루어지는 상품
가계당좌예금	• 당좌예금의 경우와 동일한 특성을 갖고 있는 예금이지만 대상이 기업이 아니라 개인 또는 자영업자인 상품
별단예금	• 자기앞수표발행대금, 당좌거래개설보증금, 사고신고 담보금, 부도 제재금, 기타 일시예수금 등과 같이 다른 예금과목으로 처리하기 어려운 자금을 일시적으로 보유하는 예금

③ 예금의 만기일 산정

ㄱ 월 또는 년으로 정하였을 때에는 그 기간의 마지막 달에 있는 예금한 날의 상당일을 만기일로 한다.

ㄴ 마지막 달에 있어야 할 날이 없을 때에는 그 달의 말일을 만기일로 한다.

ㄷ 일로써 예금기간을 정하였을 때에는 예금한 날의 다음날부터 기산하여 해당일을 만기일로 한다.

ㄹ 만기일이 공휴일(토요일 포함)에 해당할 때에는 그 다음 첫 영업일에 지급하되 이 경우의 경과일수에 대하여는 가입 당시의 만기이율로 계산한 이자를 지급한다.

④ 이자계산방법

ㄱ 예금의 부리기간(예금에 이자가 붙는 기간을 의미)은 예입일(예금액이 들어온 날)로부터 예금했던 돈을 지급한 전일까지로 한다. 다만, 자기앞수표와 가계수표는 예입일로부터 기산(일정한 때를 기점으로 계산을 시작함)한다.

ㄴ 이자계산은 원금에 연이율과 예입일수를 곱하고 365로 나눈다.

$$(원금) \times (연이율) \times (예입일수) / 365$$

ⓒ 산출한 이자금액의 원 미만은 절사한다.

ⓔ 상품별(MMDA, 복리식예금 등) 또는 적용이율별(중도해지이율, 만기후이율)로 이자계산방법을 달리하여 운용할 수 있다.

⑤ 입출식예금 개설 절차

ⓐ 예금거래신청서 작성 방법을 안내하고 작성된 신청서를 받아 확인한다.

ⓑ 실명확인증표 원본에 의한 실명확인을 한다.

ⓒ 예금거래기본약관, 입출금이 자유로운 예금약관 등을 설명한다.

ⓓ 개인정보 수집 이용 제공동의서, 금융거래목적확인서 등 필요한 서류를 징구한다.

ⓔ 실명확인증표 사본을 첨부한다.

ⓕ 고객정보 등록 및 통장을 발행한다.

ⓖ 책임자 결재를 한다.

ⓗ 통장을 교부한다.

ⓘ 서류를 보관하거나 발송한다.

(2) 적립식예금

① 정의

ⓐ 최초 예금 신규 시 일정한 기간을 정하여 매월 일정금액을 매월 일정일에 납입하기로 약정하고 이를 만기까지 납입한 후에 만기일이 되면 납입한 원금과 사전 약정한 이자를 합하여 지급받는 형태의 예금을 말한다.

ⓑ 적립식예금은 신규 시 계약금액을 정하게 되는데, 계약금액이란 만기 시 고객이 수령할 원금과 이자를 합산한 총액을 말하며, 고객이 매월 납부하여야 할 월부금 산출의 기준이 되는 금액이다.

② 종류

구분	내용
정기적금	매월 일정한 날짜에 일정한 금액을 입금하기로 약정하여 만기에 약정한 금액을 지급하기 위한 정기적립식 상품
자유적금	정기적금과 달리 가입자가 자금여유가 있을 때 금액이나 입금 횟수에 제한 없이 입금할 수 있는 적립식 상품
상호부금	예금주가 일정한 기간을 정하여 부금을 납입하면 금융회사는 예금주에게 사전에 약정한 금액을 급부하여 줄 것을 약정하는 상호 목적부 금융상품
신용부금	상호저축은행이 취급하는 은행의 상호부금과 유사한 적립식 금융상품
재형저축	2012년 8월 8일 정부의 세법 개정안에 따라 일정 소득금액 이하인 서민·중산층의 재산 형성을 지원하기 위하여 2013년 1월 1일부터 새로 도입된 장기 적립식 비과세 저축 상품
주택청약종합저축	아파트와 같은 공동주택을 청약하기 유리한 상품

③ 정기적금의 지급

ⓐ 지급의 종류

• 만기해지

계약기간에 따른 모든 회차의 월저축금을 전부 납입하고 지급기일이 도래하여 적금을 해지하거나 월저축금의 납입연체가 있어 지연일수에 따라 계산한 일수만큼 지급기일 연장을 하여 연장된 지급기일에 적금을 해지하는 것을 말한다.

- 만기앞당김해지

  최종 회차 월저축금 납입기일로부터 1개월 후가 만기일이지만, 모든 회차의 월저축금을 차례로 납부한 고객이 만기일로부터 거슬러 올라가서 1개월 이내에 지급요청을 할 경우에는 앞당겨 지급할 수 있다. 다만, 계약금액에 대하여 만기를 앞당긴 일수만큼의 이자를 빼고 지급한다.

- 중도해지

  만기일이 지났든 지나지 않았든 월저축금을 다 내지 않고 해지하는 경우에는 납입된 월저축금에 대하여 실제 납입일로부터 해지 전일까지의 일수를 고려하여 중도해지이율로 중도해지 보전금(이자)을 지급한다.

ⓒ 이자계산법

- (원금) + (세전이자) = (월저축금) × {계약기간(월)} + (세전이자)

- (세전이자) = (월저축금) × (표면이율) × $\dfrac{\{계약기간(월수)\} \times \{(계약기간)+1\}}{2} \times \dfrac{1}{12}$

④ 적립식예금 개설 절차

ㄱ 예금거래신청서 작성방법을 안내하고 작성된 신청서를 받아 확인한다.

ㄴ 실명확인증표 원본에 의한 실명확인을 한다.

ㄷ 예금거래기본약관, 적립식예금약관 등을 설명한다.

ㄹ 개인정보 수집·이용·제공동의서, 금융거래목적확인서 등 필요한 서류를 징구한다.

ㅁ 실명확인증표 사본을 첨부한다.

ㅂ 고객정보 등록 및 통장을 발행한다.

ㅅ 책임자 결재를 한다.

ㅇ 통장을 교부한다.

ㅈ 서류를 보관하거나 발송한다.

(3) 거치식예금

① 정의

최초 예금 신규 시 일정한 금액을 기간을 약정하여 예치하고, 그 기한 만료일에 약정한 이자를 받는 기한부 예금이다. 발행 형식에 따라 증서식과 통장식으로 구분하며, 이자지급방식에 따라 월이자지급식과 만기지급식으로 구분한다.

② 종류

구분	내용
정기예금	예금주가 가입 당시 일정한 기간을 정하여 은행에 예치하고, 은행은 이에 대하여 일정한 이자를 지급할 것을 약정하고 증서 또는 통장을 교부하는 대표적인 거치식예금
특판정기예금	금융회사가 예수금을 증대할 필요가 있거나 신상품 출시 또는 특별한 이벤트 등 자신들의 내부적인 사유로 특별한 기간을 정하여 기본 정기예금(정기예탁금) 금리에 특별우대금리를 더하여 판매하는 상품
실세금리연동 정기예금	• 실세금리연동 정기예금은 가입 당시 예치기간과 회전기간을 정하여 회전기간별로 시장의 실세금리에 연동하여 정기예금의 금리가 변동되는 정기예금 • 회전기간은 통상 1개월, 2개월, 3개월, 6개월 등이 있으며 회전기간별로 복리로 운용
주가지수정기예금	• 정기예금과 주가지수옵션을 결합한 구조의 상품 • 원금의 일부 또는 정기예금에서 발생한 이자를 KOSPI200지수 등과 연계된 주가지수옵션에 투자하는 정기예금 • 원금보장 및 추가 수익을 추구할 수 있는 투자형 예금상품

(4) 예금자보호

① 개념
예금자보호법은 금융회사가 영업정지나 파산 등으로 예금주에게 예금을 지급할 수 없는 경우 정부(예금보험공사)가 해당 금융회사를 대신하여 예금자에게 일정 한도 내에서 예금 지급(외화예금의 경우 원화로 지급)을 보장함으로써 예금자들을 보호하고 금융제도의 안정성을 유지하기 위한 제도이다.

② 예금보험의 구조
ㄱ 예금 지급 불능 사태를 방지할 수 있다.
ㄴ 보험의 원리를 이용하여 예금자를 보호한다.
ㄷ 법에 의해 운영되는 공적보험이다.

③ 보호대상 금융회사
ㄱ 은행, 증권회사, 보험회사, 종합금융회사, 상호저축은행, 농협은행, 수협중앙회, 외국은행 국내지점, 자본시장법 시행에 따라 증권을 대상으로 투자매매업, 투자중개업 인가를 받은 금융투자업자(자산운용사, 중개회사, 선물회사, 증권금융사 중 인가를 받은 회사)
ㄴ 농·수협 지역조합, 신용협동조합, 새마을금고, 우체국금융은 보호대상 금융회사가 아님. 다만, 지역조합별로 예금자보호를 위한 보험에 가입하여 자체적으로 예금자를 보호하고 있으며 보호대상 금융회사 수준으로 보호하고 있음
ㄷ 외국은행 국내지점은 보호대상이나, 국내은행 해외지점은 보호대상이 아님(외화예금은 해외지점 예금도 보호)

④ 보호대상 상품
보호대상 금융회사가 취급하는 금융상품 중 예금(원화예금 및 외화예금), 적금, 원본 보전 금전신탁 등 원칙적으로 만기일에 원금 지급이 보장되는 금융상품만을 보호하며, 수익증권 등 금융상품은 운용 결과에 따른 이익 또는 손실이 투자자에게 귀속되는 상품은 보호대상에서 제외된다.

⑤ 예금자보호 한도
예금자보호 한도는 원금과 소정의 이자를 합하여 동일 금융회사 내에서 예금자 1인당 최고 5천만 원이다.

⑥ 예금자보호제도에 의한 보험금이 지급되는 경우

보험사고	내용
예금이 지급 정지된 경우	금융회사의 재무상황 악화 등으로 금융감독 당국이 예금의 지급정지명령을 내린 경우에는 해당 금융회사에 대한 재산실사 등을 통해 경영 정상화 가능성을 판단하며, 정상화가 불가능하다고 판단될 경우에는 제3자 매각 등을 추진하게 되는데 매각 등의 절차도 실패하여 파산이 불가피해지면 예금보험공사가 보험금을 지급한다. 금융회사의 영업정지 후에 공사가 보험금 지급 결정을 하기까지는 통상 보험사고일로부터 2 ~ 3개월이 소요된다.
인가취소·해산·파산의 경우	금융회사의 인·허가취소, 해산, 파산의 경우 예금자의 청구에 의하여 예금보험공사가 보험금(예금대지급)을 지급한다.
계약이전의 경우	계약이전이란 감독 당국의 명령 또는 당사자 간의 합의에 따라 부실 금융회사의 자산과 부채를 다른 금융회사로 이전하는 것으로, 모든 자산과 부채가 반드시 포괄승계되는 것은 아니며, 구체적인 이전 계약내용에 따라 승계되는 자산과 부채의 범위가 달라진다. 계약이전 결과 부실 금융회사의 예금 중 일부가 다른 금융회사로 승계되지 않을 수 도 있는데, 이 경우 승계되지 않은 예금이 예금자보호법에 의한 보호대상예금이면 예금보험공사가 보험금을 지급한다.
합병의 경우	금융회사가 합병되는 경우에는 합병 전 금융회사의 모든 자산과 부채가 합병 후 금융회사로 포괄승계되므로 합병 전 금융회사와 거래하던 예금자는 종전과 마찬가지로 합병 후 금융회사와 정상적인 예금거래를 할 수 있다.

2. 대출상품

(1) 개인대출의 종류

① 담보유무에 따른 분류

ㄱ 담보대출

금융회사가 요구하는 일정한 조건의 담보물을 제공하고 대출을 받는 것을 의미한다. 담보대출을 받기 위해서는 일정한 법적 절차(근저당 및 담보설정)를 거쳐야 하지만, 신용대출에 비해 담보물의 시장가치에 따라 빌릴 수 있는 금액이 크며, 금리가 2 ~ 3%포인트 정도 낮다는 장점이 있다. 담보의 종류로는 부동산(아파트 등 주택, 건물, 토지, 임야 등), 동산(예・적금, 채권, 주식 등 유가증권, 전세금, 자동차 등), 약관(보험 해약환급금) 등이 있다.

ㄴ 신용대출

개인의 신용만을 근거로 대출을 받는 것으로, 신용카드, 현금서비스, 마이너스 통장 등이 대표적인 예이다. 신용대출은 담보대출에 비해 금리가 높고, 대출받을 수 있는 상한액이 낮다.

② 거래방식에 따른 분류

ㄱ 개별거래

대출을 받기로 약정한 금액 범위 내에서 대출을 받은 후에 상환한 금액에 대하여 다시 대출을 받을 수 없는 특성을 갖는다. 따라서 대출이 필요할 때마다 대출계약을 다시 해야 한다.

ㄴ 한도거래

고객의 신용에 따라 일정 규모의 신용한도(대출한도)를 정해놓고, 그 한도 내에서 고객이 필요할 때마다 대출을 자유롭게 사용하다가 대출기간 만료일에 대출받은 금액을 전액 상환하는 방식이다. 개별거래에 비해 별도 가산금리가 부과되어 금리가 약 0.5%포인트 높다.

(2) 자연인과의 거래

① 행위능력의 확인

ㄱ 피한정후견인(심신이 박약하거나 재산의 낭비로 자기나 가족의 생활을 궁핍하게 할 염려가 있다는 청구에 의해 가정법원으로부터 후견개시 심판 확정을 받은 자) 또는 피성년후견인(자기행위의 결과를 합리적으로 판단할 능력, 즉 의사능력이 없는 상태에 있는 자로 청구에 의하여 가정법원으로부터 성년후견개시 심판 확정을 받은 자)과는 여신거래를 할 수 없다.

ㄴ 거래하던 채무자가 한정후견 개시 또는 성년후견개시 심판 확정을 받은 사실을 알았을 때에는 즉시 거래를 중단한다.

(3) 개인대출 절차

업무 구분	주요 업무 내용	관련 규정
1. 융자상담	차주자격·적격 여부 확인 및 자금용도 확인, 소요자금 파악, BPR Pre-screen 활용	여신업무취급세칙
↓	↓	
2. 대출종류 선택	주택담보대출, 주택자금대출, 보금자리론, 신용대출, 담보대출 등	가계대출상품취급세칙, 보금자리론 취급기준
↓	↓	↓
3. 담보대출 한도 사정	주택담보대출 LTV, DTI 대상 여부 확인 후 한도사정, 상품별 대출한도 확인	
↓	↓	
4. 신용평가	개인신용평가표(CSS), 행동평가표(BSS) 등	
↓		
5. 시가조사 등 담보평가	KB시세 및 실거래가액에 의한 시가조사, 탁상감정 대상 확인, 감정평가 및 감정서 심사	
↓	↓	
6. 여신금리 결정	적용대출금리 산출표 조회, 영업점장 금리 가산·감면권 적용 등	여신업무취급세칙
↓	↓	
7. 여신거래 약정	대출거래약정서(가계용) 약정 및 은행여신거래 기본약관 교부 등	
↓		
8. 담보 취득	근저당권설정계약서(부동산), 근질권설정계약서(예금), 주택금융공사 보증서 등	
↓		
9. 화재보험 가입	필요 시 화재보험 가입, 공동주택(아파트, 연립주택 및 다세대주택)은 생략 가능	
↓	↓	
10. 연대보증인 입보	수탁보증 관련 연대보증인이 필요한 경우 관련 서류 징구	
↓	↓	↓
11. 대출 실행	가계일반자금대출, 주택자금대출, 가계당좌대출 등으로 실행하여 대체입금	가계대출상품취급세칙
↓	↓	↓
12. 사후관리	가계대출 연체관리, 기일예고통지, 기간연장, 신용위험고객 거래이탈, 조기경보시스템 적용	여신업무취급세칙, 가계대출상품취급세칙

3. 펀드상품

(1) 집합투자기구(펀드)의 개념

자본시장과 금융투자업에 관한 법률(이하 자본시장법) 제6조 제5항의 정의에 따르면, 집합투자기구(펀드)는 2인 이상에게 투자권유를 하여 모은 금전 등 또는 국가재정법 제81조의 규정에 따른 여유자금을 투자자 또는 각 기금 관리주체로부터 일상적인 운용지시를 받지 아니하면서 재산적 가치가 있는 투자대상자산을 취득, 처분, 그 밖의 방법으로 운영하고 그 결과를 투자자 또는 각 기금 관리주체에게 배분하여 귀속시키는 것을 말한다.

(2) 집합투자기구(펀드)의 구조

집합투자기구는 투자자로부터 증권 등의 투자에 운용할 목적으로 자금 등을 모은 집합투자업자(자산운용회사)가 그 재산을 수탁회사로 하여금 당해 집합투자업자의 지시에 따라 투자·운용하게 하고, 그에 따른 수익권을 분할하여 투자자에게 귀속시키는 구조로 이루어진다.

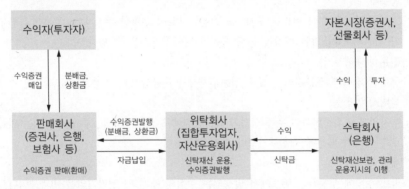

투자자(수익자)는 보유자산의 수익을 기대하고 투자하는 자를 말하며, 판매회사는 펀드의 판매(매수) 또는 환매업무를 담당하는 회사로, 은행·증권회사·보험회사 등이 포함된다. 자산운용회사(위탁회사)는 투자자로부터 자금을 주식·채권·부동산 등에 투자·운용하는 회사를 말한다. 수탁회사는 펀드재산을 보관·관리하고 자산운용회사의 펀드 운용을 감시하는 역할을 하는 회사로, 주로 은행과 증권회사가 이를 담당하고 있다.

(3) 집합투자기구(펀드)의 특징

① 집합 운영

펀드자산은 합동운용을 하기 때문에 소액 자금으로는 불가능한 영역의 투자를 가능하게 하고, 이를 통해 거래비용의 절감 효과를 얻을 수 있다.

② 펀드자산의 분리

집합투자자산은 집합투자업자(자산운용회사)의 고유자산이나 판매회사의 고유자산과 법적으로 엄격하게 분리되어 관리된다. 펀드자산은 신탁회사에 별도 신탁자산으로 보관·관리된다.

③ 실적배당의 원칙

펀드는 투자수단으로 투자에 따라 수익이 발생할 수도 손실이 발생할 수도 있으며, 이때 손실은 모두 투자자 본인에게 귀속된다. 펀드는 은행 예금과 달리 예금자보호법에 의해 보호되지는 않지만, 신탁자산은 집합투자업자(자산운용회사) 및 판매회사와 분리하여 신탁업자가 보관·관리하기 때문에 안전하게 보호된다.

④ 분산투자

펀드는 운용수익을 높이고 투자위험을 줄이기 위해 분산투자를 한다. 또한 집합투자재산의 일정 비율 이상을 동일 종목 증권에 투자할 수 없도록 정하는 등 분산투자와 관련된 규제요건이 적용된다.

⑤ 투자자 평등의 원칙

펀드의 수익자는 신탁원본의 상환 및 이익의 분배, 의결권 등에 관하여 수익증권의 좌수에 따라 균등한 권리를 갖는다.

⑥ 집합투자증권의 발행

펀드는 집합투자재산을 기초로 집합투자증권(투자회사는 주식, 투자신탁은 수익증권)을 발행한다. 집합투자증권은 관련법에 따라 증권예탁원에 등록 방식으로 예탁된다.

(4) 집합투자기구(펀드)의 장단점

① 펀드투자의 장점

ⓐ 공동투자

소액의 자금을 모아 펀드를 구성하고 운용함으로써 우량한 주식 수십 종목에 분산투자하는 효과가 있으며, 효율적인 투자를 통해 거래비용을 최소화할 수 있다.

ⓑ 전문성(대행투자)

풍부한 경험과 전문지식을 갖춘 전문투자자가 운용함으로써 전문성을 확보할 수 있다.

ⓒ 상대적 안전성

투자위험을 최소화하기 위해 다양한 유가증권에 분산 투자하고, 투자에 따르는 위험을 체계적으로 관리하기 때문에 직접투자보다 안전성이 높다.

ⓓ 세제 혜택

국내 주식에 투자하는 펀드에서 발생되는 주식의 매매 및 평가차익은 비과세이다. 그뿐만 아니라, 연금저축펀드, 재형펀드, 소득공제장기펀드, 분리과세 하이일드펀드 등 비과세 · 분리과세 · 분류과세 혜택을 받을 수 있는 펀드상품도 다양하다.

ⓔ 거래의 편리성

추가매수 · 환매가 상대적으로 자유롭고, 특별한 상품을 제외하고는 만기가 없어 계속 운용이 가능하다는 편리함이 있다. 또 거래 형태(거치식, 적립식, 임의식 등), 투자대상(주식, 채권 해외자산 등), 투자목적(절세, 자산 관리 등), 투자기간, 투자성향 등에 따라 다양한 상품을 선택할 수 있다.

② 펀드투자의 단점

ⓐ 원금손실의 위험

펀드는 예금 등과 달리 원금 손실의 위험이 존재하며, 위험에 따른 책임은 전적으로 투자자 본인에게 있다.

ⓑ 투자에 따른 비용 발생

투자기간 동안 집합투자업자 · 판매회사 · 신탁회사에 대한 보수를 부담해야 하는데, 보수는 펀드의 성과와 관계없이 투자기간 동안 계속해서 발생한다. 또한 선취 · 후취 판매수수료를 부담해야하고, 증권거래비용 등을 부담해야하며 환매수수료가 발생할 수 있다. 대부분의 펀드가 환매수수료 징수기간을 정하고 있기 때문에 환매수수료를 부담하지 않으려면 펀드별로 정해진 최소 투자기간 이상 유지해야 한다.

ⓒ 펀드 특성에 따른 단점

주식형 펀드의 경우 주가지수 변동률과 펀드수익률 간에 차이가 발생할 수 있고, 주식형 펀드 간에도 운용전략에 따라 다양한 위험수익구조를 이루기 때문에 성과의 편차가 발생할 수 있다. 해외펀드의 경우에는 투자위험 외에 환율변동이 손익에 영향을 미치며, 운용현황이나 보유자산에 대한 구체적인 정보를 파악하기 쉽지 않다는 단점이 있다.

(5) 펀드운용전략에 따른 분류

액티브 펀드(Active Fund)	패시브 펀드(Passive Fund)
시장초과수익률을 얻기 위해 좋은 종목, 좋은 매매시점을 적극적으로 찾아 움직이는 전략을 취하는 펀드	시장에 있는 종목을 복사해 투자하는 수동적 전략을 취하는 펀드
[성장형 펀드] • 현재의 수익성보다 미래의 성장성이 높은 종목에 주로 투자하는 펀드 • 향후 수익신장률이 높은 기업으로 주당순이익에 비해 높은 가격에 거래	**[인덱스펀드]** • 특정 주가지수의 수익률과 동일 혹은 유사한 수익률 달성을 목표로 하는 펀드
[가치형 펀드] • 수익 및 자산 대비 저평가 종목에 주로 투자하는 펀드 • 경기에 민감하지 않음	**[상장지수펀드(ETF)]** • 거래소나 코스닥 시장에 상장되어 있어 주식처럼 사고팔 수 있는 펀드 • 거래 시간 : 거래소 영업 시간 중 자유로이 거래 가능 • 거래 방법 : 증권사에 직접 주문, HTS, 전화 → 인덱스펀드와 주식의 장점을 모두 갖춘 상품
[배당형 펀드] • 주식의 높은 배당수익과 시세차익을 동시에 추구하는 펀드 • 배당을 많이 하는 주식에 주로 투자	

(6) 펀드구조에 의한 분류

① 종류형 집합투자기구(Multi-class Fund)

한 펀드 내에서 투자자 그룹별로 기준가격이 다르거나 판매수수료가 다른 여러 종류의 집합투자증권을 발행하는 펀드로, 멀티클래스펀드라고 부른다. 하나의 펀드로 운용하되, 투자기간과 투자금액에 따라 판매보수와 수수료를 달리하는 펀드이다. ○○펀드 Class A, ○○펀드 Class B와 같은 형태로 표시하며, 펀드명 뒤에 붙은 영문자는 각기 다른 수수료 체계와 판매보수체계를 나타낸다.

하나의 펀드에서 판매보수, 수수료가 다양한 종류의 간접투자증권을 발행함으로써 투자자가 투자자금의 규모 및 투자기간에 따라 선택할 수 있는 폭이 넓다. 일반적으로 투자금액이 많을수록, 투자기간이 길수록 수수료가 낮아지기 때문에 연금 등을 목적으로 장기간 투자하는 고객들은 수수료 절감 효과를 거둘 수 있다. 자산운용사의 입장에서는 보수와 수수료 수준이 다른 소규모펀드를 한 펀드 내에 통합하여 운용할 수 있기 때문에 펀드의 대형화를 통해 운용의 효율성을 높일 수 있다.

② 전환형 집합투자기구(Umbrella Fund)

복수의 펀드 간에 전환이 가능한 권리를 투자자에게 부여하는 펀드이다. 마치 우산처럼 하나의 펀드 아래 운용성격이 다른 하위펀드를 구성하여 투자자가 자유롭게 수수료 없이 전환할 수 있도록 구성하였기 때문에 엄브렐라펀드라고도 한다. 전환 횟수에 제한은 없으며, 가입할 때 판매수수료는 선취한다. 전환형 펀드별로 하위구성 펀드가 다르기 때문에 자신의 투자성향에 맞는지 확인해야 하며, 전환 횟수 제한이나 수수료 방식도 다를 수 있으므로 투자조건을 사전에 검토해야 한다.

③ 모자형 집합투자기구(Family Fund)

많은 개별 펀드의 신탁재산을 한 개 또는 특성을 달리하는 여러 개의 모신탁(Mother Fund)에서 통합 운용하고, 자신탁(Baby Fund)에서는 펀드의 성격에 따라 모신탁의 수익증권을 편입해 투자자의 자금을 운용하는 것을 말한다. 소규모의 펀드가 많아지면 각각의 펀드를 운용·관리하기 위해 많은 비용이 발생하는데, 모자형 펀드를 운용하면 비용이 절감될 수 있고, 운용의 효율성과 전문성을 확보할 수 있다. 모펀드를 설정해서 모펀드를 운용하는 데에 집중하고, 여러 개 자펀드의 편입비율을 조정해 가면서 투자를 하는 것이다.

④ 재간접펀드(Fund of Funds)

펀드투자의 위험을 줄이기 위해 펀드 운용재산의 50% 이상을 다른 우수 펀드에 투자하는 펀드를 말한다. 법률상으로는 재간접투자기구라고 한다. 여러 펀드에 동시에 가입하는 효과를 볼 수 있다는 특징이 있으며, 실적이 뛰어난 펀드 위주로 투자되기 때문에 안전성과 수익률을 함께 기대할 수 있다. 해외의 특정 지역이나 섹터펀드와 헤지펀드 등 일반투자자가 접근하기 힘든 펀드에도 분산 투자가 가능하기 때문에 헤지펀드에 대한 일반 투자자들의 투자수단으로 등장했다.

⑤ 상장지수집합투자기구(ETF; Exchange Traded Fund)

시장수익률을 추구하는 펀드라는 면에서 인덱스펀드와 같지만 실시간으로 시장거래가 용이한 펀드이다. 인덱스펀드는 주가지수에 영향력이 큰 종목들 위주로 펀드에 편입해 펀드수익률이 주가지수를 따라가도록 운용하는 펀드를 말한다. 상장지수펀드는 소액의 자금으로도 지수상승률을 얻을 수 있어 개인투자자에게 유용한 투자수단이 되었다. 또 가입한도에 제한이 없고 자유롭게 매매가 가능하며 중도환매절차 없이 시장에서 수익을 즉시 실현할 수 있다.

(7) 투자권유 주요 원칙

투자권유란 특정 투자자를 상대로 금융투자상품의 매매 또는 투자자문계약·투자일임계약·신탁계약의 체결을 권유하는 것을 말한다. 자본시장법에서는 투자권유의 주요 원칙을 다음과 같이 정하고 있다.

① 적합성의 원칙

자본시장법 제46조에서는 금융투자업자가 일반투자자에게 투자권유를 하기 전에 면담·질문 등을 통하여 일반투자자의 투자목적·재산상황 및 투자경험 등의 정보를 파악하고, 일반투자자로부터 서명·기명날인·녹취, 그 밖에 대통령령으로 정하는 방법으로 확인을 받아 이를 유지·관리하여야 하며, 확인받은 내용을 투자자에게 지체 없이 제공해야 함을 정하고 있다. 또한 일반투자자의 투자목적·재산상황 및 투자경험 등에 비추어 그 일반투자자에게 적합하지 아니하다고 인정되는 투자권유를 해서는 안 된다.

② 설명의무

자본시장법 제47조에서는 금융투자업자가 일반투자자를 상대로 투자권유를 하는 경우, 금융투자상품의 내용, 투자에 따르는 위험, 그 밖에 대통령령으로 정하는 사항을 일반투자자가 이해할 수 있도록 설명해야 함을 정하고 있다.

금융투자업자는 설명한 내용을 일반투자자가 이해하였음을 서명·기명날인·녹취, 그 밖의 대통령령으로 정하는 방법 중 하나 이상의 방법으로 확인을 받아야 한다. 또한 투자자의 합리적인 투자판단 또는 해당 금융투자상품의 가치에 중대한 영향을 미칠 수 있는 중요사항을 거짓 또는 왜곡하여 설명하거나 중요사항을 누락해서는 안 된다.

③ 부당권유의 금지

자본시장법 제49조에서는 금융투자업자가 투자권유를 함에 있어 금지하는 내용을 정하고 있다. 즉, 거짓의 내용을 알리는 행위, 불확실한 사항에 대하여 단정적 판단을 제공하거나 확실하다고 오인하게 할 소지가 있는 내용을 알리는 행위, 투자자로부터 투자권유의 요청을 받지 않고 방문·전화 등 실시간 대화의 방법을 이용하는 행위, 투자권유를 받은 투자자가 이를 거부하는 취지의 의사를 표시하였음에도 불구하고 투자권유를 계속하는 행위 등은 법적으로 금지된다.

4. 보험상품

(1) 사망보험과 종신보험

피보험자가 보험기간 중 사망했을 때 보험금이 지급되는 사망보험은 정기보험과 종신보험으로 나눌 수 있다. 정기보험은 보험기간을 미리 정해놓고 피보험자가 그 기간 내에 사망했을 때 보험금이 지급되는 반면, 종신보험은 보험기간을 정하지 않고 피보험자가 일생을 통하여 언제든지 사망했을 때 보험금이 지급된다. 1997년 IMF 구제금융 사태 이후 대량 판매되었던 종신보험 시장이 포화됨에 따라 새롭게 CI보험(중대한 질병보험), 장기간병보험 등 다양한 질병 중심의 상품을 개발해 출시하는 경향이 나타나고 있다.

(2) 변액보험

생명보험의 일종으로, 보험회사가 보험계약자로부터 납입받은 보험료를 특별계정을 통해 기금을 조성한 후 주식, 채권 등에 투자해 발생한 이익을 보험금 또는 배당으로 지급하는 상품이다. 종류로는 변액종신보험, 변액연금보험, 변액유니버셜보험 등이 있다. 2001년 변액보험 제도가 도입된 이후 보험상품 또한 자산운용의 수단으로 인식되면서 변액보험의 비중이 상승하는 추세이다. 투자 수익률에 따라 받을 수 있는 보험금이나 환급금이 달라지는 등 수익성을 기대할 수 있으나, 투자 결과에 따라 원금이 손실되거나 원금 이상의 보험금을 내야 할 수도 있다. 한편 변액보험의 최저보증 제도는 변액보험 가입자들에게 만기 또는 연금 지급 개시 전까지 계약을 유지하면 이미 납입한 보험료의 최저 지급을 보장하는 것이다.

〈생명보험의 분류〉

분류 기준	분류 내용	
주된 보장 (사망 또는 생존)	• 사망보험(정기보험, 종신보험) • 생사혼합보험(양로보험)	• 생존보험
보험상품의 성격	• 저축성 보험 • 교육보험 • 양로보험	• 보장성 보험 • 연금보험(개인연금, 퇴직연금보험)
피보험자의 수	• 개인보험	• 단체보험
배당의 유무	• 유배당보험	• 무배당보험
가입 시 건강진단의 유무	• 유진단보험(건강진단보험)	• 무진단보험

(3) 보험료의 추정치 산출을 위한 수지상등의 원칙

① 수지상등의 원칙은 보험사는 보험가입자(위험집단)가 납입하는 보험료의 총액과 그 보험가입자에게 지급하는 보험금의 총액이 균형을 이루게 해야 한다는 것이다. 보험료를 산출할 때는 보험금, 보험료 등을 예측하는 것이 중요하다. 수지상등의 원칙을 위배해 보험료를 높게 책정하면 보험회사의 과다 이익으로 인해 보험 소비자들의 권익을 침해함으로써 가격저항을 초래할 수 있고, 반대로 보험료를 낮게 산정하면 보험회사의 수지 불균형으로 인해 사업의 안정적인 운영이 불가능해질 수 있다.

② 수지상등의 원칙은 (보험상품의 순보험료 총액)=[지급보험금 총액의 현가(現價)], (영업보험료의 총액)=(지급보험금 및 운영경비 총액의 현가), (기업의 총수입)=(총지출의 현가) 등의 3가지 조건을 충족해야 한다.

③ 사회보험은 운영비용의 전부 또는 일부를 국가가 부담하고 이윤을 목적으로 하지 않기 때문에 수지상등의 원칙으로부터 비교적 자유롭지만, 민간 보험사에서 운용하는 보험상품은 수지상등의 원칙에 따라 상품을 설계할 때 인건비 등의 운영비를 비용(지출)으로 간주한다.

(4) 〈상법〉에 따른 보험의 분류

① 손해보험(損害保險) : 보험계약자(가입자)가 신체상 손해나 재물 손해가 났을 때 보험자(보험회사)가 그 손해를 배상하는 보험

ㄱ 배상책임보험 : 보험계약자가 타인의 신체(대인보험)나 재물(대물보험)에 손해를 끼침으로써 법률상 책임을 졌을 때 그 손해를 보험자가 배상하는 보험

ㄴ 재물보험 : 보험계약자(개인 혹은 법인) 소유의 건물, 건축물, 전자기기, 기계, 건설공사 등이 화재 등에 의해 직접 손해, 폭발 및 파열 손해 등이 발생했을 때 그 손해를 보험자가 배상하는 보험

② 인보험(人保險) : 보험계약자의 생명이나 신체를 위협하는 사고가 발생한 경우 보험자가 일정한 금액 또는 기타의 급여를 지급하는 보험

ㄱ 상해보험 : 보험계약자가 우발적 사고로 신체에 상해를 입은 경우 보험금액 및 기타의 급여를 지급하는 보험으로, 보험사고 발생으로 인한 상해의 정도에 따라 일정한 보험금을 지급하는 정액보험과 그렇지 않은 비정액보험이 있다.

ㄴ 생명보험 : 보험계약자가 사망 또는 일정 연령까지 생존 시 약정한 보험금을 지급하는 보험으로, 노후의 생활비, 사망 후 유가족의 생활 보호를 위한 자금 등을 마련하기 위해 이용한다. 보험금 지급 사유에 따라 보험기간 중 계약자가 장해 또는 사망 시 보험금을 지급하는 사망보험, 계약자가 보험기간 종료일까지 생존하는 경우에만 지급하는 생존보험, 생존보험의 저축 기능과 사망보험의 보장 기능을 절충한 생사혼합보험으로 구분된다.

〈보험의 분류(상법)〉

구분	분류
손해보험 (상법 제4편 제2장)	• 배상책임보험 : 대인배상, 대물배상 • 재물보험
인보험 (상법 제4편 제3장)	• 상해보험 • 생명보험(사망보험, 생존보험, 생사혼합보험)

(5) 적하보험

① 적하보험의 의미 : 해상보험의 일종인 적하보험은 배에 실은 짐이 없어지거나 헐거나 깨졌을 때에 생기는 재산상의 손해를 보충할 목적으로 가입한다. 적하(積荷)라고 볼 수 없는 저하(底荷)·연료·어구 등은 포함되지 않지만, 다만 반드시 상품에 한하는 것은 아니다. 화물 이외에 승객의 수하물, 소지품, 유가증권 등 양륙이 예정된 운송물이면 모두 포함된다.

② 대금결재의 수단 : 보험계약을 명시한 적하보험증권은 선적서류·선하증권·상업송장 등과 함께 대금결재의 수단이 된다. 담보되는 위험은 본선 또는 부속선의 침몰·좌초·화재·폭발로 인한 손해, 물 이외의 물체와의 충돌·접촉으로 인한 손해, 선적·하역·환적 중의 손해 등이다.

③ 〈상법〉상의 적하보험의 특징

  ㉠ 적하의 보험에 있어서는 선적한 때와 곳의 적하의 가액과 선적 및 보험에 관한 비용을 보험가액으로 한다(상법 제697조).

  ㉡ 적하의 도착으로 인하여 얻을 이익 또는 보수(＝희망이익)의 보험에 있어서는 계약으로 보험가액을 정하지 아니한 때에는 보험금액을 보험가액으로 한 것으로 추정한다(상법 제698조).

  ㉢ 보험자는 선박 또는 운임을 보험에 붙인 경우에는 발항 당시 안전하게 항해를 하기에 필요한 준비를 하지 않거나 필요한 서류를 비치하지 아니함으로 인해 생긴 손해, 적하를 보험에 붙인 경우에는 용선자·송하인 또는 수하인의 고의 또는 중대한 과실로 인하여 생긴 손해를 보상할 책임이 없다. 또한 보험자는 도선료, 입항료, 등대료, 검역료, 기타 선박 또는 적하에 관한 항해 중의 통상비용을 보상할 책임도 없다(상법 제706조).

(6) 무배당보험과 유배당보험

① 배당보험의 구분 : 보험회사는 보험계약자가 납부한 보험료를 운용해 얻은 수익을 보험계약자에게 지급한다. 이때 보험은 배당의 유무에 따라 배당금을 지급하지 않는 대신 보험료가 상대적으로 낮은 무배당보험, 또는 배당금을 지급하는 대신 보험료가 상대적으로 높은 유배당보험으로 나눌 수 있다. 무배당보험이 보험료를 인하함으로써 이익이 발생하기 전에 이익을 지급하는 것이라면, 유배당보험은 이익이 발생한 후에 그 이익을 보험계약자에게 지급하는 셈이다.

② 무배당보험과 유배당보험의 차이점

  ㉠ 만기 시에 무배당보험은 보험회사에 이익이 발생해도 배당을 받지 못하고 약관에서 정한 환급금만을 보장받는다. 그러나 유배당보험은 환급금과 함께 이익을 배당금 형식으로 지급받을 수 있다.

  ㉡ 유배당보험은 금리가 상승하고 주식시장이 활황일 때 무배당보험보다 유리하고, 이와 반대로 무배당보험은 금리가 하락하고 주식시장이 불황일 때 유배당보험보다 유리하다.

③ 배당보험의 실제

  ㉠ 배당금은 보험회사가 얻은 수익에 따라 책정되기 때문에 유배당보험의 계약자에게 돌아가는 배당금이 적은 경우가 많다. 또한 이익이 아예 없거나 경영의 부진 등으로 인해 실제로는 배당이 반드시 발생한다고 보장할 수 없다.

  ㉡ 1990년대 초반까지 우리나라에서 판매되는 거의 대부분의 보험은 유배당보험이었다. 그러나 1992년 외국으로부터 무배당보험이 도입되었고, 1997년 IMF 사태 이후 저금리 시대가 도래하고 소비자들이 보험료가 저렴한 상품을 선호함에 따라 무배당보험이 생명보험 시장에서 지배적인 위치를 차지하게 되었다. 또한 보험회사의 이익 구조 면에서도 이익을 고객에게 지급하지 않고 기업 내부에 보유하는 것이 유리하기 때문에 무배당보험은 급증한 반면 유배당보험은 일부 연금 상품에만 남아 있을 뿐이며, 거의 사라지게 되었다.

현재 나의 실력을 객관적으로 파악해 보자!

모바일 OMR
답안채점 / 성적분석 서비스

도서에 수록된 모의고사에 대한 객관적인 결과(정답률, 순위)를 종합적으로 분석하여 제공합니다.

OMR 입력

성적분석

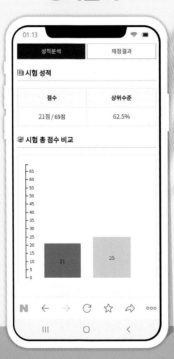

채점결과

※OMR 답안채점 / 성적분석 서비스는 등록 후 30일간 사용 가능합니다.

참여방법

도서 내 모의고사
우측 상단에 위치한
QR코드 찍기

→ LOG IN
로그인
하기

→
'시작하기'
클릭

→
'응시하기'
클릭

→
나의 답안을
모바일 OMR
카드에 입력

→
'성적분석 & 채점결과'
클릭

→
현재 내 실력
확인하기

더 이상의
고졸/전문대졸 필기시험 시리즈는
없다!

알차다
꼭 알아야 할 내용을
담고 있으니까

친절하다
핵심 내용을 쉽게
설명하고 있으니까

핵심을
뚫는다
시험 유형과 유사한
문제를 다루니까

명쾌하다
상세한 풀이로 완벽하게
익힐 수 있으니까

성공은
나를 응원하는 사람으로부터 시작됩니다.

SD에듀가 당신을 힘차게 응원합니다.

고졸/전문대졸 취업 기초부터 합격까지! 취업의 문을 여는 Master Key!

고졸/전문대졸 필기시험 시리즈

• SK 생산직   • GSAT 5급   • GS칼텍스 생산기술직

• GSAT 4급   • PAT 포스코그룹   • 현대자동차
                    생산기술직 / 직업훈련생   생산직 / 기술인력

※도서의 이미지 및 구성은 변동될 수 있습니다.

SD에듀가 합격을 준비하는 당신에게 제안합니다.

성공의 기회! SD에듀를 잡으십시오.
성공의 Next Step!

결심하셨다면 지금 당장 실행하십시오.
SD에듀와 함께라면 문제없습니다.

기회란 포착되어 활용되기 전에는
기회인지조차 알 수 없는 것이다.

- 마크 트웨인 -

2024
최신판

SD에듀

금융권
FINANCE

편저 | SDC(Sidae Data Center)

SDC

SDC는 SD에듀 데이터 센터의 약자로 약 30만 개의 NCS · 적성 문제 데이터를
바탕으로 최신출제경향을 반영하여 문제를 출제합니다.

고졸채용
인적성검사 / NCS 직업기초능력평가
+ 무료고졸특강

모바일 OMR
답안채점 / 성적분석
서비스

[합격시대]
온라인 팟모의고사
무료쿠폰

[WiNA시대로]
AI면접
무료쿠폰

무료고졸특강

안심도서
황균99.9%

정답 및 해설

SD에듀
(주)시대고시기획

PART

1

적성검사

끝까지 책임진다! SD에듀!

QR코드를 통해 도서 출간 이후 발견된 오류나 개정법령, 변경된 시험 정보, 최신기출문제, 도서 업데이트
자료 등이 있는지 확인해 보세요! **시대에듀 합격 스마트 앱**을 통해서도 알려 드리고 있으니 구글 플레이나
앱 스토어에서 다운받아 사용하세요. 또한, 파본 도서인 경우에는 구입하신 곳에서 교환해 드립니다.

01 | 언어능력

01 ▶ 언어유추

01	02	03	04	05	06	07	08	09	10
②	⑤	④	②	⑤	⑤	⑤	④	④	③
11	12	13	14	15	16	17	18	19	20
④	⑤	②	②	①	⑤	②	②	②	③
21	22	23	24	25	26	27	28	29	30
③	②	②	④	③	④	②	④	④	④

01　　정답 ②

제시된 단어는 직업과 다루는 재료의 관계이다.
'바리스타'는 '커피콩'으로 커피를 만들고, '목수'는 '나무'로 물건을 만든다.

02　　정답 ⑤

제시된 단어는 상위어와 하위어의 관계이다.
'수성'은 '태양계'의 행성 중 하나이고, '돼지'는 '포유류'의 동물 중 하나이다.

03　　정답 ④

제시된 단어는 나이와 그 나이를 나타내는 한자어의 관계이다.
'불혹'은 '40세'를 의미하고, '고희'는 '70세'를 의미한다.

04　　정답 ②

제시된 단어는 유의 관계이다.
'참하다'는 성질이 찬찬하고 얌전하다는 뜻으로 '얌전하다'는 말과 같은 의미를 가지며, '아결하다'는 단아하며 깨끗하다는 뜻으로 '고결하다'는 말과 같은 의미를 가진다.

05　　정답 ⑤

제시된 단어는 유의 관계이다.
'겨냥하다'는 '목표물을 겨누다.'는 뜻으로 '목표나 기준에 맞고 안 맞음을 헤아려 보다.'라는 뜻인 '가늠하다'와 유의 관계이다. 따라서 '기초나 터전 따위를 굳고 튼튼하게 하다.'는 뜻을 가진 '다지다'와 유의 관계인 단어는 '세력이나 힘을 더 강하고 튼튼하게 하다.'라는 뜻인 '강화하다'이다.

오답분석
① 진거하다 : 앞으로 나아가다.
② 겉잡다 : 겉으로 보고 대강 짐작하여 헤아리다.
③ 요량하다 : 앞일을 잘 헤아려 생각하다.
④ 약화하다 : 세력이나 힘이 약해지다.

06　　정답 ⑤

제시된 단어는 유의 관계이다.
'변변하다'는 '지체나 살림살이가 남보다 떨어지지 아니하다.'는 뜻으로 '살림살이가 모자라지 않고 여유가 있다.'라는 뜻인 '넉넉하다'와 유의 관계이다. 따라서 '여럿이 떠들썩하게 들고일어나다.'는 뜻을 가진 '소요(騷擾)하다'와 유의 관계인 단어는 '시끄럽고 어수선하다.'라는 뜻인 '소란하다'이다.

오답분석
① 치유하다 : 치료하여 병을 낫게 하다.
② 한적하다 : 한가하고 고요하다.
③ 공겸하다 : 삼가는 태도로 겸손하게 자기를 낮추다.
④ 소유하다 : 가지고 있다.

07　　정답 ⑤

제시된 단어는 반의 관계이다.
'미비'는 아직 다 갖추지 못한 상태에 있음을 나타내고, '완구'는 빠짐없이 완전히 갖춤을 나타내므로 반의 관계이다. '진취'는 적극적으로 나아가서 일을 이룩함을 뜻하고, '퇴영'은 활기나 진취적 기상이 없음을 뜻하므로 반의 관계이다.

오답분석
① 완비 : 빠짐없이 완전히 갖춤
② 퇴각 : 뒤로 물러감, 금품 등을 물리침
③ 퇴출 : 물러나서 나감
④ 퇴로 : 뒤로 물러날 길

08
정답 ④

제시된 단어는 유의 관계이다.
'만족'과 '흡족'은 모자란 것 없이 충분하고 넉넉함을 뜻하는 단어로 유의 관계이다. 따라서 요구되는 기준이나 양에 미치지 못해 충분하지 않음을 뜻하는 '부족'의 유의어로는 있어야 하는 것이 모자라거나 없음을 뜻하는 '결핍'이 적절하다.

[오답분석]
① 미미 : 보잘것없이 매우 작음
② 곤궁 : 가난하여 살림이 구차하고 딱함
③ 궁핍 : 몹시 가난함
⑤ 가난 : 살림살이가 부족함

09
정답 ④

제시된 단어는 유의 관계이다.
'중요'는 '귀중하고 요긴함'의 뜻으로 '요긴'과 유의 관계이다.
• 특성 : 일정한 사물에만 있는 특수한 성질
• 특질 : 특별한 기질이나 성질

[오답분석]
① 성질 : 사람이 지닌 마음의 본바탕
② 특별 : 보통과 구별되게 다름
③ 특이 : 보통 것이나 보통 상태에 비하여 두드러지게 다름
⑤ 특수 : 특별히 다른 것

10
정답 ③

제시된 단어는 반의 관계이다.
'세입'은 '국가나 지방 자치 단체의 한 회계 연도에 있어서의 모든 지출'이라는 뜻으로, '행정 국가나 지방 자치 단체의 한 회계 연도에 있어서의 모든 지출'을 뜻하는 '세출'과 반의 관계이다.
• 할인 : 일정한 값에서 얼마를 뺌
• 할증 : 일정한 값에 얼마를 더함

[오답분석]
① 상승 : 낮은 데서 위로 올라감
② 인상 : 물건 따위를 끌어 올림
④ 감소 : 양이나 수치가 줆. 또는 양이나 수치를 줄임
⑤ 인하 : 물건 따위를 끌어내림

11
정답 ④

제시된 단어는 반의 관계이다.
아주 정교하고 치밀함을 뜻하는 '정밀'의 반의어는 솜씨 등이 거칠고 잡스러움을 뜻하는 '조잡'이며, 일정한 상태를 유지함을 뜻하는 '안정'의 반의어는 분위기나 마음이 뒤숭숭함을 뜻하는 '불안'이다.

12
정답 ⑤

제시된 단어는 상하 관계이다.
'대중교통'의 하위어는 '전철'이며, '집'의 하위어는 '아파트'이다.

13
정답 ②

제시된 단어는 대상과 대상을 측정하는 기구의 관계이다.
'무게'는 '저울'로, '시간'은 '시계'로 측정한다.

14
정답 ②

제시된 단어는 반의 관계이다.
'왜소하다'의 반의어는 '거대하다'이며, '증진하다'의 반의어는 '감퇴하다'이다.

15
정답 ①

제시된 단어는 유의 관계이다.
'창조'의 유의어는 '창출'이며, '개선'의 유의어는 '수정'이다.

16
정답 ⑤

제시된 단어는 부분 관계이다.
'흑연'은 '탄소'로 이루어져 있으며, '단백질'은 '아미노산'으로 이루어져 있다.

17
정답 ②

제시된 단어는 상하 관계이다.
'곤충'의 하위어는 '잠자리'이며, '운동'의 하위어는 '축구'이다.

18
정답 ②

제시된 단어는 상하 관계이다.
'명절'의 하위어는 '설날'이며, '양식'의 하위어는 '스테이크'이다.

19
정답 ②

제시된 단어는 반의 관계이다.
'근면'의 반대말은 '나태'이며, '부정'의 반대말은 '수긍'이다.

20

정답 ③

제시된 단어는 유의 관계이다.
'언급하다'의 유의어는 '언송하다'이고, '열거하다'의 유의어
는 '나열하다'이다.
• 언송하다 : 어떤 문제에 대하여 말하다.
• 나열하다 : 죽 벌여 놓다.

21

정답 ③

밑줄의 '맞다'는 '시간의 흐름에 따라 오는 어떤 때를 대하다.'
를 의미한다. 이와 같은 의미로 쓰인 것은 ③이다.

오답분석

① 말, 육감, 사실 따위가 틀림이 없다.
② 오는 사람이나 물건을 예로 받아들이다.
④ 자연 현상에 따라 내리는 눈, 비 따위의 닿음을 받다.
⑤ 어떤 행동, 의견, 상황 따위가 다른 것과 서로 어긋나지
아니하고 같거나 어울린다.

22

정답 ②

②의 '고치다'는 '고장이 나거나 못 쓰게 된 물건을 손질하여
제대로 되게 하다.'라는 의미이다.

오답분석

① · ③ · ④ · ⑤ '잘못되거나 틀린 것을 바로 잡다.'라는 의미
이다.

23

정답 ②

'청명(淸明)'은 봄에 속하는 절기로, 춘분과 곡우 사이에 들
며, 4월 5 ~ 6일경이다.

오답분석

① 4월 20 ~ 21일경
③ 6월 5 ~ 6일경
④ 10월 8 ~ 9일경
⑤ 12월 22 ~ 23일경

24

정답 ④

'꾸러미'는 달걀 10개를 묶어 세는 단위이므로 달걀 한 꾸러
미는 10개이다.

오답분석

① 굴비를 묶어 세는 단위인 '갓'은 굴비 10마리를 나타내므
로 굴비 두 갓은 20마리이다.
② 일정한 길이로 말아 놓은 피륙을 세는 단위인 '필'의 길이
는 40자에 해당되므로 명주 한 필은 40자이다.

③ '제'는 한약의 분량을 나타내는 단위로, 한 제는 탕약 스무
첩을 나타내므로 탕약 세 제는 60첩이다.
⑤ '거리'는 오이나 가지 따위를 묶어 세는 단위로, 한 거리
는 오이나 가지 50개를 나타내므로 오이 한 거리는 50개
이다.

25

정답 ③

'미수(米壽)'는 88세를 이르는 말이다. 80세를 의미하는 말은
'산수(傘壽)'이다.

26

정답 ④

부인의 남동생의 아내는 '처남댁'이라고 부른다.

27

정답 ②

'손님, 주문하신 커피 나오셨습니다.'에서 커피가 손님의 것
이긴 하지만 커피까지 높이는 것은 옳지 않다.

28

정답 ④

'또아리'는 잘못된 표기로, '둥글게 빙빙 틀어 놓은 것. 또는
그런 모양'을 의미하는 '똬리'가 올바른 표기이다.

오답분석

① 어간 '익-'에 '-히'가 붙어서 부사로 된 '익히'는 어간의
원형을 밝혀 적으므로 올바른 표기이다.
② · ③ 명사 뒤에 '-이' 이외의 모음으로 시작된 접미사가 붙
어서 된 말은 그 명사의 원형을 밝혀 적지 않으므로 '이파
리'와 '끄트머리'는 올바른 표기이다.
⑤ 부사의 끝음절이 '이'나 '히'로 나는 것은 '-히'로 표기하므
로 '꼼꼼히'가 올바른 표기이다.

29

정답 ④

④의 '지'는 경과한 시간을 나타내는 의존 명사이므로 한글
맞춤법에 따라 앞의 말과 띄어 써야 한다.

오답분석

① '데'가 '일'이나 '것'의 뜻을 나타내는 의존 명사로 쓰였으
므로 '참석하는 데'로 띄어 써야 한다.
② '쓸데없다'는 하나로 굳어진 단어이므로 붙여 써야 한다.
③ '-ㄹ지'는 하나의 연결 어미이므로 '처리해야 할지'가 올
바른 표기이다.
⑤ '-든지'는 어느 것이 선택되어도 차이가 없는 둘 이상의
일을 나열함을 나타내는 하나의 보조사이므로 '누구든지'
가 올바른 표기이다.

30

정답 ④

'호랑이 없는 골에 토끼가 왕 노릇 한다.'는 뛰어난 사람이 없는 곳에서 보잘것없는 사람이 득세함을 비유적으로 이르는 말로, 상황에 적절하다.

[오답분석]

① 싸움을 통해 오해를 풀어 버리면 오히려 더 가까워지게 된다.

② 무슨 일을 잘못 생각한 후에야 이랬더라면 좋았을 것을 하고 궁리한다.

③ 굶주렸던 사람이 배가 부르도록 먹으면 만족하게 된다.

⑤ 기껏 한 일이 결국 남 좋은 일이 되었다.

02 ▶ 언어추리

01	02	03	04	05	06	07	08	09	10
①	②	①	③	②	①	①	①	③	③
11	12	13	14	15	16	17	18	19	20
③	①	③	①	②	②	③	②	③	②
21	22	23	24	25					
②	⑤	②	①	③					

01

정답 ①

대중교통 > 자동차 > 오토바이 > 자전거
따라서 제시문 B는 참이다.

02

정답 ②

바실리카의 측랑 지붕 위에 창문이 설치된다고 했고, 회중석은 측랑보다 높은 곳에 위치한다고 했으므로 측랑과 창문이 회중석보다 높은 곳에 설치된다는 것은 거짓이다.

03

정답 ①

미세먼지 가운데 $2.5\mu m$ 이하의 입자는 초미세먼지이고, 초미세먼지는 호흡기에서 걸러낼 수 없기 때문에 $2.4\mu m$입자의 초미세먼지는 호흡기에서 걸러낼 수 없다는 참이다.

04

정답 ③

중국으로 출장을 간 사람은 일본으로 출장을 가지 않지만, 홍콩으로 출장을 간 사람이 일본으로 출장을 가는지, 가지 않는지는 알 수 없다.

05

정답 ②

차가운 물로 샤워를 하면 순간적으로 몸의 체온이 내려가나, 몸의 체온이 내려가면 다시 일정한 체온을 유지하기 위해 열이 발생하므로 몸의 체온을 낮게 유지할 수는 없다.
따라서 제시문 B는 거짓이다.

06

정답 ①

보건용 마스크의 'KF' 뒤 숫자가 클수록 미세입자 차단 효과가 더 크므로 KF80보다 KF94 마스크의 미세입자 차단 효과가 더 크다. 또한 모든 사람들은 미세입자 차단 효과가 더 큰 마스크를 선호한다.
따라서 C는 참이다.

07

정답 ①

안구 내 안압이 상승하면 시신경 손상이 발생하고, 시신경이 손상되면 주변 시야가 좁아지기 때문에 안구 내 안압이 상승하면 주변 시야가 좁아진다.
따라서 C는 참이다.

08

정답 ①

혜진이가 영어 회화 학원에 다니면 미진이는 중국어 회화 학원에 다니고, 미진이가 중국어 회화 학원에 다니면 아영이는 일본어 회화 학원에 다닌다. 즉, 혜진이가 영어 회화 학원에 다니면 아영이는 일본어 회화 학원에 다니므로 이 명제의 대우는 '아영이가 일본어 회화 학원에 다니지 않으면 혜진이는 영어 회화 학원에 다니지 않는다.'이다.
따라서 C는 참이다.

09

정답 ③

유화를 잘 그리는 화가는 수채화를 잘 그리고, 수채화를 잘 그리는 화가는 한국화를 잘 그리지만, 희정이가 화가인지 아닌지 알 수 없으므로 유화를 잘 그리는 희정이가 한국화도 잘 그리는지는 알 수 없다.
따라서 C는 알 수 없다.

10

정답 ③

'인슐린이 제대로 생기지 않는 사람은 당뇨병에 걸리게 된다.'는 '인슐린은 당뇨병에 걸리지 않게 하는 호르몬이다.'의 역으로, 역은 참일 수도 있고 거짓일 수도 있다.
따라서 C는 알 수 없다.

11

정답 ③

사람이 다른 사람과 교제를 할 때, 상대방에 대한 자신의 인상을 관리하려는 속성이 있다는 것이지 타인에 의해 자신의 인상이 관리된다는 내용은 제시문에 나와 있지 않다.

12

정답 ①

광고 혹은 내가 다른 사람의 눈에 어떻게 보일 것인가 하는 점에서 20세기 대중문화는 새로운 인간형을 탄생시켰다.

13

정답 ③

해당 내용은 제시문에 나와 있지 않으므로 알 수 없다.

14

정답 ①

A와 B는 하루 안에 거래를 마쳐야 할 정도로 빨리 시드는 청과물을 생산한다. 따라서 도매시장에 도착해서 거래가 끝날 때까지도 최소 하루가 걸리는 '경매' 방식을 가장 기피한다. 또한 A는 안정된 가격에 팔기 원하기 때문에 가격변동이 발생하지 않는 '밭떼기' 방식을 가장 선호하고, B는 가격의 변동을 이용하여 평균가격보다 높게 팔려고 하기 때문에, '수의계약' 방식을 가장 선호한다.

15

정답 ②

A, B와 다르게 C, D는 거래에 일주일 이상의 여유가 있으므로 '경매' 방식도 가능하다. 이때 두 명 모두 가격의 변동을 이용하여 평균가격보다 높게 팔려고 하는 성향이 있으므로, '밭떼기' 방식을 가장 기피한다. 또한 이러한 성향의 정도가 동일하다고 했으므로, 두 명이 가장 선호하는 거래 방식은 같다.

16

정답 ②

농장이 가장 먼 곳이라도 도매시장까지 6시간이면 도착한다. 또한 C와 D가 생산하는 청과물은 빨리 시들지 않아 거래에 일주일 이상의 여유가 있다. 따라서 청과물의 품질 하락으로 인한 손실 가능성이 가장 적은 농가는 C와 D이다.

17

정답 ③

제시문에서 일본인과 관련한 내용은 없으므로 알 수 없다.

18

정답 ②

제시문에 우주정거장 건설 사업에는 건설과 운영에 소요되는 비용이 100조 원에 이를 것으로 예상된다고 나와 있다.

19 정답 ③

제시문에 미국, 유럽, 러시아, 일본 등 16개국이 참여하고 있다고만 나와 있을 뿐, 한국에 대한 언급은 없으므로 알 수 없다.

20 정답 ②

B가 과장이므로 대리가 아닌 A는 부장의 직책을 가진다.

오답분석

조건에 따라 A~D의 사무실 위치를 정리하면 다음과 같다.

구분	2층	3층	4층	5층
경우1	부장	B과장	대리	A부장
경우2	B과장	대리	부장	A부장
경우3	B과장	부장	대리	A부장

① A부장 외 또 다른 부장은 2층, 3층 또는 4층에 근무한다.
③ 대리는 3층 또는 4층에 근무한다.
④ B는 2층 또는 3층에 근무한다.
⑤ C의 직책은 알 수 없다.

21 정답 ②

동주는 관수보다, 관수는 보람보다, 보람은 창호보다 크다. 따라서 동주 – 관수 – 보람 – 창호 순으로 크며, 인성이는 보람이와 창호보다 크지만 동주와 관수와는 비교할 수 없다.

22 정답 ⑤

세 번째, 네 번째 명제에 의해, 종열이와 지훈이는 춤을 추지 않았다. 두 번째 명제의 대우에 의해, 재현이가 춤을 추었고, 첫 번째 명제에 따라 서현이가 춤을 추었다.
따라서 재현이와 서현이가 춤을 추었다.

23 정답 ②

제시된 내용을 표로 정리하면 다음과 같다.

경제학과						
경영학과						
영문학과						
국문학과						

A : 영문학과가 경영학과와 국문학과가 MT를 떠나는 사이의 이틀 중 언제 떠날지는 알 수 없다. 경영학과가 떠난 후 다음 날 간다면 경제학과와 만나겠지만, 경영학과가 떠난 후 이틀 후에 간다면 경제학과와 만나지 않는다.
B : 영문학과가 이틀 중 언제 MT를 떠나든 국문학과와 만나게 된다.

24 정답 ①

연호가 같은 시간 동안 가장 멀리 갔으므로, 선두에 있다. 서준은 민선과 연호 사이에 있다고 했고, 민선이 승원보다 빠르기 때문에 1등부터 순서대로 연호 – 서준 – 민선 – 승원이다. 따라서 서준이 민선보다 빠르고, 4등은 승원임을 알 수 있다.

25 정답 ③

도우미 5가 목요일에 배치되므로, 세 번째 명제에 따라 도우미 3은 월요일이나 화요일, 도우미 2는 화요일이나 수요일에 배치된다. 그러나 도우미 1이 화요일 또는 수요일에 배치된다고 했으므로 도우미는 월요일부터 3 – 2 – 1 – 5 – 4 순서대로 배치되는 것을 알 수 있다.

03 ▶ 언어논리

01	02	03	04	05	06	07	08	09	10
④	③	③	③	①	④	④	④	④	②
11	12	13	14	15	16	17	18	19	20
⑤	④	②	⑤	⑤	③	③	①	④	②

01

정답 ④

제시문은 예전과는 달라진 덕후에 대한 사회적 시선과 그와 관련된 소비산업에 관해 이야기하고 있다. (다) 덕후의 어원과 더 이상 숨기지 않아도 되는 존재로의 변화 → (가) 달라진 사회 시선과 일본의 오타쿠와 다른 독자적 존재로서 진화해가는 한국 덕후 → (나) 진화된 덕후들을 공략하기 위해 발달하고 있는 산업 순서로 연결되어야 한다.
따라서 (다) – (가) – (나)의 순서로 나열해야 한다.

02

정답 ③

제시문은 풀기 어려운 문제에 둘러싸인 기업적·개인적 상황을 제시하고, 위기의 시대임을 언급하고 있다. 그리고 그 위기를 이겨내는 자가 성공하는 자가 될 수 있음을 말하며, 위기를 이겨내기 위해서 지혜가 필요하다는 것에 대해 설명하고 있는 글이다. (나) 풀기 어려운 문제에 둘러싸인 현재의 상황 → (라) 위험과 기회라는 이중의미를 가지는 '위기' → (다) 위기를 이겨내는 것이 필요 → (가) 위기를 이겨내기 위한 지혜와 성공이라는 결과 순서로 연결되어야 한다.
따라서 (나) – (라) – (다) – (가)의 순서로 나열해야 한다.

03

정답 ③

제시문은 환율과 관련된 경제 현상을 설명하고 있다. 환율은 기초 경제 여건을 반영하여 수렴된다는 (가) 문단이 먼저 오는 것이 적절하며, '그러나' 환율이 예상과 다르게 움직이는 경우가 있다는 (라) 문단이 그 뒤에 오는 것이 적절하다. 다음으로 이러한 경우를 오버슈팅으로 정의하는 (나) 문단이, 그 뒤를 이어 오버슈팅이 발생하는 원인인 (다) 문단이 오는 것이 적절하다.
따라서 (가) – (라) – (나) – (다)의 순서로 나열해야 한다.

04

정답 ③

도덕 실재론에 대한 설명인 (나)와 정서주의에 대한 (다) 중, 전환 기능의 접속어 '한편'이 (다)에 포함되어 있으므로 (나)의 도덕 실재론에 대한 설명이 더 앞에 위치한다. 다음으로, 환언 기능의 접속어 '즉'으로 시작하며 도덕적 진리를 과학적 명제처럼 판단하는 도덕 실재론에 대한 부연설명을 하고 있는 (라)가 오고, (다)에서 앞의 도덕 실재론과 다른 정서주의의 특징을 설명한 다음 (다)에 대한 부연설명인 (가)가 이어진다.
따라서 (나) – (라) – (다) – (가) 순서로 나열해야 한다.

05

정답 ①

㉠은 문장의 서술어가 '때문이다.'이므로 이와 호응하는 '왜냐하면'이 와야 한다. ㉡은 문장의 내용이 앞 문장과 상반되는 내용이 아닌, 앞 문장을 부연하는 내용이므로 병렬 기능의 접속 부사 '그리고'가 들어가야 한다. ㉢은 내용상 결론에 해당하므로 '그러므로'가 적절하다.

06

정답 ④

- 혼잡(混雜) : 여럿이 한데 뒤섞이어 어수선함
- 혼동(混同) : 구별하지 못하고 뒤섞어서 생각함
- 혼선(混線) : 말이나 일 따위를 서로 다르게 파악하여 혼란이 생김

오답분석

- 요란(搖亂) : 시끄럽고 떠들썩함
- 소동(騷動) : 사람들이 놀라거나 흥분하여 시끄럽게 법석거리고 떠들어 대는 일
- 갈등(葛藤) : 개인이나 집단 사이에 목표나 이해관계가 달라 서로 적대시하거나 충돌함. 또는 그런 상태

07

정답 ④

'Ⅱ-2'의 항목을 보면 미디어 '교육의 중요성에 대한 인식 부족'을 미디어 교육의 장애요소라고 하였으므로 미디어 교육의 활성화 방안으로 미디어 교육의 중요성에 대한 인식을 고취하는 내용을 제시해야 한다. 그러나 ④에서는 '사이버 폭력에 대한 규제 강화'라는 항목을 제시하였으므로 'Ⅱ-2'의 항목을 고려한 것으로 볼 수 없다.

08

정답 ④

'Ⅱ-1-나'에 따르면 온라인상에서 저작권 침해 문제가 발생하는 원인으로 해외 서버를 통해 이루어지는 불법 복제를 단속하기 위해 필요한 다른 나라와의 협조 체제가 부족함을 제시하고 있다. ④의 '업로드 속도를 향상하기 위한 국내 서버 증설'은 이러한 내용과 어긋날 뿐만 아니라 불법 복제를 단속하기 위한 방안으로 보기 어렵다.

09
정답 ④

제시문에서는 변혁적 리더십과 거래적 리더십의 차이를 비교하여 변혁적 리더십의 특징을 효과적으로 설명하고 있다.

10
정답 ②

제시문은 사회보장제도가 무엇인지 정의하고 있으므로, 제목으로 '사회보장제도의 의의'가 가장 적절하다.

오답분석
① 두 번째 문단에서만 사회보험과 민간보험의 차이점을 언급하고 있다.
③ 우리나라만의 사회보장에 대한 설명은 아니다.
④ 대상자를 언급하고 있지만 글 내용의 일부로 글의 전체적인 제목으로는 적절하지 않다.
⑤ 소득보장에 대해서는 언급하고 있지 않다.

11
정답 ⑤

제시문은 현대 사회의 소비 패턴이 '보이지 않는 손' 아래의 합리적 소비에서 벗어나 과시 소비가 중심이 되었으며, 그 이면에는 소비를 통해 자신의 물질적 부를 표현함으로써 신분을 과시하려는 욕구가 있다고 설명하고 있다.

12
정답 ④

제시문의 처음에서 '장애인 편의 시설에 대한 새로운 시각'이 필요하다고 밝히고, 중간에서 장애인 편의 시설이 '우리 모두에게 유용함'을 강조했으며, 마지막 부분에서 보편적 디자인의 시각으로 바라볼 때 '장애인 편의 시설은 우리 모두에게 편리하고 안전한 시설로 인식될 것'이라고 설명하고 있다.

13
정답 ②

제시문은 텔레비전의 언어가 개인의 언어 습관에 미치는 악영향을 경계하면서, 올바른 언어 습관을 길들이기 위해 문학 작품의 독서를 강조하고 있다.

14
정답 ⑤

우리말과 영어의 어순 차이에 대해 설명하면서, 우리말에서 주어 다음에 목적어가 오는 것은 '나의 의사보다 상대방에 대한 관심을 먼저 보이는 우리의 문화'에서 기인한 것이라고 언급하고 있다. 그리고 '나의 의사를 밝히는 것이 먼저인 영어를 사용하는 사람들의 문화'라는 내용으로 볼 때, 상대방에 대한 관심보다 나의 생각을 우선시하는 것은 영어의 문장 표현이다.

15
정답 ⑤

네 번째 문단의 마지막 두 문장에서 편협형 정치 문화와 달리 신민형 정치 문화는 최소한의 인식이 있는 상태이며, 독재 국가의 정치 체계가 이에 해당한다고 설명하고 있다.

16
정답 ③

오답분석
① 마지막 문장을 통해 알 수 있다.
②·④ 세 번째 문장을 통해 알 수 있다.
⑤ 첫 번째 문장을 통해 알 수 있다.

17
정답 ③

㉠은 기업들이 더 많은 이익을 내기 위해 '디자인의 향상'에 몰두하는 것이 바람직하다는 판단이다. 즉, '상품의 사회적 마모를 짧게 해서 소비를 계속 증가시키기 위한' 방안인데, 이것에 대한 반론이 되기 위해서는 ㉠의 주장이 지니고 있는 문제점을 비판하여야 한다. ㉠이 지니고 있는 가장 큰 문제점은 '과연 성능 향상 없는 디자인 변화가 소비를 촉진시킬 수 있는 것인가'가 되어야 한다. 디자인 변화는 분명히 상품의 소비를 촉진시킬 수 있는 효과적 방법 중의 하나이지만 '성능이나 기능, 내구성'의 향상이 전제되지 않았을 때는 효과를 내기 힘들기 때문이다.

18
정답 ①

제시문은 '발전'에 대한 개념을 설명하고 있다. 빈칸 앞뒤의 문맥을 먼저 살피면, 빈칸 앞에서는 '발전'에 대해 '모든 형태의 변화가 전부 발전에 해당되는 것은 아니다.'라고 하면서 '교통 신호등'을 예로 들고 있다. 빈칸 뒤에서는 '사태의 진전 과정에서 나중에 나타나는 것은 적어도 그 이전 단계에 내재적으로나마 존재했던 것의 전개에 해당한다는 것이다.'라고 보충 설명하고 있으므로 ①이 빈칸에 적절하다.

19
정답 ④

제시문은 오존층 파괴 시 나타나는 문제점에 대해 설명하고 있다. 마지막 문단에서 극지방 성층권의 오존 구멍은 줄었지만, 많은 인구가 거주하는 중위도 저층부에서는 오히려 오존층이 얇아졌다고 언급하고 있으므로 마지막 문장인 빈칸에는 ④가 적절하다.

오답분석
① 극지방 성층권의 오존 구멍보다 중위도 지방의 오존층이 얇아지는 것이 더욱 큰 문제이다.
② 제시문에서 오존층을 파괴하는 원인은 찾아볼 수 없으며, 인구가 많이 거주하는 지역일수록 오존층의 파괴에 따른 피해가 크다는 것이다.

③ 극지방이 아닌 중위도 지방에서의 얇아진 오존층이 사람들을 더 많은 자외선에 노출시키며, 오히려 극지방의 오존 구멍은 줄어들었다.
⑤ 지표면이 아닌 성층권에서의 오존층의 역할 및 문제점에 대해 설명하고 있다.

20 　　　　　　　　　　　정답 ②

첩보 위성은 임무를 위해 낮은 궤도를 비행해야 하므로, 높은 궤도로 비행시키면 수명은 길어질 수 있으나 임무의 수행 자체가 어려워질 수 있다.

02 | 수리능력

01 ▶ 기초계산

01	02	03	04	05	06	07	08	09	10
④	②	③	①	③	②	①	④	④	③
11	12	13	14	15	16	17	18	19	20
③	③	④	②	④	③	④	①	②	④
21	22	23	24	25	26	27	28		
③	①	①	①	①	③	③	④		

01　　　　　　　　　　　정답 ④

$9,713-6,750 \div 45-467=9,246-150=9,096$

02　　　　　　　　　　　정답 ②

$9.4 \times 4.8 \div 1.2=45.12 \div 1.2=37.6$

03　　　　　　　　　　　정답 ③

$(14+4 \times 3) \div 2=(14+12) \div 2=26 \div 2=13$

04　　　　　　　　　　　정답 ①

$(984-216) \div 48=768 \div 48=16$

05　　　　　　　　　　　정답 ③

$(3,000-1,008) \div 664=1,992 \div 664=3$

06　　　　　　　　　　　정답 ②

$(178-302) \div(-1)=(-124) \div(-1)=124$
② $95+147-118=242-118=124$

오답분석

① $571+48-485=619-485=134$

③ $78 \times 2-48 \div 2=156-24=132$
④ $36+49+38=85+38=123$
⑤ $33 \times 61-1,880=2,013-1,880=133$

07　　　　　　　　　　　정답 ①

$70.668 \div 151+6.51=0.468+6.51=6.978$
① $3.79 \times 10-30.922=37.9-30.922=6.978$

오답분석

② $6.1 \times 1.2-1.163=6.157$
③ $89.1 \div 33+5.112=7.812$
④ $9.123-1.5 \times 1.3=7.173$
⑤ $7.856-2.8 \times 1.5=3.656$

08　　　　　　　　　　　정답 ④

$36 \times 145+6,104=5,220+6,104=11,324$
④ $516 \times 31-4,672=15,996-4,672=11,324$

오답분석

① $901 \times 35+27=31,535+27=31,562$
② $385 \times 12+5,322=4,620+5,322=9,942$
③ $16,212 \div 28+8,667=579+8,667=9,246$
⑤ $246 \times 35-2,800=8,610-2,800=5,810$

09　　　　　　　　　　　정답 ④

세 자연수 3, 9, 11의 최소공배수는 99이고 나머지가 1이므로 최소공배수에 1을 더하면 100이다.
따라서 가장 작은 자연수는 100이 된다.

10　　　　　　　　　　　정답 ③

31, 87에서 각각에 해당하는 나머지를 빼면 30, 84이며, 이 두 수의 최대공약수는 6이다.
따라서 자연수 A는 6이 된다.

11
정답 ③

1푼=0.1할, 1리=0.01할, 1모=0.001할이므로 1할=100리이다.

12
정답 ③

6할 2푼 5리는 0.625이므로 62.5%이다.

13
정답 ④

$5 \div 200 = 0.025$

14
정답 ②

$2 \div 16 = 0.125$

15
정답 ④

$7 \div 40 = 0.175$

16
정답 ③

10과 15의 최소공배수는 30이다.
따라서 200 이하의 자연수 중 30의 배수는 총 6개가 있다.

17
정답 ④

$(1 \odot 6) + (4 \odot 2) = (1-6) + 6^2 + (4-2) + 2^2$
$= (-5) + 6^2 + 2 + 2^2$
$= 81$

18
정답 ①

$$\frac{1}{1 \times 2} + \frac{1}{2 \times 3} + \frac{1}{3 \times 4} \cdots + \frac{1}{99 \times 10}$$
$$= \left(\frac{1}{1} - \frac{1}{2}\right) + \left(\frac{1}{2} - \frac{1}{3}\right) + \left(\frac{1}{3} - \frac{1}{4}\right) + \cdots + \left(\frac{1}{99} - \frac{1}{100}\right)$$
$$= 1 - \frac{1}{100} = \frac{99}{100}$$

19
정답 ②

$2.5m + 3,250mm = 250cm + 325cm = 575cm$

20
정답 ④

$208 \times (\quad) = 44,951 + 19,945$
$\rightarrow 208 \times (\quad) = 64,896$
$\rightarrow (\quad) = 64,896 \div 208$
$\therefore (\quad) = 312$

21
정답 ③

$1.5 \times (\quad) \div 2 = 4 - 1$
$\rightarrow 1.5 \times (\quad) \div 2 = 3$
$\rightarrow 1.5 \times (\quad) = 3 \times 2 = 6$
$\rightarrow (\quad) = 6 \div 1.5$
$\therefore (\quad) = 4$

22
정답 ①

$(\quad) \div 6 = -(78 - 66 - 16)$
$\rightarrow (\quad) \div 6 = 4$
$\rightarrow (\quad) = 4 \times 6$
$\therefore (\quad) = 24$

23
정답 ①

$66 + 77 - 88 \times (\quad) = -825$
$\rightarrow 143 - 88 \times (\quad) = -825$
$\rightarrow -88 \times (\quad) = -825 - 143 = -968$
$\rightarrow (\quad) = -968 \div (-88)$
$\therefore (\quad) = 11$

24
정답 ①

$A : \dfrac{1}{2} + \dfrac{1}{4} + \dfrac{1}{6} = \dfrac{6+3+2}{12} = \dfrac{11}{12} = \dfrac{22}{24}$

$B : \dfrac{1}{3} + \dfrac{1}{4} + \dfrac{5}{24} = \dfrac{8+6+5}{24} = \dfrac{19}{24}$

$\therefore A > B$

25
정답 ①

$A : \dfrac{1}{110} = \dfrac{1}{10 \times 11} = \dfrac{1}{11-10}\left(\dfrac{1}{10} - \dfrac{1}{11}\right) = \dfrac{1}{10} - \dfrac{1}{11}$
$\qquad = 0.1 - \dfrac{1}{11}$

$B : 0.99 \div 10 - \dfrac{1}{11} = 0.099 - \dfrac{1}{11}$

$\dfrac{1}{10} - \dfrac{1}{11} > 0.099 - \dfrac{1}{11}$

$\therefore A > B$

26

정답 ③

$9(\quad)3+14 \div 2=34$

→ $9(\quad)3+7=34$

→ $9(\quad)3=34-7$

→ $9(\times)3=27$

27

정답 ③

$\frac{17}{4}(\quad)\frac{12}{21}=\frac{232}{77}-\left(\frac{15}{7}\times\frac{3}{11}\right)$

→ $\frac{232}{77}-\frac{45}{77}$

→ $\frac{187}{77}=\frac{17}{7}$

→ $\frac{17}{4}(\times)\frac{12}{21}=\frac{17}{7}$

28

정답 ④

$5.14\times0.5-6.72(\quad)3=0.33$

→ $2.57-6.72(\quad)3=0.33$

→ $-6.72(\quad)3=0.33-2.57$

→ $-6.72(\div)3=-2.24$

---

02 ▶ 응용계산

01	02	03	04	05	06	07	08	09	10
②	②	①	④	②	①	③	①	③	④
11	12	13	14	15	16	17	18	19	20
⑤	④	①	②	①	②	③	③	③	⑤
21	22	23	24	25					
②	④	②	②	④					

01

정답 ②

6시 30분일 때, 시침과 분침의 각도는 다음과 같다.
• 시침 : $6\times30+0.5\times30=180+15=195°$
• 분침 : $6\times30=180°$

따라서 시침과 분침이 이루는 작은 각도는 $195-180=15°$이다.

02

정답 ②

소연이가 시계를 맞춰 놓은 시각과 다음 날 독서실을 나선 시각의 차는 24시간이다.

4시간마다 6분씩 늦어진다고 하였으므로 24시간마다 36분씩 늦어진다.

따라서 소연이가 독서실을 나설 때 시계가 가리키고 있는 시각은 8시-36분=7시 24분이다.

03

정답 ①

2월 5일에서 8월 15일까지는 총 $24+31+30+31+30+31+15=192$일이다. 이를 7로 나누면 $192\div7=27\cdots3$이므로 8월 13일의 이전 날인 8월 12일은 수요일이었다.

따라서 8월 15일은 토요일이다.

04

정답 ④

A, B, C의 청소 주기인 6, 8, 9일의 최소공배수는 $2\times3\times4\times3=72$이다. 9월은 30일, 10월은 31일까지 있으므로 9월 10일에 청소를 하고 72일 이후인 11월 21일에 세 사람이 같이 청소하게 된다.

05

정답 ②

두 사람이 1시간 동안 이동하는 거리의 합은 $3+12=15km$이므로, $\frac{150}{15}=10$시간 후에 만난다.

06
정답 ①

$$\frac{25}{10}+\frac{25}{15}=\frac{25}{6}=4\frac{1}{6}$$

즉, 걸린 시간은 4시간 10분이므로 오후 4시에 도착했다면 오전 11시 50분에 집에서 나왔다는 것을 알 수 있다.

07
정답 ③

$(평균속력)=\dfrac{(전체\ 이동거리)}{(전체\ 이동시간)}$이다.

전체 이동거리는 $10+4+7=21$km이고, 전체 이동시간은 $1+0.5+1.5=3$시간이다.

따라서 평균속력은 $21\div3=7$km/h이다.

08
정답 ①

경서의 속력은 0.6m/s이고, 슬기가 6초 후에 따라잡았으므로, 경서가 이동한 거리는 3.6m이다. 슬기는 경서보다 1.2m 뒤에 있었으므로 슬기가 이동한 총거리는 $3.6+1.2=4.8$m 이고, 출발한 지 6초 만에 경서를 따라잡았으므로 슬기의 속력은 $\dfrac{4.8}{6}=0.8$m/s이다.

09
정답 ③

남녀가 다시 만나는 데 걸리는 시간을 y시간이라 하면 거리에 대한 방정식은 다음과 같다.

$4\times(y-0.5)+6\times y=10$
$\rightarrow 4y-2+6y=10$
$\rightarrow 10y=12$
$\therefore y=1.2$

따라서 두 남녀가 다시 만나는 데 걸리는 시간은 1.2시간이므로 1시간 12분이다.

10
정답 ④

아버지의 나이를 x세, 형의 나이를 y세라고 하자.
동생의 나이는 $(y-2)$세이므로 $y+(y-2)=40$
$\rightarrow y=21$
어머니의 나이는 $(x-4)$세이므로 $x+(x-4)=6\times21$
$\rightarrow 2x=130$
$\therefore x=65$

11
정답 ⑤

A연구소의 남직원은 $20\times0.6=12$명이므로 A연구소의 여직원은 $20-12=8$명이다.
B공장의 생산직 남직원 수는 A연구소와 B공장 전체 남직원 수의 40%이므로 A연구소의 남직원 12명은 전체 남직원 수의 60%임을 알 수 있다.

여기서 B공장의 생산직 남직원 수를 x명이라 하면,
$40:60=x:12 \rightarrow x=8$명이다.
따라서 B공장의 생산직 여직원은 $41-8=33$명이 되므로 A 연구소의 여직원과 B공장의 생산직 여직원은 모두 $8+33=41$명이다.

12
정답 ④

1) 6석 테이블
   같은 국가에서 온 대표자는 같은 테이블에 앉을 수 없으므로 6석 테이블에는 5명이 앉는다.
2) 5석 테이블
   러시아에서 2명의 대표자가 방문했기 때문에 5석 테이블 한 개에는 4명이 앉는다.
3) 3석 테이블
   러시아를 제외한 4개국 대표자 중 3개국 대표자가 앉으면 된다.
따라서 최대 $5+5+4+3\times2=20$명이 앉는다.

13
정답 ①

구입할 수 있는 컴퓨터를 x대라고 할 때, 3대까지는 한 대당 100만 원을 지불해야 하므로 80만 원에 구입할 수 있는 컴퓨터는 $(x-3)$대이다.
$100\times3+80\times(x-3)\leq2,750 \rightarrow 80(x-3)\leq2,450$
$\rightarrow x-3\leq30.625 \rightarrow x\leq33.625$
따라서 컴퓨터는 최대 33대 구입 가능하다.

14
정답 ②

선택지에서 두 번째 조건을 만족하는 자연수는 36, 24, 48이다. 이 자연수들의 각 자릿수를 곱한 값과 각 자릿수를 더한 값의 2배는 다음과 같다.

두 자리 자연수	각 자릿수를 곱한 값	각 자릿수를 더한 값의 2배
36	$3\times6=18$	$(3+6)\times2=18$
24	$2\times4=8$	$(2+4)\times2=12$
48	$4\times8=32$	$(4+8)\times2=24$

따라서 조건에 맞는 두 자리 자연수는 36이다.

15
정답 ①

지난달에는 $\dfrac{3,750,000}{12,500}=300$포대의 쌀을 구매하였으므로 이번 달에 쌀을 구매하는 데 사용한 금액은 $14,000\times300=4,200,000$원이다.
따라서 이번 달의 쌀 구매비용은 지난달보다 $4,200,000-3,750,000=450,000$원 더 증가하였다.

16
정답 ②

치킨 1마리 값을 x원, 오리구이 100g당 가격을 y원이라고 할 때, 조건에 맞는 두 방정식은 다음과 같다.

$4y + x = 22,000 \cdots$ ㉠

$2x + 2y = 35,000 \cdots$ ㉡

㉠, ㉡을 연립하면 $x = 16,000$, $y = 1,500$이 된다.

따라서 오리구이 100g당 가격은 1,500원이다.

17
정답 ③

전체 작업량을 1로 둘 때, 6명이 5시간 만에 청소를 완료하므로 직원 한 명의 시간당 작업량은 $\dfrac{1}{30}$ 이다.

따라서 3시간 만에 일을 끝마치기 위한 직원의 수를 x명이라 하면 $\dfrac{x}{30} \times 3 = 1 \rightarrow x = 10$이다. 계산 결과에 따라 총 10명의 직원이 필요하며, 추가로 필요한 직원의 수는 4명이다.

18
정답 ③

24와 60의 최소공배수는 $2^3 \times 3 \times 5 = 120$이다.

따라서 두 톱니바퀴가 같은 톱니에서 처음으로 다시 맞물리려면 톱니바퀴 A는 $120 \div 24 = 5$바퀴를 회전해야 한다.

19
정답 ③

수도 A, B가 1분 동안 채울 수 있는 물의 양은 각각 $\dfrac{1}{15}$L, $\dfrac{1}{20}$L이다.

수도 A, B를 동시에 틀어 놓을 경우 1분 동안 채울 수 있는 물의 양은 $\dfrac{1}{15} + \dfrac{1}{20} = \dfrac{7}{60}$L이므로, 30분 동안 $\dfrac{7}{60} \times 30 = 3.5$L의 물을 받을 수 있고, 물통은 3개를 채울 수 있다.

20
정답 ⑤

처음 소금물의 농도를 x%라 가정하고 소금의 양에 대한 방정식을 세우면 다음과 같다.

$\dfrac{x}{100} \times 160 + \dfrac{0}{100} \times 40 = 0.08 \times (160 + 40)$

$\rightarrow 160x = 1,600$

$\therefore x = 10$

따라서 물을 넣기 전 처음 소금물의 농도는 10%이다.

21
정답 ②

처음에 빨간색 수건을 꺼낼 확률은 $\dfrac{3}{(3+4+3)} = \dfrac{3}{10}$이고, 다음에 수건을 꺼낼 때는 빨간색 수건이 한 장 적으므로 파란색 수건을 꺼낼 확률은 $\dfrac{3}{(2+4+3)} = \dfrac{3}{9} = \dfrac{1}{3}$이다.

따라서 처음에 빨간색 수건을 뽑고, 다음에 파란색 수건을 뽑을 확률은 $\dfrac{3}{10} \times \dfrac{1}{3} = \dfrac{1}{10}$이다.

22
정답 ④

두 수의 곱이 홀수가 되려면 (홀수)×(홀수)여야 하므로 1에서 10까지 적힌 숫자카드를 임의로 두 장을 동시에 뽑았을 때, 두 장 모두 홀수일 확률을 구해야 한다. 따라서 열 장 중 홀수 카드 두 개를 뽑을 확률은 $\dfrac{_5C_2}{_{10}C_2} = \dfrac{\frac{5 \times 4}{2 \times 1}}{\frac{10 \times 9}{2 \times 1}} = \dfrac{5 \times 4}{10 \times 9}$

$= \dfrac{2}{9}$이다.

23
정답 ②

구입한 제품 A의 수를 a개, 제품 B의 개수를 b개라고 하자 $(a, b \geq 0)$.

$600a + 1,000b = 12,000$

$\rightarrow 3a + 5b = 60$

a와 b를 (a, b)의 순서쌍으로 나타내면 다음과 같다.

$(0, 12)$, $(15, 3)$, $(10, 6)$, $(5, 9)$, $(20, 0)$

따라서 모두 5가지의 방법이 있다.

24
정답 ②

327보다 작으면서 가장 큰 2^ng의 추는 $2^8 = 256$g이다. 그 다음에 남는 무게는 71g인데 이 역시 앞의 과정과 마찬가지로 하면 필요한 추는 $2^6 = 64$g, 그 다음에 남는 무게인 7g에는 2^2g, 2^1g, 1g의 추가 필요하다.

따라서 최소로 필요한 추의 개수는 5개이다.

25
정답 ④

1층에서 16층까지는 15층 차이이므로 $0.2 \times 15 = 3$kPa이 떨어진다. 따라서 16층의 기압은 $200 - 3 = 197$kPa이다.

03 ▶ 자료해석

01	02	03	04	05	06	07	08	09	10
④	③	⑤	⑤	④	②	⑤	②	④	②

01
정답 ④

2022년도에 세 번째로 많은 생산을 했던 분야는 일반기계 분야이므로, 일반기계 분야의 2020년도에서 2021년도의 변화율은 $\frac{4,020-4,370}{4,370} \times 100 ≒ -8\%$로, 약 8% 감소하였다.

02
정답 ③

참여율이 4번째로 높은 해는 2019년이다.

(참여율의 증가율)=$\frac{(\text{해당연도 참여율})-(\text{전년도 참여율})}{(\text{전년도 참여율})}$

이므로 $\frac{6.9-5.7}{5.7} \times 100 ≒ 21\%$이다.

03
정답 ⑤

9월 말 이후의 그래프가 모두 하향곡선을 그리고 있다.

오답분석
① · ③ 표를 통해 쉽게 확인할 수 있다.
② 환율이 하락하면 반대로 원화가치가 높아진다.
④ 유가 범위는 85 ~ 125 사이의 변동 폭을 보이고 있다.

04
정답 ⑤

$(5,946+6,735+131+2,313+11)-(5,850+5,476+126+1,755+10)=15,136-13,217=1,919$개소

05
정답 ④

학원 수는 눈에 띄게 적으므로 계산을 생략한다.
• 초등학교 : $\frac{5,654-5,526}{5,526} \times 100 ≒ 2.32\%$
• 유치원 : $\frac{2,781-2,602}{2,602} \times 100 ≒ 6.88\%$
• 특수학교 : $\frac{107-93}{93} \times 100 ≒ 15.05\%$
• 보육시설 : $\frac{1,042-778}{778} \times 100 ≒ 33.93\%$
따라서 보육시설의 증가율이 가장 크다.

06
정답 ②

2021년 어린이보호구역의 합계는 15,136(=5,946+6,735+131+2,313+11)개소이고, 2016년 어린이보호구역의 합계는 8,434(=5,365+2,369+76+619+5)개소이므로 2021년 어린이보호구역은 2016년보다 총 6,702개소 증가했다.

07
정답 ⑤

2020년보다 2018년 실용신안의 심판처리 건수와 2021년 실용신안과 디자인의 심판청구와 심판처리 건수가 적고, 심판처리 기간은 2020년이 가장 길다.

오답분석
① 제시된 자료를 통해 쉽게 확인할 수 있다.
② 2020년과 2021년에는 심판처리 건수가 더 많았다.
③ 실용신안의 심판청구 건수와 심판처리 건수가 이에 해당한다.
④ 2018년에는 5.9개월, 2021년에는 10.2개월이므로 증가율은 $\frac{10.2-5.9}{5.9} \times 100 ≒ 72.9\%$이다.

08
정답 ②

2018년 실용신안 심판청구 건수가 906건이고, 2021년 실용신안 심판청구 건수가 473건이므로 감소율은 $\frac{906-473}{906} \times 100 ≒ 47.8\%$이다.

09
정답 ④

• 2015년 대비 2017년 전국 인구 증가량 : 37,436-24,989 =12,447천 명
• 2018년 대비 2021년 전국 인구 증가량 : 47,279-43,411 =3,868천 명
∴ 12,447-3,868=8,579천 명

10
정답 ②

A시의 인구 증가량이 가장 높았던 해는 3,080천 명이 증가한 2016년이고, C시의 인구 증가량이 가장 높았던 해는 5,289천 명이 증가한 2018년이다.

03 | 추리능력

01 ▶ 수 · 문자 추리

01	02	03	04	05	06	07	08	09	10
②	④	①	⑤	④	②	②	②	④	④
11	12	13	14	15	16	17	18	19	20
③	④	①	②	①	③	③	③	④	②

01
정답 ②

(앞의 항)−(뒤의 항)=(다음 항)인 수열이다.
따라서 (　)=−7−49=−56이다.

02
정답 ④

앞의 항에 $2^0 \times 10$, $2^1 \times 10$, $2^2 \times 10$, $2^3 \times 10$, $2^4 \times 10$, $2^5 \times 10$, …을 더하는 수열이다.
따라서 (　)=632+$2^6 \times 10$=632+640=1,272이다.

03
정답 ①

(앞의 항)×(−2)+2=(다음 항)인 수열이다.
따라서 (　)=150×(−2)+2=−298이다.

04
정답 ⑤

홀수 항은 ×(−9)이고, 짝수 항은 +9인 수열이다.
따라서 (　)=20+9=29이다.

05
정답 ④

앞의 항에 +7, −16을 번갈아 가며 적용하는 수열이다.
따라서 (　)=49−16=33이다.

06
정답 ②

앞의 항에 ×(−4)를 하는 수열이다.
따라서 (　)=(−68)×(−4)=272이다.

07
정답 ②

분자는 6씩 더하고, 분모는 6씩 빼는 수열이다.
따라서 (　)=$\dfrac{59+6}{373-6}=\dfrac{65}{367}$이다.

08
정답 ②

앞의 항에 −0.7, +1.6를 번갈아 가며 적용하는 수열이다.
따라서 (　)=6.5+1.6=8.1이다.

09
정답 ④

$A\ B\ C \rightarrow (A \times B)-5=C$
따라서 (　)=(3+5)÷(−4)=−2이다.

10
정답 ④

$A\ B\ C\ D \rightarrow A-B=C-D$
따라서 (　)=9+9=18이다.

11
정답 ③

+3, ÷2가 반복되는 수열이다.

캐	해	새	채	매	애	(래)
11	14	7	10	5	8	4

12
정답 ④

(앞의 항)−3=(뒤의 항)

(A)	X	U	R	O	L
27 (=26+1)	24	21	18	15	12

13

홀수 항은 +2, 짝수 항은 +3으로 나열된 수열이다.

ㅁ	ㅅ	ㅅ	ㅊ	ㅈ	ㅍ	ㅋ	(ㄴ)
5	7	7	10	9	13	11	16 (=14+2)

14

앞의 문자에 각각 +1, -2, +3, -4, +5, …을 규칙으로 하는 수열이다.

F	G	E	H	D	(I)	C
6	7	5	8	4	9	3

15

홀수 항은 9씩 더하고, 짝수 항은 2씩 나누는 수열이다.

F	X	O	L	X	(F)
6	24	15	12	24	6

16

앞의 항에 2, 3, 4, 5, 6 …을 더하는 수열이다.

ㄴ	D	(ㅅ)	K	ㄴ	V
2	4	7	11	16 (=14+2)	22

17

각 문자에 대응하는 수는 피보나치 수열을 이룬다.

a	ㄱ	2	c	ㅁ	8	m	(ㅅ)	34	c
1	1	2	3	5	8	13	21	34	55

18

앞의 항에 2씩 곱하고 -1을 더하는 수열이다.

B	C	E	I	Q	(G)
2	3	5	9	17	33 (=26+7)

19

앞의 항에 2씩 더하는 규칙을 갖는 수열이다.

J	L	N	(P)	R	T
10	12	14	16	18	20

20

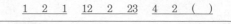

1	2	3	4	5	6	7	8	9	10	11	12	13
A	B	C	D	E	F	G	H	I	J	K	L	M
14	15	16	17	18	19	20	21	22	23	24	25	26
N	O	P	Q	R	S	T	U	V	W	X	Y	Z

위의 문자 추리 표에 따라 주어진 문자를 숫자로 변환하면 다음과 같다.

1	2	1	12	2	23	4	2	( )

$A\ B\ C \rightarrow A \times B - 1 = C$

$\therefore (\quad) = 4 \times 2 - 1 = 7 = G$

02 ▶ 도형 추리

01	02	03	04	05	06	07	08	09	10
④	②	③	④	③	②	④	①	④	①

01
정답 ④

아래쪽에 색칠된 두 개의 사각형은 대각선 방향으로 대칭하고 있으며, 위쪽에 색칠된 한 개의 사각형은 시계 방향으로 90° 회전하고 있다.

02
정답 ②

다각형은 점점 각이 하나씩 증가하는 형태이고, 원은 다각형 안쪽에 있다가 바깥쪽에 있다가를 반복한다.

03
정답 ③

• 1행 : 별과 색칠된 사각형이 홀수 단계에서만 나타남
• 2행 : 색칠된 사각형이 오른쪽으로 한 칸씩 이동
• 3행 : 별이 왼쪽으로 한 칸씩 이동

04
정답 ④

왼쪽 도형을 상하대칭한 것이 오른쪽 도형이다.

05
정답 ③

각 점을 좌우대칭하고 가운데 줄을 색 반전한 것이 오른쪽 도형이다.

06
정답 ②

상하대칭 후 내부 도형을 색 반전한 것이 오른쪽 도형이다.

07
정답 ④

규칙은 세로로 적용된다.
위쪽 도형과 가운데 도형의 색칠된 부분을 합치면 아래쪽 도형이 된다.

08
정답 ①

규칙은 세로로 적용된다.
두 번째는 첫 번째 도형을 시계 방향으로 90° 돌린 도형이다.
세 번째는 두 번째 도형을 좌우 반전시킨 도형이다.

09
정답 ④

규칙은 가로로 적용된다.
첫 번째 도형의 색칠된 부분과 두 번째 도형의 색칠된 부분의 겹치는 부분만 색칠한 도형이 세 번째 도형이 된다.

10
정답 ①

규칙은 가로 방향으로 적용된다.
두 번째는 첫 번째 도형을 시계 반대 방향으로 120° 회전시킨 도형이다.
세 번째는 두 번째 도형을 시계 방향으로 60° 회전시킨 도형이다.

04 | 지각능력

01 ▶ 공간지각

01	02	03	04	05	06	07	08	09	10
④	②	①	⑤	①	⑤	③	②	⑤	②
11	12	13	14	15	16	17	18	19	20
③	①	②	③	③	①	②	①	④	②

01 　　정답 ④
제시된 도형을 180° 회전한 것이다.

02 　　정답 ②
제시된 도형을 시계 방향으로 90° 회전한 것이다.

03 　　정답 ①
제시된 도형을 시계 반대 방향으로 90° 회전한 것이다.

04 　　정답 ⑤

05 　　정답 ①
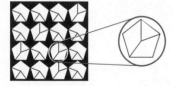

06 　　정답 ⑤
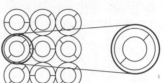

07 　　정답 ③
도형을 시계 반대 방향으로 90° 회전하면 ,

이를 상하 반전하면 이 된다.

08 　　정답 ②
도형을 좌우 반전하면 ,

이를 180° 회전하면 이 된다.

09 　　정답 ⑤
도형을 시계 방향으로 90° 회전하면 ,

이를 거울에 비추면 이 된다.

10 　　정답 ②

11

정답 ③

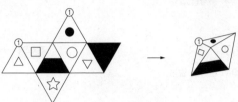

12

정답 ①

13

정답 ②

1층 : 5개, 2층 : 3개, 3층 : 1개
∴ 9개

14

정답 ③

1층 : 7개, 2층 : 4개, 3층 : 3개
∴ 14개

15

정답 ③

1층 : 9개, 2층 : 6개, 3층 : 2개
∴ 17개

16

정답 ①

1층 : 6개, 2층 : 5개, 3층 : 3개, 4층 : 1개
∴ 15개

17

정답 ②

1층 : 5개, 2층 : 3개, 3층 : 1개
∴ 9개

18

정답 ①

〈위〉

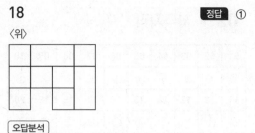

오답분석
② 왼쪽, ③ 앞, ④ 오른쪽, ⑤ 뒤

19

정답 ④

〈왼쪽〉

20

정답 ②

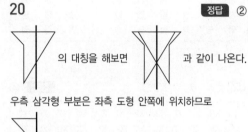 의 대칭을 해보면   과 같이 나온다.

우측 삼각형 부분은 좌측 도형 안쪽에 위치하므로

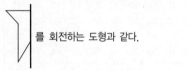 를 회전하는 도형과 같다.

02 ▶ 사무지각

01	02	03	04	05	06	07	08	09	10
③	④	③	⑤	④	①	①	②	②	①
11	12	13	14	15	16	17	18	19	20
⑤	④	⑤	③	④	①	②	③	②	④
21	22	23	24	25	26	27	28	29	30
③	①	④	③	②	②	①	②	④	①
31	32	33							
③	③	③							

01 정답 ③

탕	컹	펑	켱	탕	컹	헝	팽	탱	켱
팽	탱	헝	탱	텅	펄	캥	행	힁	떰
컹	헝	펑	평	행	덩	팽	펑	평	헝
펄	탕	컹	텅	평	컹	탕	펑	컹	펄

02 정답 ④

XQ	XG	XL	XD	XE	XV	XI	XO	XG	XX	X0	X7
XO	X0	X8	XD	XQ	XV	XE	XD	XX	XG	XL	XD
XL	XE	XD	XG	XO	XA	Xo	XQ	XC	XC	XD	XK
XK	XG	XQ	XD	Xo	XO	XG	XK	XL	XA	XT	X5

03 정답 ③

2489 5892 8291 4980 2842 5021 5984 1298 8951 3983 9591 5428
5248 5147 1039 7906 9023 5832 5328 1023 8492 6839 7168 9692
7178 1983 9572 5928 4726 9401 5248 5248 4557 4895 1902 5791
4789 9109 7591 8914 9827 2790 9194 3562 8752 7524 6751 1248

04 정답 ⑤

㉮	①	㉮	㉽	⑪	⑫	㉽	㉳	㉯	㉠	㋑	㉮
㉟	㉮	㉢	○	㉮	㉣	㉯	㉺	⑭	㉦	㉧	Ⓢ
㉫	Ⓢ	㊵	㉺	㉣	㉮	㉝	㉢	㉦	㉯	⑥	㉻
㉮	㉢	Ⓢ	㉺	㉦	㉕	⑫	⑫	㉦	Ⓒ	㉮	Ⓢ

05 정답 ④

難	羅	卵	落	諾	拉	衲	捼	廊	朗	尼	内
奈	老	怒	路	懦	蘿	瑙	泥	多	羅	羅	茶
對	代	臺	道	都	羅	搗	儺	邏	頭	杜	羅
羅	徒	團	但	答	踏	蘿	累	淚	畓	荳	屠

06 정답 ①

좌우 문자열 같음

07 정답 ①

좌우 문자열 같음

08 정답 ②

やづご<u>し</u>どなる – やづご<u>じ</u>どなる

09 정답 ②

傑<u>琉</u>浴賦忍杜家 – 傑<u>瑜</u>浴賦忍杜家

10 정답 ①

◎☆▽◆☆♤◑♠ – ○★▽■★♠◑♣

11 정답 ⑤

C<u>V</u>N<u>U</u>TQERL – C<u>B</u>N<u>U</u>KQERL

12 정답 ④

A<u>ii</u>o<u>XT</u>Vcp – A<u>lI</u>ox<u>Tv</u>cb

13 정답 ⑤

<u>ㅈ</u><u>ㅅ</u><u>ㅌ</u><u>ㅎ</u><u>ㄱ</u><u>ㄱ</u><u>ㅌ</u><u>ㅂ</u> – <u>ㅊ</u><u>ㅅ</u><u>ㅌ</u><u>ㅇ</u><u>ㄱ</u><u>ㄱ</u><u>ㅌ</u><u>ㅂ</u>

14
정답 ③

MER	LTA	VER	DTA	DLR	ITI	DOR	ETE	RSR	ZER	BTA	LOE
XSR	WER	LSR	UER	OSR	DCR	PER	ASD	WCT	KTI	YAM	GTE
OTA	KKN	YSR	DSR	DZR	ATA	SDR	SSR	DTI	LHE	FTE	BVG
NER	HTE	VOE	TER	JTI	DAA	PSR	DTE	LME	QSR	SDZ	CTA

15
정답 ④

팝	탈	밥	션	탐	폭	콕	헐	달	합	한	번
한	랄	발	밫	팝	턴	핲	뽑	션	팝	협	곡
팔	혹	곰	독	견	랄	팔	팍	톡	변	뱜	갈
콕	합	편	던	할	폅	협	신	촉	날	함	팝

16
정답 ①

1457	4841	3895	8643	3098	4751	6898	5785	6980	4617	6853	6893
1579	5875	3752	4753	4679	3686	5873	8498	8742	3573	3702	6692
3792	9293	8274	7261	6309	9014	3927	6582	2817	5902	4785	7389
3873	5789	5738	8936	4787	2981	2795	8633	4862	9592	5983	5722

17
정답 ②

98406198345906148075634361456234

18
정답 ③

8205830589867823207834085398983253

19
정답 ②

■은 두 번째에 제시된 기호이므로 정답은 ②이다.

20
정답 ④

◑은 다섯 번째에 제시된 기호이므로 정답은 ④이다.

21
정답 ③

♬은 여섯 번째에 제시된 기호이므로 정답은 ③이다.

22
정답 ①

◇은 첫 번째에 제시된 기호이므로 정답은 ①이다.

23
정답 ④

∋은 아홉 번째에 제시된 기호이므로 정답은 ④이다.

24
정답 ③

오답분석
① pzyrq – djhfe
② ypzqr – hdjef
④ rzqpy – fjedh
⑤ rqpzy – fedjh

25
정답 ②

오답분석
① ∩⊂∪⊃ – ★☆○●
③ ⊂∪⊃∩ – ☆○●★
④ ⊃∪∪⊂ – ●★○☆
⑤ ∩∪⊃⊂ – ★○●☆

26
정답 ②

오답분석
① 켜케캬큐쿄 – 녀녜냐뉴뇨
③ 쿄캬케켜큐 – 뇨냐녜녀뉴
④ 캬쿄큐케켜 – 냐뇨뉴녜녀
⑤ 큐큐쿄켜캬 – 뉴뉴뇨녀냐

27
정답 ①

오답분석
② ※q규⊃★ – 2≡6◎§
③ q규⊃★※ – ≡6◎§ 2
④ ★⊃※규q – §◎26≡
⑤ 규q※⊃★ – 6≡2◎§

28
정답 ②

오답분석
① □◎※▽△ – ☎☆ㅋ늑※
③ ◎※▽△□ – ☆ㅋ늑※☎
④ ▽□△※◎ – 늑☎※ㅋ☆
⑤ □△▽※◎ – ☎※늑ㅋ☆

29　정답 ④

PTOKI – OIC<u>TE</u>

30　정답 ①

♥♧♡♠♧ – ↔←→<u>↑↓</u>

31　정답 ③

qptar – 규뎌예료마

32　정답 ③

ᄡᄙᄞᄭᄸᄌ – ●▲<u>★</u>■◆

33　정답 ③

☆□▽◎○ – ⅲⅱ<u>ⅵ</u>ⅴⅳ

01	02	03	04	05	06	07	08	09	10
⑤	⑤	④	⑤	③	③	③	④	③	②
11	12	13	14	15	16	17	18	19	20
③	③	②	④	①	③	①	②	①	②
21	22	23	24	25	26	27	28	29	30
②	③	④	③	②	③	①	④	④	③
31	32	33	34	35	36	37	38	39	40
③	②	①	②	④	④	④	①	④	②
41	42	43	44	45	46	47	48	49	50
③	②	②	③	③	⑤	②	④	④	①
51	52	53	54	55					
②	③	⑤	①	③					

01
정답 ⑤

①・②・③・④는 문학 장르이다.
⑤ 화학

오답분석
① 시
② 소설
③ 수필
④ 희곡

02
정답 ⑤

①・②・③・④는 공을 사용하는 운동 경기이다.
⑤ 양궁

오답분석
① 농구
② 축구
③ 탁구
④ 야구

03
정답 ④

①・②・③・⑤는 음악과 관련된 직업이다.
④ 화가

오답분석
① 작곡가
② 지휘자
③ 반주자
⑤ 합창단

04
정답 ⑤

①・②・③・④는 곤충이다.
⑤ 악어

오답분석
① 잠자리
② 모기
③ 나방
④ 풍뎅이

05
정답 ③

①・②・④・⑤는 방송과 관련된 직업이다.
③ 변호사

오답분석
① 아나운서
② 배우
④ 연출가
⑤ 가수

06
정답 ③

제시된 단어의 의미는 '분리하다, 나누다'로, 이와 같은 뜻을 가진 단어는 '나뉘다, 가르다'의 의미인 ③이다.

오답분석
① 허락하다
② 용서하다
④ 결합하다
⑤ 결정하다, 알아내다・밝히다

07

정답 ③

제시된 단어의 의미는 '보통'으로, 이와 같은 의미를 가진 단어는 ③이다.

오답분석

① 특별히
② 분명히
④ 당연히
⑤ 반드시

08

정답 ④

제시된 단어의 의미는 '성취하다'로, 이와 같은 의미를 가진 단어는 ④이다.

오답분석

① 설립하다
② 개선하다
③ 향상시키다
⑤ 나오다

09

정답 ③

제시된 단어의 의미는 '합의'로, 이와 같은 의미를 가진 단어는 ③이다.

오답분석

① 영구적인
② 유명한
④ 저명한
⑤ 탁월한

10

정답 ②

제시된 단어의 의미는 '실용적인'으로, 이와 같은 의미를 가진 단어는 ②이다.

오답분석

① 가치 없는
③ 실제의
④ 확실한
⑤ 가치 없는

11

정답 ③

제시된 단어의 의미는 '진출하다'로, 이와 반대되는 '물러나다'의 의미를 가진 단어는 ③이다.

오답분석

① 진압하다
② 정착하다
④ 적응하다
⑤ 분투하다

12

정답 ③

제시된 단어의 의미는 '허약한'으로, 이와 반대되는 '튼튼한'의 의미를 가진 단어는 ③이다.

오답분석

① 약한
② 섬세한
④ 유연한
⑤ 적절한

13

정답 ②

제시된 단어의 의미는 '거절하다'로, 이와 반대되는 '받아들이다'의 의미를 가진 단어는 ②이다.

오답분석

① 거절하다
③ 집행하다
④ 보장하다
⑤ 훔치다

14

정답 ④

제시된 단어의 의미는 '모으다'로, 이와 반대되는 '흩뿌리다'의 의미를 가진 단어는 ④이다.

오답분석

① 모으다
② 완료하다
③ 결론을 내리다
⑤ 평가하다

15

정답 ①

제시된 단어의 의미는 '나타나다'로, 이와 반대되는 '사라지다'의 의미를 가진 단어는 ①이다.

오답분석

② 남다
③ 함유하다
④ 요구하다
⑤ 추적하다

16 정답 ③

제시문은 쓰나미를 막을 수 있는 방법은 없으나 피해를 줄이는 방법에 대해 언급하고 있으므로 빈칸에는 'reduce'가 들어가야 한다.
• probably : 아마도
• damage : 피해
• increase : 증가하다
「쓰나미를 막을 방법이 있는가? 아마 없을 것이다. 우리가 할 수 있는 방법 중 하나는 피해를 줄이는 것이다. 이것은 사람들이 탈출할 충분한 시간을 주는 효과적인 경고 시스템을 통해 이루어질 수 있다.」

17 정답 ①

빈칸 앞에서는 토마토 껍질을 벗기는 것이 매우 어렵다고 언급하고 있으나 뒤에서는 쉬운 방법이 있다고 말하고 있으므로 역접의 연결어인 'However'이 적절하다.
• peel : 벗기다
• skin : 표면
• come off : 벗겨지다
「토마토 껍질을 벗기기 위해 노력한 적이 있는가? 그것은 매우 어렵다. 그렇지 않은가? 그러나 여기 쉬운 방법이 있다. 토마토를 뜨거운 물에 담가라, 그러면 껍질이 아주 잘 벗겨진다.」

18 정답 ②

불가능한 경우를 가정하는 가정법 미래 시제이므로, 조건절의 동사는 'were to'가 와야 한다.
• signer : (헌법) 제정자
• the Constitution : 미합중국 헌법
• return to life : 다시 살아나다
• opinion : 의견, 견해
• amendment : (헌법) 수정안
「만일 헌법 제정자 중 누가 단 하루라도 다시 살아 돌아온다면, 우리의 수정안에 대한 그의 견해는 흥미로울 것이다.」

19 정답 ①

• merely : 단지
• mold : 형성짓다, 주조하다
• inheritance : 상속, 계속
• acquisition : 취득, 계속
• tribal : 부족의, 종족의
• bestows : 주다, 수여하다
「우리가 태어나자마자 세상은 우리를 생물학적 존재로부터 사회의 한 단위로 변형시키기 위한 작업을 시작한다. 역사단계나 선사단계에서 모든 인류는 사회적 존재로 태어나고 만들어진다. 인류가 사용하는 언어는 개인적 유산이 아니라 그가 자라난 사회의 산물이다. 한마디로 말해 사회와 떨어진 개인은 말을 할 수도 정신을 가질 수도 없다. 로빈슨 크루소 신화의 남겨진 매력은 사회로부터의 독립을 시도한다는 데 있다. 그 시도는 실패한다. 로빈슨은 단지 추상적인 개인이 아니라 요크 지방 출신인 영국인이다. 그는 자신의 일을 그가 믿는 신과 함께 수행하며 그 신화는 그에게 '프라이데이(충실한 하인)'라는 인물을 넘겨주고 새로운 사회를 시작하게 한다.」

20 정답 ②

여성이 경제 활동에 진출하고, 남성은 분만 교실에 참여하고 보육에 책임을 져야 한다고 했으므로, 남성의 가족에 대한 정서적인 연대가 더 '중요해졌다'고 볼 수 있다.
• breadwinner : 가장
• involvement : 개입
• delivery room : 분만실
• childbirth : 분만
• rearing : 양육
「1970년대와 1980년대에 수많은 직장 여성들은 남성이 더 이상 유일한 가장이 아니라는 것을 의미했다. 아버지의 가족과의 정서적인 연대도 더욱 중요해졌다. 40년 전에는 아내가 출산할 때 분만실에 있는 남편은 거의 없었다. 오늘날에는 일반적으로 남편들이 분만 교실에 참여하고, 출산할 때 옆에 있으며, 그들의 아버지나 할아버지보다 보육에 더 책임을 지는 것이 당연하다.」

21 정답 ②

문맥상 '모든 좌석이 다 찼다'라는 의미이므로 수동태로 표현되어야 한다.
every seat to take → every seat to be taken
「내가 St. Louis에서 집으로 가려고 예약하기 전 그 주간은 매우 심한 폭풍과 토네이도 등 나쁜 날씨였다. 나는 뉴욕으로 가기 위한 좋은 기회가 취소될 거라 생각했다. 하지만 그날 아침 날씨는 비행하기 적절했으며 우리는 계획대로 이륙했다. 비행기는 만석이었고 모든 좌석이 가득 찼다. 비행기가 진동하기 시작했을 때(좌석 벨트가 고정된 채로) 우리는 한동안 높게 떠있지 못했다. 이전에도 여행을 많이 한 터라 비행에 대한 두려움은 없었다. 하지만 나는 이전에 그 같은 경험이 없었지만 소위 기체요동이라 불릴 일을 경험하리라 생각했다.」

22

정답 ③

'the United States' 앞에서 관계대명사 'that'이 생략되었기 때문에 ③ 'him'은 삭제되어야 한다.

- portray : 묘사하다
- virtually : 사실상
- unfavorable : 비판적인

「1492년에 콜럼버스는 푸른 바다를 향해했다.' 모든 미국 아동들이 이 구절을 알고 미국 역사책들은 크리스토퍼 콜럼버스를 다른 어떤 역사적 인물들보다 더 많이 언급한다. 그 책들 안에서 그는 미국 최초의 위대한 영웅으로 묘사된다. 그는 미국이 국가 공휴일에 이름을 붙여 존경하는 2명 중 한 명이기도 하다. 모든 역사 교과서들이 그의 이름을 담고 모든 아동들이 1492년을 기억할지라도 이들 교과서는 콜럼버스와 미국의 유럽 개척에 대해 알아야 할 거의 모든 중요한 비판적인 사실들을 생략한다. 그러는 사이 그들은 더 나은 이야기를 만들 수 있는 모든 호의적인 세부 사항들을 꾸며내고 독자들이 콜럼버스와 동질감을 갖도록 그를 인간적으로 만든다.」

23

정답 ④

병렬 구조이므로 ④ 'to catch'를 'to catching'으로 고쳐서 'from ~ing … to ~ing(~하는 것에서부터 …하는 것에 이르기까지)'라는 전치사구를 이루어야 한다.

- remote : 거리가 먼
- foreign : 해외의, 외국의
- gunpowder : 화약
- swallow : 삼키다
- apply : (연고를) 바르다
- relieve : 완화시키다, 경감시키다
- construct : 건설하다, 만들다
- firewood : 땔감, 땔나무

「먼 외국을 여행하다가 몸이 좋지 않으면, 따뜻한 비눗물에 약간의 화약을 넣어 마셔 보라. 그것은 『여행의 기술』이라는 책에서 Francis Galton이 했던 조언이다. 벌에 쏘였다면? 담뱃대에서 긁어낸 타르를 피부에 바르면 통증이 완화된다. Galton의 책은 베스트셀러가 되었다. 그 책은 급히 보트, 오두막, 텐트 등을 만드는 것부터 낚싯줄 없이 고기를 잡는 것까지 모든 상황을 다루었다. 그 책은 독자들에게 폭풍우 속에서 땔나무를 찾는 방법(나무뿌리 아래쪽)과 비가 올 때 옷이 젖지 않도록 둘 곳(단지 벗어서 깔고 그 위에 앉는다)도 알려 주었다.」

24

정답 ⑤

'delve into'는 '깊이 조사하다'는 뜻으로 '조사하다'라는 의미를 지닌 'investigate'와 가장 유사하다.

오답분석

① 담론하다, 이야기하다
② 입증하다
③ 설명하다
④ 대화를 나누다

「(예전에) 채굴을 했지만 지금은 천식으로 고통받고 있는 주민들의 여러 인터뷰를 포함하여, 그 다큐멘터리는 온타리오의 교외 지역에서의 탄광업 문제에 대해 깊이 조사한다.」

25

정답 ②

「A : 우리 수영하러 가자. 넌 어떠니?
 B : 그래 좋아.」

오답분석

① 마음에 드시다니 다행입니다.
③ 그것 참 안됐군요.
④ 진심이 아닙니다.
⑤ 전혀 아닙니다.

26

정답 ③

「A : Hanna, 너 오늘 아주 멋져 보여.
 B : 그래? 나 이 옷을 어제 막 샀어.
 A : 진짜, 너에게 정말 잘 어울려. 어디서 구한 거야?
 B : 번화가에 있는 백화점에서 샀어.」

오답분석

① 사실, 이 옷은 실크로 만들어졌어.
② 세일하고 있었어.
④ 언젠가 그것을 살 거야.
⑤ 아직 돈이 부족해.

27

정답 ①

「A : 제인, 우리 공원 갈래?
 B : 미안하지만, 못 가. 나 숙제해야 해.
 A : 알겠어. 다음에 가자.」

오답분석

② 네 의견에 동의해.
③ 물론, 나도 가고 싶어.
④ 너 정말 잘했다.
⑤ 정말 좋은 생각이다.

28

정답 ④

여자가 화난 이유는 그녀의 비행기에 너무 많은 티켓이 발행되었기 때문이다.

「W : 항공권이 초과 예약되어 늦게 이륙했어요.
 M : 이상하네요. 나는 그 항공회사 예약에서 그런 문제가 한 번도 없었는데요.
 W : 만약 그런 일이 한 번 더 발생한다면 다시는 그 회사 비행기를 안 탈 거예요.」

오답분석
① 그녀의 비행기가 취소되었다.
② 그녀의 예약이 분실되었다.
③ 비행기에 음식이 충분하지 않았다.
⑤ 돈이 생각보다 많이 나왔다.

29

정답 ④

2시 15분 이후에 오는 급행열차를 타려면 45분을 기다려야 한다.

「A : 지금 2시 15분인데, 급행열차는 배차 간격이 어떻게 되나요?
 B : 매 정시예요. 하지만 완행열차는 10분 후에 출발해요.
 A : 고마워요. 그럼 저는 급행열차를 기다릴래요.」

30

정답 ③

세금을 부담해야 할 품목을 신고하는 곳이므로 대화가 이루어지는 장소는 공항세관임을 알 수 있다.
• declare : (세관, 세무서에) 신고하다
• item : 세목, 품목

「A : 신고할 과세품을 갖고 있습니까?
 B : 다시 한 번 말씀해 주시겠습니까?
 A : 세금을 부담해야 할 품목을 가지고 계십니까?
 B : 전혀 없는데요.」

31

정답 ③

부정의문문에 대한 대답도 긍정표현일 때는 'yes+긍정문', 부정표현일 때는 'No+부정문' 형태이나, 번역은 우리말과 반대로 해야 한다.

32

정답 ②

'My lips are sealed'는 내 입술은 봉인되었다. 즉, 비밀을 지킨다는 뜻이다. 이와 같은 뜻은 'I can keep a secret'이다.

오답분석
① 나는 내부고발자이다.
③ 나는 매우 너그럽다.

④ 나는 들을 준비가 되었어.
⑤ 나는 먹고 싶은 만큼 먹을 수 있다.

33

정답 ①

A가 B의 상태를 파악한 뒤 보건교사에게 가볼 것을 권유했으므로 ① '교사 – 학생'의 관계가 적절하다.

「A : 얼굴이 창백해 보여. 무슨 일이니?
 B : 복통이 심해요. 너무 아프네요. 토할 것 같아요.
 A : 언제부터 아프기 시작했니?
 B : 아침식사 후부터요.
 A : 왜 그러는지 알겠니?
 B : 제가 먹은 무언가 때문인 게 틀림없어요.
 A : 어디 보자. 오, 너 열도 있구나. 보건 선생님께 즉시 가보는 게 좋겠다.」

34

정답 ②

예배당의 종소리와 새들이 감미롭게 지저귀는 소리가 울려 퍼지는 평화로운 주변 분위기가 잘 드러나 있으므로 'calm and peaceful(차분하고 평화로운)'이 적절하다.

「그 도시에는 예배 장소들이 몇 개 있었고, 그들의 낮은 종소리가 아침부터 저녁까지 마을에 울려 퍼졌다. 태양은 밝고 기분 좋게 빛났고 공기는 따뜻했다. 시냇물이 물거품을 내며 흘렀고 새들의 감미로운 노래가 도시 저편 들판에서 울려 퍼졌다. 나무들은 이미 잠에서 깨어났고 푸른 하늘이 그들을 감싸고 있었다. 이웃 주변의 모든 것들, 나무들, 하늘 그리고 태양은 너무도 젊고 친밀해 보여서 영원히 지속될 마법을 깨뜨리려 하지 않았다.」

35

정답 ④

제시문은 세계 각국의 음식과 식사 전통을 체험할 수 있는 행사에 대하여 안내하고 있는 글이다.
• unique : 독특한
• be used to : ~에 익숙하다
• customs : 관습
• challenging : 도전해 볼 만한
• adventure : 모험

「정찬 모임에 참여하신 것을 환영하고 감사드립니다. 저희 모임은 독특한 식사 경험을 제공합니다. 여러분은 전 세계의 음식을 먹어 보게 되는데, 더 중요한 것은 각 국가의 식사 전통과 관습을 경험할 수 있는 기회를 가지게 된다는 것입니다. 예를 들어, 인도에서는 손을 사용해 음식을 먹습니다. 여러분이 포크와 나이프를 사용하는 데 익숙하시다면 이는 도전이 될 것입니다. 프랑스에서는 코스 요리로 식사를 하므로 프랑스식 식사를 위해서는 반드시 충분한 시간을 잡아 놓도록 하세요. 일본에서는 국물을 수저로 먹지 않으니 사발째 직접 마셔야만 합니다. 이러한 것들은 8월 말까지 매주 토요일 저녁에 여러분들이 경험할 것들의 일부입니다. 저희는 여러분들이 식사 체험을 즐기시기를 희망합니다.」

36

정답 ④

제시문은 모피 때문에 무자비하게 죽음을 당해 멸종 위기에 처한 비버가 되살리기 프로그램을 통해 다시 개체수가 회복되었다는 내용이므로, 비버의 생김새를 묘사하고 있는 ④는 글의 흐름을 벗어난다.

「비버만큼 모피를 얻으려는 목적으로 그렇게 무자비하게 착취된 동물은 거의 없었다. 18세기와 19세기에 비버 모피는 같은 무게의 금만큼이나 가치가 있었다. 결과적으로, 1896년쯤에는 미국의 최소 14개 주에서 그 주의 모든 비버가 죽임을 당했다고 발표했다. 20세기 초반 무렵에는 비버가 지구상에서 당장 사라질 것처럼 보였다. (비버는 크고 납작한 꼬리를 가지고 있는 커다란 쥐처럼 생긴 털이 많은 동물이다.) 그러나 비버를 생포해서 보호 구역, 특히 미국의 교외 지역에 있는 구역으로 이전시키는 비버 되살리기 프로그램 덕에 비버는 전국에 걸쳐 눈에 띄게 개체수를 회복했다.」

37

정답 ④

인간이 공장, 집을 짓고 차, 옷 등을 만들어 자신들의 세계를 건설했지만, 그 세계의 주인이 아니라 오히려 그 세계를 위한 도구로 전락하고 말았다는 내용이므로 글의 주제로는 '자신이 만든 생산물에 종속된 인간'이 가장 적절하다.

「인간은 자신의 세계를 건설했다. 즉, 공장과 집을 지었고, 차와 옷을 생산하며, 곡식과 과일, 기타 등등을 재배한다. 그러나 인간은 더 이상 자신들이 만든 세계의 진짜 주인이 아니다. 반대로, 이러한 인간이 만들어 낸 세계가 인간의 주인이 되었고, 그 앞에 인간은 머리를 조아리고, 최선을 다해서 그 세계를 만족시키려고 한다. 그의 손으로 만든 작품이 그의 주인이 된 것이다. 그는 이기심에 눈이 먼 듯 보이지만, 실제로는 자신의 손으로 만든 바로 그 기계를 위한 도구가 되었다.」

38

정답 ①

• candor : 공평무사, 허심탄회
• sheepishly : 수줍어하며, 소심하게
• friendly : 친절하게
• charge : 부과하다

「내 인쇄기의 활자가 흐릿해지기 시작했을 때, 나는 지역 수리점에 전화를 걸었는데 친절한 남자 직원은 아마 인쇄기를 청소할 필요가 있을 것 같다고 말했다. 그 가게에서 청소하는 데 50달러를 내야 하기 때문에, 그는 프린터기의 안내서를 읽고 내가 스스로 인쇄를 청소하는 것이 더 나을 것이라고 말했다. 그의 공평무사함에 놀라면서 나는 물었다. "당신의 사장은 당신이 회사에 폐를 끼치고 있다는 것을 아나요?" 그 직원은 수줍어하며 말했다. "사실 그것은 저희 사장님의 생각입니다." "만약 사람들이 먼저 수리를 하도록 내버려두면, 우리는 보통 (그 이후의) 수리비용으로 더 많은 돈을 법니다."」

39

정답 ④

안내문의 맨 마지막 줄에 음식과 음료수 반입이 허용되지 않는다(not allowed)고 나와 있다.

• available : 사용 가능한
• allow : 허용하다

「학교 수영장
• 모든 학생에게 개방한다.
• 오전 9시부터 오후 5시까지 개방한다.
• 샤워룸과 사물함을 사용할 수 있다.
• 음식과 음료수 반입은 허용하지 않는다.」

40

정답 ②

A little knowledge is dangerous. – 선무당이 사람 잡는다.

41

정답 ③

주어진 문장은 클래식 음악이 모든 구역에 흘러나온다는 내용 바로 앞에 들어가야 한다.

「호주의 어느 작은 마을에서 흥미로운 실험이 실시되었다. 지난 2년 동안, 그 마을에서는 길거리 범죄 수가 급격하게 늘어나고 있었다. 길거리 범죄 증가에 놀란 지역 주민들은 함께 모여서 그 문제에 대처하는 최선의 방법은 어두워진 후에 주요 도로에서 범죄자들을 없애는 것이라고 결정하였다. 거리에 무장한 경찰을 더 배치하는 대신에, 그들은 클래식 음악을 내보내기로 결정하였다. 모든 거리 구역마다 모차르트, 바흐, 베토벤, 브람스의 음악을 내보내기 시작했다. 일주일도 되지 않아 그 지역은 범죄가 급격히 줄어들었다고 보도되었다. 그 실험은 대단히 성공적이어서 덴마크의 코펜하겐에 있는 주요 기차역에서 동일한 접근을 시도하였고 역시 비슷한 결과를 얻었다.」

42

정답 ②

'Use words to make the reader see'라고 주장하는 바를 직접적으로 언급하고 있다. 따라서 글의 필자가 주장하는 바로 가장 적절한 것은 '시각적으로 실감나게 글을 써야 한다.'이다.

「글을 쓸 때에는 몸짓을 사용하거나 표정을 짓거나, 독자들에게 물건을 제시할 수 없으므로, 말하고 보여주는 일을 하는 것을 모두 어휘에 의존해야 한다. 말보다는 보여주는 것을 더 많이 하라. 독자들이 '볼' 수 있도록 하기 위해 어휘를 사용하라. 예를 들어, 독자가 Laura의 아름다운 머리카락에 대해 추측하게 두지 말라. 그녀의 비단 같은 갈색 머리카락 끝을 부드러운 바람이 어떻게 어루만지는지 '보여줘라'. 당신이 행복감을 느꼈다고 단순히 말하지 말라. 당신이 계단을 한 번에 네 칸씩 뛰어 내려가고, 코드의 지퍼가 열린 채로, 바람을 맞으며 "만세, 내가 해냈어!"라고 외치는 모습을 '보여줘라'.」

43 　정답 ②

'Don't mention it'은 'You're welcome'과 같이 감사 인사에 대한 인사말로 쓰인다. 하지만 '그것을 언급하지 마라.'는 이중적 의미로 인식될 수도 있다. 따라서 제시문은 '유머러스한·재미있는' 분위기이다.

「어린 소녀가 친구의 생일 파티 후 집에 돌아왔을 때, 그녀의 어머니는 소녀가 친구 어머니에게 감사 인사를 했는지 물었다. 소녀는 다음과 같이 대답했다. "아뇨, 제 친구 중 한 명이 친구 어머니에게 멋진 파티에 대해 감사 인사를 하는 걸 들었는데 친구 어머니가 말하지 말라고 하셨어요. 그래서 저는 인사하지 않았어요."」

44 　정답 ③

제시문은 비행기에서 승객들을 위한 매우 중요한 사람을 이야기하고 있으므로 '스튜어디스'가 적절하다.

• passenger : 승객
• comfortable : 안락한
• pillow : 베개
• blanket : 담요
• point out : 지적하다, 언급하다

「그녀는 비행기에서 매우 중요한 사람이다. 그녀는 승객들이 편안하도록 도와준다. 그녀는 사용을 원하는 사람들을 위해 베개, 담요, 신문을 가지고 있다. 그녀는 승객들을 찾아다니며 비행기가 날고 있는 재미있는 곳들을 언급해 준다.」

45 　정답 ③

소년은 40센트의 참외를 구입하지 못해서 4센트로 덜 익은 참외를 구입하여 한두 주 후에 참외를 가져가기 위해 참외 줄기를 자르지 말아달라고 이야기하고 있다. 이는 '참외가 더 커졌을 때 가져가기 위해서'이다.

• vine : 줄기, 덩굴

「한 소년이 어느 농부의 참외밭으로 걸어 들어갔다. 그 농부는 "뭘 도와줄까?"하고 물었다. 소년은 크고 좋은 참외의 가격이 얼마냐고 물었다. 40센트라고 농부가 말하자 소년은 4센트밖에 없다고 말했다. 농부는 아주 작고 덜 익은 참외를 가리키며 "이건 어때?"하고 미소 지으며 말했다. "좋아요, 이걸로 하겠어요." 그 유머러스한 소년은 말했다. "하지만 덩굴을 자르지는 마세요, 한두 주 후에 가지러 오겠습니다."」

46 　정답 ⑤

밑줄 친 it은 'to achieve greatness'의 가주어이다. 따라서 it이 뜻하는 것은 '위대함을 성취한다는 것'이다.

「나에게는 사람으로서, 여성 사업가로서 매일이 직면해야 하는 도전이다. 역사는 나에게 만약 내가 목표를 성취하고자 한다면, 절대 스스로 한계를 설정해서는 안 된다는 것을 가르쳐 주었다. 나는 위대함을 성취한다는 것이 우리 모두의 안에 존재하고 있음을 믿는다.」

47 　정답 ②

마지막 문장 'I feel jealous.'를 통해 글쓴이의 심경이 '질투심'이라는 것을 알 수 있다.

• comfortable : 편안한
• jealous : 질투하는

「나의 가장 친한 친구가 새로운 남자친구가 생겼다. 나는 그녀와 그녀의 남자친구와 있을 때 편안하지 않다. 그녀가 나와 함께 보낼 시간이 없다고 말할 때, 나는 질투심을 느낀다.」

48 　정답 ④

• be left open : 열린 채 남겨지다
• suffer : 시달리다, 고통받다

「3살인 Martin과 그의 엄마는 지난 일요일 친구 집을 방문했다. 창문은 열려 있었고, Martin은 2층 40피트 높이에서 떨어졌다. 다행스럽게도, 그는 몇몇의 찰과상 말고는 더 다친 곳이 없었다.」

오답분석

① 생후 3개월이 아니라 3살이다.
② 할머니 집이 아닌 친구 집에 갔다.
③ 혼자 창문을 연 것이 아니라 창문이 열려 있었다.
⑤ 중상이 아니라 약간의 찰과상만 입었다.

49 　정답 ④

제시문에서 Taylor 교수는 아버지의 지위가 현대 생활에 영향을 받았다고 하며, 아버지가 그 어느 때보다 아이들과 멀어졌다고 주장하고 있다. 또한 세상이 너무 빨리 변하고 있기 때문에 아이들이 아버지에게서 세상을 배우는 것보다 자신의 방에서 문을 닫고 인터넷을 통해 세상을 배운다며 아버지의 역할을 재정의하는 것이 어렵다고 주장하고 있으므로 글의 제목으로는 '아버지의 위기 : 자녀를 위해 무엇을 할 수 있는가?'가 가장 적절하다.

• emulate : 모방하다
• inherit : 물려받다
• redefine : 재정립하다
• obvious : 분명한, 명백한

「무엇이 아이들을 위한 것인가?"를 쓴 Taylor 교수는 아버지의 지위가 현대 생활의 영향을 받았다고 믿는다. "아버지는 그 어느 때보다 아이들에게서 멀어졌습니다."고 그는 말한다. "과거에는 아이들이 아버지의 일과 지혜를 모방하면서 바라보았으나, 지금은 아버지들이 아이들에게 물려줄 것이 하나도 없습니다. 세상은 너무 빨리 변하고 있으며, 아이들은 아버지의 발 앞에 앉아 세상 이야기를 듣는 대신, 자기 방에 틀어박혀 인터넷에서 세상을 먼저 알게 됩니다. 아버지의 역할을 재정립하는 것은 어렵습니다. 그에겐 해야 할 일이 분명하지 않습니다."」

50 　정답 ①

제시문은 내재적 가치에 관해 동물들이 인간보다 내재적 가치를 적게 가졌을 것이라고 주장하는 사람들을 깨우치는 내용이다. 글의 내용에 따르면 보통의 인간, 지적 능력이 부족한 인간, 그리고 동물 모두 내재적 가치를 동등하게 가지고 있다.

「아마도 어떤 사람들은 우리보다 적을 뿐 동물들도 내재적 가치를 갖고 있다고 주장할 것이다. 하지만 이러한 관점을 옹호하려는 시도들은 이성적인 타당한 근거가 결여된 것처럼 보일 수 있다. 우리가 동물들보다 내재적 가치를 더 많이 가지고 있다는 근거는 무엇인가? 동물들의 합리성, 혹은 자율성이나 지성이 결여되었기 때문인가? 유사하게 결여된 사람들에 관해 말하자면 우리는 같은 판단을 내릴 수 있을 것이다. 하지만 예를 들어 학력 발달이 더딘 아이나 정신적 장애가 있는 사람들이 우리보다 적은 내재적 가치를 가졌다는 것은 사실이 아니다. 그러면 우리는 또한 삶에 대한 경험의 주체라는 점에 있어서 그런 사람들과 같은 동물들이 더 적은 내재적 가치를 가지고 있다는 관점을 이성적으로 뒷받침할 수 없다. 내재적인 가치를 가진 모든 것은, 그들이 인간이라는 동물이든지 아니든지 간에, 내재적 가치를 동등하게 지니고 있는 것이다.」

51 　정답 ②

'A이다. 따라서(Therefore) B이다.'라고 이어지는 것이 문맥상 적절하다.

- common : 흔한, 공동의
- technique : 기법
- repeat : 반복하다
- imagine : 상상하다
- consumer : 소비자

「흔한 광고 기법 중의 하나는 바로 상품의 이름을 반복하는 것이다. 상품의 이름을 반복하는 것은 판매를 증가시킬 수 있다. 예를 들어, 당신이 샴푸를 쇼핑하러 가는데 어떤 걸 살지 결정하지 않은 상황을 상상해 보라. 당신 마음속에 가장 먼저 떠오르는 샴푸는 당신이 최근에 많이 들었던 이름을 가진 샴푸이다. 따라서 이름을 반복하는 것은 물건을 구매하는 소비자들로 이어질 수 있다.」

52 　정답 ③

제시문에서는 '제품의 이름(the product name)'을 '반복(repeating)'하는 광고 기법의 효과에 대해 이야기하고 있다.

53 　정답 ⑤

(A) 보도에 떨어진 지갑을 발견함
(D) 지갑 속 사진을 확인하고 지갑을 경찰서에 맡김
(C) 지갑의 소유주를 만남
(B) 그 사람과 함께 경찰서로 가 지갑을 되찾음

「(A) 지난번 제가 길을 따라 걷고 있는 동안 저는 작은 갈색 가죽 지갑이 인도에 떨어져 있는 것을 발견했습니다. 저는 그것을 주웠고 소유주의 이름을 확인할 수 있도록 열었습니다. 안에는 아무것도 없었고 그저 몇 개의 잔돈과 꽤 오래된 사진이 있었습니다. (a) 한 여성과 12살 정도된 작은 소녀의 사진이었는데, 그 여인의 딸처럼 보였습니다.

(D) 저는 그 사진을 집어넣고 지갑을 경찰서에 가지고 가서 한 경사에게 맡겼습니다. 제가 떠나기 전에 그 경사는 만약 지갑의 (e) 소유자가 저에게 감사를 표할 것을 대비하여 제 이름과 주소를 적었습니다.

(C) 그날 밤, 저는 제 삼촌과 숙모와 저녁을 먹고자 방문했습니다. 그들은 다른 사람도 초대했습니다. (c) 젊은 여성이었고, 그래서 탁자에는 4명이 있었습니다. 그 젊은 여성의 얼굴은 친숙했지만 저는 제가 어디서 보았는지 기억할 수 없었습니다. 저는 우리가 이전에 만난 적이 없다고 확신했습니다. 하지만 대화하던 와중, 그 젊은 여성은 그녀가 그날 오후 그녀의 지갑을 잃어버렸다고 언급하였습니다. 저는 동시에 제가 어디에서 그녀의 얼굴을 보았는지 기억했습니다. 그녀는 비록 이제 꽤 나이가 들었음에도 불구하고 사진 속의 (d) 젊은 소녀였던 것입니다.

(B) 물론 그녀는 제가 그녀의 지갑을 그녀에게 묘사할 때 상당히 놀랐습니다. 그리고 저는 제가 발견한 지갑 속 사진에서 그녀의 얼굴을 알아봤다고 설명했습니다. 제 삼촌은 지갑을 찾기 위해 즉시 경찰서로 가자고 했습니다. 경사는 그것을 건네주면서 그는 제가 지갑뿐만 아니라 그것을 잃어버린 (b) 사람도 찾았다며 놀라운 우연이라고 말했습니다.」

54 　정답 ①

(a)는 (b) ~ (e)가 가리키는 젊은 여성(과거 12살 정도 즈음의 소녀)의 어머니로 추정되는 사람이다.

55 　정답 ③

화자는 자신의 삼촌과 숙모와 저녁식사를 하기 위해 방문한 삼촌 댁에서 주운 지갑의 주인을 우연히 만났다.

오답분석
① 화자가 주운 지갑 안에는 낡은 사진과 몇 푼의 잔돈이 있었다.
② 지갑의 주인인 여성은 지갑 속 낡은 사진보다 나이가 많아 사진처럼 어려 보이지는 않았다.
④ 경찰서에 주운 지갑을 맡길 때, 화자는 경사의 권유로 자신의 이름과 주소를 적었다.
⑤ 화자는 삼촌 댁에서 만난 여성의 얼굴을 보고 사진 속 인물과 동일인임을 알아차렸다.

01 | 의사소통능력

01	02	03	04	05	06	07	08	09	10
④	②	④	④	④	②	④	①	②	④

01 정답 ④

A는 직접적인 대화보다 눈치를 중요시하고 있으므로 '말하지 않아도 아는 문화'에 안주하고 있다. 따라서 A는 의사소통에 대한 '잘못된 선입견'을 가지고 있다.

> **의사소통을 저해하는 요소**
> • '일방적으로 말하고', '일방적으로 듣는' 무책임한 마음 → 의사소통 과정에서의 상호작용 부족
> • '그래서 하고 싶은 말이 정확히 뭐야?' 분명하지 않은 메시지 → 복잡한 메시지, 경쟁적인 메시지
> • 말하지 않아도 아는 문화'에 안주하는 마음 → 의사소통에 대한 잘못된 선입견, 고정관념

02 정답 ②

• 최과장 : 휴대전화가 발달하면서 문자를 남기는 등의 방안이 활성화되었으므로 전화 메모가 오히려 감소하였다.
• 이주임 : 업무 메모는 본인의 추진 업무뿐 아니라 상대의 추진 업무의 진행상황 및 내용에 대해서 기록하는 것도 포함한다.

03 정답 ④

ⓒ 정보제공의 경우 시각적 자료가 있으면 문서의 이해를 도울 수 있으므로 적절히 포함시키는 것이 좋다. 최소화하는 것은 바람직하지 못하다.
ⓔ 제안서나 기획서의 경우 객관적 사실 뿐 아니라 제안자의 주관적 판단과 계획도 반영되어야 한다.

04 정답 ④

㉠ 한 개의 사안은 한 장의 용지에 작성하는 것이 원칙이다.
ⓒ 첨부자료는 반드시 필요한 내용만 첨부하여 산만하지 않게 하여야 한다.
ⓔ 금액, 수량, 일자의 경우 정확성을 기하여 기재하여야 한다.

05 정답 ④

오답분석
① '왜?'라는 질문은 보통 진술을 가장한 부정적·추궁적·강압적인 표현이므로 사용하지 않는 것이 좋다.
② 요약하는 기술은 상대방에 대한 자신의 이해의 정확성을 확인하는 데 도움이 된다.
③ 상대방이 하는 말의 어조와 억양, 소리의 크기까지도 귀를 기울이는 방법이다.
⑤ 다른 사람의 경험을 인정하는 것은 당신이 그와 함께하며, 그가 인도하는 방향으로 따라가고 있다는 것을 언어적·비언어적인 표현을 통하여 상대방에게 알려주는 방법이다.

06 정답 ②

국고보조금의 세 번째 특징을 보면 국고보조금이 투입되는 사업에 대해서는 '상급기관의 행정적·재정적 감독을 받게 되어 예산운용의 측면에서 지방자치단체의 자율성이 약화될 수 있다.'고 하였다.

오답분석
① 지방자치단체가 필요로 하는 사업에 용도를 지정하여 국가가 지급하는 것은 지방교부세가 아니라 국고보조금이다.
③ 국고보조금은 특정 용도 외의 사용이 금지되어 있다고 하였다.
④ 재정력이 취약한 지방자치단체는 지방비 부담으로 인해 상대적으로 국고보조사업 신청에 소극적이라고 하였다.
⑤ 국가는 지방자치단체의 재정활동을 지원하고 지역 간 재정 불균형을 해소하기 위해 지방교부세와 국고보조금을 교부하고 있다고 하였다. 따라서 국고보조금에도 재정불균형을 해소하는 기능은 존재한다.

07 정답 ④

테크핀의 발전 원인에는 국내의 높은 IT 인프라 , 전자상거래 확산, 규제 완화 등이 있다.

오답분석
① 핀테크와 테크핀의 부정적인 영향으로 혜택의 불균형이 있다.
② 핀테크는 금융기관이 테크핀은 ICT 기업이 주도한다.
③ 테크핀은 금융보다 기술을 강조한다.
⑤ 테크핀의 발전은 핀테크의 발전을 야기하였다.

08

해당 상품은 개인사업자 및 외국인 비거주자를 제외한 실명등록한 개인을 대상으로 제공되는 상품으로 부모급여 또는 아동수당을 6개월 이상 입금받거나, 자사에서 주택청약종합저축에 신규가입할 경우 추가적인 우대금리를 제공받을 수 있는 상품이다.

[오답분석]
② 가입방법은 대면 방식인 '영업점 방문'과 비대면 방식인 '텔레마케팅', 'i - ONE뱅크' 앱을 통해서만 진행되고 있다.
③ 가입 가능한 금액이 월 최소 1만 원에서 최대 50만 원이므로 연간 최소 12만 원에서 최대 600만 원까지 가입이 가능한 상품이다.
④ · ⑤ 적금 가입자 기준 가족관계 확인서류를 지참하고 영업점에 방문하여 가족등록을 할 수 있으며, 계약기간 중 충족된 실적을 합산하여 우대금리를 제공한다.

09

제시문은 '예술 작품에 대한 감상과 판단'에 대해서 첫 번째 문단에서는 '어떤 사람의 감상이나 판단은 다른 사람들보다 더 좋거나 나쁠 수도 있지 않을까? 혹은 덜 발달되었을 수도, 더 세련되었을 수도 있지 않을까?'라는 의문을, 세 번째 문단에서는 '예술 비평가들의 판단이나 식별이 올바르다는 것은 어떻게 알 수 있는가?'라는 의문을, 마지막 문단에서는 '자격을 갖춘 비평가들, 심지어는 최고의 비평가들에게서조차 의견의 불일치가 생겨나는 것'에 대한 의문을 제기하면서 흄의 견해에 근거하여 순차적으로 답변하며 글을 전개하고 있다.

10

『돈키호테』에 나오는 일화에 등장하는 두 명의 전문가는 둘 다 포도주의 맛이 이상하다고 하였는데 한 사람은 쇠 맛이 살짝 난다고 했고, 또 다른 사람은 가죽 맛이 향을 망쳤다고 했다. 따라서 포도주의 이상한 맛에 대한 원인을 다르게 판단한 것은 비평가들 사이에서 비평의 불일치가 생겨난 것에 해당한다고 볼 수 있다.

02 | 수리능력

01	02	03	04	05	06	07	08	09	10
⑤	③	②	③	①	④	⑤	⑤	④	④

01 　　정답 ⑤

- 8명 중 팀장 2명을 뽑는 경우의 수 : $_8C_2$ 가지
- 남자 4명 중 팀장 2명을 뽑는 경우의 수 : $_4C_2$ 가지

$$\frac{_4C_2}{_8C_2} = \frac{6}{28} = \frac{3}{14}$$

$$\therefore \ \frac{3}{14}$$

02 　　정답 ③

A프린터가 한 대당 1분 동안 프린트할 수 있는 용지매수를 x장, B프린터의 경우 y장이라 가정하고, 100장을 프린트하는 데 걸리는 시간에 대한 방정식을 세우면 다음과 같다.

$(3x+2y)\times4=100 \rightarrow 3x+2y=25 \cdots$ ㉠

$(4x+y)\times5=100 \rightarrow 4x+y=20 \cdots$ ㉡

㉠과 ㉡을 연립하면 $x=3$, $y=8$이 나오므로 A프린터는 한 대당 1분에 3장, B프린터는 8장을 출력할 수 있다.

따라서 A프린터 2대와 B프린터 3대를 동시에 사용할 때 1분 동안 출력되는 용지는 $2\times3+8\times3=30$장이므로 100장을 출력하는 데 걸리는 시간은 3분 20초$\left(=\frac{100}{30}\text{분}\right)$이다.

03 　　정답 ②

A씨가 태국에서 구매한 기념품 금액은 환율과 해외서비스 수수료까지 적용하여 구하면 $15,000\times38.1\times1.002=572,643$원이다.

따라서 십 원 미만은 절사하므로 카드 금액으로 내야 할 기념품 비용은 572,640원이다.

04 　　정답 ③

㉠ 미혼률이 낮고 기혼률이 높을수록 그 격차는 커진다. 따라서 미혼율이 가장 낮고 기혼율이 가장 높은 제주가 미혼과 기혼인 여성의 비율의 격차가 가장 큰 지역이다.

㉣ 지역별 다자녀가구인 여성 수를 구하면 다음과 같다. 서울 $382+123=505$명, 경기 $102+58=160$명, 인천 $554+283=837$명, 강원 $106+21=127$명, 대구 $123+36=159$명, 부산 $88+74=162$명, 제주 $21+13=34$명으로 모든 지역이 자녀가 2명인 여성 수보다 적다.

오답분석

㉡ 자녀 수의 4명 이상을 4명이라 가정하고 서울의 자녀 수를 구하면 $(0\times982)+(1\times1,885)+(2\times562)+(3\times382)+(4\times123)=4,647$명이고, 제주의 자녀 수를 구하면 $(0\times121)+(1\times259)+(2\times331)+(3\times21)+(4\times13)=1,036$명이다.

따라서 서울의 자녀 수는 제주의 자녀 수의 약 $4,647\div1,036\fallingdotseq4.5$배로 5배 미만이다.

㉢ 자녀 수 항목에서 기혼 여성 수가 많은 상위 2개 항목은 서울·경기·대구·부산의 경우 '1명'과 '없음'이지만, 인천·강원·제주의 경우에는 '1명', '2명'으로 동일하지 않다.

05 　　정답 ①

미혼인 성인 여성의 수는 (기혼 여성 수)$\times\dfrac{\text{(미혼 여성 비율)}}{\text{(기혼 여성 비율)}}$로 구할 수 있다.

따라서 서울의 미혼인 성인 여성의 수는 $3,934\times\dfrac{31.3}{68.7}\fallingdotseq$ 1,792천 명이다.

오답분석

② 경기 : $3,165\times\dfrac{28.9}{71.1}\fallingdotseq1,286$천 명

③ 인천 : $3,799\times\dfrac{29.1}{70.9}\fallingdotseq1,559$천 명

④ 강원 : $1,057\times\dfrac{21.5}{78.5}\fallingdotseq289$천 명

⑤ 제주 : $745\times\dfrac{17.5}{82.5}\fallingdotseq158$천 명

06

정답 ④

원금을 a, 연 이자율을 r, 기간을 n이라고 가정하면 연복리 예금의 경우 n년 후 받을 수 있는 총금액은 $a(1+r)^n$ 원이다. K씨가 연 3%인 연복리 예금상품에 4,300만 원을 예치하고 금액이 2배가 될 때를 구하는 식은 다음과 같다.

$4,300 \times (1+0.03)^n = 4,300 \times 2$

$\rightarrow (1+0.03)^n = 2$

$\rightarrow n\log 1.03 = \log 2$

$\rightarrow n = \dfrac{\log 2}{\log 1.03} = \dfrac{0.3}{0.01}$

$\therefore n = 30$

따라서 K씨가 만기 시 금액으로 원금의 2배를 받는 것은 30년 후이다.

07

정답 ⑤

주어진 상황을 벤다이어그램으로 나타낸 후 계산하면 다음과 같다.

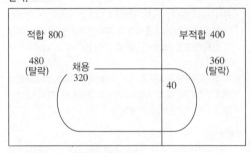

⊙ 오탈락률 : $\dfrac{480}{800} \times 100 = 60\%$

ⓒ 오채용률 : $\dfrac{40}{400} \times 100 = 10\%$

08

정답 ⑤

ⓒ 통신사별 스마트폰의 통화성능 평가점수의 평균을 계산하면

갑 : $\dfrac{1+2+1}{3} = \dfrac{4}{3}$, 을 : $\dfrac{1+1+1}{3} = 1$,

병 : $\dfrac{2+1+2}{3} = \dfrac{5}{3}$로 병 통신사가 가장 높다.

ⓔ 평가점수 항목별 합은 화질은 24점, 내비게이션은 22점, 멀티미디어는 26점, 배터리 수명은 18점, 통화성능은 12점으로 멀티미디어의 총합이 가장 높다.

오답분석

⊙ 소매가격이 200달러인 스마트폰은 B, C, G이다. 이 중 종합품질점수는 B는 2+2+3+1+2=10점, C는 3+3+3+1+1=11점, G는 3+3+3+2+2=13점으로 G스마트폰이 가장 높다.

ⓒ 소매가격이 가장 낮은 스마트폰은 50달러인 H이며, 종합품질점수는 3+2+3+2+1=11점으로 9점인 F보다 높다.

09

정답 ④

2018 ~ 2021년 동안 SOC 투자규모의 전년 대비 증감 추이는 '증가 - 감소 - 감소 - 감소'이고, 총지출 대비 SOC 투자규모 비중은 '증가 - 증가 - 감소 - 감소'이다.

오답분석

① 2021년 총지출을 a조 원이라고 가정하면 $a \times 0.069 = 23.1$조 원이므로, $a = \dfrac{23.1}{0.069} = 334.8$이므로 300조 원 이상이다.

② 2018년 SOC 투자규모의 전년 대비 증가율은 $\dfrac{25.4-20.5}{20.5} \times 100 = 23.9\%$이다.

③ 2018 ~ 2021년 동안 SOC 투자규모가 전년에 비해 가장 큰 비율로 감소한 해는 $\dfrac{23.1-24.4}{24.4} \times 100 = -5.3\%$인 2021년이다.

• 2019년 : $\dfrac{25.1-25.4}{25.4} \times 100 = -1.2\%$

• 2020년 : $\dfrac{24.4-25.1}{25.1} \times 100 = -2.8\%$

⑤ 2022년 SOC 투자규모의 전년 대비 감소율이 2021년과 동일하다면, 2022년 SOC 투자규모는 $23.1 \times (1-0.053) = 21.9$조 원이다.

10

정답 ④

부서	인원 (명)	개인별 투입시간 (시간)	총투입시간 (시간)
A	2	$41+3 \times 1 = 44$	$44 \times 2 = 88$
B	3	$30+2 \times 2 = 34$	$34 \times 3 = 102$
C	4	$22+1 \times 4 = 26$	$26 \times 4 = 104$
D	3	$27+2 \times 1 = 29$	$29 \times 3 = 87$
E	5	$17+3 \times 2 = 23$	$23 \times 5 = 115$

따라서 업무효율이 가장 높은 부서는 총투입시간이 가장 적은 D이다.

01	02	03	04	05	06	07	08	09	10
②	⑤	②	①	③	③	②	③	③	④

01 　　　　　　　　　　정답 ②

제시문에서 '문제'는 목표와 현실의 차이이고, '문제점'은 목표가 어긋난 원인이 명시되어야 한다. 따라서 ② '미란'의 이야기를 보면 교육훈련 시간이 부족했다는 원인이 나와 있으므로 '문제점'을 말했다고 볼 수 있다.

오답분석
① 지혜의 이야기는 매출액이 목표에 못 미쳤다는 '문제'를 말한 것이다.
③ 건우는 현재 상황을 말한 것이다.
④ 경현이의 말은 목표를 정정했다는 사실뿐이다.
⑤ 연준이는 ①과 같이 생산율이 목표에 못 미쳤다는 '문제'를 말한 것이다.

02 　　　　　　　　　　정답 ⑤

실행계획 수립은 무엇을, 어떤 목적으로, 언제, 어디서, 누가, 어떤 방법으로의 물음에 대한 답을 가지고 계획하는 단계이다. 자원을 고려하여 수립해야 하며, 세부 실행내용의 난도를 고려하여 가급적 구체적으로 세우는 것이 좋으며, 해결안별 구체적인 실행계획서를 작성함으로써 실행의 목적과 과정별 진행내용을 일목요연하게 파악하도록 하는 것이 필요하다.

03 　　　　　　　　　　정답 ②

초고령화 사회는 실버산업(기업)을 기준으로 외부환경 요소로 볼 수 있으며, 따라서 기회 요인으로 볼 수 있다.

오답분석
① 제품의 우수한 품질은 기업의 내부환경 요소로 볼 수 있으며, 따라서 강점 요인으로 볼 수 있다.
③ 기업의 비효율적인 업무 프로세스는 기업의 내부환경 요소로 볼 수 있으며, 따라서 약점 요인으로 볼 수 있다.
④ 살균제 달걀 논란은 빵집(기업)을 기준으로 외부환경 요소로 볼 수 있으며, 따라서 위협 요인으로 볼 수 있다.
⑤ 근육운동 열풍은 헬스장(기업)을 기준으로 외부환경 요소로 볼 수 있으며, 따라서 기회 요인으로 볼 수 있다.

04 　　　　　　　　　　정답 ①

• (가), (바) : 곤충 사체 발견, 방사능 검출은 현재 직면한 문제로 발생형 문제이다.
• (다), (마) : 더 많은 전압을 회복시킬 수 있는 충전지 연구와 근로시간 단축은 현재 상황보다 효율을 더 높이기 위한 문제로 탐색형 문제이다.
• (나), (라) : 초고령사회와 드론시대를 대비하여 미래지향적인 과제를 설정하는 것은 설정형 문제이다.

05 　　　　　　　　　　정답 ③

ⓛ 원칙적으로는 만 12세까지의 취약계층 아동이 사업대상이지만 해당 아동이 초등학교 재학생이라면 만 13세 이상도 포함한다고 하였으므로 해당 학생은 사업대상에 해당한다.
ⓒ 지역별로 전담공무원을 3명, 아동통합서비스 전문요원을 최대 7명까지 배치 가능하다고 하였으므로 전체 인원은 최대 10명까지 배치 가능하다.

오답분석
ㄱ 사업대상의 각주에서 0세는 출생 이전의 태아와 임산부를 포함한다고 하였으므로 임신 6개월째인 취약계층 임산부는 사업대상에 포함된다.
ㄹ 원칙적인 지원 한도는 최대 3억 원이나 신규사업지역일 경우에는 1억 5천만 원으로 제한한다고 하였으므로 옳지 않은 내용이다.

06 　　　　　　　　　　정답 ③

• (1일 평균임금)=(4월+5월+6월 임금총액)÷(근무일수)
→ (160만 원+25만 원)+[(160만 원÷16일)×6일]+
　(160만 원+160만 원+25만 원)÷(22일+6일+22일)
　=118,000원
• (총근무일수)=31일+28일+31일+22일+6일+22일
　　　　　　　=140일
• (퇴직금)=118,000원×30일×$\dfrac{140일(총근무일수)}{360일}$
　≒1,376,667원
따라서 1,376,000원(∵ 1,000원 미만 절사)이다.

07

정답 ②

해당 고객의 경우 현재 2년째 재직 중이므로 재직연수 1년 미만의 사회초년생을 대상으로 하는 A상품은 적절하지 않다. 또한 스마트폰 요금을 N은행이 아닌 다른 은행의 계좌를 통해 납부하고 있으므로 D상품 역시 적절하지 않다.

나머지 B, C상품을 선택할 경우 적용받을 수 있는 금리를 계산하면 다음과 같다.

- B상품 : 2.8(기본금리)−0.3(재직연수에 따른 우대금리)= 2.5%
- C상품 : 3.0(기본금리)−0.2(다자녀가구 우대금리)−0.2 (한부모가구)=2.6%

따라서 K사원이 추천할 상품으로는 2.5%의 금리가 적용되는 B상품이 가장 적절하다.

08

정답 ③

해당 고객의 경우 은행을 직접 방문하지 않고 대출을 받고자 하므로 방문고객 전용 대출상품인 C상품은 적절하지 않다. C 상품을 제외한 A, B, D상품을 선택할 경우 적용받을 수 있는 금리를 계산하면 다음과 같다.

- A상품 : 2.9(기본금리)−0.2(재학생 우대금리)=2.7%
- B상품 : 2.8(기본금리)−0.4(신차 구매 대출금 우대금리) =2.4%
- D상품 : 3.3(기본금리)−0.5(계좌 자동이체 우대금리)= 2.8%

따라서 직원이 추천할 상품으로는 2.4%의 금리가 적용되는 B상품이 가장 적절하다.

09

정답 ③

A씨의 평가점수를 구해보면, 고객으로 등록한 2006년 9월부터 17년 2개월이 지났으므로 17×5=85점, 입출식 예금 평균 잔액이 152만 원이므로 7×15=105점, 적립식 예금이 200만 원이므로 1×20=20점, 최근 3개월 연속 급여가 이체되었고 급여액 평균이 300만 원이 넘으므로 200점, 신용카드 자동이체는 1개당 40점이지만 최대 50점이므로 신용카드 2개 자동이체는 50점, 고객정보 중 6개를 등록했으므로 2×6 =12점, 지난달 $500를 환전했으므로 2×5=10점이다. 가계대출은 최근 3개월에 포함되지 않으므로 해당되지 않는다. 따라서 평가점수는 85+105+20+200+50+12+10=482점이고, 금융자산은 152+200=352만 원이므로, A씨는 실버 등급에 해당된다.

10

정답 ④

09번에 따라 A씨의 등급은 실버이므로 최대 2천만 원의 무보증 대출과 송금 수수료 면제, 신용카드 연회비 면제, 환율 우대 50%를 혜택으로 받을 수 있다.

01	02	03	04	05	06	07	08	09	10
②	③	②	③	⑤	③	⑤	③	⑤	④

01　　　　　정답 ②

㉠의 A사원과 ㉣의 D사원은 직무 환경에 새로운 기술이나 기계 등이 도입되는 등 변화를 겪고 있다. 이처럼 변화하는 환경에 적응하기 위해서는 지속적인 자기개발이 필요하다.

[오답분석]
㉡ 자신이 달성하고자 하는 목표를 성취하기 위함
㉢ 자신감을 얻게 되고 삶의 질이 향상되어 보다 보람된 삶을 살기 위함

02　　　　　정답 ③

자기개발을 방해하는 장애요인은 다음과 같다.
• 우리의 욕구와 감정이 작용하기 때문이다.
• 제한적으로 사고하기 때문이다.
• 문화적인 장애에 부딪히기 때문이다.
• 자기개발 방법을 잘 모르기 때문이다.
H의 자기개발을 방해하는 장애요인은 욕구와 감정이다. 이와 비슷한 사례는 회식과 과음으로 인해 자기개발을 못한 C이다.

03　　　　　정답 ②

업무수행 성과를 높이기 위한 행동전략
• 일을 미루지 않는다 : 일을 하나둘 미루고 급하게 처리하다 보면 어느새 다른 일도 지속적으로 밀리게 되고, 일을 처리하는 데 최선을 다하지 못하게 된다. 따라서 해야 할 일이 있다면 지금 바로 하는 습관을 들여야 한다.
• 업무를 묶어서 처리한다 : 직업인들이 하는 일은 비슷한 속성을 가진 경우가 많다. 따라서 한 번 움직일 때 여러 가지 일을 한 번에 처리해서 같은 곳을 반복해서 가지 않도록 경로를 단축시킨다.
• 다른 사람과 다른 방식으로 일한다 : 다른 사람이 일하는 방식과 다른 방식으로 생각하다 보면 의외로 창의적인 방법을 발견할 수도 있으며 업무의 성과도 높일 수 있다.

• 회사와 팀의 업무 지침을 따른다 : 회사와 팀의 업무 지침은 변화하는 환경 속에서 그 일의 전문가들에 의해 확립된 것이므로 기본적으로 지켜야 할 것은 지켜야 한다.
• 역할 모델을 설정한다 : 직장에서 가장 일을 잘한다고 평가받는 사람을 찾아 주의 깊게 살펴보고 그 사람을 참고하도록 노력해야 한다.

04　　　　　정답 ③

자기개발 계획을 세울 때에는 구체적인 방법으로 계획해야 한다. 애매모호한 방법으로 계획하게 되면 어떻게 해야 하는지 명확하게 알 수 없으므로 중간에 적당히 하게 되거나, 효율적이지 못하게 자신의 노력을 낭비하게 된다. 따라서 자신이 수행해야 할 자기개발 방법을 명확하고 구체적으로 수립하면 노력을 집중적이고 효율적으로 할 수 있고, 이에 대한 진행 과정도 손쉽게 파악할 수 있다.

05　　　　　정답 ⑤

자아효능감이 높은 사람은 낮은 사람에 비해 어려운 목표를 설정하며, 도전적인 과제가 주어졌을 경우 쉽게 포기하지 않고 더 많은 노력을 한다. 실패했을 경우에도 실패의 원인을 노력이나 능력 부족보다는 외부 상황으로 보는 경향이 높다. 반대로 자아효능감이 낮은 사람은 어려운 목표는 쉽게 포기하거나 도전하지 않으려 하며, 실패했을 경우 실패의 원인을 자신의 노력이나 능력 부족으로 보는 경향이 있다.

06　　　　　정답 ③

직장인들이 지속적으로 현 분야 또는 새로운 분야에 대해 공부하는 것은 자기개발의 일환으로, 이는 회사의 목표가 아닌 자신이 달성하고자 하는 목표를 성취하기 위해 필요하다.

07　　　　　정답 ⑤

L사원이 자기개발을 하지 못하는 이유는 자기실현에 대한 욕구보다 인간의 기본적인 생리적 욕구를 더 우선적으로 여기기 때문이다.

08

ⓒ 흥미나 적성검사를 통해 자신에게 알맞은 직업을 도출할
수는 있으나 이러한 결과가 직업에서의 성공을 보장해 주는
것은 아니다. 실제 직장에서는 직장문화, 풍토 등 외부적인
요인에 의해 적응을 하지 못하는 경우가 발생하기 때문에
기업의 문화와 풍토를 잘 이해하고 활용할 필요가 있다.
ⓔ 일을 할 때는 너무 커다란 업무보다는 작은 단위로 나누어
수행한다. 작은 성공의 경험들이 축적되어 자신에 대한 믿
음이 강화되면 보다 큰일을 할 수 있게 되기 때문이다.

09

성찰은 지속적인 연습을 통하여 보다 잘할 수 있게 되므로,
성찰이 습관화되면 문제가 발생하였을 때 축적한 노하우를 발
현하여 이를 해결할 수 있다. 이러한 성찰 연습 방법으로는
매일 자신이 잘한 일과 잘못한 일을 생각해보고, 그 이유와
개선점 등을 생각나는 대로 성찰노트에 적는 방법이 있다.
따라서 한 번의 성찰로 같은 실수를 반복하지 않도록 도와준
다는 ⑤의 조언은 적절하지 않다.

10

제시된 사례에서 K씨는 자신의 흥미·적성 등을 제대로 파악
하지 못한 채 다른 사람을 따라 목표를 세웠고, 이를 제대로
달성하지 못하였다. 이처럼 자신의 흥미·적성 등을 제대로
파악하지 못하면 많은 노력을 하여도 성과로 연결되기가 쉽지
않다.

05 | 자원관리능력

01	02	03	04	05	06	07	08	09	10
④	⑤	③	①	④	①	②	④	④	②

01　　　　　정답 ④

계획을 세울 때 흔히 저지르기 쉬운 실수 중 하나는 너무 많은 시간을 소비하는 것이다. 계획은 완벽히 세우기 어렵고 완벽하게 세웠더라도 실천하지 못하면 무용지물이다. 계획이 완벽해야 한다는 부담감을 버리고 실제로 해 나가면서 수정될 수 있음을 염두에 두는 것이 좋다.

02　　　　　정답 ⑤

오답분석

• 윤아 : 시간이 촉박하면 다른 생각을 할 여유가 없기 때문에 집중이 잘되는 것처럼 느껴질 뿐이다. 이런 경우 실제 수행 결과는 만족스럽지 못한 경우가 많다.
• 태현 : 시간관리 자체로 부담을 과하게 가지면 오히려 수행에 문제가 생길 수 있지만 기본적으로 시간관리는 꼼꼼히 해야 한다.
• 지현 : 계획한 대로 시간관리가 이루어지면 보다 효율적으로 일을 진행할 수 있다.
• 성훈 : 흔히 창의와 관리는 상충된다고 생각하지만 창의성이 필요한 일도 관리 속에서 더 효율적으로 이루어진다.

03　　　　　정답 ③

A유통업체는 바코드(Bar Code)를 사용하여 물품을 관리하고 있다. 물품의 수명기간 동안 무선으로 물품을 추적 관리할 수 있는 것은 바코드가 아닌 RFID 물품관리 시스템으로, 물품에 전자태그(RFID)를 부착하여 물품을 관리한다.

04　　　　　정답 ①

인맥을 활용하면 각종 정보와 정보의 소스를 주변 사람으로부터 획득할 수 있다. 또한 '나' 자신의 인간관계나 생활에 대해서 알 수 있으며, 이로 인해 자신의 인생에 탄력을 불어넣을 수 있다. 게다가 주변 사람들의 참신한 아이디어를 통해 자신만의 사업을 시작할 수도 있다. 따라서 A사원의 메모는 모두 옳은 내용이다.

05　　　　　정답 ④

무대 설치, 무대 설치 인력, 초대가수 섭외, 외부 발전차 임대, 행사용 폭죽은 불꽃놀이 행사에 직접적으로 필요한 사안이므로 해당 비용은 직접비용에 해당한다. 반면에 행사 광고비는 부수적으로 필요한 간접비용에 해당한다.

06　　　　　정답 ①

평가지표 결과와 지표별 가중치를 이용하여 지원자들의 최종 점수를 계산하면 다음과 같다.
• A지원자 : $3\times3+3\times3+5\times5+4\times4+4\times5+5=84$점
• B지원자 : $5\times3+5\times3+2\times5+3\times4+4\times5+5=77$점
• C지원자 : $5\times3+3\times3+3\times5+3\times4+5\times5=76$점
• D지원자 : $4\times3+3\times3+3\times5+5\times4+4\times5+5=81$점
• E지원자 : $4\times3+4\times3+2\times5+5\times4+5\times5=79$점
따라서 K기업에서 올해 채용할 지원자는 A지원자와 D지원자이다.

07　　　　　정답 ②

주어진 상황에 따라 甲 ~ 丁이 갖춘 직무역량을 정리하면 다음과 같다.

구분	의사소통역량	대인관계역량	문제해결역량	정보수집역량	자원관리역량
甲	○	○	×	×	○
乙	×	×	○	○	○
丙	○	×	○	○	×
丁	×	○	○	×	○

따라서 A복지관에 채용될 후보자는 甲과 丙이다.

08　　　　　정답 ④

• 한국시각 기준 비행기 탑승 시각 : 21일 8시 30분+13시간 =21일 21시 30분
• 비행기 도착 시각 : 21일 21시 30분+17시간=22일 14시 30분
따라서 김사원의 출발 시각은 22일 14시 30분-1시간 30분 -30분=22일 12시 30분이다.

09

정답 ④

이번 주 추가근무 일정을 요일별로 정리하면 다음과 같다.

월요일	화요일	수요일	목요일	금요일	토요일	일요일
김은선(6) 민윤기(2)	김석진(5) 김남준(3) 정호석(4)	박지민(3) 김태형(6)	최유화(1) 박시혁(1)	유진실(3) 정호석(1)	이영희(4) 전정국(6)	박지민(2) 김남준(4)

하루에 2명까지 추가근무를 할 수 있는데 화요일에 3명이 추가근무를 하므로, 화요일 추가근무자 중 한 명이 추가근무 일정을 수정해야 한다. 그중에 김남준은 일주일 추가근무 시간이 7시간으로 최대 추가근무 시간인 6시간을 초과하였다. 따라서 김남준의 추가근무 일정을 수정하는 것이 적절하다.

10

정답 ②

- (하루 1인당 고용비)=(1인당 수당)+(산재보험료)+(고용보험료)
  =50,000+50,000×0.00504+50,000×0.013
  =50,902원
- (하루에 고용할 수 있는 인원수)=[(본예산)+(예비비)]÷(하루 1인당 고용비)=(500,000+100,000)÷50,902
  ≒11.8명

따라서 하루 동안 고용할 수 있는 최대 인원은 11명이다.

01	02	03	04	05	06	07	08	09	10
⑤	①	④	②	⑤	③	②	②	②	③

01
정답 ⑤

임원회의에서 PT를 맡았기 때문에 회의에 늦지 않는 것 또한 B선임이 취해야 할 행동이다. 그러므로 할머니를 병원에 직접 모셔다 드리고 오는 것보다 먼저 119에 신고를 하고, 상사에게 현재의 상황을 보고한 다음 구급대원이 오면 회사로 와야 한다.
따라서 ⓑ – ⓒ – ㉠이 바른 순서이다.

02
정답 ①

고부가가치 상품을 중심으로 설명하고 판매하는 것은 자신과 회사 등의 이익을 향상시키지만, 고객 만족도를 향상시키지는 않는다. 고객에게 필요한 것을 충족시켜야 고객의 만족도를 향상시키고, 지속적으로 상품을 구매할 가능성이 커진다.

03
정답 ④

전화를 다른 부서로 연결할 때 양해를 구하지 않았으며, 다른 부서의 사람이 전화를 받을 수 있는 상황인지를 사전에 확인하지 않았다.

04
정답 ②

B가 신입직원의 잘한 점을 칭찬하지 않고 못한 점만을 과장하여 지적한 점은 신입직원의 사기를 저하시킬 수 있고, 신입직원과의 보이지 않는 벽을 만들 수 있으므로 좋은 대인관계능력을 가졌다고 볼 수 없다.
F는 대인관계에서 진심이 아닌 테크닉을 가장 중시하고 있으므로 좋은 대인관계능력을 가진 사람으로 보기 어렵다. 인간관계를 형성할 때 가장 중요한 요소는 무엇을 말하느냐, 어떻게 행동하느냐보다 사람됨이다.

05
정답 ⑤

추후 고객에게 연락하여 고객이 약속 날짜 전에 옷을 받았는지 확인을 해야 하며, 확인 후 배송 착오에 대해 다시 사과를 해야 한다.

[오답분석]
① '화내시는 점 충분히 이해한다.'고 답변하며 공감표시를 나타내었다.
② 배송 착오에 대해 '정말 죄송합니다.'와 같이 사과표시를 하였다.
③ '최대한 빠른 시일 내로 교환해 드리겠다.'고 말하며 해결 약속을 하였다.
④ 구매 내역과 재고 확인을 통해 정보를 파악하였다.

06
정답 ③

ⓒ 해결하기 어려운 문제라도 피하지 말고, 해결을 위해 적극적으로 대응해야 한다.
ⓒ 자신의 의사를 명확하게 전달하는 것이 갈등을 최소화하는 방안이다.

[오답분석]
㉠ 다른 사람의 입장을 이해하는 것은 갈등 파악의 첫 단계이므로 옳은 설명이다.
㉣ 생산적 의견 교환이 아닌 논쟁은 갈등을 심화시킬 수 있으므로 논쟁하고 싶은 유혹을 떨쳐내야 한다.

07
정답 ②

A부서에는 소극적이고 보신주의적인 문화가 만연해 있으며, 구체적인 성과가 없다는 문제가 있다. 이에 따라 부서의 문화를 변화시키기 위해서는 카리스마와 존경심을 통해 조직 전체 구성원에게 능동적이고 적극적으로 업무를 수행하도록 하는 변혁적 리더십이 필요하다. 또한, 가시적 성과물이 보이지 않는 상태이므로 강한 통제를 통해 가시적 성과를 추구하는 독재자 유형의 리더십도 대안이 될 수 있다.

08

정답 ②

거래처 관리에 있어서 최초 선정 시 또는 임원이나 동료의 추천 시에는 추천된 업체와 그렇지 않은 업체 간의 가격, 서비스 비교를 통해 결정한다. 결정된 업체와는 일정기간을 유지하여 장기 거래처로서의 이점을 활용하지만, 오래된 거래업체라고 해도 가끔 타 업체와의 비교분석으로 교차점검을 하는 것이 바람직하다.

09

정답 ②

고객이 잘못 이해하고 있다고 하더라도 고객의 말에 반박하지 말고, 먼저 공감해야 한다. 즉, 고객이 그렇게 말할 수 있음을 이해하는 것이 중요하다.

10

정답 ③

제시문은 고객에게 사전에 반품 배송비가 있다는 것을 공지하지 않아서 발생한 상황이다. 따라서 반품 배송비가 있다는 항목을 명시하겠다는 내용이 가장 적절하다.

01	02	03	04	05	06	07	08	09	10
①	①	④	②	⑤	①	②	③	①	②

01 정답 ①

주어진 자료에 의하면 B회사는 사내 도서관을 관리하기 위하여 도서의 명칭과 저자, 출판일, 출판사 등의 정보를 목록화하고 있고, 이러한 관리방법은 필요한 내용을 손쉽게 검색하여 찾을 수 있다는 장점이 있다. 이는 정보관리방법 중 '목록을 활용한 정보관리'에 해당한다.

02 정답 ①

엑셀 자동필터 설정 단축키는 Ctrl + Shift + L 이다.

오답분석
② 백분율 적용
③ 테두리 적용
④ 현재 시간 나타내기
⑤ 셀 서식

03 정답 ④

World Wide Web(WWW)에 대한 설명으로, 웹은 3차 산업혁명에 큰 영향을 미쳤다.

오답분석
① 스마트 팜
② 3D프린팅
③ 클라우드 컴퓨팅
⑤ 사물인터넷

04 정답 ②

[개요 보기]는 슬라이드 텍스트를 개요 형태로 보여주며, 개요 창에서 프레젠테이션 전체 내용을 보고 수정할 수 있다.

05 정답 ⑤

게시판 사용 네티켓
• 글의 내용은 간결하게 요점만 작성한다.
• 제목에는 글의 내용을 파악할 수 있는 함축된 단어를 쓴다.
• 글을 쓰기 전에 이미 같은 내용의 글이 없는지 확인한다.
• 글의 내용 중에 잘못된 점이 있으면 빨리 수정하거나 삭제한다.
• 게시판의 주제와 관련 없는 내용은 올리지 않는다.

06 정답 ①

특정 값의 변화에 따른 결괏값의 변화를 알아보는 경우는 '시나리오'와 '데이터 표' 2가지가 있다. 이 중 표 형태로 표시해 주는 것은 '데이터 표'에 해당한다.
비슷한 형식의 여러 데이터 결과를 요약해 주는 경우는 '부분합'과 '통합'이 있다. 이 중 통합하여 요약해 주는 것은 '통합'(데이터 통합)에 해당한다. 참고로 '부분합'은 하나로 통합하지 않고 그룹끼리 모아서 계산한다.

07 정답 ②

②는 거품형 차트에 대한 설명이다.
방사형 차트는 많은 데이터 계열의 집합적인 값을 나타낼 때 사용된다.

08 정답 ③

보조 축으로 수량 계열을 사용하였다.

09 정답 ①

그래픽카드가 아닌 설치된 CPU 정보에 해당된다. 제시된 화면에서 그래픽카드에 관한 정보는 알 수 없다.

10 정답 ②

비프음이 길게 1번, 짧게 1번 울릴 때는 메인보드의 오류이므로 메인보드를 교체하거나 A/S 점검을 해야 한다.

08 기술능력

01	02	03	04	05	06	07	08	09	10
③	①	①	⑤	②	③	④	③	③	④

01 정답 ③

체온 측정을 위한 주의사항에 따르면 체온을 측정할 때는 정확한 측정을 위해 과다한 귀지가 없도록 해야 한다.

오답분석

① 체온을 측정하기 전 새 렌즈필터를 부착하여야 한다.
② 오른쪽 귀에서 측정한 체온과 왼쪽 귀에서 측정한 체온은 다를 수 있으므로 항상 같은 귀에서 체온을 측정해야 한다.
④ 영점조정에 대한 사항은 제시문에서 확인할 수 없는 내용이다.
⑤ 체온을 측정하기 전 새 렌즈필터를 부착하여야 하며, 렌즈를 알코올 솜으로 닦는 사항은 제시문에서 확인할 수 없는 내용이다.

02 정답 ①

'POE' 에러 메시지는 체온계가 렌즈의 정확한 위치를 감지할 수 없어 정확한 측정이 어렵다는 메시지이다. 따라서 〈ON〉 버튼을 3초간 길게 눌러 화면을 지운 다음 정확한 위치에 체온계를 넣어 다시 측정해야 한다.

오답분석

② '――' 에러 메시지가 떴을 때의 해결방법에 해당한다.
③ 제시문에서 확인할 수 없는 내용이다.
④ '―――' 에러 메시지가 떴을 때의 해결방법에 해당한다.
⑤ 'HI℃', 'LO℃' 에러 메시지가 떴을 때의 해결방법에 해당한다.

03 정답 ①

상품 진열 방법이나 코디 등은 제품진열 매뉴얼에 따라 진행되는 사항이므로, 보기의 내용을 벤치마킹하기 위해서는 제품진열 매뉴얼을 전격적으로 교체해야 할 것이다.

04 정답 ⑤

지속가능한 발전(Sustainable Development)이란 지구촌의 현재와 미래를 모두 고려하는 개념으로서 환경보호 중심의 발전을 그 목적으로 삼는다.
지속가능한 기술(Sustainable Technology)은 이러한 지속가능한 발전을 가능하게 하는 기술이라 할 수 있다. 고갈되는 에너지보다는 태양 에너지같이 고갈되지 않는 에너지를 활용하여 낭비적 소비 형태를 지양하고자 하며, 기술적 효용만이 아닌 환경 효용(Eco Efficiency)도 추구한다. 자원의 소비에 관심을 가지는 만큼 자원이 생산적인 방식으로 사용되고 있는지도 주의를 기울여야 하는 기술이다.
ⓒ 자원의 재생산뿐 아니라 얼마나 생산적인 방식으로 사용되는지도 고려해야 한다.
ⓔ 캐나다 정부가 지원하는 토양 청정화 기술은 지속가능한 기술로서, 기술적 효용뿐 아니라 환경 효용까지 추구하는 기술이다.

오답분석

ⓐ 고갈되는 에너지를 활용하는 것이 아니라 고갈되지 않는 자연 에너지를 활용한다.
ⓑ 미래 세대와 현재 세대 모두의 발전과 환경적 상황을 고려해야 한다.

05 정답 ②

'올바른 사용법'을 보면 바닥에 깔아서 사용할 때 맨바닥에 까는 것보다 카펫을 깔고 그 위에 전기요를 놓고 사용하면 열손실이 적어 경제적이라고 나와 있다. 즉, 보온 효과를 근거로 권장하는 것이지 맨바닥에 깔아서 쓰면 안 된다는 의미는 아니다.

06

정답 ③

기술 발전에 있어 환경보호를 추구하는 점을 볼 때, 지속가능한 개발의 사례로 볼 수 있다. 지속가능한 개발은 경제발전과 환경보전의 양립을 위하여 새롭게 등장한 개념으로 볼 수 있으며, 미래세대가 그들의 필요를 충족시킬 수 있는 가능성을 손상시키지 않는 범위에서 현재 세대의 필요를 충족시키는 개발인 것이다.

[오답분석]

① 개발독재 : 개발도상국에서 개발이라는 이름으로 행해지는 정치적 독재를 말한다.
② 연구개발 : 자연과학기술에 대한 새로운 지식이나 원리를 탐색하고 해명해서 그 성과를 실용화하는 일을 말한다.
④ 개발수입 : 기술이나 자금을 제3국에 제공하여 미개발자원 등을 개발하거나 제품화하여 수입하는 것을 말한다.
⑤ 조직개발 : 기업이 생산능률을 높이기 위하여 기업조직을 개혁하는 일을 말한다.

07

정답 ④

'피재해자는 전기 관련 자격이 없었으며, 복장은 일반 안전화, 면장갑, 패딩점퍼를 착용한 상태였다.'는 문장에서 불안전한 행동·상태, 작업 관리상 원인, 작업 준비 불충분이란 것을 확인할 수 있다. 그러나 기술적 원인은 제시문에서 찾을 수 없다.

[오답분석]

① 불안전한 행동 : 위험 장소 접근, 안전장치 기능 제거, 보호 장비의 미착용 및 잘못 사용, 운전 중인 기계의 속도 조작, 기계·기구의 잘못된 사용, 위험물 취급 부주의, 불안전한 상태 방치, 불안전한 자세와 동작, 감독 및 연락 잘못 등
② 불안전한 상태 : 시설물 자체 결함, 전기 시설물의 누전, 구조물의 불안정, 소방기구의 미확보, 안전 보호 장치 결함, 복장·보호구의 결함, 시설물의 배치 및 장소 불량, 작업 환경 결함, 생산 공정의 결함, 경계 표시 설비의 결함 등
③ 작업 관리상 원인 : 안전 관리 조직의 결함, 안전 수칙 미제정, 작업 준비 불충분, 인원 배치 및 작업 지시 부적당 등
⑤ 작업 준비 불충분 : 작업 관리상 원인의 하나이며, 피재해자는 경첩의 높이가 높음에도 불구하고 작업 준비에 필요한 자재를 준비하지 않은 채 불안전한 자세로 일을 시작함

08

정답 ③

전자레인지를 사용하면서 불꽃이 튀는 경우와 조리 상태가 나쁠 때 확인해야 할 사항에 사무실, 전자레인지의 전압을 확인해야 한다는 내용은 명시되어 있지 않다.

09

정답 ③

배터리의 방전 유무를 확인한 후 충전하는 조치는 트랙터 시동모터가 회전하지 않을 경우 점검해야 하는 사항이다.

10

정답 ④

상부링크, 체크체인 확인, 링크볼의 일치 여부 점검은 작업기 연결 전에 확인해야 할 사항들이다. 시동 전에 점검해야 할 사항은 윤활유, 연료, 냉각수량이다.

09 | 조직이해능력

01	02	03	04	05	06	07	08	09	10
②	②	③	③	②	⑤	②	③	②	③

01

정답 ②

자료에 나타난 기업의 경영구조는 기능별 조직 형태에 프로젝트팀 조직을 결합한 매트릭스 구조로, 구성원은 종적으로는 생산, 판매 등의 기능조직의 일원이 됨과 동시에 횡적으로는 프로젝트 A · B · C의 일원이 되어 두 조직에 중복적으로 소속된다. 이러한 매트릭스 구조는 주로 소수의 제품라인을 가진 중소규모의 조직에 적합하므로 ②는 적절하지 않다.

오답분석

매트릭스 구조는 ① · ③ · ⑤와 같은 장점을 지니며, ④와 같이 제품 관리자와 기능별 관리자의 이원화된 명령구조를 갖는다.

02

정답 ②

㉠ 사무관리규칙 제7조 제2항에 따르면, 문서는 수신자에게 도달됨으로써 그 효력이 발생한다. 따라서 P사업의 즉시 시행을 지시하는 문서는 8월 12일부터 유효하므로, 8월 10일이 사업시작시점이 될 수 없다. 해당사업의 시행은 빨라도 문서 도달일인 8월 12일부터이므로 사업기간은 8월 12일 혹은 그 이후 실제 사업이 시작된 날부터 기산해야 한다. 제7조 제1항에 따르면 김부장의 결재는 문서 자체가 성립하도록 하는 효력은 갖지만, 문서내용상의 효력은 발생하지 않는다.
㉣ 사무관리규칙 제30조 1항에 따르면 보조기관이 서명하여 발신할 수 있는 문서는 보조기관 상호 간에 발신하는 문서의 시행문이다. 그러나 김대리가 보내는 문서는 대외기관인 J공사에 발신하는 문서이므로 보조기관이 아닌 이사장의 서명을 첨부하여 발신하여야 한다.

오답분석

㉡ 제25조에서 확인할 수 있다.
㉢ 제13조 제1항에서 확인할 수 있다.

03

정답 ③

17 ~ 24일까지 업무를 정리하면 다음과 같다.

17일	18일	19일	20일	21일	22일	23일	24일
B업무 (착수)	B업무	B업무 (완료)					
D업무 (착수)	D업무 (완료)						
			C업무 (착수)	C업무	C업무 (완료)		
		A업무 (착수)	A업무	A업무	A업무	A업무	A업무 (완료)

따라서 B − D − A − C 순으로 업무에 착수할 것임을 알 수 있다.

04

정답 ③

직장에 소속된 개인은 회사의 이윤창출 등 회사 공동의 목표를 위해 동료와 상호작용을 해 나가는 구성원으로, 조직의 구성원은 서로 협력하여 공동의 목표를 향해 노력해야 한다. 그러므로 업무를 뚜렷하게 나눠 독립적으로 일을 처리하기보다는 유기적으로 소통하고 부족한 부분을 채워가며 업무를 진행하는 것이 조직의 성격과 어울린다고 볼 수 있다.

05

정답 ②

제시된 모든 시간대에 전 직원의 스케줄이 비어있지 않다. 그렇다면 업무의 우선순위를 파악하여 바꿀 수 있는 스케줄을 파악하여야 한다. 10:00 ~ 11:00의 사원의 비품 신청은 타 업무에 비해 우선순위가 낮다.

오답분석

① 오전 부서장 회의는 부서의 상급자들과 상위 부서장들의 회의이며, 또한 그날의 업무를 파악하고 분배하는 자리이므로 일정을 변경하기 어렵다.
③ · ④ 해당 시간에 예정된 업무는 해당 인원의 단독 업무가 아니므로 일정을 변경하기 어렵다.
⑤ 16시 이후의 부장과 차장의 스케줄을 보면 각각 상급자에게 업무보고가 예정되어 있다. 이러한 업무보고가 되기 위해서는 과장 이하의 일일 업무 결산이 마무리되어야 하므로 일정을 변경하기 어렵다.

06

정답 ⑤

직원의 포상, 징계 및 복무관리에 관한 사항은 주로 인사팀이 담당하는 업무이다.

빅데이터실은 보건의료 심사 통계와 관련된 업무를 담당하며, 빅데이터실 산하의 급여정보운영부는 직원의 급여 사항이 아닌 건강보험을 이용하는 전 국민의 의료 이용 정보를 대상으로 모니터링시스템을 설계하고 구축하는 등의 업무를 담당한다.

07

정답 ②

체크리스트 항목의 내용을 볼 때, 국제감각 수준을 점검할 수 있는 체크리스트임을 알 수 있다. 따라서 국제적인 법규를 이해하고 있는지를 확인하는 ②가 가장 적절하다.

국제감각 수준 점검항목

• 다음 주에 혼자서 해외에 나가게 되더라도, 영어를 통해 의사소통을 잘할 수 있다.
• VISA가 무엇이고 왜 필요한지 잘 알고 있다.
• 각종 매체(신문, 잡지, 인터넷 등)를 활용하여 국제적인 동향을 파악하고 있다.
• 최근 미달러화(US$), 엔화(¥)와 비교한 원화 환율을 구체적으로 알고 있다.
• 영미권, 이슬람권, 중국, 일본 사람들과 거래 시 주의해야 할 사항들을 숙지하고 있다.

08

정답 ③

백화점에 모여 있는 직원과 고객은 조직의 특징인 조직의 목적과 구조가 없고, 목적을 위해 서로 협동하는 모습도 볼 수 없으므로 조직의 사례로 적절하지 않다.

09

정답 ②

①·③·④·⑤는 인터뷰 준비를 위한 업무처리 내용이고, ②는 인터뷰 사후처리에 대한 내용이므로 우선순위 면에서는 ②가 가장 낮다.

10

정답 ③

'㉠ 비서실 방문'은 브로슈어 인쇄를 위해 미리 파일을 받아야 하므로, '㉣ 인쇄소 방문'보다 먼저 이루어져야 한다. '㉡ 회의실, 마이크 체크'는 내일 오전 '㉺ 업무보고' 전에 준비해야 할 사항이다. '㉢ 케이터링 서비스 예약'은 내일 3시 팀장회의를 위해 준비하는 것이므로 24시간 전인 오늘 3시 이전에 실시하여야 한다. 따라서 위 업무순서를 정리하면 ㉢ – ㉠ – ㉣ – ㉡ – ㉺이 되는데, 여기서 ㉢이 ㉠보다 먼저 이루어져야 하는 이유는 현재 시각이 2시 50분이기 때문이다. 비서실까지 가는 데 걸리는 시간이 15분이므로 비서실에 갔다 오면 3시가 지난다. 그러므로 케이터링 서비스 예약을 먼저 하는 것이 적절하다.

10 | 직업윤리

01	02	03	04	05	06	07	08	09	10
②	③	①	③	②	①	③	②	④	④

01　정답 ②

A과장은 회사 직원이 아닌 지인들과 인근 식당에서 식사를 하고, C팀장이 지적을 하자 거짓으로 둘러댄 것이 들키면서 징계를 받았다. 따라서 늘 정직하게 임하려는 태도가 가장 적절하다.

02　정답 ③

사회생활에 있어 신뢰가 기본이 되기 때문에 신뢰가 없으면 사회생활에 지장이 생긴다.

03　정답 ①

고객접점 서비스(MOT; Moments Of Truth)란 고객과 서비스 요원 사이에서 약 15초 동안의 짧은 순간에 이루어지는 서비스로서 고객은 매장에 들어서서 구매를 결정하기까지 여러 번의 '진실의 순간' 또는 '결정적 순간'을 경험한다.

04　정답 ③

제시된 사례는 직장 내 성희롱 문제에 대한 전근대적인 인식의 전환이 가장 시급함을 말해 주는 사례이다. 성희롱은 '친밀감의 표시' 또는 '전혀 성적인 의도 없이' 한 행동이었더라도, 상대방이 '성적 수치심이나 굴욕감을 느꼈느냐, 아니냐'를 중요한 기준으로 삼는다. A부장에게 성희롱의 목적이 없다는 사실을 전 직원이 알고 있는 상황임을 전제하고 있으므로, 관계 기관에 바로 신고하기보다 우선 A부장에게 성희롱에 대한 인식을 환기시켜주는 것이 더 바람직하다.

05　정답 ②

전화응대 매뉴얼 3번에 해당하며, 전화 당겨 받기 후 상대에게 당겨 받은 이유를 설명하였기에 적절하다.

[오답분석]

① 전화응대 매뉴얼 1번에 맞게 소속과 이름을 밝힌다.
③ 전화응대 매뉴얼 4번에 맞게 친절하게 응대한다.
④ 전화응대 매뉴얼 7번에 맞게 시간 지체가 없도록 펜과 메모지를 항상 준비해 둔다.
⑤ 전화응대 매뉴얼 6번에 맞게 전화를 끊기 전 메모 내용을 다시 한 번 확인한다.

06　정답 ①

신입을 고참자에게 먼저 소개하는 것이 올바른 방향이다.

07　정답 ③

되도록 출근 직후나 퇴근 직전, 점심시간 전후 등 바쁜 시간은 피하여 전화한다.

08　정답 ②

업무상으로 소개를 할 때는 직장 내에서의 서열과 나이를 고려한다. 이때 성별은 고려의 대상이 아니다.

09　정답 ④

함축어나 이모티콘 등의 사용은 지양하고 올바른 철자와 문법을 사용해야 한다.

10　정답 ④

팔은 안으로 굽는다는 속담은 공과 사를 구분하지 못한 것으로 올바른 직업윤리라고 할 수 없다.

만약 우리가 할 수 있는 일을 모두 한다면, 우리들은 우리 자신에 깜짝 놀랄 것이다.

- 에디슨 -

3

최종점검 모의고사

제1회 최종점검 모의고사(적성검사 유형)

제2회 최종점검 모의고사(NCS 유형)

제1회 최종점검 모의고사(적성검사 유형)

01 언어능력

01	02	03	04	05	06	07	08	09	10
③	⑤	①	③	②	④	②	④	③	①
11	12	13	14	15	16	17	18	19	20
①	②	①	④	②	④	⑤	③	②	④

01 · 정답 ③

잎이 말라 떨어지는 '낙엽'과 '모래', '무미'건조를 통해 '건조'를 연상할 수 있다.

02 · 정답 ⑤

제시된 단어는 유의 관계이다.
'도착하다'의 유의어는 '당도하다'이고, '활동하다'의 유의어는 '행동하다'이다.
'당도하다'는 '어떤 곳에 다다르다.'라는 의미이다.

오답분석
• 허전하다 : 주위에 아무것도 없어서 공허한 느낌이 있다.
• 참가하다 : 모임이나 단체 또는 일에 관계하여 들어가다.

03 · 정답 ①

제시문의 '노는 시간에'에서 '놀다'는 '어떤 일을 하다가 중간에 일정한 동안을 쉬다.'라는 뜻으로, 이와 같은 의미로 쓰인 것은 ①이다.

오답분석
② 고정되어 있던 것이 헐거워져서 움직이다.
③ 태아가 꿈틀거리다.
④ 놀이나 재미있는 일을 하며 즐겁게 지내다.
⑤ 비슷한 무리끼리 어울리다.

04 · 정답 ③

'손'은 '생선 두 마리'를 의미한다.

오답분석
① 톳 : 김 100장
② 강다리 : 장작 100개비
④ 우리 : 기와 2천 장
⑤ 접 : 과일 100개

05 · 정답 ②

손위 누이의 남편을 '매형(妹兄), 매부(妹夫), 자형(姉兄)'이라고 하며, 손아래 누이의 남편은 '매제(妹弟)'라 한다.

06 · 정답 ④

동사는 의미에 따라 '-는' 또는 '-은'의 어미와 활용할 수 있지만, 형용사는 '-은'으로만 활용할 수 있다.
따라서 '걸맞다'는 '두 편을 견주어 볼 때 서로 어울릴 만큼 비슷하다.'는 의미의 형용사이므로 '걸맞은'으로 활용한다.

07 · 정답 ②

개과천선(改過遷善)은 지난날의 잘못을 고쳐 착하게 된다는 의미로, 상황에 가장 적절하다.

오답분석
① 새옹지마(塞翁之馬) : 세상의 좋고 나쁨은 예측할 수 없음
③ 전화위복(轉禍爲福) : 안 좋은 일이 좋은 일로 바뀜
④ 사필귀정(事必歸正) : 처음에는 시비(是非) 곡직(曲直)을 가리지 못하여 그릇되더라도 모든 일은 결국에 가서는 반드시 정리(正理)로 돌아감
⑤ 자과부지(自過不知) : 자신의 잘못을 알지 못함

08 · 정답 ④

'내'가 일부 시간적·공간적 범위를 나타내는 명사와 함께 쓰여, 일정한 범위의 안을 의미할 때는 의존 명사이므로 띄어 쓴다.

오답분석
① 짓는데 → 짓는 데
② 김철수씨는 → 김철수 씨는
③ 해결할 게 → 해결할게
⑤ 안됐다 → 안 됐다

09 정답 ③

미희는 매주 수요일마다 요가 학원에 가고, 요가 학원에 가면 항상 9시에 집에 온다. 그러나 미희가 9시에 집에 오는 날은 수요일 또는 다른 요일일 수도 있으므로 알 수 없다.

10 정답 ①

비판적 사고를 하는 사람은 반성적 사고를 하고, 반성적 사고를 하면 창의적 사고를 하기 때문에 비판적 사고를 하는 사람은 창의적 사고도 한다.
따라서 C는 참이다.

11 정답 ①

중국의 1인당 GDP는 1,209달러이며, 인도의 1인당 GDP는 512달러이다.

12 정답 ②

제시문에서 경제성장률을 결정해주는 것은 경제규모인 총국민소득이 아니라 1인당 국민소득 수준이라고 하였다.

13 정답 ①

국내총생산(GDP)의 경우 세계 180개국 중 한국은 12위, 인도는 13위이므로 한국이 인도보다 총국민소득이 많다.

14 정답 ③

주어진 명제를 정리하면 다음과 같다.
• a : 커피를 좋아하는 사람
• b : 홍차를 좋아하는 사람
• c : 우유를 좋아하는 사람
• d : 콜라를 좋아하는 사람
a → b, c → ~b, ~c → d이며, 두 번째 명제의 대우는 b → ~c 이다.
따라서 a → b → ~c → d이므로 '커피를 좋아하는 사람은 콜라를 좋아한다.'가 참이다.

15 정답 ②

제시문에 따르면 '돼지>오리>소>닭, 염소' 순으로 가격이 비싸다. 따라서 닭과 염소의 가격 비교는 알 수 없다. 닭보다 비싼 고기 종류는 세 가지 또는 네 가지이며, 닭이 염소보다 비싸거나 가격이 같거나 싼 경우, 즉 세 가지의 경우의 수가 존재한다.

16 정답 ④

서양의 자연관은 인간이 자연보다 우월한 자연지배관이며, 동양의 자연관은 인간과 자연을 동일선상에 놓거나 조화를 중요시한다고 설명한다. 따라서 제시문의 중심내용으로는 '서양과 동양의 자연관 차이'가 가장 적절하다.

17 정답 ⑤

'무분별한 개발로 훼손되고 있는 도시 경관'은 지역 내 휴식 공간 조성을 위한 해결 방안으로 보기 어려우며, 휴식 공간 조성의 장애 요인으로도 볼 수 없다. 따라서 ⑩은 ⑤와 같이 위치를 변경하는 것보다 개요에서 삭제하는 것이 적절하다.

18 정답 ③

기분조정 이론은 현재 시점에만 초점을 맞추고 있는 기분관리 이론을 보완한 이론으로, 기분조정 이론을 검증하기 위한 실험에서 피실험자들은 한 시간 후의 상황을 생각하며 미리 다른 음악을 선택하였다. 즉, 기분조정 이론은 사람들이 현재 시점뿐만 아니라 다음에 올 상황을 고려하여 현재의 기분을 조정한다는 것이다. 따라서 빈칸에 들어갈 내용으로 ③이 가장 적절하다.

오답분석
① · ④ · ⑤ 현재의 기분에 초점을 맞추고 있는 진술이므로 적절하지 않다.
② 기분조정 이론에 따르면 사람들은 다음에 올 상황을 고려하여 흥분을 유발하는 음악 또는 흥분을 가라앉히는 음악을 선택하여 기분을 조정한다. 따라서 흥분을 유발할 수 있는 음악을 선택한다는 진술은 적절하지 않다.

19 정답 ②

르네상스의 야만인 담론은 이전과는 달리 현실적 구체성을 띠고 있지만 전통 야만인관에 의해 각색되는 것은 여전하다.

오답분석
① · ④ · ⑤ 두 번째 문단에서 확인할 수 있다.
③ 첫 번째 문단에서 확인할 수 있다.

20 정답 ④

세 번째 문단에서 '상품에 응용된 과학 기술이 복잡해지고 첨단화되면서 상품 정보에 대한 소비자의 정확한 이해도 기대하기 어려워졌다.'는 내용과 일맥상통한다.

01	02	03	04	05	06	07	08	09	10
③	①	①	③	①	④	④	③	①	④
11	12	13	14	15	16	17	18	19	20
③	③	②	④	④	③	②	⑤	②	①

01 　　　　정답 ③

$23,128 \div 56 + 27,589 \div 47 = 413 + 587 = 1,000$

02 　　　　정답 ①

$32 \times \dfrac{4,096}{256} - 26 \times \dfrac{361}{19} = 32 \times 16 - 26 \times 19 = 18$

03 　　　　정답 ①

$233 \times 23 - 4,387 \div 4(\quad)3 = 4,265.25$
$\rightarrow 5,359 - 4,387 \div 4(\quad)3 = 4,265.25$
$\rightarrow 5,359 - 1,096.75(\quad)3 = 4,265.25$
$\rightarrow 4,262.25(+)3 = 4,265.25$

04 　　　　정답 ③

$A = \dfrac{7}{3} + \dfrac{4}{5} = \dfrac{47}{15} = \dfrac{94}{30}$, $B = \dfrac{3}{2} + \dfrac{32}{15} = \dfrac{109}{30}$
$\therefore A < B$

05 　　　　정답 ①

$49 \times 0.393 = 19.257$

06 　　　　정답 ④

10명을 4명과 6명으로 나누는 경우의 수는 $_{10}C_4 \times {_6}C_6 =$ 210가지이다. 이를 4명이 포함된 그룹에 2명씩 팀을 나누면 $_4C_2 \times {_2}C_2 \times \dfrac{1}{2!} = 3$가지이고, 6명이 속한 팀을 다시 4명과 2명으로 나누는 $_6C_4 \times {_2}C_2 = 15$가지이다. 이 중 4명을 2팀으로 다시 구분하면 $_4C_2 \times {_2}C_2 \times \dfrac{1}{2!} = 3$가지이다.
따라서 10명의 대진표를 구성하는 전체 경우의 수는 $210 \times 3 \times 15 \times 3 = 28,350$가지이다.

07 　　　　정답 ④

분속 80m로 걸은 거리를 xm라고 하면
$\dfrac{x}{80} + \dfrac{2,000 - x}{160} = 20$
$\therefore x = 1,200$
따라서 분속 80m로 걸은 거리는 1,200m이다.

08 　　　　정답 ③

팀장의 나이를 x세라고 했을 때, 과장의 나이는 $(x-4)$세, 대리는 31세, 사원은 25세이다. 과장과 팀장의 나이 합이 사원과 대리의 나이 합의 2배이므로
$x + (x-4) = 2 \times (31 + 25) \rightarrow 2x - 4 = 112$
$\therefore x = 58$
따라서 팀장의 나이는 58세이다.

09 　　　　정답 ①

친구들을 x명이라고 하면
$4,500x - 2,000 = 4,000x + 500 \rightarrow 500x = 2,500$
$\therefore x = 5$
따라서 친구들 5명이 갑돌이 생일선물을 위해 돈을 모았다.

10 　　　　정답 ④

60, 52, 48의 최대공약수는 4이며, 크로와상 15개, 소보로 13개, 단팥빵 12개씩 1상자에 담아 최대 4상자 포장이 가능하다.

11 　　　　정답 ③

문제에 제시된 조건들로 방정식을 세우면 다음과 같다.
$a + b + c = 18 \cdots ㉠$
$a = 2 \times (b + c) \cdots ㉡$
$c = 3b \cdots ㉢$
㉢을 ㉡에 대입하여 a를 b로 나타내면
$a = 2 \times (b + c) \rightarrow a = 2 \times (b + 3b) \rightarrow a = 2 \times 4b \rightarrow a = 8b$
㉠를 b에 관한 식으로 정리하면
$a + b + c = 18 \rightarrow 8b + b + 3b = 18 \rightarrow 12b = 18$
$\rightarrow b = \dfrac{18}{12} = \dfrac{3}{2}$
따라서 $a = 8b = 8 \times \dfrac{3}{2} = 12$, $c = 3b = 3 \times \dfrac{3}{2} = \dfrac{9}{2}$ 이므로 세 유리수 중 가장 큰 수는 $a = 12$이다.

12

정답 ③

더 넣어야 하는 물의 양을 $x$kg이라 하면

$$\frac{5}{100}\times 20 = \frac{4}{100}\times(20+x) \rightarrow 100 = 80+4x$$

$$\therefore x = 5$$

따라서 물을 5kg 더 넣어야 한다.

13

정답 ②

서진이와 민진이가 서로 이웃하여 앉을 확률은 $\frac{4!\times 2!}{5!} = \frac{2}{5}$ 이다.

따라서 서진이와 민진이 사이에 적어도 1명이 앉아 있을 확률은 $1-\frac{2}{5} = \frac{3}{5}$ 이다.

14

정답 ④

• 잘 익은 귤을 꺼낼 확률 : $1-\left(\frac{10}{100}+\frac{15}{100}\right) = \frac{75}{100}$

• 썩거나 안 익은 귤을 꺼낼 확률 : $\frac{10}{100}+\frac{15}{100} = \frac{25}{100}$

따라서 한 사람은 잘 익은 귤, 다른 한 사람은 그렇지 않은 귤을 꺼낼 확률은 $2\times\frac{75}{100}\times\frac{25}{100} = 37.5\%$ 이다.

15

정답 ④

5개월 동안 평균 외식비가 12만 원 이상 13만 원 이하일 때, 총외식비는 $12\times 5 = 60$만 원 이상 $13\times 5 = 65$만 원 이하가 된다. 1월부터 4월까지 지출한 외식비는 $110,000+180,000+50,000+120,000 = 460,000$원이다.

따라서 A씨가 5월에 최대로 사용할 수 있는 외식비는 $650,000-460,000 = 190,000$원이다.

16

정답 ③

2023년 1분기 전체 민원 건수 중 해결 건수는 $102\times 0.96 = 98$건이다. 2023년 2분기 금융 분야 민원 해결 건수는 전분기의 $\frac{5}{7}$ 이기 때문에 $98\times\frac{5}{7} = 70$건이 된다. (가)는 $\frac{70}{72}\times 100 = 97.2222\cdots\%$로 약 97%이다.

2023년 2분기 서비스 분야 민원 해결 건수가 97건이고, 해결률이 금융 분야 민원 해결률과 같으므로 전체 민원 건수 (나)는 $\frac{97}{0.97} = 100$건이다.

마지막으로 2023년 1분기 총건수 해결률은

$$\frac{(\text{해결된 민원건수의 합})}{(\text{전체 민원건수의 합})}\times 100 = \frac{98+20}{102+20}\times 100 = 96.7\cdots$$

%로 약 97%이다. 따라서 (가)+(나)+(다)=97+100+97=294가 된다.

17

정답 ②

2월은 $\frac{1,180}{1,320} = 0.89$유로/달러이고, 6월은 $\frac{1,154}{1,470} = 0.79$ 유로/달러이다. 분자는 감소하고, 분모는 증가하기 때문에 값은 감소하므로 6월의 유로/달러 값이 더 크다.

오답분석

① 전월 대비 원/달러 변화량의 최댓값은 2월 대비 3월 감소액 $1,112-1,180 = -68$원이고, 원/100엔도 2월 대비 3월 증가액 $1,048-1,012 = 36$원으로 변화량이 가장 높다. 따라서 절댓값으로 비교하면 원/달러 변화량의 최댓값이 원/100엔 최댓값보다 크다.

③ 1월 원/유로의 18%는 $1,300\times 0.18 = 234$원/유로이고, 6월 원/유로는 1,470원/유로로 $1,300+234 = 1,534$원/유로보다 작으므로 18% 미만 증가하였다.

④ 3월과 4월의 원/유로를 보면 값이 동일하기 때문에 옳지 않다.

⑤ 원/달러의 증감추이는 '감 − 감 − 증 − 증 − 증', 원/100엔은 '감 − 증 − 증 − 증 − 증'이므로 3월 전월 대비 증감 추이가 다르다.

18

정답 ⑤

A사 71점, B사 70점, C사 75점으로 직원들의 만족도는 C사가 가장 높다.

19

정답 ②

A사 22점, B사 27점, C사 26점으로 가격과 성능의 만족도 합은 B사가 가장 높다.

20

정답 ①

A사 24점, B사 19점, C사 21점으로 안전성과 연비의 만족도 합은 A사가 가장 높다.

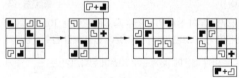

03 추리능력

01	02	03	04	05	06	07	08	09	10
②	④	③	⑤	②	①	①	④	④	④
11	12	13	14	15	16	17	18	19	20
⑤	①	④	③	④	④	②	⑤	⑤	⑤

01
정답 ②

n번째 항일 때 $n(n+1)(n+2)$인 수열이다.
따라서 ( )$=5\times6\times7=210$이다.

02
정답 ④

11, 12, 13, 14, 15의 제곱수를 나열한 수열이다.
따라서 ( )$=14^2=196$이다.

03
정답 ③

홀수 항은 -3이고, 짝수 항은 $+1$인 수열이다.
따라서 ( )$=5-3=2$이다.

04
정답 ⑤

앞의 항에 $\times\dfrac{2}{3}$인 수열이다.

따라서 ( )$=\dfrac{13}{18}\times\dfrac{2}{3}=\dfrac{13}{27}$이다.

05
정답 ②

나열된 수를 각각 A, B, C라고 하면 다음 관계가 성립된다.
$\underline{A\ B\ C} \rightarrow A+B-8=C$
따라서 ( )$=3+5-8=0$이다.

06
정답 ①

홀수 번째는 $\times3$, $\times3^2$, $\times3^3$, $\cdots$이고 짝수 번째는 -1, -2, -3, $\cdots$인 수열이다.

ㄱ	ㄴ	ㄷ	ㄱ	ㅈ	ㅍ	(ㅍ)	ㅊ	ㅋ
1	2	3	1	9	-1	27	-4	81

07
정답 ①

앞의 항에 3, 4, 5, 6, 7, $\cdots$을 더하는 수열이다.

ㄴ	ㅁ	ㅈ	ㅎ	ㅂ	(ㅍ)
2	5	9	14	20 (=14+6)	27 (=14+13)

08
정답 ④

앞의 항에 -2씩 더하는 수열이다.

Q	O	M	K	I	G	(E)	C
17	15	13	11	9	7	5	3

09
정답 ④

$+2^0$, $+2^1$, $+2^2$, $+2^3$, $+2^4$을 하는 수열이다.

ㄱ	B	ㄹ	H	ㄴ	(F)
1	2	4	8	16 (=14+2)	(32) (=26+6)

10
정답 ④

앞의 두 항의 합이 다음 항에 해당하는 피보나치 수열이다.

a	2	c	5	h	13	(u)	34
1	2	3	5	8	13	21	34

11
정답 ⑤

흰색 도형은 아래로 1칸씩 내려오면서 시계 방향으로 90° 회전하며, 검은색 도형은 위로 1칸씩 올라가면서 시계 반대 방향으로 90° 회전한다. 이때 같은 칸에서 도형끼리 만나게 되면 검은색 십자가 모양으로 바뀌며, 십자가 모양 이후에는 합쳐지기 이전의 도형으로 다시 분리되어 1칸씩 움직이고 각각 시계 방향 및 반대 방향으로 90° 회전하게 된다.

12

정답 ①

새로운 화살표가 가리키는 방향으로 도형이 증가한다. ? 앞에 있는 도형의 새로운 화살표 모두 2군데 위를 가리키고 있기 때문에 ?에 알맞은 도형은 위로 화살표 도형 2개가 추가된 형태인 ①이 된다.

13

정답 ④

흰색 원은 위로 한 칸, 검은색 원은 아래로 한 칸씩 움직인다. 원이 움직인 후에 회색 칸은 왼쪽으로 한 칸씩 움직이며, 회색 칸 위에 있는 원은 색이 반전된다.

14

정답 ③

제시된 도형의 관계는 위와 아래의 도형을 하나로 합친 후의 모습을 좌우 대칭한 것이다. 따라서 문제의 규칙에 따라 다음과 같은 도형이 온다.

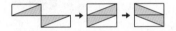

15

정답 ④

왼쪽 도형의 안쪽 모양이 오른쪽 도형의 바깥쪽으로, 왼쪽 도형의 바깥쪽 모양이 오른쪽 도형의 안쪽으로 바뀌는 관계이다. 그리고 새로운 도형의 안쪽에는 X자의 형태로 색깔이 칠해져 있다. 따라서 원이 바깥쪽에, 사각형이 안쪽에 있으면서 사각형에 X자 형태로 색이 칠해져 있는 ④가 정답이다.

16

정답 ④

시계 반대 방향으로 90° 회전시키는 규칙이다.

17

정답 ②

도형의 규칙은 가로 방향으로 적용된다.
첫 번째 도형과 세 번째 도형을 합쳤을 때 두 번째 도형이 되는데, 겹치는 칸이 모두 색칠되어 있거나 색칠되어 있지 않은 경우 그 칸의 색은 비워두고, 색칠된 칸과 색칠되지 않은 칸이 겹칠 경우 색칠하여 완성한다. 따라서 ?에는 ②가 와야 한다.

18

정답 ⑤

도형의 규칙은 가로 방향으로 적용된다.
순서에 따라 도형이 오른쪽으로 한 칸씩 움직인다.

19

정답 ⑤

도형의 규칙은 세로 방향으로 적용된다.
첫 번째 y축 기준으로 대칭 이동한 것이 두 번째 도형, 이를 색 반전한 것이 세 번째 도형이다.

20

정답 ⑤

도형의 규칙은 가로 방향으로 적용된다.
왼쪽 도형을 좌우로 펼치면 가운데 도형이 되고, 가운데 도형을 상하로 펼치면 오른쪽 도형이 된다.

PART 3

01	02	03	04	05	06	07	08	09	10
③	⑤	⑤	④	③	④	③	③	①	③
11	12	13	14	15	16	17	18	19	20
②	②	⑤	④	③	③	①	②	⑤	④

01 　　　정답 ③

오답분석

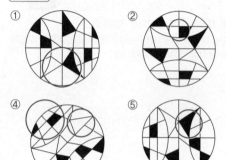

①　②　④　⑤

02 　　　정답 ⑤

제시된 도형을 180° 회전한 것이다.

03 　　　정답 ⑤

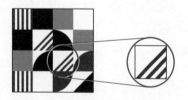

04 　　　정답 ④

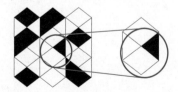

05 　　　정답 ③

도형을 좌우 반전하면 , 이를 시계 방향으로 90° 회

전하면 이 된다.

06 　　　정답 ④

도형을 상하 반전하면 , 이를 시계 반대 방향으로 90°

회전하면 , 이를 좌우 반전하면 이 된다.

07 　　　정답 ③

08 　　　정답 ③

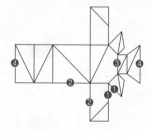

09 　　　정답 ①

1층 : 5개, 2층 : 4개, 3층 : 1개
∴ 10개

10 　　　정답 ③

1층 : 14개, 2층 : 8개, 3층 : 5개
∴ 27개

11
정답 ②

岳	握	顎	至	惡	渥	愕	嶽	齷	幄	鄂	鍔
鰐	治	岳	係	龍	徐	安	岸	眼	顔	鞍	雁
械	嶽	瀧	握	安	齷	顎	泰	鰐	帶	岸	齷
惡	嶽	嶽	愕	眼	鍔	至	顔	岳	鄂	渥	龍

12
정답 ②

いゆよぴてねぽみ － りゆよぴでぬぽみ

13
정답 ⑤

413 943 483 521 253 653 923 653 569 467 532 952
472 753 958 551 956 538 416 567 955 282 568 954
483 571 462 933 457 353 442 482 668 533 382 682
986 959 853 492 957 558 955 453 913 531 963 421

14
정답 ④

夫土+土+夫+土++夫+土++++夫土+夫夫++土+
土+夫夫

15
정답 ③

☺은 세 번째에 제시된 기호이므로 정답은 ③이다.

16
정답 ③

♫은 여덟 번째에 제시된 기호이므로 정답은 ③이다.

17
정답 ①

♡은 첫 번째에 제시된 기호이므로 정답은 ①이다.

18
정답 ②

Υ은 다섯 번째에 제시된 기호이므로 정답은 ②이다.

19
정답 ⑤

❀은 열 번째에 제시된 기호이므로 정답은 ⑤이다.

20
정답 ④

규칙 : % – 갸, a – 겨, & – 교, b – 규
④의 %ba&를 주어진 규칙에 적용해보면 각각 '% – 갸, b –
규, a – 겨, & – 교'가 된다. 따라서 '%ba& – 갸규겨교'가 규
칙에 따라 알맞게 변형한 것이다.

오답분석
① a%b& – 겨갸교규 → 겨갸규교
② ba&% – 규겨갸교 → 규겨교갸
③ &%ba – 교갸겨규 → 교갸규겨
⑤ &ab% – 겨겨교갸 → 교겨규갸

01	02	03	04	05	06	07	08	09	10
⑤	④	②	①	⑤	④	③	②	①	③
11	12	13	14	15	16	17	18	19	20
④	①	①	③	①	④	①	④	⑤	③

01   정답 ⑤

제시된 단어의 의미는 '충성스러운'으로, 이와 반대되는 의미를 가진 단어는 disloyal(불충실한)이다.

오답분석
① 불변의
② 헌신적인
③ 열렬한
④ 성급한

02   정답 ④

제시된 단어의 의미는 '아픈'으로, 이와 반대되는 의미를 가진 단어는 healthy(건강한)이다.

오답분석
① 시달리다
② 에너지
③ ~ 할 가치가 있는
⑤ 배, 복부

03   정답 ②

제시된 단어의 의미는 '명백한'으로, 이와 반대되는 의미를 가진 단어는 unclear(불확실한)이다.

오답분석
① 뚜렷한
③ 확실한
④ 보수적인
⑤ 익숙한

04   정답 ①

제시된 단어의 의미는 '납득시키다'로, 이와 같은 의미를 가진 단어는 persuade(설득하다)이다.

오답분석
② 거절하다
③ 숙고하다
④ 배치하다
⑤ 기부하다

05   정답 ⑤

제시된 단어의 의미는 '알려지지 않은'으로, 이와 같은 뜻을 가진 단어는 unknown(알려지지 않은)이다.

오답분석
① 더 이상 쓸모가 없는
② 버릇없는
③ 괴짜인
④ 비정상적인

06   정답 ④

제시된 단어의 의미는 '예측하다, 예견하다'이며, 이와 같은 뜻을 지닌 단어는 foresee(예견하다, ~ 일 것이라고 생각하다)이다.

오답분석
① 유리한 점, 이점, 장점
② 혼자 하는, 혼자 있기를 좋아하는
③ 웬만한, 참을 수 있는, 견딜 만한
⑤ 익숙한

07   정답 ③

• 벗다, 제거하다 : take off
「이 방에서는 모자를 벗어야 합니다.」

오답분석
① · ② 입다, 쓰다 : put on
④ 먹다 : eat
⑤ 주다 : to give

08   정답 ②

zebra(얼룩말)는 동물이지만, 나머지는 식물이다.

오답분석
① 데이지
③ 단풍나무
④ 선인장
⑤ 들국화

09

정답 ①

밑줄 친 'that'이 속한 문장에서 'accept'는 타동사인데 바로 뒤에 'from'이라는 전치사가 나와 있다. 따라서 'that they find useful'이 'accept'의 목적어 역할을 해야 하는데, 'that'이 관계대명사일 때 선행사를 포함할 수 없으므로 'what'으로 고쳐야 한다.

「어느 지식 분야에서든 연구 주제의 발전은 경제 시장과 매우 유사하다. 학자들은 서로 협력하는데, 협력이 서로에게 유익하다는 것을 알고 있기 때문이다. 그들은 서로의 연구로부터 자신들이 유용하다고 생각하는 것을 받아들인다. 그들은 언어적 의사소통, 발간되지 않은 논문 배포, 학술지와 서적 발표를 통해 자신들의 연구 결과를 교환한다. 협력은 경제 시장에서처럼 세계적이다. 동료 학자들의 존경이나 인정은 금전적 보상이 경제 시장에서 하는 것과 똑같은 기능을 한다. 그런 존경을 얻고자 하는, 자신들의 연구가 동료들에게 인정받기를 원하는 그 열망은 학자들이 자신들의 활동을 과학적으로 효율적인 방향으로 나아가도록 이끈다. 한 학자가 다른 학자의 연구를 기반으로 할 때 전체는 그것의 부분들의 합보다 더 크다. 결과적으로 그의 연구는 더 심화된 발전을 위한 기반이 된다.」

10

정답 ③

'우리가' 당신의 상황을 고려하겠다고 했으므로, 이를 확인하기 위한 대답은 'Oh, will you?'가 되어야 한다. 'Oh, will they?'는 적절하지 않다.

「A : 우리는 당신의 상황을 고려할 것입니다.
 B : 오, 그들이요?」

오답분석

① A : 이 학교는 1975년에 설립되었어.
  B : 오, 그 학교가?
② A : 우리 엄마는 선생님으로 일하고 있어.
  B : 오, 네 엄마가?
④ A : 너 발표 잘했어.
  B : 오, 제가요?
⑤ A : 전 당신에게 약간의 금전적인 보상을 드리고 싶습니다.
  B : 오, 당신이요?

11

정답 ④

「A : 나는 몸이 좋지 않은 것 같아.
 B : 난 네가 있어서 행복해.」

오답분석

① A : 유감스럽지만 나는 가야 해.
  B : 하지만 아직 밤이 이른 걸.
② A : 빨간 드레스를 입으니 정말 멋져 보인다.
  B : 고마워. 너무 과찬이야

③ A : 계란은 어떻게 해 드릴까요?
  B : 스크램블드에그(휘저어 부친 계란 프라이)요.
⑤ A : 탑승권 좀 보여주시겠어요?
  B : 네, 여기 있어요.

12

정답 ①

pay tribute to는 '~ 에게 경의를 표하다'라는 의미로 이와 의미가 가장 가까운 것은 honor(명예를 주다, 매우 존경하다)이다. 참고로, tribute는 '칭찬, 존경, 애정의 표시, 찬사' 등의 의미로 보통 대가에게 바치는 후배들의 오마주를 지칭한다.
• homespun : 손으로 짠, 소박한
• etch : 아로새기다
• cardboard : 판지
• construction paper : 마분지

「판지와 눈 위, 그리고 마분지에 새겨진 메시지를 포함하여 길목을 따라 그 팀에게 경의를 표하려는 수천여 개의 소박한 (손수 만든) 노력들이 이어졌다.」

오답분석

② 구성하다, 작곡하다
③ 공표하다, 홍보하다
④ 연결하다, 합쳐지다
⑤ 던지다, 내던지다

13

정답 ①

목이 아픈 B에게 약을 5달러에 판매한 것으로 볼 때 약국임을 알 수 있다.

「A : 안녕하세요? 어떻게 도와드릴까요?
 B : 목구멍이 따가워요.
 A : 이 약을 드세요. 5달러입니다.
 B : 여기 있습니다. 감사합니다.」

14

정답 ③

전치사 by는 동작의 완료시점을 나타내므로 과거 시제에 쓰이지 않는다.
「올해의 수익은 다음 월요일까지 회계사에게 알려질 것이다.」

15

정답 ①

• of course : 물론, 그렇군요
「A : 네 선물이야.
 B : 고마워. 지금 열어봐도 될까?
 A : 물론이지.
 B : 너무 예쁜 인형이구나!」

16

• take place : 개최되다
• take advantage of : ~을 이용하다
「• 그 회의는 호텔에서 개최될 것이다.
 • 그들은 건조한 날씨를 이용한다.」

17

본문에서 미국과 한국에서 아이들의 교육에 대한 서로 다른 부모님들의 견해를 이야기하고 있으므로 '아이들의 교육에 대한 다른 견해들'이 적절하다.
• independent : 독립적인
• be good at : ~에 능숙하다
• do one's best : 최선을 다하다
• view : 견해
「미국에서는 소년·소녀들이 독립적으로 되는 것이 중요하다. 부모들은 자녀들에게 다른 사람들의 도움 없이 일을 하도록 노력하라고 말한다. 한국에서는 사람들이 다른 사람들과 함께 일하는 데 능숙하며, 부모들은 자녀들에게 단체나 가족 속에서 최선을 다하라고 말한다.」

오답분석
② 부모님을 위해 최선을 다하기
③ 좋은 부모가 되는 법
④ 옛날과 오늘날의 부모
⑤ 미국과 한국의 소년·소녀들

18

다섯 번째 문장에 나오는 'Therefore' 이하가 필자의 주장에 해당하는 내용이다. 'it is necessary to televise trials to increase the chance of a fair trial'을 통해 필자는 재판의 공정성을 높이기 위해 재판 과정을 중계해야 한다고 주장하고 있음을 알 수 있다.
• distorted : 비뚤어진, 왜곡된
• sentence : 판결, 선고, 처벌
• trial : 재판
• televise : TV 중계하다
• coverage : 보도 (범위), 취재 (범위)
• aware of : 깨닫는
• crucial : 결정적인, 중대한
• potential : 잠재적인
「미국에서 어떤 사람들은 TV 매체가 일부 재판관들로 하여금 그들이 다른 상황에서 내렸을 판결보다 더 엄한 처벌을 선고하도록 이끌면서, 왜곡된 재판 상황을 만들어 낼 것이라고 주장한다. 그러나 재판을 TV로 중계하는 것과 관련된 몇 가지 이점들이 있다. 그것은 재판 과정을 대중들에게 교육시키는 역할을 할 것이다. 그것은 또한 어떤 주어진 사건에서 정확히 어떤 일이 벌어지는지에 대해 완전하고 정확한 보도를 해 줄 것이다. 그렇기 때문에, 공정한 재판의 가능성을 증진시키기 위해 재판을 TV로 중계할 필요가 있다. 그리고 만약 재판이 중계된다면, 많은 청중들이 그 사건에 대해 알게 될 것이고, 방송이 되지 않았다면 그 사건을 몰랐을 중요한 목격자가 그 사건에서 잠재적인 역할을 할 수도 있다.」

19

필자는 환경 보전 생활화에 대한 주장을 하고 있다.
• be said to ~ : ~라고 알려지다, ~라고들 한다
• in other words : 즉, 다시 말해서
「일반적으로, 삶의 질이란 우리의 환경을 보전하기 위해 취하는 수단에 의존한다고 알려져 있다. 우리의 세계를 구하기 위해 우리는 개인적으로 무엇을 할 수 있는가? 만약 우리가 지구를 보전하고자 한다면 다음을 귀담아 들어야 한다. "세계적으로 생각하고, 지역적으로 행동하라." 다시 말해서, 우리는 일상생활의 활동에서도 전 지구와 지구의 미래에 대해 고려해야만 한다. 여기에 우리 환경을 보전하기 위해 지켜야할 몇 가지 규칙이 있다.」

20

이솝의 우화는 교훈이나 가르침이 있는 짧은 이야기라고 하였으므로 ③은 적절하지 않다.
• fable : 우화, 꾸며낸 이야기
• moral : 교훈
• lesson : 학과, 수업, 교훈, 가르침
• tale(=story) : 이야기
• become known as : ~로 유명해지다
• famous : 유명한, 훌륭한
「이솝은 기원전 약 620년부터 560년까지 그리스에 살았던 사람이다. 그는 여러 동물들에 관한 우화를 들려주었다. 우화는 교훈이나 가르침이 있는 짧은 이야기이다. 이솝이 죽은 후에 많은 다른 사람들이 그의 이야기를 들려주었고 새 이야기를 덧붙이기도 했다. 이 이야기들이 이솝 우화로 알려지게 되었다. 이것은 세상에서 가장 유명한 우화이다. 비록 이솝 우화가 주로 동물에 관한 이야기이긴 하지만, 그것은 인간에게 잘 사는 법을 가르쳐 준다.」

제2회 최종점검 모의고사 (NCS 유형)

01	02	03	04	05	06	07	08	09	10	11	12	13	14	15	16	17	18	19	20
③	①	④	⑤	⑤	③	②	③	①	①	③	②	⑤	④	④	⑤	④	④	④	④
21	22	23	24	25	26	27	28	29	30	31	32	33	34	35	36	37	38	39	40
⑤	①	③	③	④	④	④	④	④	⑤	③	③	⑤	④	④	④	④	⑤	⑤	③
41	42	43	44	45	46	47	48	49	50	51	52	53	54	55	56	57	58	59	60
⑤	④	④	②	②	③	①	④	①	①	③	⑤	①	④	②	④	④	③	④	①

01

정답 ③

김과장은 직원들에 대한 높은 관심으로 간섭하려는 경향이 있고, 남에게 자신의 업적을 이야기하며 인정받으려는 욕구가 강하다. 따라서 김과장은 타인에 대한 높은 관심과 간섭을 자제하고, 지나친 인정 욕구에 대한 태도를 성찰할 필요가 있다.

오답분석
① 김과장이 독단적으로 결정했다는 내용은 언급되어 있지 않다.
② 직원들은 김과장의 지나친 관심으로 힘들어하고 있는 상황이므로 적절하지 않은 조언 내용이다.
④ 인정이 많다거나 직원들의 요구를 거절하지 못한다는 내용은 제시문에서 찾을 수 없다.
⑤ 직원들에게 지나친 관심을 보이는 김과장에게는 적절하지 않은 조언내용이다.

키슬러의 대인관계 의사소통 유형

구분	특징
지배형	• 자신감 있고, 지도력 있음 • 논쟁적이고, 독단적이어서 대인 갈등을 겪을 수 있음
실리형	• 이해관계에 예민하고, 자기중심적임 • 성취지향적이며, 경쟁적임
냉담형	• 이성적임 • 타인의 감정에 무관심함
고립형	• 혼자 있는 것을 선호함 • 자신의 감정을 억제함
복종형	• 수동적이고, 의존적임 • 자신감이 없음
순박형	• 단순하고, 솔직함 • 자기주관이 부족함
친화형	• 인정이 많고, 자기희생적임 • 타인의 요구를 거절하지 못함
사교형	• 외향적이고, 인정 욕구가 강함 • 타인에게 관심이 많음

02

정답 ①

조직은 다양한 사회적 경험과 사회적 지위를 토대로 한 개인의 집단이므로 동일한 내용을 제시하더라도 각 구성원은 서로 다르게 받아들이고 반응한다. 그렇기 때문에 조직 내에서 적절한 의사소통을 형성한다는 것은 결코 쉬운 일이 아니다.

[오답분석]

② 메시지는 고정되고 단단한 덩어리가 아니라 유동적이고 가변적인 요소이기 때문에 상호작용에 따라 다양하게 변형될 수 있다.
③·④·⑤ 제시된 갈등 상황에서는 표현 방식의 문제보다는 서로 다른 의견이 문제가 되고 있으므로 적절하지 않다.

03

정답 ④

한자음 '녀'가 단어 첫머리에 올 때는 두음 법칙에 따라 '여'로 적으나, 의존 명사의 경우는 '녀' 음을 인정한다. 해를 세는 단위의 '년'은 의존 명사이므로 ④의 '연'은 '년'으로 적어야 한다. → 반년

[오답분석]

① 이사장의 말을 직접 인용하고 있으므로 '라고'의 쓰임은 적절하다.
② '말'이 표현을 하는 도구의 의미로 사용되었으므로 '로써'의 쓰임은 적절하다.
③ 받침 'ㅇ'으로 끝나는 말 뒤에 쓰였으므로 '률'의 쓰임은 적절하다.
⑤ 아라비아 숫자만으로 연월일을 모두 표시하고 있으므로 마침표의 사용은 적절하다.

04

정답 ⑤

첫 번째 문단에 따르면 GDP를 계산할 때는 총생산물의 가치에서 중간생산물의 가치를 빼야 한다.

[오답분석]

① 상품 판매 가격은 물가 변동에 따라 오르내리기 때문에 GDP를 집계 당시의 상품 판매 가격으로 산출하면 물가 변동의 영향을 그대로 받는다.
② GDP는 한 나라 안에서 일정 기간 새로 생산된 최종 생산물의 가치를 모두 합산한 것이다.
③·④ GDP를 산출할 때는 그해에 새로 생산된 재화와 서비스 중 화폐로 매매된 것만 계산에 포함하고, 화폐로 매매되지 않은 것은 포함하지 않는다.

05

정답 ⑤

GDP는 무역 손실에 따른 실질 소득의 감소를 제대로 반영하지 못하기 때문에 국민경제의 소득 수준과 소비 능력을 나타내는 GNI가 필요하다.

06

정답 ③

우선 아랍에미리트는 해외 EPS센터가 없으므로 제외한다. 또한, 한국 기업이 100개 이상 진출해 있어야 한다는 두 번째 조건으로 인도네시아와 중국으로 후보를 좁힐 수 있다. 치안에 대한 상황은 둘 다 제시되지 않았으니 현재 취업실태를 이해해 선택해야 한다. '우리나라 사람들의 해외취업을 위한 박람회'이므로 성공적인 박람회 개최를 위해선 취업까지 이어지는 것이 중요하다. 중국의 경우, 청년 실업률은 높지만 경쟁력 부분에서 현지 기업의 80% 이상이 우리나라 사람을 고용하기를 원하므로, 중국 청년 실업률과는 별개로 우리나라 사람들의 취업이 쉽게 이루어질 수 있음을 알 수 있다. 따라서 중국이 적절하다.

07
정답 ②

고급 포장과 스토리텔링은 모두 수제 초콜릿의 강점에 해당되므로 SWOT 분석에 의한 마케팅 전략으로 볼 수 없다. SO전략과 ST전략으로 보일 수 있으나, 기회를 포착하거나 위협을 회피하는 모습을 보이지 않기에 적절하지 않다.

오답분석

① 값비싼 포장(약점)을 보완하여 좋은 식품에 대한 인기(기회)에 발맞춰 홍보하므로 WO전략에 해당된다.
③ 수제 초콜릿의 스토리텔링(강점)을 포장에 명시하여 소비자들의 요구를 충족(기회)시키는 SO전략에 해당된다.
④ 수제 초콜릿의 존재를 모른다(약점)는 점에 마케팅을 강화하여 대기업과의 경쟁(위협)을 이겨내는 WT전략에 해당된다.
⑤ 수제 초콜릿의 풍부한 맛(강점)을 알리고, 맛을 보기 전에는 알 수 없는 일반 초콜릿과의 차이(위협)도 알리는 ST전략에 해당된다.

08
정답 ③

간디가 반외세 사회주의자라는 내용은 제시문에서 확인할 수 없다.

오답분석

①은 두 번째 문장에서, ②·⑤는 마지막 문장에서, ④는 세 번째와 네 번째 문장에서 각각 확인할 수 있다.

09
정답 ①

ⓛ·ⓒ·ⓔ은 양반의 폐단에 관해 밝히고 있으며, ⓜ은 온 나라의 사람이 모두 양반이 되어 양반이 없도록 할 것을 주장하고 있다. 따라서 ⓜ의 주장을 뒷받침하기 위해서는 양반의 폐단을 설명해야 하므로, ⓛ·ⓒ·ⓔ이 그 근거가 됨을 알 수 있다.

10
정답 ①

오답분석

② 사막화가 심한 지역은 아프리카, 중동, 호주, 중국이다.
③ 사막화는 지구 온난화, 과도한 경작, 무분별한 벌목으로 인한 삼림 파괴 등에 의해 일어날 수 있다고 설명하고 있다.
④ 사막화란 건조 지대에서 일어나는 토지 황폐화 현상이다.
⑤ 사막화가 계속 진행된다면 식량 생산이 감소하고 식수가 부족한 현상으로 이어질 수 있다.

11
정답 ③

㉠ 영역별 이용금액이 동일한 경우 영역 번호 순으로 순위가 적용되므로, 4순위인 대중교통 영역에서는 기본적립율인 0.7%만 적립받는다.
㉡ 전월실적은 추가적립에 대해서만 적용이 되므로, 전월실적이 40만 원 미만이어서 실적요건을 충족시키지 못하더라도 기본적립율인 0.7%는 적립받을 수 있다.
㉢ 통신요금 자동이체의 경우 결제 승인일이 아닌 매출표 접수일을 기준으로 이용금액 산정과 적립이 진행된다.

오답분석

㉣ 적립 제외 대상을 보면 아파트관리비를 해당 체크카드로 납부한 경우 이는 전월실적으로 인정되지 않는다.

12

㉠ 석유와 천연가스, 원자력 소비량 상위 3개 지역을 살펴보면 석유의 상위 소비량 3개 지역은 '인천 – 서울 – 경기', 천연가스의 상위 소비량 3개 지역은 '서울 – 경기 – 인천', 원자력의 상위 소비량 3개 지역은 '인천 – 서울 – 경기'이므로 상위 3개 지역은 동일하다.

㉢ 석유의 소비량이 가장 많은 지역은 인천으로 그 소비량은 3,120이고, 가장 적은 지역은 광주로 그 소비량은 725이다. 따라서 인천의 소비량은 광주의 소비량의 $\frac{3,120}{725}$≒4.3배로 4배 이상이다.

오답분석

㉡ 강원의 소비량 1위인 에너지원은 석탄 하나이므로 적절하지 않다.

㉣ 수력·풍력의 소비량 상위 5개 지역은 제주(41), 강원(28), 부산(6), 인천(4), 충청(4) 지역이다. 이들의 소비량의 합은 41+28+6+4+4=83으로 전체(95.5)의 $\frac{83}{95.5}$×100≒86.9%로 90% 미만이다.

13

석탄의 소비량이 가장 적은 지역은 제주(102)로 전체(13,520)에서 $\frac{102}{13,520}$×100≒0.75%, 석유의 소비량이 가장 적은 지역은 광주(725)로 전체(20,867)에서 $\frac{725}{20,867}$×100≒3.47%, 천연가스의 소비량이 가장 적은 지역도 광주(31)로 전체(3,313)에서 $\frac{31}{3,313}$×100≒0.94%, 수력·풍력의 소비량이 가장 적은 지역은 대전(0.5)으로 전체(95.5)에서 $\frac{0.5}{95.5}$×100≒0.52%, 원자력의 소비량이 가장 적은 지역은 광주(40)로 전체(2,668)에서 $\frac{40}{2,668}$×100≒1.5%이다.

따라서 그 비율이 큰 순서대로 에너지원을 나열하면 석유 – 원자력 – 천연가스 – 석탄 – 수력·풍력 순서이다.

14

아이들의 수를 x명이라고 하면 노트의 개수는 다음과 같은 식이 성립한다.

$7(x-14)+2=6(x-11)+2$

∴ $x=32$

즉, 아이들의 수는 32명, 노트의 개수는 7×(32-14)+2=128권이다.

따라서 1명당 나눠줄 노트의 개수는 128÷32=4권이다.

15

(사용금액)+(이자)=(청구금액)이다.

사용금액을 x원이라고 하면 다음과 같은 식이 성립한다.

$x+0.15x=97,750$

∴ $x=85,000$

따라서 이자는 97,750-85,000=12,750원이다.

16

2017 ~ 2021년 동안 매년 생산량은 두류가 잡곡보다 많음을 알 수 있다.

오답분석

① 잡곡의 생산량이 가장 적은 해는 2018년이고, 재배면적이 가장 적은 해는 2021년이다.

② 2021년의 경우 잡곡의 재배면적은 208ha이며, 서류 재배면적의 2배인 138×2=276ha보다 작다.

③ 두류의 생산량이 가장 많은 해는 2017년이고, 같은 해에 재배면적이 가장 큰 곡물은 미곡이다.

④ 2019 ~ 2021년 동안 미곡의 전년 대비 생산량 증감추이는 '감소 – 증가 – 증가'이고, 두류의 경우 계속 증가했다.

17

정답 ④

퇴근시간대인 16:00 ~ 20:00에 30 ~ 40대의 누락된 유동인구 비율을 찾아낸 뒤, 100,000명을 곱하여 설문조사 대상인원 수를 산출하면 된다.
우측 및 하단의 소계 및 주변 수치를 통해서 다음과 같이 빈 공간을 먼저 채운다.

구분	10대	20대	30대	40대	50대	60대	70대	소계
08:00 ~ 12:00	1	1	3	4	1	0	1	11
12:00 ~ 16:00	0	2	3	4	3	1	0	13
16:00 ~ 20:00	4	3	10	11	2	1	1	32
20:00 ~ 24:00	5	6	14	13	4	2	0	44
소계	10	12	30	32	10	4	2	100

위 결과를 토대로 30 ~ 40대 직장인의 퇴근시간대 유동인구 비율은 10+11=21%임을 확인할 수 있다.
따라서 100,000×0.21=21,000명이므로 설문지는 21,000장을 준비해야 한다.

18

정답 ④

• 이주임 : 2020년 부채의 전년 대비 감소율은 $\frac{3,777-4,072}{4,072}\times100 ≒ -7.2\%$이므로 10% 미만이다.

• 박사원 : 자산 대비 자본의 비율은 2019년에 $\frac{39,295}{44,167}\times100 ≒ 89.0\%$이고, 2020년에 $\frac{40,549}{44,326}\times100 ≒ 91.5\%$로 증가하였으므로 옳은 설명이다.

[오답분석]

• 김대리 : 2018년부터 2020년까지 당기순이익의 전년 대비 증감 추이는 '증가 – 증가 – 증가'이나, 부채의 경우 '증가 – 증가 – 감소'이므로 옳지 않은 설명이다.

• 최주임 : 2019년의 경우 부채비율이 전년과 동일하므로 옳지 않은 설명이다.

19

정답 ④

가입기간이 24개월이기 때문에 '스마트 적금'과 '청년 적금'은 제외된다. 또한 현재 군 복무 중이 아니기 때문에 '나라지킴이 적금'도 제외된다. '우리아이 정기예금'의 경우 첫 예치 시 1,000만 원 이상부터 가능하지만 500만 원밖에 없다고 했으므로 불가능하다.
따라서 당행 계열사 카드 전월 실적 30만 원 이상 및 당행 예·적금 상품 신규고객에 속하며, 통장에 300만 원 이상 보유한 조건을 갖춰 우대금리를 적용받을 수 있고, 가입기간을 24개월로 할 수 있는 '우리집 만들기 예금'이 가장 적절하다.

20

정답 ④

마지막 11번째 자리는 체크기호로 난수이다. 따라서 432번째 개설된 당좌예금이다.

21

정답 ⑤

2016 ~ 2021년 국내 제조 수출량 대비 국외 제조 수출량의 비율을 비교해 보면 다음과 같다.

• 2016년 : $\frac{504,430}{909,180}\times100 ≒ 55.48\%$

• 2017년 : $\frac{1,447,750}{619,070}\times100 ≒ 233.86\%$

• 2018년 : $\frac{1,893,780}{229,190}\times100 ≒ 826.29\%$

• 2019년 : $\frac{2,754,770}{162,440}\times100 ≒ 1,695.87\%$

- 2020년 : $\dfrac{2,206,710}{313,590} \times 100 ≒ 703.69\%$

- 2021년 : $\dfrac{2,287,840}{398,360} \times 100 ≒ 574.31\%$

따라서 국내 제조 수출량 대비 국외 제조 수출량 비율이 가장 높은 해는 2019년이다.

[오답분석]
① 2020년은 미국이 한국에게 세이프 가드를 적용한 지 2년째 되는 해이므로 120만 대까지는 18%의 관세가 적용된다.

② 2017년 세탁기 총수출량은 2016년보다 $\dfrac{2,066,820-1,413,610}{1,413,610} \times 100 ≒ 46.21\%$ 증가하였다.

③ 2019년 수출한 세탁기 수는 총 2,917,210대이며, 초과분은 120만 대를 제외한 1,717,210대이다.

④ 2016 ~ 2019년 국내 제조 수출량은 계속 감소하고, 국외 제조 수출량은 계속 증가했다.

22

정답 ①

설득은 논쟁이 아니라 논증을 통해 더욱 정교해지는 과정이며, 상대방에 대한 공감을 필요로 한다. 나의 주장을 다른 사람에게 이해시켜 납득시키고 그 사람이 내가 원하는 행동을 하게 만드는 것이며, 이해는 머리로 하고 납득은 머리와 가슴이 동시에 공감되는 것을 말한다. 또한 이 공감은 논리적 사고가 기본이 된다. 따라서 ①의 내용은 상대방이 했던 이야기를 이해하도록 노력하면서 공감하려는 태도가 보이므로 설득임을 알 수 있다.

[오답분석]
② 상대의 생각을 모두 부정하지 않고, 상황에 따른 생각을 이해함으로써 새로운 지식이 생길 가능성이 있으므로 논리적 사고 구성요소 중 '타인에 대한 이해'에 해당한다.
③ 상대가 말하는 것을 잘 알 수 없어 구체적인 사례를 들어 이해하려는 것으로 논리적 사고 구성요소 중 '구체적인 생각'에 해당한다.
④ 상대방의 주장에 대한 이해가 부족하다는 것을 인식해 상대의 논리를 구조화하려는 것으로 논리적 사고 구성요소 중 '상대 논리의 구조화'에 해당한다.
⑤ 상대방이 말한 내용이 명확하게 이해가 안 되어 먼저 자신이 생각하고 이해하도록 노력하는 것으로 논리적 사고 구성요소 중 '생각하는 습관'에 해당한다.

23

A ~ E인턴들 중에 소비자들의 불만을 접수해서 처리하는 업무를 맡기기에 가장 적절한 인턴은 C인턴이다. 잘 흥분하지 않으며, 일처리가 신속하고 정확하다고 '책임자의 관찰 사항'에 명시되어 있으며, 직업선호 유형은 'CR'로 관습형・현실형에 해당된다. 따라서 현실적이며 보수적이고 변화를 좋아하지 않는 유형으로 소비자들의 불만을 들어도 감정적으로 대응하지 않을 성격이기 때문에 C인턴이 이 업무에 가장 적합하다.

24

먼저 모든 면접위원의 입사 후 경력은 3년 이상이어야 한다는 조건에 따라 A, E, F, H, I, L직원은 면접위원으로 선정될 수 없다. 이사 이상의 직급으로 6명 중 50% 이상 구성되어야 하므로 자격이 있는 C, G, N은 반드시 면접위원으로 선정된다. 다음으로 인사팀을 제외한 부서는 2명 이상 선출될 수 없으므로 이미 N이사가 선출된 개발팀은 더 선출할 수 없고, 인사팀은 반드시 2명을 포함해야 하므로 D과장은 반드시 선출된다. 이를 정리하면 다음과 같다.

구분	1	2	3	4	5	6
경우 1	C이사	D과장	G이사	N이사	B과장	J과장
경우 2	C이사	D과장	G이사	N이사	B과장	K대리
경우 3	C이사	D과장	G이사	N이사	J과장	K대리

따라서 B과장이 면접위원으로 선출됐더라도 K대리가 선출되지 않는 경우도 있다.

25

제시문은 미국 대통령 후보 선거제도 중 하나인 '코커스'에 대한 설명과 아이오와주에서 코커스 개최시기가 변경된 아이오와주 그리고 아이오와주 선거 운영 방식의 변화에 대하여 서술하고 있다. 빈칸 앞에서는 개최시기를 1월로 옮긴 아이오와주 공화당의 이야기를, 빈칸 뒤에서는 아이오와주 선거 운영 방식의 변화와 같이 다른 주제에 대해서 다루고 있으므로, 빈칸 앞과 이어지는 내용의 '아이오와주는 미국의 대선후보 선출 과정에서 민주당과 공화당 모두 가장 먼저 코커스를 실시하는 주가 되었다.'가 오는 것이 적절하다.

오답분석
① 선거 운영 방식이 달라진 것이 아니라 코커스를 실시하는 시기가 달라진 것이다.
② 제시문에서는 민주당과 공화당 사이가 악화된 계기가 언급되어 있지 않다.
③ 제시문에서 아이오와주에서 코커스의 개정을 요구했다는 근거를 찾을 수 없다.
⑤ 아이오와주가 코커스 제도에 대해 부정적이었다는 근거를 찾을 수 없다.

26

정답 ④

규정상 주어진 처리기간은 24시간이다. 그 기간 내 처리하지 못할 경우에는 민원자에게 중간답변을 한 후 48시간으로 연장할 수 있다. 연장한 기간 내에도 처리하기 어려운 사항일 경우, 1회에 한하여 본사 총괄부서장의 승인하에 48시간을 추가 연장할 수 있다. 따라서 해당 민원은 늦어도 48+48=96시간=4일 이내 처리해야 한다. 그러므로 7월 18일에 접수된 민원은 늦어도 7월 22일까지는 처리가 완료되어야 한다.

27

정답 ④

주어진 조건에서 적어도 한 사람은 반대를 한다고 하였으므로, 한 명씩 반대한다고 가정하고 접근한다.
ⅰ) A가 반대한다고 가정하는 경우
　첫 번째 조건에 의해 C는 찬성하고 E는 반대한다. 네 번째 조건에 의해 E가 반대하면 B도 반대한다. 이것은 두 번째 조건에서 B가 반대하면 A가 찬성하는 것과 모순되므로 A는 찬성한다.
ⅱ) B가 반대한다고 가정하는 경우
　두 번째 조건에 의해 A는 찬성하고 D는 반대한다. 세 번째 조건에 의해 D가 반대하면 C도 반대한다. 이것은 첫 번째 조건과 모순되므로 B는 찬성한다.
두 경우에서의 결론과 네 번째 조건의 대우(B가 찬성하면, E도 찬성한다)를 함께 고려하면 E도 찬성함을 알 수 있다. 그리고 첫 번째 조건의 대우(E가 찬성하거나 C가 반대하면, A와 D는 모두 찬성한다)에 의해 D도 찬성한다.
따라서 C를 제외한 A, B, D, E 모두 찬성한다.

28

정답 ④

입찰가격이 9억 원 이하인 업체는 A, C, D, E이고 이 업체들에 가중치를 적용한 점수와 이에 따른 디자인 점수를 나타내면 다음과 같다.

(단위 : 점)

입찰기준 입찰업체	운영건전성 점수	시공실적 점수	공간효율성 점수	총합	디자인 점수
A	6	6(=3×2)	14(=7×2)	26(=6+6+14)	4
C	5	12(=6×2)	6(=3×2)	23(=5+12+6)	1
D	8	16(=8×2)	18(=9×2)	42(=8+16+18)	2
E	9	10(=5×2)	10(=5×2)	29(=9+10+10)	8

중간 선정된 A, D, E 중 디자인 점수가 가장 높은 업체는 E이다. 따라서 E가 최종 선정된다.

29

정답 ④

입찰가격이 11억 원 미만인 업체는 B를 제외한 A, C, D, E, F이고, F업체는 선택지에 제시되지 않았으므로 계산하지 않는다. 각 업체에 가중치를 적용한 점수와 이에 따른 최종 선정 결과를 나타내면 다음과 같다.

(단위 : 점)

입찰업체 \ 입찰기준	운영건전성 점수	환경친화자재 점수	시공실적 점수	디자인 점수	총합	비고
A	12(=6×2)	7	9(=3×3)	4	32(=12+7+9+4)	시공실적 점수 기준미달
C	10(=5×2)	9	18(=6×3)	1	38(=10+9+18+1)	중간 선정
D	16(=8×2)	2	24(=8×3)	2	44(=16+2+24+2)	중간 선정
E	18(=9×2)	6	15(=5×3)	8	47(=18+6+15+8)	시공실적 점수 기준미달

중간 선정된 C, D 중 운영건전성 점수가 더 높은 업체는 D이다. 따라서 D가 최종 선정된다.

30

정답 ⑤

주어진 조건을 표로 정리하면 다음과 같으므로, 김치찌개는 총 9그릇이 필요하다.

구분	A	B	C	D	E	F
아침	된장찌개	된장찌개	된장찌개	김치찌개	김치찌개	김치찌개
점심	김치찌개	김치찌개	된장찌개	된장찌개	된장찌개	김치찌개
저녁	김치찌개	김치찌개	김치찌개	된장찌개	된장찌개	된장찌개

31

정답 ③

C가 계획을 제대로 실천하지 못한 이유는 직장에 다니고 있기 때문에 개인 시간에 한계가 있는데 그에 비해 계획이 과했기 때문이다 (⑤). 그리고 다른 욕구를 이기지 못한 것도 원인이다. 몸이 아파서(내부), 회사 회식에 빠지기 어려워서(외부), 즉 쉬고 싶은 욕구와 다른 사람과 어울리고 싶은 욕구가 계획 실천 욕구보다 강했다(①·④). 이때 C는 자신에게는 그럴 만한 이유가 있었다고 생각했다 (②). 하지만 자기개발에 대한 구체적인 방법을 몰라서 계획을 실천하지 못한 것은 아니다. 업무와 관련한 자격증 강의 듣기, 체력 관리, 친목 다지기 등 계획 자체는 꽤 구체적으로 세웠기 때문이다.

32

정답 ③

자기개발은 자아인식, 자기관리, 경력개발로 나누어진다.
③은 자기관리에 해당하고 ①·②·④·⑤는 경력개발에 해당한다.

33

정답 ⑤

ⓒ의 체력단련이나 취미활동은 정의에서 언급하는 개인의 경력목표와 전략으로 볼 수 없다. ⓔ의 경우 직장 생활보다 개인적인 삶을 중요시하고 있으므로 조직과 함께 상호작용하며 경력을 개발해 나가야 한다는 경력개발의 정의와 일치하지 않는다. 따라서 ⓒ과 ⓔ은 제시된 정의에 따른 경력개발 방법으로 적절하지 않다.

34

정답 ④

ⓛ에는 외부 위협요인을 줄이거나 제거하는 ST전략이 와야 하지만, ④는 안정적인 자금력(S)를 통해 약점(W)인 부유층 고객을 늘이거나, 부유층 고객이 이동하는 기회(O)를 잡으려는 전략(SW, SO)에 해당하므로 적절하지 않다.

35

정답 ④

㉠ A는 패스트푸드점이 가까운 거리에 있음에도 불구하고 배달료를 지불해야 하는 배달 앱을 통해 음식을 주문하고 있으므로 편리성을 추구하는 (나)에 해당한다.

㉡ B는 의자 제작에 필요한 재료들인 물적자원만 고려하고 시간은 고려하지 않았으므로 시간이라는 자원에 대한 인식 부재인 (다)에 해당한다.

㉢ C는 자원관리의 중요성을 인식하고 프로젝트를 완성하기 위해 나름의 계획을 세워 수행하였지만, 경험이 부족하여 계획한 대로 진행하지 못하였으므로 노하우 부족인 (라)에 해당한다.

㉣ D는 홈쇼핑 시청 중 충동적으로 계획에 없던 여행 상품을 구매하였으므로 비계획적 행동인 (가)에 해당한다.

36

정답 ④

꼭 해야만 할 일을 끝내지 못했을 경우에는 다른 사람에게 부탁하기보다는 자신의 차기 계획에 반영하여 해결하는 것이 좋다. 또한 다른 사람에게 위양할 수 있는 일과 그렇지 못한 일은 진행하는 도중이 아니라 처음 시간계획을 할 때부터 나누어 두어야 한다. 따라서 야근을 해도 끝내지 못한 일은 다음 일일 업무 계획에 반영하여 자신이 해결하도록 해야 한다.

37

정답 ④

물적자원의 관리과정

1. 사무 용품과 보관 물품의 구분
   – 반복 작업 방지, 물품 활용의 편리성
2. 동일 및 유사 물품으로 분류
   – 동일성, 유사성의 원칙
3. 물품 특성에 맞는 보관 장소 선정
   – 물품의 형상 및 소재

다음 과정에 맞춰 C주임의 행동을 배열한다면 기존 비품 중 사용할 사무용품과 따로 보관해둘 물품을 분리하는 (C), 동일 및 유사 물품으로 분류하는 (B), 물품의 형상 및 소재에 따라 보관 장소를 선정하는 (A)의 순서가 적절하다.

38

정답 ⑤

밑줄 친 '이것'은 간접비용(Indirect Cost)을 의미한다.
- 장원 : 간접비용은 생산에 직접적으로 관련이 있는 비용인 직접비용에 상대되는 개념이다.
- 휘동·경원 : 간접비용에는 생산과 직접적으로 관련이 없는 보험료, 건물관리비, 광고비, 통신비, 사무비품비, 각종 공과금 등이 포함된다.

[오답분석]
- 창수 : 직접비용의 구성 중 하나인 인건비에 대해 설명하고 있다.

39

정답 ⑤

제시된 규정에 따라 사례금액의 상한을 산출하면 다음과 같다.

구분	강의시간	기타	사례금액 상한
A국립대 M교수	1시간	–	20만 원
B언론사 K기자	2시간	–	250만 원
C병원 S병원장	2시간	–	100만 원
D사립대 J강사	1시간	원고료 10만 원 추가 요청	100만 원
합계			470만 원

B언론사 K기자와 C병원 S병원장의 경우, 1시간을 초과하여 강의를 하므로, 기본 1시간+상한금액의 1.5배에 해당하는 추가금액이 상한액이다. 따라서 사례금의 상한은 총 470만 원이다.

40

정답 ③

A조와 겹치지 않는 프로그램으로 조건에 맞춰 일정을 짜면 다음과 같다.
- 최소 18시간을 이수하여야 하므로, 소요시간이 긴 프로그램부터 고려한다.
- 토론은 첫째 날에만 가능한 수업이므로 이후 B조의 일정에서 제외한다.
- 첫째 날 : 토론을 제외하고 리더십 교육(5시간), 팀워크(4시간) 순으로 소요시간이 길지만 리더십 교육은 비상대응역량 교육을 수강해야 이수할 수 있으므로 팀워크(4시간)를 첫째 날 오후에 배치한다.
- 둘째 날 : 리더십 교육을 위해서는 비상대응역량 교육이 필요하다. 따라서 오전에는 비상대응역량 교육을, 오후에는 리더십 교육을 배치한다.
- 셋째 날 : 나머지 프로그램 중 소요시간이 3시간인 현지 전문가 과정 1, 2를 순서대로 배치한다.
- 넷째 날 : B조는 어학 프로그램을 반드시 이수한다는 조건에 맞춰 어학을 배치한다.

구분		첫째 날		둘째 날		셋째 날		넷째 날	
		오전	오후	오전	오후	오전	오후	오전	오후
A조	프로그램	공항 도착	토론	현지 전문가 과정 1	팀워크	비상대응 역량 교육	리더십 교육		
	시간	×	5	3	4	2	5		
B조	프로그램	공항 도착	팀워크	비상대응 역량 교육	리더십 교육	현지 전문가 과정 1	현지 전문가 과정 2	어학	
	시간	×	4	2	5	3	3	1	

따라서 B조의 총연수기간은 3박 4일이다.

41

정답 ⑤

한국 → 필리핀	4일	6일	9일	16일	20일	22일
	×	×	×	○	○	○
필리핀 → 한국	8일	11일	19일	23일	25일	26일
	×	×	×	○	○	×

- 40번 문제의 결과를 바탕으로 B조의 연수기간은 총 3박 4일이다. 5일과 9일은 회사 행사로 인해 연수에 참가하지 못하므로 해당 일자가 연수기간에 포함되는 출국일인 4, 6, 9일은 불가능하다. 따라서 출국일은 16, 20, 22일이 가능하다.
- 제외된 출국일로 인해 8일, 11일은 귀국일이 될 수 없으므로 제외한다.
- 귀국 다음 날 연수 과정을 정리해 상사에게 보고해야 하므로 귀국 다음 날이 평일이 아닌 금요일, 토요일은 제외해야 한다. 따라서 19, 26일을 제외한다.
- 20 ~ 23일과 22 ~ 25일 모두 가능하지만 마지막 날 어학 프로그램이 오전 10시에 끝나므로 23일 오전 10시 비행기를 탈 수 없다.

따라서 출국일은 22일, 귀국일은 25일이다.

42

정답 ④

인쇄해야 할 자료는 20×10=200부이며, 200×30=6,000페이지이다. 이를 활용하여 업체당 인쇄 비용을 구하면 다음 표와 같다.

구분	페이지 인쇄 비용	유광표지 비용	제본 비용	할인을 적용한 총비용
A	6,000×50=30만 원	200×500=10만 원	200×1,500=30만 원	30+10+30=70만 원
B	6,000×70=42만 원	200×300=6만 원	200×1,300=26만 원	42+6+26=74만 원
C	6,000×70=42만 원	200×500=10만 원	200×1,000=20만 원	42+10+20=72만 원 → 200부 중 100부 5% 할인 → (할인 안 한 100부 비용)+(할인한 100부 비용)=36+(36×0.95)=70만 2천 원
D	6,000×60=36만 원	200×300=6만 원	200×1,000=20만 원	36+6+20=62만 원
E	6,000×100=60만 원	200×200=4만 원	200×1,000=20만 원	60+4+20=84만 원 → 총비용 20% 할인 84×0.8=67만 2천 원

따라서 가장 저렴한 비용으로 인쇄할 수 있는 업체는 D인쇄소이다.

43

정답 ④

한 달을 기준으로 S씨가 지출하게 될 자취방 월세와 자취방에서 대학교까지 왕복 거리비용을 합산하면 아래와 같다.
- A자취방 : 330,000+(1.8×2,000×2×15)=438,000원
- B자취방 : 310,000+(2.3×2,000×2×15)=448,000원
- C자취방 : 350,000+(1.3×2,000×2×15)=428,000원
- D자취방 : 320,000+(1.6×2,000×2×15)=416,000원
- E자취방 : 340,000+(1.4×2,000×2×15)=424,000원

따라서 S씨가 선택할 수 있는 가장 저렴한 비용의 자취방은 D자취방이다.

44

정답 ②

왕복 시간이 2시간, 배차 간격이 15분이라면 첫차가 재투입되는 데 필요한 앞차의 수는 첫차를 포함해서 8대이다(15분×8대=2시간이므로 8대의 버스가 운행된 이후 9번째에 첫차 재투입 가능). 따라서 버스회사는 최소 8대의 버스를 주문해야 한다.
운전사는 왕복 후 30분의 휴식을 취해야 한다. 따라서 첫차를 운전했던 운전사는 2시간 30분 뒤에 운전을 시작할 수 있다. 따라서 150분 동안 운행되는 버스는 10(=150÷15)대이므로 10명의 운전사가 필요하다.

45

정답 ②

고객은 대출 이자가 잘못 나갔다고 생각하고 일처리를 잘못한다고 의심하는 상황이기 때문에 의심형 불만고객에 해당한다.

불만고객 유형
- 거만형 : 자신의 과시욕을 드러내고 싶어 하는 사람으로, 보통 제품을 폄하하는 고객
- 의심형 : 직원의 설명이나 제품의 품질에 대해 의심을 많이 하는 고객
- 트집형 : 사소한 것으로 트집을 잡는 까다로운 고객
- 빨리빨리형 : 성격이 급하고, 확신 있는 말이 아니면 잘 믿지 않는 고객

46

정답 ③

(C) 빠른 해결을 약속하지 않으면 다른 불만을 야기하거나 불만이 더 커질 수 있다.

(D) 고객의 불만이 대출과 관련된 내용이기 때문에 이 부분에 대해 답변을 해야 한다.

오답분석

(A) 해결 방안은 고객이 아닌 K은행에서 제시하는 것이 적절하다.

(B) 불만을 동료에게 전달하는 것은 고객의 입장에서는 알 필요가 없는 정보이기 때문에 굳이 말할 필요가 없다.

47

정답 ①

진지한 사과는 감정은행계좌에 신뢰를 예입하는 것이다. 그러나 반복되는 사과는 불성실한 사과와 마찬가지로 받아들여져 신용에 대한 인출이 된다.

오답분석

② B의 행위는 자신의 말과 상사의 기대를 저버린 행위이므로 감정은행계좌 인출 행위에 해당한다.

③ 상사 C의 행위는 우산을 빌리지 못한 다른 여직원이 서운함을 느낄 수 있는 행위이므로 감정은행계좌 인출 행위에 해당한다.

④ 책임을 지고 약속을 지키는 것은 감정은행계좌 예입 행위이며, 약속을 어기는 것은 중요한 감정은행계좌 인출 행위이다. D의 행위는 팀원들과의 약속을 지키지 않은 행위이므로 감정은행계좌 인출 행위에 해당한다.

⑤ 평소 예의가 바르게 보이지만 자리에 없는 사람들에 대해 비난하는 것은 타인의 기대에 부응하지 못한 행위이므로 감정은행계좌 인출 행위이다.

감정은행계좌의 예입 수단
- 상대방에 대한 이해와 양보
- 사소한 일에 대한 관심
- 약속의 이행
- 칭찬하고 감사하는 마음
- 언행일치
- 진지한 사과

48

정답 ④

정보의 기획단계에서는 5W2H를 사용한다.

5W2H에는 What(무엇을), Where(어디에서), When(언제), Why(왜), Who(누가), How(어떻게), How much(얼마나)가 있다.

49

정답 ①

고정하기를 원하는 행의 아래, 열의 오른쪽에 셀 포인터를 위치시킨 후 [보기] - [틀 고정]을 선택해야 한다.

50

시스템적인 관점에서 인식하는 능력은 기술적 능력에 대한 것으로 기술경영자의 역할이라기보다는 기술관리자의 역할에 해당하는 내용이다.

> **기술경영자에게 필요한 능력**
> • 기술을 기업의 전반적인 전략 목표에 통합시키는 능력
> • 기술 전문 인력을 운용할 수 있는 능력
> • 빠르고 효과적으로 새로운 기술을 습득하고 기존의 기술에서 탈피하는 능력
> • 조직 내의 기술 이용을 수행할 수 있는 능력
> • 크고 복잡하고 서로 다른 분야에 걸쳐 있는 프로젝트를 수행할 수 있는 능력
> • 효과적으로 평가할 수 있는 능력
> • 기술 이전을 효과적으로 할 수 있는 능력
> • 제품개발 시간을 단축할 수 있는 능력

51

핀테크(Fintech)는 금융(Financial)과 기술(Technology)의 합성어로, 금융과 IT의 융합을 통한 금융서비스 및 산업의 변화를 말한다.

[오답분석]
① P2P : 'Peer to Peer network'의 약자로 기존의 서버와 클라이언트 개념이나 공급자와 소비자 개념에서 벗어나 개인 컴퓨터끼리 직접 연결하고 검색함으로써 모든 참여자가 공급자인 동시에 수요자가 되는 형태이다.
② O2O : 'Online to Offline'의 약자로 정보 유통 비용이 저렴한 온라인과 실제 소비가 일어나는 오프라인의 장점을 접목해 새로운 시장을 만들어 보자는 데서 나온 말이다.
④ IoT : 'Internet of Things'의 약자로 사물인터넷이라고 하며, 사물에 센서를 부착해 실시간으로 데이터를 인터넷으로 주고받는 기술이나 환경을 일컫는다.
⑤ 클라우드 : 사용하려고 하는 자료와 소프트웨어를 인터넷상의 서버에 저장하고, 인터넷에 접속하기만 하면 언제 어디서든 자료를 사용할 수 있는 컴퓨팅 환경을 말한다.

52

벤치마킹은 비교대상에 따라 내부·경쟁적·비경쟁적·글로벌 벤치마킹으로 분류되며, 네스프레소는 뛰어난 비경쟁 기업의 유사 분야를 대상으로 벤치마킹하는 비경쟁적 벤치마킹을 하고 있다. 비경쟁적 벤치마킹은 아이디어 창출 가능성은 높으나 가공하지 않고 사용하면 실패할 가능성이 높다.

[오답분석]
① 내부 벤치마킹
②·④ 경쟁적 벤치마킹
③ 글로벌 벤치마킹

53

산업재해 예방 대책은 '안전 관리 조직 → 사실의 발견(1단계) → 원인 분석(2단계) → 시정책 선정(3단계) → 시정책 적용 및 뒤처리(4단계)' 순서이다.
따라서 재해 예방 대책에서 누락된 '안전 관리 조직' 단계를 보완해야 된다.

54

하인리히의 법칙은 큰 사고로 인해 산업재해가 일어나기 전에 작은 사고나 징후인 '불안전한 행동 및 상태'가 나타난다는 법칙이다.

55

각종 위원회 위원 위촉에 관한 전결규정은 없으므로 ②는 적절하지 않다. 단, 대표이사의 부재중에 부득이하게 위촉을 해야 하는 경우가 발생했다면 차하위자(전무이사)가 대결을 할 수는 있다.

56

제시문은 '한정 판매 마케팅 기법'에 대한 글이다. 이는 한정판 제품의 공급을 통해 의도적으로 공급의 가격탄력성을 0에 가깝게 조정한 것으로, 판매 기업의 입장에서는 이윤 증대를 위한 경영 혁신이지만 소비자의 합리적 소비를 저해할 수 있다.

57

①·②·③·⑤는 고객에게 혜택 또는 이익이 돌아가거나 고객의 니즈에 맞춰 추천하는 방식의 영업 노하우인 것에 반해, ④는 영업과는 관련이 없는 내용이다.

58

전관예우는 전에 일하던 사람을 우대하는 것으로 공정성에서 위배되는 행동이다. 따라서 전관예우를 중시하는 것은 직업윤리 강의의 긍정적 사례로 언급하기에 적절하지 않다.

59

(가)의 입장을 반영하면 국가 청렴도가 낮은 문제를 해결하기 위해서 청렴을 강조한 전통 윤리를 지킬 필요가 있다. 이에 개인을 넘어서 공동체, 나아가 국가의 공사(公事)를 우선하는 봉공 정신, 청빈한 생활 태도를 유지하면서 국가의 일에 충심을 다하려는 청백리 정신을 실천하는 자세가 필요하다.

60

봉사는 물질적인 보상이나 대가를 바라지 않고 사회의 공익, 행복을 위해서 하는 일이다. 따라서 적절한 보상에 맞춰 봉사에 참여하는 것은 적절하지 않다.

제1회 최종점검 모의고사(적성검사 유형) 답안지

언어능력

문번	1	2	3	4	5
1	①	②	③	④	⑤
2	①	②	③	④	⑤
3	①	②	③	④	⑤
4	①	②	③	④	⑤
5	①	②	③	④	⑤
6	①	②	③	④	⑤
7	①	②	③	④	⑤
8	①	②	③	④	⑤
9	①	②	③	④	⑤
10	①	②	③	④	⑤
11	①	②	③	④	⑤
12	①	②	③	④	⑤
13	①	②	③	④	⑤
14	①	②	③	④	⑤
15	①	②	③	④	⑤
16	①	②	③	④	⑤
17	①	②	③	④	⑤
18	①	②	③	④	⑤
19	①	②	③	④	⑤
20	①	②	③	④	⑤

수리능력

문번	1	2	3	4	5
1	①	②	③	④	⑤
2	①	②	③	④	⑤
3	①	②	③	④	⑤
4	①	②	③	④	⑤
5	①	②	③	④	⑤
6	①	②	③	④	⑤
7	①	②	③	④	⑤
8	①	②	③	④	⑤
9	①	②	③	④	⑤
10	①	②	③	④	⑤
11	①	②	③	④	⑤
12	①	②	③	④	⑤
13	①	②	③	④	⑤
14	①	②	③	④	⑤
15	①	②	③	④	⑤
16	①	②	③	④	⑤
17	①	②	③	④	⑤
18	①	②	③	④	⑤
19	①	②	③	④	⑤
20	①	②	③	④	⑤

추리능력

문번	1	2	3	4	5
1	①	②	③	④	⑤
2	①	②	③	④	⑤
3	①	②	③	④	⑤
4	①	②	③	④	⑤
5	①	②	③	④	⑤
6	①	②	③	④	⑤
7	①	②	③	④	⑤
8	①	②	③	④	⑤
9	①	②	③	④	⑤
10	①	②	③	④	⑤
11	①	②	③	④	⑤
12	①	②	③	④	⑤
13	①	②	③	④	⑤
14	①	②	③	④	⑤
15	①	②	③	④	⑤
16	①	②	③	④	⑤
17	①	②	③	④	⑤
18	①	②	③	④	⑤
19	①	②	③	④	⑤
20	①	②	③	④	⑤

지각능력

문번	1	2	3	4	5
1	①	②	③	④	⑤
2	①	②	③	④	⑤
3	①	②	③	④	⑤
4	①	②	③	④	⑤
5	①	②	③	④	⑤
6	①	②	③	④	⑤
7	①	②	③	④	⑤
8	①	②	③	④	⑤
9	①	②	③	④	⑤
10	①	②	③	④	⑤
11	①	②	③	④	⑤
12	①	②	③	④	⑤
13	①	②	③	④	⑤
14	①	②	③	④	⑤
15	①	②	③	④	⑤
16	①	②	③	④	⑤
17	①	②	③	④	⑤
18	①	②	③	④	⑤
19	①	②	③	④	⑤
20	①	②	③	④	⑤

영어능력

문번	1	2	3	4	5
1	①	②	③	④	⑤
2	①	②	③	④	⑤
3	①	②	③	④	⑤
4	①	②	③	④	⑤
5	①	②	③	④	⑤
6	①	②	③	④	⑤
7	①	②	③	④	⑤
8	①	②	③	④	⑤
9	①	②	③	④	⑤
10	①	②	③	④	⑤
11	①	②	③	④	⑤
12	①	②	③	④	⑤
13	①	②	③	④	⑤
14	①	②	③	④	⑤
15	①	②	③	④	⑤
16	①	②	③	④	⑤
17	①	②	③	④	⑤
18	①	②	③	④	⑤
19	①	②	③	④	⑤
20	①	②	③	④	⑤

고사장

성 명

수 험 번 호

⓪	①	②	③	④	⑤	⑥	⑦	⑧	⑨

감독위원 확인

인

제2회 최종점검 모의고사(NCS 유형) 답안지

교시장

성명

수험번호

⓪						
①	①	①	①	①	①	①
②	②	②	②	②	②	②
③	③	③	③	③	③	③
④	④	④	④	④	④	④
⑤	⑤	⑤	⑤	⑤	⑤	⑤
⑥	⑥	⑥	⑥	⑥	⑥	⑥
⑦	⑦	⑦	⑦	⑦	⑦	⑦
⑧	⑧	⑧	⑧	⑧	⑧	⑧
⑨	⑨	⑨	⑨	⑨	⑨	⑨

감독위원 확인
(인)

문번	1 2 3 4 5	문번	1 2 3 4 5	문번	1 2 3 4 5
1	① ② ③ ④ ⑤	21	① ② ③ ④ ⑤	41	① ② ③ ④ ⑤
2	① ② ③ ④ ⑤	22	① ② ③ ④ ⑤	42	① ② ③ ④ ⑤
3	① ② ③ ④ ⑤	23	① ② ③ ④ ⑤	43	① ② ③ ④ ⑤
4	① ② ③ ④ ⑤	24	① ② ③ ④ ⑤	44	① ② ③ ④ ⑤
5	① ② ③ ④ ⑤	25	① ② ③ ④ ⑤	45	① ② ③ ④ ⑤
6	① ② ③ ④ ⑤	26	① ② ③ ④ ⑤	46	① ② ③ ④ ⑤
7	① ② ③ ④ ⑤	27	① ② ③ ④ ⑤	47	① ② ③ ④ ⑤
8	① ② ③ ④ ⑤	28	① ② ③ ④ ⑤	48	① ② ③ ④ ⑤
9	① ② ③ ④ ⑤	29	① ② ③ ④ ⑤	49	① ② ③ ④ ⑤
10	① ② ③ ④ ⑤	30	① ② ③ ④ ⑤	50	① ② ③ ④ ⑤
11	① ② ③ ④ ⑤	31	① ② ③ ④ ⑤	51	① ② ③ ④ ⑤
12	① ② ③ ④ ⑤	32	① ② ③ ④ ⑤	52	① ② ③ ④ ⑤
13	① ② ③ ④ ⑤	33	① ② ③ ④ ⑤	53	① ② ③ ④ ⑤
14	① ② ③ ④ ⑤	34	① ② ③ ④ ⑤	54	① ② ③ ④ ⑤
15	① ② ③ ④ ⑤	35	① ② ③ ④ ⑤	55	① ② ③ ④ ⑤
16	① ② ③ ④ ⑤	36	① ② ③ ④ ⑤	56	① ② ③ ④ ⑤
17	① ② ③ ④ ⑤	37	① ② ③ ④ ⑤	57	① ② ③ ④ ⑤
18	① ② ③ ④ ⑤	38	① ② ③ ④ ⑤	58	① ② ③ ④ ⑤
19	① ② ③ ④ ⑤	39	① ② ③ ④ ⑤	59	① ② ③ ④ ⑤
20	① ② ③ ④ ⑤	40	① ② ③ ④ ⑤	60	① ② ③ ④ ⑤

제1회 최종점검 모의고사(적성검사 유형) 답안지

언어능력

문번	1	2	3	4	5
1	①	②	③	④	⑤
2	①	②	③	④	⑤
3	①	②	③	④	⑤
4	①	②	③	④	⑤
5	①	②	③	④	⑤
6	①	②	③	④	⑤
7	①	②	③	④	⑤
8	①	②	③	④	⑤
9	①	②	③	④	⑤
10	①	②	③	④	⑤
11	①	②	③	④	⑤
12	①	②	③	④	⑤
13	①	②	③	④	⑤
14	①	②	③	④	⑤
15	①	②	③	④	⑤
16	①	②	③	④	⑤
17	①	②	③	④	⑤
18	①	②	③	④	⑤
19	①	②	③	④	⑤
20	①	②	③	④	⑤

수리능력

문번	1	2	3	4	5
1	①	②	③	④	⑤
2	①	②	③	④	⑤
3	①	②	③	④	⑤
4	①	②	③	④	⑤
5	①	②	③	④	⑤
6	①	②	③	④	⑤
7	①	②	③	④	⑤
8	①	②	③	④	⑤
9	①	②	③	④	⑤
10	①	②	③	④	⑤
11	①	②	③	④	⑤
12	①	②	③	④	⑤
13	①	②	③	④	⑤
14	①	②	③	④	⑤
15	①	②	③	④	⑤
16	①	②	③	④	⑤
17	①	②	③	④	⑤
18	①	②	③	④	⑤
19	①	②	③	④	⑤
20	①	②	③	④	⑤

추리능력

문번	1	2	3	4	5
1	①	②	③	④	⑤
2	①	②	③	④	⑤
3	①	②	③	④	⑤
4	①	②	③	④	⑤
5	①	②	③	④	⑤
6	①	②	③	④	⑤
7	①	②	③	④	⑤
8	①	②	③	④	⑤
9	①	②	③	④	⑤
10	①	②	③	④	⑤
11	①	②	③	④	⑤
12	①	②	③	④	⑤
13	①	②	③	④	⑤
14	①	②	③	④	⑤
15	①	②	③	④	⑤
16	①	②	③	④	⑤
17	①	②	③	④	⑤
18	①	②	③	④	⑤
19	①	②	③	④	⑤
20	①	②	③	④	⑤

지각능력

문번	1	2	3	4	5
1	①	②	③	④	⑤
2	①	②	③	④	⑤
3	①	②	③	④	⑤
4	①	②	③	④	⑤
5	①	②	③	④	⑤
6	①	②	③	④	⑤
7	①	②	③	④	⑤
8	①	②	③	④	⑤
9	①	②	③	④	⑤
10	①	②	③	④	⑤
11	①	②	③	④	⑤
12	①	②	③	④	⑤
13	①	②	③	④	⑤
14	①	②	③	④	⑤
15	①	②	③	④	⑤
16	①	②	③	④	⑤
17	①	②	③	④	⑤
18	①	②	③	④	⑤
19	①	②	③	④	⑤
20	①	②	③	④	⑤

영어능력

문번	1	2	3	4	5
1	①	②	③	④	⑤
2	①	②	③	④	⑤
3	①	②	③	④	⑤
4	①	②	③	④	⑤
5	①	②	③	④	⑤
6	①	②	③	④	⑤
7	①	②	③	④	⑤
8	①	②	③	④	⑤
9	①	②	③	④	⑤
10	①	②	③	④	⑤
11	①	②	③	④	⑤
12	①	②	③	④	⑤
13	①	②	③	④	⑤
14	①	②	③	④	⑤
15	①	②	③	④	⑤
16	①	②	③	④	⑤
17	①	②	③	④	⑤
18	①	②	③	④	⑤
19	①	②	③	④	⑤
20	①	②	③	④	⑤

교사장

성 명

수 험 번 호

⓪	①	②	③	④	⑤	⑥	⑦	⑧	⑨
⓪	①	②	③	④	⑤	⑥	⑦	⑧	⑨
⓪	①	②	③	④	⑤	⑥	⑦	⑧	⑨
⓪	①	②	③	④	⑤	⑥	⑦	⑧	⑨
⓪	①	②	③	④	⑤	⑥	⑦	⑧	⑨
⓪	①	②	③	④	⑤	⑥	⑦	⑧	⑨
⓪	①	②	③	④	⑤	⑥	⑦	⑧	⑨

감독위원 확인

(인)

제2회 최종점검 모의고사(NCS 유형) 답안지

고사장

성명

수험번호

⓪	⓪	⓪	⓪	⓪	⓪	⓪
①	①	①	①	①	①	①
②	②	②	②	②	②	②
③	③	③	③	③	③	③
④	④	④	④	④	④	④
⑤	⑤	⑤	⑤	⑤	⑤	⑤
⑥	⑥	⑥	⑥	⑥	⑥	⑥
⑦	⑦	⑦	⑦	⑦	⑦	⑦
⑧	⑧	⑧	⑧	⑧	⑧	⑧
⑨	⑨	⑨	⑨	⑨	⑨	⑨

감독위원 확인

(인)

문번	1 2 3 4 5	문번	1 2 3 4 5	문번	1 2 3 4 5
1	① ② ③ ④ ⑤	21	① ② ③ ④ ⑤	41	① ② ③ ④ ⑤
2	① ② ③ ④ ⑤	22	① ② ③ ④ ⑤	42	① ② ③ ④ ⑤
3	① ② ③ ④ ⑤	23	① ② ③ ④ ⑤	43	① ② ③ ④ ⑤
4	① ② ③ ④ ⑤	24	① ② ③ ④ ⑤	44	① ② ③ ④ ⑤
5	① ② ③ ④ ⑤	25	① ② ③ ④ ⑤	45	① ② ③ ④ ⑤
6	① ② ③ ④ ⑤	26	① ② ③ ④ ⑤	46	① ② ③ ④ ⑤
7	① ② ③ ④ ⑤	27	① ② ③ ④ ⑤	47	① ② ③ ④ ⑤
8	① ② ③ ④ ⑤	28	① ② ③ ④ ⑤	48	① ② ③ ④ ⑤
9	① ② ③ ④ ⑤	29	① ② ③ ④ ⑤	49	① ② ③ ④ ⑤
10	① ② ③ ④ ⑤	30	① ② ③ ④ ⑤	50	① ② ③ ④ ⑤
11	① ② ③ ④ ⑤	31	① ② ③ ④ ⑤	51	① ② ③ ④ ⑤
12	① ② ③ ④ ⑤	32	① ② ③ ④ ⑤	52	① ② ③ ④ ⑤
13	① ② ③ ④ ⑤	33	① ② ③ ④ ⑤	53	① ② ③ ④ ⑤
14	① ② ③ ④ ⑤	34	① ② ③ ④ ⑤	54	① ② ③ ④ ⑤
15	① ② ③ ④ ⑤	35	① ② ③ ④ ⑤	55	① ② ③ ④ ⑤
16	① ② ③ ④ ⑤	36	① ② ③ ④ ⑤	56	① ② ③ ④ ⑤
17	① ② ③ ④ ⑤	37	① ② ③ ④ ⑤	57	① ② ③ ④ ⑤
18	① ② ③ ④ ⑤	38	① ② ③ ④ ⑤	58	① ② ③ ④ ⑤
19	① ② ③ ④ ⑤	39	① ② ③ ④ ⑤	59	① ② ③ ④ ⑤
20	① ② ③ ④ ⑤	40	① ② ③ ④ ⑤	60	① ② ③ ④ ⑤

제1회 최종점검 모의고사(적성검사 유형) 답안지

언어능력

문번	1	2	3	4	5
1	①	②	③	④	⑤
2	①	②	③	④	⑤
3	①	②	③	④	⑤
4	①	②	③	④	⑤
5	①	②	③	④	⑤
6	①	②	③	④	⑤
7	①	②	③	④	⑤
8	①	②	③	④	⑤
9	①	②	③	④	⑤
10	①	②	③	④	⑤
11	①	②	③	④	⑤
12	①	②	③	④	⑤
13	①	②	③	④	⑤
14	①	②	③	④	⑤
15	①	②	③	④	⑤
16	①	②	③	④	⑤
17	①	②	③	④	⑤
18	①	②	③	④	⑤
19	①	②	③	④	⑤
20	①	②	③	④	⑤

수리능력

문번	1	2	3	4	5
1	①	②	③	④	⑤
2	①	②	③	④	⑤
3	①	②	③	④	⑤
4	①	②	③	④	⑤
5	①	②	③	④	⑤
6	①	②	③	④	⑤
7	①	②	③	④	⑤
8	①	②	③	④	⑤
9	①	②	③	④	⑤
10	①	②	③	④	⑤
11	①	②	③	④	⑤
12	①	②	③	④	⑤
13	①	②	③	④	⑤
14	①	②	③	④	⑤
15	①	②	③	④	⑤
16	①	②	③	④	⑤
17	①	②	③	④	⑤
18	①	②	③	④	⑤
19	①	②	③	④	⑤
20	①	②	③	④	⑤

추리능력

문번	1	2	3	4	5
1	①	②	③	④	⑤
2	①	②	③	④	⑤
3	①	②	③	④	⑤
4	①	②	③	④	⑤
5	①	②	③	④	⑤
6	①	②	③	④	⑤
7	①	②	③	④	⑤
8	①	②	③	④	⑤
9	①	②	③	④	⑤
10	①	②	③	④	⑤
11	①	②	③	④	⑤
12	①	②	③	④	⑤
13	①	②	③	④	⑤
14	①	②	③	④	⑤
15	①	②	③	④	⑤
16	①	②	③	④	⑤
17	①	②	③	④	⑤
18	①	②	③	④	⑤
19	①	②	③	④	⑤
20	①	②	③	④	⑤

지각능력

문번	1	2	3	4	5
1	①	②	③	④	⑤
2	①	②	③	④	⑤
3	①	②	③	④	⑤
4	①	②	③	④	⑤
5	①	②	③	④	⑤
6	①	②	③	④	⑤
7	①	②	③	④	⑤
8	①	②	③	④	⑤
9	①	②	③	④	⑤
10	①	②	③	④	⑤
11	①	②	③	④	⑤
12	①	②	③	④	⑤
13	①	②	③	④	⑤
14	①	②	③	④	⑤
15	①	②	③	④	⑤
16	①	②	③	④	⑤
17	①	②	③	④	⑤
18	①	②	③	④	⑤
19	①	②	③	④	⑤
20	①	②	③	④	⑤

영어능력

문번	1	2	3	4	5
1	①	②	③	④	⑤
2	①	②	③	④	⑤
3	①	②	③	④	⑤
4	①	②	③	④	⑤
5	①	②	③	④	⑤
6	①	②	③	④	⑤
7	①	②	③	④	⑤
8	①	②	③	④	⑤
9	①	②	③	④	⑤
10	①	②	③	④	⑤
11	①	②	③	④	⑤
12	①	②	③	④	⑤
13	①	②	③	④	⑤
14	①	②	③	④	⑤
15	①	②	③	④	⑤
16	①	②	③	④	⑤
17	①	②	③	④	⑤
18	①	②	③	④	⑤
19	①	②	③	④	⑤
20	①	②	③	④	⑤

교사장

성명

수험번호

⓪	①	②	③	④	⑤	⑥	⑦	⑧	⑨
⓪	①	②	③	④	⑤	⑥	⑦	⑧	⑨
⓪	①	②	③	④	⑤	⑥	⑦	⑧	⑨
⓪	①	②	③	④	⑤	⑥	⑦	⑧	⑨
⓪	①	②	③	④	⑤	⑥	⑦	⑧	⑨
⓪	①	②	③	④	⑤	⑥	⑦	⑧	⑨
⓪	①	②	③	④	⑤	⑥	⑦	⑧	⑨

감독위원 확인

(인)

제2회 최종점검 모의고사(NCS 유형) 답안지

고사장					

성 명					

수험번호

⓪	⓪	⓪	⓪	⓪	⓪	⓪		
①	①	①	①	①	①	①		
②	②	②	②	②	②	②		
③	③	③	③	③	③	③		
④	④	④	④	④	④	④		
⑤	⑤	⑤	⑤	⑤	⑤	⑤		
⑥	⑥	⑥	⑥	⑥	⑥	⑥		
⑦	⑦	⑦	⑦	⑦	⑦	⑦		
⑧	⑧	⑧	⑧	⑧	⑧	⑧		
⑨	⑨	⑨	⑨	⑨	⑨	⑨		

감독위원 확인

(인)

문번	1 2 3 4 5	문번	1 2 3 4 5	문번	1 2 3 4 5
1	① ② ③ ④ ⑤	21	① ② ③ ④ ⑤	41	① ② ③ ④ ⑤
2	① ② ③ ④ ⑤	22	① ② ③ ④ ⑤	42	① ② ③ ④ ⑤
3	① ② ③ ④ ⑤	23	① ② ③ ④ ⑤	43	① ② ③ ④ ⑤
4	① ② ③ ④ ⑤	24	① ② ③ ④ ⑤	44	① ② ③ ④ ⑤
5	① ② ③ ④ ⑤	25	① ② ③ ④ ⑤	45	① ② ③ ④ ⑤
6	① ② ③ ④ ⑤	26	① ② ③ ④ ⑤	46	① ② ③ ④ ⑤
7	① ② ③ ④ ⑤	27	① ② ③ ④ ⑤	47	① ② ③ ④ ⑤
8	① ② ③ ④ ⑤	28	① ② ③ ④ ⑤	48	① ② ③ ④ ⑤
9	① ② ③ ④ ⑤	29	① ② ③ ④ ⑤	49	① ② ③ ④ ⑤
10	① ② ③ ④ ⑤	30	① ② ③ ④ ⑤	50	① ② ③ ④ ⑤
11	① ② ③ ④ ⑤	31	① ② ③ ④ ⑤	51	① ② ③ ④ ⑤
12	① ② ③ ④ ⑤	32	① ② ③ ④ ⑤	52	① ② ③ ④ ⑤
13	① ② ③ ④ ⑤	33	① ② ③ ④ ⑤	53	① ② ③ ④ ⑤
14	① ② ③ ④ ⑤	34	① ② ③ ④ ⑤	54	① ② ③ ④ ⑤
15	① ② ③ ④ ⑤	35	① ② ③ ④ ⑤	55	① ② ③ ④ ⑤
16	① ② ③ ④ ⑤	36	① ② ③ ④ ⑤	56	① ② ③ ④ ⑤
17	① ② ③ ④ ⑤	37	① ② ③ ④ ⑤	57	① ② ③ ④ ⑤
18	① ② ③ ④ ⑤	38	① ② ③ ④ ⑤	58	① ② ③ ④ ⑤
19	① ② ③ ④ ⑤	39	① ② ③ ④ ⑤	59	① ② ③ ④ ⑤
20	① ② ③ ④ ⑤	40	① ② ③ ④ ⑤	60	① ② ③ ④ ⑤

제1회 최종점검 모의고사(적성검사 유형) 답안지

언어능력

문번	1	2	3	4	5
1	①	②	③	④	⑤
2	①	②	③	④	⑤
3	①	②	③	④	⑤
4	①	②	③	④	⑤
5	①	②	③	④	⑤
6	①	②	③	④	⑤
7	①	②	③	④	⑤
8	①	②	③	④	⑤
9	①	②	③	④	⑤
10	①	②	③	④	⑤
11	①	②	③	④	⑤
12	①	②	③	④	⑤
13	①	②	③	④	⑤
14	①	②	③	④	⑤
15	①	②	③	④	⑤
16	①	②	③	④	⑤
17	①	②	③	④	⑤
18	①	②	③	④	⑤
19	①	②	③	④	⑤
20	①	②	③	④	⑤

수리능력

문번	1	2	3	4	5
1	①	②	③	④	⑤
2	①	②	③	④	⑤
3	①	②	③	④	⑤
4	①	②	③	④	⑤
5	①	②	③	④	⑤
6	①	②	③	④	⑤
7	①	②	③	④	⑤
8	①	②	③	④	⑤
9	①	②	③	④	⑤
10	①	②	③	④	⑤
11	①	②	③	④	⑤
12	①	②	③	④	⑤
13	①	②	③	④	⑤
14	①	②	③	④	⑤
15	①	②	③	④	⑤
16	①	②	③	④	⑤
17	①	②	③	④	⑤
18	①	②	③	④	⑤
19	①	②	③	④	⑤
20	①	②	③	④	⑤

추리능력

문번	1	2	3	4	5
1	①	②	③	④	⑤
2	①	②	③	④	⑤
3	①	②	③	④	⑤
4	①	②	③	④	⑤
5	①	②	③	④	⑤
6	①	②	③	④	⑤
7	①	②	③	④	⑤
8	①	②	③	④	⑤
9	①	②	③	④	⑤
10	①	②	③	④	⑤
11	①	②	③	④	⑤
12	①	②	③	④	⑤
13	①	②	③	④	⑤
14	①	②	③	④	⑤
15	①	②	③	④	⑤
16	①	②	③	④	⑤
17	①	②	③	④	⑤
18	①	②	③	④	⑤
19	①	②	③	④	⑤
20	①	②	③	④	⑤

지각능력

문번	1	2	3	4	5
1	①	②	③	④	⑤
2	①	②	③	④	⑤
3	①	②	③	④	⑤
4	①	②	③	④	⑤
5	①	②	③	④	⑤
6	①	②	③	④	⑤
7	①	②	③	④	⑤
8	①	②	③	④	⑤
9	①	②	③	④	⑤
10	①	②	③	④	⑤
11	①	②	③	④	⑤
12	①	②	③	④	⑤
13	①	②	③	④	⑤
14	①	②	③	④	⑤
15	①	②	③	④	⑤
16	①	②	③	④	⑤
17	①	②	③	④	⑤
18	①	②	③	④	⑤
19	①	②	③	④	⑤
20	①	②	③	④	⑤

영어능력

문번	1	2	3	4	5
1	①	②	③	④	⑤
2	①	②	③	④	⑤
3	①	②	③	④	⑤
4	①	②	③	④	⑤
5	①	②	③	④	⑤
6	①	②	③	④	⑤
7	①	②	③	④	⑤
8	①	②	③	④	⑤
9	①	②	③	④	⑤
10	①	②	③	④	⑤
11	①	②	③	④	⑤
12	①	②	③	④	⑤
13	①	②	③	④	⑤
14	①	②	③	④	⑤
15	①	②	③	④	⑤
16	①	②	③	④	⑤
17	①	②	③	④	⑤
18	①	②	③	④	⑤
19	①	②	③	④	⑤
20	①	②	③	④	⑤

고사장

성명

수험번호

⓪	①	②	③	④	⑤	⑥	⑦	⑧	⑨
⓪	①	②	③	④	⑤	⑥	⑦	⑧	⑨
⓪	①	②	③	④	⑤	⑥	⑦	⑧	⑨
⓪	①	②	③	④	⑤	⑥	⑦	⑧	⑨
⓪	①	②	③	④	⑤	⑥	⑦	⑧	⑨
⓪	①	②	③	④	⑤	⑥	⑦	⑧	⑨
⓪	①	②	③	④	⑤	⑥	⑦	⑧	⑨

감독위원 확인

인

※ 절취선을 따라 분리하여 실제 시험과 같이 사용하면 더욱 효과적입니다.

제2회 최종점검 모의고사(NCS 유형) 답안지

고사장

성 명

수험번호
⓪ ① ② ③ ④ ⑤ ⑥ ⑦ ⑧ ⑨
⓪ ① ② ③ ④ ⑤ ⑥ ⑦ ⑧ ⑨
⓪ ① ② ③ ④ ⑤ ⑥ ⑦ ⑧ ⑨
⓪ ① ② ③ ④ ⑤ ⑥ ⑦ ⑧ ⑨
⓪ ① ② ③ ④ ⑤ ⑥ ⑦ ⑧ ⑨
⓪ ① ② ③ ④ ⑤ ⑥ ⑦ ⑧ ⑨
① ② ③ ④ ⑤ ⑥ ⑦ ⑧ ⑨

감독위원 확인

(인)

문번	1 2 3 4 5	문번	1 2 3 4 5	문번	1 2 3 4 5
1	① ② ③ ④ ⑤	21	① ② ③ ④ ⑤	41	① ② ③ ④ ⑤
2	① ② ③ ④ ⑤	22	① ② ③ ④ ⑤	42	① ② ③ ④ ⑤
3	① ② ③ ④ ⑤	23	① ② ③ ④ ⑤	43	① ② ③ ④ ⑤
4	① ② ③ ④ ⑤	24	① ② ③ ④ ⑤	44	① ② ③ ④ ⑤
5	① ② ③ ④ ⑤	25	① ② ③ ④ ⑤	45	① ② ③ ④ ⑤
6	① ② ③ ④ ⑤	26	① ② ③ ④ ⑤	46	① ② ③ ④ ⑤
7	① ② ③ ④ ⑤	27	① ② ③ ④ ⑤	47	① ② ③ ④ ⑤
8	① ② ③ ④ ⑤	28	① ② ③ ④ ⑤	48	① ② ③ ④ ⑤
9	① ② ③ ④ ⑤	29	① ② ③ ④ ⑤	49	① ② ③ ④ ⑤
10	① ② ③ ④ ⑤	30	① ② ③ ④ ⑤	50	① ② ③ ④ ⑤
11	① ② ③ ④ ⑤	31	① ② ③ ④ ⑤	51	① ② ③ ④ ⑤
12	① ② ③ ④ ⑤	32	① ② ③ ④ ⑤	52	① ② ③ ④ ⑤
13	① ② ③ ④ ⑤	33	① ② ③ ④ ⑤	53	① ② ③ ④ ⑤
14	① ② ③ ④ ⑤	34	① ② ③ ④ ⑤	54	① ② ③ ④ ⑤
15	① ② ③ ④ ⑤	35	① ② ③ ④ ⑤	55	① ② ③ ④ ⑤
16	① ② ③ ④ ⑤	36	① ② ③ ④ ⑤	56	① ② ③ ④ ⑤
17	① ② ③ ④ ⑤	37	① ② ③ ④ ⑤	57	① ② ③ ④ ⑤
18	① ② ③ ④ ⑤	38	① ② ③ ④ ⑤	58	① ② ③ ④ ⑤
19	① ② ③ ④ ⑤	39	① ② ③ ④ ⑤	59	① ② ③ ④ ⑤
20	① ② ③ ④ ⑤	40	① ② ③ ④ ⑤	60	① ② ③ ④ ⑤

2024 최신판 SD에듀 금융권 고졸채용
인적성검사 및 NCS 직업기초능력평가 + 무료고졸특강

개정12판1쇄 발행	2024년 01월 30일 (인쇄 2023년 11월 14일)
초 판 발 행	2011년 10월 10일 (인쇄 2011년 09월 05일)
발 행 인	박영일
책 임 편 집	이해욱
편 저	SDC(Sidae Data Center)
편 집 진 행	이근희 · 안희선
표지디자인	조혜령
편집디자인	이은미 · 남수영
발 행 처	(주)시대고시기획
출 판 등 록	제10-1521호
주 소	서울시 마포구 큰우물로 75 [도화동 538 성지 B/D] 9F
전 화	1600-3600
팩 스	02-701-8823
홈 페 이 지	www.sdedu.co.kr
I S B N	979-11-383-4707-5 (13320)
정 가	26,000원

금융권
FINANCE

고졸채용
인적성검사 / NCS 직업기초능력평가